ଦେଶ ବିଦେଶର ପଥପ୍ରାନ୍ତେ

ମୋର ଇଟାଲୀ, ପର୍ତ୍ତୁଗାଲ, ସ୍ପେନ୍‍, ପେରୁ, ଚାଇନା ଓ ଶ୍ରୀଲଙ୍କା ଭ୍ରମଣର କିଛି ଅନୁଭୂତି

ଦେଶ ବିଦେଶର ପଥପ୍ରାନ୍ତେ

ମୋର ଇଟାଲୀ, ପର୍ତ୍ତୁଗାଲ, ସ୍ପେନ୍, ପେରୁ, ଚାଇନା ଓ ଶ୍ରୀଲଙ୍କା ଭ୍ରମଣର କିଛି ଅନୁଭୂତି

ବନ୍ଦିତା ନାୟକ

BLACK EAGLE BOOKS
DUBLIN, USA | BBSR, INDIA

BLACK EAGLE BOOKS

USA address:
7464 Wisdom Lane
Dublin, OH 43016

India address:
E/312, Trident Galaxy, Kalinga Nagar,
Bhubaneswar-751003, Odisha, India

E-mail: info@blackeaglebooks.org
Website: www.blackeaglebooks.org

First International Edition Published by
BLACK EAGLE BOOKS, 2022

DESHA BIDESHARA PATHAPRANTE
by **Bandita Nayak**

Cover Design & Conception: **Maya Kishori McGraw**

Interior Design: Ezy's Publication

ISBN- 978-1-64560-239-2 (Paperback)

Printed in the United States of America

ମୋର ପରମ ପୂଜ୍ୟ

ବାପା, ବୋଉ, ବଡ଼ଦେଇ,

ଶଶୁର ଓ ଶାଶୁଙ୍କ ସ୍ମୃତିରେ

ଏବଂ

ସାନ ଦେଇ, ଇନ୍ ଦେଇ, ଭାଇ, କୁଂକି

ମିମି, ଡାରେଲ୍, ବାଲାଜୀ, ଶିଲ୍ପା,

ମାୟା, ଆରୀ, ଲିଆ, ନିଅମ,

ଏବଂ

ବିନୋଦ

ଯେଉଁ ମାନଙ୍କ ପ୍ରେରଣା ଯୋଗୁ ମୁଁ ଆଜି ଏ ବହିଟି ପାଠକମାନଙ୍କ

ହାତରେ ଅର୍ପଣ କରିପାରିଛି ।

କୃତଜ୍ଞତା

ମୋ ଭାଇ ରବିନାରାୟଣ ପଟ୍ଟନାୟକ, ଯିଏ ଅନେକ ଗୁଡ଼ିଏ ବହି ଇଂରାଜୀରୁ ଓଡ଼ିଆକୁ ଏବଂ ଓଡ଼ିଆରୁ ଇଂରାଜୀକୁ ଅନୁବାଦ କରି ପ୍ରକାଶ କରିଛନ୍ତି, ସେ ମୋ ବହିଟି ଲେଖିବା ବେଳେ ମୋର ଯେତେବେଳେ ସାହାଯ୍ୟ ଦରକାର ହେଇଛି, ମତେ ବହୁତ ସାହାଯ୍ୟ ଦେବା ସହ, ମତେ ଖୁବ୍ ଉତ୍ସାହିତ କରିଥିବାରୁ।

ମୋର ତେର ବର୍ଷର ନାତୁଣୀ, ମାୟା କିଶୋରୀ ମାଗ୍ର, ଭ୍ରମଣ କଲାବେଳେ ଆମେ ନେଇଥିବା ଫଟୋଗୁଡ଼ିକୁ ସୁନ୍ଦର ଭାବରେ ସଜାଇ ପ୍ରଚ୍ଛଦପଟର ରୂପ ଦେଇଥିବାରୁ।

ମୋର ସ୍ୱର୍ଗତ ଶଶୁର ଲକ୍ଷ୍ମୀଧର ନାୟକ, ମତେ ପ୍ରଥମେ ଲେଖିବାର ପ୍ରେରଣା ଦେଇଥିଲେ। ସେ ଆଜି ନାହାନ୍ତି। କିନ୍ତୁ ଏ ବହିଟି ସେ ଦେଖିଥିଲେ ବହୁତ ଖୁସି ହୋଇଥାନ୍ତେ।

ଡକ୍ଟର ବଭ୍ରୁବାହନ ସାମଲ, ଓଡ଼ିଆ ଫଣ୍ଟରେ ଲେଖିବା ପାଇଁ ମୁଁ ଯେତେବେଳେ ସାହାଯ୍ୟ ମାଗିଛି ମତେ ଆଗ୍ରହର ସହ ସାହାଯ୍ୟ ଦେଇଥିବାରୁ।

ଡକ୍ଟର ଜଗନ୍ନାଥ ରଥ (ବାବୁ ଭାଇନା), ପ୍ରଚ୍ଛଦପଟରେ ଥିବା ତାଙ୍କର କେତୋଟି ଫଟୋ ମତେ ବ୍ୟବହାର କରିବା ପାଇଁ ଅନୁମତି ଦେଇଥିବାରୁ।

ମୋର ଲେଖିକା ଭଉଣୀ ଇନ୍ଦୁଲତା ମହାନ୍ତି (ଇନ୍‌ଦେଈ), ମୋର ଭ୍ରମଣ କାହାଣୀ ଲେଖି ପ୍ରକାଶ କରିବା ପାଇଁ ବହୁତ ପ୍ରେରଣା ଦେବା ସହ ବାଧ୍ୟ କରିଥିବାରୁ।

ମୋର ସାନଦେଈ, ଶାନ୍ତିଲତା ଦାସ ନିଜେ ହିନ୍ଦୀ ଓ ବଙ୍ଗଳା ଭାଷାରୁ କେତେଗୁଡ଼ିଏ ଆଧ୍ୟାତ୍ମିକ ବହି ଅନୁବାଦ କରି ଓ ତାକୁ ପ୍ରକାଶ କରି ମତେ ଖୁବ ଅନୁପ୍ରାଣିତ କରିଥିବାରୁ।

ମୋର ସାନ ଭଉଣୀ ରଂଜିତା ପଟ୍ଟନାୟକ (କୁଂକି) ନିଜ ଭ୍ରମଣ କାହାଣୀ ବିଭିନ୍ନ ପତ୍ରିକାରେ ପ୍ରକାଶ କରି ମତେ ଖୁବ୍ ଉତ୍ସାହିତ କରିଥିବାରୁ।

ମୋର ନଣନ୍ଦ ଓ ନଣନ୍ଦେଇ, ଲିଲି ଓ କମଳାକାନ୍ତ ମହାନ୍ତି, ମୋର କିଛିଟା ଲେଖା ପଢ଼ି ମନ୍ତବ୍ୟ ଦେଇଥିବାରୁ।

ଶ୍ରୀ ସତ୍ୟ ପଟ୍ଟନାୟକ, 'ବ୍ଲାକ୍ ଇଗଲ୍ ବୁକ୍ସ'ର ଡାଇରେକ୍ଟର- ଗ୍ଲୋବାଲ୍ ଅପରେସନ୍ସ ମୋର ଏ ବହିଟି ପ୍ରକାଶ କରିବା ପାଇଁ ରାଜି ହୋଇଥିବାରୁ।

ଶେଷରେ, ମୋ ସ୍ୱାମୀ ବିନୋଦ ମୋ ପାଇଁ ନିରନ୍ତର ପ୍ରେରଣାର ଉତ୍ସ ହୋଇ ଏ ବହିଟି ଲେଖିଲାବେଳେ ଆରମ୍ଭରୁ ଶେଷ ପର୍ଯ୍ୟନ୍ତ ଅନେକ ଡିସ୍କସନ୍ କରିଥିବାରୁ।

ସୁନ୍ଦରେ ତୃପ୍ତିର ଅବସାଦ ନାହିଁ,
ଯେତେ ଦେଖୁଥିଲେ ନୂଆ ଦିଶୁଥାଇ।
— ରାଧାନାଥ ରାୟ

ବହିଟି କାହିଁକି ଲେଖିଲି

ପ୍ରାୟ ୫୦ ବର୍ଷ ତଳେ ମୁଁ ଯେତେବେଳେ ବାହାହୋଇ ଆମେରିକା ଆସିଥିଲି, ମୋ ଶଶୁର, ସ୍ୱର୍ଗତ ଲକ୍ଷ୍ମୀଧର ନାୟକ, ଯିଏକି ଓଡ଼ିଆ ଭାଷାରେ ଜଣେ ପ୍ରଖ୍ୟାତ ଲେଖକ, କବି ଏବଂ ନାଟ୍ୟକାର ଥିଲେ, ମୋତେ ନୂଆ ଦେଶର ଅଭିଜ୍ଞତା ବିଷୟରେ ଲେଖିବାକୁ କହିଥିଲେ। ତାଙ୍କର ଇଚ୍ଛା ଥିଲା, ମୁଁ ମୋର ନୂଆ ଅଭିଜ୍ଞତା ବିଷୟରେ ଲେଖିଲେ ପାଠକମାନେ ତାକୁ ପଢ଼ି ଗୋଟିଏ ନୂଆ ଦେଶ ବିଷୟରେ ଜାଣିବେ। ମୁଁ ସେତେବେଳେ ଭାବି ନେଇଥିଲି ମତେ ଲେଖି ଆସିବନି। ଆମେରିକାରେ ଆସି ପହଞ୍ଚି, ନୂଆ ଦେଶ, ନୂଆ ଜୀବନଶୈଳୀ ସହ ନିଜକୁ ଖାପଖୁଆଇ ଚଳିବା ପୂର୍ବରୁ ମୁଁ ମୋର ସ୍ନାତକୋତ୍ତର ଡିଗ୍ରୀ ପାଇଁ ମ୍ୟାରିଲାଣ୍ଡ ବିଶ୍ୱବିଦ୍ୟାଳୟରେ ପାଠପଢ଼ା ଆରମ୍ଭ କରିଥିଲି। ତେଣୁ ଆମେରିକା ଆସିବା ପରେ ଲେଖା ବିଷୟରେ ଆଉ ଭାବିବାର ସମୟ ବି ନଥିଲା। ସମୟକ୍ରମେ ପାଠପଢ଼ା ସରିଲା। ଯେଉଁ ମାସରେ ମୁଁ ମୋର 'ଏମ୍‌ଏସ୍' ଡିଗ୍ରୀ ପାଇଲି, ସେଇ ମାସ ମୋ ଝିଅ ଓ ତା'ର ଦୁଇ ବର୍ଷ ପରେ ମୋ ପୁଅ ଜନ୍ମ ହେଲେ। ପିଲାଙ୍କୁ ନେଇ ପୂରା ବ୍ୟସ୍ତ ରହିଗଲି। ପିଲାମାନେ ମିଡ଼ିଲ୍ ସ୍କୁଲ୍ ଗଲାପରେ ମୁଁ କାମ କରିବା ଆରମ୍ଭ କଲି। ପିଲାଙ୍କ କାମ, ଅଫିସ୍ କାମ ଓ ଘର କାମ ଭିତରେ ସମୟ କେମିତି ଚାଲି ଯାଉଥିଲା ଜଣା ପଡ଼ିଲାନି। ସମୟ ଧୀରେ ଧୀରେ ଆଗେଇବା ସଙ୍ଗେ ସଙ୍ଗେ ପିଲାମାନେ ବଡ଼ ହୋଇ ଚାକିରି କଲେ, ବାହା ହୋଇ ତାଙ୍କ ନିଜ ନିଜ ଘରସଂସାର କରି ରହିଲେ ଓ ମୁଁ ମଧ୍ୟ ସମୟକ୍ରମେ ରିଟାୟାର୍ କଲି। ଇତିମଧ୍ୟରେ ମୋ ଶଶୁରଙ୍କର ଦେହାନ୍ତ ହୋଇଗଲା। ଯଦିଓ ମଝିରେ ମଝିରେ ମୋ ସ୍ୱାମୀ ମତେ ଲେଖିବାକୁ

ଉତ୍ସାହିତ କରୁଥିଲେ, ମୋର ସେଥିରେ ବିଶେଷ ଆଗ୍ରହ ନଥିଲା। ଏଇ ଅଳ୍ପ ଦିନ ପୂର୍ବରୁ ମୋର ଲେଖିକା ବଡ଼ ଭଉଣୀ ଇନ୍ଦୁଲତା ମହାନ୍ତି ମତେ ଦିନେ କହିଲା- ତୁ ତ ଏତେ ଦେଶ ବୁଲିଛୁ, ତୋର ଟ୍ରାଭଲ୍ ଏକ୍ସପିରିଏନ୍ସ ଲେଖୁନୁ କାହିଁକି, ଯାହା ପାଠକମାନେ ପଢ଼ି ଉପଭୋଗ କରିପାରିବେ ?

କାହିଁକି କେଜାଣି ଏଥର କଥାଟା ମନକୁ ପାଇଲା। ଏବିଷୟରେ ଚିନ୍ତାକରି ମୁଁ ଅନୁଭବ କଲି, ଏହା ସତ। ଆମେ ପ୍ରକୃତରେ ଅନେକ ଦେଶ ବୁଲିଛୁ। ଭାବିଲି ଯଦି ସତରେ ମୁଁ କେତେଗୁଡ଼ିଏ ଦେଶ ବିଷୟରେ ଲେଖି ପାରିବି ଏବଂ ତା' ମଧ୍ୟ ଓଡ଼ିଆରେ, ତାହେଲେ ଓଡ଼ିଶାର କିଛି ଲୋକ ତାକୁ ପଢ଼ି ଅନ୍ୟ କେତେଗୁଡ଼ିଏ ଦେଶ ବିଷୟରେ ଜାଣିପାରିବେ। ଅବଶ୍ୟ ଆଜିକାଲି ଟିଭି, ଇଣ୍ଟରନେଟ୍, ସୋସିଆଲ୍ ମିଡିଆ ଦ୍ୱାରା ଲୋକମାନେ ଅନ୍ୟ ଯେକୌଣସି ଦେଶ ବିଷୟରେ ଜାଣିବା ଖୁବ୍ ସୁବିଧା ହୋଇଯାଇଛି। ତା' ଛଡ଼ା ସବୁଦେଶର ସରକାର ଟୁରିଜିମ୍‌କୁ ବହୁତ ପ୍ରାଧାନ୍ୟ ଦେଉଛନ୍ତି କାରଣ ଟୁରିଜିମ୍ ଦ୍ୱାରା ବାଣିଜ୍ୟର ଉନ୍ନତି ହେବା ସାଂଗେସାଂଗେ ଦେଶର ଉନ୍ନତି ହୁଏ। ତେଣୁକରି ଏବେ ଓଡ଼ିଶାରୁ ଅନେକ ଲୋକ ବିଭିନ୍ନଦେଶ ଭ୍ରମଣ କରିବାକୁ ଯାଉଛନ୍ତି, ତଥାପି ଭାବିଲି ମୁଁ ମୋ ନିଜ ଏକ୍ସପିରିଏନ୍ସ ଲେଖିଲେ ହୁଏତ ଲୋକମାନେ ପଢ଼ି ନୂଆ ଜିନିଷ କିଛି ଜାଣିପାରିବେ ଏବଂ ଉତ୍ସାହିତ ହୋଇ ବିଦେଶ ଯାଇ ନିଜେ ସେଇପରି କିଛି ଅନୁଭୂତି ପାଇବା ପାଇଁ ଆଗ୍ରହୀ ହେବେ। ଆମେରିକା ଆସିବା ଦିନରୁ ଆମେ ପ୍ରତି ଦୁଇ ବର୍ଷରେ ଥରେ ଭାରତ ବୁଲିବାକୁ ଯାଉଁ ଓ ଭାରତ ଯିବା ଆସିବା ବାଟରେ ଅନ୍ୟ କେତୋଟି ଦେଶରେ ରହି ବୁଲାବୁଲି କରୁ। ସେଥିଯୋଗୁ ଆମେ ଅନେକଗୁଡ଼ିଏ ଦେଶ ଭ୍ରମଣ କରିପାରିଛୁ। ଏଇ କଥା ଭାବି ଲେଖିବା ପାଇଁ ମୁଁ ଯେତେବେଳେ ପ୍ରସ୍ତୁତ ହେଲି, ମୋର କେବଳ ଯେଉଁ ଯେଉଁ ଦେଶ ବୁଲିଛୁ ମନେ ପଡ଼ିଲା, ଆଉ ଡିଟେଲ୍ କିଛି ମନେ ପଡ଼ିଲାନି । ଏମିତିକି କେତେଗୁଡ଼ିଏ ଦେଶରେ କଣ କଣ ଦେଖିଥିଲି ବି ମନେ ପଡ଼ିଲାନି। ତେଣୁ ମୁଁ ସ୍ଥିର କଲି କେତୋଟି ଦେଶ ବିଷୟରେ ଲେଖିବି, ଯାହାକୁ ଆମେ ଅଳ୍ପ କିଛି ବର୍ଷ ତଳେ ଦେଖିଛୁ ଓ ଆଉ କେତୋଟି ଦେଶ ଯେଉଁଠାକୁ ଆମେ ୨/୩ ଥର ଯାଇଛୁ।

ଲେଖିବାକୁ ସ୍ଥିର କଲାପରେ, ବିଭିନ୍ନ ଜାଗାରେ ମୁଁ ଇଂରାଜୀରେ ନେଇଥିବା ନୋଟ୍‌ଗୁଡ଼ିକୁ ଓଡ଼ିଆରେ ଲେଖିବା ଆରମ୍ଭକଲି। ଓଡ଼ିଆରେ ଲେଖା ତ ଆରମ୍ଭ କଲି, କିନ୍ତୁ ଲେଖିଲା ବେଳେ ମୁଁ ଜାଣିପାରିଲି ଅନ୍ୟ ଦେଶର ଭାଷା, ସଂସ୍କୃତି ଓ ଇତିହାସ ବିଷୟରେ ମୁଁ ଯଦି ପାଠକମାନଙ୍କୁ ଠିକ୍ ଭାବରେ ବୁଝାଇ ପରିବିନି ତେବେ ମୋର ଅନୁଭୂତି କେବଳ ମୋରି ପାଖରେ ହିଁ ରହିଯିବ। ତା'ଛଡା, ଲେଖିବା ସମୟରେ

ଆଉଗୋଟିଏ ଅସୁବିଧା ହେଲା। ଓଡ଼ିଆ ଯୁକ୍ତାକ୍ଷରଗୁଡ଼ିକୁ କମ୍ପ୍ୟୁଟରରେ ଠିକ୍ ଭାବରେ ଲେଖିବାରେ ବହୁତ ସମୟ ନଷ୍ଟ ହେଲା। ତେଣୁ ମୁଁ ଭାବିଲି, ଇଂରାଜୀ ଭାଷାର ମାଇକ୍ରୋସଫ୍ଟର "ୱାର୍ଡ"ପରି ଓଡ଼ିଆରେ ଯଦି ଗୋଟିଏ ୱାର୍ଡ ପ୍ରସେସର୍ ଥାଆନ୍ତା ତେବେ ଓଡ଼ିଆ ଭାଷାରେ ଯୁକ୍ତାକ୍ଷରଠାରୁ ଆରମ୍ଭକରି ଓଡ଼ିଆ ବ୍ୟାକରଣର ରୀତିନିତି ବ୍ୟବହାରକରି କମ୍ପ୍ୟୁଟରରେ ଲେଖିବା ବହୁତ ସୁବିଧା ହୋଇଥାନ୍ତା। ଏଇ ବହିଟି ଲେଖିଲାବେଳେ ଯେତେ ସମ୍ଭବ, ମୁଁ ସବୁ ନିର୍ଭୁଲ ଭାବରେ ଲେଖିବାକୁ ଚେଷ୍ଟା କରିଛି, କିନ୍ତୁ ତଥାପି ଯଦି କିଛି ତ୍ରୁଟି ରହିଯାଇଥାଏ, ଆଶାକରେ ପାଠକମାନେ ମତେ କ୍ଷମା କରିବେ।

ଆମେରିକା ଗୋଟିଏ ଏପରି ଦେଶ, ଯେଉଁଠାରେ ସମୁଦାୟ ଲୋକ ସଂଖ୍ୟାର ପ୍ରାୟ ୨୮%ରୁ ଅଧିକ ପ୍ରବାସୀ। ପୃଥିବୀର ଅନେକ ଦେଶର ଲୋକ ଏଠାରେ ସ୍ଥାୟୀ ବାସିନ୍ଦା ହୋଇ ରହିଯାଇଛନ୍ତି। ଖାଲି ବିଶ୍ୱବିଦ୍ୟାଳୟ ବା ଅଫିସରେ ଯେ ଜଣେ ବିଭିନ୍ନ ଦେଶବାସୀଙ୍କ ସଂସ୍ପର୍ଶରେ ଆସେ ତା' ନୁହେଁ, ନିଜ ସାଇପଡ଼ିଶାରେ ମଧ୍ୟ ବିଭିନ୍ନ ଦେଶର ଲୋକମାନେ ପଡ଼ୋଶୀ ଭାବରେ ଥାଆନ୍ତି। ମ୍ୟାରିଲାଣ୍ଡ ବିଶ୍ୱବିଦ୍ୟାଳୟରେ ପଢ଼ିବା ସମୟରେ, ବିଶ୍ୱବିଦ୍ୟାଳୟର କଲେଜ ପାର୍କ କ୍ୟାମ୍ପସ୍‌ର ଗୋଟିଏ ଆପାର୍ଟମେଣ୍ଟରେ ମୁଁ ମୋ ସ୍ୱାମୀଙ୍କ ସହ ରହୁଥିଲି। ସେଇ ଆପାର୍ଟମେଣ୍ଟ କମ୍ପ୍ଲେକ୍ସରେ ପୃଥିବୀର କୋଣଅନୁକୋଣରୁ ଆସିଥିବା ଛାତ୍ରଛାତ୍ରୀମାନେ ମଧ୍ୟ ରହୁଥିଲେ। ମୋର ଜଣେ ପଡ଼ୋଶୀ ଥିଲେ ଗ୍ରୀସ୍ ଦେଶର। ଆମ ବିଲଡିଂରେ ଇଜିପ୍ଟର ଗୋଟିଏ ଦମ୍ପତି ମଧ୍ୟ ରହୁଥିଲେ। କହିବା ବାହୁଲ୍ୟ ଯେ ବିଭିନ୍ନ ଦେଶ ଓ ପରିବେଶରୁ ଆସିଥିବା ଲୋକଙ୍କ ସହିତ ମିଶିବା ଫଳରେ ମୋର ଜ୍ଞାନର ପ୍ରସାର ହେବା ସଙ୍ଗେ ସଙ୍ଗେ ପୃଥିବୀର ଅନେକ ଦେଶ ବିଷୟରେ ମୁଁ ଶିଖିପାରିଲି। ଆମେରିକାରେ ଅନେକ ବର୍ଷ ରହିବା ଦ୍ୱାରା ବିଭିନ୍ନ ଦେଶର ଲୋକମାନଙ୍କ ସହ ବନ୍ଧୁତା ହେବା ସ୍ୱାଭାବିକ। ଏହି ବନ୍ଧୁତା ଫଳରେ ବିଭିନ୍ନ ଦେଶର ସଂସ୍କୃତି, ଖାଦ୍ୟପେୟ, ପୋଷାକ ପରିଚ୍ଛଦ, ସାମାଜିକ ଚାଲିଚଳଣି ବିଷୟରେ ଭାବର ଆଦାନପ୍ରଦାନ ହୁଏ।

ଆମେ (ମୁଁ ଏବଂ ମୋ ସ୍ୱାମୀ ବିନୋଦ) ଅନ୍ୟ ଦେଶ ଭ୍ରମଣ କରିବା, ବିଭିନ୍ନ ସଂସ୍କୃତି ବିଷୟରେ ଜାଣିବା, ବିଭିନ୍ନ ପ୍ରକାର ଖାଦ୍ୟ ଖାଇବା ଏବଂ ଅନ୍ୟ ସଂସ୍କୃତିର ଲୋକମାନଙ୍କ ସାଙ୍ଗରେ ମିଶିବାକୁ ଭଲ ପାଉ। ମୁଁ ଯେତେବେଳେ କାମ କରୁଥିଲି, ଆମ କମ୍ପାନୀରେ, ବିଶେଷକରି ଆମ ଗ୍ରୁପରେ ମୋର ଅନ୍ୟ ଦେଶର କେତେ ଜଣ ଘନିଷ୍ଠ ବନ୍ଧୁ ଥିଲେ। ଯେତେବେଳେ ଆମେ ସାଙ୍ଗ ହୋଇ ଲଞ୍ଚ୍ କରିବାକୁ ଯାଉଥିଲୁ ଆମେ ବିଭିନ୍ନ ଦେଶର ଭିନ୍ନ ଭିନ୍ନ ପ୍ରକାର ଖାଦ୍ୟ ଖାଇବାକୁ ପସନ୍ଦ କରୁଥିଲୁ।

ମନେ ଅଛି ମୁଁ ଯେତେବେଳେ କାମ ଆରମ୍ଭ କଲି, ମୋର ଗୋଟିଏ ଆମେରିକାନ୍ ଝିଅ ବହୁତ ସାଙ୍ଗ ହୋଇଗଲା। ଆମେ ସବୁଦିନ ଏକାଠି ବସି ଲଞ୍ଚ୍ ଖାଉଥିଲୁ। ମୋ ସାଙ୍ଗରେ ମିଶିବା ପୂର୍ବରୁ ସେ କେବେ ଆମେରିକାନ୍ ଖାଦ୍ୟ ଛଡ଼ା ଅନ୍ୟ କୌଣସି ଦେଶର ଖାଦ୍ୟ ଖାଇନଥିଲା। ବେଳେବେଳେ ମୁଁ ଲଞ୍ଚ୍ ପାଇଁ ଘର ତିଆରି ଭାରତୀୟ ଖାଦ୍ୟ ନିଏ ଏବଂ ତାକୁ ପଚାରେ ତୁ ଟିକେ ମୋ ଖାଇବା ଚାଖିବୁକି ? ମୋ ପ୍ରଶ୍ନର ଉତ୍ତର ସିଏ ଦିଏ- ନୋ ଥାଙ୍କ୍ ୟୁ। କିଛି ଦିନ ପରେ ସେ ବୋଧହୁଏ ମୋ ଖାଇବାର ବାସ୍ନା ସହିତ ଅଭ୍ୟସ୍ତ ହୋଇଗଲା, ତେଣୁ ଚାଖିବାକୁ ଚାହିଁଲା। ତା'ପରେ ସେ ଭାରତୀୟ ଖାଇବା ଏତେ ଭଲ ପାଇଲା ଯେ, ଅନେକ ସମୟରେ ମୁଁ ଯେତେବେଳେ ମୋର ଲଞ୍ଚ୍ ପ୍ୟାକ୍ କରୁଥିଲି, ତା'ପାଇଁ ମଧ୍ୟ ଅଲଗା ଲଞ୍ଚ୍ ପ୍ୟାକ୍ କରି ନେଉଥିଲି। କେବଳ ଭାରତୀୟ ଖାଦ୍ୟ ନୁହେଁ, ଯେହେତୁ ସାଙ୍ଗମାନଙ୍କ ସାଙ୍ଗରେ ଆମେ ବିଭିନ୍ନ ରେଷ୍ଟୋରାଁକୁ ଲଞ୍ଚ୍ ପାଇଁ ଯାଉଥିଲୁ ଧୀରେ ଧୀରେ ସେ ମଧ୍ୟ ଚାଇନିଜ୍, ଥାଇ, କୋରିଆନ୍, ଇଟାଲିଆନ୍, ଭୂମଧ୍ୟସାଗରୀୟ, ମେକ୍ସିକାନ୍ ଇତ୍ୟାଦି ଖାଦ୍ୟ ଉପଭୋଗ କରିବା ଆରମ୍ଭ କରିଥିଲା।

ଆମ ଦୁଇଜଣ (ମୁଁ ଓ ବିନୋଦ)ଙ୍କର ଭ୍ରମଣ ଆଗ୍ରହ ଥିବାରୁ, ଆମେ ଯେତେବେଳେ ସୁଯୋଗ ପାଉ, ଆମେରିକା ଏବଂ କାନାଡ଼ା ଭିତରେ ଡ୍ରାଇଭ୍ କରି ଟ୍ରାଭଲ୍ କରୁ। ବହୁ ପୂର୍ବରୁ, ୧୯୭୫ ମସିହାରେ ଆମେ ଅନ୍ୟ ଏକ ଦମ୍ପତିଙ୍କ ସହିତ ଆମେରିକା ଭିତରେ ଗୋଟିଏ କ୍ରସ୍-କଣ୍ଟ୍ରି ଟ୍ରିପ୍ କରିଥିଲୁ। ସେ ଟ୍ରିପ୍‌ରେ ଆମେ ଇଷ୍ଟ୍‌କୋଷ୍ଟରୁ ଯାଇ, ଗୋଟିଏ ମାସରେ ୧୦,୦୦୦ ମାଇଲରୁ ଅଧିକ ବାଟ ଡ୍ରାଇଭ୍ କରି, ଆମେରିକାର ପୂରା ୱେଷ୍ଟ୍‌କୋଷ୍ଟ ବୁଲିଥିଲୁ। ସେଥିପାଇଁ ଆମେ ଗୋଟିଏ କାର୍ ଭଡ଼ା କରି ନେଇଥିଲୁ। ଭଡ଼ା କାର୍ ଚାରି ସପ୍ତାହ ପରେ ଯେତେବେଳେ ଫେରାଇବାକୁ ଗଲୁ, ସେ ରେଣ୍ଟାଲ୍ କମ୍ପାନୀର ଲୋକମାନେ ୧୦,୦୦୦ ମାଇଲରୁ ଅଧିକ ରାସ୍ତା ଡ୍ରାଇଭ୍ କରିଛୁ ଦେଖି ଆଶ୍ଚର୍ଯ୍ୟ ହୋଇ ଯାଇଥିଲେ। ଡ୍ରାଇଭ୍ କରି ବୁଲିବା ଛଡ଼ା ଆମେ ଗ୍ରାଣ୍ଡ୍ କେମାନ୍ ଓ ଆଲାସ୍କାକୁ ଦୁଇଟି କ୍ରୁଜ୍ ଜାହାଜରେ ମଧ୍ୟ ଯାଇଛୁ। କ୍ରୁଜ୍ ଯାତ୍ରା ଅଭିଜ୍ଞତା ଏକ ଭିନ୍ନ ପ୍ରକାରର। ମୁଁ ବର୍ତ୍ତମାନ ତାହା ଲେଖିବାକୁ ଯାଉନାହିଁ; କିନ୍ତୁ ଚୀନ୍ ଉପରେ ଲେଖିଥିବା 'ବେଇଜିଂରୁ ଆରମ୍ଭ ଶାଙ୍ଘାଇରେ ଶେଷ' ଅଧ୍ୟାୟରେ ମୁଁ ୟାଂଜି ନଦୀରେ ଯାଇଥିବା କ୍ରୁଜ୍ ଅଭିଜ୍ଞତା ବିଷୟରେ ଉଲ୍ଲେଖ କରିଛି।

ଆଜିକାଲି ଆନ୍ତର୍ଜାତୀୟ ସ୍ତରରେ ଭ୍ରମଣ କରିବା ବହୁତ ସାଧାରଣ କଥା। ଟ୍ରେନ୍, ଅଟୋମୋବାଇଲ୍ ଏବଂ ଏୟାରପ୍ଲେନ ହେବା ଫଳରେ ଦେଶବିଦେଶକୁ ଯାଇ ବୁଲାବୁଲି କରିବା ଖୁବ୍ ସହଜ ହୋଇଯାଇଛି। କିଛି ବର୍ଷ ତଳେ ମୁଁ ଚୀନ୍

ଦେଶର ଲେଖିକା ସୂନ୍ ଶୁୟୁନ୍ ଲେଖିଥିବା ବହି 'ଟେନ୍ ଥାଉଜାଣ୍ଡ ମାଇଲ୍ସ ୱିଦାଉଟ୍ ଏ କ୍ଲାଉଡ୍' ପଢ଼ିଥିଲି, ଯେଉଁଥିରେ କି ସେ ଶାଙ୍ଗଜାଙ୍ଗ୍ (Xuanzang)ଙ୍କ ଭାରତ ଯାତ୍ରା ବିଶେଷ ଭାବରେ ବର୍ଣ୍ଣନା କରିଛନ୍ତି। ଶାଙ୍ଗଜାଙ୍ଗଙ୍କୁ ଆମେ ଭାରତରେ ହୁଏନ୍ ସାଂ ଭାବରେ ଜାଣୁ। ସେ ବହିଟି ପଢ଼ିଲାବେଳେ ମୁଁ ମନେମନେ ଭାବୁଥିଲି, ସେ ସମୟରେ ଟ୍ରାଭଲ୍ କରିବା ଏତେ କଷ୍ଟକର ଥିବା ସତ୍ତ୍ୱେ, ହୁଏନ୍ ସାଂ କେବଳ ଯେ ନାଳନ୍ଦା ବିଶ୍ୱବିଦ୍ୟାଳୟକୁ ଆସିଥିଲେ ତା' ନୁହେଁ, ସେ ଭାରତ ଭିତରେ ଅନେକ ଜାଗା ମଧ୍ୟ ବୁଲିଥିଲେ। (ସେଇ ସମୟରେ ସେ ଓଡ଼ିଶା ଯାଇଥିବାର ଜଣାପଡ଼େ।) କିନ୍ତୁ ତାଙ୍କର ଯାତ୍ରା ଏତେ କଷ୍ଟକର ହୋଇଥିବା ସତ୍ତ୍ୱେ, ଏକଥା କହିବା ବାହୁଲ୍ୟ ଯେ ତାଙ୍କର ଯାତ୍ରା ଦ୍ୱାରା ଉଭୟ ଭାରତ ଓ ଚୀନ୍‌ର ସଂସ୍କୃତି ଓ ସଭ୍ୟତାର ସମୃଦ୍ଧି ହୋଇଥିଲା।

ସେହିପରି, ଶ୍ରୀଲଙ୍କା ଯିବା ପୂର୍ବରୁ, ଶ୍ରୀଲଙ୍କା ବିଷୟରେ ଟିକେ ପଢ଼ାପଢ଼ି କଲାବେଳେ ମୁଁ କିଛିଟା ଜାଗାରେ ଶ୍ରୀଲଙ୍କା ସହିତ ଓଡ଼ିଶାର କିଛି ସମ୍ପର୍କ ଥିବାର ପଢ଼ିଥିଲି। ତା'ଛଡ଼ା କଳିଙ୍ଗ ଯୁଦ୍ଧ ପରେ, ସମ୍ରାଟ ଅଶୋକ ଚଣ୍ଡାଶୋକରୁ ଧର୍ମାଶୋକକୁ ପରିବର୍ତ୍ତନ ହେବା ପରେ ସେ ଦକ୍ଷିଣପୂର୍ବ ଏସିଆର ଅନେକ ଦେଶରେ କିପରି ବୌଦ୍ଧ ଧର୍ମର ପ୍ରସାର କରିଥିଲେ ତା' ବି ପଢ଼ିଥିଲି। ସେଇ ଦେଶଗୁଡ଼ିକ ମଧ୍ୟରୁ ଶ୍ରୀଲଙ୍କା ଅନ୍ୟତମ। ଯଦିଓ କାଳକ୍ରମେ ଭାରତରୁ ବୌଦ୍ଧଧର୍ମ ପ୍ରାୟ ଲୋପ ପାଇଗଲା, ଶ୍ରୀଲଙ୍କାରେ କିନ୍ତୁ ଏଇ ଧର୍ମଟି ଯେ ଏବେ ବି ଜୀବନ୍ତ, ତାହା ଦେଖି ମତେ ଅବାକ୍ ଲାଗିଲା। ସମ୍ରାଟ ଅଶୋକ ତାଙ୍କର ଝିଅ ସଂଘମିତ୍ରା ଓ ପୁଅ ମହେନ୍ଦ୍ରଙ୍କୁ ସିଂହଳ ପଠାଇ ବୌଦ୍ଧଧର୍ମର କିପରି ପ୍ରସାର କରିଥିଲେ ତାହା ଜାଣି ସବୁଠାରୁ ବେଶୀ ଭଲ ଲାଗିଲା। ଶ୍ରୀଲଙ୍କା ଯାଇ ଦେଖିନଥିଲେ ସେକଥା ବିଶ୍ୱାସ କରିବା କଷ୍ଟ ହୋଇଥାନ୍ତା।

ଉପରୋକ୍ତ ବର୍ଣ୍ଣନା ପରେ ପ୍ରଶ୍ନ ଉଠିପାରେ, ଭ୍ରମଣକାରୀମାନେ ପୂର୍ବକାଳରେ ଏତେ କଷ୍ଟ କରି ଏବଂ ବର୍ତ୍ତମାନ ବହୁ ବ୍ୟସ୍ତତା ଭିତରେ ସମୟ ବାହାର କରି କାହିଁକି ଭ୍ରମଣ କରିବାକୁ ଚାହାନ୍ତି ? ମୋ ମତରେ ଏଇ ପ୍ରଶ୍ନର ଉତ୍ତରଟି ହେଲା- ଏହା ମନକୁ ଆନନ୍ଦ, ଉତ୍‌ଫୁଲ୍ଲତା ଦେବା ସହିତ ଅନେକ ନୂଆ ଦୃଷ୍ଟିକୋଣ ଆଣିଦିଏ। ଘରେ ରହି ଜଣେ ନିତିଦିନିଆ କାମରେ ବ୍ୟସ୍ତ ରହେ। କିନ୍ତୁ ଘରୁ ବାହାରିଗଲେ, ବିଶେଷତଃ ଅନ୍ୟ କୌଣସି ନୂଆ ଜାଗାକୁ ଗଲେ, ମନରେ ନୂଆ ଭାବନା ଆସିବା ସହ କେତେ ଲୋକଙ୍କ ମନରେ ସୃଜନଶୀଳତା ଆଣିଦିଏ। ଉତ୍କଳମଣି ଗୋପବନ୍ଧୁ ଦାସ ଯିଏକି ଜଣେ ସାମାଜସେବୀ, ସଂସ୍କାରକ, ପ୍ରାବନ୍ଧିକ ଏବଂ କବି ଥିଲେ, ଥରେ ଟ୍ରେନ୍‌ରେ ଗଲାବେଳେ ଚିଲିକା ହ୍ରଦର ସୌନ୍ଦର୍ଯ୍ୟ ତାଙ୍କୁ ଏତେ ଅଭିଭୂତ କରିଥିଲା ଯେ ସେ

ଲେଖିଥିଲେ- ରହ ରହ କ୍ଷଣେ ବାଷ୍ପୀୟ ଶକଟ, ଦେଖିବି ଚିଲିକା ଚାରୁ ଚିତ୍ରପଟ। ସେଇପରି ଇଂଲଣ୍ଡର କବି ୱିଲିଅମ୍ ୱାର୍ଡସ୍‌ୱର୍ଥ, ମାଇଲ ମାଇଲ ଧରି ଡାଫୋଡିଲ୍ ଫୁଲର ଏକ ବିରାଟ କ୍ଷେତ୍ର ଦେଖି ଅଭିଭୂତ ହୋଇ ତା'ଉପରେ ଗୋଟିଏ କବିତା ଲେଖିଥିଲେ। କେବଳ ଯେ ପ୍ରାକୃତିକ ସୌନ୍ଦର୍ଯ୍ୟ ଜଣକୁ ଅଭିଭୂତ କରେ ତା ନୁହେଁ, ଜଣେ ଯାତ୍ରୀ ଯେତେବେଳେ ଫ୍ଲୋରେନ୍ସରେ ମାଇକେଲ୍ ଆଞ୍ଜେଲୋଙ୍କର ଡେଭିଡ୍ ପ୍ରତିମୂର୍ତ୍ତି, ରୋମ୍‌ରେ ସିଷ୍ଟିନ୍ ଚାପେଲ୍, ପେରୁରେ ମାଚୁ ପିଚୁ ପର୍ବତର ଶିଖର, ମାଡ୍ରିଡ୍‌ରେ ପିକାସୋଙ୍କର ପ୍ରସିଦ୍ଧ ଚିତ୍ର ଗୁଏରନିକା, ତିବ୍ବତ୍‌ର ଲାସା ସହରରେ ଥିବା ପୋଟାଲା ପ୍ରାସାଦରେ ଚମତ୍କାର ବୁଦ୍ଧ ପ୍ରତିମୂର୍ତ୍ତି କିମ୍ବା ଶ୍ରୀଲଙ୍କାର ଡାମ୍ବୁଲାରେ ଥିବା ଗୁମ୍ଫା ମନ୍ଦିର ଦେଖି ଜଣେ ଯେଉଁ ଅନୁଭୂତି ପାଏ ତା'ର କୌଣସି ବିକଳ୍ପ ନାହିଁ; କାରଣ ସେଗୁଡ଼ିକ ଆମ କଳ୍ପନାର ବାହାରେ।

ଏହିପରି କେତେଗୁଡ଼ିଏ ଚିନ୍ତାଧାରାରେ ଅନୁପ୍ରାଣିତ ହୋଇ ମୁଁ ଏଇ ବହିଟି ଲେଖିବାକୁ ଚେଷ୍ଟା କରିଛି। ବହିଟିରେ ମୁଁ ମୋର ଇଟାଲୀ, ସ୍ପେନ୍ ଓ ପର୍ତ୍ତୁଗାଲ୍, ଦକ୍ଷିଣ ଆମେରିକାର ପେରୁ, ଚୀନ୍ ଏବଂ ଶ୍ରୀଲଙ୍କା ଯାତ୍ରା ଅନୁଭୂତି ବିଷୟରେ ଲେଖିଛି। ଏହା ପାଠକମାନଙ୍କ ଦ୍ୱାରା ଆଦୃତ ହେଲେ ମୋର ଶ୍ରମ ସଫଳ ହେଲାବୋଲି ଜାଣିବି।

ଭର୍ଜିନିଆ ବିଚ୍

ଅଗଷ୍ଟ ୨୫, ୨୦୨୧

ସୂଚିପତ୍ର

ଇଟାଲୀର କେତୋଟି ଅଭୁଲା ସ୍ମୃତି

ଇଟାଲୀ ବିଷୟରେ ଗୋଟିଏ କଥା ଅଛି। ତା'ହେଲା- ତୁମେ ଯଦି ଥରେ ଇଟାଲୀ ଯିବ ତେବେ ବାରମ୍ବାର ଯିବା ପାଇଁ ଚାହିଁବ। ଏଇ କଥାକୁ ଅନେକ ଲୋକ ତ ବିଶ୍ୱାସ କରନ୍ତି; ମୁଁ ବି କରେ।

ପଶ୍ଚିମ ଇଉରୋପରେ ଅବସ୍ଥିତ ଏହି ଦେଶଟି ଭୂମଧ୍ୟସାଗର କୂଳରେ। ଏହାର ସୀମାକୁ ଲାଗିରହିଛି ଚାରିଟି ଦେଶ- ଫ୍ରାନ୍ସ, ସ୍ୱିଜରଲାଣ୍ଡ, ଅଷ୍ଟ୍ରିଆ ଓ ସ୍ଲୋଭାନିଆ। ରୋମ୍ ସାମ୍ରାଜ୍ୟର ଧ୍ୱଂଶାବଶେଷ, ସ୍ଥାପତ୍ୟକଳା, ସ୍ମାରକୀ, ସ୍ଥପତି, ଚିତ୍ରକାର ଓ ସଙ୍ଗୀତଜ୍ଞମାନଙ୍କ ପାଇଁ ଏ ଦେଶ ପ୍ରସିଦ୍ଧ। ଏହି ଦେଶରେ ପ୍ରସିଦ୍ଧ ଚିତ୍ରକାର ଲିଓନାର୍ଡୋ ଡା ଭିନ୍‌ଚି ଯିଏକି ମୋନାଲିସା ପରି ଚିତ୍ର ପାଇଁ ପ୍ରସିଦ୍ଧ, ଡେଭିଡ଼ଙ୍କ ପ୍ରତିମୂର୍ତ୍ତି ପାଇଁ ପ୍ରସିଦ୍ଧ ମାଇକେଲ ଆଞ୍ଜେଲୋ ଏବଂ ଶାସ୍ତ୍ରୀୟ ସଙ୍ଗୀତ କମ୍ପୋଜର୍ ଭିଭାଲଡ଼ୀ, ପୁଚିନି ଓ ପାଗାନିନିଙ୍କ ପରି ବିଖ୍ୟାତ ବ୍ୟକ୍ତିମାନେ ଜନ୍ମଗ୍ରହଣ କରିଛନ୍ତି। ମନଲୋଭା ଫ୍ୟାସନ୍ ଡିଜାଇନ୍, ସୁସ୍ୱାଦୁ ଖାଦ୍ୟ ଯଥା ପାସ୍ତା ପ୍ରିମାଭେରା, ଲଜାନିଆ, ପାରମେଜାନା ଏବଂ ପିଜ୍ଜା ପାଇଁ ଏ ଦେଶ ପ୍ରସିଦ୍ଧ। ଆତିଥେୟତା ପାଇଁ ମଧ୍ୟ ଏ ଦେଶ ସାରା ପୃଥିବୀରେ ବିଖ୍ୟାତ। ଏହା ବ୍ୟତୀତ ଖ୍ରୀଷ୍ଟଧର୍ମାବଲମ୍ବୀମାନଙ୍କ ଭିତରୁ କ୍ୟାଥୋଲିକ୍‌ମାନଙ୍କର ରୋମ୍ ହେଉଛି ମୁଖ୍ୟସ୍ଥଳ। କ୍ୟାଥୋଲିକ୍ ଧର୍ମର ମୁଖ୍ୟ, ପୋପ୍, ରୋମ୍ ମଧ୍ୟରେ ଥିବା ଭାଟିକାନ୍ ସିଟିରେ ରହନ୍ତି।

ପ୍ରଥମେ ଭାଟିକାନ୍ ସିଟି ଇଟାଲୀର ଗୋଟିଏ ରାଜ୍ୟ ଥିଲା। ୧୯୨୯ ମସିହାରେ ଇଟାଲୀ ଓ ଭାଟିକାନ୍ ମଧ୍ୟରେ ସ୍ୱାକ୍ଷରିତ ହୋଇଥିବା ଲାଟେରାନ୍ ଚୁକ୍ତି (Lateran Pacts) ଅନୁଯାୟୀ ଭାଟିକାନ୍ ସିଟି ଏକ ସ୍ୱାଧୀନ ରାଷ୍ଟ୍ରରେ ପରିଣତ ହେଲା। ଭାଟିକାନ୍ ସିଟି ସ୍ୱାଧୀନତା ପାଇବାର କାରଣ ହେଉଛି ଇଟାଲୀ ସରକାର ଓ ଚର୍ଚ୍ଚ ମଧ୍ୟରେ ଆରମ୍ଭ ହୋଇଥିବା କଳହ। ୧୮୭୧ ମସିହା ପର୍ଯ୍ୟନ୍ତ ଇଟାଲୀରେ

ଅନେକଗୁଡ଼ିଏ ରାଜ୍ୟ ଥିଲା। ଗୋଟିଏ ରାଜ୍ୟ, ଯେଉଁ ରାଜ୍ୟଟି ଆକାରରେ ସମଗ୍ର ଇଟାଲୀର ପ୍ରାୟ ଏକ ତୃତୀୟାଂଶ, ତାହା ଥିଲା ପୋପ୍‌ଙ୍କ ଅଧୀନରେ। ଯେତେବେଳେ ସବୁ ରାଜ୍ୟ ମିଶି ଗୋଟିଏ ଇଟାଲୀ ଗଠିତ ହେଲା, ପୋପ୍ ତାଙ୍କର କର୍ତ୍ତୃତ୍ୱ ହରାଇ ବସିଲେ ଏବଂ ଆରମ୍ଭ ହେଲା ଇଟାଲୀ ସରକାର ଓ କ୍ୟାଥୋଲିକ ଚର୍ଚ୍ଚ ମଧ୍ୟରେ ଶୀତଳ ଯୁଦ୍ଧ। ଶେଷରେ ଇଟାଲୀ ଓ ଭାଟିକାନ୍ ଭିତରେ ୧୯୨୯ ମସିହାରେ ଏକ ସନ୍ଧି ହେଲା ଓ ଦୁଇ ପକ୍ଷ ଏକ ଚୁକ୍ତିନାମା ସ୍ୱାକ୍ଷର କଲେ। ଲାଟେରାନ୍ ଚୁକ୍ତି ଭାବେ କଥିତ ଏହି ଚୁକ୍ତି ବଳରେ ଭାଟିକାନ୍ ଏକ ସ୍ୱାଧୀନ ରାଷ୍ଟ୍ରରେ ପରିଣତ ହେଲା।

ଅନେକ ପ୍ରକାର ପ୍ରାକୃତିକ ସୌନ୍ଦର୍ଯ୍ୟ, ସୁନ୍ଦର ସମୁଦ୍ର ବେଳାଭୂମି ଓ ଆଲପ୍ସ ଭଳି ମନମୁଗ୍ଧକର ପର୍ବତଶ୍ରେଣୀରେ ପରିପୂର୍ଣ୍ଣ ଏହି ଦେଶଟି ଅତ୍ୟନ୍ତ ମନୋହର। ଏଇସବୁ ସୌନ୍ଦର୍ଯ୍ୟର ଅଧିକାରିଣୀ ହୋଇଥିବାରୁ ଇଟାଲୀକୁ କହନ୍ତି ବେଲ୍ ପାଏଜେ ଅର୍ଥାତ୍ ସୁନ୍ଦର ଦେଶ। ଶିଳ୍ପ ପାଇଁ ଏ ଦେଶ ପୃଥିବୀ ବିଖ୍ୟାତ ଯଦିଓ ଏହାର ଅର୍ଥନୀତି କୃଷିଭିତ୍ତିକ। ପୃଥିବୀର କୋଣ ଅନୁକୋଣରେ ଇଟାଲୀର ୱାଇନ୍ ଓ ଅଲିଭ୍ ଅଏଲ୍‌ର ସୁଖ୍ୟାତି ବ୍ୟାପିଯାଇଛି। କହିବା ବାହୁଲ୍ୟ ଯେ ପର୍ଯ୍ୟଟନ ଶିଳ୍ପ ଏ ଦେଶକୁ ଗତିଶୀଳ କରିଛି। ବ୍ୟାଙ୍କ୍ ଅଫ ଭେନିସ୍ ହେଉଛି ସାରା ପୃଥିବୀର ପ୍ରଥମ ଜାତୀୟ ବ୍ୟାଙ୍କ, ଯାହା ୧୧୫୭ ମସିହାରେ ସ୍ଥାପିତ ହୋଇଥିଲା ଏବଂ ଏହାର ଶାଖା ସମଗ୍ର ଇଉରୋପରେ ଥିଲା।

କହିବାକୁ ଗଲେ ଇଟାଲୀର ଶ୍ରେଷ୍ଠତାର ଅନ୍ତ ନାହିଁ। ଏଇଥିପାଇଁ ତ ଆମେ ତିନି ଥର ଇଟାଲୀ ଭ୍ରମଣରେ ଯାଇ ସାରିଲୁଣି। ଏ ଦେଶର ପ୍ରତ୍ୟେକଟି ସହରରେ ଏତେସବୁ ଦେଖିବାର ଜିନିଷ ରହିଛି ଯେ ଆମର ତିନି ଥର ଗସ୍ତ ଭିତରେ ଆମେ କେବଳ ତିନୋଟି ସହର ଦେଖିପାରିଛୁ। ସେ ତିନୋଟି ହେଲା ରୋମ୍, ଭେନିସ୍ ଓ ଫ୍ଲରେନ୍ସ। ମୁଁ ତ କହିବି ଇଟାଲୀକୁ, ବିଶେଷକରି ରୋମ୍‌କୁ ଆହୁରି ଅନେକ ଥର ଗଲେ ବି ମତେ ସବୁଥର ଗୋଟିଏ ନୂଆ ସହରରେ ଆସି ପହଞ୍ଚିଲା ପରି ଲାଗିବ।

୨୦୧୦ ମସିହାରେ ଆମେ ଯେତେବେଳେ ଇଟାଲୀ ଯିବା ପାଇଁ ସ୍ଥିର କଲୁ, ଭାବିଲୁ ଏଥର ସବୁ ନୂଆ ସହରକୁ ଯିବୁ, ଯେଉଁଠିକୁ ଆମେ ଆଗରୁ ଯାଇନାହୁଁ। କିନ୍ତୁ ଶେଷରେ ସେଇ ରୋମ୍ ଓ ଭେନିସ୍ ପୁଣି ଯିବା ପାଇଁ ଠିକ କଲୁ, ନୂଆ ଜାଗା ଭିତରେ କେବଳ ଫ୍ଲରେନ୍ସକୁ ବାଛିଲୁ। ମାତ୍ର ଦଶ ଦିନ ପାଇଁ ଯାଉଥିବାରୁ ତିନୋଟି ସ୍ଥାନରୁ ଅଧିକ ଭଲ ଭାବରେ ଦେଖିବା ସମ୍ଭବ ହେବନାହିଁ ଭାବିଲୁ। ଅନ୍ୟ କେତେଥର ପରି ଏଥର ଆମର ଗସ୍ତ ଦଳଗତ ନଥିଲା। ମୁଁ ଓ ସ୍ୱାମୀ ମିଶି ଆମ ଗସ୍ତର ସମସ୍ତ ଯୋଜନା କଲୁ ଓ ଆମର ସୁବିଧା ଅନୁସାରେ କାର୍ଯ୍ୟକ୍ରମ ନିର୍ଦ୍ଧାରିତ କଲୁ। ଇଣ୍ଟରନେଟ୍

ମାଧ୍ୟମରେ ଆମେ ଯିବାକୁ ଥିବା ସହରଗୁଡ଼ିକର ପାଗ ଅନୁଧ୍ୟାନ କରି ସ୍ଥିର କଲୁ ଯେ ସେପ୍ଟେମ୍ବର ମାସଟି ହିଁ ଆମ ପାଇଁ ବୁଲିବାର ଉପଯୁକ୍ତ ସମୟ ହେବ। ତେଣୁ ସେପ୍ଟେମ୍ବର ୧୩ରୁ ୨୩ ପର୍ଯ୍ୟନ୍ତ ଇଟାଲୀ ଭ୍ରମଣ କରିବାର ପ୍ରୋଗ୍ରାମ ହେଲା। ସେଇ ହିସାବରେ ଏୟାର୍ ଲାଇନ୍ ଟିକେଟ୍ ଓ ହୋଟେଲ୍ ବୁକିଂ କଲୁ। ଇଟାଲୀ ଭିତରେ ବୁଲିବା ପାଇଁ ଇଉରେଲ ଟିକେଟ୍ ମଧ୍ୟ କିଣିଦେଲୁ। ଇଟାଲୀ ଭିତରେ ଉଡ଼ାଜାହାଜରେ ଯିବା ଅପେକ୍ଷା ଟ୍ରେନ୍‌ରେ ଯିବାକୁ ସ୍ଥିର କଲୁ ଏଇଥିପାଇଁ ଯେ ଟ୍ରେନ୍‌ରେ ଗଲେ ସେ ଦେଶର ଗ୍ରାମାଞ୍ଚଳର ଦୃଶ୍ୟ ଦେଖିହେବ।

ସାଧାରଣତଃ କୌଣସି ଟ୍ରିପ୍‌ରେ ଗଲାବେଳେ ମୁଁ ମୋର ବଡ଼ ପର୍ସରେ ସବୁ ଦରକାରୀ ଜିନିଷ ଯେମିତିକି ଟଙ୍କା, ପାସ୍‌ପୋର୍ଟ, ଟ୍ରାଭଲ୍ ଡକୁମେଣ୍ଟସ୍, ଏୟାର୍‌ଲାଇନ୍ ଟିକେଟ୍, ଟ୍ରେନ୍ ଟିକେଟ୍ ପ୍ରଭୃତି ରଖିଥାଏ। ଯାତ୍ରାରମ୍ଭର ପୂର୍ବ ରାତିରେ ସବୁ ଜିନିଷପତ୍ର ସଜାଡ଼ିଦେଲି। ମୋ ପର୍ସକୁ ପୁଣି ଥରେ ଚେକ୍ କଲାବେଳକୁ ପାସପୋର୍ଟ୍ ପାଇଲି ନାହିଁ। ସେତେବେଳକୁ ରାତି ୧୦.୩୦ ହେଲାଣି। ମୁଁ ଓ ମୋ ସ୍ୱାମୀ ମିଶି ସବୁ ଖୋଜାଖୋଜି କଲୁ; କିନ୍ତୁ ପାସପୋର୍ଟ୍ ମିଳିଲା ନାହିଁ। ପାସପୋର୍ଟ୍‌କୁ ମୁଁ ସାଧାରଣତଃ ବହୁତ ସାବଧାନରେ ରଖେ। ସେଦିନ କେଉଁଠି ଯେ ରଖିଥିଲି ସେକଥା ଆଦୌ ମନେ ପଡ଼ିଲା ନାହିଁ। ଘରର ସବୁ ସମ୍ଭାବ୍ୟ ଜାଗାଗୁଡ଼ିକରେ ଖୋଜିଲି, କେଉଁଠି ହେଲେ ମିଳିଲା ନାହିଁ। ରାତି ବାରଟା ବାଜିଗଲା ଖୋଜୁ ଖୋଜୁ ତଥାପି ପାସପୋର୍ଟ୍ ମିଳିଲାନି। ସେତେବେଳକୁ ଆମେ ଦୁଇ ଜଣ ଯାକ କ୍ଳାନ୍ତ ହୋଇଯିବା ସଙ୍ଗେ ସଙ୍ଗେ ନିରାଶ ମଧ୍ୟ ହୋଇଗଲୁଣି। ଭାବିଲୁ ଆଉ ବୋଧହୁଏ ଯାଇହେବନି। ଶେଷକୁ ପ୍ରାୟ ରାତି ଗୋଟାଏ ବେଳେ ମୁଁ ମୋ ପର୍ସ୍ ଆଉଥରେ ଖୋଜିବା ପାଇଁ ଚେଷ୍ଟା କଲି। ସେତେବେଳେ ମୋର ମନେପଡ଼ିଲା ଯେ ମୋ ପର୍ସରେ ଥିବା ସିକ୍ରେଟ୍ ଚେମ୍ବର୍‌ଟି ଦେଖି ନାହିଁ। ପାସପୋର୍ଟ୍ ସେଇଠି ହିଁ ଥିଲା। ଆମେ ସ୍ୱସ୍ତିରେ ନିଃଶ୍ୱାସ ମାରି ଶୋଇବାକୁ ଗଲୁ।

ଭାସମାନ ସହର ଭେନିସ୍

ଏଇ ଇଟାଲୀ ଟ୍ରିପ୍‌ରେ ଆମର ପ୍ରଥମ ରହଣି ଥିଲା ଭେନିସ୍। ସେପ୍ଟେମ୍ବର ୧୩, ୨୦୧୦ରେ ଆମେ ୱାଶିଂଟନ୍ ଡି.ସି.ର ଡଲେସ୍ ଏୟାର୍‌ପୋର୍ଟରୁ ଗୋଟିଏ ଆଇବେରିଆନ୍ ଏୟାରଲାଇନସ୍ ଫ୍ଲାଇଟ୍ ଧରି ମାଡ୍ରିଡ୍ ଗଲୁ। ମାଡ୍ରିଡ୍‌ରୁ ପୁଣି ଅନ୍ୟ ଗୋଟିଏ ଆଇବେରିଆନ୍ ଏୟାରଲାଇନସ୍ ଫ୍ଲାଇଟ୍ ନେଇ ୧୪ ସେପ୍ଟେମ୍ବର୍ ଦିନ ୨ଟା ୩୦ରେ ଭେନିସ୍‌ରେ ପହଞ୍ଚିଲୁ। ଭେନିସ୍ ସହରକୁ ଲାଗିକରି ଥିବା ମେଷ୍ଟ୍ରେ

ସହରର ଡେଲ୍‌ଫିନୋ ହୋଟେଲ୍‌ରେ ଆମେ ରିଜର୍ଭେସନ୍ କରିଥିଲୁ। ହୋଟେଲ୍‌ରେ ପ୍ରାୟ ୩ଟାବେଳେ ପହଞ୍ଚିଲୁ। ଚେକ୍-ଇନ୍ ପରେ ଘଣ୍ଟାଏ ଖଣ୍ଡେ ବିଶ୍ରାମ ନେଇ, ଫ୍ରେସ୍ ହୋଇ, ଭେନିସ୍ ସହରକୁ ଯିବା ପାଇଁ ପ୍ରସ୍ତୁତ ହୋଇଗଲୁ। ଚେକ୍-ଇନ୍ ସମୟରେ ଆମେ ହୋଟେଲ୍ ଷ୍ଟାଫଙ୍କୁ ଭେନିସ୍ ଯିବୁ ବୋଲି କହିଥିଲୁ। ସେମାନେ କହିଲେ- କିଛି ଅସୁବିଧା ନାହିଁ; କାରଣ ଭେନିସ୍ ଯିବା ପାଇଁ ବସ୍ ଠିକ୍ ହୋଟେଲ୍ ସାମନାରେ ରହେ ଓ ସେଠି ପହଞ୍ଚିବା ପାଇଁ ୧୦ ମିନିଟ୍ ଲାଗେ। ସେମାନେ ବସ୍ ଟିକେଟ୍ ମଧ୍ୟ ଆମକୁ ଦେଲେ। ଗୋଟିଏ ପାଖ ଯାତ୍ରା ପାଇଁ ଟିକେଟ୍‌ର ମୂଲ୍ୟ ଥିଲା ଜଣପ୍ରତି ୧.୧୦ ଇଉରୋ। ଆମେ କେବଳ ସେଇ ଦିନ ପାଇଁ ନୁହେଁ, ପରଦିନ ପାଇଁ ମଧ୍ୟ ଟିକେଟ୍ କିଣିଦେଲୁ। ସନ୍ଧ୍ୟା ସାଢ଼େ ପାଞ୍ଚଟା ବେଳେ ହୋଟେଲ୍ ସାମନାରୁ ବସ୍ ଧରି ଠିକ୍ ଦଶ ମିନିଟ୍‌ରେ ଭେନିସ୍‌ର ବସ୍ ଷ୍ଟପ୍‌ରେ ପହଞ୍ଚିଲୁ। ବସ୍ ଷ୍ଟପ୍‌ରୁ କେନାଲ୍ ଉପରେ ଥିବା ପୋଲ ଦେଇ ଯାଇ ଭେନିସ୍ ସହରରେ ପହଞ୍ଚିଲୁ।

ଭାସମାନ ସହର ଭେନିସ୍। ଆଡ୍ରିଆଟିକ୍ ଉପସାଗରର ଗୋଟିଏ ଲାଗୁନ୍‌ର ଶହେରୁ ଊର୍ଦ୍ଧ୍ୱ ଛୋଟଛୋଟ ଦ୍ୱୀପକୁ ନେଇ ଏଇ ସହର ନିର୍ମିତ। ଦ୍ୱୀପପୁଞ୍ଜ ପାଇଁ ସହରଟି କେନାଲ୍‌ରେ ପରିପୂର୍ଣ୍ଣ। ସାଧାରଣ ସହରରେ ରାସ୍ତାଗୁଡ଼ିକ ଯେମିତି ଛନ୍ଦି ଛନ୍ଦି ହୋଇଥାଏ, ଏଠି କେନାଲ୍‌ଗୁଡ଼ିକ ଠିକ୍ ସେହିପରି ଅଛି। କେନାଲ୍ ହିଁ ଏଠିକାର ରାସ୍ତା। ମୁଖ୍ୟ କେନାଲର ନାଁ ହେଲା ଗ୍ରାଣ୍ଡ କେନାଲ। ଏହା ତିନି କିଲୋମିଟର ଲମ୍ବ ଓ ଏହାର ଓସାର ୩୦ରୁ ୭୦ ମିଟର। କେନାଲର ଦୁଇ କଡ଼ରେ ବଡ଼ ବଡ଼ ଅଟ୍ଟାଳିକା, ଚର୍ଚ୍ଚ, ପବ୍ଲିକ୍ ବିଲଡିଂ ଓ ହୋଟେଲ୍ ଭର୍ତ୍ତି। କେନାଲ ଉପରେ ଅନେକଗୁଡ଼ିଏ ପୋଲ ରହିଛି। ସେ ମଧ୍ୟରୁ ରିଆଲ୍ଟୋ ପୋଲଟି ପ୍ରସିଦ୍ଧ। ୧୫୯୦ ମସିହାରେ ଆନଟୋନିଓ ଦା ପୋଣ୍ଟେ ଏହି ପୋଲର ଡିଜାଇନ୍ କରିଥିଲେ। ପୋଲଟି ଦେଖିବାକୁ ଅତି ସୁନ୍ଦର। ଭେନିସ୍‌ର ଅନ୍ୟ ତିନୋଟି ବଡ଼ ପୋଲ ହେଲା- ୧୯୩୦ ମସିହାରେ କାଠରେ ତିଆରି ହୋଇଥିବା ଏକାଡ଼େମିଆ ପୋଲ, ୧୯୩୨ ମସିହାରେ ତିଆରି ହୋଇଥିବା ରେଲୱେ ଷ୍ଟେସନ୍ ପାଖର ସ୍କାଲଜୀ ପୋଲ ଓ ୨୦୦୮ରେ ତିଆରି ହୋଇଥିବା ପୋଣ୍ଟେ ଦି କାଲାତ୍ରାଭା ପୋଲ। ଗ୍ରାଣ୍ଡ କେନାଲ ସହ ଅନେକଗୁଡ଼ିଏ ଛୋଟଛୋଟ କେନାଲ ସଂଯୁକ୍ତ। ଏହି କେନାଲଗୁଡ଼ିକ ହିଁ ଲୋକମାନେ ଯିବା ଆସିବା କରିବାର ମାଧ୍ୟମ। ରାସ୍ତା ବଦଳରେ ଭେନିସ୍ ଜଳପଥ ଉପରେ ନିର୍ଭର କରେ। ଏଠାରେ ଅନେକ ଅଞ୍ଚଳରେ ମୋଟର ଗାଡ଼ି ଚାଲିବା ମନା। ସମସ୍ତେ ପ୍ରାୟ ୱାଟର୍ ବସ୍ ଓ ୱାଟର୍ ଟାକ୍ସି ବ୍ୟବହାର କରିଥାନ୍ତି। ଟୁରିଷ୍ଟମାନେ ଗଣ୍ଡୋଲା ନେଇ ବୁଲନ୍ତି। ଗଣ୍ଡୋଲାଗୁଡ଼ିକ ହେଲା ଛୋଟ ଛୋଟ ଡଙ୍ଗା। ଗ୍ରାଣ୍ଡ କେନାଲରେ ୱାଟର୍ ବସ୍,

ୱାଟର୍ ଟାକ୍ସି, ଗଣ୍ଡୋଲା ସହିତ ପୋଲିସ୍, ଦମକଳ ବାହିନୀ ଓ ଆମ୍ବୁଲାନ୍ସ ମଧ୍ୟ ରହିଥାନ୍ତି। ବଡ଼ ବଡ଼ ଡଙ୍ଗାରେ ଜିନିଷପତ୍ର ନବାଆଣିବା ହୁଏ। ପାଣି ଭିତରେ ଏତେସବୁ ସୁବିଧା ଥିବାର ଦେଖି ଭଲ ଲାଗିଲା। କିନ୍ତୁ ଭେନିସ୍ ଧୀରେ ଧୀରେ ବୁଡ଼ି ଯାଉଥିବାର ଶୁଣି ବହୁତ ଦୁଃଖ ଲାଗିଲା। ଖାଲି ଯେ ବୁଡ଼ିଯାଉଛି ତା' ନୁହେଁ, ଏହା ପୂର୍ବ ଦିଗକୁ ଢଳିଯାଉଛି ଏବଂ ସମୁଦ୍ରପତ୍ତନର ବୃଦ୍ଧି ଯୋଗୁ ପାଣି ସହର ଭିତରକୁ ମାଡ଼ିଆସୁଛି। ଗୋଟିଏ ଅନୁସନ୍ଧାନରୁ ଜଣାପଡ଼ିଛି ଯେ ଯଦି ଗ୍ଲୋବାଲ୍ ୱାର୍ମିଙ୍ଗ କମ୍ ନହୁଏ, ତେବେ ୨୧୦୦ ମସିହା ବେଳକୁ ଭେନିସ୍ ସମ୍ପୂର୍ଣ୍ଣ ଭାବରେ ବୁଡ଼ିଯିବ।

ମେସ୍ତ୍ରେରୁ ଯାଇ ଆମେ ଯେଉଁ ବସ୍ ଟର୍ମିନାଲରେ ପହଞ୍ଚିଲୁ, ସେଇଟା ରେଳ ଷ୍ଟେସନ୍ ପାଖରେ। ଚାଲୁ ଚାଲୁ ସେଇ ପାଖରେ ଦେଖିଲୁ ଗୋଟିଏ ଅତି ପୁରୁଣା ଚର୍ଚ୍ଚ। ଆମେ ତା' ଭିତରକୁ ଗଲୁ। ଶାନ୍ତ ପରିବେଶ ଭିତରେ, ଚର୍ଚ୍ଚରେ ଥିବା ବେଞ୍ଚ ଉପରେ କିଛି ସମୟ ବସିଲୁ। ଚର୍ଚ୍ଚଗୁଡ଼ିକ ସବୁ ଏତେ ସୁନ୍ଦର ଭାବରେ ସଜା ହୋଇଥାଏ ଓ ଏତେ ପରିଷ୍କାର ପରିଛନ୍ନ ଥାଏ ଯେ ସେଠି ବସିଲେ ଖୁବ୍ ତୃପ୍ତି ଲାଗେ। ସେଠାରେ ବସି କାନ୍ଥରେ କରାଯାଇଥିବା ଚିତ୍ର ଓ ରଙ୍ଗୀନ୍ କାଚ ଝରକାଗୁଡ଼ିକର ସୌନ୍ଦର୍ଯ୍ୟ ଉପଭୋଗ କଲୁ। ସେଦିନ ଆମର ଉଦ୍ଦେଶ୍ୟ ଥିଲା ଭେନିସ୍ ମଧ୍ୟଭାଗରେ ଥିବା ପିଆଜ୍ଜା ସାନ୍ ମାର୍କୋକୁ ଯିବା ପାଇଁ। ଯଦିଓ ପିଆଜ୍ଜା ସାନ୍ ମାର୍କୋ ସେଠାରୁ ବେଶୀ ଦୂର ନୁହେଁ, ତେବେ ଆମେ କେମିତି ବାଟବଣା ହୋଇଗଲୁ। ଗୋଟିଏ ଗଳିରେ ଯିବାବେଳେ ଦେଖିଲୁ ପିଲାଗୁଡ଼ିଏ ଖେଳୁଛନ୍ତି। ଆମେ ତାଙ୍କୁ ବାଟ ପଚାରିବାରୁ ଗୋଟିଏ ଛୋଟ ପିଲା ଅତି ଆଗ୍ରହରେ ଇଂରାଜୀ ଭାଷାରେ ବାଟ ବତାଇଦେଲା। ସେ ଇଂରାଜୀ କହିପାରୁଥିବାରୁ ବେଶ୍ ଗର୍ବ ଅନୁଭବ କଲାପରି ଲାଗିଲା। ପ୍ରାୟ ଘଣ୍ଟାଏ ପାଖାପାଖି ଚାଲିବା ପରେ ମଧ୍ୟ ଆମେ ପିଆଜ୍ଜା ସାନ୍ ମାର୍କୋ ପାଖରେ ପହଞ୍ଚି ନପାରି ସେଠାକୁ ଯିବା ସେଦିନ ପାଇଁ ସ୍ଥଗିତ ରଖିଲୁ। ପରେ ଦେଖିଲୁ ପ୍ରତି ଛକରେ ରାସ୍ତାର ଦିଗ ନିର୍ଣ୍ଣୟ ବୋର୍ଡ ଲଗାଯାଇଛି। ସେତେବେଳକୁ ସୂର୍ଯ୍ୟାସ୍ତ ହେଉଥାଏ। ଇଆଡ଼େ ଭୋକ ବି ହେଲାଣି। ଗୋଟିଏ ଭଲ ରେଷ୍ଟୋରାଁରେ ବସି ସୂର୍ଯ୍ୟାସ୍ତ ଦେଖିବା ସହ ଲାଇଭ୍ ମ୍ୟୁଜିକ୍ ଶୁଣିବା ପାଇଁ ଠିକ୍ କଲୁ। ସଂଧ୍ୟାଟି ଥିଲା ଅତି ଚମତ୍କାର। ଦେଖିଲୁ ସେଠାରେ ଅନେକ ଲୋକ ବୁଲାବୁଲି କରୁଥାନ୍ତି ଏବଂ ରାସ୍ତାକଡ଼ର ରେଷ୍ଟୋରାଁ ଓ କାଫେଗୁଡ଼ିକ ଲୋକରେ ଭର୍ତ୍ତି ଥାଏ। ଆମେ ଗୋଟିଏ ରେଷ୍ଟୋରାଁରେ ବସି ଇଟାଲୀର ସ୍ପେସିଆଲିଟି ପିଜ୍ଜା ଓ ସାଲାଡ଼ ଅର୍ଡର କଲୁ। ଲାଇଭ୍ ଇଟାଲିଆନ୍ ମ୍ୟୁଜିକ୍, ସୁନ୍ଦର ସୂର୍ଯ୍ୟାସ୍ତ ଓ ଟେଷ୍ଟି ପିଜ୍ଜା ଖୁବ୍ ଏଞ୍ଜୟ କଲୁ। ଏତେ ବାଟ ଟ୍ରାଭଲ୍ କରିବାର କ୍ଳାନ୍ତି ଓ ଜେଟ୍‌ଲାଗ୍ ସବୁ ଭୁଲିଗଲୁ। ଡିନର୍ ପରେ ଅଳ୍ପ ବୁଲାବୁଲି କରି ପୁଣି ବସ୍ ନେଇ ହୋଟେଲ୍‌କୁ

ଫେରି ଆସିଲୁ। ହୋଟେଲ୍‌ରେ ଆସି ପହଞ୍ଚିଲାବେଳକୁ ସମୟ ହୋଇଥିଲା ପ୍ରାୟ ରାତି ସାଢ଼େ ନଅ।

ପରଦିନ ସକାଳେ ହୋଟେଲ୍‌ରେ ଜଳଖିଆ ଖାଇସାରି ଆମେ ଭେନିସ୍ ଯିବାପାଇଁ ପୁଣି ହୋଟେଲ୍ ସାମନାରୁ ବସ୍ ଧରିଲୁ। ସେଦିନ ଆମର ମୁଖ୍ୟ ଉଦ୍ଦେଶ୍ୟ ଥିଲା ସାରା ଦିନ ପିଆଜା ସାନ୍ ମାର୍କୋରେ କଟାଇବା। ଇଟାଲୀରେ ସାଧାରଣ ଭାବରେ ପିଆଜା ସାନ୍ ମାର୍କୋକୁ 'ଲା ପିଆଜା' ବା 'ଦ ସ୍କୋୟାର୍' କହନ୍ତି। ପୂର୍ବଥର ଆମେ ଯେତେବେଳେ ପିଲାମାନଙ୍କୁ ଧରି ଏଠିକୁ ଆସିଥିଲୁ ସେ ସମୟର ଆନନ୍ଦଦାୟକ ସ୍ମୃତି ଆମ ଭିତରେ ଉଜ୍ଜୀବିତ ଥିଲା। ତେଣୁ ସେଠାରେ ଅନେକ ସମୟ କଟାଇବାକୁ ଇଚ୍ଛା ଥିଲା।

ପିଆଜା ସାନ୍ ମାର୍କୋ ଆରମ୍ଭ ହୋଇଥିଲା ନବମ ଶତାବ୍ଦୀରେ ଏବଂ ୧୧୭୭ ମସିହାରେ ଏହାର ସମ୍ପ୍ରସାରଣ କରାଯାଇଥିଲା। ଭେନିସ୍‌ର ଏହା ପ୍ରଥମ ପବ୍ଲିକ୍ ସ୍କୋୟାର୍ ଏବଂ ପର୍ଯ୍ୟଟକମାନଙ୍କର ଅତି ପସନ୍ଦର ଜାଗା। କେବଳ ପର୍ଯ୍ୟଟକ ବା ସ୍ଥାନୀୟ ବାସିନ୍ଦାମାନେ ଯେ ଏଇ ଜାଗାଟିକୁ ପସନ୍ଦ କରନ୍ତି ତା' ନୁହେଁ, ପାରାମାନଙ୍କର ମଧ୍ୟ ଏଇ ସ୍ଥାନଟି ଅତ୍ୟନ୍ତ ପ୍ରିୟ ସ୍ଥଳ। ହଜାର ହଜାର ପାରା ଏଠାରେ ଦେଖା ଯାଇଥାନ୍ତି। ଯଦିଓ ଲୋକମାନେ ଖୁସିହୋଇ ପାରାମାନଙ୍କୁ ଖାଇବାକୁ ଦିଅନ୍ତି ଓ ତାଙ୍କ ସାଙ୍ଗରେ ଫଟୋ ଉଠାନ୍ତି ତଥାପି ଏତେ ସଂଖ୍ୟାରେ ପାରା ଆସି ସେ ଜାଗା ଏମିତି ମଇଳା କରନ୍ତି ଯେ ସେଠାରେ ଥିବା ସ୍ଥପତି ନଷ୍ଟ ହୋଇଯିବାର ଭୟ ରହେ। ମୋର ମନେ ପଡୁଛି, ମୋ ପୁଅକୁ ତିନି ବର୍ଷ ହୋଇଥିବା ବେଳେ ଆମେ ଏଠିକୁ ଆସିଥିଲୁ। ସେ ପାରାଗୁଡ଼ିକ ଦେଖି ଖୁସିରେ ତାଙ୍କ ପଛରେ ଗୋଡ଼ାଇଲା। ଜମା ଫେରିବାକୁ ଚାହିଁଲାନି। ପ୍ରାୟ ଅଧଘଣ୍ଟା ପାରା ପଛରେ ଗୋଡ଼ାଇ ଗୋଡ଼ାଇ କ୍ଳାନ୍ତ ହେଲା ପରେ ଆମେ ସେଠାରୁ ଫେରିଥିଲୁ।

ପିଆଜା ସାନ୍ ମାର୍କୋର ତିନି ପାଖରେ ରହିଛି ଅତି ଉଚ୍ଚ, ସୁଦୃଶ୍ୟ ଅନେକ ପବ୍ଲିକ୍ ବିଲଡିଂ ଓ ଚତୁର୍ଥ ପାଖରେ ରହିଛି ବାସିଲିକା ଦି ସାନ୍ ମାର୍କୋ। ସ୍ଥାପତ୍ୟକଳାର ସୌନ୍ଦର୍ଯ୍ୟ ଉପଭୋଗ କରିବାର ଏହା ହିଁ ହେଉଛି ଉପଯୁକ୍ତ ସ୍ଥାନ। ଶୁଣାଯାଏ ଯେ ନେପୋଲିଅନ୍ ଏହାକୁ ଇଉରୋପର ସବୁଠାରୁ ସୁନ୍ଦର ଡ୍ରଇଂରୁମ୍ ବୋଲି ଆଖ୍ୟା ଦେଇଥିଲେ। ତା'ଛଡ଼ା ସଂସ୍କୃତି ଓ ଇତିହାସର ଏହା ଏକ କେନ୍ଦ୍ରବିନ୍ଦୁ। ସୁସ୍ୱାଦୁ ଖାଦ୍ୟ, ଜିନିଷ କିଣାକିଣି କରିବା ପାଇଁ ଏବଂ ଜଳକ୍ରୀଡ଼ା ପାଇଁ ଏ ସ୍ଥାନଟି ପ୍ରସିଦ୍ଧ। ଏହି ସ୍ଥାନରୁ ଅନ୍ୟ ଦ୍ୱୀପଗୁଡ଼ିକୁ ଯିବା ପାଇଁ ୱାଟର୍ ବସ୍ ଓ ଗଣ୍ଡୋଲା ଅନାୟାସରେ ମିଳିଥାଏ। ଏମିତିରେ ତ ଭେନିସ୍ ପାଣି ଉପରେ ଭାସୁଛି, ତା'ଛଡ଼ା ପିଆଜା ହେଉଛି ଭେନିସ୍‌ର

ସବୁଠାରୁ ତଳିଆ ଅଞ୍ଚଳ। ତେଣୁ ଅନେକ ସମୟରେ ଏଠି ପାଣି ମାଡ଼ିଯାଏ। ପାଣି ମାଡ଼ିଯିବା ସମୟରେ ଲୋକମାନଙ୍କର ସୁବିଧା ପାଇଁ ନଗର କର୍ତ୍ତୃପକ୍ଷ କାଠ ତିଆରି ଫୁଟ୍-ବ୍ରିଜ୍ ପକାଇଦିଅନ୍ତି। ଫଳରେ ଲୋକମାନେ ସୁବିଧାରେ ଯାତାୟାତ କରିପାରନ୍ତି। ପିଆଜ୍ଜା ଉପଭୋଗ କରିବା ପାଇଁ ବଢ଼ି ପାଣି ବାଧା ଦିଏ ନାହିଁ। ଭଲ ପାଗରେ ସୂର୍ଯ୍ୟାସ୍ତ ସମୟରେ ପିଆଜ୍ଜା ଜୀବନ୍ତ ହୋଇଉଠେ। ସୂର୍ଯ୍ୟଙ୍କର ହଳଦିଆ ଖରାରେ ପିଆଜ୍ଜାର ରଙ୍ଗୀନ କାଚ ବିଭିନ୍ନ ରଙ୍ଗରେ ଚକ୍ ଚକ୍ କରିଉଠେ। ବସନ୍ତ ଋତୁରେ ଏବଂ ଖରା ଦିନ ସନ୍ଧ୍ୟାରେ ପିଆଜ୍ଜାରେ କିଛି କନ୍ସର୍ଟ ଆୟୋଜିତ ହୋଇଥାଏ ଯାହାକି ସମସ୍ତଙ୍କ ପାଇଁ ଫ୍ରି। ତେଣୁ ଯେକେହି ପର୍ଯ୍ୟଟକ ତାକୁ ଉପଭୋଗ କରିପାରିବେ। କନ୍ସର୍ଟ ବହୁତ ରାତିଯାଏ ଚାଲେ। ମୋର ମନେଅଛି ଅଶୀ ଦଶକରେ ଆମେ ଯେତେବେଳେ ଏଠାକୁ ଆସିଥିଲୁ ପିଆଜ୍ଜା ସାନ୍ ମାର୍କୋ ପାଖରେ ଗୋଟିଏ ହୋଟେଲ୍‌ରେ ରହୁଥିଲୁ। ରାତି ଦୁଇଟା ପର୍ଯ୍ୟନ୍ତ ଲୋକମାନେ ପିଆଜ୍ଜା ସାନ୍ ମାର୍କୋରେ ବୁଲାବୁଲି କରୁଥିଲେ। ଆମ ହୋଟେଲ୍ ରୁମ୍‌କୁ ସଂଗୀତ ଓ କୋଳାହଳ ଭଲ ଭାବରେ ଶୁଣାଯାଉଥିଲା।

ଭେନିସ୍‌ର ଲୋକମାନଙ୍କର ଯିବାଆସିବା ସୁବିଧା ପାଇଁ ସବୁ କେନାଲ ଗୁଡ଼ିକରେ ୱାଟର୍ ବସ୍, ୱାଟର୍ ଟାକ୍ସି ଓ ଗଣ୍ଡୋଲା ଥାଏ। ତେବେ ଆଜିକାଲି ଗଣ୍ଡୋଲା ଗୁଡ଼ିକ କେବଳ ପର୍ଯ୍ୟଟକମାନେ ବ୍ୟବହାର କରୁଛନ୍ତି। କହିବାକୁ ଗଲେ ଏଇ ପର୍ଯ୍ୟଟକମାନଙ୍କ ଯୋଗୁ ହିଁ ଗଣ୍ଡୋଲା ଚାଳକମାନଙ୍କର ଗୁଜୁରାଣ ମେଣ୍ଟୁଛି। ଲୋକମାନେ ସାଧାରଣତଃ ୱାଟର୍ ବସ୍ ଓ ୱାଟର୍ ଟାକ୍ସି ବହୁଳ ଭାବରେ ବ୍ୟବହାର କରନ୍ତି। ଭେନିସ୍‌ର ଘରଗୁଡ଼ିକ ପାଣି ଉପରେ ଥିବାରୁ ବାହାରୁ ଏତେ ଭଲ ଦେଖାଯାଏ ନାହିଁ। କିନ୍ତୁ ଭିତରକୁ ଗଲେ ଉତ୍ତମ ରକ୍ଷଣାବେକ୍ଷଣ ଓ ସାଜସଜ୍ଜା ଦେଖିଲେ ମନ ପୂରିଯାଏ। ଅଧିକାଂଶ ଦୋକାନ ଓ ବୁଟୀକ୍‌ଗୁଡ଼ିକୁ ବାହାରୁ ଦେଖିଲେ ଭିତରକୁ ଯିବାପାଇଁ ଇଚ୍ଛା ହେବନି; କିନ୍ତୁ ଭିତରେ ଥାଏ ଆକର୍ଷଣୀୟ ଅନେକ ଜିନିଷ। ଜିନିଷଗୁଡ଼ିକ ଯେ କେବଳ ଆକର୍ଷଣୀୟ ତା' ନୁହେଁ, ସେଗୁଡ଼ିକର କ୍ୱାଲିଟି ଖୁବ୍ ଭଲ ଓ ଦାମ୍ ମଧ୍ୟ ଖୁବ୍ ବେଶୀ। ଭେନିସ୍ ଗୋଟିଏ ଏମିତି ସହର ଯେଉଁଠିକୁ ପୃଥିବୀର ସବୁ ପ୍ରାନ୍ତରୁ ଲୋକମାନେ ଆସିଥାନ୍ତି। ଏଠାକାର ସାନ୍ ମାର୍କୋ ସ୍କୋୟାର୍, ସେଣ୍ଟ୍ ମାର୍କ୍‌ଙ୍କ ବାସିଲିକା, ଗ୍ରାଣ୍ଡ କେନାଲ୍, ଡୋଜ୍‌ଙ୍କ ପ୍ୟାଲେସ୍ ଓ ଅନ୍ୟ କେତେ ସ୍ମାରକୀ ବ୍ୟତୀତ ଏଠାକାର ସଂସ୍କୃତି, କଳା ଓ ସଂଗୀତ ପର୍ଯ୍ୟଟକମାନଙ୍କୁ ଆକୃଷ୍ଟ କରିଥାଏ। ଏଠିକାର ଫ୍ୟାସନ୍ ବିଶ୍ୱ ବିଦିତ।

ସକାଳେ ଆମେ ପିଆଜ୍ଜା ସାନ୍ ମାର୍କୋରେ ପହଞ୍ଚି ପ୍ରଥମେ ଯାଇ ସେଣ୍ଟ୍ ମାର୍କ୍

ବାସିଲିକା ଦେଖିବା ପାଇଁ ସ୍ଥିର କଲୁ। ଟିକେଟ୍ ପାଇଁ ଲମ୍ବା ଲାଇନ୍ ଲାଗିଥିଲା। ଆମେ ଲାଇନ୍‌ରେ ପ୍ରାୟ ପନ୍ଦର ମିନିଟ୍ ଠିଆ ହେଲା ପରେ ଟିକେଟ୍ ପାଇଲୁ। ପ୍ରବେଶ ପୂର୍ବରୁ ସୁରକ୍ଷା ପାଇଁ ମୋ ପର୍ସ ଓ କ୍ୟାମେରା ବ୍ୟାଗ୍ ଚେକ୍ କଲେ। ସେଣ୍ଟ୍ ମାର୍କ୍ ବାସିଲିକା ହେଉଛି ଗୋଟିଏ ରୋମାନ୍ କ୍ୟାଥୋଲିକ୍ ଚର୍ଚ୍ଚ। ଏହା ପ୍ରଥମେ ୯୭୩ ମସିହାରେ ତିଆରି ହୋଇଥିଲା। ପରେ ଅବଶ୍ୟ ଅନେକ ଥର ପୁନଃନିର୍ମାଣ କରାଯାଇଛି। ସେଇ ଚର୍ଚ୍ଚଟି ବାସିଲିକା ଭାବରେ ତିଆରି ହେଲା ୧୦୬୩ ମସିହାରେ। ସେଣ୍ଟ୍ ମାର୍କ୍ ନାମକ ଜଣେ ଇଭାଞ୍ଜେଲିଷ୍ଟ୍‌ଙ୍କ ମର ଶରୀର ଏଠାରେ ରଖା ଯାଇଥିବାରୁ ଏହାକୁ ସେଣ୍ଟ୍ ମାର୍କ୍ ବାସିଲିକା କୁହାଯାଏ। ଇଭାଞ୍ଜେଲିଷ୍ଟ୍‌ମାନଙ୍କର କାମ ହେଉଛି ଅନ୍ୟ ଧର୍ମାବଲମ୍ବୀମାନଙ୍କୁ ଆକୃଷ୍ଟ କରି ନିଜ ଧର୍ମରେ ମିଶାଇବା।

ବାସିଲିକାର ସମ୍ମୁଖ ଭାଗ ଗଥିକ୍ ଷ୍ଟାଇଲ୍‌ରେ ତିଆରି। ଗଥିକ୍ ଷ୍ଟାଇଲ୍‌ର ସ୍ୱତନ୍ତ୍ରତା ହେଉଛି ଏହାର କାରୁକାର୍ଯ୍ୟ, ଗୋଜିଆ ତୋରଣ, ବଡ଼ ବଡ଼ ସୁନ୍ଦର ଭାବରେ ଚିତ୍ର କରାଯାଇଥିବା କାଚ ଝରକା, ଉଚ୍ଚ ଏବଂ ନିମ୍ନ ଡିଜାଇନ୍‌ର ଛାତ ଓ କାନ୍ଥରେ ଦିଆଯାଇଥିବା ଇଟା ବା ପଥରର ସପୋର୍ଟ୍। ଦେଖିଲି ବାସିଲିକାରେ ଅଛି ପାଞ୍ଚୋଟି ଗମ୍ବୁଜ ଓ ତୋରଣ। ଏଗୁଡ଼ିକର ଉପର ଅଂଶରେ କାରୁକାର୍ଯ୍ୟର ଚିତ୍ରକଳା। ଭିତର ଚଟାଣ ମାର୍ବଲ୍‌ର ଜ୍ୟାମିତିକ ଡିଜାଇନ୍‌ରେ ତିଆରି। ସେଥିରେ ରହିଛି ପଶୁମାନଙ୍କର ଚିତ୍ର ଓ ଫୁଲର ଚିତ୍ର। ଚମତ୍କାର ଦିଶୁଥିଲା। ଏହି ବାସିଲିକାର ବିଶେଷତ୍ୱ ହେଉଛି ଏହାର ଅତି ସୁକ୍ଷ୍ମ କାରୁକାର୍ଯ୍ୟ। ଲାଗୁଥିଲା ସମଗ୍ର ଭିତରଟି ଯେମିତି ସୁନାରେ ଚକ୍ ଚକ୍ କରୁଛି। ଝରକାରେ ଲାଗିଥିବା ରଙ୍ଗୀନ୍ କାଚ ଓ ସୂର୍ଯ୍ୟସ୍ନାତ ସକାଳର ପ୍ରଭାବରେ ଏପରି ଚମତ୍କାର ଦୃଶ୍ୟ ସୃଷ୍ଟି ହୋଇପାରିଥିଲା। ଭିନ୍ନ ଭିନ୍ନ ସମୟକାଳରେ ହୋଇଥିବା ସୁନା ଓ ମୋଜାଇକ୍ ଥିବା ରଙ୍ଗୀନ୍ କାଚ ଝରକାଗୁଡ଼ିକ ତାର ସୌନ୍ଦର୍ଯ୍ୟ ବୃଦ୍ଧି କରୁଥିଲା। ସୂର୍ଯ୍ୟଙ୍କ ଗତି ଅନୁସାରେ ବାସିଲିକାର ଭିତର ରଙ୍ଗ ବଦଳୁଥିଲା। ମୋର ମନେହେଲା ବାସିଲିକାର ଭିତରଟି ସତେ ଯେମିତି ଗୋଟିଏ ବିରାଟ କଲାଇଡୋସ୍କୋପ।

ବାସିଲିକା ଦେଖି ସାରିବା ପରେ ଆମେ ନିକଟରେ ଥିବା ବେଲ୍ ଟାୱାର୍‌କୁ ଗଲୁ। ଏହା ଭେନିସ୍‌ର ପ୍ରସିଦ୍ଧ ସ୍ମାରକୀମାନଙ୍କ ମଧ୍ୟରୁ ଗୋଟିଏ। ସେଣ୍ଟ୍ ମାର୍କ୍ ବାସିଲିକା ସାମନାରେ ଥିବା ଏହି ଟାୱାର୍‌ର ଉଚ୍ଚତା ୯୯ ମିଟର। ଜାହାଜ ଚଳାଚଳର ସୁବିଧା ପାଇଁ ଏହା ନବମ ଶତାବ୍ଦୀରେ ଗୋଟିଏ ବତୀଘର ଭାବରେ ନିର୍ମିତ ହୋଇଥିଲା। ପରବର୍ତ୍ତୀ ସମୟରେ ଏହାର ପୁନର୍ନିର୍ମାଣ କାମ ଚାଲିଥିଲା। ୧୯୧୨ ମସିହାରେ ଏହା ବର୍ତ୍ତମାନର ରୂପରେ ନିର୍ମିତ ହେଲା। ଏଠାରେ ଏଣ୍ଟ୍ରାନ୍ସ ଫି ଜଣ ପ୍ରତି ୮ ଇଉରୋ। ଟାୱାର୍ ଉପରକୁ ଯାଇ ଭେନିସ୍ ସହରର ଚମତ୍କାର ଦୃଶ୍ୟ ଉପଭୋଗ

କରିବାକୁ ଆମେ ଟିକେଟ୍ କିଣିଲୁ। ଏଲିଭେଟରରେ ଯାଇ, ଉପରେ ପହଞ୍ଚି, ଝରକା ଦେଇ ବାହାରକୁ ଚାହିଁ ଦେଖିଲୁ ପାଖରେ ଥିବା ବଡ଼ ବଡ଼ ଅଟ୍ଟାଳିକାଗୁଡ଼ିକ ବେଶ୍ ଛୋଟ ଜଣା ପଡୁଥିଲା। ଆକାଶ ସଫା ଥିବାରୁ ବାହାରର ଦୃଶ୍ୟ ଅତି ଚମତ୍କାର ଦେଖା ଯାଉଥିଲା। ଭେନିସ୍‌କୁ ଘେରି ରହିଥିବା ଆଡ୍ରିଆଟିକ୍ ଉପସାଗର ସୂର୍ଯ୍ୟ କିରଣରେ ଚକ୍‌ଚକ୍ କରୁଥିଲା। ପୂରା ଲାଗୁନ୍ ଓ ଦୁଇ ଚାରୋଟି ଦ୍ୱୀପ ଏବଂ ଦୂରରେ ଥିବା ବରଫ ଆଚ୍ଛାଦିତ ଆଲ୍‌ପ୍‌ସ୍ ପର୍ବତମାଳା ଅତି ସୁନ୍ଦର ଦେଖାଯାଉଥିଲା। ଟାୱାର୍ ଭିତରର ଉପର ଛାତରେ ପାଞ୍ଚଟି ବିରାଟ ବେଲ୍ ଝୁଲା ହୋଇଥିବାର ଦେଖିଲୁ। ଉପରେ ପ୍ରଖର ପବନ ବୋହୁଥିବାରୁ ବେଶୀ ସମୟ ସେଠାରେ ରହି ହେଲା ନାହିଁ।

ସାନ୍ ମାର୍କୋ ସ୍କୋୟାର୍‌ର ଅନ୍ୟ ଆକର୍ଷଣୀୟ ସ୍ଥାନ ହେଲା ଡୋଜ୍‌ଙ୍କ ପ୍ୟାଲେସ୍। ଭାଟିକାନ୍ ରାଷ୍ଟ୍ରର ମୁଖ୍ୟ ଥିଲେ ଡୋଜ୍। ଏହି ପ୍ୟାଲେସ୍ ଥିଲା ତାଙ୍କର ନିବାସ। ଏହା ୧୩୪୦ ମସିହାରେ ତିଆରି ହୋଇଥିଲା ଓ ପରବର୍ତ୍ତୀ ସମୟରେ ଅନେକ ଥର ପରିବର୍ତ୍ତିତ ହୋଇସାରିଛି। ୧୯୨୩ ମସିହାରେ ଏହାକୁ ଏକ ମ୍ୟୁଜିଅମ୍‌ରେ ପରିଣତ କରାଯାଇଥିଲା। ପ୍ରତିଦିନ ହଜାର ହଜାର ଦର୍ଶକ ଏହି ମ୍ୟୁଜିଅମ୍ ଦେଖିବାକୁ ଆସନ୍ତି। ଆମେ କେବଳ ତାକୁ ବାହାରୁ ଦେଖିଲୁ। ଭିତରକୁ ଗଲୁନାହିଁ। ଲଞ୍ଚ୍ ବେଳ ହୋଇଯାଇଥିଲା। ସେଇ ପାଖରେ ଗୋଟିଏ ରେଷ୍ଟୋରାଁରେ ବସି ଟୁନା ସାଲାଡ଼ ଓ ଚିକେନ୍ ପାନିନି ଖାଇଲୁ। ୱାସ୍‌ରୁମ୍ ଯିବା ଦରକାର ହେବାରୁ କେଉଁଠି ଅଛି ଖୋଜିଲି। ପାଖରେ ୱାସ୍‌ରୁମ୍ ପାଇଁ ଗୋଟିଏ ସାଇନ୍ ବୋର୍ଡ଼ ଲଗା ହୋଇଥିବାର ଦେଖି ସେଠିକୁ ଗଲି। ଭିତରକୁ ଗଲାପରେ ଦେଖିଲି ସେଠି ୱାସ୍‌ରୁମ୍‌ଗୁଡ଼ିକ ଖୁବ୍ ପରିଷ୍କାର ଥିଲା। ସେଗୁଡ଼ିକ ଘରୋଇ କମ୍ପାନୀ ଦ୍ୱାରା ପରିଚାଳିତ। ସବୁ ୱାସ୍‌ରୁମ୍‌ରେ ଟଏଲେଟ୍ ଟିସୁ, ସାବୁନ ଓ ପାଣିର ଉତ୍ତମ ବ୍ୟବସ୍ଥା ଥିଲା। ଥରେ ବ୍ୟବହାର କରି ୧.୫ ଇଉରୋ ଦେବାକୁ ପଡ଼ିଲା। ଏଠାରେ କହିରଖେ ଯେ, ଇଉରୋପର ସବୁ ସର୍ବସାଧାରଣ ସ୍ଥାନଗୁଡ଼ିକରେ ୱାସ୍‌ରୁମ୍‌ର ସୁବନ୍ଦୋବସ୍ତ ରହିଛି। ବ୍ୟବହାର କରିବା ପାଇଁ ଥରକୁ ୧ରୁ ୧.୫ ଇଉରୋ ଦେବାକୁ ପଡ଼େ।

ଲଞ୍ଚ୍ ପରେ ସେହି ଅଞ୍ଚଳରେ ଥିବା ଦୋକାନବଜାର ବୁଲି କିଛି କିଣାକିଣି କଲୁ। ଧାଡ଼ି ଧାଡ଼ି ହୋଇ ଥିବା ଦୋକାନଗୁଡ଼ିକରେ ବିଭିନ୍ନ ପ୍ରକାର ଜିନିଷ ବିକ୍ରି ହେଉଥିଲା। ଅନେକଗୁଡ଼ିଏ ଦୋକାନରେ କେତେ ପ୍ରକାରର ରଙ୍ଗୀନ୍ ମୁଖା ବିକ୍ରି ହେଉଥିବାର ଦେଖି କୌତୂହଳ ହେଲା। ପଚାରି ବୁଝିବାରୁ ଜଣାପଡ଼ିଲା ସେଗୁଡିକୁ ଭେନେସିଆନ୍ ମାସ୍କ କୁହାଯାଏ। ଧଳା ପୋର୍ସିଲିନ୍ କିମ୍ବା ମୋଟା ପ୍ଲାଷ୍ଟିକ୍‌ରେ ବିଭିନ୍ନ ଭାବରେ ଚିତ୍ରିତ ଏଇ ମାସ୍କଗୁଡ଼ିକ ଦେଖିବାପାଇଁ ଖୁବ୍ ସୁନ୍ଦର ଲାଗୁଥିଲା। ପଚାରି

ବୁଝିଲୁ ଯେ ପ୍ରତି ବର୍ଷ ଫେବୃଆରୀ ମାସରେ ଭେନିସ୍ ସହରରେ ଗୋଟିଏ ମେଳାର ପରମ୍ପରା ଶହ ଶହ ବର୍ଷ ଧରି ରହିଆସିଛି। ଏହା ଏକ ବାର୍ଷିକ ପର୍ବ ଯାହା ସାଧରଣତଃ ଦୁଇରୁ ତିନି ସପ୍ତାହ ପର୍ଯ୍ୟନ୍ତ ଅନୁଷ୍ଠିତ ହୋଇଥାଏ। ମେଳାରେ ଲୋକମାନେ ସାମାଜିକ ଦୂରତ୍ୱ ନରଖିବା ପାଇଁ, ନିଜ ପରିଚୟକୁ ଲୁଚାଇ ରଖିବା ପାଇଁ ଏହି ମାସ୍କ ବ୍ୟବହାର କରନ୍ତି। ଫେବୃଆରୀ ମାସରେ ହେଉଥିବା ଏହି ମେଳାଟି ବିଶ୍ୱବିଖ୍ୟାତ। ତେଣୁ ମେଳା ସମୟରେ ଇଟାଲୀର ଅନ୍ୟ ସବୁ ଜାଗାରୁ ଓ ପୃଥିବୀର ଅନେକ ଦେଶରୁ ଲୋକମାନେ ଭେନିସ୍‌କୁ ଆସିଥାନ୍ତି।

ଅଳ୍ପ କିଛି କିଣାକିଣି କରି ଆମେ ଏକାଡ଼େମିଆ ଗ୍ୟାଲେରୀ ଦେଖିବାକୁ ଗଲୁ। ପୂର୍ବ କାଳରେ ଏହା ଚିତ୍ରକାର ଓ ଶିଳ୍ପୀମାନଙ୍କର ଏକାଡେମୀ ଥିଲା। ବର୍ତ୍ତମାନ ଏହା ଭେନିସ୍‌ରେ କରାଯାଇଥିବା ରେନାସାଂସ୍ ଚିତ୍ରଗୁଡ଼ିକର ମ୍ୟୁଜିଅମ୍ ହୋଇଛି। ଜିଓଭାନି, ବେଲିନି, ମିଶେଲ ମାରିଚି, ଭିନ୍‌ଚେନ୍‌ଜୋ ସ୍କାମୋଜୀ ଏବଂ ଅନ୍ୟ କେତେଜଣ ବିଖ୍ୟାତ ଚିତ୍ରକାରମାନଙ୍କର ଶ୍ରେଷ୍ଠ କୃତିଗୁଡ଼ିକ ଏଠାରେ ପ୍ରଦର୍ଶିତ ହୋଇଛି। ପୂର୍ବରୁ ଏହି ପ୍ରସିଦ୍ଧ କଳାକୃତିଗୁଡ଼ିକ ବିଭିନ୍ନ ସ୍ଥାନରେ ଓ ବିଭିନ୍ନ ଭାବରେ ରହିଥିଲା। ବର୍ତ୍ତମାନ ସେସବୁ ଏକାଡ଼େମିଆ ଗ୍ୟାଲେରୀରେ ଏକାଠି ସୁନ୍ଦର ଭାବରେ ସଜା ହୋଇ ରହିଛି। ସବୁ ଚିତ୍ରଗୁଡ଼ିକ ୧୨ଶରୁ ୧୮ଶ ଶତାବ୍ଦୀ ଭିତରେ ଅଙ୍କା ଯାଇଥିଲା।

ଏକାଡ଼େମିଆରେ ଘଣ୍ଟାଏ ବିତେଇଲା ପରେ ଆମେ ଜାଟେରେ ଅଞ୍ଚଳରେ ଚାଲିଚାଲି ବୁଲିବା ପାଇଁ ସ୍ଥିର କଲୁ। ଏକାଡ଼େମିଆରୁ ଜାଟେରେ ଯିବା ବାଟରେ ଆମେ ଭେନିସ୍ ବିଶ୍ୱବିଦ୍ୟାଳୟ ଦେଖିଲୁ। ଜାଟେରେ ହେଉଛି ଗ୍ରାଣ୍ଡ କେନାଲ୍ ବନ୍ଧରେ ଏକ ଚୌଡ଼ା ରାସ୍ତା। ଏହାର ରକ୍ଷଣାବେକ୍ଷଣ ଅତି ଉଚ୍ଚକୋଟୀର ହୋଇଥିବାରୁ ସନ୍ଧ୍ୟାବେଳେ ଏଠାରେ ବୁଲାବୁଲି କରିବାପାଇଁ ଲୋକମାନଙ୍କର ଭିଡ଼ ଜମେ। ୧୫୧୯ ମସିହାରେ ଜାହାଜ ତିଆରି କରିବାପାଇଁ ଦରକାର ପଡୁଥିବା କାଠଗୁଡ଼ିକୁ ଜାହାଜରୁ ତଳକୁ ଅନ୍‌ଲୋଡ୍ କରିବା ପାଇଁ ଏହା ନିର୍ମିତ ହୋଇଥିଲା। ଗ୍ରାଣ୍ଡ କେନାଲର ଉଭୟ ପଟରେ ଗୁଡ଼ିଏ ସୁନ୍ଦର ପ୍ରାସାଦ ଦେଖିବାକୁ ମିଳେ। ଜାଟେରେ ଏରିଆକୁ ଭେନିସ୍‌ର ସବୁଠାରୁ ରୋମାଣ୍ଟିକ୍ ଜାଗା ବୋଲି କୁହାଯାଏ। ଆମେ ସେଠି ଅନେକ ଲୋକ ବୁଲୁଥିବାର ଦେଖିଲୁ। ସନ୍ଧ୍ୟା ହୋଇ ଆସୁଥିଲା। ସଫା ଆକାଶରେ ଜହ୍ନର ଆଲୁଅ ପଡ଼ି ସବୁଆଡ଼ ଖୁବ୍ ତୋଫା ଦେଖା ଯାଉଥିଲା। ଆମେ ଏହି ସୁନ୍ଦର ପରିବେଶରେ ଅନେକ ସମୟ ଯାଏ ଚାଲିଚାଲି ବୁଲିଲୁ।

ଆଗରୁ କହିଛି, ଯିବାଆସିବା କରିବା ପାଇଁ ଭେନିସ୍‌ରେ ୱାଟର୍ ଟାକ୍ସି ବହୁଳ ଭାବରେ ବ୍ୟବହାର କରାଯାଏ। ଭେନିସ୍ ସହର ପାଣି ଭିତରେ ଥିବାରୁ ଗୋଟିଏ

ସ୍ଥାନରୁ ଅନ୍ୟ ସ୍ଥାନକୁ ଯିବାପାଇଁ ଜଳପଥ ହିଁ ସୁବିଧାଜନକ। ଏୟାରପୋର୍ଟରୁ ଭେନିସ୍ ଭିତରେ ଥିବା ଯେକୌଣସି ହୋଟେଲ୍‌କୁ ୱାଟର୍ ଟାକ୍ସି ନେଇ ଯାଇହେବ। ଡଙ୍ଗାର ଆକାର ଅନୁଯାୟୀ ଗୋଟିଏ ୱାଟର୍ ଟାକ୍ସିରେ ପ୍ରାୟ ଦଶ ଜଣ ପର୍ଯ୍ୟନ୍ତ ଲୋକ ଯାଇ ପାରିବେ। ଏଥିରେ ଖୋଲା ଆକାଶରେ ବସିହେବ, କିମ୍ବା କ୍ୟାବିନ୍ ଭିତରେ ମଧ୍ୟ ବସିହେବ। ବସିବା ପାଇଁ ଥିବା ସିଟ୍‌ଗୁଡ଼ିକ ଅତି ଭଲ। ୱାଟର୍ ଟାକ୍ସିରେ ଯିବାର ଅନୁଭୂତି ପାଇଁ ଆମେ ଜଣକା ୧୮ ଇଉରୋ ଦେଇ ୨୪ ଘଣ୍ଟା ପାଇଁ ଦୁଇଟି ଟିକେଟ୍ କିଣିଲୁ। ସେଇ ଟିକେଟ୍‌ରେ ନିର୍ଦ୍ଦିଷ୍ଟ ଏକ ଦୂରତ୍ୱର ସୀମା ଭିତରେ ଜଣେ ଚବିଶ ଘଣ୍ଟା ଭିତରେ ଯେତେ ମନ ସେତେ ଥର ୱାଟର୍ ଟାକ୍ସିରେ ଯାଇପାରିବ। ୱାଟର୍ ଟାକ୍ସି ନେଇ ଆମେ ପ୍ରଥମେ ରିଆଲ୍‌ଟୋ ଯିବା ପାଇଁ ସ୍ଥିର କଲୁ। ରିଆଲ୍‌ଟୋ ଭେନିସ୍‌ର କେନ୍ଦ୍ର ସ୍ଥଳରେ ଥିବା ବାଣିଜ୍ୟିକ ଓ ଆର୍ଥିକ କେନ୍ଦ୍ର। ଏହାଛଡ଼ା ଏହି ସ୍ଥାନରେ ଗ୍ରାଣ୍ଡ କେନାଲ୍ ଉପରେ ଥିବା ପୋଲଟି ଏକ ମନୋମୁଗ୍ଧକର ସ୍ମାରକୀ। ତେଣୁ ଏହା ଦର୍ଶକମାନଙ୍କୁ ଆକୃଷ୍ଟ କରିଥାଏ। ବିଳାସ ସାମଗ୍ରୀ, ଲୁଗାପଟା, ଜୋତାଠାରୁ ଆରମ୍ଭ କରି ପରିବା ପର୍ଯ୍ୟନ୍ତ ହୋଲ୍‌ସେଲ୍ ଓ ଖୁଚୁରା ଦୋକାନସବୁ ଏହିଠାରେ ଅଛି। ଆମେ କିଛି କିଣାକିଣି କଲୁ। ହାତରେ ଏମ୍ବ୍ରଏଡ଼ୋରି କରାଯାଇଥିବା ଅନେକ ଜିନିଷ ଭିତରୁ ମତେ ଗୋଟିଏ ଟେବଲ୍ କ୍ଲଥ ବହୁତ ଭଲ ଲାଗିବାରୁ ମୁଁ ତାକୁ କିଣିଲି। ଫେରିବାର ସମୟ ହୋଇଯାଇଥିଲା। ୱାଟର୍ ଟାକ୍ସିରେ ବସ୍ ଟର୍ମିନାଲକୁ ଆସି ସେଠାରୁ ବସ୍ ନେଇ ହୋଟେଲ୍‌କୁ ଫେରିଲୁ।

ସେପ୍ଟେମ୍ବର୍ ୧୭ ତାରିଖରେ ଆମର ଟ୍ରେନ୍ ଦ୍ୱାରା ଫ୍ଲରେନ୍ସ ଯିବାର ଥିଲା। ତେଣୁ ଭେନିସ୍ ବୁଲିବାକୁ ଯିବା ପୂର୍ବରୁ ୧୬ ତାରିଖ ଦିନ ସକାଳେ ଆମେ ମେସ୍ତ୍ରେ ରେଳ ଷ୍ଟେସନ୍‌କୁ ଯାଇ ଆଗ ଫ୍ଲରେନ୍ସ ଯିବାପାଇଁ ଟିକେଟ୍ କିଣି ନେବାକୁ ସ୍ଥିର କଲୁ। ରେଳ ଷ୍ଟେସନ୍ ହୋଟେଲ୍‌ରୁ ବହୁତ ପାଖରେ ଥିଲା। ଆମେ ଚାଲିଚାଲି ଗଲୁ। ଟିକେଟ୍ କିଣିବାପାଇଁ ଆମକୁ ପାସପୋର୍ଟ୍ ଦେଖାଇବାକୁ ପଡ଼ିଲା। ଟିକେଟ୍‌ର ଦାମ ଥିଲା ଜଣକା ୪୨ ଇଉରୋ। ଟିକେଟ୍ କରିସାରିବା ପରେ ଆମେ ବସ୍ ଦ୍ୱାରା ଭେନିସ୍‌କୁ ଗଲୁ। ଭେନିସ୍‌ରେ ପହଞ୍ଚି ବସ୍-ଷ୍ଟପ୍ ପାଖରୁ ୱାଟର୍ ଟାକ୍ସି ନେଇ ପ୍ରଥମେ ଗ୍ରାଣ୍ଡ କେନାଲରେ ଗୋଟିଏ ଟୁର୍ କଲୁ। ଆଗରୁ କହିଚି ଏହା ଭେନିସ୍‌ର ମୁଖ୍ୟ ଜଳପଥ। ଗୋଟିଏ ପଟରେ ସହରଟି ଲାଗୁନ୍ ସହ ସଂଯୁକ୍ତ ହୋଇଥିବା ବେଳେ ଅନ୍ୟପଟରେ ଅଛି ସାନ୍ ମାର୍କୋ ସ୍କୋୟାର୍। ଏହି କେନାଲ୍‌ର ଗଭୀରତା ପ୍ରାୟ ପାଞ୍ଚ ମିଟର। କେନାଲର ଦୁଇ କଡ଼ରେ ବଡ଼ ବଡ଼ ପୁରୁଣା ବିଲ୍‌ଡ଼ିଙ୍ଗଗୁଡ଼ିକ ରହିଛି। ଟୁର୍ କରିବା ସମୟରେ ଆମେ ଦେଖିଲୁ ସୁନ୍ଦର ଭାବରେ ସଜା ହୋଇଥିବା ଗଣ୍ଡୋଲାରେ ଗୋଟିଏ ନବ ବିବାହିତ

ଦମ୍ପତି ତାଙ୍କ ବନ୍ଧୁମାନଙ୍କ ସହ ଯାଉଥିଲେ। ଗୀତର ଆସର ଜମିଥିଲା। ସଂଗୀତର ତାଳେ ତାଳେ ବରକନ୍ୟା ନାଚୁଥିଲେ। ସେମାନେ ସମସ୍ତେ ବେଶ୍ ମଜା କରୁଥିଲେ। ତାଙ୍କ ଖୁସି ଦେଖି ଆମେ ମଧ୍ୟ ଆନନ୍ଦିତ ହେଲୁ।

ଗ୍ରାଣ୍ଡ କେନାଲ୍‌ରେ ବୁଲି ସାରିବା ପରେ ଆମେ ସାନ୍ ମାର୍କୋ ଟାକ୍ସି ଷ୍ଟାଣ୍ଡ୍‌ରେ ପ୍ରାୟ ଦିନ ୧୧ଟା ବେଳେ ଓହ୍ଲାଇଲୁ। ସେଠାର ମୁଖ୍ୟ ରାସ୍ତାରେ ଲୋକମାନଙ୍କ ଭିଡ଼ ଦେଖି ଆଶ୍ଚର୍ଯ୍ୟ ଲାଗିଲା। ଏତେ ଭିଡ଼ ଯେ ସେ ଜାଗାରେ ଚାଲିବା ବି ମୁସ୍କିଲ ହେଲା। ସେଠି ପହଞ୍ଚିଲା ପରେ ଆମେ ମୁରାନୋ ଦ୍ୱୀପକୁ ଯିବାପାଇଁ ସ୍ଥିର କଲୁ। ମୁରାନୋ ଦ୍ୱୀପକୁ ଆମେ ପୂର୍ବରୁ ଭେନିସ୍ ଯାଇଥିଲାବେଳେ ଯାଇଥିଲୁ। କିନ୍ତୁ ସେ ଜାଗା ଏତେ ଭଲ ଲାଗେ ଯେ ଯେତେଥର ଗଲେ ବି ମନ ପୂରେନି। ମୁରାନୋ ଦ୍ୱୀପରେ ଖୁବ୍ ସୁନ୍ଦର ବିଭିନ୍ନ ପ୍ରକାର କାଚ କାମ ହୁଏ ଯାହାକି ପୃଥିବୀ ବିଖ୍ୟାତ। ପ୍ରତ୍ୟକ୍ଷ ଭାବରେ ପୁଣି ଦେଖିବା ପାଇଁ ମନକରି ଆମେ ୱାଟର୍ ଟାକ୍ସିରେ ଚଢ଼ିଲୁ। ଆମ ପାଖରେ ଯେଉଁ ୨୪ ଘଣ୍ଟିଆ ଟିକେଟ୍ ଥିଲା ସେଇଟା ସନ୍ଧ୍ୟା ଛଅଟା ପର୍ଯ୍ୟନ୍ତ ଭାଲିଡ୍ ଥିଲା। ୱାଟର୍ ଟାକ୍ସିରେ ଯାଇ ମୁରାନୋ ପହଞ୍ଚିବା ପାଇଁ ଆମକୁ ପ୍ରାୟ ପଚିଶ ମିନିଟ୍ ଲାଗିଲା। କୁହାଯାଏ ଯେ ପୃଥିବୀର ଯେଉଁସବୁ ଜାଗା ଗୁଡ଼ିକରେ କାଚ କାମ ହୁଏ ସେମାନଙ୍କ ଭିତରେ ମୁରାନୋ ଶ୍ରେଷ୍ଠ। ଯେଉଁମାନେ ଭେନିସ୍ ବୁଲିବାକୁ ଆସନ୍ତି ସେମାନେ ସମସ୍ତେ ପ୍ରାୟ ମୁରାନୋ ଯାଇଥାନ୍ତି, ଗ୍ଲାସ୍ କେମିତି ତିଆରି ହୁଏ ଦେଖିବା ପାଇଁ ଓ କିଛି କିଣିବା ପାଇଁ। ଗରମ ଗ୍ଲାସ୍‌କୁ ରୂପ ଦେଇ ବିଭିନ୍ନ ପ୍ରକାର ଡିଜାଇନ୍ ଓ ବିଭିନ୍ନ ଆକାରର ଏତେ ସୂକ୍ଷ୍ମ କାମ ହୋଇଥିବା ଜିନିଷ କେମିତି ତିଆରି କରନ୍ତି ତାହା ଦେଖି ଆମେ ଆନନ୍ଦିତ ହେବା ସହ ଆଚମ୍ବିତ ମଧ୍ୟ ହେଲୁ। ସୁନ୍ଦର ରଙ୍ଗଗୁଡ଼ିକୁ ନେଇ ଅନେକ ପ୍ରକାର ସାମଗ୍ରୀ ତିଆରି ହେଉଥିବାର ଦେଖିଲୁ। ସେସବୁ ଜିନିଷ ଦେଖି ଲୋଭ ହେଉଥିଲା ସବୁକିଛି କିଣି ନେବାପାଇଁ। ପ୍ରତ୍ୟେକଟି ଥିଲା ଅଦ୍ୱିତୀୟ। ସବୁଗୁଡ଼ିକର ଦାମ୍ ବେଶ୍ ଭଲ। ଆମେ ଅଳ୍ପ କେତୋଟି ଛୋଟ ଜିନିଷ କିଣିଲୁ। ସେଠାରେ ପ୍ରାୟ ଆମେ ଦୁଇ ଘଣ୍ଟା ବିତାଇଲୁ। ଅଧିକ ସମୟ ରହି ସବୁ ସୁନ୍ଦର ଜିନିଷ ଭଲକରି ସମୟ ଦେଇ ଦେଖିବାକୁ ଇଚ୍ଛା ହେଉଥିଲା। ଇଆଡ଼େ ଅନ୍ୟ କେତେ ଜିନିଷ ଦେଖିବାକୁ ଥିବାରୁ ତରତର ହୋଇ ଆସିବାକୁ ପଡ଼ିଲା। ଗୋଟିଏ ଖାଇବା ଜାଗାରୁ ସ୍ପିନାଚ୍ ରୋଲ୍ କିଣି ଖାଇଲୁ ଓ ୱାଟର୍ ଟାକ୍ସି ଧରି ରିଆଲ୍ଟୋ ଫେରିଲୁ। ଫେରିବା ବାଟରେ କଫି ପିଇବାକୁ ଇଚ୍ଛା ହେବାରୁ ମାକ୍‌ଡୋନାଲଡ୍ କେଉଁଠି ଅଛି ଖୋଜିଲୁ। ଆମେ ଏମିତିରେ ଘରେ ଥିଲେ ଏତେ କଫି ପିଉନୁ; କିନ୍ତୁ ଯେତେବେଳେ ଟ୍ରାଭଲ୍ କରୁ କଫି ପିଇବା ବହୁତ ଏଞ୍ଜୟ କରୁ। ମତେ ଇଟାଲୀର କଫି ଭଲ ଲାଗେ ନାହିଁ।

ଭାରି କଡ଼ା ଲାଗେ। ମାକ୍‌ଡୋନାଲଡ଼ର କଫିରେ ଅଧିକ କ୍ରିମ୍ ଦେଇ ପିଇବାକୁ ଭଲ ଲାଗେ। ପଚାରି ବୁଝିଲୁ ଯେ ଭେନିସ୍‌ରେ ମାତ୍ର ଗୋଟିଏ ମାକ୍‌ଡୋନାଲଡ଼୍ ଆଉଟଲେଟ୍ ଅଛି ଯାହାକି ରିଆଲ୍ଟୋରୁ ଦଶ ମିନିଟ୍‌ର ବାଟ। ତେଣୁ ଆମେ ପ୍ରଥମେ ମାକ୍‌ଡୋନାଲଡ଼୍ ଯାଇ ସେଠି ଆରାମରେ ବସି କଫି ପିଇଲୁ ଓ କିଛି ସମୟ ପରେ ରିଆଲ୍ଟୋ ଗଲୁ। ରିଆଲ୍ଟୋରେ ଅନେକ ଭଲ ଭଲ ଦୋକାନ ଥାଏ ଓ ବିଭିନ୍ନ ପ୍ରକାର ଜିନିଷ ମିଳେ। ଜିନିଷ କିଣ ବା ନକିଣ ସେଠି ବୁଲାବୁଲି କରିବା ପାଇଁ ବହୁତ ଭଲ ଲାଗେ। କେନାଲ କୂଳରେ କିଛି ବାଟ ଚାଲି ଚାଲି ବୁଲିଲା ପରେ ଆମେ ସେଠାରେ ଡିନର୍ ଖାଇ ହୋଟେଲ୍‌କୁ ଫେରିଲୁ। ଖାଇବା ପାଇଁ ଆମେ ଏମିତି ଗୋଟିଏ ଖାଇବା ଜାଗା ବାଛିଲୁ ଯେଉଁଠିକି ଖାଇବା ସହ ସୂର୍ଯ୍ୟାସ୍ତର ଚମତ୍କାର ଦୃଶ୍ୟ ଉପଭୋଗ କରିହୁଏ। ସେ ଖାଇବା ଜାଗାଟି ସେଲ୍‌ଫ ସର୍ଭ୍। ସେଠାରେ ଅନେକ ପ୍ରକାର ଖାଦ୍ୟ ରଖା ହୋଇଥିଲା। ଆମେ ଆମକୁ ଯାହା ଇଛାହେଲା ଟ୍ରେ ନେଇ ସେଇ ଖାଇବା ଆଣିଲୁ, ପାଣି ବୋତଲ ଆଣି କାଉଣ୍ଟରରେ ପଇସା ଦେଇ ନିଜ ମନମୁତାବକ ଟେବୁଲ୍‌ରେ ବସିଲୁ। ଆମେ ପାସ୍ତା, ରୋଷ୍ଟେଡ଼ ଚିକେନ୍, ରୋଷ୍ଟେଡ଼ ପଟାଟୋ ନେଇ ଯେଉଁ ଜାଗାରେ ବସିଲୁ ସେଠୁ ସୂର୍ଯ୍ୟାସ୍ତ ପୂରା ଦେଖାଯାଉଥିଲା। ସେଦିନର ସନ୍ଧ୍ୟା ଓ ସୂର୍ଯ୍ୟାସ୍ତ ଏତେ ସୁନ୍ଦର ଥିଲା ଯେ ସେ ସ୍ମୃତି ମୋ ମନରେ ଏବେଯାଏ ବି ଆଙ୍କିହୋଇ ରହିଛି। ଡିନର୍ ପରେ ଆମେ ଗ୍ରାଣ୍ଡ୍ କେନାଲ କୂଳରେ ପୁଣି କିଛି ବାଟ ଚାଲିସାରିବା ପରେ ହୋଟେଲ୍‌କୁ ଫେରିବା ବେଳକୁ ରାତି ସାଢ଼େ ନଅ ଉପରେ ହୋଇଯାଇଥିଲା।

ସେପ୍ଟେମ୍ବର ୧୭, ୨୦୧୦। ହୋଟେଲ୍‌ରେ ଜଳଖିଆ ଖାଇ ଆମେ ଷ୍ଟେସନ୍‌କୁ ବାହାରିଗଲୁ। ଆମର ଟ୍ରେନ୍ ପ୍ରାୟ ଏଗାରଟାରେ ଛାଡ଼ି ଫ୍ଲୋରେନ୍ସରେ ଗୋଟାଏ ତିରିଶରେ ପହଞ୍ଚିବାର ଥିଲା। ଅଢ଼େଇ ଘଣ୍ଟାର ଯାତ୍ରା। ସେଦିନ ଭେନିସ୍‌ରୁ ଫ୍ଲୋରେନ୍ସକୁ ତିନୋଟି ଟ୍ରେନ୍ ଥିଲା। ଆମେ ପ୍ରଥମ ଟ୍ରେନ୍‌ଟିରେ ଯିବା ପାଇଁ ଠିକ୍ କଲୁ; କାରଣ ପହଞ୍ଚିଲା ପରେ ଉପର ଓଳିଟା ଫ୍ଲୋରେନ୍ସରେ ବୁଲିବା ପାଇଁ ଯଥେଷ୍ଟ ସମୟ ମିଳିବ। ଟ୍ରେନ୍‌ରେ ଆମ ପାଇଁ ନିର୍ଦ୍ଦିଷ୍ଟ ସିଟ୍ ଥିଲା। ବହୁତ ବର୍ଷ ହେବ ଆମେ ଟ୍ରେନ୍‌ରେ ବସିନଥିଲୁ ଏବଂ ଇଉରୋପରେ ଆମର ଥିଲା ଏଇଟା ପ୍ରଥମ ଟ୍ରେନ୍ ଯାତ୍ରା। ଆମ କମ୍ପାର୍ଟମେଣ୍ଟ ଓ ସିଟ୍ କେମିତି ମିଳିବ ଆମେ ଜାଣିନଥିଲୁ। ପ୍ଲାଟ୍‌ଫର୍ମରେ ଜଣେ ରେଳ କର୍ମଚାରୀଙ୍କୁ ଦେଖି ତାଙ୍କୁ ସାହାଯ୍ୟ ମାଗିଲୁ। ତାଙ୍କ ସାହାଯ୍ୟରେ ଆମେ ନିଜ ସିଟ୍‌ରେ ବସିଲୁ। ପରବର୍ତ୍ତୀ ଟ୍ରେନ୍ ଯାତ୍ରାଗୁଡ଼ିକରେ ଆମର ଆଉ ଅସୁବିଧା ହେଲା ନାହିଁ। ଟ୍ରେନ୍ କମ୍ପାର୍ଟମେଣ୍ଟଟି ବେଶ ବଡ଼ ଓ ଭାରି ପରିଷ୍କାର ଥିଲା। ସିଟ୍‌ଗୁଡ଼ିକ ଆରାମଦାୟକ ଓ ଗୋଡ଼ ବୁଲେଇବା ପାଇଁ ଯଥେଷ୍ଟ ଜାଗା ଥିଲା। ଆଜିକାଲିର

ଉଡ଼ାଜାହାଜର ଇକୋନୋମି କ୍ଲାସ୍ ସିଟ୍ ଭଳି ଗେଞ୍ଜାରେ ଜାକିଜୁକି ହୋଇ ବସିବାକୁ ପଡ଼ିଲା ନାହିଁ। ସିଟ୍ ଆଗରେ ଫୁଡ୍-ଟ୍ରେ ଥିଲା। ମୁଣ୍ଡ ଉପରେ ଥିବା ଥାକରେ ଛୋଟ ଛୋଟ ଜିନିଷ ରଖିବାର ସୁବିଧା ଥିଲା। ବଡ଼ ଜିନିଷ ରଖିବା ପାଇଁ ଦୁଇ କମ୍ପାର୍ଟମେଣ୍ଟ ମଝିରେ ଜାଗା ଥିଲା। ଆମ ଜିନିଷଗୁଡ଼ିକ ଯଥା ସ୍ଥାନରେ ରଖି ଆମେ ଆରାମରେ ବସିଲୁ। ଟ୍ରେନ୍ ଠିକ ସମୟରେ ଛାଡ଼ିଲା। ବାହାରର ଦୃଶ୍ୟ ଥିଲା ଚମତ୍କାର। ବାଟ ସାରା ଆମେ ସୁନ୍ଦର ଦୃଶ୍ୟ ଦେଖି ଦେଖି ଯାଉଥିଲୁ। ଟ୍ରେନ୍‌ଟି ଅନେକଗୁଡ଼ିଏ ପାହାଡ଼ ଭିତର ଟନେଲ୍ ଦେଇ ଗଲା। ସେ ରାସ୍ତାରେ ଏତେଗୁଡ଼ିଏ ଟନେଲ୍ ଥିଲା ଯେ ଆମେ ଟନେଲ୍ ଭିତରେ ପ୍ରାୟ ୪୫ ମିନିଟ୍‌ରୁ ଘଣ୍ଟାଏ ପର୍ଯ୍ୟନ୍ତ ଯାଇଥିବୁ। ଟ୍ରେନ୍ ଭିତରେ ଯାହା ଘୋଷଣା କରିବା କଥା ସେସବୁ ଇଟାଲିଆନ୍ ଭାଷାରେ ହେଉଥିଲା। ଆମେ କିଛି ବୁଝି ପାରୁନଥିଲୁ, ତେବେ ବି ଆମର କିଛି ଅସୁବିଧା ହୋଇନଥିଲା। ଯଥା ସମୟରେ ଫ୍ଲରେନ୍ସର ସାନ୍ତା ମାରିଆ ନୋଭେଲା ଷ୍ଟେସନ୍‌ରେ ଖୁବ୍ ସୁରୁଖୁରୁରେ ଓହ୍ଲାଇଲୁ।

ସ୍ୱପ୍ନର ସହର ଫ୍ଲରେନ୍ସ

ଇଟାଲିଆନ୍ ଭାଷାରେ ଫ୍ଲରେନ୍ସକୁ କହନ୍ତି ଫିରେଞ୍ଜେ। ଏହା ଇଟାଲୀର ଟସ୍କାନି ଅଞ୍ଚଳର ରାଜଧାନୀ। ସେଇ ପାହାଡ଼ିଆ ଅଞ୍ଚଳରେ ରହିଛି ଅନେକଗୁଡ଼ିଏ ଭିଲ୍ଲା, ଅସରନ୍ତି ଅଙ୍ଗୁର ଓ ଅନେକ ପ୍ରକାର ଫଳର ଫାର୍ମ। ପୃଥିବୀର ବିଖ୍ୟାତ ସାଂସ୍କୃତିକ ଓ ଐତିହାସିକ ସହର ମଧ୍ୟରେ ଫ୍ଲରେନ୍ସ ଅନ୍ୟତମ। ସହରଟି ସ୍ଥାପତ୍ୟକଳା ଯଥା ଉଲ୍ଲେଖନୀୟ ଚର୍ଚ୍ଚ ଓ ରେନାସାଂସ୍ କଳାର ହୃଦୟସ୍ପର୍ଶୀ କୃତି ପାଇଁ ପ୍ରସିଦ୍ଧ। ଏହି ସହରରେ ଅନେକଗୁଡ଼ିଏ ମ୍ୟୁଜିଅମ୍ ଓ ଆର୍ଟ ଗ୍ୟାଲେରୀ ଅଛି। ମୁଖ୍ୟତଃ ଏହା ଚିତ୍ରକଳା ଓ ଭାସ୍କର୍ଯ୍ୟ ପାଇଁ ପ୍ରସିଦ୍ଧ। ଫ୍ଲରେନ୍ସରେ ଆକର୍ଷଣର କେନ୍ଦ୍ରବିନ୍ଦୁ ହେଉଛି ଗମ୍ବୁଜ ଥିବା ଗୋଟିଏ କାଥେଡ୍ରାଲ୍, ସାନ୍ତା ମାରିଆ ଡେଲ୍ ଫିଓରେ। ଏଠାର ବାସିନ୍ଦାମାନେ ଏହାକୁ ଡୁଓମୋ କୁହନ୍ତି। ଡୁଓମୋର ଗମ୍ବୁଜ ପୃଥିବୀରେ ସବୁଠାରୁ ବଡ଼ ଗମ୍ବୁଜ ବୋଲି କୁହାଯାଏ। ଗମ୍ବୁଜର ବାହାର ପାଖ ଇଟା ଓ ମୋର୍ଟାର୍‌ରେ ତିଆରି ଏବଂ ଭିତର ପାଖ ସାଣ୍ଡ୍‌ଷ୍ଟୋନ୍ ଓ ମାର୍ବଲ୍‌ରେ ତିଆରି। ଫ୍ଲରେନ୍ସର ଅନ୍ୟ ଆକର୍ଷଣ ଭିତରେ ଉଫିଜି ଗ୍ୟାଲେରୀ ଓ ପାଲାଜ୍ଜୋ ପିଟି ପ୍ରସିଦ୍ଧ। ପାଲାଜ୍ଜୋ ପିଟିକୁ ଇଂରାଜୀରେ ପିଟି ପାଲେସ୍ ବୋଲି କୁହାଯାଇପାରିବ। ବର୍ଷ ସାରା ପୃଥିବୀର ବିଭିନ୍ନ ପ୍ରାନ୍ତରୁ ଲକ୍ଷ ଲକ୍ଷ ଲୋକ ଫ୍ଲରେନ୍ସକୁ ବୁଲିବାକୁ ଆସିଥାନ୍ତି। ୟୁନେସ୍କୋ ଏହାକୁ ପୃଥିବୀର ଏକ ଐତିହାସିକ ସହର ଭାବରେ ଗ୍ରହଣ କରେ। ପର୍ଯ୍ୟଟନ ବ୍ୟତୀତ ଫ୍ଲରେନ୍ସ ରବର, କାଠ କାମ, ଫର୍ନିଚର, ଉଚ୍ଚମାନର ଚମଡ଼ା କାରିଗରୀ ଯଥା ଜ୍ୟାକେଟ୍, ପର୍ସ, ଜୋତା, ୱାଲେଟ୍ ଓ ବେଲ୍ଟ ପାଇଁ ପ୍ରସିଦ୍ଧ।

ଫ୍ଲରେନ୍ସ ଆଜି ଯେଉଁ ପ୍ରସିଦ୍ଧି ଲାଭ କରିଛି ସେଥିପାଇଁ ବେଶୀ ଭାଗ ପ୍ରଶଂସା କରାଯାଏ ସେଠାରେ ୧୫ରୁ ୧୮ଶ ଶତାବ୍ଦୀ ପର୍ଯ୍ୟନ୍ତ ଶାସନ କରୁଥିବା ମେଡ଼ିଚି ପରିବାରଙ୍କୁ। ଏହି ପରିବାର ବ୍ୟାଙ୍କ ବ୍ୟବସାୟ ଓ ବାଣିଜ୍ୟରୁ ବିପୁଳ ସମ୍ପତ୍ତି ଏବଂ ପ୍ରଚୁର କ୍ଷମତା ହାସଲ କରିଥିଲେ। ଚିତ୍ରକଳା ଓ ଭାସ୍କର୍ଯ୍ୟ ଶିଳ୍ପକୁ ଉତ୍ସାହିତ କରି ତାକୁ ଉନ୍ନତ ସ୍ତରକୁ ଆଣିବାରେ ସେମାନଙ୍କର ଅବଦାନ ଯଥେଷ୍ଟ ବେଶୀ। ସେଇମାନଙ୍କ ରାଜତ୍ୱ ସମୟରେ ହିଁ ଫ୍ଲରେନ୍ସ ଚିତ୍ରକଳା, ଭାସ୍କର୍ଯ୍ୟ ଓ ସଂସ୍କୃତିର କେନ୍ଦ୍ର ହୋଇଥିଲା। ଏହି ମେଡ଼ିଚି ପରିବାର ସାହାଯ୍ୟରେ ବାସିଲିକା ସାନ୍ ଲୋରେଞ୍ଜୋ ଏବଂ ସାନ୍ତା ମାରିଆ ଡେଲ୍ ଫିଓରେ (ଡୁଓମୋ) କାଥେଡ୍ରାଲ୍‌ର ଗମ୍ବୁଜ ପୁନଃନିର୍ମିତ ହୋଇଥିଲା। କେବଳ ସଂସ୍କୃତି ଓ ଚିତ୍ରକଳା ନୁହେଁ, ମେଡ଼ିଚି ପରିବାରଙ୍କର ଶିକ୍ଷା କ୍ଷେତ୍ରରେ ବିଶେଷ ଆଗ୍ରହ ଥିବାରୁ ସେମାନେ ଅନେକଗୁଡ଼ିଏ ଶିକ୍ଷାନୁଷ୍ଠାନ ମଧ୍ୟ ଗଢ଼ିଥିଲେ।

ଆମେ ହୋଟେଲ୍ ଲା ଜିଓକୋଣ୍ଡାରେ ତିନି ଦିନପାଇଁ ଇଣ୍ଟରନେଟରେ ରୁମ୍ ବୁକ୍ କରିଥିଲୁ। ଏଇ ହୋଟେଲ୍‌ଟି ଏପରି ସ୍ଥାନରେ ଅବସ୍ଥିତ ଯେ ଅଧିକାଂଶ ପର୍ଯ୍ୟଟନ କେନ୍ଦ୍ରଗୁଡ଼ିକୁ ଚାଲିକରି ଯାଇହେବ। ଡୁଓମୋ ଏଇ ହୋଟେଲ୍‌ରୁ ମାତ୍ର ଦୁଇ ମିନିଟ୍‌ର ଚଲା ବାଟ। ରେଳ ଷ୍ଟେସନ୍ ମଧ୍ୟ ଚାଲିକରି ଗଲା ପରି ଅଳ୍ପ ବାଟ। ଉଫିଜୀ ଗ୍ୟାଲେରୀ ହୋଟେଲ୍‌ଠୁ ଖୁବ୍ ପାଖରେ ଏବଂ ପଣ୍ଟେ ଭେକିଓ ଚାଲିକରି ଯିବାପାଇଁ ପ୍ରାୟ ଦଶ ବାର ମିନିଟ୍ ଲାଗେ। ହୋଟେଲ୍ ଆଖପାଖରେ ବହୁତ ଦୋକାନବଜାର ଥିବାରୁ ଏଇ ଏରିଆକୁ ଶପର୍ସ ପାରାଡାଇଜ୍ କୁହାଯାଏ।

ହୋଟେଲ୍‌ରେ ପହଞ୍ଚି ଚେକ୍-ଇନ୍ କରିସାରି ଦେଖିଲୁ ଏଇ ପାଞ୍ଚ ତାଲା ହୋଟେଲ୍‌ରେ ଏଲିଭେଟର ନାହିଁ। ଅନ୍ୟ ହୋଟେଲ୍‌ମାନଙ୍କ ପରି ଏଠି ବେଲ୍ ବୟ କିମ୍ବା ସେପରି କେହି ସାହାଯ୍ୟ କରିବାକୁ ନଥିଲେ। ଆମକୁ ଚତୁର୍ଥ ତାଲାରେ ରୁମ୍ ମିଳିଥିଲା। ଆମର ଜିନିଷଗୁଡ଼ିକ ଉପରକୁ ଯିବ କେମିତି ? ଆମେ ଯେତେବେଳେ ମ୍ୟାନେଜର (ସେ ବୋଧହୁଏ ହୋଟେଲ୍‌ର ମାଲିକ ମଧ୍ୟ)ଙ୍କୁ ଜିନିଷ ରୁମ୍‌କୁ କେମିତି ନେବୁ ବୋଲି ପଚାରିଲୁ, ସେ ନିଜେ ଆସିଲେ ସାହାଯ୍ୟ କରିବା ପାଇଁ। ତାଙ୍କ ସାହାଯ୍ୟ ମିଳିଲା ପରେ ମଧ୍ୟ ବହୁତ କଷ୍ଟରେ ଆମେ ଆମ ଜିନିଷଗୁଡ଼ିକ ୪ର୍ଥ ତାଲାକୁ ନେଇପାରିଲୁ। ଜିନିଷ ବୋହିବା କଷ୍ଟ ଆଉ ବାଧିଲା ନାହିଁ ଯେତେବେଳେ ଦେଖିଲୁ ଯେ ଡୁଓମୋ ଆମ ରୁମ୍‌ର ଝରକାରୁ ଦେଖାଯାଉଛି ଏବଂ ଜାଣିଲୁ ଯେ ସବୁ ଦର୍ଶନୀୟ ସ୍ଥାନଗୁଡ଼ିକ ଅତି ପାଖରେ ଅଛି। ଅବସ୍ଥିତି ଛଡ଼ା ହୋଟେଲ୍‌ର ଅନ୍ୟ କିଛି ଆକର୍ଷଣ ନଥିଲା। ରୁମ୍‌ଟି ପୂରା ସାଧାରଣ। ବାଥରୁମ୍‌ଟି ଛୋଟ। ଯାହା ବ୍ରେକ୍‌ଫାଷ୍ଟ ଦେଉଥିଲେ ତା' ବି ଖୁବ୍ ସାଧାରଣ। ତେବେ ଏହାର ଅବସ୍ଥିତି ଯୋଗୁ ଆମେ ଏଇସବୁ ଅସୁବିଧା

ଗୁଡ଼ିକୁ ଉପେକ୍ଷା କରିଦେଲୁ। ଜିନିଷ ରଖାରଖି କରି ଅଳ୍ପ ସମୟ ବିଶ୍ରାମ ନେଲା ପରେ ଆମେ ସହର ଭ୍ରମଣରେ ବାହାରି ପଡ଼ିଲୁ।

ପ୍ରଥମେ ହୋଟେଲ୍ ପାଖରେ ଥିବା ଫ୍ଲୋରେନ୍ସର ଏକ ବିଶିଷ୍ଟ ସ୍ମାରକୀ ଡୁଓମୋ ଦେଖିବାକୁ ଗଲୁ। ଡୁଓମୋ ହୋଟେଲ୍‌ରୁ ଏତେ ପାଖରେ ଥିଲା ଯେ ଲାଗିଲା ସତେ ଯେମିତି ଆମ ହୋଟେଲ୍‌କୁ ଲାଗିଛି। ଡୁଓମୋର ପ୍ରକୃତ ନାମ ହେଉଛି ସାନ୍ତା ମାରିଆ ଡେଲ୍‌ଫିଓରେ ବା ଫ୍ଲୋରେନ୍ସ କାଥେଡ୍ରାଲ୍। ଗଥିକ୍ ଡିଜାଇନ୍‌ର ଏହି କାଥେଡ୍ରାଲ୍‌ର ତିଆରି ୧୨୯୬ ମସିହାରେ ଆରମ୍ଭ ହୋଇଥିଲା। ଗଥିକ୍ ଡିଜାଇନ୍ ୧୨ଶ ଶତାବ୍ଦୀରୁ ୧୬ଶ ଶତାବ୍ଦୀ ପର୍ଯ୍ୟନ୍ତ, ଦୀର୍ଘ ୪୦୦ ବର୍ଷ ଧରି ଇଉରୋପରେ ଖୁବ୍ ପପୁଲାର୍ ଥିଲା। ଡୁଓମୋ ତିଆରି କରିବାକୁ ତ ଅନେକ ବର୍ଷ ଲାଗିଗଲା, ଏହାକୁ ସୁନ୍ଦର ଭାବରେ ସଜେଇବା ପାଇଁ ଶହ ଶହ ବର୍ଷ ଲାଗିଯାଇଥିଲା। ଭିତରକୁ ଯାଇ ଦେଖିଲୁ, କାଥେଡ୍ରାଲ୍ ଭିତରେ ଥିବା ପେଣ୍ଟିଙ୍ଗ୍‌ଗୁଡ଼ିକ ଅତି ସୁନ୍ଦର ଓ ମନମୁଗ୍ଧକର। ୪୪ଟି ରଙ୍ଗୀନ୍ ଓ ସୁନ୍ଦର ଡିଜାଇନ୍ କରା କାଚ ଝରକାଗୁଡ଼ିକ ଦେଖିଲେ ଆଖି ଲାଖିରହିବ। କାଥେଡ୍ରାଲ୍‌ରେ ଅନେକଗୁଡ଼ିଏ ଦୁଆର ଏବଂ ସବୁ ଦୁଆରଗୁଡ଼ିକରେ ସୁନ୍ଦର କାରୁକାର୍ଯ୍ୟ କରାଯାଇଛି। ସେଠାରେ ଅନେକଗୁଡ଼ିଏ ମନଲୋଭା ପ୍ରତିମୂର୍ତ୍ତି ମଧ୍ୟ ଅଛି। କାଥେଡ୍ରାଲ୍‌ର ବାହାର ପଟରେ ଜ୍ୟାମିତିକ ଶୈଳୀରେ ସବୁଜ, ଗୋଲାପୀ ଓ ଧଳା ରଙ୍ଗର ମାର୍ବଲ୍ ଲଗା ଯାଇଛି। ଡୁଓମୋରୁ ଅଳ୍ପ ବାଟରେ ଅଛି ବିଶ୍ୱ ବିଖ୍ୟାତ ପିଆଜ୍ଜା ଡେଲା ସିଗ୍‌ନୋରିଆ। ଇଂରାଜୀ ଅକ୍ଷର ଏଲ୍ 'L' ଆକାରର ତିଆରି ଏହି ସର୍ବସାଧାରଣ ସ୍ଥାନଟି ଅତି ସୁନ୍ଦର କଳାକୃତିରେ ଭରା ଏକ ମୁକ୍ତାକାଶ ମ୍ୟୁଜିଅମ୍। ୧୪ଶ ଶତାବ୍ଦୀର ଶେଷ ଭାଗରେ ସଭାସମିତି ଓ ଉତ୍ସବ ପାଳନ ପାଇଁ ଏହା ନିର୍ମିତ ହୋଇଥିଲା। ପରେ ଏହାକୁ ଭାସ୍କର୍ଯ୍ୟର ଏକ ମୁକ୍ତାକାଶ ଗ୍ୟାଲେରୀ ଭାବରେ ପରିବର୍ତ୍ତିତ କରାଗଲା। ମାଇକେଲ୍ ଆଞ୍ଜେଲୋଙ୍କ ପ୍ରସିଦ୍ଧ ଡେଭିଡ଼୍ ମୂର୍ତ୍ତିର ଅବିକଳ ନକଲ (ପ୍ରକୃତ ପ୍ରତିମୂର୍ତ୍ତିଟି ରହିଛି ଏକାଡ଼େମିଆ ମ୍ୟୁଜିଅମ୍‌ରେ ଯାହା ଆମେ ପରେ ଦେଖିଲୁ), ଜିଆମ୍ବୋଲୋନାଙ୍କ ନିର୍ମିତ କସିମୋ ଦେ ମେଡ଼ିଚିଙ୍କର ଗୋଟିଏ ସୁନ୍ଦର ଓ ବିରାଟ ବଡ଼ ବ୍ରୋଞ୍ଜ ମୂର୍ତ୍ତି, ବଣ୍ଡିନେଲିଙ୍କ କୃତ ହରକ୍ୟୁଲେସ୍ ଓ କକସ୍‌ଙ୍କ ମୂର୍ତ୍ତି ଏବଂ ଡୋନାଟେଲୋଙ୍କ ଦ୍ୱାରା ନିର୍ମିତ ମାର୍‌ଜୋକୋ ସହ ଆହୁରି ଅନେକଗୁଡ଼ିଏ ସୁନ୍ଦର ମୂର୍ତ୍ତି ଏଠାରେ ରହିଛି। ମାର୍‌ଜୋକୋ ହେଉଛି ଏକ ବିଶିଷ୍ଟ ସିଂହ ଯାହାକି ଫ୍ଲୋରେନ୍ସର ପ୍ରତୀକ ଭାବରେ ସ୍ୱୀକୃତ। ଫ୍ଲୋରେନ୍ସର ସଭାଘର ଭାବରେ ପରିଚିତ ପାଲାଜ୍ଜୋ ଭେକିଓ ଆଗରେ ରହିଛି ଫାଉଣ୍ଟେନ୍ ଅଫ ନେପଚୁନ୍। ଅନେକ ସମୟ ଧରି ଏହି ଅମୂଲ୍ୟ ଭାସ୍କର୍ଯ୍ୟକୁ ଆମେ ଟିକିନିଖି କରି ଦେଖିଲୁ।

ଡୁଓମୋ ପାଖରେ ଆଉ ଗୋଟିଏ ଟାୱାର୍ ଅଛି ଯାହା ଭାସ୍କର୍ଯ୍ୟ, ଚିତ୍ରକଳା ଓ

କାରୁକାର୍ଯ୍ୟ ପୂର୍ଣ୍ଣ ପ୍ୟାନେଲ୍ ପାଇଁ ପ୍ରସିଦ୍ଧ। ଏହାର ନାମ ଜିଓଟୋସ୍ କମ୍ପାନାଇଲ୍। ଏହି ଟାୱାର୍ ଉପରକୁ ଯିବାକୁ ୪୧୪ଟି ପାହାଚ ରହିଛି। ଟାୱାର୍ ଉପରୁ ଫ୍ଲରେନ୍ସ ସହରର ଦୃଶ୍ୟ ଦେଖିବାକୁ ଅତି ସୁନ୍ଦର ହୋଇଥିବ ନିଶ୍ଚୟ। ଆମେ ପାହାଚ ଚଢ଼ି ଉପରକୁ ଗଲୁ ନାହିଁ। କେବଳ ବାହାରୁ ଯାହା ଦେଖିଲୁ। ତା'ପରେ ଆମେ ଉଫିଜି ଗ୍ୟାଲେରୀକୁ ଗଲୁ। ପୃଥିବୀର ଶ୍ରେଷ୍ଠ ମ୍ୟୁଜିଅମ୍ ଭିତରୁ ଉଫିଜି ଗ୍ୟାଲେରୀ ଗୋଟିଏ। ଏହା ମଙ୍ଗଳବାରରୁ ରବିବାର ଯାଏଁ ସକାଳ ୮.୧୫ରୁ ସନ୍ଧ୍ୟା ୬.୫୦ ପର୍ଯ୍ୟନ୍ତ ଖୋଲା ରହେ। ସେଦିନ ଆମେ କେବଳ ମ୍ୟୁଜିଅମ୍ ଖୋଲା ରହିବାର ସମୟ ବୁଝିନେଇ ପରଦିନ ଆସିବାକୁ ସ୍ଥିର କରି ଫେରିଆସିଲୁ।

ଇଟାଲିଆନ୍ ଭାଷାରେ ଉଫିଜିର ଅର୍ଥ ଅଫିସ୍। ୧୫୬୦ ମସିହାରେ ଫ୍ଲରେନ୍ସର ଦ୍ୱିତୀୟ ଡିୟୁକ୍ କସିମୋ ଦେ ମେଡ଼ିଚି ପ୍ରଶାସନିକ ଓ ଆଇନ କାର୍ଯ୍ୟାଳୟ ପାଇଁ ସ୍ୱତନ୍ତ୍ର ଘର ତିଆରି କରିବାର ନିଷ୍ପତି ନେଲେ। ଏହାର ଡିଜାଇନ୍ ଓ ସ୍ଥାପତ୍ୟର ଦାୟିତ୍ୱ ଦିଆଗଲା ଜର୍ଜୋ ଭାସାରି ନାମକ ଜଣେ ଚିତ୍ରକର ଓ ସ୍ଥପତିଙ୍କୁ। ଅଫିସ୍‌ଗୁଡ଼ିକୁ ପରସ୍ପରର ସମ୍ମୁଖରେ ରଖି ଭାସାରି ଇଂରାଜୀ ଅକ୍ଷର ୟୁ 'U' ଆକାରର ଗୋଟିଏ ବିଲଡିଙ୍ଗ୍ ଡିଜାଇନ୍ କଲେ, ଯାହାର ଗୋଟିଏ ପଟ ସହରର ଟାଉନ୍ ସ୍କୋୟାର୍ ଆଡ଼କୁ ଏବଂ ଅନ୍ୟ ପଟଟି ଆର୍ନୋ ନଦୀ ଆଡ଼କୁ ରହିଲା। ମେଡ଼ିଚି ପରିବାରର ରାଜତ୍ୱ ଶେଷ ହେବାପରେ, ଏହି ପରିବାରର ଶେଷ ଉତ୍ତରାଧିକାରିଣୀ ପରିବାରର ସବୁ ସଂଗୃହୀତ ଚିତ୍ରକଳାଗୁଡ଼ିକୁ ଫ୍ଲରେନ୍ସ ସିଟିକୁ ଦାନ କରିଦେଲେ ଏବଂ ଉଫିଜି ଗ୍ୟାଲେରୀ ସର୍ବ-ସାଧାରଣଙ୍କ ପାଇଁ ଉନ୍ମୁକ୍ତ ହେଲା ୧୭୬୫ ମସିହାରେ। ଏହି ଗ୍ୟାଲେରୀ ଆନୁଷ୍ଠାନିକ ଭାବରେ ୧୮୬୫ ମସିହାରେ ଗୋଟିଏ ମ୍ୟୁଜିଅମ୍ ଭାବରେ ସ୍ୱୀକୃତ ହେଲା। ଉଫିଜି ବିଲଡିଙ୍ଗ୍‌ର କେବଳ ଦୁଇଟି ମହଲାରେ ମ୍ୟୁଜିଅମ୍ ରହିଛି। କଳାକୃତିଗୁଡ଼ିକ ୪୫ଟି ହଲ୍‌ରେ ପ୍ରଦର୍ଶିତ ହୋଇଛି। କସିମୋ ଦେ ମେଡିଚି କେବଳ କଳାର ପୃଷ୍ଠପୋଷକ ନଥିଲେ; ଶିକ୍ଷା, ସ୍ଥାପତ୍ୟ ବିଦ୍ୟା ଓ ମାନବୀୟତା ପାଇଁ ମଧ୍ୟ ତାଙ୍କର ଗଭୀର ଅନୁରକ୍ତି ଥିଲା।

ଫ୍ଲରେନ୍ସର ଆଉ ଗୋଟିଏ ଦର୍ଶନୀୟ ସ୍ଥାନ ହେଲା ପଣ୍ଟେ ଭେକିଓ। ପଣ୍ଟେ ଭେକିଓର ଅର୍ଥ 'ପୁରୁଣା ପୋଲ'। ଏଇ ଅନନ୍ୟ ପୋଲଟି ଆମ ହୋଟେଲ୍‌ରୁ ପ୍ରାୟ ୧୦/୧୨ ମିନିଟ୍‌ର ଚଲା ବାଟରେ ଥିଲା। ଯାହା ଜଣାପଡ଼େ, ପୋଲଟି ଆର୍ନୋ ନଦୀ ଉପରେ ରୋମାନ୍‌ମାନଙ୍କ ସମୟରେ ତିଆରି ହୋଇଥିଲା; କିନ୍ତୁ ୯୯୪ ମସିହାରୁ ପୋଲ ବିଷୟରେ ପ୍ରଥମେ ଲିଖିତ ବିବରଣୀ ଥିବାର ଜଣା ପଡ଼ିଥିଲା। ନଈ ବଢ଼ିରେ, ୧୧୧୭ ମସିହାରେ ଏଇ ପୋଲଟି ଭାଙ୍ଗିଗଲା। ପରେ ତିଆରି ହେଲା ଓ ପୁଣି ୧୩୩୩ ମସିହାରେ ପୋଲଟି ଆଉଥରେ ନଈବଢ଼ିରେ ଭାଙ୍ଗିଗଲା। ଆଜି ଯେଉଁ

ପୋଲ ଅଛି ତାହା ୧୩୪୫ ମସିହାରେ ତିଆରି ହୋଇଥିଲା । ଏଇ ପୋଲଟିର ବିଶେଷତ୍ୱ ହେଉଛି ଯେ ଏହା ପଥରରେ ତିଆରି ଏବଂ ପୋଲଟିର ଉପର ଭାଗଟି ଘର ପରି ନିବୁଜ । ବର୍ତ୍ତମାନ ଥିବା ପୋଲଟିର ଡିଜାଇନର୍ କିଏ ଥିଲେ ଠିକ୍ ଭାବରେ ଜଣା ନଥିଲେ ମଧ୍ୟ ବିଶ୍ୱାସ କରାଯାଏ ଯେ ତାଦେଓ ଗଡ୍ଡି କିମ୍ବା ନେରୀ ଡି ଫିଓରାଭାନ୍ତି ଏହାର ଡିଜାଇନ୍ କରିଥିଲେ । ପୋଲଟିର ନିର୍ମାଣ ୧୩୫୦ ମସିହାରେ ସରିଥିଲା । ପୂର୍ବ କାଳରେ ପୋଲ ଉପରେ ଦୋକାନ କରିବା ଏକ ସାଧାରଣ କଥା ଥିଲା ।

ତିନୋଟି ଆର୍ଚ୍ଚ ଥିବା ଏଇ ପୋଲର ଉଭୟ ପଟରେ ଦୁଇଟି ଚୌଡ଼ା ଆର୍କେଡ଼ରେ ବଣିଆ ଦୋକାନ ଧାଡ଼ି ଧାଡ଼ି ହୋଇ ରହିଛି । ଆରମ୍ଭରେ ପୋଲ ଉପରେ ଥିବା ଦୋକାନଗୁଡ଼ିକ ଥିଲା କଂସେଇଖାନା, ଚମଡ଼ା ଦୋକାନ ବା ଚାଷୀମାନଙ୍କର ଦୋକାନ । ବର୍ତ୍ତମାନ ସେଠାରେ ରହିଛି ଗହଣା ଦୋକାନ, ଗହଣା ତିଆରି ଘର, ଚିତ୍ରକଳା ଦୋକାନ ଓ ସୋଭେନିଅର ଦୋକାନ । ଫ୍ଲରେନ୍ସକୁ ଯାଉଥିବା ପରିଦର୍ଶକମାନଙ୍କ ପାଇଁ ଦର୍ଶନୀୟ ସ୍ଥାନ ଭିତରୁ ଏହା ମଧ୍ୟ ଗୋଟିଏ ଗୁରୁତ୍ୱପୂର୍ଣ୍ଣ ସ୍ଥାନ । ପୋଲଟି ତ ଏମିତିରେ ବହୁତ ସୁନ୍ଦର ଓ ଦେଖିବାର କଥା; କିନ୍ତୁ ପୋଲ ଉପରେ ଗଲାବେଳେ ଦୁଇ କଡ଼ରେ ଦୋକାନବଜାର ଦେଖି ଚାଲିବାକୁ ବହୁତ ଭଲ ଲାଗେ । ଆର୍ନୋ ନଦୀ କୂଳରେ ଚାଲିଲେ ପୋଲଟିର ପ୍ରାକୃତିକ ସୌନ୍ଦର୍ଯ୍ୟ ଆହୁରି ବେଶୀ ଉପଭୋଗ କରିହୁଏ । ବିଶେଷକରି ରାତି ଆଲୁଅରେ ପାଣି ଉପରେ ପଡ଼ିଥିବା ପୋଲର ପ୍ରତିଛବି ଅତି ସୁନ୍ଦର ଦେଖାଯାଏ । ଆମେ ସେଇ ପୋଲ ଉପରେ ଚାଲୁଥିବା ବେଳେ ଦେଖିଲୁ ଗୋଟିଏ ଜାଗାରେ ସଂଗୀତର ଆସର ଚାଲିଛି, ଗାୟକମାନେ ଗାଉଛନ୍ତି, ବାଜା ବାଜୁଛି ଓ ଲୋକମାନେ ତାଙ୍କୁ ଘେରି ଠିଆହୋଇ ଶୁଣୁଛନ୍ତି । ଆମେ ମଧ୍ୟ ଯାଇ ଠିଆହୋଇ ମ୍ୟୁଜିକ୍ ଶୁଣିଲୁ ଓ ଗୋଟିଏ ଭିଡ଼ିଓ ମଧ୍ୟ ଉଠାଇଲୁ । କିଛି ସମୟ ସେଠି ବୁଲାବୁଲି କରି କିଛି ସୋଭେନିଅର କିଣି ହୋଟେଲ୍‌କୁ ଫେରିଲୁ । ଫେରିବା ବାଟରେ ଗୋଟିଏ ଛୋଟ ଚାଇନିଜ୍ ରେଷ୍ଟୋରାଁ ଦେଖିଲୁ ଯାହାକି ଗୋଟେ ଫାମିଲି ରେଷ୍ଟୋରାଁ ପରି ଲାଗିଲା । ସେଇ ରେଷ୍ଟୋରାଁରେ ଥିବା ଗଛଲତାଭରା ଛୋଟ ଅଗଣାରେ ଆମେ ବସି ଡିନର୍ ଖାଇଲୁ । ସହର ମଝିରେ ଥିଲେ ମଧ୍ୟ ଲାଗିଲା ଆମେ ଯେମିତି କେଉଁ ଗୋଟିଏ ନିଛାଟିଆ ଜାଗାରେ ବସି ଖାଉଛୁ । ଖାଇବା ବି ବେଶ ଭଲ ଲାଗିଲା ।

ପରଦିନ ସକାଳେ ଆମେ ବିଶ୍ୱ ପ୍ରସିଦ୍ଧ ଉଫିଜି ଗ୍ୟାଲେରୀ ଦେଖିବାକୁ ଗଲୁ । ଏହା ପିଆଜା ଡେଲା ସିଗ୍‌ନୋରିଆକୁ ଲାଗି ରହିଛି । ପୁରାତନ ସମୟର ଭାସ୍କର୍ଯ୍ୟ ଓ ୧୪ଶ ଶତାବ୍ଦୀ ମଧ୍ୟରେ ଅଙ୍କା ହୋଇଥିବା ଅମୂଲ୍ୟ ଚିତ୍ରକଳାଗୁଡ଼ିକ ଏହି ଗ୍ୟାଲେରୀରେ ରଖାଯାଇଛି । ଗ୍ୟାଲେରୀ ସୋମବାର ଦିନ ବନ୍ଦ ରହେ ଓ ଅନ୍ୟ ଦିନଗୁଡ଼ିକରେ ସକାଳ

୮.୧୫ରୁ ସନ୍ଧ୍ୟା ୬.୫୦ ପର୍ଯ୍ୟନ୍ତ ଖୋଲା ରହେ। ଗ୍ୟାଲେରୀ ଖୋଲିବାର ଯଥେଷ୍ଟ ଆଗରୁ ଆମେ ପହଞ୍ଚି ଯାଇଥିଲୁ, ତେଣୁ ଟିକେଟ୍ ପାଇଁ ଧାଡ଼ିରେ ବେଶୀ ସମୟ ଠିଆ ହେବାକୁ ପଡ଼ିଲା ନାହିଁ। ଟିକେଟ୍‌ର ଦାମ ଥିଲା ଜଣକା ୧୦ ଇଉରୋ। ଟିକେଟ୍ କିଣିସାରି ମେଟାଲ୍ ଡିଟେକ୍ଟର୍ ଦେଇ ଆମେ ଭିତରେ ପଶିଲୁ। ଯାଇ ଦେଖିଲୁ ମାଇକେଲ୍ ଆଞ୍ଜେଲୋ, ବୋଟୀଚେଲ୍ଲୀ, ଜାତୋ ଓ ଅନ୍ୟ ପ୍ରସିଦ୍ଧ ଚିତ୍ରକାରଙ୍କର ବିଖ୍ୟାତ କଳାକୃତିଗୁଡ଼ିକ ଏଠାରେ ରହିଛି। ୧୪୭୨-୧୪୭୫ ମସିହା ଭିତରେ ଅଙ୍କିତ ଲିଓନାର୍ଡୋ ଡା ଭିନ୍ସିଙ୍କର ଆନନ୍ ସିଏସନ, ର଼ାଫାଏଲ୍‌ଙ୍କର ମାଡ଼ୋନା ଦେଲ କାରଦେଲୀନୋ, ସାଣ୍ଡ୍ରୋ ବୋଟିଚେଲ୍ଲୀଙ୍କର ବର୍ଥ ଅଫ ଜିସସ୍ ଏବଂ ଲା ପ୍ରିମାଭେରା ସେଠାରେ ଦେଖି ଆମକୁ ବହୁତ ଭଲ ଲାଗିଲା। ସାଣ୍ଡ୍ରୋ ବୋଟିଚେଲ୍ଲୀଙ୍କର ବର୍ଥ ଅଫ ଜିସସ୍ ଚିତ୍ରଟି ପୃଥିବୀର ରେନାସାଁସ୍ ସମୟର କଳାକୃତିମାନଙ୍କ ମଧ୍ୟରେ ଶ୍ରେଷ୍ଠ ବୋଲି ବିବେଚିତ ହୁଏ। ପ୍ରସିଦ୍ଧ ମେଡ଼ିଚି ପରିବାରର କେତେଗୁଡ଼ିଏ ପ୍ରାଚୀନ ମୂର୍ତ୍ତି ଓ ଅର୍ଦ୍ଧ ମୂର୍ତ୍ତି କେବଳ ଏହି ଗ୍ୟାଲେରୀରେ ଦେଖିବାକୁ ମିଳେ। ବିଭିନ୍ନ ବିଭାଗରେ ଥିବା ମୂର୍ତ୍ତି ଓ କଳାକୃତିଗୁଡ଼ିକ ଦେଖିବା ପରେ ମନକୁ ସ୍ୱତଃ ପ୍ରଶ୍ନ ଆସିଲା- ଏହି ଚିତ୍ରଗୁଡ଼ିକ ଏତେ ପ୍ରାଚୀନ ହୋଇଥିଲେ ମଧ୍ୟ ଆଜି ପର୍ଯ୍ୟନ୍ତ ଏତେ ସୁନ୍ଦର ଓ ସତେଜ ଦେଖାଯାଉଛି କିପରି ? ଅଧିକାଂଶ ଚିତ୍ର ଏତେ ପୁରୁଣା ବୋଲି ଆଦୌ ଜଣା ପଡୁନଥିଲା। ଏପରିକି ଚିତ୍ର ବନ୍ଧା ହୋଇଥିବା ଫ୍ରେମ୍‌ଗୁଡ଼ିକ ମଧ୍ୟ ଦୃଷ୍ଟି ଆକର୍ଷଣ କରୁଥିଲା, କାରଣ ସେଗୁଡ଼ିକ ଥିଲା ଉନ୍ନତ କଳାକୃତିର ନମୁନା। ଭାସ୍କର୍ଯ୍ୟ ଦୃଷ୍ଟିରୁ ମ୍ୟୁଜିଅମ୍‌ଟି ଥିଲା ଅନନ୍ୟ।

ଉଫିଜି ଗ୍ୟାଲେରୀ ଦେଖି ସାରିବା ପରେ ଆମେ ପୋଣ୍ଟେ ଭେକିଓକୁ ଆଉଥରେ ଗଲୁ। ସୁନ୍ଦର ଭାବରେ ସଜା ହୋଇଥିବା ଦୋକାନବଜାର ଓ ଲୋକ ଗହଳି ଯୋଗୁ ଅଂଚଳଟି ଖୁବ୍ ଜୀବନ୍ତ ଲାଗୁଥିଲା। ସେଠାରେ ଯେତେ ଚାଲିଲେ ବି କେହି କେବେ ବିରକ୍ତ ହୋଇପାରିବ ନାହିଁ। କିଛି କିଣାକିଣି କରିବାକୁ ନଥିଲେ ମଧ୍ୟ ସେଠି ଚାଲି ଚାଲି ବୁଲିବାରେ ଆନନ୍ଦ ମିଳେ। ସେଦିନ ସନ୍ଧ୍ୟାରେ ଆମେ ହୋଟେଲ୍‌କୁ ଫେରିଆସି ସେଇ ପାଖରେ ଥିବା ଗୋଟିଏ ଇଟାଲିଆନ୍ ରେଷ୍ଟୋରାଁରେ ଡିନର୍ ପାଇଁ ପାସ୍ତା ପ୍ରିମାଭେରା ଓ ରୋଷ୍ଟେଡ଼ ରାଭିଓଲି ଅର୍ଡର କଲୁ ଏବଂ ଡିଜର୍ଟ ପାଇଁ ଟିରାମିସୁ ମଗାଇଲୁ। ଇଟାଲିଆନ୍ ଟିରାମିସୁ ଆମକୁ ଖୁବ୍ ଭଲ ଲାଗେ। ଆମେ ଯେତେବେଳେ ଟ୍ରାଭଲ୍ କରୁ ବିଭିନ୍ନ ସ୍ଥାନର ଖାଦ୍ୟ ସ୍ୱାଦର ଅଭିଜ୍ଞତା ପାଇଁ ଖାଉ; କିନ୍ତୁ କିଛି ଥର ଖାଇବା ପରେ ଆମେ ପ୍ରଥମେ 'ଥାଇ' ଖାଦ୍ୟ, ତା'ପରେ ଚାଇନିଜ୍ ଖାଦ୍ୟ କିମ୍ବା ଆମେରିକାନ୍ ଫାଷ୍ଟ୍ ଫୁଡ଼ ଯାହାକି ପୃଥିବୀର ସବୁ କୋଣରେ ମିଳେ, ତାକୁ ଖୋଜୁ।

ପରଦିନ ସକାଳେ ପ୍ରଥମେ ଆମେ ଏକାଡ଼େମିଆ ଗ୍ୟାଲେରୀରେ ପ୍ରସିଦ୍ଧ

'ଡେଭିଡ୍' ପ୍ରତିମୂର୍ତ୍ତି ଦେଖିବାକୁ ଗଲୁ । ବାଇବେଲ୍‌ର କାହାଣୀ ଅନୁସାରେ ଗୋଲିଆଥ୍ ନାମକ ଜଣେ ଖଳନାୟକ ଯାହାକୁ କେହି ମାରି ପାରୁନଥିଲେ, ଡେଭିଡ୍ କୌଶଳ କରି ତାକୁ ମାରି ନିଜର ପ୍ରାଧାନ୍ୟତା ବିସ୍ତାର କରିଥିଲେ । ମାଇକେଲ୍ ଆଞ୍ଜେଲୋଙ୍କର ଏହି ଶ୍ରେଷ୍ଠ କଳାକୃତିଟି ସାରା ବିଶ୍ୱରେ ପ୍ରସିଦ୍ଧି ଲାଭ କରିଛି । ପ୍ରତିମୂର୍ତ୍ତିଟି ଏତେ ପ୍ରସିଦ୍ଧି ଲାଭ କରିଛି ଯେ ପ୍ରତିଦିନ ହଜାର ହଜାର ଦର୍ଶକ କେବଳ ଏହାକୁ ଦେଖିବାକୁ ଆସିଥାନ୍ତି । ଆମ ହୋଟେଲ୍‌ରୁ ଏହି ଗ୍ୟାଲେରୀ ଥିଲା ପ୍ରାୟ ୧୫ ମିନିଟ୍‌ର ଚଲା ବାଟ । ଆମେ ସେଠି ପହଞ୍ଚି ଦେଖିଲୁ ଟିକେଟ୍ ପାଇଁ ବେଶ ଲମ୍ବା ଲାଇନ୍ ଲାଗି ସାରିଥିଲା । ଆମର ତ ଅନ୍ୟ କିଛି ଉପାୟ ନଥିଲା । ତେଣୁ ଯାଇ ଲାଇନ୍‌ରେ ଠିଆ ହେଲୁ । ପ୍ରାୟ ୨୫ ମିନିଟ୍ ଠିଆ ହେବା ପରେ ଆମେ ଟିକେଟ୍ ପାଇ ଭିତରକୁ ଗଲୁ । ଟିକେଟ୍‌ର ଦାମ୍ ଥିଲା ଜଣକା ୧୦ ଇଉରୋ ।

ଗ୍ୟାଲେରୀରେ ପ୍ରବେଶ କଲାମାତ୍ରେ ଆମେ ପ୍ରଥମେ ଡେଭିଡ୍ ଷ୍ଟାଚ୍ୟୁ ଦେଖିବାକୁ ଗଲୁ । ପ୍ରତିମୂର୍ତ୍ତିଟି ୧୪ ଫୁଟ ଉଚ୍ଚା ଏବଂ ଧଳା ମାର୍ବଲ୍‌ରେ ତିଆରି । ମାଇକେଲ୍ ଆଞ୍ଜେଲୋ ଏହାକୁ ୧୫୦୧ରୁ ୧୫୦୪ ମସିହା ଭିତରେ ତିଆରି କରିଥିଲେ । ସେତେବେଳକୁ ସେ ଯୁବକ, ବୟସ ୩୦ ବି ପହଞ୍ଚିନଥିଲା । ମୂର୍ତ୍ତିଟିକୁ ପାଖରେ ଯାଇ ଭଲ ଭାବରେ ନିରୀକ୍ଷଣ କଲାପରେ ଜଣାପଡ଼ିଲା କାହିଁକି ଏହା ବିଶ୍ୱବିଖ୍ୟାତ ହୋଇଛି । ମାଇକେଲ୍ ଆଞ୍ଜେଲୋ ମୂର୍ତ୍ତିଟିରେ ଡେଭିଡ୍‌ଙ୍କର ଯୌବନ, ସୌନ୍ଦର୍ଯ୍ୟ ଓ ଶକ୍ତି ଖୁବ୍ ଭଲ ଭାବରେ ଫୁଟାଇ ପାରିଛନ୍ତି । ମୂର୍ତ୍ତିଟି ଏତେ ଜୀବନ୍ତ ହୋଇଛି ଯେ ମୁଁ ତାକୁ ଭାଷାରେ ବର୍ଣ୍ଣନା କରି ପାରୁନାହିଁ । ମୁହଁ, ଦେହ, ହାତ ଆଙ୍ଗୁଳି, ଗୋଡ଼ ଆଙ୍ଗୁଳି, ଆଣ୍ଠୁ, କହୁଣୀ, ମାଂସପେଶୀ ଇତ୍ୟାଦି ଶରୀରର ଉଚ୍ଚତା ସହ ଏତେ ନିଖୁଣ ଓ ଅବିକଳ ହୋଇଛି ଯେ ପ୍ରକୃତ ମଣିଷଟିଏ ଠିଆହେଲା ପରି ଲାଗୁଥିଲା । ଦେହର ଶିରାପ୍ରଶିରା ମଧ୍ୟ ଅତି ନିଖୁଣ ଭାବରେ ରୂପାୟିତ । ପ୍ରକୃତରେ ଏହା ଦେଖିବା ପରି ମୂର୍ତ୍ତିଟିଏ ।

ଏକାଡ଼େମିଆ ମ୍ୟୁଜିଅମ୍‌ରେ ପ୍ରସିଦ୍ଧ ଚିତ୍ରକାରମାନଙ୍କର ଅନେକଗୁଡ଼ିଏ ସୁନ୍ଦର କଳାକୃତି ସହିତ ଗୋଟିଏ ବାଦ୍ୟଯନ୍ତ୍ର ବିଭାଗ ମଧ୍ୟ ଅଛି । ଅତି ପ୍ରାଚୀନ କାଳରୁ ବ୍ୟବହୃତ ହେଉଥିବା ଅନେକ ବିରଳ ବାଦ୍ୟଯନ୍ତ୍ର ଏହି ମ୍ୟୁଜିଅମ୍‌ରେ ଅଛି ଯାହା ଅନ୍ୟ କୌଣସି ଜାଗାରେ ନାହିଁ । ସେଠାରେ ଅଛି ହାର୍ପ୍ସି, ଭାଓଲିନ୍, ଚେଲୋ ଏବଂ କ୍ଲାରିଓନେଟ୍ ପରି କେତେ ବାଦ୍ୟଯନ୍ତ୍ର । ମେଡ଼ିଚି ପରିବାରର ଆନୁଷ୍ଠାନିକ ଉତ୍ସବମାନଙ୍କରେ ଏଇ ବାଦ୍ୟଯନ୍ତ୍ରଗୁଡ଼ିକ ବ୍ୟବହୃତ ହେଉଥିଲା । ମେଡ଼ିଚି ପରିବାର ପାଇଁ ପ୍ରସିଦ୍ଧ ବାଦ୍ୟଯନ୍ତ୍ର ନିର୍ମାତା ବାର୍‌ତେଲୋମେଓ କ୍ରିସ୍ତୋପୋରୀ କିପରି ଭାବରେ

ପିଆନୋ ତିଆରି କରିଥିଲେ ତାହା ଏଠାରେ ପ୍ରଦର୍ଶିତ ହୋଇଛି। ମେଡ଼ିଚି ପରିବାର ପାଇଁ ଆନ୍ତୋନିଓ ଷ୍ଟ୍ରାଡ଼ିଭାରି ନିଜ ହାତରେ ଯେଉଁ ଭାଓଲିନ୍ ତିଆରି କରିଥିଲେ, ସେଇ ମୂଲ୍ୟବାନ ଭାଓଲିନ୍‌ଟି ମଧ୍ୟ ଏଠାରେ ପ୍ରଦର୍ଶିତ ହୋଇଛି। ଏଠାରେ କହି ରଖେ, ଆନ୍ତୋନିଓ ଷ୍ଟ୍ରାଡ଼ିଭାରି ଭାଓଲିନ୍ ତିଆରି ପାଇଁ ପ୍ରସିଦ୍ଧ ଥିଲେ। ତାଙ୍କ ହାତତିଆରି ଭାଓଲିନ୍ ଶହ ଶହ ବର୍ଷ ପୁରୁଣା ହେଲେ ମଧ୍ୟ ସେଥିରୁ ଅଳ୍ପ କେତୋଟି ଏବେ ବି କନ୍‌ସର୍ଟ୍‌ରେ ବ୍ୟବହୃତ ହୁଏ। ଷ୍ଟ୍ରାଡିଭାରିଙ୍କ ଭାଓଲିନ୍‌ଗୁଡ଼ିକର ମୂଲ୍ୟ ବହୁତ ବେଶି।

ମ୍ୟୁଜିଅମ୍‌ରେ ପ୍ରାୟ ଦୁଇ ଘଣ୍ଟା କଟାଇଲା ପରେ ଆମେ ଫେରିବା ବାଟରେ କିଛି ଚମଡ଼ା ତିଆରି ଜିନିଷ କିଣିଲୁ। କିଣାକିଣି ସାରି ଆମେ ଫ୍ଲରେନ୍ସ ରାଜାମାନଙ୍କର ପ୍ୟାଲେସ୍, ପାଲାଜ୍ଜୋ ପିଟି ଦେଖିବାକୁ ଗଲୁ। ପ୍ୟାଲେସ୍‌ଟି ଆର୍ନୋ ନଦୀ କୂଳରେ ୧୫ଶ ଶତାବ୍ଦୀରେ ନିର୍ମିତ ହୋଇଥିଲା। ଏହି ପ୍ୟାଲେସ୍‌ଟି ବର୍ତ୍ତମାନ କେତେଗୁଡ଼ିଏ ମ୍ୟୁଜିଅମ୍ ଭାବରେ ବ୍ୟବହାର କରାଯାଉଛି। ଆମେ ମ୍ୟୁଜିଅମ୍ ଭିତରକୁ ଗଲୁ ନାହିଁ। ପ୍ରାସାଦ ଆଗରେ ଏକ ସୁନ୍ଦର ସ୍କୋୟାର୍ ଅଛି। ସେଠାରେ ଲୋକମାନେ ଏକାଠି ହୋଇ ଗାଇବା, ବାଦ୍ୟଯନ୍ତ୍ର ବଜାଇବା, ଖିଆପିଆ କରିବା ସଙ୍ଗେ ବିଶ୍ରାମ କରନ୍ତି ଓ ନଦୀର ଦୃଶ୍ୟ ଉପଭୋଗ କରନ୍ତି। ସେଦିନ ପାଗ ବହୁତ ଭଲ ଥିଲା, ତେଣୁ ଆମେ ମଧ୍ୟ ସେଠାରେ କିଛି ସମୟ ବସିଲୁ। ପରେ ଯାଇ ପାଖରେ ଥିବା ଗୋଟିଏ ଇଟାଲିଆନ୍ ରେଷ୍ଟୋରାଁରେ ମିନେଷ୍ଟ୍ରୋନ୍ ସୁପ୍, ସ୍ପିନାଚ୍ ରାଭିଓଲି ଓ ରିସୋଟୋ ପ୍ରିମାଭେରା ଖାଇ ପୁଣି ଥରେ ଯାଇ ପିଆଜ୍ଜା ଡେଲାସିଗ୍‌ନୋରିଆରେ କିଛି ସମୟ କଟାଇଲୁ।

ସେଇ ମୁକ୍ତାକାଶ ମ୍ୟୁଜିଅମ୍‌ରେ କିଛି ସମୟ କଟାଇଲା ପରେ ଆମେ ବାସିଲିକା ଦେ ସାନ୍ ଲୋରେଞ୍ଜୋ ବା ସେଣ୍ଟ୍ ଲରେନ୍ସ ବାସିଲିକାକୁ ଗଲୁ। ଫ୍ଲରେନ୍ସର ଦର୍ଶନୀୟ ସ୍ଥାନ ମଧ୍ୟରୁ ଏହା ଗୋଟିଏ। ଏଇ ବାସିଲିକାଟି ଥିଲା ରେଳଷ୍ଟେସନ୍‌ର ଅତି ନିକଟରେ ଓ ଆମ ହୋଟେଲ୍ ଆଗରେ। ଆମେ ଯେତେବେଳେ ଫ୍ଲରେନ୍ସ ରେଳଷ୍ଟେସନ୍‌ରେ ପ୍ରଥମେ ଓହ୍ଲାଇଥିଲୁ, ହୋଟେଲ୍‌କୁ ଏଇ ବାସିଲିକା କଡ଼ ଦେଇ ଚାଲିକରି ଯାଇଥିଲୁ। କୁହାଯାଏ, ଫ୍ଲରେନ୍ସର ମଧ୍ୟସ୍ଥଳରେ ଥିବା ଏହି ଚର୍ଚ୍ଚଟି ଫ୍ଲରେନ୍ସର ସବୁଠାରୁ ପୁରୁଣା ଚର୍ଚ୍ଚ। ଆମେ ସେଠାରେ ପହଞ୍ଚିଲାବେଳକୁ ଦର୍ଶକମାନଙ୍କ ପାଇଁ ଚର୍ଚ୍ଚ୍ ବନ୍ଦ ହୋଇଯାଇଥିଲା। ତେଣୁ ଭିତରକୁ ଯାଇ ଦେଖିବା ଆଉ ସମ୍ଭବ ହେଲାନି। ଆମେ କେବଳ ବାହାରେ ବୁଲାବୁଲି କରି ଦେଖିଲୁ। ଚର୍ଚ୍ଚର ବାହାରେ ଗୋଟିଏ ବଡ଼ ଖୋଲା ଜାଗା ଥିଲା ଯେଉଁଠାରେ କେତେଗୁଡ଼ିଏ ବେଞ୍ଚ ପଡ଼ିଥିଲା। ପାଖକୁ ଯାଇ ଦେଖିଲୁ ସେଠି କେତେଜଣ ଲୋକ ମିଶି ଗୀଟାର୍ ବଜାଇ ଗୀତ ବୋଲୁଛନ୍ତି ଓ ଅନେକ ଲୋକ ଠିଆ ହୋଇ ଶୁଣୁଛନ୍ତି। ଆମେ ମଧ୍ୟ ପାଖରେ ଥିବା ବେଞ୍ଚରେ କିଛି ସମୟ ବସି ଗୀତ

ଶୁଣିଲୁ। ଠିକ୍ ସେତିକିବେଳେ କଳାମେଘ ଘୋଟିଆସିଲା; କିନ୍ତୁ ଭାଗ୍ୟକୁ ବର୍ଷା ହେଲାନାହିଁ। ସେଇ ବାତାବରଣରେ ଗୀଟାର ବାଦନ ସହ ଗାୟକଙ୍କର କଣ୍ଠସଙ୍ଗୀତ ବହୁତ ଭଲ ଶୁଣା ଯାଉଥିଲା। କିଛି ସମୟ ସେଠାରେ ରହି ହୋଟେଲ୍‌କୁ ଫେରିବା ବାଟରେ ରେଳଷ୍ଟେସନ୍ କଡ଼ରେ ଗୋଟିଏ ଚାଇନିଜ୍ ରେଷ୍ଟୋରାଁ ଦେଖି ସେଠିକୁ ଡିନର୍ ପାଇଁ ଗଲୁ। ମେନୁରେ ପକୋଡ଼ା ଦେଖି ମୁଁ ଅନ୍ୟାନ୍ୟ ଖାଦ୍ୟ ସାଙ୍ଗରେ ସେଇଟା ଅର୍ଡର କଲି। ଯଦିଓ ସେ ପକୋଡ଼ା ଆମ ଭାରତୀୟ ପକୋଡ଼ା ପରି ନୁହେଁ, ତେବେ ଭଲ ଲାଗିଲା। ହୋଟେଲ୍‌କୁ ଫେରି ଆମ ଜିନିଷସବୁ ପ୍ୟାକ୍ କଲୁ, କାରଣ ତା’ ପରଦିନ ଆମର ରୋମ୍‌କୁ ଯିବାର ଥିଲା।

ପ୍ରେମନଗରୀ ରୋମ୍

ରୋମ୍‌କୁ ଇଂରାଜୀରେ କୁହାଯାଏ- ଦି ସିଟି ଅଫ୍ ଲଭ୍। ବାସ୍ତବରେ ଏହାର ଅର୍ଥ କ’ଣ ସେଇଟା ରୋମ୍‌ରେ କିଛି ସମୟ ନକଟାଇଲେ ହୁଏତ ବୁଝିହେବନି।

ଫ୍ଲରେନ୍ସ ପରେ ଆମର ରୋମ୍ ଯିବାର ଥିଲା। ରୋମ୍‌ରେ ଚାରିଦିନ ରହି ଆମେ ୱାଶିଂଟନ୍ ଡି.ସି. ଫେରି ଆସୁଥିଲୁ। ରୋମ୍ ଫ୍ଲରେନ୍ସରୁ ପ୍ରାୟ ୨୬୦ କିଲୋମିଟର। ଆମର ଟିକେଟ୍ ତ ଆଗରୁ କିଣା ସରିଥିଲା, ତେଣୁ ଡେରିରେ ବ୍ରେକ୍‌ଫାଷ୍ଟ କରି ଚାଲିଚାଲି ଷ୍ଟେସନ୍‌ରେ ଯାଇ ପହଞ୍ଚିଲୁ। ଟ୍ରେନ୍ ଦିନ ୧୨.୧୦ରେ ଛାଡ଼ି ରୋମ୍‌ରେ ୧.୩୦ ମିନିଟ୍‌ରେ ପହଞ୍ଚିଲା। ଦ୍ରୁତ ଗତିର ଟ୍ରେନ୍ ହୋଇଥିବାରୁ ମାତ୍ର ଘଣ୍ଟାଏ କୋଡ଼ିଏ ମିନିଟ୍‌ରେ ରୋମ୍‌ରେ ପହଞ୍ଚିଗଲୁ। ଏଇ ଟ୍ରେନ୍ ଯାତ୍ରା ଅନ୍ୟ ସବୁ ଟ୍ରେନ୍ ଯାତ୍ରା ପରି ଖୁବ୍ ଆରାମଦାୟକ ଥିଲା। ଟ୍ରେନ୍ ଭିତରେ ଇଟାଲିଆନ୍ ଭାଷାରେ ଘୋଷଣା ହେଉଥିବାରୁ ଆମେ କିଛି ବୁଝି ପାରୁନଥିଲୁ। ତେବେ ଆମେ ସତର୍କ ଥିବାରୁ ଆମର କିଛି ଅସୁବିଧା ହୋଇନଥିଲା।

ଇଟାଲୀର ରାଜଧାନୀ ରୋମ୍ ଖ୍ରୀଷ୍ଟପୂର୍ବ ୭୫୩ ମସିହାରେ ସ୍ଥାପିତ ହୋଇଥିଲା। ଏଇ ସହରରୁ ରୋମାନ୍ ସାମ୍ରାଜ୍ୟ ଆରମ୍ଭ ହୋଇ ଧୀରେ ଧୀରେ ଏକ ସମୃଦ୍ଧ ଏବଂ ଶକ୍ତିଶାଳୀ ସଭ୍ୟତାରେ ପରିଣତ ହୋଇ ୟୁରୋପରେ ବିସ୍ତାରିତ ହୋଇଥିଲା। ଏହି ସାମ୍ରାଜ୍ୟର ପତନ ହେଲା ଖ୍ରୀଷ୍ଟପର ପଞ୍ଚମ ଶତାବ୍ଦୀରେ। ସାମ୍ରାଜ୍ୟର ପତନ ପାଇଁ ଐତିହାସିକମାନେ ବିଭିନ୍ନ କାରଣ ଦର୍ଶାଇଥାନ୍ତି। ସେଗୁଡ଼ିକ ଭିତରେ ବର୍ବର (ଅନାର୍ଯ୍ୟ) ମାନଙ୍କର ବାରମ୍ବାର ଆକ୍ରମଣ, ଅର୍ଥନୈତିକ ଅବ୍ୟବସ୍ଥା, ଅତିରିକ୍ତ ରାଜ୍ୟ ସମ୍ପ୍ରସାରଣ, ସୈନ୍ୟବାହିନୀଙ୍କ ପାଇଁ ଅତିରିକ୍ତ ଖର୍ଚ୍ଚ ବ୍ୟବସ୍ଥା ଓ ସରକାରୀ ସ୍ତରରେ ଦୁର୍ନୀତି ମୁଖ୍ୟ ଭାବରେ ଗଣାଯାଏ। ରୋମ୍ ସାମ୍ରାଜ୍ୟର ଶେଷ ସମ୍ରାଟ ଥିଲେ ରମୁଲସ୍ ଅଗଷ୍ଟସ୍। ଓଡ଼ୋଏସର୍ ନାମକ ଜଣେ ଜର୍ମାନ ଅନାର୍ଯ୍ୟ, ଯିଏକି ରୋମ୍ ସମ୍ରାଟଙ୍କ

ସୈନ୍ୟବାହିନୀରେ ଜଣେ ମିଶନାରୀ ଭାବରେ କାମ କରୁଥିଲେ, ସେ ରମୁଲସ୍ ଅଗଷ୍ଟସ୍‌ଙ୍କୁ ପରାସ୍ତ କରି ନିଜକୁ ଇଟାଲୀର ରାଜା ଘୋଷଣା କଲେ। ରୋମ୍ ସାମ୍ରାଜ୍ୟର ପତନ ହେବା ପରେ ଇଟାଲୀ ଭାଗ ଭାଗ ହୋଇଗଲା। କ୍ରମେ ରାଜନୈତିକ ସ୍ତରରେ ବିଭିନ୍ନ ମତବାଦ ଦେଖାଦେଲା। ୧୯ଶ ଶତାବ୍ଦୀର ମଧ୍ୟଭାଗରେ ପୁଣି ଇଟାଲୀ ଏକାଠି ହୋଇଗଲା ଏବଂ ୧୮୬୧ ମସିହାରେ ଇଟାଲୀ ଏକ ନୂତନ ରାଜ୍ୟ ହୋଇ ଅତି ଅଳ୍ପ ସମୟ ମଧ୍ୟରେ ଆଧୁନିକତା ସହ ତାଳ ଦେବା ସହ ଏକ ବୃହତ୍ ଉପନିବେଶ ସାମ୍ରାଜ୍ୟ ଗଠନ କରିବାରେ ସମର୍ଥ ହେଲା। ଧୀରେ ଧୀରେ ଇଟାଲୀର କେତେକ ସହର ଆନ୍ତର୍ଜାତିକ ସ୍ତରରେ ବାଣିଜ୍ୟ ଓ ବ୍ୟାଙ୍କିଙ୍ଗ୍‌ର ହବ୍ (ସେଣ୍ଟର) ହୋଇଗଲା।

ରୋମ୍ ସାମ୍ରାଜ୍ୟର ଗୌରବମୟ ଦିନମାନଙ୍କରେ ରୋମାନ୍ ସ୍ଥାପତ୍ୟ ଏବଂ ଇଞ୍ଜିନିୟରିଂ କଳାର ବୃଦ୍ଧି ହୋଇଥିଲା। ଫଳରେ ନୂଆ ନୂଆ ଇଞ୍ଜିନିୟରିଂ କୌଶଳ ଓ ସ୍ଥାପତ୍ୟ ପାଇଁ ଏଇ ଦେଶର ପ୍ରଭାବ ବିଶ୍ୱରେ ପ୍ରସାରିତ ହୋଇଥିଲା। ରୋମାନ୍ ଫୋରମ୍, କଲୋସିୟମ୍, ଜଳଯୋଗାଣ ବ୍ୟବସ୍ଥାର କିଛି ଅବଶିଷ୍ଟାଂଶ ଏବେ ମଧ୍ୟ ରୋମାନ୍ ସାମ୍ରାଜ୍ୟ ସଂବୃଦ୍ଧିର ଜୟଗାନ କରୁଛି ଓ ଲକ୍ଷ ଲକ୍ଷ ପର୍ଯ୍ୟଟକଙ୍କୁ ଆକୃଷ୍ଟ କରୁଛି। ରୋମ୍‌ର ଏହି ଜଳଯୋଗାଣ ବ୍ୟବସ୍ଥା ଆରମ୍ଭ ହୋଇଥିଲା ଖ୍ରୀଷ୍ଟପୂର୍ବ ୩୧୨ ମସିହାରେ। ଏହା ଫଳରେ ସହରଗୁଡ଼ିକର ଉନ୍ନତି ହେବା ସହ ସ୍ୱାସ୍ଥ୍ୟ ଓ ପରିମଳ ବ୍ୟବସ୍ଥାର ବ୍ୟାପକ ଉନ୍ନତି କରାଯାଇ ପାରିଥିଲା। ସେ ସମୟରେ ଜଳଯୋଗାଣ ବ୍ୟବସ୍ଥା ଏତେ କାର୍ଯ୍ୟଦକ୍ଷ ଥିଲା ଯେ ସେଥିରେ ଜଳଉତ୍ସଠାରୁ ପ୍ରାୟ ୯୦ କିଲୋମିଟର ପର୍ଯ୍ୟନ୍ତ ଜଳ ପରିବହନ କରାଯାଇ ପାରୁଥିଲା। ରୋମ୍‌ରେ ଥିବା ଟ୍ରେଭି ଫାଉଣ୍ଟେନ୍‌କୁ ଏବେ ମଧ୍ୟ ସେଇ ପୁରୁଣା ପଦ୍ଧତିରେ ପାଣି ଆସୁଛି। ପୁରୁଣା ସମୟର ସିମେଣ୍ଟ୍ ଓ କଙ୍କ୍ରିଟ୍ ପାଇଁ ଆଜି ମଧ୍ୟ କଲୋସିୟମ୍ ଏବଂ ରୋମାନ୍ ଫୋରମ୍ ପରି ଅତି ପ୍ରାଚୀନ ଅଟ୍ଟାଳିକାଗୁଡ଼ିକର କିଛି ଅଂଶ ସଦର୍ପେ ଠିଆ ହୋଇଛି। ରୋମାନ୍‌ମାନଙ୍କର ଉଦ୍ଭାବିତ ଆର୍ଚ୍ଚର୍ ଡିଜାଇନ୍‌ଗୁଡ଼ିକ ଅତି ଉନ୍ନତ ଧରଣର ହୋଇଥିବାରୁ ସେଇ ଇଞ୍ଜିନିଅରିଂ କୌଶଳ ଏବେ ବି ପୃଥିବୀର ସବୁଆଡ଼େ ବ୍ୟବହାର କରାଯାଉଛି। ପ୍ରାଚୀନ କାଳରେ ରୋମ୍ ହିଁ କେବଳ ଉନ୍ନତ ଧରଣର ରାସ୍ତା ତିଆରି କରିଥିଲା। ରୋମ୍ ସାମ୍ରାଜ୍ୟ ଉନ୍ନତିର ଶୀର୍ଷରେ ପହଞ୍ଚିଲା ବେଳକୁ ଏଇ ରାସ୍ତାଗୁଡ଼ିକ ପ୍ରାୟ ୧.୭ ମିଲିଅନ୍ ସ୍କୋୟାର୍ ମାଇଲ ଅଂଚଳକୁ ଏକାଠି କରି ରଖିଥିଲା। ଖ୍ରୀଷ୍ଟପୂର୍ବ ୨୦୦ ବେଳକୁ ପ୍ରାୟ ୫୦,୦୦୦ ମାଇଲ୍‌ର ରାସ୍ତା ଇଟାଲୀରେ ତିଆରି ସରିଥିଲା। ସେ ଭିତରୁ ଏବେ ମଧ୍ୟ କିଛି ରାସ୍ତା ବ୍ୟବହୃତ ହେଉଛି। ପ୍ରାୟ ସବୁ ଦେଶରେ ଏବେ ଆମେ ରାସ୍ତାକଡ଼ରେ ଯେଉଁ ମାଇଲ୍‌ଖୁଣ୍ଟ ଓ ନାଳ ଦେଖୁଛେ ତାହା ଆରମ୍ଭ ହୋଇଥିଲା ରୋମ୍ ସାମ୍ରାଜ୍ୟରୁ।

କିଛି ବର୍ଷ ପୂର୍ବେ ଯେତେବେଳେ ରୋମ୍‌କୁ ଯାଇଥିଲୁ, ଆମେ ଟ୍ରେଭି ଫାଉଣ୍ଟେନ୍ ପାଖରେ ଗୋଟିଏ ହୋଟେଲ୍‌ରେ ରହିଥିଲୁ। ଏଥର କିନ୍ତୁ ଆମେ କଲୋସିୟମ୍ ପାଖରେ ଥିବା ସେଣ୍ଟ୍ ଜନ୍ ହୋଟେଲ୍‌ରେ ରିଜର୍ଭେସନ୍ କରିଥିଲୁ। ରୋମ୍‌ରେ ପହଞ୍ଚି ରେଳଷ୍ଟେସନ୍‌ରୁ ଗୋଟିଏ ଟାକ୍ସି ନେଇ ହୋଟେଲ୍‌ରେ ପହଞ୍ଚିଲୁ। ଭାଷାଗତ ଅସୁବିଧା ହେବାରୁ ଆମର ହୋଟେଲ୍‌ରେ ପହଞ୍ଚିବା ପାଇଁ ବେଶ୍ ଡେରି ଲାଗିଲା। ପ୍ରାୟ ୪ଟା ବେଳେ ଯାଇ ହୋଟେଲ୍‌ରେ ପହଞ୍ଚି ଚେକ୍-ଇନ୍ କଲା ପରେ ଆମେ ଫ୍ରେସ୍ ହୋଇ ବାହାରିଲୁ କଲୋସିୟମ୍ ଆଡ଼େ ବୁଲି ଆସିବା ପାଇଁ। ହୋଟେଲ୍‌ଟି ଖୁବ୍ ସୁବିଧା ଜାଗାରେ ଥିଲା, କଲୋସିୟମ୍‌ରୁ ଚଲା ବାଟ ଦୂରରେ।

କଲୋସିୟମ୍‌ରେ ପହଞ୍ଚି ସେଦିନ ସନ୍ଧ୍ୟାରେ ଆମେ ଭିତରକୁ ଗଲୁ ନାହିଁ। ସୂର୍ଯ୍ୟାସ୍ତ ସମୟର ଆଲୋକରେ ଏହି ଅଟ୍ଟାଳିକାର ସୌନ୍ଦର୍ଯ୍ୟ ଉପଭୋଗ କରିବା ପାଇଁ ଏହାର ଚାରି କଡ଼ରେ ବୁଲାବୁଲି କଲୁ। ସନ୍ଧ୍ୟା ନଇଁଆସିବା ପରେ ଆମେ ହୋଟେଲ୍‌କୁ ଫେରିଆସିଲୁ। ଫେରିବା ବାଟରେ 'ସୀତାର' ନାମକ ଗୋଟିଏ ଇଣ୍ଡିଆନ୍ ରେସ୍ତୋରାଁ ଦେଖି ଡିନର୍ ଖାଇବା ପାଇଁ ସେଠିକୁ ଗଲୁ। ରେସ୍ତୋରାଁଟି ବେଶ୍ ବଡ଼ ଓ ସାଜସଜ୍ଜା ଖୁବ୍ ଭଲ ଲାଗିଲା। ଆମେ ପହଞ୍ଚିବା ସମୟରେ ଜଣେ ହେଲେ କେହି ସେଠି ବସି ଖାଉଥିବାର ଦେଖିଲୁ ନାହିଁ। କାରଣ ସ୍ପେନ୍ ପରି ଇଟାଲୀରେ ଲୋକମାନେ ମଧ୍ୟ ପ୍ରାୟ ରାତି ୯ଟା ବେଳକୁ ଡିନର୍ ଖାଆନ୍ତି। ସେ ଯାହାହେଉ ଆମେ ଯାଇ ବସି ଆମର ଖାଇବା ଅର୍ଡର୍ କଲୁ। ସେଠି ବସି ଖାଉଥିବାବେଳେ ରେସ୍ତୋରାଁର ମ୍ୟାନେଜର ଆସି ଆମ ପାଖରେ ବସି କଥାବାର୍ତ୍ତା କଲେ। ତାଙ୍କଠାରୁ ଆମେ ରୋମ୍ ବିଷୟରେ କିଛି ଟିପ୍ସ ପାଇଲୁ। ପୂର୍ବରୁ ଆମେ ଶୁଣିଥିଲୁ ଯେ ରୋମ୍‌ରେ ବହୁତ ପକେଟମାର ହୁଏ, ବିଶେଷକରି ମେଟ୍ରୋରେ ଗଲେ। ତେଣୁ ଲୋକମାନଙ୍କୁ ସର୍ବସାଧାରଣଙ୍କ ପାଇଁ ଉଦ୍ଦିଷ୍ଟ କୌଣସି ଗାଡ଼ିରେ ଗଲେ ସାବଧାନ ହେବାକୁ ପଡ଼େ। ଆମେ ସେକଥା ରେସ୍ତୋରାଁ ମ୍ୟାନେଜରଙ୍କୁ କହିବାରୁ ସେ କିଛି ଭିନ୍ନ ମତ ଦେଲେ। ତାଙ୍କ କହିବା କଥା ଥିଲା, ସମସ୍ୟା ସେତେ ଖରାପ ନୁହେଁ, ତଥାପି ଗହଳି ଥିବା ମେଟ୍ରୋରେ ଗଲାବେଳେ ପର୍ସ ଓ ୱାଲେଟ୍ ପ୍ରତି ଧ୍ୟାନ ରଖିବା ଜରୁରୀ। ସେ ଆମ ପାଖରେ ବେଶ୍ ସମୟ ବସି କଥାହେଲେ। ଭାରି ମେଳାପୀ ଭଦ୍ରଲୋକଟିଏ। ଆମେ ଯାହାସବୁ ଡ଼ିସ୍ ମଗାଇଥିଲୁ ସବୁ ଭଲ ଲାଗିଲା। ଦିନଯାକ ବୁଲାବୁଲି କରି, ହାଲିଆ ହୋଇ ସେଇ ଶାନ୍ତ ପରିବେଶରେ ବସି ସୁସ୍ୱାଦୁ ଖାଦ୍ୟ ଆମେ ବହୁତ ଏଞ୍ଜୟ କଲୁ। ଖାଇସାରି ରେସ୍ତୋରାଁରୁ ବାହାରି ଆସିଲାବେଳକୁ ଦେଖିଲୁ ଅନେକ ଲୋକ ହୋଟେଲ୍‌କୁ ଏଣ୍ଟର୍ କଲେ। ସେତେବେଳେ ରାତି ୯ଟା ବାଜିସାରିଥିଲା। ଫେରିବା ବାଟରେ ଦେଖିଲୁ

ଗୋଟିଏ ଗ୍ରୋସେରୀ ଦୋକାନ। ପାଣି ବୋତଲ କିଣିବା ପାଇଁ ଆମେ ତା' ଭିତରକୁ ଗଲୁ। ଦୋକାନ ମାଲିକ ଜଣେ ଭାରତୀୟ ଥିଲେ। ଆମ ସାଙ୍ଗରେ ଖୁବ୍ ବନ୍ଧୁତ୍ୱପୂର୍ଣ୍ଣ କଥାବାର୍ତ୍ତା କଲେ ଓ କହିଲେ ଆମେ ଯାହା କିଣିବୁ ସେଥିରେ ସେ ରିହାତି ଦେବେ। ଆମେ କେବଳ କିଛି ପାଣି ବୋତଲ କିଣିଲୁ। ପରେ ଅନ୍ୟ ଜାଗାରେ ପାଣି ବୋତଲ କିଣିଲା ପରେ ଆମେ ଜାଣିଲୁ ଯେ ସେ ଆମଠାରୁ ଅନ୍ୟ ଦୋକାନ ଅପେକ୍ଷା ପାଣି ପାଇଁ କିଛି ଅଧିକ ପଇସା ନେଇଥିଲେ।

ପରଦିନ ସକାଳେ ହୋଟେଲ୍‌ରେ ବ୍ରେକ୍‌ଫାଷ୍ଟ କରି ଆମେ କଲୋସିୟମ୍ ଦେଖିବାକୁ ଗଲୁ। ଦୂରରୁ ସକାଳର ସୂର୍ଯ୍ୟକିରଣରେ ଏହା ଅତି ଚମତ୍କାର ଦେଖା ଯାଉଥିଲା। ଅନେକ ଦେଶରୁ ପର୍ଯ୍ୟଟକମାନେ ଆସି ସେଠାରେ ରୁଣ୍ଡ ହୋଇଯାଇଥିଲେ। ରାସ୍ତାକଡ଼ ଜଳଖିଆ ଦୋକାନଗୁଡ଼ିକ ଖୋଲିଯାଇଥିଲା ଓ ଖାଇବାପାଇଁ ଲୋକମାନଙ୍କର ଲାଇନ୍ ଲାଗି ଯାଇଥିଲା। ଜଳଖିଆ ଦୋକାନୀମାନଙ୍କ ଭିତରୁ ବେଶୀ ଭାଗ ଥିଲେ ବାଂଲାଦେଶୀ। କେବଳ ଇଟାଲୀରେ ନୁହେଁ, ପର୍ତ୍ତୁଗାଲ୍ ଓ ସ୍ପେନ୍‌ରେ ମଧ୍ୟ ଅନେକ ବାଂଲାଦେଶୀ ଖାଦ୍ୟ ବ୍ୟବସାୟ କରୁଛନ୍ତି। କଲୋସିୟମ୍ ପାଖରେ ପହଞ୍ଚି ଦେଖିଲୁ କେତେ ଲୋକ ବିଭିନ୍ନ ପ୍ରକାର ବେଶ ହୋଇ ବୁଲୁଛନ୍ତି ଏବଂ କେତେ ପର୍ଯ୍ୟଟକ ସେମାନଙ୍କ ସାଙ୍ଗରେ ଫଟୋ ଉଠାଉଛନ୍ତି। ବୁଝିପାରିଲୁ ଯେ ବିଭିନ୍ନ ପୋଷାକ ପିନ୍ଧି ବୁଲିବା ହେଉଛି ସେମାନଙ୍କର ପଇସା ରୋଜଗାର କରିବାର ପନ୍ଥା। କଲୋସିୟମ୍‌ରେ ପ୍ରବେଶ ପାଇଁ ଟିକେଟ୍ କିଣିବା ଲାଇନ୍ ଯଥେଷ୍ଟ ଲମ୍ବା ହୋଇସାରିଥିଲା। ପ୍ରବେଶ ପାଇଁ ଟିକେଟ୍‌ର ମୂଲ୍ୟ ଥିଲା ୧୨ ଇଉରୋ।

କଲୋସିୟମ୍ ଗୋଟିଏ ଅଣ୍ଡାକାର ଆମ୍ଫିଥିଏଟର୍। ଲମ୍ବାରେ ପ୍ରାୟ ୧୯୦ ମିଟର ଓ ଚଉଡ଼ାରେ ୧୫୫ ମିଟର। ଏହା ପୃଥିବୀର ସବୁଠାରୁ ବଡ଼ ଆମ୍ଫିଥିଏଟର୍ ବୋଲି କୁହାଯାଏ। ଚାରି ତାଲା ବିଶିଷ୍ଟ ଏଇ ଆମ୍ଫିଥିଏଟର୍‌ରେ ୮୦ଟି ଗମ୍ବୁଜାକାର ପ୍ରବେଶପଥ ରହିଛି। ଗମ୍ବୁଜଗୁଡ଼ିକ ଅର୍ଦ୍ଧବୃତ୍ତାକାର ଖମ୍ବ ଉପରେ ସ୍ଥାପିତ। ଏଠାରେ ଏକାଥରେ ୫୦,୦୦୦ରୁ ଅଧିକ ଦର୍ଶକ ବସି ପାରିବାର ବ୍ୟବସ୍ଥା ଥିଲା। ଟୁର୍ ଗାଇଡ୍ କହିଲେ, କଲୋସିୟମ୍‌ର ଦ୍ୱାରଗୁଡ଼ିକ ଏପରି ଭାବରେ ଡିଜାଇନ୍ କରାଯାଇଥିଲା ଯେପରି ଜଣେ ଦର୍ଶକ ମାତ୍ର ୨୦ ମିନିଟ୍‌ରେ ନିଜ ସିଟ୍ ପାଇପାରିବେ। ଇଞ୍ଜିନିଅରିଂ କୌଶଳର ଏହା ଏକ ଚମତ୍କାର ନମୁନା। ସମ୍ରାଟ ଭେସ୍ପାସିଆନ୍‌ଙ୍କ ରାଜତ୍ୱ ସମୟରେ ପଥର ଓ କଂକ୍ରିଟ୍‌ରେ ତିଆରି ଏହି କଲୋସିୟମ୍ ପ୍ରାୟ ଖ୍ରୀଷ୍ଟପର ୭୦ ମସିହାରେ ଆରମ୍ଭ ହୋଇ ୮୦ ମସିହାରେ ଶେଷ ହୋଇଥିଲା। ୮୦ ମସିହାରେ ଭେସ୍ପାସିଆନ୍‌ଙ୍କ ପୁଅ ଟାଇଟସ୍ ଏହାକୁ ଉଦ୍‌ଘାଟନ କରିଥିଲେ। ଜନସାଧାରଣ ଗୋଟିଏ ଜାଗାରେ ବସି ଖେଳକୌତୁକ ଉପଭୋଗ

କରିବା ଉଦ୍ଦେଶ୍ୟରେ ସମ୍ରାଟ ଏହା ନିର୍ମାଣ କରାଇଥିଲେ। ପରବର୍ତ୍ତୀ ସମୟରେ ଏଠାରେ କିଛି ପରିବର୍ତ୍ତନ ମଧ୍ୟ କରାଯାଇଥିଲା। ବିଭିନ୍ନ ବର୍ଗର ଲୋକମାନଙ୍କ ପାଇଁ ଭିନ୍ନ ଭିନ୍ନ ସ୍ଥାନରେ ବସିବାର ବ୍ୟବସ୍ଥା ଥିଲା। ପୋଡ଼ିଅମ୍ ପାଖରେ ଥିବା ଇମ୍ପେରିଆଲ୍ ବକ୍ସ ଥିଲା ସବୁଠାରୁ ଅଧିକ ସମ୍ମାନର ସ୍ଥାନ ଯାହାକି ସମ୍ରାଟଙ୍କ ପାଇଁ ଉଦ୍ଦିଷ୍ଟ ଥିଲା। ସମାଜରେ ପ୍ରତିଷ୍ଠିତ ଲୋକ ଓ ଧନୀମାନଙ୍କ ପାଇଁ ସ୍ୱତନ୍ତ୍ର ସିଟ୍ ଥିଲା। ସାଧାରଣ ଲୋକମାନେ ସାଧାରଣ ସିଟ୍‌ରେ ବସୁଥିଲେ। ଏହି ସ୍ଥାନରେ ବସି ହିଁ ରୋମ୍ ସମ୍ରାଟ ଓ ରୋମ୍‌ର ଲୋକମାନେ କୁଖ୍ୟାତ ଗ୍ଲାଡ଼ିଏଟର୍ ଯୁଦ୍ଧ ଓ ମଲ୍ଲଯୁଦ୍ଧ ଦେଖୁଥିଲେ। ଏଇଠାରେ ପ୍ରଦର୍ଶିତ ହେଉଥିବା ଯୁଦ୍ଧରେ ଜଣେ ଯୋଦ୍ଧା ଅନ୍ୟ ଯୋଦ୍ଧାମାନଙ୍କ ସହ, କୌଣସି ହିଂସ୍ର ଜନ୍ତୁଙ୍କ ସହ ବା ମୃତ୍ୟୁଦଣ୍ଡ ପାଇଁ ଥିବା ଅପରାଧୀଙ୍କ ସହ ଯୁଦ୍ଧ କରୁଥିଲେ। ଆଶ୍ଚର୍ଯ୍ୟର କଥା ଯେ ଏହିପରି ନୃଶଂସ ଯୁଦ୍ଧ ଦେଖିବାକୁ ରୋମ୍‌ର ସମ୍ରାଟ ଓ ରୋମ୍‌ବାସୀମାନେ ଭଲ ପାଉଥିଲେ। ଯୁଦ୍ଧ ବ୍ୟତୀତ କଲୋସିୟମ୍‌ଟି ପଶୁହତ୍ୟା ଓ ଲୋକଙ୍କୁ ଫାସୀ ଦେବାପାଇଁ ମଧ୍ୟ ବ୍ୟବହୃତ ହେଉଥିଲା। ଲୋମହର୍ଷଣକାରୀ ଏଇସବୁ ଭୟଙ୍କର ଘଟଣାମାନ ଏଠାରେ ଘଟୁଥିବାର ଶୁଣି ମୋ ଦେହ ଶୀତେଇ ଉଠିଲା। ସମୟକ୍ରମେ କଲୋସିୟମ୍‌ରେ ଘଟୁଥିବା ଭୟଙ୍କର ଘଟଣାଗୁଡ଼ିକ କମିଗଲା। ଚାରିଶହ ବର୍ଷ ଧରି ବ୍ୟବହାର ହେବାପରେ ଏଇ ସୁନ୍ଦର ଖେଳକୁଦ ସ୍ଥାନଟି ପରିତ୍ୟକ୍ତ ହୋଇପଡ଼ିଲା। ବିଂଶ ଶତାବ୍ଦୀ ବେଳକୁ ପ୍ରାକୃତିକ ବିପର୍ଯ୍ୟୟ, ଭୂମିକମ୍ପ, ଖରାପ ପାଗ, ଅବହେଳା ଓ ମନୁଷ୍ୟକୃତ ଭଙ୍ଗାରୁଜା ଯୋଗୁଁ ମୂଳ କଲୋସିୟମ୍‌ର ପ୍ରାୟ ଦୁଇ ତୃତୀୟାଂଶ ନଷ୍ଟ ହୋଇଯାଇଥିଲା। ଧୀରେ ଧୀରେ ସେଠାରେ ଥିବା ମାର୍ବଲ୍ ସିଟ୍‌ଗୁଡ଼ିକ ଓ ସାଜସଜ୍ଜା ସରଞ୍ଜାମଗୁଡ଼ିକ କାଢ଼ିନେଇ ଅନ୍ୟ ଜାଗାରେ ବ୍ୟବହାର କରାଗଲା। ୧୯୯୦ ମସିହାରେ ଏହି ଆମ୍ଫିଥିଏଟର୍‌ରେ କିଛି ପରିମାଣରେ ନବୀକରଣ କରା ଯାଇଥିଲା। ଆମ୍ଫିଥିଏଟର୍‌ର ଭଗ୍ନାବଶେଷ ଏବେ ମଧ୍ୟ ପୃଥିବୀର ସବୁ ଦେଶର ପର୍ଯ୍ୟଟକମାନଙ୍କୁ ଆକୃଷ୍ଟ କରୁଛି। ଏହା ରୋମ୍‌ର ଏକ ବିଶିଷ୍ଟ ପ୍ରତୀକ।

କୁହାଯାଏ ରୋମ୍ ସହରଟି ସାତୋଟି ପାହାଡ଼ ଉପରେ ନିର୍ମିତ। ଆମେ କଲୋସିୟମ୍ ଦେଖିସାରି ଟ୍ରେଭି ଫାଉଣ୍ଟେନ୍ ଯିବା ରାସ୍ତାରେ କାପିଟୋଲାଇନ୍ ପାହାଡ଼ ଉପରେ କେତେଗୁଡ଼ିଏ ସୁନ୍ଦର ବିଲ୍‌ଡିଂ ଦେଖିଲୁ। ପୂର୍ବ କାଳରେ ସେଠାରେ ଅନେକ ଗୁଡ଼ିଏ ମନ୍ଦିର ଥିଲା। ରକ୍ଷଣାବେକ୍ଷଣ ଅଭାବରୁ ସେଗୁଡ଼ିକ ଭାଙ୍ଗିଯିବା ପରେ ଅଞ୍ଚଳଟି ପରିତ୍ୟକ୍ତ ହୋଇ ପଡ଼ିଥିଲା। ତେଣୁ ସେତେବେଳର ପୋପ୍, ଶିଳ୍ପୀ ମାଇକେଲ୍ ଆଞ୍ଜେଲୋଙ୍କୁ ଏହି ସ୍ଥାନରେ ଏକ ପବ୍ଲିକ୍ ସ୍କୋୟାର୍ ଡିଜାଇନ୍ କରିବା ପାଇଁ କହିଲେ। ମାଇକେଲ୍ ଆଞ୍ଜେଲୋ କାପିଟୋଲାଇନ୍ ପାହାଡ଼ ଉପରେ ଗୋଟିଏ ମନଲୋଭା ସ୍କୋୟାର୍ ଡିଜାଇନ୍ କଲେ। ଏଥିରେ ରହିଲା ପିଆଜ୍ଜା ଦେଲ୍ କାମପିଦୋଗଲିଓ,

ପାଲାଜ୍ଜୋ ସେନାଟୋରିଓ (ସିନେଟ୍ ବିଲଡିଂ), ପାଲାଜ୍ଜୋ ଦେଇ କଞ୍ଜରଭେଟରୀ ଏବଂ ପାଲାଜ୍ଜୋ ନୁଏଭୋ। ଏଗୁଡ଼ିକ ସବୁ ଅଫିସ୍ ବିଲଡିଂ ଥିଲା, ବର୍ତ୍ତମାନ ଏଗୁଡ଼ିକୁ ମ୍ୟୁଜିଅମ୍ କରାଯାଇଛି। ଏଇସବୁ ବିଲଡିଂର ଚାରିକଡ଼ରେ ଅନେକଗୁଡ଼ିଏ ସୁନ୍ଦର ଭାସ୍କର୍ଯ୍ୟ ରହିଛି। ପାଲାଜ୍ଜୋଗୁଡ଼ିକୁ ଯିବାପାଇଁ ଯେଉଁ ପାହାଚ ରହିଛି, ସେଗୁଡ଼ିକ ମଧ୍ୟ ଅତି ଚିତ୍ତାକର୍ଷକ। ପିଆଜ୍ଜା ଦେଲ୍ କାମପିଦୋଗଲିଓର ଉପର ପାହାଚରୁ ସମଗ୍ର ସହର ଓ ରୋମାନ୍ ଫୋରମ୍‌ର ଦୃଶ୍ୟ ଅତି ଚମତ୍କାର ଦେଖାଯାଏ। ଆମେ ସେଠାରେ କିଛି ସମୟ ରହି ସେଇ ସୁନ୍ଦର ପରିବେଶକୁ ଉପଭୋଗ କରିବା ସହ ପ୍ରାସାଦଗୁଡ଼ିକର ଅନେକ ଫଟୋ ଉଠାଇଲୁ। ସେଠାରେ ଥିବା ମ୍ୟୁଜିଅମ୍ ଭିତରକୁ ଆଉ ଗଲୁ ନାହିଁ। ପିଆଜ୍ଜା ଦେଲ୍ କାମପିଦୋଗଲିଓର ଛାତ ଉପରେ ଗୋଟିଏ କାଫେଟେରିଆ ଥିଲା। ଲଞ୍ଚ୍ ସମୟ ହୋଇଯାଇଥିବାରୁ ଆମେ ସେଇ କାଫେଟେରିଆରେ ଲଞ୍ଚ୍ ଖାଇବା ସହ ସହରର ଦୃଶ୍ୟ ଉପଭୋଗ କରିବାପାଇଁ ସେଠାକୁ ଗଲୁ। ଲଞ୍ଚ୍‌ପାଇଁ ଆମେ ଫିସ୍ ସାଣ୍ଡଉଇଚ୍ ଓ ଚିପ୍ସ ମଗାଇଲୁ। ଲଞ୍ଚ ସାରି ଆମେ ଟ୍ରେଭି ଫାଉଣ୍ଟେନ୍‌କୁ ଚାଲି ଚାଲି ଗଲୁ। ମୁଁ ଓ ମୋ ସ୍ୱାମୀ ଚାଲିବାକୁ ବହୁତ ଭଲ ପାଉ। ଆମର ସବୁ ଟ୍ରିପ୍‌ରେ ଆମେ ଅଧିକାଂଶ ଜାଗାକୁ ଚାଲି ଚାଲି ଯାଉ, ଫଳରେ ଆଖପାଖ ପରିବେଶକୁ ଭଲ ଭାବରେ ଦେଖିପାରୁ। କ୍ଲାନ୍ତ ଲାଗିଲେ କୌଣସି ରେଷ୍ଟୋରାଁ ବା କାଫେରେ ବସି ଲଞ୍ଚ୍ ଖାଉ କିମ୍ବା କଫି ପିଉ (ସମୟ ଅନୁସାରେ), ଅଳ୍ପ ବିଶ୍ରାମ ପରେ ପୁଣି ଚାଲୁ।

ରୋମ୍‌ର ସବୁ ଫାଉଣ୍ଟେନ୍ ଭିତରୁ ଟ୍ରେଭି ଫାଉଣ୍ଟେନ୍‌ଟି ଖୁବ୍ ସୁନ୍ଦର। ଏହା ପୃଥିବୀର ଶ୍ରେଷ୍ଠ ଫାଉଣ୍ଟେନ୍ ଭିତରୁ ଗୋଟିଏ। ଖ୍ରୀଷ୍ଟପୂର୍ବ ୧୯ ମସିହାରେ ଏହା ନିର୍ମିତ ହୋଇଥିଲା, ଯେତେବେଳେ ଲୋକମାନଙ୍କର ସ୍ନାନକୁଣ୍ଡ ଓ ରୋମ୍‌ର କେନ୍ଦ୍ରାଞ୍ଚଳରେ ଥିବା ଫାଉଣ୍ଟେନ୍‌ଗୁଡ଼ିକୁ ପାଣି ଯୋଗାଇବା ପାଇଁ ଭିର୍ଗୋ ଜଳ ପରିବହନ ଯୋଜନା କାର୍ଯ୍ୟକାରୀ ହେଲା। ପ୍ରାୟ ୨୨ କିଲୋମିଟର ଦୂରରୁ ଏହି ପାଣି ଆସୁଥିଲା। ୧୭୩୨ ମସିହାରେ ମୂଳ ଫାଉଣ୍ଟେନ୍‌କୁ ଭାଙ୍ଗି ତା' ଜାଗାରେ ଆର୍କିଟେକଟ୍ ନିକୋଲା ସାଲଭିଙ୍କ ଡିଜାଇନ୍ ଅନୁସାରେ ନୂଆ ଫାଉଣ୍ଟେନ୍‌ଟି ତିଆରି ହୋଇଥିଲା। ଯଦିଓ ସେଠାରେ ଥିବା ପୁରୁଣା ଫାଉଣ୍ଟେନ୍ କାମ କରୁଥିଲା ତଥାପି ତାକୁ ଭାଙ୍ଗିଦେଇ ନୂଆ ଡିଜାଇନର୍ ଫାଉଣ୍ଟେନ୍ ତିଆରି କରିବା ପାଇଁ ସିଦ୍ଧାନ୍ତ ନିଆଯାଇଥିଲା ଏବଂ ୧୭୫୧ ମସିହାରେ ନିକୋଲା ସାଲଭିଙ୍କ ମୃତ୍ୟୁ ପରେ ଜୀଉସେପେ ପାନିନୀ ଫାଉଣ୍ଟେନ୍ ଗଢ଼ିବାର ଦାୟିତ୍ୱ ନେଲେ। ତାଙ୍କ ଡିଜାଇନ୍‌ରେ ଫାଉଣ୍ଟେନ୍‌ର ପୃଷ୍ଠଭୂମିରେ ଗୋଟିଏ ପ୍ରାସାଦର ସମ୍ମୁଖଭାଗ, କେତେଗୁଡ଼ିଏ ପୌରାଣିକ ମୂର୍ତ୍ତି ଓ ପ୍ରାକୃତିକ ମାର୍ବଲ୍ ଉପରେ ଝରଣା ପରି ପାଣି ବହି ଆସୁଥିବାର ଶବ୍ଦ, ଟ୍ରେଭି ଫାଉଣ୍ଟେନ୍‌ର ନୂଆ ବାତାବରଣକୁ ମୁଗ୍ଧକର

କରିଦେଇଥିଲା । ନୂଆ ଫାଉଣ୍ଟେନ୍‌ଟି ଯିଉସେପେ ପାନିନୀଙ୍କ ଦ୍ୱାରା ୧୭୬୨ ମସିହାରେ ସମାପ୍ତ ହୋଇଥିଲା । ନୂଆ ଫାଉଣ୍ଟେନ୍‌ଟିର ଉଚ୍ଚତା ପ୍ରାୟ ୨୬ ମିଟର୍ ଓ ଚଉଡ଼ା ୪୯ ମିଟର୍ । ଫାଉଣ୍ଟେନ୍‌ର ସାମନା ପାଖ ଟ୍ରାଭେରଟାଇନ୍ ନାମକ ଏକ ପ୍ରକାର ଚୂନ ପଥରରେ ତିଆରି । ଦୁଇ ପାଖରେ ରହିଛି ସୁନ୍ଦର ଗୁଡ଼ିଏ ମୂର୍ତ୍ତି । ମଝିରେ ଗ୍ରୀକ୍ ଜଳଦେବତା ଓଟିଆନୋଶ, ଯିଏକି ଗୋଟିଏ ରଥରେ ବସିଛନ୍ତି ଆଉ କେତେଗୁଡ଼ିଏ ସମୁଦ୍ର ଘୋଡ଼ା (ସି ହର୍ସ) ସେଇ ରଥଟି ଟାଣୁଥିବାର ପ୍ରତିମୂର୍ତ୍ତି ରହିଛି ।

ଟ୍ରେଭି ନାମଟି ଆସିଛି ଟ୍ରିଭିଅମ୍‌ରୁ, ଯାହାର ମାନେ ହେଲା ତିନୋଟି ରାସ୍ତାର ଛକ । ପ୍ରକୃତରେ ଏଇ ଫାଉଣ୍ଟେନ୍‌ଟି ତିନୋଟି ରାସ୍ତାର ମିଶ୍ରଣ ସ୍ଥଳରେ ଅବସ୍ଥିତ । ପର୍ଯ୍ୟଟକମାନଙ୍କର ଏହା ଏକ ଅତି ପ୍ରିୟ ସ୍ଥାନ । ଯେକୌଣସି ସମୟରେ ଗଲେ ମଧ୍ୟ ସେଠାରେ ଲୋକ ଭର୍ତ୍ତି ହୋଇଥାନ୍ତି । ଲୋକମାନେ କହନ୍ତି ଯେ ଏଇ ଫାଉଣ୍ଟେନ୍‌ର କିଛି ଯାଦୁ ଅଛି ଯାହାକି ଲୋକମାନଙ୍କୁ ଏଠାକୁ ବାରମ୍ବାର ଟାଣିଆଣେ । ଖାଲି ଯେ ଲୋକମାନେ ବାରମ୍ବାର ଆସନ୍ତି ତା' ନୁହେଁ, ଏଠାରେ ଥିବା ସମୟତକ ସମସ୍ତେ ବହୁତ ଖୁସିରେ କଟାନ୍ତି । ଦିନରେ ହେଉ ବା ରାତି ଆଲୁଅରେ ହେଉ, ଏ ସ୍ଥାନଟି ସବୁବେଳେ ସୁନ୍ଦର ଦିଶେ । ଏଠାରେ ଗୋଟିଏ ମଜାଦାର ପରମ୍ପରା ରହିଛି । କୁହାଯାଏ ଜଣେ ଯଦି ଡାହାଣ ହାତରେ କଏନ୍‌ଟିଏ ଧରି, ବାମ କାନ୍ଧ ଉପର ଦେଇ ଟ୍ରେଭି ଫାଉଣ୍ଟେନ୍ ପାଣିରେ ପକାଇବ ସେ ନିଶ୍ଚୟ ରୋମ୍‌କୁ ଫେରିଆସିବ । ଏହା ବୋଧହୁଏ ସତ । ମୋର ମନେ ଅଛି ଆମର ପ୍ରଥମ ଥର ରୋମ୍ ଟ୍ରିପ୍‌ରେ ଆମେ କୌଣସି କାରଣ ପାଇଁ ଟ୍ରେଭି ଫାଉଣ୍ଟେନ୍‌କୁ ଯାଇ ପାରିନଥିଲୁ । ଦ୍ୱିତୀୟ ଥର ଆମେ ୧୯୮୦ ଦଶକରେ ରୋମ୍ ଆସିଥିଲୁ ଏବଂ ଟ୍ରେଭି ଫାଉଣ୍ଟେନ୍‌ରେ କଏନ୍ ପକାଇଥିଲୁ ଏବଂ ଫେରିଲୁ ୨୦୧୦ ମସିହାରେ । ସେଠି ଥିଲାବେଳେ ଅନେକ ଲୋକ କଏନ୍ ପକାଉଥିବାର ଆମେ ଦେଖିଲୁ । ପାଣିରେ ବହୁତଗୁଡ଼ିଏ କଏନ୍ ପଡ଼ିଥିଲା । ପଚାରି ବୁଝି ଜାଣିଲୁ ଯେ ଦିନକୁ ପ୍ରାୟ ୩୦୦୦ ଇଉରୋ ଏହି ଫାଉଣ୍ଟେନ୍ ପାଣିରୁ ସଂଗ୍ରହ କରାଯାଏ । ପ୍ରତିଦିନ ରାତିରେ କଏନ୍ ସବୁ ସଂଗୃହୀତ ହୋଇ କାରିତାସ୍ ନାମକ ଏକ ଦାତବ୍ୟ ଅନୁଷ୍ଠାନକୁ ଦିଆଯାଏ । ସେମାନେ ଏଇ ପଇସାକୁ ଗରିବ ଲୋକମାନଙ୍କୁ ଖାଇବାକୁ ଦେବାରେ ଖର୍ଚ୍ଚ କରନ୍ତି । ଫାଉଣ୍ଟେନ୍‌କୁ ଯିବାପାଇଁ ଏଣ୍ଟ୍ରାନ୍‌ସ ଫି ନାହିଁ କିମ୍ବା କେତେ ସମୟ ଜଣେ ସେଠି ରହି ପାରିବ ତା'ର କିଛି ଲିମିଟ୍ ନାହିଁ । ତେଣୁ ବହୁତ ଲୋକ ଏଠାରେ ଅନେକ ସମୟ କଟାନ୍ତି ।

ଟ୍ରେଭି ଫାଉଣ୍ଟେନ୍ ପାଖରେ ଅନ୍ୟ ଯେଉଁ ସ୍ଥାନଟି ପର୍ଯ୍ୟଟକମାନଙ୍କୁ ଆକୃଷ୍ଟ କରେ, ତା'ହେଲା ସ୍ପାନିସ୍ ଷ୍ଟେପ୍‌ସ । ଏଇ ସ୍ପାନିସ୍ ଷ୍ଟେପ୍‌ସଗୁଡ଼ିକ ତଳ ସ୍ତରରେ ଥିବା

ପିଆଜ୍ଜା ଦି ସ୍ପାନିଆ- (ଏହା ମଧ୍ୟ ଟ୍ରେଭି ଫାଉଣ୍ଟେନ୍ ପାଖରେ ଥିବା ଗୋଟିଏ ପ୍ରସିଦ୍ଧ ସ୍କୋୟାର୍) ଓ ଉପର ସ୍ତରରେ ଥିବା ପିଆଜ୍ଜା ଟ୍ରିନିତା ଦେ ମନ୍ତିକୁ ସଂଯୋଗ କରେ। ପିଆଜ୍ଜା ଟ୍ରିନିତା ଦେ ମନ୍ତି ଦୁଇ ଗମ୍ବୁଜ ବିଶିଷ୍ଟ ଗୋଟିଏ ସୁନ୍ଦର ଚର୍ଚ୍ଚ। ପିଆଜ୍ଜା ଦି ସ୍ପାନିଆରୁ ପିଆଜ୍ଜା ଟ୍ରିନିତା ଦେ ମନ୍ତିରେ ପହଞ୍ଚିବା ପାଇଁ ପ୍ରାୟ ୧୩୮ଟି ପାହାଚ ଚଢ଼ି ଯିବାକୁ ପଡ଼େ। କୁହାଯାଏ ଚୁପ୍‌ଚାପ ବସି ପରିବେଶକୁ ଉପଭୋଗ କରିବା ପାଇଁ ସ୍ପାନିସ୍ ଷ୍ଟେପ୍‌ସ ଏକ ଉପଯୁକ୍ତ ଜାଗା। ଏଠାରୁ ସହରଟି ଖୁବ୍ ସୁନ୍ଦର ଦିଶେ। କିନ୍ତୁ ସେ ଜାଗାଟିରେ ସବୁବେଳେ ଏତେ ଭିଡ଼ ଥାଏ ଯେ ଖୋଲାରେ, ଆରାମରେ ବସିବା ସମ୍ଭବ ହୁଏନି। ସେଦିନ ଆମେ ସେଠାରେ ପହଞ୍ଚିଲା ବେଳକୁ ସେମିତି ଭୀଷଣ ଭିଡ଼ ଥିଲା। ତେଣୁ ଆମେ ସେଠାରେ କେବଳ ଅଳ୍ପ ସମୟ ଠିଆ ହୋଇ ଫେରିଆସିଲୁ।

ସେତେବେଳକୁ ଡିନର୍ ଟାଇମ୍ ହୋଇଯାଇଥିଲା। ସେଇ ଟ୍ରେଭି ଫାଉଣ୍ଟେନ୍ ପାଖରେ ଥିବା ଗୋଟିଏ ଚାଇନିଜ୍ ରେଷ୍ଟୋରାଁକୁ ଗଲୁ। ପାଗ ଖୁବ୍ ଭଲ ଥିଲା, ତେଣୁ ଆମେ ଟେରାସ୍‌ରେ ବସି ଖାଇବାପାଇଁ ସ୍ଥିର କଲୁ। ଖାଉଥିବା ବେଳେ ଆମକୁ ହିନ୍ଦୀ ଗୀତ ଶୁଣାଗଲା। ଅଳ୍ପ ସମୟ ପରେ ଦେଖିଲୁ ଦୁଇଜଣ ଜିପ୍‌ସି, ଜଣେ ପୁରୁଷ ଓ ଜଣେ ସ୍ତ୍ରୀ, ଆମ ଟେବଲ୍ ପାଖକୁ ଆସୁଛନ୍ତି। ସେମାନେ ପୁରୁଣା ହିନ୍ଦୀ ଗୀତ ଗାଉଥିଲେ। ସ୍ତ୍ରୀ ଲୋକ ଜଣକ ଗାଉଥିଲାବେଳେ, ପୁରୁଷ ଜଣକ ଆକୋରଡିଆନ୍ ବଜାଉଥିଲେ। ଆମେ ଆଗରୁ ଶୁଣିଥିଲୁ ଯେ ରୋମ୍‌ରେ ବହୁତ ଜିପ୍‌ସି ଅଛନ୍ତି। ସେମାନଙ୍କର ସ୍ଥାୟୀ ଘର ନଥାଏ। ସେମାନେ ଏକପ୍ରକାର ଯାଯାବର। ଗୋଟିଏ ଜାଗାରୁ ଅନ୍ୟ ଜାଗାକୁ ଯାଇ, ଗୀତ ଗାଇ ଓ ହାତ ଦେଖି ଭବିଷ୍ୟତ କଥା କହି ପଇସା ରୋଜଗାର କରନ୍ତି। ସେମାନେ ଯେଉଁ ଭାଷା କହନ୍ତି ତାହାକୁ ରୋମାନୀ କୁହାଯାଏ ଯାହାର କି ହିନ୍ଦୀ ସାଙ୍ଗରେ କିଛି ସାମଞ୍ଜସ୍ୟ ଅଛି। କୁହାଯାଏ ଜିପ୍‌ସିମାନେ ଅଷ୍ଟମ ଶତାବ୍ଦୀରୁ ଦଶମ ଶତାବ୍ଦୀ ଭିତରେ ପଞ୍ଜାବ ଅଞ୍ଚଳରୁ ଇଉରୋପର ବିଭିନ୍ନ ଅଞ୍ଚଳକୁ ଚାଲିଯାଇଥିଲେ। ଆମେ ଯେଉଁ ଜିପ୍‌ସିଙ୍କୁ ଦେଖିଲୁ ସେମାନେ ଭାରତୀୟ ପରି ଜମା ଜଣାପଡୁ ନଥିଲେ। ରେଷ୍ଟୋରାଁ ମାନଙ୍କରେ ଗୀତ ଗାଇ ଲୋକମାନଙ୍କଠାରୁ ଟିପ୍ସ ହିସାବରେ କିଛି ପଇସା ରୋଜଗାର କରୁଥିଲେ। ସେମାନେ ପୁରୁଣା ହିନ୍ଦୀ ଫିଲ୍ମ ଚୋରି ଚୋରିର ଆଜା ସନମ୍ ଗୀତଟି ଗାଉଥିଲେ। ଟ୍ୟୁନ୍ ଭଲ ଥିଲା; କିନ୍ତୁ ଶବ୍ଦଗୁଡ଼ିକର ଉଚ୍ଚାରଣ ଠିକ୍ ନଥିଲା। ବିଦେଶରେ, ବିଦେଶୀ ମୁହଁରେ ହିନ୍ଦୀ ଗୀତ ଶୁଣି ଆମକୁ ଭଲ ଲାଗିଲା। ଡିନର୍ ପରେ ଆମେ ହୋଟେଲ୍‌କୁ ଫେରିଆସିଲୁ।

ରୋମ୍‌ର ମେଟ୍ରୋ ବ୍ୟବସ୍ଥା ଅତି ଭଲ ଓ ଶସ୍ତା ମଧ୍ୟ। ମାତ୍ର ଗୋଟିଏ ଇଉରୋ ଦେଇ ଟିକେଟ୍ କିଣିଲେ, ଜଣେ ୭୫ ମିନିଟ୍ ଭିତରେ ଯେତେ ଇଚ୍ଛା ସେତେ ମେଟ୍ରୋ

ଟ୍ରେନ୍ କିମ୍ବା ବସ୍‌ରେ ବୁଲିପାରିବ। ସାରା ଦିନପାଇଁ ଟିକେଟ୍‌ର ମୂଲ୍ୟ ଥିଲା ୪ ଇଉରୋ। ଆମେ ମୂଳରୁ ହିଁ ଭାଟିକାନ୍ ସିଟିକୁ ମେଟ୍ରୋରେ ଯିବୁ ବୋଲି ଭାବି ନେଇଥିଲୁ। ପକେଟମାର୍ ବିଶେଷକରି ମେଟ୍ରୋରେ ହେଉଥିବା କଥା ଶୁଣି ପରେ ଆମେ ଦ୍ୱନ୍ଦ୍ୱରେ ପଡ଼ିଯାଇଥିଲୁ। କିନ୍ତୁ ରୋମ୍‌ରେ ପହଞ୍ଚିଲା ଦିନ 'ସୀତାର' ରେସ୍ତୋରାଁର ମ୍ୟାନେଜରଙ୍କ ସାଙ୍ଗରେ କଥା ହେଲାପରେ ରୋମ୍‌ରେ ମେଟ୍ରୋ ବ୍ୟବହାର କରି ଯିବାଆସିବା କରିବା ପାଇଁ ଆମର ଆଉ ଦ୍ୱିଧା ରହିଲା ନାହିଁ। ଆମ ହୋଟେଲ୍‌ରୁ ମେଟ୍ରୋ ଷ୍ଟେସନ୍ ଥିଲା ମାତ୍ର ୫ ମିନିଟ୍‌ର ଚଲାବାଟ। ଆମେ ମେଟ୍ରୋ ଷ୍ଟେସନ୍‌କୁ ଯାଇ ଆମ ଦୁଇ ଜଣଙ୍କ ପାଇଁ ଦୁଇଟି ଟିକେଟ୍ କିଣିଲୁ ଓ ସେଠାରୁ ଭାଟିକାନ୍ ସିଟି ଯିବା ପାଇଁ ଟ୍ରେନ୍ ଚଢ଼ିଲୁ। ଟ୍ରେନରେ ଚଢ଼ିବାର ୨୫ ମିନିଟ୍ ପରେ ଆମେ ଏକ ଭିନ୍ନ ଦୁନିଆ ଭାଟିକାନ୍ ସିଟିରେ ଓହ୍ଲାଇଲୁ।

ଏଇଠି ଆଗରୁ କହି ରଖେ ଯେ, ଭାଟିକାନ୍ ସିଟି ରୋମାନ୍ କ୍ୟାଥୋଲିକ୍ ଚର୍ଚ୍ଚର ମୁଖ୍ୟାଳୟ। ପୋପ୍ ଏହି ରୋମାନ୍ କ୍ୟାଥୋଲିକ୍ ଚର୍ଚ୍ଚର ମୁଖ୍ୟ ଏବଂ ଏହି ଭାଟିକାନ୍ ସିଟିରେ ରହନ୍ତି। ସିଟିର ଏରିଆ ପ୍ରାୟ ୧୧୦ ଏକର। ସିଟି ଭିତରେ ରହିଛି ସେଣ୍ଟ୍ ପିଟର୍ସ୍ ବାସିଲିକା, ସିଷ୍ଟିନ୍ ଚାପେଲ୍ ଓ କେତେଗୁଡ଼ିଏ ମ୍ୟୁଜିଅମ୍। ସେଣ୍ଟ୍ ପିଟର୍ସ୍ ବାସିଲିକା ପୃଥିବୀର ସବୁଠାରୁ ବଡ଼ ଚର୍ଚ୍ଚ ଏବଂ କ୍ୟାଥୋଲିକମାନଙ୍କର ସବୁଠାରୁ ପବିତ୍ର ସ୍ଥାନ। ଏହି ଚର୍ଚ୍ଚଟି ସେଣ୍ଟ୍ ପିଟର୍ସଙ୍କ ସମାଧି ଉପରେ ନିର୍ମିତ। ଯୀଶୁଖ୍ରୀଷ୍ଟଙ୍କର ଯେଉଁ ବାର ଜଣ ମୂଳ ଭକ୍ତ ଥିଲେ ସେମାନଙ୍କର ମୁଖ୍ୟ ଥିଲେ ସେଣ୍ଟ୍ ପିଟର୍ସ୍ ଏବଂ ସେ ମଧ୍ୟ ଥିଲେ ଆର୍ଲି ଖ୍ରୀଷ୍ଟିଆନ ଗ୍ରେଟ୍ ଚର୍ଚ୍ଚର ଜଣେ ମୁଖ୍ୟ ସଦସ୍ୟ। ସାରା ପୃଥିବୀରୁ ଲକ୍ଷ ଲକ୍ଷ ପର୍ଯ୍ୟଟକ ଏହି ପବିତ୍ର ସ୍ଥଳକୁ ପ୍ରତି ବର୍ଷ ଆସିଥାନ୍ତି। ବାସିଲିକା ସାମନାରେ ରହିଛି ସେଣ୍ଟ୍ ପିଟର୍ସ ସ୍କୋୟାର୍। ଏହା ଏକ ବିରାଟ ଖୋଲା ଜାଗା ଯେଉଁଠାରେ କି ପ୍ରାୟ ୬୦,୦୦୦ ଲୋକ ଏକତ୍ରିତ ହୋଇ ଚର୍ଚ୍ଚରୁ ହେଉ ବା ଭାଟିକାନ୍ ପ୍ରାସାଦର ବାଲ୍‌କୋନୀରୁ ହେଉ, ପୋପ୍ ଦେଉଥିବା ଆଶୀର୍ବାଦ ଗ୍ରହଣ କରନ୍ତି। ସେଣ୍ଟ୍ ପିଟର୍ସ୍ ସ୍କୋୟାର୍‌ର ଉଭୟ କଡ଼ରେ ଦୁଇ ଧାଡ଼ି ହୋଇ ଅର୍ଦ୍ଧବୃତ୍ତାକାର ବିଶାଳ କଲୋନେଡ୍ ରହିଛି ଏବଂ ଏଗୁଡ଼ିକ ଉପରେ ସେଣ୍ଟ୍‌ମାନଙ୍କର ୧୪୦ଟି ବଡ଼ ବଡ଼ ମୂର୍ତ୍ତି ରହିଛି। ସ୍ଥପତି ଜିଆନ୍ ଲୋରେଞ୍ଜୋ ବର୍ନିନୀ ଏଇ ଦୁଇଟି କଲୋନେଡ୍‌କୁ ଏପରି ଭାବରେ ପରିକଳ୍ପନା କରି ଡିଜାଇନ୍ କରିଥିଲେ ଯାହାକି ଦେଖାଯାଏ ସତେ ଯେମିତି ଏଇ କ୍ୟାଥୋଲିକ ଚର୍ଚ୍ଚଟି ମା' ପରି ଦୁଇ ହାତରେ ଲୋକମାନଙ୍କୁ ଆଲିଙ୍ଗନ କରୁଛି।

ମେଟ୍ରୋ ଷ୍ଟେସନ୍‌ରେ ଓହ୍ଲାଇ ଆମେ ଭାଟିକାନ୍ ସିଟିକୁ ଚାଲୁଥିଲାବେଳେ କେତେ ଜଣ ଲୋକ ଆସି ଆମକୁ କହିଲେ ଯେ ୨୦ ଇଉରୋ ଦେଲେ ସେମାନେ

ଆମକୁ ଭାଟିକାନ୍ ଭିତରକୁ ନେଇ ପୋପ୍‌ଙ୍କ ଦର୍ଶନ କରାଇଦେବେ। ଆମେ ତ ପ୍ରଥମେ ତାଙ୍କ କଥା ବୁଝି ପାରିଲୁ ନାହିଁ। କିନ୍ତୁ ଏତିକି ବୁଝିଲୁ ଯେ ୨୦ ଇଉରୋ ବିନିମୟରେ ପୋପ୍‌ଙ୍କ ଦର୍ଶନ କରାଇଦେବେ। ଆମର ମୂଳରୁ ଧାରଣା ନଥିଲା ଯେ ପୋପ୍ ଭାଟିକାନ୍ ସିଟିରେ ଅଛନ୍ତି ଓ ସେଇ ବୁଧବାର ଦିନ ସେ ଦର୍ଶନ ଦେବେ। ତେଣୁ ଆମେ ତାଙ୍କ କଥା କିଛି ନଶୁଣି ଚାଲିଲୁ। ସେଣ୍ଟ୍ ପିଟର୍ସ ସ୍କୋୟାର୍‌ରେ ପହଞ୍ଚି ବୁଲାବୁଲି କରି ତା'ର ସୌନ୍ଦର୍ଯ୍ୟ ଓ ଗରିମା ଉପଭୋଗ କରୁଥିବା ବେଳେ ଦେଖିଲୁ ହଠାତ ଅନେକ ଲୋକ ଆସି ରୁଣ୍ଡ ହୋଇଗଲେ। ତା'ର ଅଳ୍ପ ସମୟ ପରେ ଦେଖିଲୁ ପୋପ୍ (Pope Benedict XVI) ତାଙ୍କର ବିଶିଷ୍ଟ ଧଳା, ଛାତଖୋଲା ମର୍ସିଡେଜ୍ କାରରେ ଠିଆ ହୋଇ ଆସୁଛନ୍ତି। ତାଙ୍କ ଗାଡ଼ି ଠିକ୍ ଆମ ପାଖଦେଇ ଗଲା। ତାଙ୍କୁ ଏତେ ନିକଟରୁ ଦେଖି ଆମେ ନିଜକୁ ଧନ୍ୟ ମନେକଲୁ। ମୋ ପାଖରେ ଠିଆ ହୋଇଥିବା ଜଣେ ଇଉରୋପିଆନ୍ ମହିଳା ପୋପ୍‌ଙ୍କୁ ଏତେ ପାଖରେ ଦେଖି ମୂର୍ଚ୍ଛା ହୋଇଗଲେ। ପୋପ୍‌ଙ୍କ କାର୍ ଲୋକମାନଙ୍କ ଭିତରଦେଇ ଯାଇ ଶେଷରେ ବାସିଲିକା ଆଗରେ ରହିଲା। ସେ କାର୍‌ରୁ ଓହ୍ଲାଇ ପାଖରେ ଥିବା ଗୋଟିଏ ପୋଡ଼ିଅମ୍ ଉପରକୁ, ଉପସ୍ଥିତ ଲୋକଙ୍କୁ କିଛି ବାର୍ତ୍ତା ଦେବାପାଇଁ ଗଲେ। ପୋଡ଼ିଅମ୍ ଆମଠାରୁ ଅନେକ ଦୂରରେ ଥିବାରୁ ଆମେ ଆଉ ତାଙ୍କୁ ଭଲକରି ଦେଖିପାରିଲୁ ନାହିଁ। କିନ୍ତୁ ବିଭିନ୍ନ ସ୍ଥାନରେ ଲାଗିଥିବା ବଡ଼ ବଡ଼ ଟିଭି ସ୍କ୍ରିନରେ ତାଙ୍କୁ ଦେଖି ହେଉଥିଲା ଓ ତାଙ୍କ କଥା ଶୁଣି ହେଉଥିଲା। ସେ ଲାଟିନ୍ ଭାଷାରେ କହିଲେ। ଆମେ ତାଙ୍କ କଥା କିଛି ବୁଝିପାରିଲୁ ନାହିଁ; ତେଣୁ ଆମେ ଭାଟିକାନ୍ ମ୍ୟୁଜିଅମ୍ ଦେଖିବାକୁ ଗଲୁ।

ଭାଟିକାନ୍ ସିଟିରେ ସମୁଦାୟ ୫୪ଟି ମ୍ୟୁଜିଅମ୍ ଅଛି। ସବୁ ଯାଇ ଦେଖିବା ସମ୍ଭବ ହେଲାନି। ଆମେ କେବଳ ଭାଟିକାନ୍ ମ୍ୟୁଜିଅମ୍ ଓ ସିଷ୍ଟିନ୍ ଚାପେଲ୍ ଦେଖିବା ପାଇଁ ଗଲୁ। ଏଣ୍ଟ୍ରାନ୍‌ସ ଫି ଥିଲା ଜଣକା ୧୪ ଇଉରୋ। ଭାଟିକାନ୍ ମ୍ୟୁଜିଅମ୍‌ରେ ପୋପ୍‌ମାନଙ୍କ ଦ୍ୱାରା ସଂଗୃହୀତ କିଛି ରେନାସାଁସ୍ କଳାକୃତି ଓ ରୋମ୍ ଭାସ୍କର୍ଯ୍ୟର ଅନେକଗୁଡ଼ିଏ ସୁନ୍ଦର ମୂର୍ତ୍ତି ରହିଛି। ଆମେ ଶୁଣିଲୁ ଯେ ଭାଟିକାନ୍ ମ୍ୟୁଜିଅମ୍ ଭିତରେ ଥିବା ଗିଫ୍ଟ ସପ୍‌ରେ ପୋପ୍ ଆଶୀର୍ବାଦ କରିଥିବା ବିଡ୍‌ର ମାଳ ମିଳେ, ଯାହାକୁ ରୋଜରୀ କହନ୍ତି। ଏଇ ରୋଜରୀ ପ୍ରାର୍ଥନା କଲାବେଳେ ବ୍ୟବହାର କରାଯାଏ। ତା'ଛଡ଼ା ଗିଫ୍‌ଟ ସପ୍‌ରେ ଅନେକ ପ୍ରକାର ଖୁବ୍ ଭଲ କ୍ୱାଲିଟିର ଜିନିଷ ମିଳେ। ଆମେ ସେଠାରେ ଦେଢ଼ ଘଣ୍ଟା ବୁଲି ସବୁ ଦେଖିସାରି ସିଷ୍ଟିନ୍ ଚାପେଲ୍‌କୁ ଗଲୁ। ସେତେବେଳକୁ ଲଞ୍ଚ୍ ଖାଇବା ସମୟ ହୋଇଯାଇଥିବାରୁ ପ୍ରଥମେ ସିଷ୍ଟିନ୍ ଚାପେଲ୍‌ରେ ଥିବା କାଫେଟେରିଆରେ ଖାଇବାକୁ ଗଲୁ। ଦେଖିଲୁ କାଫେଟେରିଆର ବାହାର

ପାଖରେ ଫୁଲ ଗଛ ଇତ୍ୟାଦି ଥାଇ ଗୋଟିଏ ଛୋଟ ବଗିଚାରେ ଖାଇବା ପାଇଁ ଟେବଲ୍ ଚେୟାର୍ ପଡ଼ିଛି। ଆମେ ଖାଇବା ନେଇ ବାହାରେ ବସି ଖାଇଲୁ। ଖାଇସାରି ଚାପେଲ୍ ଭିତରକୁ ଗଲୁ। ସିଷ୍ଟିନ୍ ଚାପେଲ୍ ହେଲା ପୋପ୍‌ଙ୍କ ନିଜସ୍ୱ ଚାପେଲ୍। ସ୍ଥପତି ଜିଓଭାନି ଦୋଲଚି, ଚାପେଲ୍‌ଟିକୁ ୧୪୭୩ରୁ ୧୪୮୧ ମସିହା ଭିତରେ ପୋପ୍ ସିକ୍ସସ୍ ୪ର୍ଥଙ୍କ ପାଇଁ କରିଥିଲେ। ସେଇଥିପାଇଁ ପୋପ୍‌ଙ୍କ ନାଁ ଅନୁସାରେ ଚାପେଲ୍‌ର ନାଁ ଦିଆଗଲା ସିଷ୍ଟିନ୍ ଚାପେଲ୍। ଭିତରେ ପଶୁ ପଶୁ ଦେଖିଲୁ ଚାପେଲ୍‌ର ଭିତର ପାଖ କାନ୍ଥ ଓ ଛାତରେ ଅତି ସୁନ୍ଦର ଚିତ୍ର କରାହୋଇଛି। ପ୍ରସିଦ୍ଧ ଶିଳ୍ପୀ ଓ ଚିତ୍ରକାର ମାଇକେଲ୍ ଆଞ୍ଜେଲୋ ଏହି ଚାପେଲ୍ ଛାତର କଳାକୃତିଗୁଡ଼ିକ କରିଛନ୍ତି। ସେ ସମୟର କଳାକାରମାନେ କାନ୍ଥରେ ଓ ଛାତରେ, ବିଶେଷ କରି ଛାତରେ ଏତେ ସୁନ୍ଦର କେମିତି ଆଙ୍କି ପାରୁଥିଲେ ଭାବିଲେ ଆଶ୍ଚର୍ଯ୍ୟ ଲାଗେ; ସେଗୁଡ଼ିକ ପୁଣି ଏବେ ମଧ୍ୟ ସତେଜ ରହିଛି। ଚିତ୍ରଗୁଡ଼ିକ ଦେଖିଲେ ଜଣାପଡ଼େ ସତେ ଯେମିତି ଏଇ ଅଳ୍ପ ଦିନ ତଳେ କରାହୋଇଛି। ଛାତରେ ଚିତ୍ର ଆଙ୍କିବା ପାଇଁ କଳାକାରଙ୍କୁ ସ୍କାଫୋଲଡିଂ ଉପରେ ଚିତ୍ ହୋଇ ଶୋଇ ଚିତ୍ର ଆଙ୍କିବାକୁ ପଡ଼େ ବୋଲି ଶୁଣିଲି। କେତେ ଧୈର୍ଯ୍ୟ ଓ ପରିଶ୍ରମ ସେଥପାଇଁ ଦରକାର ତାହା ମୁଁ ଅନୁମାନ କରିପାରୁଛି। ଲୋକେ କହନ୍ତି, ସିଷ୍ଟିନ୍ ଚାପେଲ୍, ପୋପ୍‌ଙ୍କ ଚାପେଲ୍ ପାଇଁ ଯେତେ ପ୍ରସିଦ୍ଧ ନୁହେଁ, ମାଇକେଲ୍ ଆଞ୍ଜେଲୋଙ୍କ କଳାକୃତି ପାଇଁ ସେତିକି ପ୍ରସିଦ୍ଧ।

ସେ ପୂରା ଦିନଟି ଆମେ ଭାଟିକାନ୍ ସିଟିରେ କଟାଇଲୁ। ବହୁତ ଭଲ ଲାଗିଲା। ମେଟ୍ରୋ ଟ୍ରେନ୍‌ରେ ହୋଟେଲ୍‌କୁ ଫେରିଲୁ। ପ୍ରଥମରୁ ଆମର ମେଟ୍ରୋ ଟ୍ରେନ୍ ବିଷୟରେ ଯେଉଁ ଧାରଣା ଥିଲା ତାହା ପୂରା ବଦଳିଗଲା। ମେଟ୍ରୋ ଯାତ୍ରା ବେଶ୍ ଆରାମଦାୟକ ଥିଲା। ସବୁ ବଡ଼ ସହରମାନଙ୍କ ଭଳି ଏଠାରେ ମଧ୍ୟ ଟ୍ରେନ୍ ବହୁତ ଭିଡ଼ ଥିଲା; କିନ୍ତୁ ଲୋକମାନେ ଶୃଙ୍ଖଳାର ସହ ଚଢୁଥିଲେ ଓ ଓହ୍ଲାଉଥିଲେ। ଠେଲାପେଲା ଆଦୌ ନଥିଲା। ଯେଉଁ ରେସ୍ତୋରାଁ ମ୍ୟାନେଜେର ଆମକୁ ଟ୍ରେନ୍‌ରେ ଯିବା ପାଇଁ ପରାମର୍ଶ ଦେଇଥିଲେ, ତାଙ୍କୁ ପୁଣି ଥରେ ମନେମନେ ଧନ୍ୟବାଦ ଦେଲି।

ହୋଟେଲ୍‌ରେ ପହଞ୍ଚି କିଛି ସମୟ ବିଶ୍ରାମ ନେଲାପରେ ଫ୍ରେସ୍ ହୋଇ ଗୋଟିଏ ଖୁବ୍ ଭଲ ଜାପାନୀଜ୍ ରେସ୍ତୋରାଁକୁ ଡିନର୍ ପାଇଁ ଗଲୁ। ଜାପାନୀଜ୍ ରେସ୍ତୋରାଁକୁ ଯିବାପାଇଁ ମୋର ବିଶେଷ ଆଗ୍ରହ ନଥିଲା। କାରଣ ବହୁତ ବର୍ଷ ତଳେ ଆମେ ଯେବେ ଟୋକିଓ ବୁଲିବାକୁ ଯାଇଥିଲୁ ମୁଁ ଦେଖିଥିଲି ରେସ୍ତୋରାଁଗୁଡ଼ିକ ନିଜ ରନ୍ଧାଖାଦ୍ୟ ରେସ୍ତୋରାଁ ବାହାରେ, ରାସ୍ତାକଡ଼ରେ ସୋ-କେଶ୍‌ରେ ସର୍ବସାଧାରଣ ଦେଖିବାପାଇଁ ରଖିଥାନ୍ତି। ସେ ଖାଦ୍ୟସବୁ କେମିତି ଥଣ୍ଡା ଦେଖାଯାଇ ଖାଇବାର ଆଗ୍ରହ ମୋର କମାଇ ଦେଉଥିଲା।

ତା'ପରଠୁ ଜାପାନୀଜ୍ ଖାଦ୍ୟ ପାଇଁ ମୋର କେମିତି ଗୋଟେ ବିତୃଷ୍ଣା ଆସିଯାଇଥିଲା। କିନ୍ତୁ ମୋ ସ୍ୱାମୀ, ପିଲା ଓ ନାତୁଣୀମାନେ ମଧ୍ୟ ଜାପାନୀଜ୍ ଫୁଡ୍ ଖାଇବାକୁ ଖୁବ୍ ଭଲପାଆନ୍ତି। ଯେହେତୁ ଅନେକ ବର୍ଷ ହେଲା ମୁଁ ଜାପାନୀଜ୍ ଫୁଡ୍ ଖାଇନଥିଲି, ଏଥର ରୋମ୍‌ରେ ମୁଁ ସାହସ କରି ଗଲି। ରେଷ୍ଟୋରାଁରେ ପଶିବାକ୍ଷଣି ଜାପାନୀମାନଙ୍କର ଆତିଥ୍ୟ ଚର୍ଚ୍ଚାର ଝଲକ ଦେଖିବାକୁ ମିଳିଲା। ସେମାନଙ୍କର ଚର୍ଚ୍ଚା ଓ ଖାଦ୍ୟ ପରିବେଷଣ ଶୈଳୀ ଅତି ରିଫାଇଣ୍ଡ୍। ରେଷ୍ଟୋରାଁରେ ପଶିବା ସମୟରୁ ବାହାରିବା ପର୍ଯ୍ୟନ୍ତ ଜାପାନୀ ଶିଷ୍ଟାଚାରର ନମୁନା ଦେଖିଲି। ରେଷ୍ଟୋରାଁ ଭିତର ଟିକେ ଅନ୍ଧାରୁଆ ଥିଲା ଓ ପ୍ରତି ଟେବଲ୍ ଉପରେ କ୍ୟାଣ୍ଡଲ୍ ଜଳୁଥିଲା। ପରିବେଶ ଖୁବ୍ ରୋମାଣ୍ଟିକ୍ ଲାଗୁଥିଲା। ଖାଇବା ପାଇଁ ଆମେ ଆପେଟାଇଜର୍‌ରେ ଚିକେନ୍ ଆଉ ଭେଜିଟେବଲ୍ ଟେମ୍ପୁରା, ମେନ୍ କୋର୍ସ୍‌ରେ ଚିକେନ୍ ସୁକିୟାକି, ଶ୍ରିମ୍ପ୍ ଟେରୀୟାକି ଓ ବାଇଗଣର ଗୋଟେ ଆଇଟମ୍ ମଗାଇଲୁ। ସବୁ ଆଇଟମ୍‌ଗୁଡ଼ିକ ବେଶ ଭଲ ଲାଗିଲା। ଏହାପରେ ଜାପାନୀଜ୍ ଖାଦ୍ୟପାଇଁ ମୋର ଯେଉଁ ମନୋଭାବ ଥିଲା, ପୂରା ବଦଳିଗଲା। ସନ୍ଧ୍ୟାଟି ଆମର ବେଶ ଭଲରେ କଟିଲା।

ପରଦିନ ସକାଳେ ଆଉଥରେ ଟ୍ରେଭି ଫାଉଣ୍ଟେନ୍ ଯିବା ରାସ୍ତାରେ ଆମେ ପ୍ରଥମେ ରୋମ୍‌ର ଅନ୍ୟତମ ଆକର୍ଷଣ ରୋମାନ୍ ଫୋରମ୍ ଦେଖିବାକୁ ଗଲୁ। ରୋମାନ୍ ଫୋରମ୍ ହେଉଛି ରୋମ୍ ସାମ୍ରାଜ୍ୟର ଉତ୍କର୍ଷତାର ଧ୍ୱଂସାବଶେଷ। ପାଲାଟାଇନ୍ ଓ କ୍ୟାପିଟୋଲାଇନ୍ ନାମକ ଦୁଇଟି ପାହାଡ଼ର ମଝି ଅଞ୍ଚଳରେ ଏହା ଅବସ୍ଥିତ। ଅନେକ ଶତାବ୍ଦୀ ଧରି ଏହା ରୋମ୍ ଦୈନନ୍ଦିନ ଜୀବନର ପ୍ରାଣକେନ୍ଦ୍ର ଥିଲା। ସହରର ଏହି ଭୌଗୋଳିକ କେନ୍ଦ୍ରସ୍ଥଳଟି ଧର୍ମ, ରାଜନୀତି, ବାଣିଜ୍ୟ ଓ ସାମାଜିକ କ୍ରିୟାକଳାପର କେନ୍ଦ୍ରବିନ୍ଦୁ ଥିଲା। ଏହା ମଧ୍ୟ ଅନେକଗୁଡ଼ିଏ ସୁଦୃଶ୍ୟ ମନ୍ଦିର, ସ୍ମାରକୀ, ଦୋକାନ ଓ ହାଟର ମୁଖ୍ୟସ୍ଥଳ ଥିଲା। ମୋଟ ଉପରେ କହିବାକୁ ଗଲେ ଏହା ଥିଲା ରୋମାନ୍‌ମାନଙ୍କର ଏକତ୍ରିତ ହେବାର ସ୍ଥାନ। ଯେଉଁ କେତେକ ପ୍ରାଚୀନ କୀର୍ତ୍ତି ଏବେ ବି ନିଖୁଣ ଭାବରେ ବା ଅଧାଭଙ୍ଗା ଅବସ୍ଥାରେ ରହିଛି, ତା'ଭିତରେ ଅଛି ଶନି ମନ୍ଦିର, ରାମୁଲସ୍ ମନ୍ଦିର ଏବଂ ଅନ୍ୟ କେତେକ ମନ୍ଦିର ସହ ସିନେଟ୍ ହାଉସ୍। ଏକଦା ସବୁଠାରୁ ଶୀର୍ଷରେ ଥିବା ରୋମ୍ ସାମ୍ରାଜ୍ୟ ଧୀରେ ଧୀରେ ପତନାଭିମୁଖୀ ହୋଇ ଶେଷରେ ଏହି ସ୍ଥାନରେ ମାଟିରେ ପୋତି ହୋଇଯାଇଥିଲା। ତାକୁ ଲୋକମାନେ ଭୁଲି ଯାଇଥିଲେ। ସମୟକ୍ରମେ ଏହା ପଶୁମାନଙ୍କର ଚରାଭୂମି ପାଲଟି ଯାଇଥିଲା। ଯଦିଓ ୧୬ଶ ଶତାବ୍ଦୀରେ ଏଠାରେ ସାମ୍ରାଜ୍ୟର ମୁଖ୍ୟସ୍ଥଳ ଥିଲା ବୋଲି ଜଣାପଡ଼ିଥିଲା, ତଥାପି ତାକୁ ଖୋଳି ବାହାର କରିବା ପାଇଁ ନିଷ୍ପତ୍ତି ନେବାକୁ ପ୍ରାୟ ଚାରିଶହ ବର୍ଷ ଲାଗିଗଲା। ବିଂଶ ଶତାବ୍ଦୀରେ ଏହାର ଖନନ ଆରମ୍ଭ ହେଲା। ଧ୍ୱଂସାବଶେଷରୁ ଜଣାପଡ଼େ ଯେ ଅଟ୍ଟାଳିକାଗୁଡ଼ିକ

ବେଶ୍ ଉଚ୍ଚ ଥିଲା, ଭାସ୍କର୍ଯ୍ୟରେ ଭରି ରହିଥିଲା। ପ୍ରାସାଦଗୁଡ଼ିକର ତଳ ତାଲାରେ ରୋଷେଇଘର ଓ ଉପର ତାଲାଗୁଡ଼ିକ ବସବାସ ପାଇଁ ବ୍ୟବହୃତ ହେଉଥିଲା। ତାକୁ ଦେଖି ମୁଁ ଭାବିଲି, ଏତେ ତଳେ ରୋଷେଇ ଘର ଅଥଚ ଖିଆପିଆ ହେବ ଉପର ତାଲାରେ। ପ୍ରାୟ ସାତ କିମ୍ବା ଆଠ ତାଲା ପରି ଲାଗୁଥିବା ସବା ଉପର ତାଲାକୁ ଦିନକୁ ୩/୪ ଥର ଖାଇବା କେମିତି ନିଆ ହେଉଥିଲା ? ସେତେବେଳେ ତ ବୋଧହୁଏ ଏଲିଭେଟର ନଥିଲା, ତେଣୁ ଖାଦ୍ୟ କେମିତି ଉପର ତାଲା ସବୁକୁ ଯାଉଥିଲା ? ଭାବିଲେ ଆଶ୍ଚର୍ଯ୍ୟ ଲାଗେ। ଏସବୁ ଧ୍ୱଂସାବଶେଷଗୁଡ଼ିକ ବର୍ତ୍ତମାନ ସୁରକ୍ଷିତ ରହିଛି। ମାଟିତଳୁ ଆହୁରି କିଛି ଅମୂଲ୍ୟ ସମ୍ପଦ ମିଳିବାର ଆଶାରେ ଏବେ ବି ପ୍ରତ୍ନତତ୍ତ୍ୱବିତ୍‌ମାନେ ସେଠାରେ କାମ କରୁଛନ୍ତି। ମାଟିତଳୁ ବାହାରିଥିବା ଧ୍ୱଂସାବଶେଷ ଦେଖିବା ପାଇଁ ପୃଥିବୀର ସବୁ ଅଞ୍ଚଳରୁ ବହୁ ସଂଖ୍ୟାରେ ପର୍ଯ୍ୟଟକମାନେ ଆସୁଛନ୍ତି। ଏହି ଧ୍ୱଂସାବଶେଷରେ ଚାଲୁଥିଲାବେଳେ ମୁଁ ରୋମ୍ ସାମ୍ରାଜ୍ୟର ଗୌରବାନ୍ୱିତ ଅତୀତକୁ ଦେଖିବାକୁ ଚେଷ୍ଟା କରୁଥିଲି। ମୋର ମନେ ପଡୁଥିଲା ସେହି ଉକ୍ତିଟି ଯାହାକୁ ଆମେ ବହୁଳ ଭାବରେ ବ୍ୟବହାର କରୁ– ରୋମ୍‌କୁ ଗଢ଼ିବା ପାଇଁ ଶହ ଶହ ବର୍ଷ ଲାଗିଥିଲା। (Rome was not built in a day.) ଯଦିଓ ଆମେ ଭାସ୍କର୍ଯ୍ୟ ପରିପୂର୍ଣ୍ଣ ନୂତନ ରୋମ୍‌କୁ ଦେଖିବା ପାଇଁ ଘୂରି ବୁଲୁଥିଲୁ, ତଥାପି ପୁରାତନ ରୋମ୍‌ର୍ ଏଇ ଭଗ୍ନାବଶେଷ ଦେଖି ଦୁଃଖ ଲାଗିଲା।

ରୋମାନ୍ ଫୋରମ୍‌ରେ କିଛି ସମୟ କଟାଇ ଆମେ ପୁଣି ଟ୍ରେଭି ଫାଉଣ୍ଟେନ୍ ପାଖକୁ ଗଲୁ। ସେଠାରେ ପହଞ୍ଚି ପ୍ରଥମେ ଯାଇ ଗୋଟିଏ ଇଟାଲିଆନ୍ ରେଷ୍ଟୋରାଁରେ ବସି ଲଞ୍ଚ୍ ଖାଇଲୁ। ଲଞ୍ଚ୍‌ରେ ଭେଜିଟେବଲ୍ ଲଜାନିଆ, ଚିଜ୍ ରାଭିଓଲି ଖାଇଲୁ; ତା'ପରେ ଡେଜର୍ଟ୍ ପାଇଁ ଇଟାଲୀର ପ୍ରସିଦ୍ଧ ଟିରାମିସୁ ମଗାଇଲୁ। ଲଞ୍ଚ୍ ପରେ ଟ୍ରେଭି ଫାଉଣ୍ଟେନ୍ ଅଞ୍ଚଳରୁ ପ୍ରାୟ ୩/୪ କିଲୋ ମିଟର ଦୂରରେ ଥିବା ଟାଇବର୍ ନଦୀର ସାନ୍ତାନଯିଲୋ ପୋଲ ଉପରେ ଚାଲିଚାଲି ବୁଲିଲୁ। ଏହି ପୋଲଟି ରୋମ୍ ସମ୍ରାଟ ହେଡ୍ରିଆନ୍ ୧୩୪ ମସିହାରେ ସିଟି ସେଣ୍ଟରକୁ ତାଙ୍କ ରାଜବାଟୀ କାଷ୍ଟେଲ୍ ସାନ୍ତାନଯିଲୋ ସହ ଯୋଡ଼ିବା ପାଇଁ ତିଆରି କରିଥିଲେ। ପୋଲଟି ଟ୍ରାଭେରଟାଇନ୍ ଚୂନ ପଥରରେ କେବଳ ପଥଚାରୀଙ୍କ ପାଇଁ ତିଆରି ହୋଇଥିଲା। ପାଞ୍ଚଟି ଆର୍ଚ୍ଚ ଥିବା ଏଇ ପୋଲଟି ଖୁବ୍ ସୁନ୍ଦର ଦେଖାଯାଉଥିଲା। ପୋଲ ଉପରୁ ଗୋଟିଏ ସିଲିଣ୍ଡର୍ ପରି ଦେଖାଯାଉଥିବା କାଷ୍ଟେଲ୍ ସାନ୍ତାନଯିଲୋ ପ୍ରାସାଦଟି ମଧ୍ୟ ଖୁବ୍ ସୁନ୍ଦର ଦେଖାଯାଉଥିଲା। ଶୁଣିଲୁ ଏହି ପ୍ରାସାଦଟି ପରେ ସମ୍ରାଟ ହେଡ୍ରିଆନ୍ ଓ ତାଙ୍କ ପରିବାରର କବର ସ୍ଥାନ ଭାବରେ ବ୍ୟବହୃତ ହୋଇଥିଲା। ଆମେ ତାକୁ କେବଳ ବାହାରୁ ଦେଖିଲୁ। ସେଇଠି ଚାଲିଲାବେଳେ ଆମେ ପୋଲର ଦୁଇ ପାଖରେ ଥିବା

ସୁନ୍ଦର ମୂର୍ତ୍ତିଗୁଡ଼ିକର ଶୋଭା ଉପଭୋଗ କରୁଥିଲୁ। ଫେରିବା ବାଟରେ ଡିନର୍ ପାଇଁ ଗୋଟିଏ ଇଟାଲିଅନ୍ ରେଷ୍ଟୋରାଁରେ ଚିକେନ୍ ସ୍ପାଘେଟି ସହିତ ମିଟ୍‌ବଲ୍, ଶ୍ରୀମ୍ପ୍ ପାସ୍ତା ଓ ଟିରାମିସୁ ଖାଇ ହୋଟେଲ୍‌କୁ ଫେରିଲୁ।

ପରଦିନ ଆମେ ଇଟାଲୀରୁ ବିଦାୟ ନେଲୁ। ହୋଟେଲ୍‌ରୁ ଟାକ୍ସି ନେଇ ଏୟାର୍‌ପୋର୍ଟ ପହଞ୍ଚିବା ପାଇଁ ପ୍ରାୟ ୪୫ ମିନିଟ୍ ଲାଗିଲା। ଟାକ୍ସିଟି ଥିଲା ଗୋଟେ ମର୍ସିଡେଜ୍ କାର୍। ଡ୍ରାଇଭର୍ ସୁଟ୍ ଆଉ ଟାଇ ପିନ୍ଧି ଖୁବ୍ ସ୍ମାର୍ଟ ଲାଗୁଥିଲେ ଓ ଖୁବ୍ ଭଲ ଇଂରାଜୀ କହୁଥିଲେ। ପ୍ୟାରିସ୍‌ରେ ଷ୍ଟ୍ରାଇକ୍ ଯୋଗୁ ଆମ ରୋମ୍-ମାଡ୍ରିଡ୍ ଫ୍ଲାଇଟ୍ ଡେରିରେ ଛାଡ଼ିଲା। ପ୍ୟାରିସ୍‌ର ଏହି ଷ୍ଟ୍ରାଇକ୍ ସାରା ଇଉରୋପରେ ସବୁ ଫ୍ଲାଇଟ୍‌ଗୁଡ଼ିକର ସମୟ ବିଗାଡ଼ି ଦେଇଥିଲା। ଫ୍ରାନ୍ସ ସରକାର ରିଟାୟରମେଣ୍ଟ ବୟସ ୬୦ରୁ ୬୨କୁ ବଢ଼ାଇ ଦେଇଥିବାରୁ ଏହି ଷ୍ଟ୍ରାଇକ୍ ହୋଇଥିଲା। ସେ ଯାହାହେଉ, ଆମ ଫ୍ଲାଇଟ୍ ରୋମ୍‌ରୁ ଡେରିରେ ଛାଡ଼ିବାରୁ ମାଡ୍ରିଡ୍‌ରେ ୱାଶିଂଟନ୍ ଫ୍ଲାଇଟ୍ ଧରିବାକୁ ଆମର ମାତ୍ର ଅଧଘଣ୍ଟା ସମୟ ଥିଲା। ମାଡ୍ରିଡ୍‌ର ଇଣ୍ଟରନ୍ୟାସନାଲ୍ ଏୟାର୍‌ପୋର୍ଟ ଖୁବ୍ ବଡ଼। ଆରାଇଭାଲ୍ ଟର୍ମିନାଲ୍‌ରୁ ଡିପାର୍ଚର୍ ଟର୍ମିନାଲ୍‌ରେ ପହଞ୍ଚିବା ପାଇଁ ଆମେ ସେଇ ବିରାଟ ଏୟାର୍‌ପୋର୍ଟରେ ଅନେକ ବାଟ ଚାଲିଲୁ, ଏଲିଭେଟର ଦେଇ ଗଲୁ ଓ ତା'ପରେ ଟ୍ରେନ୍ ଧରି ୱାଶିଂଟନ୍ ଡି.ସି. ଯିବାପାଇଁ ପ୍ରସ୍ତୁତ ଥିବା ପ୍ଲେନ୍ ପାଖରେ ପହଞ୍ଚିଲୁ। ରାସ୍ତାର ଡିରେକ୍ସନ୍ ଦେଖି, ଜିନିଷ ବୁହାଇ ଆମେ ପ୍ରାୟ ଦୌଡ଼ି ଦୌଡ଼ି ଯାଉଥିଲୁ। ଭାଗ୍ୟବଶତଃ ଜଣେ ଇଟାଲିଆନ୍ ଯୁବକଙ୍କ ସହ ପ୍ଲେନ୍‌ରେ କିଛି ପରିଚୟ ହୋଇଥିଲା। ସେ ମ୍ୟାରିଲାଣ୍ଡର ଜନ୍‌ସ ହପ୍‌କିନ୍‌ସ ମେଡ଼ିକାଲ ସ୍କୁଲ୍‌ର ଛାତ୍ର ଓ ଆମ ପ୍ଲେନ୍‌ରେ ମ୍ୟାରିଲାଣ୍ଡ୍ ଫେରୁଥିଲେ। ମାଡ୍ରିଡ୍ ଏୟାର୍‌ପୋର୍ଟକୁ ସେ ଭଲ ଭାବରେ ଜାଣିଥିଲେ ଏବଂ ଆମକୁ ବହୁତ ସାହାଯ୍ୟ କଲେ। ମୋ ହାତରୁ ସେ କ୍ୟାରିଅନ୍ ବ୍ୟାଗ୍‌ଟି ନେଇ ତାଙ୍କୁ ଫଲୋ କରିବାକୁ କହିଲେ। ଆମେ ଆଉ କିଛି ଡିରେକ୍ସନ୍ ନଦେଖି କେବଳ ତାଙ୍କୁ ଅନୁସରଣ କରି ଏକଦମ୍ ଶେଷ ମୁହୂର୍ତ୍ତରେ ପ୍ଲେନ୍‌ରେ ଚଢ଼ିଲୁ। ଆମେ ପ୍ଲେନ୍ ଭିତରକୁ ଗଲାମାତ୍ରେ ପ୍ଲେନ୍‌ର ଡୋର୍ ବନ୍ଦ ହେଲା ଓ ଆମ ପ୍ଲେନ୍ ୱାଶିଂଟନ୍ ଅଭିମୁଖେ ଉଡ଼ିଲା।

ପୁଣି ଥରେ ଇଟାଲୀ ଫେରିବା ଆଶାରେ ଏ ଟ୍ରିପ୍‌ରେ ମଧ୍ୟ ମୁଁ କିଛି କଏନ୍ ଟ୍ରେଭି ଫାଉଣ୍ଟେନ୍‌ରେ ପକାଇ ଫେରିଛି।

ପର୍ତ୍ତୁଗାଲ୍ ଓ ସ୍ପେନ୍‌ରେ କିଛି ଦିନ

ମୁଁ ଆଗରୁ କହିଛି ଯେ ଆମେରିକାରେ ଆସି ରହିଲା ପରେ ପ୍ରତି ଦୁଇ ବର୍ଷରେ ଥରେ ଆମେ ଭାରତ ଯାଉ ଏବଂ ଯିବାଆସିବା ବାଟରେ ଏସିଆ, ଇଉରୋପ ବା ମିଡ୍‌ଲ-ଇଷ୍ଟ୍‌ର କୌଣସି ସ୍ଥାନରେ ରହି ବୁଲାବୁଲି କରୁ। ସେଇ ଭାବରେ ସ୍ପେନ୍‌ର ବାର୍ସେଲୋନା ଥରେ ଓ ମାଡ୍ରିଡ୍ ଦୁଇ ଥର ଯାଇଥିଲୁ। ସେଠାର ଭ୍ରମଣ ଆମକୁ ବହୁତ ଭଲ ଲାଗିଥିବାରୁ ୨୦୧୫ ମସିହାରେ ଆମେ ପୁଣି ଥରେ ସ୍ପେନ୍ ଯିବା ପାଇଁ ସ୍ଥିର କଲୁ। ଏଥର ଆମେ ପର୍ତ୍ତୁଗାଲ୍‌ର ରାଜଧାନୀ ଲିସ୍‌ବନ୍ ମଧ୍ୟ ଯିବା ପାଇଁ ଠିକ୍ କଲୁ। ଆମେ ପର୍ତ୍ତୁଗାଲ୍ ଆଗରୁ କେବେ ଯାଇନଥିଲୁ। ଏଇଟା ଥିଲା ପର୍ତ୍ତୁଗାଲ୍‌କୁ ଆମର ପ୍ରଥମ ଯାତ୍ରା।

ପର୍ତ୍ତୁଗାଲ୍ ଓ ସ୍ପେନ୍ ପଶ୍ଚିମ ଇଉରୋପ୍‌ର ଦୁଇଟି ପଡ଼ୋଶୀ ଦେଶ। ଏ ଦୁଇ ଦେଶର ପ୍ରାକୃତିକ ପରିବେଶ ଓ ଜଳବାୟୁ ପ୍ରାୟ ସମାନ। ଦୁଇଟିଯାକ ଦେଶ ଆଇବେରିଆନ୍ ଉପଦ୍ୱୀପର ଏକ ଅଂଶ। ଏହି ଉପଦ୍ୱୀପଟି ପାର୍ବତ୍ୟ ଅଞ୍ଚଳରେ ପରିପୂର୍ଣ୍ଣ। ତେଣୁ ଗ୍ରୀଷ୍ମ କାଳରେ ଓ ଶରତ ଋତୁରେ ଏହି ଅଞ୍ଚଳର ତାପମାତ୍ରା ଆରାମଦାୟକ। ସେପ୍ଟେମ୍ବର୍ ମାସରେ ଉଭୟ ପର୍ତ୍ତୁଗାଲ୍ ଓ ସ୍ପେନ୍‌ର ଜଳବାୟୁ ସାଧାରଣତଃ ଖୁବ୍ ଭଲ ଥାଏ। ଗ୍ରୀଷ୍ମ ଛୁଟି ପରେ ଇଉରୋପ ଓ ଆମେରିକାର ସ୍କୁଲଗୁଡ଼ିକ ଅଗଷ୍ଟ ଶେଷ ବା ସେପ୍ଟେମ୍ବର୍ ମାସରେ ଖୋଲେ। ତେଣୁ ଯେଉଁ ପରିବାରରେ ସ୍କୁଲ ଯିବା ପିଲା ଥାଆନ୍ତି ସେମାନେ ସେଇ ସମୟରେ ପ୍ରାୟ ଟ୍ରାଭଲ୍ କରନ୍ତି ନାହିଁ। ସେଇ କାରଣରୁ ଟୁରିଷ୍ଟ୍ ଏରିଆଗୁଡ଼ିକରେ ଗହଳି ବେଶୀ ନଥାଏ। ବିମାନ ଟିକଟର ଏବଂ ହୋଟେଲ୍‌ଗୁଡ଼ିକର ରେଟ୍‌ରେ ମଧ୍ୟ କିଛି ପରିମାଣରେ ରିହାତି ମିଳେ। ଆମ ପରି ଅବସରପ୍ରାପ୍ତ ଲୋକଙ୍କ ପାଇଁ ଏହା ଏକ ସୁଯୋଗ। ୨୦୧୫ ଜୁଲାଇ ମାସରେ ଆମେ ସ୍ଥିର କଲୁ ଯେ ସେପ୍ଟେମ୍ବର୍ ୧ରୁ ୧୬ ଏଇ ଦୁଇ ସପ୍ତାହ ପାଇଁ ଆମେ ପର୍ତ୍ତୁଗାଲ୍ ଓ ସ୍ପେନ୍ ବୁଲିବାକୁ

ଯିବୁ। ଏଇ ଦୁଇ ସପ୍ତାହରେ ଆମର ପ୍ଲାନ୍ ଥିଲା ପର୍ତ୍ତୁଗାଲ୍‌ରେ କେବଳ ଲିସ୍‌ବନ୍ ଓ ସ୍ପେନ୍‌ରେ ମାଡ୍ରିଡ୍, ଗ୍ରାନାଡ଼ା ଓ ସେଭିଲ୍ ସହର ବୁଲି ଦେଖିବା ପାଇଁ।

ସ୍ଥାନଗୁଡ଼ିକୁ ସ୍ଥିର କରିସାରିଲା ପରେ ଆମେ ଇଣ୍ଟର୍ନେଟ୍‌ରେ ଖୋଜିଲୁ କେଉଁ ହୋଟେଲ୍‌ରେ ରହିଲେ ଆମକୁ ବୁଲାବୁଲି କରିବା ପାଇଁ ସୁବିଧା ହେବ। ସହର ଭିତରେ ହୋଟେଲ୍‌ର ଅବସ୍ଥିତି ଓ ସେଠାରୁ ଦର୍ଶନୀୟ ସ୍ଥାନଗୁଡ଼ିକର ସଂଯୋଗ ଓ ସୁବିଧା ଦେଖି ଆମକୁ ହୋଟେଲ୍ ଠିକ୍ କରିବାକୁ ପଡ଼ିଲା। ଉଭୟ ପର୍ତ୍ତୁଗାଲ୍ ଓ ସ୍ପେନ୍‌ର ଗ୍ରାମାଞ୍ଚଳ ରମଣୀୟ ହୋଇଥିବାରୁ ଆମେ ଅଧିକାଂଶ ଭାଗ ବସ୍ ଓ ଟ୍ରେନ୍‌ରେ ଯିବାପାଇଁ ଠିକ୍ କଲୁ। ମୋର ସ୍ୱାମୀ ସେଭିଲ୍‌ରୁ ଗ୍ରାନାଡ଼ା ବସ୍‌ରେ ଯିବାପାଇଁ ଆଗ୍ରହୀ ଥିଲେ, କାରଣ ସେଠାରେ ରାସ୍ତାର ଦୁଇକଡ଼ର ଦୃଶ୍ୟ ଅତୀବ ମନୋହର। କିନ୍ତୁ ଏତେ ବାଟ, ପୁଣି ପାହାଡ଼ିଆ ରାସ୍ତା, ତେଣୁ ବସ୍‌ରେ ଯିବାପାଇଁ ମୋର ଆଦୌ ଇଚ୍ଛା ନଥିଲା। ପିଲାଦିନେ ଭାରତରେ ବସ୍‌ଯାତ୍ରା କିପରି କଷ୍ଟ ଦାୟକ ଥିଲା, ବିଶେଷକରି ପାହାଡ଼ିଆ ରାସ୍ତାରେ, ସେକଥା ଏବେ ବି ମୁଁ ଭୁଲିପାରିନି। କିନ୍ତୁ ମୁଁ କ'ଣ ଜାଣିଥିଲି ସ୍ପେନ୍‌ର ବସ୍‌ଗୁଡ଼ିକ ଏତେ ଆରାମଦାୟକ ଏବଂ ସେ ଦେଶର ରାସ୍ତା, ଏପରିକି ପାହାଡ଼ିଆ ରାସ୍ତା ମଧ୍ୟ ଏତେ ସୁନ୍ଦର ଭାବରେ ତିଆରି ହୋଇଛି ବୋଲି ?

ଗୋଟିଏ ଦୃଷ୍ଟିରୁ ଦେଖିଲେ ପର୍ତ୍ତୁଗାଲ୍ ଏକ ସାଗରପ୍ରେମୀ ଦେଶ। ସେ ଦେଶର ଦକ୍ଷିଣ ଓ ପଶ୍ଚିମ ଦିଗକୁ ଆଟ୍ଲାଣ୍ଟିକ୍ ମହାସାଗର ଘେରି ରହିଛି। ସେଠାର ବିସ୍ତିର୍ଣ୍ଣ ବେଳାଭୂମି ଦୁଃସାହସୀ ନାବିକମାନଙ୍କୁ ଗଢ଼ିତୋଳିବାର ଉପଯୁକ୍ତ ବାତାବରଣ ଯୋଗାଉଥିଲା। ପର୍ତ୍ତୁଗୀଜ୍‌ମାନେ ସମୁଦ୍ରକୁ ବହୁତ ଭଲ ପାଆନ୍ତି ଓ ସେମାନେ ବିଶ୍ୱାସ କରନ୍ତି ଯେ ସତେ ଯେମିତି ସମୁଦ୍ରର ଜୀବନ ଅଛି। ପଞ୍ଚଦଶ ଶତାବ୍ଦୀରେ ନାବିକ ପ୍ରିନ୍ସ ହେନ୍‌ରିଙ୍କ ନେତୃତ୍ୱରେ ପର୍ତ୍ତୁଗୀଜ୍‌ମାନେ ଜାହାଜରେ ଯାଇ ଆଫ୍ରିକା, ଏସିଆ, କାନାଡ଼ା ଏବଂ ଦକ୍ଷିଣ ଆମେରିକା ପର୍ଯ୍ୟନ୍ତ ପହଞ୍ଚି ପାରିଥିଲେ। ପ୍ରିନ୍ସ ହେନ୍‌ରିଙ୍କୁ ନାବିକ କୁହାଯାଉଥିଲା କାରଣ ସେ ନିଜେ କେବଳ ଯେ ସମୁଦ୍ରରେ ଯାତାୟାତ କରୁଥିଲେ ତା' ନୁହେଁ, ସେ ସମୁଦ୍ରରେ ଯାଇ ଅନ୍ୟ ଦେଶ ଆବିଷ୍କାର କରିବାପାଇଁ ମଧ୍ୟ ଉତ୍ସାହିତ କରୁଥିଲେ। ପର୍ତ୍ତୁଗାଲର ବିଖ୍ୟାତ ନାବିକ ଭାସ୍କୋଡ଼ାଗାମା ୧୪୯୮ ମସିହା ମେ ମାସରେ ୧୭୦ ଜଣ ନାବିକଙ୍କୁ ଧରି କେରଳର ମାଲ୍‌ବାର ଉପକୂଳରେ ପହଞ୍ଚିଥିଲେ। ପର୍ତ୍ତୁଗୀଜ୍ ବଣିକମାନେ ମସଲା ଓ ବସ୍ତ୍ର ନେଇ ବେପାର କରିବା ପାଇଁ ଭାରତ ପର୍ଯ୍ୟନ୍ତ ଏକ ସାମୁଦ୍ରିକ ପଥ ସୃଷ୍ଟି କରିଥିଲେ। ଭାରତରୁ ମସଲା ଓ ବସ୍ତ୍ର କିଣି ନେଇ ସେମାନେ ଇଉରୋପରେ ବିକୁଥିଲେ। ସମୟକ୍ରମେ ୧୫୧୦ ମସିହାରେ ସେମାନେ ଗୋଆରେ କଲୋନୀ ବସାଇଥିଲେ। ସେଥିପାଇଁ ଗୋଆରେ ଭାରତୀୟ ଓ ପର୍ତ୍ତୁଗୀଜ୍ ସଂସ୍କୃତି ଓ

ଆର୍କିଟେକ୍‌ଚର୍‌ର ସମ୍ମିଶ୍ରଣ ଏବେ ବି ଦେଖିବାକୁ ମିଳେ। ଗୋଆରେ କଫି ଚାଷ କରିବା ସହ ସୁନ୍ଦର ଚର୍ଚ୍ଚ୍ ଓ ଇଉରୋପୀୟ ଢାଞ୍ଚାର ଘର ସବୁ ତିଆରି କରି ରହିଲେ। ଏଠାରେ ଉଲ୍ଲେଖ କରିବା ପ୍ରାସଙ୍ଗିକ ହେବ ଯେ ଗୋଆରେ ଥିବା ଚର୍ଚ୍ଚ୍ ବାସିଲିକା ଅଫ ବମ୍ ଜିସସ୍ ଭାରତର ଓ ପୃଥିବୀର ପ୍ରସିଦ୍ଧ ପୁରାତନ ଚର୍ଚ୍ଚମାନଙ୍କ ମଧ୍ୟରୁ ଗୋଟିଏ ବୋଲି ଗଣାଯାଏ। ଏହି କ୍ୟାଥୋଲିକ୍ ଚର୍ଚ୍ଚଟି ୧୬୦୫ ମସିହାରେ ସମ୍ପୂର୍ଣ୍ଣ ହୋଇଥିଲା।

ଲିସ୍‌ବନ୍: ପର୍ତ୍ତୁଗାଲ୍‌ର ରାଜଧାନୀ

ସେପ୍ଟେମ୍ବର ୧, ୨୦୧୫। ସେଦିନ ଅପରାହ୍ଣ ପ୍ରାୟ ଗୋଟାଏ ତିରିଶରେ ଆମେ ଘରୁ ବାହାରି ପଖାପାଖି ଅଢ଼େଇଟା ବେଳେ ୱାଶିଂଟନ୍ ଡି.ସି.ର ଡଲେସ୍ ଏୟାର୍‌ପୋର୍ଟରେ ପହଞ୍ଚିଲୁ। ଚେକ୍-ଇନ୍ ପରେ ବୋର୍ଡିଙ୍ଗ୍ ପାଇଁ ଅପେକ୍ଷା କଲୁ। ସୁଇସ୍ ଏୟାର୍ ଚଳାଉଥିବା ୟୁନାଇଟେଡ଼ ଏୟାର୍‌ଲାଇନ୍‌ସ୍‌ର ଫ୍ଲାଇଟ୍ ଧରିଲୁ ସନ୍ଧ୍ୟା ୫ଟା ୪୦ ମିନିଟ୍‌ରେ। ଏଇ ଫ୍ଲାଇଟ୍ ସିଧା ଲିସ୍‌ବନ୍‌କୁ ଯାଉନଥିଲା। ଆମେ ପ୍ରଥମେ ଜେନିଭା ଗଲୁ ଏବଂ ଜେନିଭାରୁ ଅନ୍ୟ ଗୋଟିଏ ଫ୍ଲାଇଟ୍ ଧରି ଲିସ୍‌ବନ୍‌ରେ ପହଞ୍ଚିଲୁ। ୱାଶିଂଟନ୍‌ରୁ ଜେନିଭା ଥିଲା ଆଠ ଘଣ୍ଟାର ଫ୍ଲାଇଟ୍।

ଦୁଇ ସେପ୍ଟେମ୍ବର, ବୁଧବାର। ଜେନିଭା ଇଣ୍ଟରନ୍ୟାସନାଲ୍ ଏୟାର୍‌ପୋର୍ଟରେ ଓହ୍ଲେଇବା ବେଳକୁ ସ୍ଥାନୀୟ ସମୟ ହୋଇଥିଲା ସକାଳ ସାତଟା ତିରିଶ। ହାତରେ ଆମର ସାଢ଼େ ତିନି ଘଣ୍ଟା ସମୟ ଥିଲା। ବହୁତ ସମୟ। ଏୟାର୍‌ପୋର୍ଟରେ ଗୋଟିଏ କାଫେରେ ବସି ଆରାମରେ ବ୍ରେକ୍‌ଫାଷ୍ଟ କଲୁ। ସକାଳ ଏଗାରଟା ଦଶରେ ଆମେ ଲିସ୍‌ବନ୍ ଯିବା ପାଇଁ ସୁଇସ୍ ଇଣ୍ଟରନ୍ୟାସନାଲ୍ ଫ୍ଲାଇଟ୍ ଧରିଲୁ। ସେଇଟା ଥିଲା ପ୍ରାୟ ଅଢେଇ ଘଣ୍ଟାର ଫ୍ଲାଇଟ୍। ଲିସ୍‌ବନ୍ ଏୟାର୍‌ପୋର୍ଟରେ ପହଞ୍ଚିବା ବେଳକୁ ସ୍ଥାନୀୟ ସମୟ ହୋଇଥିଲା ୨ଟା ୪୫ ମିନିଟ୍। ଲିସ୍‌ବନ୍ ସମୟ ଜେନିଭା ସମୟଠାରୁ ଘଣ୍ଟାଏ ପଛରେ। ଏୟାର୍‌ପୋର୍ଟରେ ଇମିଗ୍ରେସନ୍ ଓ କଷ୍ଟମ୍‌ସ କାମ ଶୀଘ୍ର ସରିଗଲା। ରାଜଧାନୀର ଏୟାର୍‌ପୋର୍ଟ ଭାବରେ ଲିସ୍‌ବନ୍ ଏୟାର୍‌ପୋର୍ଟ ଏତେ ଆକର୍ଷଣୀୟ ଲାଗିଲା ନାହିଁ। ଲଗେଜ୍ ଧରି ଏୟାର୍‌ପୋର୍ଟରୁ ବାହାରିଆସି ଦେଖିଲୁ ଅନେକଗୁଡ଼ିଏ ବସ୍ ଧାଡ଼ିକରି ଠିଆ ହୋଇଛନ୍ତି। ଗୋଟିଏ ବସ୍‌ର ଡ୍ରାଇଭରଙ୍କୁ ହୋଟେଲ୍ ଠିକଣା ଦେଖାଇ ପଚାରିବାରୁ ସେ କହିଲେ ତାଙ୍କ ବସ୍ ପଛରେ ଥିବା ବସ୍‌ଟି ଆମ ହୋଟେଲ୍ କଡ଼ଦେଇ ଯିବ। ବସ୍‌ରେ ଯିବା ସୁବିଧା ଥିବାରୁ ଆମେ ସେଇ ବସ୍ ଧରି ହୋଟେଲ୍‌କୁ ଗଲୁ। ଜଣକା ସାଢ଼େ ତିନି ଇଉରୋ ଭଡ଼ା ଦେଇ ଆମେ ସୁବିଧାରେ ହୋଟେଲ୍ ଏଚ୍‌ଏଫ୍ ଫିନିକ୍ସ ଅର୍ବାନ୍‌ରେ ସାଢ଼େ ତିନିଟା ବେଳେ ପହଞ୍ଚିଲୁ।

ପର୍ତ୍ତୁଗାଲ୍ ଗୋଟିଏ ସୁନ୍ଦର ଦେଶ। ଏଠାର ବେଳାଭୂମି ଅତି ମନୋହର। ଏମିତିରେ ଆମକୁ ବେଳାଭୂମି ଖୁବ୍ ଭଲ ଲାଗେ। କିନ୍ତୁ ଐତିହାସିକ ସ୍ଥାନ ଦେଖିବା ପାଇଁ ଆମ ଭିତରେ ଏକ ଦୁର୍ବଳତା ରହିଛି। ପର୍ତ୍ତୁଗାଲ୍‌ରେ ଆମେ କେବଳ ଲିସ୍‌ବନ୍ ଦେଖିବା ପାଇଁ ପ୍ଲାନ୍ କରିଥିଲୁ କାରଣ ଐତିହାସିକ ଓ ଅଳଙ୍କାରିକ ଆର୍କିଟେକ୍‌ଚର୍ ପାଇଁ ଲିସ୍‌ବନ୍ ପ୍ରସିଦ୍ଧ। ଇଉରୋପର ଚଳଚଞ୍ଚଳ ଓ ଆକର୍ଷଣୀୟ ସହର ଭିତରୁ ଲିସ୍‌ବନ୍ ଗୋଟିଏ। ଏହି ସହରରେ ଉଭୟ ପାରମ୍ପରିକ ଓ ଆଧୁନିକ ଆର୍କିଟେକ୍‌ଚରର କୁଶଳତା ଦେଖିବାକୁ ମିଳିଥାଏ।

ସେଦିନ ଅପରାହ୍ନର ପାଗ ଅତ୍ୟନ୍ତ ଭଲ ଥିଲା। ଲମ୍ବା ଯାତ୍ରାର କ୍ଲାନ୍ତି ସତ୍ତ୍ୱେ ହୋଟେଲ୍ ରୁମ୍‌ରେ ବସି ରହିବାକୁ ଇଚ୍ଛା ହେଲା ନାହିଁ। ବାହାରେ ବୁଲି କିଛି ଦେଖିବାକୁ ଚାହିଁଲୁ। ତେଣୁ ଚେକ୍-ଇନ୍ କରି ଗାଧୁଆ ସାରି ଫ୍ରେସ୍ ହେଲା ପରେ ଆମେ ବାହାରି ପଡ଼ିଲୁ। ହୋଟେଲ୍‌ରୁ ବାହାରିଆସି ଦେଖିଲୁ ପାଖରେ ଥିବା ଘରଗୁଡ଼ିକର କାନ୍ଥବାଡ଼ରେ ସୁନ୍ଦର ଗ୍ରାଫିଟିର ପରିବେଶ। ସେଇ ପାଖରେ କେତେଗୁଡ଼ିଏ ରେସ୍ତୋରାଁ ଓ କାଫେ ଥିଲା। ଭୋକ ବିଶେଷ ନଥିଲା। ତେଣୁ ଅଳ୍ପ କିଛି ଖାଇନେବା ପାଇଁ ଆମେ ଗୋଟିଏ କାଫେରେ ପଶିଲୁ। ଗ୍ରିଲ୍‌ଡ଼ ଚିଜ୍ ସାଣ୍ଡ୍‌ଉଇଚ୍ ଆଉ କଫି ମଗାଇଲୁ। ମୁଁ ମନେ ମନେ ଭାବିଥିଲି ଗ୍ରିଲ୍‌ଡ଼ ଚିଜ୍ ସାଣ୍ଡ୍‌ଉଇଚ୍ ଗରମ ଥିବ, ଦୁଇଟି ବ୍ରେଡ୍ ମଝିରେ ଚିଜ୍ ରଖାଯାଇ ବଟର ଦେଇ ଚିଜ୍ ତରଳିବା ପର୍ଯ୍ୟନ୍ତ ବ୍ରେଡ୍ ସେକାଯାଇଥିବ ଓ ତା' ସାଙ୍ଗରେ ଫ୍ରେଞ୍ଚ୍ ଫ୍ରାଇଜ୍ ବା ପଟାଟୋ ଚିପ୍ସ ଏବଂ ଭିନେଗାରରେ ଗୋଳା କାକୁଡ଼ି ଖଣ୍ଡେ ଥିବ। କିନ୍ତୁ ପରିଚାରିକା ଯେତେବେଳେ ଶୁଖିଲା ବ୍ରେଡ୍ ମଝିରେ ଚିଜ୍ ରଖି ସାଣ୍ଡ୍‌ଉଇଚ୍ ଆଣି ଆମ ଆଗରେ ଥୋଇଦେଲେ ମତେ ଆଶ୍ଚର୍ଯ୍ୟ ଲାଗିଲା। ବ୍ରେଡ୍ ପ୍ରକୃତରେ ଏକଦମ୍ ଶୁଖିଲା ଥିଲା। ମତେ ଆଦୌ ଭଲ ଲାଗିଲା ନାହିଁ। ପରେ ଜାଣିଲି ଲିସ୍‌ବନ୍‌ରେ ଗରମ ଗ୍ରିଲ୍‌ଡ଼ ଚିଜ୍ ସାଣ୍ଡ୍‌ଉଇଚ୍ ପରଷା ଯାଏନାହିଁ। ସେଠି ଯେଉଁ କଫି ଦେଲେ ତାହା ମଧ୍ୟ ମତେ ବହୁତ କଡ଼ା ଲାଗିଲା। ପିଇ ପାରିଲି ନାହିଁ। ସେ ଯାହା ହେଉ ସେ କାଫେରୁ ବାହାରିଆସି ଉଦ୍ଦେଶ୍ୟବିହୀନ ଭାବରେ ବୁଲୁଥିବାବେଳେ ପାଖରେ ଗୋଟିଏ ପାର୍କ୍ ଦେଖି ତା' ଭିତରେ ପଶିଲୁ। ପାର୍କଟି ଉନବିଂଶ ଶତାବ୍ଦୀରେ ତିଆରି ହୋଇଥିଲା। ସେତେବେଳେ ତା'ର ନାଁ ଦିଆଯାଇଥିଲା ଲିବର୍ଟି ପାର୍କ। ୧୯୦୩ ମସିହାରେ ବ୍ରିଟେନ୍ ଓ ପର୍ତ୍ତୁଗାଲ୍ ମଧ୍ୟରେ ଥିବା ଐତିହାସିକ ସମ୍ପର୍କକୁ ଦୃଢ଼ କରିବା ପାଇଁ ବ୍ରିଟେନ୍‌ର ରାଜା ଏଡ଼ୱାର୍ଡ଼-୭ଙ୍କର ପର୍ତ୍ତୁଗାଲ୍ ଗସ୍ତକୁ ସମ୍ମାନ ଦେଖାଇ ଏହି ପାର୍କର ନାଁ ପରିବର୍ତ୍ତନ କରାଗଲା। ଏହାକୁ କୁହାଗଲା ଏଡ଼ୱାର୍ଡ଼-୭ ପାର୍କ।

ପାର୍କରେ ପହଞ୍ଚି ଦେଖିଲୁ ଏହି ସୁନ୍ଦର ପାର୍କଟିକୁ ତିନି ଭାଗରେ ବିଭକ୍ତ

କରାଯାଇଛି। ମଧ୍ୟଭାଗରେ ଘାସର ଗାଲିଚା, ଗାଲିଚାର ଚାରି କଡ଼ରେ ଜ୍ୟାମିତିକ ଆକାରର ସବୁଜ ବୁଦାର ବାଡ଼, ଏହାର ଦୁଇ ପାଖରେ ଦୁଇଟି ବଗିଚା ଏପରି ଭାବରେ ପରିକଳ୍ପନା କରି କରାଯାଇଛି ଯେ ଲାଗୁଛି ସତେ ଯେମିତି ପ୍ରକୃତି ନିଜେ ଏହା କରିଛି। ପାର୍କର ଉତ୍ତରପୂର୍ବ କୋଣରେ ଗୋଟିଏ ଛୋଟ ସୁନ୍ଦର ବଗିଚା, ସେଇ ବଗିଚା ଭିତରେ ବିଖ୍ୟାତ ଶିଳ୍ପୀଙ୍କ ଦ୍ୱାରା ଗଢ଼ା ଅନେକଗୁଡ଼ିଏ ପ୍ରତିମୂର୍ତ୍ତି ରହିଛି। ପାର୍କର ପଶ୍ଚିମ ପଟରେ ଗୋଟିଏ ପୋଖରୀ, ପୋଖରୀରେ ଅନେକ ପ୍ରକାର ମାଛ। ଏହା ବ୍ୟତୀତ ସେଠାରେ ଗୋଟିଏ ଦେଖିବା ଭଳି ଗ୍ରୀନ୍ ହାଉସ୍ ଅଛି। ସମଗ୍ର ପାର୍କରେ ଅନେକଗୁଡ଼ିଏ ବିଭିନ୍ନ ପ୍ରକାର ସୁନ୍ଦର ଗଛ ଓ ବିଭିନ୍ନ ଆକାରରେ କଟା ହୋଇଥିବା ବୁଦାସବୁ ରହିଛି। ପାର୍କ ଭିତରେ ଥିବା ଚଲାପଥ ବେଶ୍ ଚୌଡ଼ା ଏବଂ ଅତି ସୁନ୍ଦର ଭାବରେ ମୋଜାଇକ୍‌ରେ ତିଆରି କରାଯାଇଛି। ଚଲାପଥର ଉଭୟ କଡ଼ରେ ଥିବା ଗଛଗୁଡ଼ିକୁ ସୁନ୍ଦର ଭାବରେ କଟାଯାଇଛି। ପାର୍କଟି ଗୋଟିଏ ପାହାଡ଼ିଆ ଅଞ୍ଚଳରେ ତିଆରି ହୋଇଛି। ଆମେ ଚାଲିଚାଲି ତୀଖ ଉପରକୁ ଯାଇ ପହଞ୍ଚି ଦେଖିଲୁ ଗୋଟିଏ ସ୍ମାରକୀ, ଚାରିଟି ଖୁମ୍ବ ଏହାକୁ ଘେରି ରହିଛି; ତା' ଛଡ଼ା ବଡ଼ ପଥର ଆକାରର ଗୋଟିଏ ଫୁଆରା ଅଛି ଏବଂ କିଛି ଭଙ୍ଗା ଖୁମ୍ବ ମଧ୍ୟ ଅଛି। ଶୀର୍ଷରେ ଠିଆହୋଇ ଦକ୍ଷିଣକୁ ଚାହିଁଲେ ଟ୍ୟାଗସ୍ ନଦୀର ପୃଷ୍ଠଦେଶରେ ସହରର ସମ୍ପୂର୍ଣ୍ଣ ଦୃଶ୍ୟ ଏବଂ ଦୂରରେ ସମୁଦ୍ର ଦେଖା ଯାଉଥିଲା। ସେ ସମୟରେ ତାପମାତ୍ରା ଥିଲା ପ୍ରାୟ ୨୬ ସେଲ୍‌ସିଅସ୍, ତଥାପି ଏତେ ଦୂରରୁ ଆସିଥିବାରୁ ଜେଟ୍ ଲାଗ ତ ଥିଲା, ପାହାଚ ଚଢ଼ା ଆମକୁ କ୍ଳାନ୍ତ କରିଦେଲା। ଅଳ୍ପ ଦୂରରେ ଗୋଟିଏ ବର୍ଗର୍ କିଙ୍ଗ୍ ଦେଖି ସେଠାରେ ଯାଇ କିଛି ସ୍ନାକ୍ ଖାଇଲୁ ଓ କଫି ପିଇଲୁ। ଏଆର୍‌କଣ୍ଡିସନ୍‌ଡ୍ ରୁମ୍‌ରେ ବସି ଟିକେ ଆରାମ କଲାପରେ ହୋଟେଲ୍‌କୁ ଫେରିଆସି ବିଶ୍ରାମ କଲୁ।

ସନ୍ଧ୍ୟାରେ ଖାଣ୍ଟି ପର୍ତ୍ତୁଗୀଜ୍ ଖାଦ୍ୟ ଖାଇବାପାଇଁ ଇଚ୍ଛାକରି ହୋଟେଲ୍ କର୍ମଚାରୀଙ୍କୁ ଗୋଟିଏ ଭଲ ରେସ୍ତୋରାଁ ନାଁ କହିବାକୁ ଅନୁରୋଧ କରିବାରୁ ସେମାନେ ସେଇ ପାଖରେ ଥିବା କାରୋଲିନା ରେସ୍ତୋରାଁର ନାଁ କହିଲେ। ଆମେ ସେଠିକୁ ଚାଲି ଚାଲି ଗଲୁ। ପ୍ରାୟ ୭/୮ ମିନିଟ୍ ଲାଗିଲା। ପହଞ୍ଚି ଦେଖିଲୁ ଗୋଟିଏ ସୁନ୍ଦର ଘର। ବାହାରୁ ଗୋଟିଏ ସୁନ୍ଦର ଘରର ଭ୍ରମ ସୃଷ୍ଟି କରୁଥିଲେ ମଧ୍ୟ ଭିତର ସାଜସଜ୍ଜା ଓ ପରିବେଶ୍ ଖୁବ୍ ଭଲ ଲାଗିଲା। ଭିତରକୁ ଯାଇ ଏତେ ବଡ଼ ରେସ୍ତୋରାଁ ଓ ସେଠି ଏତେ ଲୋକ ଭର୍ତ୍ତି ହୋଇଛନ୍ତି ଦେଖି ଭାବିଲୁ ଯେ ଏଇଟା ଗୋଟିଏ ଲୋକପ୍ରିୟ ରେସ୍ତୋରାଁ ନିଶ୍ଚୟ। ଓ୍ୱେଟ୍ରେସ୍ ଆମକୁ ରେଷ୍ଟୁରାଣ୍ଟ୍ ମଝିରେ ଥିବା ଏକ ଛୋଟ ଟେବୁଲ୍‌ରେ ନେଇ ବସାଇଲେ। ଟେବୁଲ୍ ମଝିରେ ଗୋଟିଏ ଛୋଟ ଫୁଲଦାନୀରେ କେତେଗୁଡ଼ିଏ ଫ୍ରେସ୍

ଫୁଲ ସଜାହୋଇ ରଖା ହୋଇଥିଲା। ମେନୁରେ ଦେଖିଲି ଅନେକ ପ୍ରକାର ଖାଦ୍ୟ ପରଷା ହେଉଛି। ୱାସିଂଟନ୍ ଡି.ସି.ରେ ଆମେ କେତେଥର ପର୍ତ୍ତୁଗୀଜ୍ ଖାଦ୍ୟ ଖାଇଛୁ। କିନ୍ତୁ ଏଠି କ'ଣ ମଗେଇବୁ ଭାବିବାକୁ ପଡିଲା। ଯେଉଁ ନାଁଗୁଡ଼ିକ ଆଗରୁ ପଢ଼ିଥିଲୁ ବା ଶୁଣିଥିଲୁ ସେସବୁ ନାଁ ଏଇ ମେନୁରେ ନଥିଲା। କିନ୍ତୁ ଏତିକି ଜାଣିଥିଲୁ ଯେ ପର୍ତ୍ତୁଗୀଜ୍‌ମାନେ ଭଲ ମାଛ ରାନ୍ଧନ୍ତି। ମେନୁ ଦେଖି ଆମେ ଯେଉଁ ନାଁ ଭଲ ଲାଗିଲା ସେଇ ଅନୁସାରେ ମଗାଇଲୁ। ଆପେଟାଇଜର୍‌ରେ କେତେ ପ୍ରକାର ଚିଜ୍ ଆଉ କିଛି ପ୍ରକାର ବ୍ରେଡ଼ ମଗାଇଲୁ। ମେନ୍ କୋର୍ସ୍‌ରେ ଦୁଇ ପ୍ରକାର ମାଛ– ସି ବାସ୍ ଏବଂ ସାଲମନ୍, ତା'ଛଡ଼ା ବ୍ରୋକୋଲି ଓ ଆଳୁ ମଗାଇଲୁ। ଯେତିକି ପରିମାଣର ଖାଦ୍ୟ ପରଷା ହେବ ବୋଲି ଭାବିଥିଲୁ ପ୍ରକୃତରେ ତାଠାରୁ ଅଧିକ ପରିମାଣ ପରଷା ହୋଇଥିଲା। ସେଥିରେ ପେଟ ପୂରିଯିବାରୁ ଆଉ ଡିଜର୍ଟ ମଗାଇଲୁ ନାହିଁ। ଡିନର୍ ଆମକୁ ଖୁବ୍ ଭଲ ଲାଗିଲା। ବିଲ୍ ଆସିଲା ୪୬ ଇଉରୋ। ଆମକୁ ଲାଗିଲା ବେଶ୍ ଶସ୍ତା ପରି। ପେଟ ଭରି ଖାଇଲା ପରେ ହୋଟେଲ୍‌କୁ ଫେରିଲୁ। ପରଦିନ ଆମେ କିଛି ସ୍ମାରକୀ ବୁଲି ଦେଖିବାକୁ ଇଚ୍ଛାକରି ହୋଟେଲ୍ ଲବିରେ ଥିବା କର୍ମଚାରୀଙ୍କ ସହ ପରାମର୍ଶ କଲୁ। ତାଙ୍କ କଥା ଅନୁସାରେ ଆମେ ତାଙ୍କଠାରୁ ବସ୍‌ରେ ବୁଲି ସ୍ମାରକୀ ଦେଖିବା ପାଇଁ ଜଣକା ୧୯ ଇଉରୋ ଦେଇ ଟିକେଟ୍ କିଣିଲୁ। ଏହି ଟିକେଟ୍ ଦେଖାଇ ଯେକୌଣସି ବସ୍‌ରେ ଚଢ଼ିହେବ ଓ ଗନ୍ତବ୍ୟ ସ୍ଥଳରେ ଓହ୍ଲାଇ ହେବ। ସାରା ଦିନ ଯେତେ ବସ୍‌ରେ ଓ ଯେତେ ଥର ଚଢ଼ାଓହ୍ଲା କଲେ ମଧ୍ୟ ଟିକେଟ୍ କାଏମ ରହିବ। ବସ୍‌ରେ ଯିବା ଛଡ଼ା ଏହି ଟିକେଟ୍‌ରେ କୌଣସି ଗୋଟିଏ ଅଟୋରିକ୍ସାରେ ଥରେ ମାତ୍ର ଚଢ଼ିବାର ସୁବିଧା ଥିଲା।

ପରଦିନ ସକାଳେ ହୋଟେଲ୍‌ରେ ଜଳଖିଆ ଖାଇସାରିବା ପରେ ହୋଟେଲ୍ ରିସେପ୍ସନିଷ୍ଟ୍‌ଙ୍କଠାରୁ ସିଟି ମ୍ୟାପ୍ ଆଣି, ତାକୁ ଭଲ ଭାବରେ ଦେଖି, ଲିସବନ୍‌ରେ ଥିବା ଦର୍ଶନୀୟ ସ୍ଥାନସବୁ ଯଥା ଜେରୋନିମସ୍ ମଠ, ବେଲେମ୍ ଟାୱାର୍ ଏବଂ ଆବିଷ୍କାରର ସ୍ମାରକୀ ଦେଖିବାପାଇଁ ସ୍ଥିର କଲୁ। ହୋଟେଲ୍‌ରୁ ବସ୍ ଟର୍ମିନାଲ ମାତ୍ର ପାଞ୍ଚ ମିନିଟ୍‌ର ବାଟ। ସେଠାରୁ ପ୍ରାୟ ସକାଳ ୯ଟାବେଳେ ରେଡ୍‌ଲାଇନ୍ ବସ୍‌ରେ ଯାଇ ସହରର ଷ୍ଟପ୍-୫ରେ ଓହ୍ଲାଇଲୁ। ଏହା ସମୁଦ୍ର କୂଳରେ। ସ୍ଥାନଟି ମନକୁ ପାଇଲା ପରି। ଦେଖିଲୁ, ସମୁଦ୍ର ତଟ ବେଶ୍ ଲମ୍ବା, କଡ଼ରେ ଗୁଡ଼ିଏ ରେସ୍ତୋରାଁ, କାଫେ ଓ ବାର୍ ରହିଛି। ଆମେ ପହଞ୍ଚିବା ବେଳେ ଗହଳି ନଥିବାରୁ ପରିବେଶ ଖୁବ୍ ନୀରବ ଓ ଶାନ୍ତ ଥିଲା। ଆମେ କିଛି ସମୟ ପାଇଁ ସମୁଦ୍ରକୂଳର ଶାନ୍ତ ପରିବେଶରେ ବୁଲାବୁଲି କଲୁ। ଧୀରେ ଧୀରେ ଲୋକସଂଖ୍ୟା ବଢ଼ିଲା, ରେସ୍ତୋରାଁ ଓ କାଫେ ଗୁଡ଼ିକ ଖୋଲିଗଲା।

ସାଇକେଲ ଚଢ଼ାଳି, ପାଦରେ ଚାଲିବା ଲୋକମାନଙ୍କ ସଂଖ୍ୟା ବଢ଼ିଲା। ଜଗିଙ୍ଗ୍ କରିବା ପାଇଁ ବହୁତ ଲୋକ ଆସିଗଲେ। ଲୋକ ଗହଳି ହୋଇଗଲା ପରେ ଆମେ ଜେରୋନିମସ୍ ମଠ ଯିବାକୁ ସ୍ଥିର କଲୁ। ବସ୍ ଷ୍ଟପ-୫କୁ ଫେରିଆସି ରେଡ୍‌ଲାଇନ୍ ବସ୍ ଧରି ମଠକୁ ଗଲୁ।

ଟ୍ୟାଗସ୍ ନଦୀ କୂଳରେ ଏକ ବିସ୍ତୀର୍ଣ୍ଣ ଇଲାକାରେ ରହିଛି ଜେରୋନିମସ୍ ମଠଟି। ଏହାର ମୂଳ ନାଁ ଥିଲା ସାନ୍ତା ମରିଆ ବେଲେମ୍ ଚର୍ଚ୍ଚ। ପ୍ରଥମେ ଏହା ଗୋଟିଏ ଚର୍ଚ୍ଚ୍ ଥିଲା। ଚର୍ଚ୍ଚର ଖ୍ରିଷ୍ଟମାନେ ସମୁଦ୍ର ନାବିକ ଓ ଯାତ୍ରୀମାନଙ୍କର ସେବା କରୁଥିଲେ ଓ ସେମାନଙ୍କୁ ସାହାଯ୍ୟ କରୁଥିଲେ। କୁହାଯାଏ, ଭାସ୍କୋଡ଼ାଗାମା ୧୭୦ ଜଣ ନାବିକଙ୍କୁ ଧରି ୧୪୯୭ ମସିହାରେ ପ୍ରଥମ ଭାରତ ଯାତ୍ରା କରିବାର ପୂର୍ବ ରାତ୍ରିଟି ଏହି ଚର୍ଚ୍ଚ୍‌ରେ କଟାଇଥିଲେ ଏବଂ ଯାତ୍ରାର ସଫଳତା ପାଇଁ ପ୍ରାର୍ଥନା କରିଥିଲେ। ୧୫୦୦ ଖ୍ରୀଷ୍ଟାବ୍ଦ ପ୍ରାରମ୍ଭରେ ଏହାକୁ ଏକ ମଠରେ ରୂପାନ୍ତରିତ କରାଗଲା ଏବଂ ଏଇ ରୂପାନ୍ତରିତ କାମ ଶେଷ ହେବା ପାଇଁ ପ୍ରାୟ ୧୦୦ ବର୍ଷ ଲାଗିଯାଇଥିଲା।

ଭାସ୍କୋଡ଼ାଗାମା ପ୍ରଥମ ଭାରତ ଯାତ୍ରା ସମାପ୍ତ କରି ଫେରି ଆସିଥିବାରୁ ସେହି ସଫଳତାର ସ୍ମୃତିରକ୍ଷା ପାଇଁ ପର୍ତ୍ତୁଗାଲ୍‌ର ତତ୍କାଳୀନ ଆର୍କିଟେକ୍ଟ ଦିଏଗୋ ଦେ ବୋଇତାକା ଏହି ଅନନ୍ୟ ପ୍ରାସାଦଟି ଡିଜାଇନ୍ କରିଥିଲେ। କିନ୍ତୁ ମଠ ତିଆରି ଚାଲିଥିବାବେଳେ ଭାସ୍କୋଡ଼ାଗାମା ୧୫୨୦ ମସିହାରେ ଭାରତରେ ବେମାର ପଡ଼ି ମୃତ୍ୟୁବରଣ କଲେ। ତାଙ୍କ ମୃତଶରୀର ଅଣାଯାଇ ଏଇ ଚର୍ଚ୍ଚ୍‌ରେ ତାଙ୍କୁ ସମାଧି ଦିଆଯାଇଥିଲା। ମଠଟି କେବଳ ଯେ ଆକାରରେ ବା ସ୍ଥାପତ୍ୟକଳା ଦୃଷ୍ଟିରୁ ଗୁରୁତ୍ୱ ବହନ କରେ ତା' ନୁହେଁ, ଏହାର କାରୁକାର୍ଯ୍ୟ ଓ ସୌନ୍ଦର୍ଯ୍ୟ ମଧ୍ୟ ଅନନ୍ୟ। ବର୍ତ୍ତମାନ ଲିସ୍‌ବନ୍‌ର ଏହା ଏକ ପ୍ରମୁଖ ପର୍ଯ୍ୟଟନ କେନ୍ଦ୍ର। ଆମେ ଯିବାବେଳକୁ ପର୍ଯ୍ୟଟକମାନଙ୍କୁ ମଠର କେବଳ ଏକ କ୍ଷୁଦ୍ର ଅଂଶ ଓ ଭାସ୍କୋଡ଼ାଗାମାଙ୍କ ସମାଧି ଦେଖିବା ପାଇଁ ଅନୁମତି ମିଳୁଥିଲା। ପୂରା ମଠ ଭିତର ବୁଲି ଦେଖିବା ମନା ଥିଲା। ସେଠାରେ ପ୍ରାୟ ଘଣ୍ଟାଏ ବିତାଇ ଆମେ ନିକଟରେ ଥିବା ବେଲେମ୍ ଟାୱାର୍ ଦେଖିବାକୁ ପ୍ରାୟ ୧୦/୧୨ ମିନିଟ୍‌ର ବାଟ ଚାଲିକରି ଗଲୁ। ଏହି ଟାୱାର୍‌ଟି ଲିସ୍‌ବନ୍‌ର ସମ୍ଭ୍ରାନ୍ତ ଓ ମର୍ଯ୍ୟାଦାପୂର୍ଣ୍ଣ ଐତିହ୍ୟ ଭିତରୁ ଗୋଟିଏ। ଲିସ୍‌ବନ୍ ସହରକୁ ଶତ୍ରୁ କବଳରୁ ରକ୍ଷା କରିବା ପାଇଁ ଟ୍ୟାଗସ୍ ନଦୀରେ ୧୫୧୪ରୁ ୧୫୨୦ ମଧ୍ୟରେ ଏହାକୁ ନିର୍ମାଣ କରାଯାଇଥିଲା। ଏହି ସ୍ଥାନରୁ ଅଜଣା ଦେଶକୁ ଆବିଷ୍କାର କରିବାକୁ ଯାଉଥିବା ଦୁଃସାହସୀମାନେ ଜାହାଜରେ ଚଢୁଥିଲେ ଏବଂ ଓହ୍ଲାଉଥିଲେ। ଭାସ୍କୋଡ଼ାଗାମା ଏହି ଟାୱାର୍‌ରୁ ନୂତନ ପୃଥିବୀ ଆବିଷ୍କାର କରିବାକୁ ଯାତ୍ରା ଆରମ୍ଭ କରି ଭାରତକୁ ଏକ ସମୁଦ୍ରପଥ ପାଇବାରେ

ସଫଳ ହୋଇଥିଲେ। ନୂତନ ପୃଥିବୀ (ଆମେରିକା)କୁ ଆବିଷ୍କାର କରି ଫେରିବା ପଥରେ ଏହି ଟାୱାର୍‌ରେ ବସି ଇଟାଲୀର ଖ୍ରୀଷ୍ଟୋଫର୍ କଲମ୍ବସ୍ କଫି ପିଇଥିଲେ ବୋଲି ଶୁଣାଯାଏ। ଏହି ସ୍ମାରକୀଟି ସୂଚାଇଦିଏ ଯେ, ବିଗତ ବର୍ଷଗୁଡ଼ିକରେ ପର୍ତ୍ତୁଗାଲ୍ ନିଃସନ୍ଦେହରେ ଅଗ୍ରଗାମୀ ସାଗରପ୍ରେମୀ ଦେଶମାନଙ୍କ ମଧ୍ୟରୁ ଗୋଟିଏ ଥିଲା। ସେହି ଦିନଗୁଡ଼ିକ ହଜିଗଲାଣି। ବର୍ତ୍ତମାନ ଏ ଦେଶ ପର୍ଯ୍ୟଟକମାନଙ୍କର ଏକ ପ୍ରିୟ ସ୍ଥଳ।

ବେଲେମ୍ ଟାୱାର୍ ଉପରୁ ସୂର୍ଯ୍ୟାସ୍ତ ଦୃଶ୍ୟ ଅତ୍ୟନ୍ତ ମନୋମୁଗ୍ଧକର। ତେଣୁ କେବଳ ପର୍ଯ୍ୟଟକ ନୁହନ୍ତି, ସ୍ଥାନୀୟ ବାସିନ୍ଦା ମଧ୍ୟ ସୂର୍ଯ୍ୟାସ୍ତ ଦେଖିବା ପାଇଁ ଏଠାରେ ଭିଡ଼ ଲଗାନ୍ତି। ଏହି ପାଞ୍ଚ ତାଲା ଟାୱାର୍‌ଟିର ସବା ଉପରେ ରହିଛି ଟେରାସ୍। ଏଲିଭେଟର୍ ସାହାଯ୍ୟରେ ଉପରକୁ ଯାଇ ଟେରାସ୍‌ରୁ ସୂର୍ଯ୍ୟାସ୍ତ ଦେଖିହେବ। ଦୁର୍ଗଟି ବେଶୀ ବଡ଼ ନୁହେଁ, ତେଣୁ ଥରକେ ୧୫୦ ଜଣ ଟାୱାର୍ ଉପରକୁ ଯାଇପାରିବେ ବୋଲି ନିୟମ ଅଛି। ଆମେ ଗଲାବେଳେ ଟେରାସ୍ ଉପରକୁ ଯିବାପାଇଁ ଏତେ ଲମ୍ବା ଲାଇନ୍ ଲାଗିଥିଲା ଯେ ଆମେ ଟାୱାର୍ ଉପରକୁ ଯିବାଲାଗି ଆଉ ଇଚ୍ଛା କଲୁନି। ତଳ ମହଲାକୁ ଯାଇ ସେଠାରେ ଥିବା ମସଲା ପ୍ରଦର୍ଶନୀ ଆମେ ଦେଖିବାକୁ ଗଲୁ। ପ୍ରାଚ୍ୟ ଓ ପାଶ୍ଚାତ୍ୟର ଅନେକ ପ୍ରକାର ମସଲା ସେଠାରେ ପ୍ରଦର୍ଶିତ ହୋଇଥିଲା। ତାକୁ ଦେଖି ମନେପଡ଼ିଲା ଯେ ପର୍ତ୍ତୁଗୀଜ୍‌ମାନେ ଗୋଆରେ ମସଲା ଚାଷ କରି ଇଉରୋପକୁ ରପ୍ତାନୀ କରୁଥିଲେ। ପ୍ରଦର୍ଶନୀରେ ଅନେକ ପ୍ରକାର ଭାରତୀୟ ମସଲା ଦେଖି ଖୁସି ଲାଗିଲା। ସେ ଭିତରୁ କେତେଗୁଡ଼ିଏ ଥିଲା ମୋର ଚିହ୍ନା ଓ କେତେଗୁଡ଼ିଏ ଅଜଣା। ସେଠି ଯେ ଖାଲି ମସଲା ପ୍ରଦର୍ଶିତ ହୋଇଥିଲା ତା' ନୁହେଁ, ମସଲା ସହ ମସଲା ଗଛର ଫଟୋ ମଧ୍ୟ ଥିଲା। ତେଣୁ, ଚିହ୍ନିବା ପାଇଁ ସୁବିଧା ହେଲା। ବେଲେମ୍ ଟାୱାର୍ ମେ ମାସରୁ ସେପ୍ଟେମ୍ବର୍ ମାସ ପର୍ଯ୍ୟନ୍ତ ସକାଳ ୧୦ଟାରୁ ସନ୍ଧ୍ୟା ୬.୩୦ ପର୍ଯ୍ୟନ୍ତ ଏବଂ ଅନ୍ୟ ଦିନଗୁଡ଼ିକରେ ସକାଳ ୧୦ଟାରୁ ସନ୍ଧ୍ୟା ୫.୩୦ ପର୍ଯ୍ୟନ୍ତ ଖୋଲା ରହେ। ଆମେ ଯିବା ସମୟରେ ସେଠି ଟିକେଟ୍‌ର ଦାମ୍ ଥିଲା ଜଣପିଛା ୯ ଇଉରୋ। ଚଉଦ ବର୍ଷରୁ କମ୍ ବୟସର ପିଲାଙ୍କ ପାଇଁ ଟିକେଟ୍ କିଣିବାକୁ ପଡୁନଥିଲା।

ଯେଉଁ ଅଞ୍ଚଳରେ ଜେରୋନିମସ୍ ମଠ, ବେଲେମ୍ ଟାୱାର୍ ଓ ଆବିଷ୍କାରର ସ୍ମାରକୀ ରହିଛି, ସେ ସମଗ୍ର ଅଞ୍ଚଳ ସୁନ୍ଦର ବଗିଚା ଓ ସବୁଜ ଘାସର ଲନ୍‌ରେ ପରିବେଷ୍ଟିତ। ବେଲେମ୍ ଟାୱାର୍ ଦେଖିସାରିଲା ପରେ ଆମେ ଆବିଷ୍କାରର ସ୍ମାରକୀ ଦେଖିବାକୁ ଗଲୁ। ଏହା ଜେରୋନିମସ୍ ମଠର ଅପର ପାର୍ଶ୍ୱରେ, ବେଲେମ୍ ଟାୱାର୍‌ଠାରୁ ଅଳ୍ପ କିଛି ଦୂରରେ ଅବସ୍ଥିତ। ପାଖରେ ଗୋଟିଏ ମାକ୍‌ଡୋନାଲଡ୍ ଆଉଟ୍‌ଲେଟ ଦେଖି ମୋ ମନ ଖୁସି ହୋଇଗଲା। ଏଠାରେ କହିରଖେ ଯେ, ଆମେରିକାରେ ମାକ୍‌ଡୋନାଲଡ୍

ଖାଇବା ଆମେ ଅନେକ ବର୍ଷ ହେଲା ଛାଡ଼ିଦେଲୁଣି; କିନ୍ତୁ ବାହାରକୁ ବୁଲିବାକୁ ଗଲେ ଓ ସେଠି ମାକ୍‌ଡୋନାଲଡ଼୍ କିମ୍ବା ଅନ୍ୟ କିଛି ଆମେରିକାନ୍ ଫାଷ୍ଟ୍ ଫୁଡ଼୍ ଦୋକାନ ଦେଖିଲେ ଯାଇ ଖାଇବାକୁ ଇଚ୍ଛା ହୁଏ। ମାକ୍‌ଡୋନାଲଡ଼୍ ଯାଇ ଆରାମରେ ବସି ସେଠି ଅଳ୍ପ କିଛି ଖାଇଲୁ ଓ କଫି ପିଇଲୁ।

ଆବିଷ୍କାରର ସ୍ମାରକୀର ଉଚ୍ଚତା ୫୫ ମିଟର। ଏହା ଦେଖିବାକୁ ଗୋଟିଏ ଜାହାଜ ପରି। ପର୍ତ୍ତୁଗୀଜ୍ ଆର୍କିଟେକ୍ଟ ହୋଜେ ଆଞ୍ଜେଲୋ କୋଟିନେଲି ଟେଲମୋ ଏହାର ପରିକଳ୍ପନା ଓ ଡିଜାଇନ୍ କରିଥିଲେ। ପର୍ତ୍ତୁଗୀଜ୍‌ମାନଙ୍କର ଆବିଷ୍କାରକୁ ସମ୍ମାନ ଦେବା ଉଦ୍ଦେଶ୍ୟରେ ୧୯୩୯ ମସିହାରେ ଟ୍ୟାଗସ୍ ନଦୀ କୂଳରେ ଏହା ନିର୍ମିତ ହୋଇଥିଲା। ଏହାର ଉଭୟ ପାର୍ଶ୍ୱରେ, ଆବିଷ୍କାରରେ ମୁଖ୍ୟ ଭୂମିକା ନେଇଥିବା ବ୍ୟକ୍ତିମାନଙ୍କର ଖୋଦେଇକରା ପ୍ରତିମୂର୍ତ୍ତି ଏବଂ ମଝିରେ ପର୍ତ୍ତୁଗାଲ୍‌ର ପ୍ରସିଦ୍ଧ ନାବିକ ପ୍ରିନ୍ସ ହେନ୍ରିଙ୍କର ପ୍ରତିମୂର୍ତ୍ତି ରହିଛି। କାରଣ ୧୫ଶ ଶତାବ୍ଦୀରେ ଇଉରୋପିଆନ୍‌ମାନେ ଯେଉଁସବୁ ସାମୁଦ୍ରିକ ଆବିଷ୍କାର କରିଥିଲେ ସେସବୁରେ ହେନ୍ରିଙ୍କ ଭୂମିକା ଥିଲା ଗୁରୁତ୍ୱପୂର୍ଣ୍ଣ। ଏହି ସ୍ମାରକୀଟି ପ୍ରତ୍ୟେକ ସୋମବାର ବନ୍ଦ ରହେ। ମାର୍ଚ୍ଚ ମାସରୁ ସେପ୍ଟେମ୍ବର୍ ପର୍ଯ୍ୟନ୍ତ ଏହା ସକାଳ ୧୦ଟାରୁ ସନ୍ଧ୍ୟା ୭ଟା ପର୍ଯ୍ୟନ୍ତ ଏବଂ ଅନ୍ୟ ସମୟରେ ସକାଳ ୧୦ଟାରୁ ସନ୍ଧ୍ୟା ୬ଟା ପର୍ଯ୍ୟନ୍ତ ଖୋଲା ରହେ। ଏଠି କିଛି ପ୍ରବେଶ ଦେୟ ନାହିଁ।

ହୋଟେଲ୍‌କୁ ଫେରିଆସି କିଛି ସମୟ ବିଶ୍ରାମ ନେଲାପରେ ପିଇବା ପାଣି ଓ କିଛି ଫଳ କିଣିବା ପାଇଁ ବାହାରିଲୁ। ହୋଟେଲ୍ କର୍ମଚାରୀଙ୍କୁ ପଚାରି ଜାଣିଲୁ ଯେ ପାଖରେ ପିଙ୍ଗୋ ଦୋସ୍ ନାମରେ ଗୋଟିଏ ଗ୍ରୋସରୀ ଷ୍ଟୋର ଅଛି। ଆମେ ସେଠାରେ ପହଞ୍ଚି ଦେଖିଲୁ ଦୋକାନଟି ବେଶ୍ ବଡ଼, ଖୁବ ପରିଷ୍କାର ଓ ସୁନ୍ଦର ଭାବରେ ସଜାହୋଇ ଜିନିଷସବୁ ରଖାଯାଇଛି। ଆମେ ସେଠୁ ଅଳ୍ପ କିଛି ଦରକାରୀ ଜିନିଷ କିଣିଲୁ। ସେଇ ଦୋକାନର ପେଷ୍ଟ୍ରି ସେକ୍ସନ୍ ଦେଇ ଗଲାବେଳେ ଦେଖିଲୁ କେତେ ପ୍ରକାର ନୂଆ ପେଷ୍ଟ୍ରି ସୁନ୍ଦର ଭାବରେ ସଜାହୋଇ ରଖାଯାଇଛି। ନୂଆ ଜିନିଷ ଦେଖି ଚାଖିବା ପାଇଁ ଦୁଇ ପ୍ରକାର ପେଷ୍ଟ୍ରି କିଣିଲୁ। ତା'ର ନାଁ ମୋର ମନେ ନାହିଁ। କିନ୍ତୁ ପେଷ୍ଟ୍ରିଗୁଡ଼ିକ ଖୁବ୍ ଭଲ ଲାଗିଲା। ସନ୍ଧ୍ୟାରେ ଡିନର୍ ପାଇଁ ପାଖରେ ଥିବା ଗୋଟିଏ ଭୋଜନାଳୟକୁ ଗଲୁ। ତା' ନାଁ କାବୋଶିଷ। ତା'ର ମ୍ୟାନେଜର ଜଣେ ବାଂଲାଦେଶୀ। ଗୁରୁବାର ଥିବାରୁ ମୁଁ ନିରାମିଷ ଖାଇବା ପାଇଁ ଚାହିଁଲି। ମେନୁ ଦେଖି ଫଲାଫଲ୍ ମଗାଇଲି। ଫଲାଫଲ୍ ମିଡ଼ିଲ୍‌ଇଷ୍ଟ୍‌ର ଗୋଟିଏ ପାରମ୍ପରିକ ଖାଦ୍ୟ। ବୁଟରେ ତିଆରି ବରାକୁ ପିଟା ବ୍ରେଡ଼୍ ସହ ପରଷାଯାଏ। ପିଟା ବ୍ରେଡ଼୍ ଆମ ରୁଟି ପରି, ଅଟା ବା ମଇଦାରେ ତିଆରି; କିନ୍ତୁ ରୁଟି ଅପେକ୍ଷା ଟିକେ ମୋଟା। ବେଳେବେଳେ ପିଟା ବ୍ରେଡ୍‌ରେ ପକେଟ ଥାଏ

ଏବଂ ସେଇ ପକେଟରେ ଏଇ ବେସନ ବରା ରଖି ତା' ଉପରେ ଚକା ଚକା ହୋଇ କଟାଯାଇଥିବା କାକୁଡ଼ି, ବିଲାତି ବାଇଗଣ ଓ ଲେଟସ୍ ରଖି ତା' ଉପରେ ବିଭିନ୍ନ ପ୍ରକାର ସସ୍‌ରେ ଗାର୍ନିସ୍ କରି ବଢ଼ାହୁଏ। ତା' ସାଙ୍ଗରେ ଫ୍ରେଞ୍ଚ୍ ଫ୍ରାଇଜ୍ ମଧ୍ୟ ବଢ଼ାହୁଏ। ତାଙ୍କ ପ୍ରିପେୟାରେସନ୍ ମତେ ଖୁବ୍ ଭଲ ଲାଗିଲା। ଡିନର୍ ପରେ ହୋଟେଲ୍‌କୁ ଫେରି ପରଦିନ ପାଇଁ ଦୁଇଟି ବସ୍ ଟିକେଟ୍ କିଣି ରୁମ୍‌କୁ ଫେରିଲୁ ବିଶ୍ରାମ ନେବା ପାଇଁ।

ସେପ୍ଟେମ୍ବର ୪, ୨୦୧୫। ସକାଳ ଜଳଖିଆ ଖାଇସାରି ସେଣ୍ଟ୍ ଜର୍ଜ୍ ଦୁର୍ଗ (St. Gorge Castle) ଦେଖିବା ଉଦ୍ଦେଶ୍ୟରେ ଆମେ ବସ୍ ଟର୍ମିନାଲକୁ ଗଲୁ। ରେଡ୍ ଲାଇନ୍ ବସ୍ ଧରି ଷ୍ଟପ୍-୫ ପର୍ଯ୍ୟନ୍ତ ଯାଇ ସେଠାରୁ ଗୋଟିଏ ଟୁକ୍‌ଟୁକ୍ (ଅଟୋରିକ୍ସା ପରି) ଧରି ଦୁର୍ଗ ପର୍ଯ୍ୟନ୍ତ ଗଲୁ। ପର୍ତ୍ତୁଗୀଜ୍ ଭାଷାରେ ଏହି ଦୁର୍ଗର ନାଁ କାଷ୍ଟେଲୋ ଦେ ସାଓ ଜର୍ଜ୍। ଦୁର୍ଗଟି ଲିସ୍‌ବନ୍‌ର ସବୁଠାରୁ ଉଚ୍ଚ ପାହାଡ଼ ଉପରେ, ଆଲ୍‌ଫାମା ଗାଁରେ ଅବସ୍ଥିତ। କୌଣସି ଯାନକୁ ଏହା ପାଖକୁ ଯିବା ପାଇଁ ଦିଆଯାଏ ନାହିଁ। ଟୁକ୍‌ଟୁକ୍ ଷ୍ଟାଣ୍ଡରେ ଓହ୍ଲାଇ ଆମେ ଦୁର୍ଗ ପର୍ଯ୍ୟନ୍ତ ଚାଲିଚାଲି ଗଲୁ। ଗାଁ ଦାଣ୍ଡ ପରି ସରୁ ରାସ୍ତାରେ ଯିବାକୁ ପଡ଼ିଲା। ଉଠାଣି ରାସ୍ତାରେ ଚାଲିଚାଲି ଯିବାବେଳେ ମୁଁ ଲକ୍ଷ୍ୟ କଲି ଅନେକଗୁଡ଼ିଏ ଘରର ବାହାର ପାଖ କାନ୍ଥରେ ସୁନ୍ଦର ସେରାମିକ୍ ଟାଇଲ୍ ଖଞ୍ଜା ହୋଇଛି। ଚର୍ଚ୍ଚ ଓ କ୍ୟାଥେଡ୍ରାଲ୍‌ମାନଙ୍କର ବାହାର ପାଖ କାନ୍ଥଗୁଡ଼ିକରେ ଟାଇଲ୍ ଖଞ୍ଜା ହୋଇଥିବାର ମୁଁ ଆଗରୁ ଦେଖିଥିଲି। ହୋଟେଲ୍ ଓ ଘର ଭିତର କାନ୍ଥରେ ବି ଟାଇଲ୍ ଖଞ୍ଜା ହେବା ପ୍ରାୟ ସାଧାରଣ କଥା ହୋଇଗଲାଣି। କିନ୍ତୁ ଘରର ବାହାର ପାଖ କାନ୍ଥରେ ଟାଇଲ୍ ଖଞ୍ଜା ହେବା ଏଠାରେ ମୁଁ ପ୍ରଥମ ଥର ପାଇଁ ଦେଖିଲି। ଟାଇଲଗୁଡ଼ିକ ବିଭିନ୍ନ ରଙ୍ଗର ଓ ବିଭିନ୍ନ ଡିଜାଇନ୍‌ର। ଖୁବ ସୁନ୍ଦର ଭାବରେ ଖଞ୍ଜା ହୋଇଥିବାରୁ ବହୁତ ଭଲ ଦେଖାଯାଉଥିଲା। ଦୁର୍ଗ ଦ୍ୱାର ପାଖରେ ପହଞ୍ଚି ଦେଖିଲୁ ସ୍ଥାନଟି ଲୋକାରଣ୍ୟ, ଅନେକଗୁଡ଼ିଏ ଦୋକାନ- ବଜାର ଓ ଖାଇବା ଜାଗାରେ ଭର୍ତ୍ତି।

ଭିଜିଗଥ୍‌ମାନେ ଥିଲେ ଜର୍ମାନ ଟ୍ରାଇବ୍‌ର ଲୋକ। ସେମାନେ ପର୍ତ୍ତୁଗାଲ୍‌କୁ ପଞ୍ଚମ ଶତାବ୍ଦୀରେ ଶାସନ କରୁଥିଲେ। ସେଇ ସମୟରେ ଦୁର୍ଗଟି ପ୍ରଥମେ ଛୋଟ ଆକାରରେ ନିର୍ମାଣ କରାହୋଇଥିଲା। ୭୧୧ ଖ୍ରୀଷ୍ଟାବ୍ଦରେ ମୁର୍‌ମାନେ ଭିଜିଗଥ୍‌ମାନଙ୍କୁ ହରାଇ ଏହି ଦୁର୍ଗକୁ ଦଖଲ କରିବାପରେ ଏଥିରେ ଅନେକ ପରିବର୍ତ୍ତନ କଲେ ଏବଂ ଏହାର ଆକାର ମଧ୍ୟ ବଢ଼ାଇଲେ। ୧୧୪୭ ମସିହାରେ ପର୍ତ୍ତୁଗାଲ୍‌ର ପ୍ରଥମ ରାଜା ଆଫୋନ୍‌ସୋ ହେନ୍‌ରିକେ ମୁରମାନଙ୍କୁ ପରାସ୍ତ କରି ଏହି ଦୁର୍ଗଟି ଅଧିକାର କଲେ। ମୁର୍‌ମାନେ ଥିଲେ ଯବନ। ସେମାନେ ଆଇବେରିଆନ୍ ଉପଦ୍ୱୀପ, ପଶ୍ଚିମ ଆଫ୍ରିକା, ଆଲ୍‌ଜେରିଆ, ଲିବିଆ, ମରକ୍‌କୋ ଓ ଟ୍ୟୁନିସିଆ ପରି

ଅଞ୍ଚଳର ବାସିନ୍ଦା । ସେମାନେ ପର୍ତ୍ତୁଗାଲ୍ ଓ ସ୍ପେନ୍‌ର ଆଣ୍ଡାଲୁଚିଆ ଅଞ୍ଚଳକୁ ଶାସନ କରୁଥିଲେ । ଆର୍କିଟେକ୍ଟର, ସୁନ୍ଦର ବଗିଚା, ବିସ୍ତୃତ ଜ୍ୟାମିତିକ କଳାର ଚିତ୍ର ଏବଂ ଚିତ୍ତାକର୍ଷକ ଟାଇଲ୍ ପାଇଁ ସେମାନେ ପରିଚିତ ଥିଲେ । ୧୨୫୫ ମସିହାରେ ଯେତେବେଳେ ଲିସ୍‌ବନ୍‌କୁ ଦେଶର ରାଜଧାନୀ ଭାବରେ ଘୋଷଣା କରାଗଲା, ଏହି ଦୁର୍ଗ ରାଜପ୍ରାସାଦ ଭାବରେ ବ୍ୟବହୃତ ହେଲା । ପରବର୍ତ୍ତୀ ସମୟରେ ଏହି ଦୁର୍ଗ ଅନେକ ଥର ପରିବର୍ତ୍ତିତ ଓ ପରିବର୍ଦ୍ଧିତ ହୋଇଛି । ୧୬ଶ ଶତାବ୍ଦୀରେ ଏହି ଦୁର୍ଗ ଐଶ୍ୱର୍ଯ୍ୟର ଚରମ ସୀମାରେ ପହଞ୍ଚିଥିଲା । କିନ୍ତୁ ବର୍ତ୍ତମାନ ସେଠାରେ ଭଗ୍ନାବଶେଷ ହିଁ କେବଳ ଦେଖିବାକୁ ମିଳେ । ଏଗାରଟି ସୁରକ୍ଷିତ ସ୍ତମ୍ଭ, ଗୋଟିଏ ପ୍ରତ୍ନତାତ୍ତ୍ୱିକ ମ୍ୟୁଜିଅମ୍ ଓ ବାହାରପଟ କାନ୍ଥ ବ୍ୟତୀତ ଅନ୍ୟ କିଛି ନାହିଁ ।

ଟିକେଟ୍ କିଣି ଦୁର୍ଗ ଭିତରେ ପଶିଲା ପରେ ପ୍ରଥମେ ଆମେ ଗୋଟିଏ ବଡ଼ ଟେରାସ୍ ଉପରକୁ ଗଲୁ । ଦୁର୍ଗକୁ ଘେରି ରହିଥିବା ସହରର ଦୃଶ୍ୟ ଟେରାସ୍ ଉପରୁ ଚମତ୍କାର ଦେଖା ଯାଉଥିଲା । ସହରଟି ଅନେକଗୁଡ଼ିଏ ଉଚ୍ଚନୀଚ ପାହାଡ଼ରେ ଗଢ଼ି ଉଠିଥିବାରୁ, ପାହାଡ଼ ଉପରେ ଥିବା ଘରଗୁଡ଼ିକର ଉଚ୍ଚତା ମଧ୍ୟ ବିଭିନ୍ନ ସ୍ତରର । ଏଇ ବିଭିନ୍ନ ସ୍ତରରେ ଥିବା ଘରର ଛାତଗୁଡ଼ିକ ଭିନ୍ନ ଭିନ୍ନ ରଙ୍ଗରେ ଚିତ୍ରିତ କରାଯାଇଥିବାରୁ ବହୁତ ସୁନ୍ଦର ଦେଖା ଯାଉଥିଲା; ଯେମିତି ସେଥିରେ ଜୀବନ ଥିଲା ପରି ଲାଗୁଥିଲା । ସେଇ ଟେରାସ୍ ଉପରେ ଅନେକ ସମୟ ରହି ବିଭିନ୍ନ ଦିଗରୁ ଆମେ ସହରର ସୌନ୍ଦର୍ଯ୍ୟକୁ ଉପଭୋଗ କଲୁ । ପ୍ରକୃତରେ ଦେଖିବାକୁ ଗଲେ ସେଇ ଦୃଶ୍ୟ ଛଡ଼ା ସେଠାରେ ଆଉ କିଛି ଅଧିକ ଦେଖିବାକୁ ନଥିଲା । ଭଗ୍ନାବଶେଷ ବି ଯାହା ଦେଖିଲୁ ସେମିତି କିଛି ଭଲ ଲାଗିଲାନି । ଦୁର୍ଗର ଚାରିଆଡ଼େ ଆମେ ବୁଲି ଦେଖିଲୁ । ଭିନ୍ନ ଭିନ୍ନ ଉଚ୍ଚତାରେ ଥିବା ଭଗ୍ନାବଶେଷ ଦେଖିବା ପାଇଁ ଆମକୁ ଅନେକଗୁଡ଼ିଏ ପାହାଚ ଚଢ଼ିବାକୁ ଏବଂ ଓହ୍ଲାଇବାକୁ ପଡ଼ିଲା । ଏହା ବିପଦପୂର୍ଣ୍ଣ ଥିଲା, କାରଣ ଅଧିକାଂଶ ପାହାଚରେ ହ୍ୟାଣ୍ଡ୍ ରେଲିଂ ନଥିଲା । ଏମିତି ଚାଲୁଚାଲୁ ଗୋଟିଏ ଜାଗାରେ ଅନେକ ଲୋକ ଏକ ଲମ୍ବା ଲାଇନ୍‌ରେ ଠିଆ ହୋଇଥିବାର ଦେଖିଲୁ । ପାଖକୁ ଯାଇ ବୁଝିଲୁ, ସେଠାରେ ଗୋଟିଏ ବଡ଼ ଟିଭି ପରଦାରେ ଦୁର୍ଗର ଇତିହାସ ବିଷୟରେ ଫିଲ୍ମ ଦେଖାଉଥିଲେ । ଏତେ ଲମ୍ବା ଧାଡ଼ି ଦେଖି ଆମେ ଆଉ ତା' ଭିତରକୁ ଯିବାପାଇଁ ଚାହିଁଲୁନି । ଆମେ ଆଗରୁ ଶୁଣିଥିଲୁ ଯେ ଅନେକ ସମୟରେ ଦୁର୍ଗ ଭିତରେ କିଛି ବଣୁଆ ଜନ୍ତୁ ଦେଖିବାକୁ ମିଳନ୍ତି । ସତକୁ ସତ ଆମେ ସେଇ ଭିତରେ ବୁଲୁଥିବା ବେଳେ କେତେଗୁଡ଼ିଏ ମୟୂର ଦେଖିଲୁ । ଦୁର୍ଗ ଭିତରେ ଆଉ ଯାହା ଆଖିରେ ପଡ଼ିଲା, ତା ହେଉଛି ଅନେକଗୁଡ଼ିଏ ପୁରୁଣା ତୋପର ପ୍ରଦର୍ଶନୀ । ଦୁର୍ଗର ତଳ ମହଲାରେ ଗୋଟିଏ ମ୍ୟୁଜିଅମ୍ ଥିଲା ।

ମ୍ୟୁଜିଅମ୍‌ରେ ପୁରାତନ ଦୁର୍ଗର କିଛି ଭଗ୍ନାବଶେଷ, କେତେ ପ୍ରକାରର ଅସ୍ତ୍ରଶସ୍ତ୍ର, କାମ କରିବାର ଯନ୍ତ୍ରପାତି, ଗହଣା ଓ ପୋରସିଲିନ୍ କିଛି ପାତ୍ର ଦେଖିଲୁ । ଦୁର୍ଗଟି ସର୍ବସାଧାରଣଙ୍କ ପାଇଁ ମାର୍ଚ୍ଚରୁ ଅକ୍ଟୋବର୍ ପର୍ଯ୍ୟନ୍ତ ସକାଳ ୯ଟାରୁ ରାତି ୯ଟା ଯାଏ ଖୋଲା ରହେ ଓ ନଭେମ୍ବର୍‌ରୁ ଫେବୃଆରୀ ପର୍ଯ୍ୟନ୍ତ ଦୁର୍ଗ ଖୋଲା ରହିବାର ସମୟ ହେଉଛି ସକାଳ ୯ଟାରୁ ସନ୍ଧ୍ୟା ୬ଟା । ଆମେ ଯେତେବେଳେ ଯାଇଥିଲୁ ଏଣ୍ଟ୍ରାନ୍ସ ଫି ଥିଲା ଜଣକୁ ୫ ଇଉରୋ । ୧୦ ବର୍ଷରୁ କମ୍ ପିଲାମାନଙ୍କ ପାଇଁ ଫ୍ରି ।

ଦୁର୍ଗ ଭିତରେ ପ୍ରାୟ ଦୁଇ ଘଣ୍ଟା ବୁଲାବୁଲି କରିବା ପରେ ଆମେ ଆଲ୍‌ଫାମା ଗାଁ ଭିତରକୁ ଗଲୁ । ସେଇ ଗାଁଟି ମଧ୍ୟ ଉଚ୍ଚାନୀଚା ପାହାଡ଼ ଉପରେ ଅବସ୍ଥିତ । ରାସ୍ତାଗୁଡ଼ିକ ଖୁବ୍ ଗଳିକନ୍ଦି । ସେଠାରେ ଯେତେଗୁଡ଼ିଏ ଘର ଦେଖିଲୁ ସବୁଗୁଡ଼ିକରେ ପ୍ରାୟ ଲୁହାର ବାଲକୋନୀ ଥିଲା ଆଉ ସବୁ ବାଲକୋନୀରେ ବିଭିନ୍ନ ପ୍ରକାର ଫୁଲ ଓ ଲତା ମାଡ଼ିଥିଲା । ଗଳିରାସ୍ତାଗୁଡ଼ିକ ଥିଲା ଲୋକାରଣ୍ୟ । ଚାଲୁଚାଲୁ ଗୋଟିଏ ଜାଗାରେ ଦେଖିଲୁ ଗୋଟିଏ ଛୋଟ ପାହାଡ଼ ଉପରେ ଲେଖାଅଛି- ମିରାଦୁରୁ ପୋର୍‌ତାସ୍ ଦୋ ସୋଲ୍, ଲିସବୋଆ । ପଚାରି ବୁଝିଲୁ, ତା'ର ମାନେ- ଦେଖିବାର ସ୍ଥାନ । ଲିସ୍‌ବନ୍ ସହରକୁ ପର୍ତ୍ତୁଗୀଜ୍ ଭାଷାରେ ଲିସ୍‌ବୋଆ କହନ୍ତି । ଆକାଶ ସଫା ଥିବାରୁ, ସେଇ ଉଚ୍ଚ ଜାଗାରୁ ଲିସ୍‌ବନ୍ ସହରଟି ବହୁତ ଭଲ ଭାବରେ ଓ ବହୁତ ଦୂର ପର୍ଯ୍ୟନ୍ତ ଦେଖାଯାଉଥିଲା । କିଛି ସମୟ ଠିଆ ହୋଇ ସହରଟିକୁ ଦେଖିବା ପରେ ପୁଣି ଚାଲିଲୁ । ଚଲା ରାସ୍ତାର ଦୁଇ କଡ଼ଯାକ ଦୋକାନବଜାର ଓ କାଫେରେ ଭର୍ତ୍ତି । ସବୁଠାରେ ପର୍ଯ୍ୟଟକମାନଙ୍କର ଭିଡ଼ । ଏତେ ଦୋକାନବଜାର ଥିବାରୁ ସ୍ଥାନୀୟ ଲୋକମାନେ ମଧ୍ୟ ଆସି ସେଠାରେ ସପିଙ୍ଗ୍ କରନ୍ତି । ଆମେ ମଧ୍ୟ କିଛି ଜିନିଷ କିଣିଲୁ । ସପିଙ୍ଗ୍ କଲାବେଳେ ଲକ୍ଷ୍ୟ କଲି ପ୍ରତ୍ୟେକ ଦୋକାନରେ ଯେତେସବୁ ଜିନିଷ ରଖାହୋଇଛି, ପ୍ରାୟ ସବୁଥିରେ ଗୋଟିଏ କୁକୁଡ଼ା ଗଞ୍ଜାର ସୁନ୍ଦର ଚିତ୍ର ରହିଛି । ସିଏ ଡିନର୍ ପ୍ଲେଟ ବା ଚା କପ୍ ହେଉ, ନାପ୍‌କିନ ହେଉ ବା ଟେବୁଲ୍ କ୍ଲଥ- ସବୁଥିରେ ଗୋଟିଏ ଗଞ୍ଜାର ଚିତ୍ର । ପଚାରି ବୁଝିଲୁ, ଗଞ୍ଜାକୁ ସେମାନେ କହନ୍ତି ଗାଲ୍ ଦା ବାରସେଲସ୍ । ଏହା ପର୍ତ୍ତୁଗାଲ୍‌ର ସାଧାରଣ ପ୍ରତୀକ ଯାହାକି ସାଧୁତା, ନ୍ୟାୟ ଓ ସଚ୍ଚୋଟତାର ସଂକେତ । ପର୍ତ୍ତୁଗୀଜ୍‌ମାନେ ବିଶ୍ୱାସ କରନ୍ତି ଯେ ସେଇ ଚିତ୍ର ଘରେ ଥିଲେ ଘର ଲୋକମାନଙ୍କର ମଙ୍ଗଳ ହୁଏ । ଏହି ଚିତ୍ର ଥିବା ଜିନିଷ ମୁଁ ମଧ୍ୟ କିଛି କିଣିଲି । ଆଲ୍‌ଫାମା ଗାଁରେ କିଛି ସମୟ ବିତାଇ ଆମେ ସହରକୁ ଫେରିଆସିଲୁ ।

ଆସିବା ରାସ୍ତାରେ ଗୋଟିଏ ଦୋକାନରୁ ଏମ୍‌ବ୍ରୋଏଡରି କରାଯାଇଥିବା ଟେବୁଲ୍ କ୍ଲଥ୍ ସେଟ୍ ଗୋଟିଏ କିଣିଲି । ମତେ ଖାଇବା ଟେବୁଲ୍‌ରେ ହାତରେ

ଏମ୍ବ୍ରୋଏଡରି କରାଯାଇଥିବା ଟେବୁଲ୍ କ୍ଲଥ୍ ପକାଇବା ପାଇଁ ଭଲ ଲାଗେ। ତେଣୁ ମୁଁ ଅନ୍ୟ ଦେଶକୁ ଗଲେ ବିଭିନ୍ନ ପ୍ରକାର ଟେବୁଲ୍ କ୍ଲଥ କିଣିବାକୁ ଇଚ୍ଛା କରେ। କିଣିଲାବେଳେ ମୁଁ ବିକ୍ରି କରୁଥିବା ମହିଳାଙ୍କୁ ସହରକୁ ଫେରିବା ରାସ୍ତା ପଚାରିଲି। ପରିଷ୍କାର ଇଂରାଜୀରେ ସେ କହିଲେ ଠିକ୍ ନଦୀ କୂଳେକୂଳେ ଯାଅ। ତାଙ୍କ କଥା ଅନୁସାରେ ନଦୀ କୂଳେକୂଳେ ଆସି ଆମେ ଖୁବ ସହଜରେ ସହରରେ ପହଞ୍ଚିଗଲୁ। ଫେରିବା ସମୟରେ ଆମକୁ ଭୀଷଣ ଭୋକ ହେଉଥିଲା। ଦୁର୍ଗରେ ପାହାଚ ଚଢ଼ି, ତା'ପରେ ଆସି ଆଲ୍‌ଫାମା ଗାଁ ଭିତରେ ଉପର ତଳ ହୋଇ ଚାଲିଚାଲି ଆମେ ହାଲିଆ ବି ହୋଇ ଯାଇଥିଲୁ। ତେଣୁ ବାଟରେ ଗୋଟିଏ ଛୋଟ କାଫେକୁ ଲଞ୍ଚ୍ ଖାଇବାପାଇଁ ଗଲୁ। ଭିତରକୁ ଯାଇ ଦେଖିଲୁ ଯଦିଓ କାଫେଟି ଛୋଟ ଦେଖାଯାଉଥିଲା ତେବେ ଆରାମରେ ବସି ଖାଇବାପାଇଁ ଯଥେଷ୍ଟ ଜାଗା ଥିଲା। ସେଇ ଛୋଟ କାଫେଟିର ପରିବେଶ ବେଶ୍ ଭଲ ଥିଲା। ଆମେ ଟୁନା ଫିସ୍ ସାଣ୍ଡ୍‌ଉଇଚ୍, ସୁପ୍ ଆଉ ସାଲାଡ଼୍ ବରାଦ କଲୁ। ଖାଇବା ଭଲ ଲାଗିଲା ଓ ଚାଲିବାରୁ ବି ବିରତି ମିଳିଲା। ଖାଇସାରି ଆମେ ପୁଣି ଚାଲିବା ଆରମ୍ଭ କଲୁ। ସେଇ ନଦୀ କୂଳେକୂଳେ ଆସି ଆମେ ପ୍ରାୟ ପନ୍ଦର ମିନିଟ୍‌ରେ ସହରର ବସ୍ ଷ୍ଟପରେ ପହଞ୍ଚିଲୁ। ସେଠାରୁ ବସ୍ ଧରି ହୋଟେଲ୍‌କୁ ଫେରିଲୁ। ପାଗ ଅତ୍ୟନ୍ତ ଭଲ ଥିବାରୁ, ଫେରିବାବେଳେ ଆମେ ଡବଲ୍ ଡେକର ବସ୍‌ର ଉପର ମହଲାରେ ଖୋଲା ଛାତରେ ବସିଲୁ। ଛାତ ଉପରୁ ଆମେ ଦୂରରେ ଥିବା ଗୋଟେ ଆକୁଆରିଅମ୍ ଏବଂ ବେରାରଦୋ ମ୍ୟୁଜିଅମ୍ ଦେଖିଲୁ। ବସ୍ ଉପରୁ ସହରଟି ଭାରି ସୁନ୍ଦର ଦେଖାଯାଉଥିଲା।

ହୋଟେଲ୍‌ରେ ପହଞ୍ଚିଲା ବେଳକୁ ସନ୍ଧ୍ୟା ୬ଟା ହୋଇଯାଇଥିଲା। ରୁମ୍‌କୁ ନଯାଇ କିଛି ସପିଙ୍ଗ୍ କରିବାପାଇଁ ସ୍ଥିର କଲୁ। ହୋଟେଲ୍ ପାଖରେ ଥିବା ସବୁ ଦୋକାନ ବଜାର ସନ୍ଧ୍ୟା ୭ଟା ସୁଦ୍ଧା ବନ୍ଦ ହୋଇଯାଏ। କିନ୍ତୁ 'ଏଲ୍ କୋର୍‌ତେ ଇଂଲେସ୍' ନାଁରେ ଗୋଟିଏ ଡିପାର୍ଟମେଣ୍ଟ୍ ଷ୍ଟୋର ରାତି ୧୧ଟା ପର୍ଯ୍ୟନ୍ତ ଖୋଲା ରହେ। ଆମେ ସେଇଠିକୁ ଗଲୁ। ଡିପାର୍ଟମେଣ୍ଟ୍ ଷ୍ଟୋର ହୋଇଥିବାରୁ ସେଠି ସବୁ ପ୍ରକାର ଜିନିଷ ମିଳୁଥିଲା। ସେ ଦୋକାନଟି ମତେ ଖୁବ୍ ଭଲ ଲାଗିଲା। ସେଇ ଦୋକାନରେ ଘରସଜା ଜିନିଷଗୁଡ଼ିକ ମତେ ସବୁଠାରୁ ବେଶି ଭଲ ଲାଗିଲା। ଅଳ୍ପ କିଛି ଜିନିଷ କିଣି ଆମେ ହୋଟେଲ୍‌କୁ ଫେରିବା ରାସ୍ତାରେ ଗୋଟିଏ ଚାଇନିଜ୍ ରେଷ୍ଟୋରାଁ ପଡ଼ିଲା। ଭାବିଲୁ ଏକାଥରେ ଡିନର୍ ଖାଇଦେଇ ହୋଟେଲ୍‌କୁ ଫେରିବୁ। ରେଷ୍ଟୋରାଁ ଭିତରେ ପହଞ୍ଚି ଦେଖିଲା ବେଳକୁ ସେଠି କେବଳ ବୁଫେର ବ୍ୟବସ୍ଥା ଥିଲା। ବୁଫେରେ ଅନେକ ପ୍ରକାର ଖାଦ୍ୟ ଥିଲା। ଆମେ ଯାହା କିଛି ନେଲୁ କୌଣସିଟି ସୁସ୍ୱାଦୁ ନଥିଲା। ସାମାନ୍ୟ

କିଛି ଖାଇ ଆମେ ହୋଟେଲ୍‌କୁ ଫେରିଲୁ। ତା’ ପରଦିନ ଆମର ମାଡ୍ରିଡ୍ ଯିବାର ଥିଲା। ତେଣୁ ଶୋଇବା ପୂର୍ବରୁ ଲଗେଜ୍ ସବୁ ପ୍ୟାକ୍ କରି ଶୋଇବାକୁ ଗଲୁ।

ମାଡ୍ରିଡ୍: ସ୍ପେନ୍‌ର ରାଜଧାନୀ

ସେପ୍ଟେମ୍ବର ୫, ୨୦୧୫। ସେଦିନ ଥିଲା ଶନିବାର। ଲିସ୍‌ବନ୍‌ରୁ ମାଡ୍ରିଡ୍‌କୁ ଆମର ଫ୍ଲାଇଟ୍ ଥିଲା ଅପରାହ୍ନ ୪ଟା ବେଳେ। ସକାଳେ ଆମେ ବ୍ରେକ୍‌ଫାଷ୍ଟ ପରେ ହୋଟେଲ୍ ପାଖରେ ଯାଇ ଚଲାବୁଲା କରିବାପାଇଁ ବାହାରିଗଲୁ। ସେମିତି ଚାଲୁଚାଲୁ ପୁଣି ଯାଇ କିଙ୍ଗ୍ ଏଡ୍‌ୱାର୍ଡ୍ ପାର୍କରେ ପହଞ୍ଚିଲୁ। ସେଠି ପହଞ୍ଚି ଦେଖିଲୁ ପାର୍କରେ ବହୁତ ଲୋକ। ସେଇଠି ଗୋଟିଏ ବେଞ୍ଚରେ କିଛି ସମୟ ବସି ଦେଖିଲୁ କେତେ ଲୋକ ଚାଲୁଥାନ୍ତି, କେତେ ଜଗିଙ୍ଗ୍ କରୁଥାନ୍ତି, ଛୋଟ ପିଲାମାନେ ଦୌଡ଼ାଦୌଡ଼ି ହୋଇ ଖେଳୁଥାନ୍ତି। ସେଦିନ ଶନିବାର ଥିବାରୁ ଲୋକମାନେ ତରତର ନହୋଇ ଜୀବନକୁ ଉପଭୋଗ କରୁଥିଲାପରି ଲାଗିଲା। ଏମିତିରେ ବି ଆମେ ଲିସବନ୍ ରେ ପହଞ୍ଚିଲା ପରେ ଦେଖିଥିଲୁ ଯେ ସେଠିକାର ଲୋକମାନେ ବେଶ୍ ଫୁଲାଫାଙ୍କିଆ; କିନ୍ତୁ ସାହାଯ୍ୟକାରୀ ଓ ବେଶ୍ ବନ୍ଧୁତ୍ୱପୂର୍ଣ୍ଣ। ପାର୍କରେ କିଛି ସମୟ କଟାଇଲାପରେ ଆମେ ହୃଦୟଙ୍ଗମ କଲୁ ଯେ ଆମର ଏୟାରପୋର୍ଟ ଯିବା ସମୟ ହୋଇଗଲାଣି। ତେଣୁ ପାଖରେ ଥିବା ଗୋଟିଏ କାଫେକୁ ଯାଇ ଅଳ୍ପ କିଛି ଖାଇ ହୋଟେଲ୍‌କୁ ଫେରିଆସିଲୁ। ସେଠାରୁ ଟାକ୍ସି ନେଇ ପ୍ରାୟ ୨୫ ମିନଟରେ ଏୟାରପୋର୍ଟରେ ପହଞ୍ଚିଲୁ। ଟାକ୍ସି ଭଡ଼ା ୧୨ ଇଉରୋ ପଡ଼ିଲା।

ଆମେ ପର୍ତ୍ତୁଗୀଜ୍ ଏୟାରଲାଇନ୍‌ସ ଦ୍ୱାରା ମାଡ୍ରିଡ୍ ଗଲୁ। ଆମର ପ୍ଲେନ୍ ୪.୧୦ରେ ଛାଡ଼ିବା କଥା ଥିଲା; କିନ୍ତୁ କୌଣସି କାରଣ ଯୋଗୁ ଡେରି ହୋଇ ପ୍ଲେନ୍ ୫ଟା ୨୦ରେ ଛାଡ଼ି ମାଡ୍ରିଡ୍‌ରେ ପହଞ୍ଚିଲା ପ୍ରାୟ ୭ଟା ୩୦ ମିନିଟ୍‌ରେ। ତଥାପି ଦିନ ଥିଲା, ସନ୍ଧ୍ୟା ହୋଇନଥିଲା। ବବି, ମୋ ପୁତୁରା (ବଡ଼ ଭଉଣୀର ପୁଅ) ଆମକୁ ନେବା ପାଇଁ ଏୟାରପୋର୍ଟ ଆସିଥିଲା। ବବି ସେଠାରେ କାମ କରେ ଓ ସ୍ତ୍ରୀ ସିଲ୍‌ଭିଆ ସହ ମାଡ୍ରିଡ୍‌ରେ ରହେ। ଏୟାରପୋର୍ଟରୁ ଟାକ୍ସି ନେଇ ଆମେ ପ୍ରାୟ ୩୦ ମିନିଟ୍‌ରେ ହୋଟେଲ୍ ମେନିନାଜ୍‌ରେ ପହଞ୍ଚିଲୁ। ଟାକ୍ସି ଭଡ଼ା ନେଲା ୩୦ ଇଉରୋ। ହୋଟେଲର ଲୋକେସନ୍ ପାଇଁ ଆମେ ଏଇ ହୋଟେଲ୍‌ଟି ବାଛିଥିଲୁ। ସେଠାରୁ ମେଟ୍ରୋ ଷ୍ଟେସନ୍, ଅପେରା ହାଉସ୍ ଦୁଇ ତିନି ମିନଟ୍‌ର ଚଲା ବାଟ। ରୟାଲ୍ ପାଲେସ୍, ପ୍ଲାଜା ମେୟର୍, ପ୍ଲାଜା ଦେ ଓରିଏନ୍ତେ ମଧ୍ୟ ୧୦ ମିନିଟ୍ ଭିତରେ ଚାଲିକରି ଯାଇହେବ।

ହୋଟେଲ୍ ମେନିନାଜ୍ ୧୯ଶହ ଶତାବ୍ଦୀରେ ତିଆରି ହୋଇଥିଲା।

'ମେନିନାଜ୍' ନାମଟି ପାଶ୍ଚାତ୍ୟ ଚିତ୍ରକଳା ଜଗତରେ ଏକ ପ୍ରସିଦ୍ଧ ନାମ। ଚିତ୍ରକାର ଦିଏଗୋ ଭେଲାସ୍କେଶ୍‌ଙ୍କ ଶ୍ରେଷ୍ଠ କୃତି ହେଉଛି ଲା ମେନିନାଜ୍। ୧୬୫୬ ମସିହାର ଏଇ ଚିତ୍ରଟି ମାଡ୍ରିଡ୍‌ରେ ଥିବା ପ୍ରାଦୋ ମ୍ୟୁଜିଅମ୍‌ର ଏକ ଅମୁଲ୍ୟ ସମ୍ପତ୍ତି ଯାହାକୁ ଦେଖିବାକୁ ବହୁତ ଲୋକ ଆସନ୍ତି। 'ଲା ମେନିନାଜ୍'ର ଇଂରାଜୀ ଅର୍ଥ ହେଉଛି ମେଡ଼ସ୍ ଅଫ୍ ଅନର୍।

ଏଠାରେ ସ୍ପେନ୍ ବିଷୟରେ ମୁଁ ଦୁଇ ଚାରି ପଦ କହିରଖେ। ଦେଶଟି ପର୍ତ୍ତୁଗାଲ୍, ଫ୍ରାନ୍ସ, ଭୂମଧ୍ୟସାଗର ଓ ଆଟ୍ଲାଣ୍ଟିକ୍ ମହାସାଗରରେ ପରିବେଷ୍ଟିତ। ଦେଶର ପ୍ରାୟ ସବୁ ସହରଗୁଡ଼ିକରେ ଅନନ୍ୟ ଆର୍କିଟେକ୍‌ଚରର ଉତ୍କର୍ଷତା ଦେଖା ଯାଇଥାଏ। ଗ୍ରାମାଞ୍ଚଳଗୁଡ଼ିକ ପ୍ରାଚୀନ ଭଗ୍ନାବଶେଷ, ସ୍ତମ୍ଭୀଭୂତ କରିବା ଭଳି ଦୁର୍ଗ, ଆନନ୍ଦିତ କରିବା ଭଳି କୃଷିକର୍ମ ଓ ଲୋଭନୀୟ ଫଳବଗିଚାରେ ପରିପୂର୍ଣ୍ଣ। ଇଂଲଣ୍ଡ ପରି ସ୍ପେନ୍ ମଧ୍ୟ ଏକଦା ବହୁତ କ୍ଷମତାଶାଳୀ ଥିଲା ଏବଂ କେବଳ ବ୍ରାଜିଲ୍ ଛଡ଼ା ଦକ୍ଷିଣ ଆମେରିକାର ସବୁ ଦେଶରେ ସେମାନଙ୍କର ରାଜତ୍ୱ ଥିଲା। ତେଣୁ ଲଣ୍ଡନ ପରି ମାଡ୍ରିଡ୍ ସହରରେ ମଧ୍ୟ ସ୍ପେନ୍‌ର ଉପନିବେଶିକ କ୍ଷମତାର କଳା ଓ କୃତି ପ୍ରତି କୋଣରେ ଦେଖାଯାଏ। ଏଠାରେ ଉଭୟ ଐତିହାସିକ ଓ ଆଧୁନିକ ଆର୍କିଟେକ୍‌ଚର ର ନିଦର୍ଶନ ସହ ସ୍ପେନବାସୀଙ୍କ ଦୈନନ୍ଦିନ ଜୀବନର କଳା ଓ ସଂସ୍କୃତିର ଝଲକ ଦେଖିବାକୁ ମିଳେ। ସ୍ପେନବାସୀମାନେ ଖୁବ୍ ସଂଗୀତ ଓ ନୃତ୍ୟପ୍ରେମୀ।

ଏଇଟା ଥିଲା ମାଡ୍ରିଡ୍ ସହରକୁ ଆମର ତୃତୀୟ ଟ୍ରିପ୍। ତଥାପି ମାଡ୍ରିଡ୍ ସହରରେ ଏତେସବୁ ଦେଖିବା ଆଶା ନେଇ ଯାଇଥିଲୁ ଯେ ପହଞ୍ଚିଲା ସାଙ୍ଗେ ସାଙ୍ଗେ ହୋଟେଲ୍‌ରେ ଚେକ୍-ଇନ୍ ପରେ ରୁମ୍‌ରେ ଜିନିଷ ରଖିଦେଇ ବୁଲିବା ପାଇଁ ବାହାରିଗଲୁ। ପାଖରେ ରୟାଲ୍ ପ୍ୟାଲେସ୍ ଥିବାରୁ ସେଠିକୁ ପ୍ରଥମେ ଯିବାପାଇଁ ସ୍ଥିର କଲୁ। ଚାଲିକରି ଯିବାପାଇଁ ଆମକୁ ଦଶ ମିନିଟ୍ ଲାଗିଲା। ତିନି ହଜାରରୁ ଊର୍ଦ୍ଧ୍ୱ କୋଠରୀ ବିଶିଷ୍ଟ ଏହି ପ୍ରାସାଦଟି ପଶ୍ଚିମ ଇଉରୋପର ସବୁଠାରୁ ବଡ ପ୍ରାସାଦ ବୋଲି କୁହାଯାଏ। ଗରିମା ସମ୍ପନ୍ନ ଏହି ପ୍ରାସାଦଟି ଚାରିଆଡ଼େ ଲୁହାବାଡ଼ ଦ୍ୱାରା ପରିବେଷ୍ଟିତ। ଭିତରେ ଅଛି ପ୍ରକାଣ୍ଡ ଅଗଣା। ପୂର୍ବେ ଦେଶର ରାଜା ଏଠାରେ ରହୁଥିଲେ। ବର୍ତ୍ତମାନ କେବଳ ରାଷ୍ଟ୍ରୀୟ ସମ୍ବର୍ଦ୍ଧନା ଉତ୍ସବ ଏଠାରେ ପାଳନ କରାହୁଏ ଅବଂ ଅନ୍ୟ ଦିନଗୁଡ଼ିକରେ ସର୍ବସାଧାରଣଙ୍କ ପାଇଁ ପ୍ରାସାଦଟି ଖୋଲା ଥାଏ। ଭିତରକୁ ଯାଇ ବୁଲି ଦେଖିବାପାଇଁ ଏଣ୍ଟ୍ରି ଫି ଅଛି। ପରିଦର୍ଶନ ସମୟ ସକାଳ ୧୦ଟାରୁ ରାତି ୮ଟା ପର୍ଯ୍ୟନ୍ତ। ଆମେ ସେଦିନ ପହଞ୍ଚିଲା ବେଳକୁ ଡେରି ହୋଇଯାଇଥିଲା। ତେଣୁ ଆମେ ଆଉ ଭିତରକୁ ଯାଇ ପାରିଲୁନି। ତା'ଛଡ଼ା ୧୯୮୨ ମସିହାରେ ଆମେ ଏହି ପ୍ରାସାଦକୁ ବୁଲି ଦେଖିଥିଲୁ। ଆଲୋକରେ ସୁସଜ୍ଜିତ

ପ୍ରାସାଦକୁ ଏଥର କେବଳ ବାହାରୁ ଦେଖିଲୁ । ସୁନ୍ଦର ବଗିଚା ଓ ପ୍ରଦର୍ଶିତ ହୋଇଥିବା ଚମତ୍କାର ପ୍ରତିମୂର୍ତ୍ତିଗୁଡ଼ିକ ପ୍ରାସାଦର ଗାରିମା ବହୁଗୁଣରେ ବଢ଼ାଉଥିଲେ । ଆଲୋକର ସୁନ୍ଦର ସାଜସଜ୍ଜା ସମଗ୍ର ଅଞ୍ଚଳଟିକୁ ସ୍ୱପ୍ନପୁରୀରେ ପରିଣତ କରୁଥିଲା ପରି ଲାଗିଲା । କିଛି ସମୟ ସେଠାରେ କଟାଇ ହୋଟେଲ୍‌କୁ ଫେରିବା ବାଟରେ ଆଗ୍ରା ମହଲ ନାମରେ ଗୋଟିଏ ଇଣ୍ଡିଆନ୍ ରେଷ୍ଟୋରାଁ ଦେଖି ସେଇଠିକୁ ଡିନର୍ ଖାଇବା ପାଇଁ ଗଲୁ । ଡିନର୍ ଖାଇଲା ପରେ ଆମେ ହୋଟେଲ୍‌କୁ ଫେରିଲୁ ଓ ବବି ତା' ଘରକୁ ଗଲା । ଆମ ହୋଟେଲ୍‌ରୁ ତା' ଘର ମେଟ୍ରୋରେ ଗଲେ ପ୍ରାୟ ୪୫ ମିନିଟ୍ ଲାଗେ ।

ଟ୍ରାଭଲ୍ କରି ଓ ଦିନଯାକ ବୁଲାବୁଲି କରି ହାଲିଆ ଲାଗୁଥିଲା । ଆଉଥରେ ଗାଧୋଇ ଆରାମରେ ଶୋଇବି ଭାବି ବାଥ୍‌ରୁମ୍‌କୁ ଗଲାବେଳକୁ ବାଥ୍‌ରୁମ୍ କବାଟଟି ଖସି ବାହାରି ଆସିଲା । ହାଉସ୍‌କିପର୍‌କୁ ଡାକି ତାକୁ ସଜାଡ଼ିବାକୁ କହିଲୁ । ସେ ଆସି ଚେଷ୍ଟା କଲା; କିନ୍ତୁ ତାକୁ ସଜାଡ଼ି ପାରିଲାନି । ସେ ଆମକୁ କହିଗଲା ଯେ କାଲି ସକାଳ ୮ଟାରେ ମିସ୍ତ୍ରୀ ଆସି ଠିକ୍ କରିଦେବ । ପରଦିନ ସକାଳ ୯ଟା ପର୍ଯ୍ୟନ୍ତ ଅପେକ୍ଷା କଲୁ, କେହି ଆସିଲେ ନାହିଁ । ଆମେ ପୁଣି ଫୋନ କଲୁ । ଉତ୍ତର ମିଳିଲା- ଆଜି ରବିବାର, କେହି ଲୋକ ମିଳିବେ ନାହିଁ । ସେଇ ହୋଟେଲ୍‌ଟି ବୋଧହୁଏ ସମ୍ପୂର୍ଣ୍ଣ ଭାବରେ ବୁକ୍ ହୋଇ ଯାଇଥିଲା; ସେଥିପାଇଁ ମ୍ୟାନେଜର ଆମ ପାଇଁ ଅନ୍ୟ ଗୋଟିଏ ହୋଟେଲ୍‌ରେ ରୁମ୍ ରିଜର୍ଭ କରି ଆମକୁ ସେଠିକୁ ଯିବାପାଇଁ କହିଲେ । ସେ ହୋଟେଲ୍‌ଟିର ନାଁ ଥିଲା ହୋଟେଲ୍ ଅପେରା । ହୋଟେଲ୍ ମେନିନାଜ୍‌ରୁ ଦୁଇ ମିନିଟ୍‌ର ଚଲା ବାଟ । ଜିନିଷସବୁ ପୁଣି ପ୍ୟାକ୍ କରି ଆମେ ହୋଟେଲ୍ ଅପେରାକୁ ଗଲୁ । ହୋଟେଲ୍ ଅପେରା, ହୋଟେଲ୍ ମେନିନାଜ୍‌ଠୁ ବଡ଼ । ସେଠି ଗୋଟିଏ ଭଲ ରେଷ୍ଟୋରାଁ, ଗୋଟିଏ କାଫେ ଓ ବାର୍ ଥିଲା । ରେଷ୍ଟୋରାଁରେ ଅନେକ ପ୍ରକାରର ଖାଦ୍ୟ ପରିବେଷଣ କରିବା ସହିତ ଲାଇଭ୍ ମ୍ୟୁଜିକ୍‌ର ବ୍ୟବସ୍ଥା ଥିଲା । ହୋଟେଲ୍ ମେନିନାଜ୍‌ରେ ଆମକୁ ଯେଉଁ ରୁମ୍ ମିଳିଥିଲା ଏଇ ହୋଟେଲର ରୁମ୍ ତା'ଠାରୁ ବେଶୀ ଭଲ ଥିଲା । ଆମେ ଗାଧୁଆପାଧୁଆ ସାରି ହୋଟେଲ୍ କାଫେରେ ବ୍ରେକ୍‌ଫାଷ୍ଟ ଖାଇ ପ୍ଲାଜା ମେୟର୍‌କୁ ବୁଲିବା ପାଇଁ ଗଲୁ ।

ପ୍ଲାଜା ମେୟର୍ ମାଡ୍ରିଡ୍ ସହର ମଧ୍ୟସ୍ଥଳରେ ଥିବା ଗୋଟିଏ ଖୁବ ବଡ଼ ଖୋଲା ଜାଗା । ପ୍ଲାଜାର ମଝିରେ ରହିଛି ରାଜା ଫିଲିପ୍-୩ଙ୍କର ଏକ ବିରାଟ ପ୍ରତିମୂର୍ତ୍ତି । ଚାରିକଡ଼ରେ ଗୁଡ଼ିଏ କାଫେ, ରେଷ୍ଟୋରାଁ ଏବଂ ଅନେକଗୁଡ଼ିଏ ଦୋକାନବଜାର । ପରିବେଶ ଏତେ ଭଲ ଯେ କୌଣସି ଗୋଟିଏ କାଫେରେ କଫି କପେ ଧରି ବସି ଅନେକ ସମୟ ବିତାଇ ହେବ । କିନ୍ତୁ ଏହାର ଲୋକେସନ୍ ପାଇଁ ଏଠାରେ ସବୁ

ଜିନିଷର ଦାମ୍ ଅନ୍ୟ ସବୁ ଜାଗା ଅପେକ୍ଷା ଅଧିକ। ଆମେ ଅତିସକାଳୁ ପହଞ୍ଚି ଯାଇଥିଲୁ। ତେଣୁ ସ୍ଥାନଟି ବେଶ୍ ଶାନ୍ତ ଓ ନୀରବ ଥିଲା। ଲୋକ ଗହଳି ହୋଇନଥିଲା। ଦେଖିଲୁ ଗୋଟିଏ ଜାଗାରେ ସଙ୍ଗୀତର ଆସର ଆରମ୍ଭ ହୋଇଛି। କିଛି ଲୋକ ତାକୁ ଉପଭୋଗ କରୁଥିଲେ। ଆମେ ବି ସେଠି କିଛି ସମୟ ଠିଆହୋଇ ସଂଗୀତ ଉପଭୋଗ କଲୁ।

ପ୍ଲାଜା ମେୟର୍ ପାଖରେ ମେରକାଦୋ ସାନ୍ ମିଗେଲ୍ ନାଁରେ ଗୋଟିଏ ବଜାର ଅଛି। ସେଠାକୁ ଅନେକ ଲୋକ ଯାଉଥିବାର ଦେଖି ଆମେ ମଧ୍ୟ ସେଇ ବଜାରଟି ଦେଖିବା ପାଇଁ ଗଲୁ। ମାଛ, ମାଂସ, ପରିବା, ଫଳର ବଜାର ଏଇ ମେରକାଦୋ ସାନ୍ ମିଗେଲ୍। ସେଠାରେ ଅନେକ ପ୍ରକାର ଖାଇବା ଦୋକାନ ମଧ୍ୟ ଥିଲା। ସବୁ ଖାଇବା ଦୋକାନ ଗୁଡ଼ିକରେ ଅନ୍ୟ ଖାଦ୍ୟ ସହ ଟାପାସ୍ ବିକ୍ରି ହେଉଥିଲା। ଟାପାସ୍‌ର ଅର୍ଥ ହେଲା ବିଭିନ୍ନ ପ୍ରକାର ସୁସ୍ୱାଦୁ ଖାଦ୍ୟ, ଯାହାକି ଅଳ୍ପ ପରିମାଣରେ ପରଷାଯାଏ। ଏଇ ବଜାରରେ ସବୁଠାରୁ ଭଲ କ୍ୱାଲିଟିର ଜାଫ୍ରାନ୍ ଓ ଲାଲ୍ ଲଙ୍କାଗୁଣ୍ଡ ମିଳେ ବୋଲି ଶୁଣିଥିଲି। ଲୋକମାନଙ୍କର ଗହଳି ଧୀରେ ଧୀରେ ବଢୁଥିଲା। ଗୋଟିଏ ଜାଗାରେ କିଛି ସମୟ ଠିଆହୋଇ ଚଳଚଞ୍ଚଳ ଲୋକ ଓ ବ୍ୟସ୍ତ ଦୋକାନୀମାନଙ୍କୁ ଲକ୍ଷ୍ୟ କଲୁ। ଜିନିଷ କିଣି ନେବା ଅପେକ୍ଷା ସେଠି ଠିଆହୋଇ ଖାଉଥିବାର ସଂଖ୍ୟା ଅଧିକ ଥିଲା ପରି ଲାଗିଲା। ଲଞ୍ଚ୍ ସମୟ ହୋଇଯାଇଥିଲା। ଯଦିଓ ଆମର ଗୋଟିଏ ନୂଆ ଅନୁଭୂତି ହୋଇଥାନ୍ତା, ଆମକୁ କିନ୍ତୁ ସେଠି ଠିଆହୋଇ ଖାଇବାକୁ ଇଚ୍ଛା ହେଲାନି। ଘଣ୍ଟାଏ ପାଖାପାଖି ସେଠାରେ ରହି ଆମେ ଲଞ୍ଚ୍ ପାଇଁ ହୋଟେଲ୍‌କୁ ଫେରି ଆସିଲା ବେଳେ ବାଟରେ ଦେଖିଲୁ ବର୍ଗର୍ କିଙ୍ଗ ଓ ପିଜ୍ଜା ହଟ୍। ପିଜ୍ଜା ହଟ୍‌ରେ ଯାଇ ପିଜ୍ଜା ଖାଇଲୁ। ଦୋକାନଟି ସାଇଜ୍‌ରେ ବହୁତ ଛୋଟ ଓ ଭାରି ଭିଡ଼ ଥିଲା। ଲଞ୍ଚ୍ ଖାଇ ହୋଟେଲ୍‌କୁ ଫେରି ବିଶ୍ରାମ ନେଲୁ।

ପେଟଭରି ଭୋଜନ ଓ ସ୍ପାନିସ୍ ସିଏସ୍ତା ପରେ ଆମ ଦେହରେ ପୁଣି ବଳ ଆସିଗଲା। ଦ୍ୱିପହର ଭୋଜନ ପରେ କିଛି ସମୟ ଶୋଇ ପଡ଼ିବାକୁ ସ୍ପେନ୍‌ରେ ସିଏସ୍ତା କହନ୍ତି। ବବି ଏବଂ ସିଲ୍‌ଭିଆ ସନ୍ଧ୍ୟା ସାଢ଼େ ପାଞ୍ଚଟାରେ ଆସି ଆମ ହୋଟେଲ୍‌ରେ ପହଞ୍ଚିଲେ ଓ ଚାଲିଚାଲି ମାଡ୍ରିଡ୍ ବୁଲିବା ପାଇଁ ପ୍ରସ୍ତାବ ଦେଲେ। ସିଲ୍‌ଭିଆ ମାଡ୍ରିଡ୍‌ର ଝିଅ। ଚାଲିକରି ଗଲାବେଳେ ସେ ଆମକୁ ମାଡ୍ରିଡ୍‌ର ଇତିହାସ କହୁଥାଏ। ଆମେ ମାଡ୍ରିଡ୍‌ର ମୁଖ୍ୟ ରାସ୍ତା ଗ୍ରାନ୍‌ଭିଆରେ ଚାଲୁଥିଲୁ। ସେଇ ଚୌଡ଼ା ରାଜପଥର ଉଭୟ ପାର୍ଶ୍ୱରେ ଅନେକଗୁଡ଼ିଏ ସୁନ୍ଦର ଅଟ୍ଟାଳିକା ଓ ଅପସ୍କେଲ୍ ଦୋକାନ ସବୁ ଥିଲା। ଭିନ୍ନ ଭିନ୍ନ ଭାବରେ ଡିଜାଇନ୍ ହୋଇଥିବା ଅଟ୍ଟାଳିକାଗୁଡ଼ିକ ଅଞ୍ଚଳର ଶୋଭା ବଢ଼ାଉଥିଲା। କିଛି ଦୂର ଚାଲିବାପରେ ଆମେ ଗୋଟିଏ ବଡ଼ ଓ ସୁନ୍ଦର ପାର୍କ୍‌ରେ ପହଞ୍ଚିଲୁ। ଏହି

ପାର୍କଟି ପୂର୍ବ କାଳରେ ରାଜବଂଶର ସମ୍ପତ୍ତି ଥିଲା। ତା'ର ନାଁ ଥିଲା ଏଲ୍ ରେତିରୋ ପାର୍କ। ୧୮୬୮ ମସିହାରେ ଏହା ସର୍ବସାଧାରଣଙ୍କୁ ଉତ୍ସର୍ଗ କରା ଯାଇଥିଲା। ସେଇ ସମୟରୁ ଏହା ସ୍ଥାନୀୟ ବାସିନ୍ଦା ଓ ପର୍ଯ୍ୟଟକମାନଙ୍କର ମୁଖ୍ୟ ଚିତ୍ତ ବିନୋଦନ କେନ୍ଦ୍ର ହୋଇଆସିଛି। ସୁନ୍ଦର ବଗିଚା ସହ ଚମତ୍କାର ଭାସ୍କର୍ଯ୍ୟ ଓ ସ୍ମାରକୀ ପାଇଁ ଏଇ ପାର୍କ ପ୍ରସିଦ୍ଧ। ପାର୍କ ଭିତରେ ଦେଖିଲୁ ଗୋଟିଏ ସୁନ୍ଦର ହ୍ରଦ ଓ ସେଥିରେ ନୌବିହାରର ସୁବିଧା ଅଛି। ଆମେ ଯିବାବେଳେ ୪୫ ମିନିଟ୍ ନୌବିହାର ପାଇଁ ୬ ଇଉରୋ ପଡୁଥିଲା। ଆମର ନୌବିହାର ପାଇଁ ଆଗ୍ରହ ନଥିଲା। ବୁଲିବୁଲି ଆମେ ବଗିଚା, ଭାସ୍କର୍ଯ୍ୟ ଓ ସ୍ମାରକୀର ସୌନ୍ଦର୍ଯ୍ୟ ଉପଭୋଗ କଲୁ।

ପାର୍କରେ ଥିବା ସ୍ମାରକୀଗୁଡ଼ିକ ମଧ୍ୟରୁ ଗୋଟିଏ ଥିଲା ସ୍ପେନ୍‌କୁ ୧୮୭୪ରୁ ୧୮୮୫ ପର୍ଯ୍ୟନ୍ତ ରାଜୁତି କରୁଥିବା ରାଜା ଆଲଫୋନ୍‌ସୋ-୧୨ଙ୍କର। ବ୍ରୋଞ୍ଜରେ ତିଆରି ମୂର୍ତ୍ତିଟିରେ ରାଜା ଗୋଟିଏ ଘୋଡ଼ା ଉପରେ ବସିଛନ୍ତି। ପାର୍କରେ ଥିବା ଗ୍ଲାସ୍ ତିଆରି କ୍ରିଷ୍ଟାଲ୍ ପ୍ୟାଲେସ୍‌ଟି ମଧ୍ୟ ଦେଖିବା ପରି। କ୍ରିଷ୍ଟାଲ୍ ପ୍ୟାଲେସ୍‌ର ଆଗରେ ଗୋଟିଏ ସୁନ୍ଦର ପୋଖରୀ ଅଛି ଯାହାକି ସେ ପ୍ୟାଲେସ୍‌ର ସୌନ୍ଦର୍ଯ୍ୟ ବଢ଼ାଉଛି। ସେଇ ପ୍ୟାଲେସ୍‌ରେ ବିଭିନ୍ନ ସମୟରେ ଆର୍ଟ୍ ଏକ୍‌ଜିବିସନ୍ ଆୟୋଜିତ ହୋଇଥାଏ। ତା'ର ଭିତର ବୁଲି ଦେଖିବା ପାଇଁ ଆମ ପାଖରେ ସମୟ ନଥିଲା। ପାର୍କରେ କିଛି ସମୟ ବୁଲାବୁଲି କରିବା ପରେ ଆମେ ଗୋଟିଏ କାଫେକୁ ଯାଇ କିଛି ସ୍ନାକ୍ସ ଓ କଫି ମଗାଇଲୁ। କଫି ପିଉପିଉ ପାର୍କରେ ଲୋକମାନେ ଚାଲୁଥିବା, ଜଗିଙ୍ଗ୍ କରୁଥିବା, ରୋଲର ବ୍ଲେଡିଙ୍ଗ୍ କରୁଥିବାର ଦେଖି ଖୁବ୍ ଭଲ ଲାଗିଲା। କିଛି ଲୋକ ଲନ୍‌ରେ ବସି ଖାଉଥିବାବେଳେ ତାଙ୍କ ପିଲାମାନେ ଦୌଡ଼ାଦୌଡ଼ି କରି ଖେଳୁଥିଲେ। ହାଲୁକା ପରିବେଶରେ ଲୋକମାନେ ଜୀବନ ଉପଭୋଗ କରୁଥିବା ଦୃଶ୍ୟ ମୋ ମନକୁ ମଧ୍ୟ ହାଲୁକା କରିଦେଲା।

କଫି ବ୍ରେକ୍ ପରେ ପୁଣି ବୁଲାବୁଲି କରିବାପାଇଁ ବଳ ଆସିଗଲା। ଆମେ ନିକଟବର୍ତ୍ତୀ ମାଡ୍ରିଡ୍ ପାର୍କରେ ଥିବା ଡେବଡ୍ ମନ୍ଦିରକୁ ଗଲୁ। ଏହା ଗୋଟିଏ ଇଜିପ୍ଟ ଦେଶର ମନ୍ଦିର। ମାଡ୍ରିଡ୍‌ରେ ପ୍ରାଚୀନ କାଳର ଇଜିପ୍‌ସିଆନ୍ ମନ୍ଦିର ଦେଖି ଖୁସି ଲାଗିଲା। ଆମେ ଶୁଣିଲୁ ସୁଏଜ କେନାଲ୍ ଖୋଳିବାରେ ସ୍ପେନ୍ ଦେଇଥିବା ସାହାଯ୍ୟର ପ୍ରତିବଦଳରେ ଇଜିପ୍ଟ ସରକାର ମାଡ୍ରିଡ୍ ସହରକୁ ଏହି ୨୨୦୦ ବର୍ଷର ପୁରୁଣା ମନ୍ଦିରଟି ଉପହାର ସ୍ୱରୂପ ଦେଇଥିଲେ। ମନ୍ଦିରଟି ଖ୍ରୀଷ୍ଟପୂର୍ବ ୨୦୦ ମସିହାରେ ଇଜିପ୍ଟରେ ତିଆରି ହୋଇଥିଲା। ପରବର୍ତ୍ତୀ ସମୟରେ ଇଜିପ୍ଟ ସରକାର ସେଇ ମନ୍ଦିରରୁ ସବୁ ପଥର କାଢ଼ିଆଣି, ସେଇ ପଥରରେ ମନ୍ଦିରଟି ପୁଣିଥରେ ଏଇ ପାର୍କରେ

ଗଢ଼ିଥିଲେ। ଇଜିପ୍ଟ ସ୍ଥାପତ୍ୟର ଏହି ଗୋଟିଏ ନମୁନା ସ୍ପେନ୍‌ରେ ଅଛି। ମନ୍ଦିରଟି ଆକାରରେ ବେଶ୍ ଛୋଟ ଓ ଅନ୍ୟାନ୍ୟ ଇଜିପ୍‌ସିଆନ୍ ମନ୍ଦିର ପରି ଭିତରଟି ଅନ୍ଧାରିଆ ଥିଲା ଏବଂ ଭେଣ୍ଟିଲେସନ୍‌ର ଭଲ ସୁବିଧା ନଥିଲା। ପବନ ଯାତାୟାତର ସୁବିଧା ନଥିବାରୁ ତା' ଭିତରେ ମୁଁ ଅଣନିଃଶ୍ୱାସୀ ହୋଇଗଲି। ଝରକା ନଥିବାରୁ ଭିତରଟି ଅନ୍ଧାର ଥିଲା। ତେଣୁ ତା' ଭିତରେ କ'ଣ ଅଛି ମୁଁ କିଛି ଦେଖିପାରିଲି ନାହିଁ। ମନେଅଛି ଆମେ ଯେତେବେଳେ କାଇରୋ ଯାଇଥିଲୁ, ସେଠାରେ ଗୋଟିଏ ପିରାମିଡ଼୍ ଭିତରକୁ ଯାଇଥିଲୁ। ତା' ଭିତରଟି ମଧ୍ୟ ବେଶ୍ ଅନ୍ଧାରିଆ ଥିଲା। ଏଠି ମୁଁ ମନ୍ଦିର ଭିତରେ ରହି ପାରିଲିନି। ଯେତେଶୀଘ୍ର ସମ୍ଭବ ବାହାରକୁ ଚାଲି ଆସିଲି। ସେତେବେଳକୁ ସୂର୍ଯ୍ୟ ଅସ୍ତ ହେଉଥିଲା। ସୂର୍ଯ୍ୟାସ୍ତର ସୌନ୍ଦର୍ଯ୍ୟ ଉପଭୋଗ କରିବାପାଇଁ ଏହା ଗୋଟିଏ ଭଲ ଜାଗା। ସେଠି ମନଭରି ସୂର୍ଯ୍ୟାସ୍ତ ଶୋଭା ଦେଖିବାର ସୁଯୋଗ ଆମକୁ ସେଦିନ ମିଳିଲା।

ସଞ୍ଜ ନଇଁ ଆସୁଥିଲା। ଆମେ ଫେରିବା ପାଇଁ ସ୍ଥିର କଲୁ। ସେଦିନ ଆମେ ସମୁଦାୟ ପ୍ରାୟ ୧୩/୧୪ କିଲୋମିଟର ଚାଲିଥିବୁ। ସେ ଭିତରୁ କିଛି ପାହାଡ଼ିଆ ରାସ୍ତାରେ। କିନ୍ତୁ ମଝିରେ ମଝିରେ କେଉଁଠି କେଉଁଠି କଫି ପିଇବା ପାଇଁ, ସ୍ନାକ୍ସ ଖାଇବା ପାଇଁ, କିଛି ପୁରୁଣା ଆର୍କିଟେକ୍‌ଚରକୁ ନିରେଖି ଦେଖିବା ପାଇଁ ବା ସୁନ୍ଦର ପାର୍କର ସୌନ୍ଦର୍ଯ୍ୟ ଉପଭୋଗ କରିବା ପାଇଁ ରହି ଯାଉଥିଲୁ। ଫେରିବା ବାଟରେ ଗୋଟିଏ ଭଲ ସ୍ପାନିସ୍ ରେସ୍ତୋରାଁରେ ଡିନର୍ ଖାଇବା ପାଇଁ ଗଲୁ। ରେସ୍ତୋରାଁର ବାହାରେ, ଖୋଲା ଜାଗାରେ ଆମେ ବସିଥିଲୁ। କୋଳାହଳ କିଛି ନଥିଲା। ଦିନଯାକ ବୁଲି ଏବଂ ପାହାଡ଼ିଆ ରାସ୍ତାରେ ଚାଲିଚାଲି ଆମେ ହାଲିଆ ହୋଇଯାଇଥିଲୁ। ଏଣେ ପ୍ରବଳ ଭୋକ ବି ହେଉଥିଲା। ତେଣୁ ସେ ସୁନ୍ଦର ପରିବେଶ ଉପଭୋଗ କରିବାପାଇଁ ଆଉ ଆଗ୍ରହ ନଥିଲା। କେମିତି ଶୀଘ୍ର ଖାଇସାରି ହୋଟେଲ୍‌କୁ ଫେରି ରେଷ୍ଟ୍ କରିବାକୁ ଇଚ୍ଛା ହେଉଥିଲା।

ଖାଇବା ଅର୍ଡର କଲାବେଳେ ସ୍ପେନ୍‌ର ସ୍ପେସିଆଲିଟି 'ପାଇଆ' ଖାଇବା ପାଇଁ ସିଲଭିଆ ପ୍ରସ୍ତାବ ଦେଲା। ପାଇଆ ହେଉଛି ଆମର ପଲୋଉ ପରି। ସ୍ପେନ୍‌ରେ କିନ୍ତୁ ପାଇଆରେ ଅନେକ ପ୍ରକାର ମାଛ ଓ ମାଂସ ପଡ଼ିଥାଏ। ଆମର ପୂର୍ବ ସ୍ପେନ୍ ଟ୍ରିପ୍‌ରେ ଆମେ ପାଇଆ ଖାଇଥିଲୁ। ମତେ ପାଇଆ ଏତେ ଭଲ ଲାଗେନି। ତେଣୁ ସେଦିନ ପାଇଆ ଅର୍ଡର କରିବାକୁ ଇଚ୍ଛା ହେଲାନି। ଆମେ ଆପେଟାଇଜର୍‌ରେ ବିଭିନ୍ନ ପ୍ରକାର ଚିଜ୍ ଓ ବ୍ରେଡ୍ ମଗାଇଲୁ। ମେନ୍ କୋର୍ସରେ ମୁଁ ଯେଉଁ ଆଇଟମ୍‌ଟି ମଗାଇଲି ତା'ର ନାଁ ମନେପଡୁନି। ସେଥିରେ ଆଳୁ ଚିପ୍ସ ଉପରେ କଡ଼୍ ମାଛ ଥିଲା ଓ ତା'ଉପରେ ଅଧାସିଝା ଅଣ୍ଡା ପଡ଼ିଥିଲା। ମତେ ସେ ଆଇଟମ୍‌ଟା ବହୁତ ଭଲ ଲାଗିଲା। ଖାଇସାରି

ହୋଟେଲ୍‌ରେ ଆସି ପହଞ୍ଚିଲା ବେଳକୁ ମୋ ଦେହରେ ଆଉ କିଛି ବଳ ନଥିଲା। ବବି ଓ ସିଲ୍‌ଭିଆ ତାଙ୍କ ଘରକୁ ଫେରିଗଲେ ଓ ଆମେ କାମ ସାରି ଶୀଘ୍ର ଶୋଇପଡିଲୁ।

ପରଦିନ ଥିଲା ସେପ୍ଟେମ୍ବର ୭, ୨୦୧୫। ସକାଳୁ ଉଠି ପ୍ରାଦୋ ମ୍ୟୁଜିଅମ୍ ଦେଖିବାକୁ ଯିବୁ ବୋଲି ପୂର୍ବ ଦିନ ସନ୍ଧ୍ୟାରେ ସ୍ଥିର କରିଥିଲୁ। ଜଳଖିଆ ଖାଇସାରି ବାହାରିଲୁ। ମେଟ୍ରୋ ଦ୍ୱାରା ଯିବା ପାଇଁ ପ୍ଲାଜା ମେୟର୍ ଷ୍ଟେସନ୍‌କୁ ଗଲୁ। ପର୍ଯ୍ୟଟକ ମାନଙ୍କର ସୁବିଧା ପାଇଁ ଷ୍ଟେସନ୍‌ରେ ଇଂରାଜୀରେ ଖୁବ୍ ଭଲ ଡିରେକ୍ସନ୍ ଥିଲା। ଆମେ ଟିକେଟ୍ ମେସିନ୍‌ରୁ ଟିକେଟ୍ କିଣି ଟ୍ରେନ୍‌ରେ ଚଢ଼ିଲୁ ଏବଂ ମାତ୍ର ୧୫ ମିନିଟ୍‌ରେ ପ୍ରାଦୋ ମ୍ୟୁଜିଅମ୍ ପାଖ ଷ୍ଟେସନ୍‌ରେ ଓହ୍ଲାଇଲୁ। ଟିକେଟ୍‌ର ଦାମ୍ ଥିଲା ଜଣକା ୧.୫ ଇଉରୋ। ସେତେବେଳେ ଭିଡ଼ ସମୟ ହୋଇଥିଲେ ମଧ୍ୟ ଯାତ୍ରୀମାନେ ଶୃଙ୍ଖଳିତ ହୋଇଥିବାରୁ ଟ୍ରେନ୍‌ରେ ଚଢ଼ିବା ବା ଓହ୍ଲାଇବାରେ କୌଣସି ଅସୁବିଧା ହେଲା ନାହିଁ। ଟ୍ରେନ୍ ଯାତ୍ରା ବେଶ୍ ଆରାମଦାୟକ ଥିଲା। ଟ୍ରେନ୍‌ଟି ପରିଷ୍କାର ଥିଲା ଓ ସିଟ୍‌ଗୁଡ଼ିକ ଭଲ ଥିଲା। ଟ୍ରେନ୍‌ରୁ ଓହ୍ଲାଇ ଷ୍ଟେସନ୍‌ରୁ ବାହାରି ଚାଲିଚାଲି ଗଲାବେଳକୁ ଆମେ ହଠାତ୍ ସ୍ଥିର କଲୁ ଯେ ପ୍ରାଦୋ ମ୍ୟୁଜିଅମ୍ ଯିବା ପୂର୍ବରୁ ଆମେ ରେନା ସୋଫିଆ ମ୍ୟୁଜିଅମ୍ ଯିବୁ। ପ୍ରାଦୋ ମ୍ୟୁଜିଅମ୍‌ରୁ ରେନା ସୋଫିଆ ମ୍ୟୁଜିଅମ୍ ପ୍ରାୟ ୧୦ ମିନିଟ୍‌ର ଚଲାବାଟ।

ମାଡ୍ରିଡ୍‌ରେ ତିନୋଟି ମ୍ୟୁଜିଅମ୍ ପାଖାପାଖି ଅଛି। ସେଥିପାଇଁ ଏହି ଅଞ୍ଚଳକୁ କହନ୍ତି କଳାର ସ୍ୱର୍ଣ୍ଣ ତ୍ରିଭୁଜ (The Golden Triangle of Art)। ଏହି ତିନୋଟି ମ୍ୟୁଜିଅମ୍ ହେଲା- ପ୍ରାଦୋ ମ୍ୟୁଜିଅମ୍ ଯାହା ବିଂଶ ଶତାବ୍ଦୀ ପୂର୍ବର ସ୍ପାନିସ୍ କଳା ପାଇଁ ପ୍ରସିଦ୍ଧ, ରେନା ସୋଫିଆ ମ୍ୟୁଜିଅମ୍, ବିଂଶ ଶତାବ୍ଦୀର ଆଧୁନିକ କଳା ପାଇଁ ପ୍ରସିଦ୍ଧ ଏବଂ ଥିସେନ-ବୋରନେମିସା ମ୍ୟୁଜିଅମ୍, ଐତିହାସିକ ତଥା ସମସାମୟିକ କଳା ପାଇଁ ପ୍ରସିଦ୍ଧ। ଥିସେନ-ବୋରନେମିସା ମ୍ୟୁଜିଅମ୍ ଦେଖିବା ପାଇଁ ଏଣ୍ଟ୍ରୀ ଫି ନଥାଏ। କିନ୍ତୁ ଅନ୍ୟ ଦୁଇଟି ମ୍ୟୁଜିଅମ୍‌ରେ ସପ୍ତାହରେ କେତେ ନିର୍ଦ୍ଦିଷ୍ଟ ଦିନ ଓ ନିର୍ଦ୍ଦିଷ୍ଟ ସମୟରେ ଏଣ୍ଟ୍ରୀ ଫି ପଡ଼େ ନାହିଁ। ରେନା ସୋଫିଆ ମ୍ୟୁଜିଅମ୍ ପାଖରେ ପହଞ୍ଚି ଦେଖିଲୁ ଏହା ଗୋଟିଏ ସାଧାରଣ ଚାରିତାଲା ବିଲ୍‌ଡିଂ ଏବଂ ଏହାର ଦୁଇକଡ଼ରେ ଦୁଇଟି ଖୁବ୍ ସୁନ୍ଦର ଗ୍ଲାସ୍ ଏନ୍‌କ୍ଲୋଜ୍‌ଡ ଏଲିଭେଟର ଅଛି। ଭିତରକୁ ଯାଇ ଆମେ ଟିକେଟ୍ କରିବା ପାଇଁ ଲାଇନ୍‌ରେ ଠିଆହେଲୁ। ଟିକେଟ୍ କାଉଣ୍ଟର୍‌ରେ ବସିଥିବା ଲୋକ ଆମ ପାସ୍‌ପୋର୍ଟ୍ ଦେଖିଲା ପରେ କହିଲେ ଯେ ଆମକୁ ଟିକେଟ୍ କିଣିବାକୁ ପଡ଼ିବ ନାହିଁ। ଆମେ ଫ୍ରିରେ ଯାଇପାରିବୁ।

ସ୍ପେନ୍‌ର ମ୍ୟୁଜିଅମ୍‌ଗୁଡ଼ିକ ମଧ୍ୟରେ ରେନା ସୋଫିଆ ଗୋଟିଏ ଅତି ଜଣାଶୁଣା ମ୍ୟୁଜିଅମ୍। ମୁଖ୍ୟତଃ ଆଧୁନିକ, ସମସାମୟିକ ଚିତ୍ରକଳା ଏଠାରେ ପ୍ରଦର୍ଶିତ ହୋଇଥାଏ।

ପ୍ରସିଦ୍ଧ ସ୍ପାନିସ୍ କଳାକାର ଯଥା ପିକାସୋ, ସାଲ୍‌ଭାଡୋର ଡାଲି, ଜୋଆନ୍ ମିରୋ ଏବଂ ଅନ୍ୟ କେତେ ମହାନ ଚିତ୍ରକାରଙ୍କ କଳାକୃତି ଏଠାରେ ପ୍ରଦର୍ଶିତ ହୋଇଥାଏ।୧୯୯୨ ମସିହାରେ ପ୍ରତିଷ୍ଠିତ ଏହି ମ୍ୟୁଜିଅମ୍ ଏପରି ପ୍ରସିଦ୍ଧି ଲାଭ କରିଛି ଯେ ମାଡ୍ରିଡ୍‌କୁ ଆସୁଥିବା ପ୍ରତ୍ୟେକ ଲୋକ ଏହାକୁ ଦେଖିବା ପାଇଁ ନିଶ୍ଚୟ ଆସନ୍ତି। ପିକାସୋଙ୍କର ପ୍ରସିଦ୍ଧ କୃତି ଗୁଏର୍‌ନିକା ଏବଂ ସାଲ୍‌ଭାଡୋର ଡାଲିଙ୍କ ପ୍ରସିଦ୍ଧି ଲାଭ କରିଥିବା ଚିତ୍ର ଲାଣ୍ଡସ୍କେପସ୍ ଏଟ୍ କାଡାକିସ୍ ଏଠାରେ ପ୍ରଦର୍ଶିତ ହୋଇଛି। ଗୁଏର୍‌ନିକାକୁ ପିକାସୋ ୧୯୩୭ ମସିହାରେ ରୂପ ଦେଇଥିଲେ। ଯେହେତୁ ନାଜି ଜର୍ମାନୀ ଓ ଇଟାଲୀର ମୁସୋଲିନି, ବାସ୍କ ଅଂଚଳର ଗୁଏର୍‌ନିକା ସହର ଉପରେ ବୋମା ପକାଇ ଧ୍ୱଂସ କରିଥିଲେ, ବାସ୍କ ଜାତୀୟବାଦୀଙ୍କ ଅନୁରୋଧରେ ପିକାସୋ ଏହି ଚିତ୍ରଟି କରି ଗୁଏର୍‌ନିକା ନାମରେ ନାମିତ କରିଥିଲେ। ଚିତ୍ରଟିରେ ଯୁଦ୍ଧର ବିଭୀଷିକା ପିକାସୋଙ୍କର କ୍ୟୁବିଜିମ୍ ଶୈଳୀ ମାଧ୍ୟମରେ ନିଖୁଣ ଭାବରେ ରୂପାୟିତ କରାଯାଇଛି। ଏହି ଚିତ୍ରଟି ଏତେ ବଡ଼ ଯେ ଗୋଟିଏ କାନ୍ଥକୁ ସମ୍ପୂର୍ଣ୍ଣ ଭାବରେ ଦଖଲକରି ରହିଛି। ଅଧିକାଂଶ ଦର୍ଶକ ଏଇ ଚିତ୍ରଟିକୁ ଦେଖିବା ପାଇଁ ଆସୁଥିବାରୁ ଏଠାରେ ସବୁବେଳେ ଭିଡ଼। ସାଲ୍‌ଭାଡୋର ଡାଲି ୧୯୨୩ ମସିହା ଗ୍ରୀଷ୍ମ କାଳରେ କାଡ଼ାକିଉ ସହରକୁ ବୁଲିବାକୁ ଯିବା ଅବସରରେ ଲାଣ୍ଡସ୍କେପ୍‌ସ ଏଟ କାଡ଼ାକିସ୍ ଚିତ୍ରଟି ଆଙ୍କିଥିଲେ। ସବୁ ଚିତ୍ରଗୁଡ଼ିକ ତିଆରି ସମୟର କ୍ରମ ଅନୁସାରେ ସଜାଇ ରଖାହୋଇଛି। ପ୍ରଥମ ତାଲାରେ ୧୯୪୫ ମସିହା ପୂର୍ବର ଚିତ୍ରଗୁଡ଼ିକ ଏବଂ ଦ୍ୱିତୀୟ ତାଲାରେ ଦ୍ୱିତୀୟ ମହାଯୁଦ୍ଧ ପରବର୍ତ୍ତୀ ସମୟରେ ସ୍ପେନ୍‌ରେ ତିଆରି ହୋଇଥିବା ଚିତ୍ରଗୁଡ଼ିକ ପ୍ରଦର୍ଶିତ କରାଯାଇଛି। ଏହି ମ୍ୟୁଜିଅମ୍‌ରେ କିଛି ବିଦେଶୀ ଚିତ୍ର ଏବଂ ଯୁଦ୍ଧ ପରବର୍ତ୍ତୀ ସମୟର କିଛି ସ୍ପାନିସ୍ ଫୋଟୋଗ୍ରାଫି ବ୍ୟତୀତ ବିଭିନ୍ନ ଶିଳ୍ପୀଙ୍କର କେତେଗୁଡ଼ିଏ ଭାସ୍କର୍ଯ୍ୟ ମଧ୍ୟ ପ୍ରଦର୍ଶିତ ହୋଇଛି।

ମ୍ୟୁଜିଅମ୍ ବୁଲି ଦେଖିସାରିବା ବେଳକୁ ଲଞ୍ଚ୍ ସମୟ ହୋଇଯାଇଥିଲା। ଫେରିବା ବାଟରେ ଗୋଟିଏ ଥାଇ ରେଷ୍ଟୋରାଁ 'ପ୍ୟାଡ଼୍ ଥାଇ' ଦେଖି ଲଞ୍ଚ୍ ପାଇଁ ତା' ଭିତରକୁ ଗଲୁ। ମେନୁ ଦେଖି ଖାଇବା ଅର୍ଡର କଲାବେଳେ ଜାଣିଲୁ ଯେ ଭାତ ଆମକୁ ଅଲଗା ଅର୍ଡର କରିବାକୁ ପଡ଼ିବ। ଆମେରିକାରେ ଯେକୌଣସି ଥାଇ ବା ଚାଇନିଜ୍ ରେଷ୍ଟୋରାଁରେ ମେନ୍ କୋର୍ସ୍ ଅର୍ଡର କଲେ ଭାତ ତା' ସାଙ୍ଗରେ ଆସେ। କିନ୍ତୁ ଦେଖିଲୁ ଇଉରୋପରେ ତାହା ନୁହେଁ। ଏମିତିକି ଆମେରିକାର ପାଖ ଦେଶ କାନାଡ଼ାରେ ବି ନୁହେଁ। ସେଠି ସବୁ ଭାତ ଅଲଗା ଅର୍ଡର କରିବାକୁ ପଡ଼େ। ଆମେ ଯାହାସବୁ ମଗାଇଲୁ ସବୁଗୁଡ଼ିକ ସୁସ୍ୱାଦୁ ଥିଲା।

ଲଞ୍ଚ୍ ପରେ ପାଖରେ ଥିବା ଆଟୋଚା ରେଲୱେ ଷ୍ଟେସନ୍ ବୁଲି ଆସିବାପାଇଁ

ସ୍ଥିର କଲୁ। ଏହା ମାଡ୍ରିଡ୍‌ର ମୁଖ୍ୟ ରେଲୱେ ଷ୍ଟେସନ୍। ପରଦିନ ସକାଳେ ଏଇ ଷ୍ଟେସନ୍‌ରୁ ଆମକୁ ଟ୍ରେନ୍ ଧରି ଗ୍ରାନାଡ଼ା ଯିବାର ଥିଲା। ତେଣୁ ଷ୍ଟେସନ୍ ଭିତରଟା ଦେଖି ଆସିବାକୁ ଚାହିଁଲୁ। ପହଞ୍ଚି ଦେଖିଲୁ ଏହା ଖୁବ୍ ଭଲ ବ୍ୟବସ୍ଥା ଥିବା ଏକ ବିରାଟ ରେଳ ଷ୍ଟେସନ୍। ଷ୍ଟେସନ୍ ଭିତରେ ଗୋଟିଏ ଗ୍ରୀଷ୍ମ ମଣ୍ଡଳୀୟ ବଗିଚା ଓ ବଗିଚା ଭିତରେ ଗୋଟିଏ ବଡ଼ ପାଣିକୁଣ୍ଡରେ କଇଁଛ ପହଁରୁଥିବାର ଦେଖି ଭାରି ଖୁସି ଲାଗିଲା। ସେଠାରେ ଅନେକଗୁଡ଼ିଏ ଫାଷ୍ଟ୍ ଫୁଡ୍ ଦୋକାନ, ରେଷ୍ଟୋରାଁ ଓ ସ୍ମାରକୀ ଦୋକାନ ଥିଲା। ଟ୍ରେନ୍ ଯେଉଁ ପ୍ଲାଟ୍‌ଫର୍ମରୁ ଧରିବାକୁ ପଡ଼ିବ ଦେଖିଦେଲା ପରେ ହୋଟେଲ୍‌କୁ ଫେରିଆସି ବିଶ୍ରାମ ନେଲୁ।

ବବି ଓ ସିଲ୍‌ଭିଆ ସନ୍ଧ୍ୟାବେଳେ ଆସି ହୋଟେଲ୍‌ରେ ପହଞ୍ଚିଲେ। ରୟାଲ୍ ପ୍ୟାଲେସ୍ ପାଖରେ ଥିଲା "ସାନ୍ତା ମାରିଆ ଲା ରିଅଲ୍ ଦେ ଲା ଆଲ୍‌ମୁଦେନା" କ୍ୟାଥେଡ୍ରାଲ୍। ତାହାକୁ ସଂକ୍ଷେପରେ ଆଲ୍‌ମୁଦେନା କ୍ୟାଥେଡ୍ରାଲ୍ କୁହାଯାଏ। ପ୍ରଥମେ ସେଇ କ୍ୟାଥେଡ୍ରାଲ୍ ଦେଖିବାକୁ ଗଲୁ। ଏହା ସ୍ପେନ୍‌ର ମୁଖ୍ୟ କ୍ୟାଥୋଲିକ୍ ଚର୍ଚ୍ଚ। ସାଇଜ୍‌ରେ ବେଶ୍ ବଡ଼ ଓ ଖୁବ୍ ଗାରିମାପୂର୍ଣ୍ଣ। ବାହାର ପଟରୁ କ୍ୟାଥେଡ୍ରାଲ୍‌ର ବିଶେଷତ୍ୱ ଆଦୌ ଜଣାପଡ଼େ ନାହିଁ; କିନ୍ତୁ ଭିତରକୁ ଯାଇ ଦେଖିଲେ ଆଖି ଲାଖି ରହିବ। ଏହାର ସାଜସଜ୍ଜା ଓ ଚିତ୍ରିତ ରଙ୍ଗୀନ୍ କାଚ ଝରକାଗୁଡ଼ିକୁ ଦେଖି ମୁଁ ଆଶ୍ଚର୍ଯ୍ୟ ହୋଇଗଲି। ଛାତଟି ମଧ୍ୟ ବିଭିନ୍ନ ରଙ୍ଗର ସୁନ୍ଦର ଡିଜାଇନ୍‌ରେ ରଂଜିତ କରାହୋଇ ଚମତ୍କାର ଦେଖାଯାଉଥିଲା। ମଝିରେ ଥିବା ମୁଖ୍ୟ ଗମ୍ବୁଜାକାର ଛାତଟି ଅତି ସୁନ୍ଦର ଭାବରେ ଚିତ୍ରିତ ହୋଇଥିଲା। କ୍ୟାଥେଡ୍ରାଲ୍ ଚଟାଣର ମୋଜାଇକ୍ ଓ ଭିତର ଭାସ୍କର୍ଯ୍ୟ ଦେଖିବା ପରି। ପାଇପ୍ ଅରଗାନ୍ ବାଦ୍ୟ ଯନ୍ତ୍ରଟି ମଧ୍ୟ ମନୋମୁଗ୍ଧକର। ସେଇ କ୍ୟାଥେଡ୍ରାଲ୍ ଭିତରେ ଅନେକଗୁଡ଼ିଏ ଚାପେଲ୍ ଓ ମ୍ୟୁଜିଅମ୍ ଥିଲା। ଆମେ ଆଉ ସେସବୁ ଦେଖିବାକୁ ଗଲୁ ନାହିଁ। ସେଠାରୁ ଫେରି ଆମେ ଗୋଟିଏ ଇଣ୍ଡିଆନ୍ ରେଷ୍ଟୋରାଁରେ ଡିନର୍ ଖାଇ ହୋଟେଲ୍‌କୁ ଫେରିଲୁ ଓ ବବି ଆଉ ସିଲ୍‌ଭିଆ ତାଙ୍କ ଘରକୁ ଗଲେ। ବବି କହିଲା ସେ ସକାଳୁ ଆସି ଆମକୁ ଟ୍ରେନ୍‌ରେ ବସାଇଦେବା ପାଇଁ ଆମ ସାଙ୍ଗରେ ଟ୍ରେନ୍ ଷ୍ଟେସନ୍‌କୁ ଯିବ।

ଗ୍ରାନାଡା: ମୁର୍ ସାମ୍ରାଜ୍ୟର କେନ୍ଦ୍ରବିନ୍ଦୁ

ବବି ସକାଳୁ ଆସି ଠିକ୍ ସମୟରେ ଆମ ହୋଟେଲ୍‌ରେ ପହଞ୍ଚିଗଲା। ଆମେ ୭ଟା ବେଳକୁ ଟାକ୍ସି ଧରି ଷ୍ଟେସନ୍ ଅଭିମୁଖେ ବାହାରିଲୁ। ସେଠାରେ ପହଞ୍ଚିବା ପାଇଁ ପ୍ରାୟ ୧୫ ମିନିଟ୍ ଲାଗିଲା। ଟାକ୍ସି ଭଡ଼ା ପଡ଼ିଲା ୧୪ ଇଉରୋ। ଆମ ଟ୍ରେନ୍ ସକାଳ

୯ଟାରେ ଛାଡ଼ିବାର ଥିଲା। ତେଣୁ ଆମ ପାଖରେ ଯଥେଷ୍ଟ ସମୟ ଥିଲା। ଆମେ ପହଞ୍ଚିଲା ବେଳକୁ ଷ୍ଟେସନ୍‌ଟି ଫାଙ୍କା ଓ ନିସ୍ତବ୍ଧ ଥିଲା। ଅଳ୍ପ କିଛି ଲୋକ ଥିଲେ। ଆମେ ଷ୍ଟେସନ୍ ଭିତରେ ଥିବା ବଗିଚା ପାଖରେ ବୁଲାବୁଲି କରି ଯଥା ସମୟରେ ଟ୍ରେନ୍‌ରେ ଚଢ଼ିଲୁ ଓ ଟ୍ରେନ୍ ଠିକ୍ ୯ଟାରେ ଛାଡ଼ିଲା। ଆମେ ଯେଉଁ ଟ୍ରେନ୍‌ରେ ଗଲୁ ତା' ନାଁ ରେନ୍‌ଫେ। ରେନ୍‌ଫେ ଟ୍ରେନ୍‌ଗୁଡ଼ିକ ସ୍ପେନ୍ ସରକାରଙ୍କ ଦ୍ୱାରା ପରିଚାଳିତ। ଏ ଟ୍ରେନ୍ ଘଣ୍ଟାପ୍ରତି ୨୫୦ରୁ ୩୦୦ କିଲୋମିଟର ଗତିରେ ଚାଲେ। ସ୍ପେନ୍‌ର ବିଭିନ୍ନ ସହରକୁ ଏ ଟ୍ରେନ୍ ସଂଯୋଗ କରିଥାଏ। କିନ୍ତୁ ମାଡ୍ରିଡ୍‌ରୁ ଗ୍ରାନାଡ଼ା ଟ୍ରେନ୍‌ରେ ଯିବାପାଇଁ ହେଲେ ସେଭିଲ୍‌ରେ ଟ୍ରେନ୍ ବଦଳାଇବାକୁ ପଡ଼େ। ଟ୍ରେନ୍‌ର ଯାତ୍ରା ଭାରି ଆରାମଦାୟକ ଥିଲା। ପ୍ରତ୍ୟେକ କମ୍ପାର୍ଟମେଣ୍ଟରେ ଜିନିଷ ରଖିବା ପାଇଁ ସ୍ୱତନ୍ତ୍ର ସ୍ଥାନ ଥିଲା। ଛୋଟ ଜିନିଷଗୁଡ଼ିକ ମୁଣ୍ଡ ଉପରେ, କମ୍ପାର୍ଟମେଣ୍ଟର ଦୁଇ କଡ଼ରେ ଥିବା ଥାକରେ ଏବଂ ବଡ଼ ବଡ଼ ଲଗେଜ୍ ପାଇଁ କମ୍ପାର୍ଟମେଣ୍ଟ ପାଖରେ ଗୋଟିଏ ରୁମ୍‌ର ବ୍ୟବସ୍ଥା ଥିଲା। ଟ୍ରେନ୍‌ଟି କିଛି ପର୍ବତ ଅଞ୍ଚଳ, କେତେଗୁଡ଼ିଏ ସୁନ୍ଦର ଗାଁ, ଫଳବଗିଚା, ଅଙ୍ଗୁର ବଗିଚା ଦେଇ ଦ୍ରୁତଗତିରେ ଯାଉଥିଲା। ସେଦିନ ପାଗ ଖୁବ୍ ଭଲ ଥିଲା। ଆମେ ମାଇଲ ମାଇଲ ଧରି ଫଳବଗିଚା, ଅଙ୍ଗୁର ବଗିଚା ଓ ମଝିରେ ମଝିରେ ଗ୍ରାମାଞ୍ଚଳର ଦୃଶ୍ୟ ଦେଖି ଦେଖି ଯାଉଥିଲୁ। ସେସବୁ ଦୃଶ୍ୟ ଥିଲା ଅତି ମନୋମୁଗ୍ଧକର। ଟ୍ରେନ୍‌ରେ ଗଲାବେଳେ ରାସ୍ତା କଡ଼ରେ ମାଇଲ ମାଇଲ ଧରି ଅଲିଭ୍ ଗଛ ମଧ୍ୟ ଦେଖିଲୁ। ଅଲିଭ୍ ତେଲ, କମଳା ଜାତୀୟ ଫଳ ଓ ୱାଇନ୍ ଇତ୍ୟାଦି କୃଷିଜାତୀୟ ଜିନିଷ ସ୍ପେନ୍ ବହୁ ପରିମାଣରେ ବିଦେଶକୁ ରପ୍ତାନି କରିଥାଏ।

ସେଭିଲ୍‌ରେ ପହଞ୍ଚିଲାବେଳକୁ ସମୟ ହୋଇଥିଲା ଦିନ ପ୍ରାୟ ୧୧.୩୦। ଗ୍ରାନାଡାକୁ ଆମ ଟ୍ରେନ୍ ଥିଲା ଅପରାହ୍ନ ୪ଟାରେ। ତେଣୁ ଆମ ପାଖରେ ବହୁତ ସମୟ ଥିଲା। ଟ୍ରେନ୍ ଷ୍ଟେସନ୍‌ରେ ଥିବା ଅନେକଗୁଡ଼ିଏ ଖାଇବା ଦୋକାନ ଦେଖି କେଉଁଠି ଖାଇବୁ ଭାବିଭାବି ଶେଷରେ ମାକ୍‌ଡୋନାଲଡ୍‌ରେ ଖାଇବାକୁ ସ୍ଥିରକଲୁ। ଖାଇବା ସମୟରେ ସେଠାରେ ଅଳ୍ପ କିଛି ଲୋକ ଥିଲେ। ତେଣୁ ଖାଇସାରି ଆମେ ସେଇଠି ବସି ବହି ପଢ଼ିଲୁ। କିଛି ସମୟ ପରେ ଇଚ୍ଛା ହେଲା ଷ୍ଟେସନ୍ ବାହାରକୁ ଯାଇ ଟିକେ ବୁଲି ଆସିବା ପାଇଁ। ଯାଇ ଦେଖିଲୁ, ସେତେବେଳେ ଦ୍ୱିପହର ହୋଇଥିଲେ ମଧ୍ୟ ସୁନ୍ଦର ଖରା ପଡ଼ି ବାହାରଟା ଖୁବ୍ ଭଲ ଲାଗୁଥିଲା। ଅଳ୍ପ ସମୟ ବୁଲି ଫେରିଆସି ସେଇଠି ବସି ବହି ପଢୁଥିବା ବେଳେ ମାକ୍ କାଫେ (ମାକ୍‌ଡୋନାଲଡ୍ କଫି କାଉଣ୍ଟର)ର ଜଣେ ପରିଚାରିକା ଆମକୁ ଆସି ଆମର କଫି ଦରକାର କି ବୋଲି ପଚାରିଲେ। ଆମେ କଫି କିଛି ସମୟ ପରେ ଦରକାର ହେବ ବୋଲି କହିଲୁ। ସେ ଆମ କଥା କିଛି ବୁଝିନପାରି ଫେରିଗଲେ

ଓ କିଛି ସମୟ ପରେ ଜଣେ ଇଂରାଜୀ ଜାଣିଥିବା ସ୍ତ୍ରୀ ଲୋକଙ୍କୁ ଧରି ଆସିଲେ। ଆମେ ତାଙ୍କୁ କହିଲୁ ଯେ ଆମେ ଦୁଇଟା ବେଳେ କଫି ପିଇବୁ। ଠିକ୍ ଦୁଇଟା ବେଳେ ସେ ଦୁଇ କପ୍ କାପୁଚିନୋ ଓ କିଛି କୁକି ନେଇ ଆସିଲେ। ଖର୍ଚ୍ଚ ବାବଦରେ ଆମେ ତାଙ୍କୁ ପ୍ରାୟ ୩ ଇଉରୋ ଦେଲୁ। ଖୁବ୍ ଭଲ ପରିଚାରିକାଟିଏ।

ସେଭିଲ୍‌ରୁ ଗ୍ରାନାଡା ଯିବାପାଇଁ ଅନ୍ୟ ଏକ ଟ୍ରେନ୍ ଧରିଲୁ। ଟ୍ରେନ୍‌ରେ ଚଢ଼ିବା ପୂର୍ବରୁ କେଉଁ ପ୍ଲାଟ୍‌ଫର୍ମରେ ଗାଡ଼ି ଲାଗିବ ଜାଣିବା ପାଇଁ ଆମେ ଷ୍ଟେସନ୍‌ରେ ଚେକ୍ କଲାବେଳେ ମନେ ପଡ଼ିଲା ଯେ ଟ୍ରେନ୍‌ଟି ଗ୍ରାନାଡ଼ା ନଯାଇ ମଧ୍ୟବର୍ତ୍ତୀ କୌଣସି ଷ୍ଟେସନ୍‌ରେ ଅଟକିବ। ରେଳ ଲାଇନ୍‌ରେ ମରାମତି କାମ ଚାଲୁଥିବାରୁ ଆମକୁ ଆଣ୍ଟେକ୍ୱେରା ସାନ୍ତା ଆନା ଷ୍ଟେସନ୍‌ରେ ଓହ୍ଲାଇ ସେଠାରୁ ବସ୍ ଯୋଗେ ଗ୍ରାନାଡ଼ା ଯିବାକୁ ପଡ଼ିବ। ଏହା ଆମ ଟିକେଟ୍‌ରେ ଲେଖାଥିଲା; କିନ୍ତୁ ସେକଥା ଆମେ ରିଅଲାଇଜ୍ କରିନଥିଲୁ। ଗୋଟିଏ ଦୃଷ୍ଟିରୁ ଭଲ ହେଲା। ଆମେ ପ୍ରାୟ ଘଣ୍ଟାଏରେ ଆଣ୍ଟେକ୍ୱେରା ସାନ୍ତା ଆନା ଷ୍ଟେସନ୍‌ରେ ପହଞ୍ଚିଗଲୁ। ଷ୍ଟେସନ୍‌ରେ ପହଞ୍ଚିବା କ୍ଷଣି ଷ୍ଟେସନ୍ କର୍ତ୍ତୃପକ୍ଷ ଆସି ଆମକୁ ଗୋଟିଏ ବସ୍ ପାଖରେ ପହୁଞ୍ଚାଇ ଦେଲେ। ଏହା ଥିଲା ଏକ ଲଗ୍‌ଜରି ବସ୍। ସିଟ୍‌ଗୁଡ଼ିକ ଖୁବ୍ ଆରାମଦାୟକ, ଝରକାଗୁଡ଼ିକ ବଡ଼ ବଡ଼, ସେଥିରେ କାଚ ଲାଗିଥିବାରୁ ବାହାରର ଦୃଶ୍ୟ ଭଲକରି ଦେଖି ହେଉଥିଲା। ମୁଁ ଓ ମୋ ସ୍ୱାମୀ ଆଗ ସିଟ୍‌ରେ ବସିଲୁ। ସେଠାରୁ ସାମନା ରାସ୍ତା ଓ ଉଭୟ ପାର୍ଶ୍ୱ ଖୁବ୍ ଭଲ ଭାବରେ ଦେଖା ଯାଉଥିଲା। ଦୁଇ ଘଣ୍ଟାରୁ ସାମାନ୍ୟ ଉର୍ଦ୍ଧ୍ୱ ଏହି ଯାତ୍ରାର ଅଧିକାଂଶ ସମୟ ପାର୍ବତ୍ୟ ଅଞ୍ଚଳରେ କଟିଲା; ବାକି ସମୟରେ ଆମେ ମାଇଲ ମାଇଲ ଧରି ଲମ୍ବିଥିବା କମଳା ଓ ଅଲିଭ୍ ବଗିଚା ଦେଖି ଦେଖି ଗ୍ରାନାଡା ବସ୍‌ଷ୍ଟାଣ୍ଡରେ ଯାଇ ପହଞ୍ଚିଲୁ ସନ୍ଧ୍ୟା ସାତଟାରେ। ସେଠାରୁ ଗୋଟିଏ ଟାକ୍ସି ନେଇ କୋଡ଼ିଏ ମିନିଟ୍‌ରେ ଆମର ହୋଟେଲ୍ ସୁଇଟ୍‌ସ ଗ୍ରାନ୍‌ଭିଆ ୪୪ରେ ପହଞ୍ଚିଲୁ।

ହୋଟେଲ୍‌ଟି ସହରର ମଧ୍ୟସ୍ଥଳୀରେ ଅବସ୍ଥିତ। ଚାରିତାଲା ବିଶିଷ୍ଟ ମଧ୍ୟମ ଧରଣର ହୋଟେଲ୍। ଆମକୁ ରୁମ୍ ମିଳିଲା ଦ୍ୱିତୀୟ ତାଲାରେ। ରୁମ୍ ତ ନୁହେଁ- ଗୋଟିଏ ସୁଇଟ୍। ସେ ସୁଇଟ୍‌ରେ ଦୁଇଟି ବଡ଼ ବଡ଼ ରୁମ୍ ଓ ଗୋଟିଏ ବାଥ୍ ରୁମ୍। ରୁମ୍ ଦୁଇଟି ଓ ବାଥ୍‌ରୁମ୍‌ର ସାଜସଜ୍ଜା ଥିଲା ବେଶ୍ ରୁଚିପୂର୍ଣ୍ଣ। କାନ୍ଥଗୁଡ଼ିକ ଭିନ୍ନଭିନ୍ନ ରଙ୍ଗରେ ପେଣ୍ଟ୍ କରାଯାଇଥିଲା। କଲର୍ କମ୍ବିନେସନ୍ ଏପରି ଥିଲା ଯେ ମନ ପୂରିଗଲା। ହୋଟେଲ୍‌ରେ ସେତେବେଳେ ଯେଉଁ ରିସେପ୍‌ସନିଷ୍ଟ ଥିଲେ ସେ ବହୁତ ଭଦ୍ର। ଭାରି ଫ୍ରେଣ୍ଡ୍‌ଲି ଭାବରେ କଥାବାର୍ତ୍ତା କଲେ। ଚେକ୍-ଇନ୍ କଲାପରେ ତାଙ୍କଠୁ ପଚାରି ବୁଝିଲୁ ପାଖରେ ଥିବା ଗ୍ରୋସେରୀ ଦୋକାନ, ରେସ୍ତୋରାଁ, ଆଲ୍‌ହମ୍ବ୍ରାକୁ ଯିବାପାଇଁ ବସ୍ କେଉଁଠି

ମିଳିବ ଇତ୍ୟାଦି। ଏସବୁ ଖବର ସେ ଆମକୁ ଦେଲେ। ତା'ଛଡ଼ା ସେ ଆମକୁ କହିଲେ ଯେ ପରଦିନ ସକାଳ ୧୦ଟା ୧୫ ମିନିଟ୍‌ରେ ହୋଟେଲ୍‌ରୁ ସିଟି ଭ୍ରମଣର ଗୋଟିଏ ଚାଲିବା ଟୁର୍ ଆରମ୍ଭ ହେବ ଓ ଆମେ ଚାହିଁଲେ ସେ ଗ୍ରୁପରେ ଯୋଗ ଦେଇପାରିବୁ।

ଆମର ଗ୍ରାନାଡ଼ା ଆସିବାର ମୁଖ୍ୟ ଉଦ୍ଦେଶ୍ୟ ଥିଲା ଆଲ୍‌ହମ୍ବ୍ରା ଦେଖିବା। ଆମେ ହୋଟେଲ୍ ବୁକିଙ୍ଗ୍ କରିବା ସମୟରେ ଆଲ୍‌ହମ୍ବ୍ରାରେ ପ୍ରବେଶ କରିବାପାଇଁ ଦୁଇଟି ଟିକେଟ୍ କିଣିଦେବାକୁ ହୋଟେଲ୍ ରିସେପସନିଷ୍ଟଙ୍କୁ ଅନୁରୋଧ କରିଥିଲୁ। ସେମାନେ ଆମ ପାଇଁ ଦୁଇଟି ଟିକେଟ୍ କିଣି ରଖିଥିଲେ। ଏହି ଟିକେଟ୍ କେବଳ ଆଲ୍‌ହମ୍ବ୍ରା ନୁହେଁ, ସେଇ କମ୍ପ୍ଲେକ୍‌ସରେ ଥିବା ନସରିଦ୍ ପ୍ୟାଲେସ୍, ଜେନେରା ଲାଇଫ୍ ଗାର୍ଡେନ୍ ଓ ଆଲ୍‌କାଜାବା ଦୁର୍ଗ ଭିତରକୁ ପ୍ରବେଶ ପାଇଁ ମଧ୍ୟ ପ୍ରଯୁଜ୍ୟ ଥିଲା। ଟିକେଟ୍‌ର ଦାମ୍ ଥିଲା ଜଣକା ୧୦ ଇଉରୋ।

ଧୁଆଧୋଇ ହୋଇ ଫ୍ରେସ୍ ହେଲାପରେ ଆମେ ପାଖରେ ଥିବା ଗ୍ରୋସେରୀ ଷ୍ଟୋର୍‌କୁ ଯାଇ ପିଇବା ପାଣି, କିଛି ସ୍ନାକ୍ସ ଓ ଫଳ କିଣିଲୁ। ଯଦିଓ ଆକାରରେ ବେଶ୍ ଛୋଟ ତଥାପି ଦୋକାନରେ ଜିନିଷଗୁଡ଼ିକ ଭାରି ସୁନ୍ଦର ଭାବରେ ସଜାହୋଇ ରଖା ହୋଇଥିଲା। ଆମେ ଅଳ୍ପ କିଛି ଦରକାରୀ ଜିନିଷ କିଣି ଆଣି ହୋଟେଲ୍ ରୁମ୍‌ରେ ରଖିଦେଇ ଡିନର୍ ପାଇଁ ବାହାରିଲୁ। ସ୍ପାନିସ୍ ଖାଦ୍ୟ ଖାଇବା ପାଇଁ ଇଛା କରି ଗୋଟିଏ ରେଷ୍ଟୋରାଁକୁ ଗଲୁ। ସେଠି ଆମେ ସ୍ପାନିସ୍ ଅମ୍‌ଲେଟ୍, ଗୋଟିଏ ଚିଙ୍ଗୁଡ଼ି ଆଇଟମ୍, ଟୁନା ସାଲାଡ୍ ଓ ବ୍ରେଡ୍ ମଗାଇଲୁ। ଖାଇବା ଖୁବ୍ ଭଲ ଲାଗିଲା। ମାଡ୍ରିଡ୍ ପରି ଗ୍ରାନାଡ଼ାରେ ମଧ୍ୟ ରେଷ୍ଟୋରାଁ ଓ କାଫେଗୁଡ଼ିକରେ ରାତି ପର୍ଯ୍ୟନ୍ତ ଲୋକମାନେ ଖିଆପିଆ କରୁଥାନ୍ତି।

ଆଗରୁ କହିଛି ଯେ ଆମେ ମାଡ୍ରିଡ୍ ଓ ବାର୍ସେଲୋନା ପୂର୍ବରୁ ଦେଖିଥିଲୁ। କିନ୍ତୁ ସ୍ପେନ୍‌ର ପଶ୍ଚିମ ଉପକୂଳରେ ଥିବା ଆଣ୍ଡାଲୁଚିଆ ଅଞ୍ଚଳକୁ ଆସିନଥିଲୁ। ଏହି ଅଞ୍ଚଳଟି ଅତି ସୁନ୍ଦର- ପାହାଡ଼, ନଦୀ, ଚାଷ ଜମି, ସବୁ ପ୍ରକାର ପ୍ରାକୃତିକ ସୌନ୍ଦର୍ଯ୍ୟରେ ଭରପୂର। ଏ ଅଞ୍ଚଳର ସଂସ୍କୃତି ସ୍ୱତନ୍ତ୍ର। ଏଇ ସ୍ୱତନ୍ତ୍ର ସଂସ୍କୃତି ହିଁ ଇଉରୋପରେ ସ୍ପେନ୍‌କୁ ଏକ ଭିନ୍ନ ପରିଚୟ ଦେଇଥାଏ। ଆଣ୍ଡାଲୁଚିଆ ଅଞ୍ଚଳର ମୁଖ୍ୟ ସହରଗୁଡ଼ିକ ହେଲା ଗ୍ରାନାଡ଼ା, ସେଭିଲ୍ ଓ କରଡୋବା। ଅନେକ ଶତାବ୍ଦୀ ଧରି (ଅଷ୍ଟମରୁ ୧୫ଶ ପର୍ଯ୍ୟନ୍ତ) ଏହି ଅଞ୍ଚଳ ମୁର୍‌ମାନଙ୍କ ଶାସନାଧୀନ ଥିଲା, ତେଣୁ ଏଠାର ଆର୍କିଟେକ୍‌ଚର୍‌ରେ ମୁର୍‌ମାନଙ୍କ ଛାପ ପଡ଼ିଛି। ୧୪୯୨ ମସିହାରେ ମୁର୍‌ମାନେ ସ୍ପେନ୍‌ରୁ ତଡ଼ାଖାଇ ବାହାରିଗଲେ। ଏବେ ବି ସିଏରା ନେଭାଡ଼ା ପର୍ବତଶ୍ରେଣୀର ପାଦଦେଶରେ ଥିବା ଗ୍ରାନାଡ଼ାର ପ୍ରସିଦ୍ଧ ଆଲ୍‌ହମ୍ବ୍ରା ପ୍ୟାଲେସ୍ ଓ ସେଭିଲ୍‌ରେ ଥିବା ଆଲ୍‌କାଜାର୍ ଦୁର୍ଗରେ ମୁର୍ ଆର୍କିଟେକ୍‌ଚର୍‌ର ବୈଭବ ଦେଖିବାକୁ ମିଳେ।

ପରଦିନ ସକାଳେ ହୋଟେଲ୍‌ରୁ ଆରମ୍ଭ ହେବାକୁ ଥିବା ସିଟି ଭ୍ରମଣ ଚାଲିବା ଟୁର୍‌ରେ ଆମେ ଯୋଗ ଦେଲୁ। ଏଇ ଟୁର୍ ଦଳରେ ଆମେ ୧୫ ଜଣ ଥିଲୁ। ଆମର ଗାଇଡ୍ ଥିଲେ ଅସୀର୍ ନାମକ ଜଣେ ବ୍ୟକ୍ତି। ଏହା ଥିଲା ତିନି ଘଣ୍ଟାର ମାଗଣା ଟୁର୍। ପାଗ ଖୁବ୍ ଭଲ ଥିଲା। ଆମେ ଚାଲିବାବେଳେ ଅସୀର୍ ସିଟି ବିଷୟରେ କହୁଥାନ୍ତି। ସିଟିର କିଛି ବିଶିଷ୍ଟ ସ୍ଥାନ ସେ ଆମକୁ ଦେଖାଇଲେ। ଦିନ ଗୋଟାଏ ପନ୍ଦରରେ ଆମ ଟୁର୍ ଶେଷ ହେଲା। ଟୁର୍ ତ ମାଗଣା ଥିଲା; କିନ୍ତୁ ଆମେ ସମସ୍ତେ ମିଶି କିଛି ଟଙ୍କା ଏକାଠି କରି ଟୁର୍ ଗାଇଡ୍‌ଙ୍କୁ ଦେଲୁ। ସେ ଭାରି ଖୁସି ହେଲେ। ଅପରାହ୍ନରେ ଆଲ୍‌ହମ୍ବ୍ରା ଦେଖିବା ପାଇଁ ଆମର ଟିକେଟ୍ ହୋଇସାରିଥିଲା। ତେଣୁ ଶୀଘ୍ର ହେବ ବୋଲି ପାଖରେ ଥିବା ଗୋଟିଏ ପିଜ୍ଜା ସେଣ୍ଟର୍‌କୁ ଯାଇ ପିଜ୍ଜା ଖାଇଲୁ। ସେଠାରୁ ଆଲ୍‌ହମ୍ବ୍ରା ଯିବାପାଇଁ ବସ୍‌ଷ୍ଟାଣ୍ଡ ଥିଲା ପାଞ୍ଚ ମିନିଟ୍‌ର ଚଲାବାଟ। ଲଞ୍ଚ୍ ଶୀଘ୍ର ସାରିଦେଇ ଆମେ ଗଲୁ ଓ ପ୍ରାୟ ଦଶ ମିନିଟ୍‌ରେ ପାହାଡ଼ ଉପରେ ଥିବା ଆଲ୍‌ହମ୍ବ୍ରାର ଗେଟ୍ ପାଖରେ ପହଞ୍ଚିଗଲୁ।

ଡାରୋ ନଦୀ କୂଳରେ ଏକ ବିସ୍ତୀର୍ଣ୍ଣ ଅଞ୍ଚଳରେ ଥିବା ପାହାଡ଼ ଉପରେ ଆଲ୍‌ହମ୍ବ୍ରା ଦୁର୍ଗଟି ଅବସ୍ଥିତ। ଏହି ପାହାଡ଼ ଉପରୁ ଗ୍ରାନାଡ଼ା ସହରର ଦୃଶ୍ୟ ଅତୀବ ମନୋହର। ଦୁର୍ଗଟି ତିଆରି ହୋଇଥିଲା ନବମ ଶତାବ୍ଦୀରେ, ଛୋଟ ଆକାରରେ। ୧୩ଶ ଶତାବ୍ଦୀରେ ନସରିଦ୍ ରାଜବଂଶର ପ୍ରତିଷ୍ଠାତା ନସରିଦ୍ ମହମ୍ମଦ ଏହାକୁ ସମ୍ପ୍ରସାରଣ କରିବା ସହ ନୂଆକରି ତିଆରି କରାଇଲେ। ନସରିଦ୍‌ଙ୍କ ବଂଶଧରମାନେ ୧୩ଶରୁ ୧୫ଶ ଶତାବ୍ଦୀ ପର୍ଯ୍ୟନ୍ତ ଗ୍ରାନାଡ଼ାକୁ ଶାସନ କରୁଥିଲେ। ସେଇ ସମୟରେ ଆଲ୍‌ହମ୍ବ୍ରା ଥିଲା ମୁର୍ ଶାସକମାନଙ୍କର ନିବାସ। ସେଥିପାଇଁ ଏଠାରେ ଇସଲାମିକ୍ ଆର୍କିଟେକ୍‌ଚର୍‌ର ବିଶେଷତ୍ୱ, ଯଥା ଗୋଲାକାର ଗମ୍ବୁଜ, ରଙ୍ଗବେରଙ୍ଗ ଟାଇଲ୍‌ରେ କାରୁକାର୍ଯ୍ୟପୂର୍ଣ୍ଣ ଡିଜାଇନ୍‌ସବୁ ଦେଖିବାକୁ ମିଳେ। ନସରିଦ୍ ରାଜବଂଶ ଆଲ୍‌ହମ୍ବ୍ରା ଦୁର୍ଗ ଭିତରେ ଅନେକଗୁଡ଼ିଏ ପ୍ରାସାଦ ନିର୍ମାଣ କରାଇଥିଲେ। ସେଗୁଡ଼ିକ ଅତି ସୂକ୍ଷ୍ମ ଚାରୁକଳାରେ ପରିପୂର୍ଣ୍ଣ। ତା'ଛଡ଼ା ସେମାନେ କେତେଗୁଡ଼ିଏ ସୁନ୍ଦର ବଗିଚା ଓ ବଗିଚା ଭିତରେ ଫୁଆରା ମଧ୍ୟ ତିଆରି କରିଥିଲେ।

ଆଲ୍‌ହମ୍ବ୍ରା ଦୁର୍ଗର ମଧ୍ୟସ୍ଥଳରେ ରହିଛି ପ୍ୟାଲେସ୍ ଅଫ୍ ଲାୟନ୍ସ। ଏହିଠାରେ ହିଁ ମୁର୍‌ମାନଙ୍କର ଇସ୍‌ଲାମିକ୍ କାରିଗରୀର ଚରମ ନିଦର୍ଶନ ଦେଖିବାକୁ ମିଳିଥାଏ। ଏହାର ସୌନ୍ଦର୍ଯ୍ୟ ଭାଷାରେ ବର୍ଣ୍ଣନା କରିବା କଷ୍ଟ। ଜଣେ କେବଳ ଦେଖିଲେ ବିଶ୍ୱାସ କରିବ ଏହି ଉକ୍ତିର ସତ୍ୟତା। ମୋ ଜୀବନର ଅନୁଭୂତିରୁ ମୁଁ ଏତିକି କହିପାରିବି ଯେ ଏହାର ସୌନ୍ଦର୍ଯ୍ୟ ଅତୁଳନୀୟ। ସ୍କୋୟାର୍, ସର୍କଲ୍, ଟ୍ରାୟାଙ୍ଗଲ୍ ଓ ଅନ୍ୟାନ୍ୟ ଜ୍ୟାମିତିକ ଡିଜାଇନ୍ ବ୍ୟବହାର କରି ହୋଇଥିବା କାରୁକାର୍ଯ୍ୟ ଦର୍ଶକମାନଙ୍କୁ ଅଭିଭୂତ କରିଦିଏ।

ଏହିସବୁ ଜ୍ୟାମିତିକ ଡିଜାଇନ୍ କାନ୍ଥର ଉପର ଭାଗରେ ଥିବାବେଳେ ସୁନ୍ଦର ଭାବରେ ଚିତ୍ରିତ ସେରାମିକ୍ ଟାଇଲ୍ ଦ୍ୱାରା କାନ୍ଥର ନିମ୍ନାଂଶ ସଜ୍ଜିତ। ପ୍ୟାଲେସ୍‌ର ମୁଖ୍ୟ ପ୍ରାଙ୍ଗଣରେ ଥିବା କୋର୍ଟ୍ ଅଫ୍ ଦ ଲାୟନସ୍‌ରେ ବାରଗୋଟି ମାର୍ବଲ୍ ସିଂହ ମୁହଁରେ ଅଛି ବାରଟି ଫୁଆରା। ସେଇ ସିଂହମୁହଁରୁ ଜଟିଳ ହାଇଡ୍ରଲିକ୍ ସିଷ୍ଟମ୍ ବ୍ୟବହାର କରି ଯେଉଁ ଫୁଆରା ସୃଷ୍ଟି ହୋଇଥାଏ ତାହା ଦେଖିବାର କଥା। ଭିତରର ସୂକ୍ଷ୍ମ ଓ ରୁଚିପୂର୍ଣ୍ଣ ସାଜସଜ୍ଜା, ମେଡିଟେରାନିଆନ୍ ଅଞ୍ଚଳର ବିଖ୍ୟାତ ସୂର୍ଯ୍ୟାଲୋକ ଓ ବାହାରର ସବୁଜିମା, ତା' ସହିତ କୋର୍ଟ୍ ଅଫ୍ ଦ ଲାୟନସ୍‌ରେ ଥିବା ଫୁଆରାର ଝରଣା ପରି ଶବ୍ଦ ଶୁଣି ମନେ ହେଉଥିଲା ଏଇଟା କ'ଣ ସତେ ସ୍ୱର୍ଗ କି? ମୁଁ କେଉଁଠି ଗୋଟିଏ ଜାଗାରେ ପଢ଼ିଥିଲି ଯେ, ପୃଥିବୀର ଦଶଟି ଶ୍ରେଷ୍ଠ ଆଶ୍ଚର୍ଯ୍ୟ ଭିତରୁ ଏହା ଗୋଟିଏ। ଅନେକ ଲୋକଙ୍କ ମତରେ ଆଲ୍‌ହମ୍ବ୍ରାର କାରିଗରୀ ତାଜମହଲ୍ ଅପେକ୍ଷା ଯଥେଷ୍ଟ ଉଚ୍ଚକୋଟୀର।

ଆଲ୍‌ହମ୍ବ୍ରା ପରିସର ମଧ୍ୟରେ ଗୋଟିଏ ଦୁର୍ଗ ଅଛି ଯାହାର ନାମ ଆଲ୍‌କାଜାବା। ଆଲ୍‌ହମ୍ବ୍ରା କମ୍ପ୍ଲେକ୍ସର ଏହା ଏକ ଅଂଶ। ଗ୍ରାନାଡ଼ା ସହରର ମନୋରମ ଦୃଶ୍ୟ ଏହା ଉପରୁ ଅତି ଚମତ୍କାର ଭାବରେ ଦେଖାଯାଏ। ନସରିଦ୍ ରାଜବଂଶର ପ୍ରତିଷ୍ଠାତା ମହମ୍ମଦଙ୍କର ଏହା ଥିଲା ନିବାସ। ତାଙ୍କ ପୁଅ ମହମ୍ମଦ ଦ୍ୱିତୀୟ ମଧ୍ୟ ଏହାକୁ ନିଜ ବାସଭବନ ଭାବରେ ବ୍ୟବହାର କରିଥିଲେ। ପରେ ଆଖପାଖ ଅଞ୍ଚଳ ଓ ଦେଶବାସୀଙ୍କ ସୁରକ୍ଷା ପାଇଁ ଏହାକୁ ଦୁର୍ଗ ଭାବରେ ବ୍ୟବହାର କରାଯାଉଥିଲା। ଆମେ ଏଇ ଦୁର୍ଗ ଉପରୁ ସହରର ଦୃଶ୍ୟ ସହିତ ଦୂରରେ ଥିବା ସିଆରା ନେଭାଡ଼ା ପର୍ବତମାଳା ଦେଖି ଅଭିଭୂତ ହେଲୁ। ଏହାପରେ ଆମେ ଜେନେରାଲାଇଫ୍ ବଗିଚା ଦେଖିବା ପାଇଁ ଗଲୁ। ଜେନେରାଲାଇଫ୍ ଥିଲା ନସରିଦ୍ ବଂଶ ରାଜାମାନଙ୍କର ଗ୍ରୀଷ୍ମ ପ୍ରାସାଦ। ଏହା ୧୩୦୨ରୁ ୧୩୦୯ ମସିହା ମଧ୍ୟରେ ତିଆରି ହୋଇଥିଲା। ଫଳ ବଗିଚା, ସୁନ୍ଦର ଉଦ୍ୟାନ ବେଷ୍ଟିତ ଏହି ପ୍ରାସାଦକୁ ରାଜାମାନେ ଅବସର ସମୟରେ ଚିତ୍ତବିନୋଦନ ପାଇଁ ବ୍ୟବହାର କରୁଥିଲେ। ପ୍ରାସାଦର ସୁନ୍ଦର ଅଗଣା, ପକ୍କା ପ୍ରାଙ୍ଗଣ ଓ ପୋଖରୀ ରାଜାମାନଙ୍କୁ ରାଜକର୍ମର ଚାପରୁ ମୁକ୍ତ କରୁଥିଲା। ପ୍ରାସାଦ ଦୁଇକଡ଼ରେ ଥିବା ଦୁଇଟି ବଗିଚାକୁ କୁହାଯାଏ ନିମ୍ନ ବଗିଚା ଓ ଊର୍ଦ୍ଧ୍ୱ ବଗିଚା। ସବୁ ବଗିଚା ଏତେ ସୁନ୍ଦର ଭାବରେ ତିଆରି ହୋଇଛି ଯେ, ଯିଏ ବି ସେଠାକୁ ଆସିବ, ସେ ଶାନ୍ତ ପରିବେଶରେ ଚିନ୍ତାମୁକ୍ତ ହୋଇଯିବ। ବଗିଚା ଭିତରେ ଥିବା ଚଲାପଥଗୁଡ଼ିକ ପାରମ୍ପରିକ ଗ୍ରାନାଡିଆନ୍ ଷ୍ଟାଇଲ୍‌ରେ ଛୋଟ ଛୋଟ ଧଳା ଏବଂ କଳା ପଥରରେ ମୋଜାଇକ୍ କରାଯାଇଛି। ଆଲ୍‌ହମ୍ବ୍ରା ପ୍ରାସାଦ ଏବଂ ଉଦ୍ୟାନ ସହିତ ଜେନେରାଲାଇଫ୍ ପରିସରକୁ ମଧ୍ୟ ବିଶ୍ୱ ଐତିହ୍ୟ ସ୍ଥାନ ଭାବରେ ଘୋଷଣା କରାଯାଇଛି। ତିନି ଘଣ୍ଟା ଧରି ଏହି ସ୍ଥାନଟିର

ଆନନ୍ଦ ଉପଭୋଗ ପରେ ଆମେ ବସ୍‌ରେ ପ୍ଲାଜା ନୁଏଭାକୁ ଫେରିଲୁ। ଡିନର୍ ସମୟ ହୋଇଯାଇଥିଲା। ଆମେ ସେତେବେଳକୁ କ୍ଳାନ୍ତ ହୋଇଯାଇଥିଲୁ, ଏଣେ ଭୋକ ବି ହେଉଥିଲା। ଫେରିବା ରାସ୍ତାରେ ଡିନର୍ ଖାଇବା ପାଇଁ ଶଓ୍ୱର୍ମା କିଙ୍ଗ୍ ହଲାଲ୍ କାଫେକୁ ଗଲୁ। ଆମେ ଭାତ, ଚିକେନ୍ କରି ଓ ସାଲାଡ଼ ମଗାଇଲୁ। ସବୁ ଖାଇବା ବେଶ୍ ଭଲ ଲାଗିଲା। ଦିନଯାକ ବୁଲାବୁଲି କରି ହାଲିଆ ହୋଇଯାଇଥିଲୁ, ତେଣୁ ହୋଟେଲ୍‌କୁ ଫେରି ଶୋଇପଡ଼ିଲୁ।

ପରଦିନ ସକାଳେ ଆମେ ଆଲ୍ କାଇସେରିଆ ସପିଙ୍ଗ୍ ସେଣ୍ଟର୍‌କୁ ଗଲୁ। ଏହାକୁ ଗ୍ରେଟ୍ ବଜାର ଅଫ୍ ଗ୍ରାନାଡ଼ା ମଧ୍ୟ କହନ୍ତି। ପର୍ଯ୍ୟଟକମାନଙ୍କର ଏହା ଏକ ଆଡ୍ଡାସ୍ଥଳ। ରାସ୍ତା ଓ ଗଳିଗୁଡ଼ିକରେ ଧାଡ଼ି ଧାଡ଼ି ହୋଇ ଅନେକ ଦୋକାନ। ଏଠାରେ ସବୁକିଛି ମିଳେ। ସ୍ମାରକୀ, ଆରବର ହସ୍ତଶିଳ୍ପ, କାରିଗରୀ କାମ ହୋଇଥିବା ସେରାମିକ୍ ଓ କାଠ ଜିନିଷ, ଲୁଗାପଟା, ଗ୍ଲାସ୍ ଲ୍ୟାମ୍ପ, ମରୋକ୍କୋରୁ ଆସିଥିବା ଜଡ଼ିବୁଟି ମସଲା, ଶୁଖିଲା ଫଳ ଇତ୍ୟାଦି। ସେଠାରେ ବିଭିନ୍ନ ଦୋକାନ ବୁଲି ଭିନ୍ନ ଭିନ୍ନ ଜିନିଷ ଦେଖିବାକୁ ଭଲ ଲାଗୁଥିଲା। ସେଇମିତି ବୁଲୁବୁଲୁ ଗୋଟାଏ ଜାଗାରେ ଅନେକ ଲୋକ ଠିଆ ହୋଇଥିବାର ଦେଖିଲୁ। କ'ଣ ସେଠାରେ ହେଉଛି ବୋଲି ଆମେ ଦେଖିବାକୁ ଗଲୁ। ଦେଖିଲୁ ସିମେଣ୍ଟର ଗୋଟିଏ ଷ୍ଟେଜ୍ ଉପରେ ପାଞ୍ଚ ଜଣ ଲୋକ- ଦୁଇ ଜଣ ପୁଅ ଓ ତିନି ଜଣ ଝିଅ, ରଙ୍ଗୀନ୍ ପୋଷାକ ପିନ୍ଧି ଠିଆ ହୋଇଛନ୍ତି। ସେମାନେ ଫ୍ଲାମେଁକୋ ନାଚ ଦେଖାଇବା ପାଇଁ ପ୍ରସ୍ତୁତ ହେଉଥିଲେ। ପୁଅ ଦୁଇ ଜଣଙ୍କ ଭିତରୁ ଜଣେ ଥିଲେ ଗାୟକ ଓ ଅନ୍ୟ ଜଣକ ଗୀଟାର ବାଦକ। ଝିଅମାନେ ଥିଲେ ନର୍ତ୍ତକୀ। ତାଙ୍କୁ ଘେରି ଦେଖଣାହାରୀମାନେ ଠିଆ ହୋଇଥିଲେ। ଆମେ ମଧ୍ୟ ନାଚ ଦେଖିବା ପାଇଁ ସେଠି ଠିଆ ହେଲୁ। ସର୍ବସାଧାରଣ ସ୍ଥାନରେ ଏପରି ନାଚ ଦେଖାଇ ପଇସା ରୋଜଗାର କରିବା ଏକ ସାଧାରଣ କଥା ବୋଲି ଆମେ ଶୁଣିଲୁ। ନାଚ ସାରି ସେମାନେ ଅନ୍ୟ ଜାଗାକୁ ଯିବାପାଇଁ ପ୍ରସ୍ତୁତ ହେଉଥିବା ବେଳେ ମୁଁ ତାଙ୍କ ସହ ଫଟୋ ଉଠାଇବା ପାଇଁ ଇଚ୍ଛାକରି ତାଙ୍କୁ ପଚାରିବାରୁ ସେମାନେ ଖୁସିରେ ହଁ କହିଲେ। ମୁଁ ତାଙ୍କ ସହ ଫଟୋ ଉଠାଇଲି। ସେଇ ସପିଙ୍ଗ୍ ଏରିଆରେ ଆମେ ଆଉ କିଛି ସମୟ କଟାଇଲୁ। ପୂର୍ବ ସନ୍ଧ୍ୟାରେ ଡିନର୍ କରିଥିବା କାଫେରେ ଖାଦ୍ୟ ଭଲ ଲାଗିଥିବାରୁ ଲଞ୍ଚ୍ ଖାଇବା ପାଇଁ ମଧ୍ୟ ସେଠିକୁ ଗଲୁ। ଲଞ୍ଚରେ ପିଟା ଫଲାଫଲ ମଗାଇଲୁ। ବେଶ୍ ଭଲ ଲାଗିଲା। ଅପରାହ୍ନରେ ସିଟି ଭିତରେ ବୁଲାବୁଲି କରି କିଛି କିଣାକିଣି କଲୁ। ସେଇ ପାଖରେ ଗୋଟିଏ କାଫେରେ ବସି ସ୍ନାକ୍ ଖାଇଲୁ ଓ କଫି ପିଇଲୁ। ସେଦିନ ବେଶ୍ ଭଲ ଗରମ ଥିଲା। କିଛି ସମୟ ପରେ କ୍ଳାନ୍ତ ଲାଗିବାରୁ ହୋଟେଲ୍‌କୁ ଫେରିଆସି ବିଶ୍ରାମ ନେଲୁ।

ଡିନରରେ ଚାଇନିଜ୍ ଖାଦ୍ୟ ଖାଇବାକୁ ଇଛା ହେବାରୁ ହୋଟେଲ୍ କର୍ମଚାରୀଙ୍କୁ ଗୋଟିଏ ଭଲ ଚାଇନିଜ୍ ରେଷ୍ଟୋରାଁର ଆଡ୍ରେସ୍ ପଚାରି ସେଠିକୁ ଗଲୁ। ସେ ରେଷ୍ଟୋରାଁର ନାଁ ମୋର ଆଉ ମନେପଡୁନି। ପାଖରେ ପହଞ୍ଚି ଦେଖିଲୁ ରେଷ୍ଟୋରାଁଟି ବେଶ୍ ବଡ଼ ଓ ସୁନ୍ଦର ଭାବରେ ଚାଇନିଜ୍ ଷ୍ଟାଇଲ୍‌ରେ ସଜା ହୋଇଛି। ଭିତରକୁ ପଶି ଦେଖିଲୁ ରେଷ୍ଟୋରାଁରେ କେହି ଲୋକ ନାହାନ୍ତି। ଭାବିଲୁ ଯେହେତୁ ସ୍ପେନ୍‌ରେ ଲୋକମାନେ ଡେରିରେ ଡିନର୍ ଖାଆନ୍ତି, ହୁଏତ ଲୋକମାନେ ଡେରିରେ ଆସିବେ। ଆମେ ଭାତ, ଚିକେନ୍‌ର ଗୋଟେ ଆଇଟମ୍ ଓ ଟୋଫୁର ଗୋଟିଏ ଆଇଟମ୍ ମଗାଇଲୁ। ସବୁ ଆଇଟମ୍‌ଗୁଡିକ ଖାଇବାକୁ ଭଲ ଲାଗିଲା। ଆମେ ସେ ରେଷ୍ଟୋରାଁରେ ପ୍ରାୟ ଘଣ୍ଟାଏ ବିତାଇଲା ପରେ ମଧ୍ୟ କେହି ଆସି ବସି ଖାଇବାର ଦେଖିଲୁ ନାହିଁ। କିଛି ଲୋକ ଆସି ଖାଦ୍ୟ ନେଇ ଚାଲି ଯାଉଥିବାର ଦେଖିଲୁ କେବଳ। କୌତୁହଳ ବଢ଼ିବାରୁ ପରିଚାରିକାଙ୍କୁ ପଚାରିଲି। ସେ କହିଲେ ଅନେକ ଲୋକ ସେଠୁ ଖାଦ୍ୟ ମଗେଇ ନେଇ ଘରେ ଖାଆନ୍ତି। ଭାବିଲି ଲୋକମାନେ ଯଦି ଖାଇବା ନେଇ ଘରେ ଖାଆନ୍ତି ତେବେ ଏତେ ବଡ ରେଷ୍ଟୋରାଁ କାହିଁକି ହୋଇଛି ? ଖାଇସାରି ଆମେ ହୋଟେଲ୍‌କୁ ଫେରିଲୁ। ପରଦିନ ସକାଳେ ସେଭିଲ୍ ଯିବାକୁ ଥିବାରୁ ଜିନିଷପତ୍ର ସଜାଡ଼ି ଶୋଇପଡ଼ିଲୁ।

ସେଭିଲ୍: ସ୍ପେନ୍‌ର ହୃଦୟ

ସ୍ପେନ୍‌ର ଆଣ୍ଡାଲୁଚିଆ ଅଂଚଳର ମୁଖ୍ୟ ସହର ସେଭିଲ୍, ଆଲ୍‌କାଜାର୍ ଦୁର୍ଗ, ପ୍ଲାଜା ଦେ ଏସ୍ପାନା ସେଭିଲ୍ କ୍ୟାଥେଡ୍ରାଲ୍, ମେଟ୍ରୋପୋଲ୍ ପାରାସୋଲ୍ ଏବଂ ଫ୍ଲାମେଁକୋ ନାଚ ପାଇଁ ପ୍ରସିଦ୍ଧ। ଗ୍ରାନାଡ଼ାର ଆଲ୍‌ହମ୍ବ୍ରା ଦେଖିବା ପରେ ଆଲ୍‌କାଜାର୍ ଦେଖିବା ପାଇଁ ଆମର ଉତ୍କଣ୍ଠା ବଢ଼ିଥିଲା। ସେପ୍ଟେମ୍ବର୍ ୧୧, ୨୦୧୫ ସକାଳ ପ୍ରାୟ ୮ଟାରେ ଆମେ ହୋଟେଲ୍‌ରୁ ଟାକ୍ସି ନେଇ ବସ୍‌ଷ୍ଟାଣ୍ଡ ଯାଇ ସେଠାରୁ ଗୋଟିଏ ବସ୍‌ରେ ଆଣ୍ଟେକ୍ୱେରା ସାନ୍ତା ଆନା ଷ୍ଟେସନ୍‌କୁ ଗଲୁ ଓ ସେଠାରୁ ଟ୍ରେନ୍ ଧରି ଦିନ ପ୍ରାୟ ୧୨ଟାରେ ସେଭିଲ୍‌ରେ ପହଞ୍ଚିଲୁ। ସେଦିନ ବେଶ୍ ଗରମ ଥିଲା। ଭୂମଧ୍ୟସାଗରୀୟ ସୂର୍ଯ୍ୟଙ୍କ ପ୍ରଖରତା ବେଶ୍ ଭଲ ଭାବରେ ଅନୁଭବ କରି ହେଉଥିଲା। କିନ୍ତୁ ଟ୍ରେନ୍ ଯାତ୍ରା ଥିଲା ଆରାମଦାୟକ। ଆମେ ଯେଉଁ କୋଚ୍‌ରେ ବସିଲୁ ସେଥିରେ ୨୪ ଜଣ ବସିବା ପାଇଁ ବ୍ୟବସ୍ଥା ଥିଲା। ଗୋଟିଏ ଛୋଟ ଟଏଲେଟ୍ ଥିଲା। ତଥାପି ସେଇ ଛୋଟ ଟଏଲେଟ୍‌ରେ ପାଣିଟ୍ୟାପ, ସାବୁନ୍ ସହିତ ହାତ ଶୁଖାଇବା ପାଇଁ ଡ୍ରାୟର୍ ଗୋଟିଏ ମଧ୍ୟ ଥିଲା। ଆଣ୍ଟେକ୍ୱେରା ସାନ୍ତା ଆନା ଷ୍ଟେସନ୍‌ରୁ ଟ୍ରେନ୍ ଛାଡ଼ିବା ବେଳେ ଆମ କୋଚ୍‌ରେ ଆମ ଦୁଇଜଣଙ୍କ ଛଡ଼ା ଆଉ କେହି ନଥିଲେ। ପରବର୍ତ୍ତୀ ଷ୍ଟେସନ୍

ଗୁଡ଼ିକରେ ଧୀରେ ଧୀରେ ଲୋକ ଆସିଲେ। ଟ୍ରେନ୍ ଯାତ୍ରା ଖୁବ୍ ଭଲ ଲାଗିଲା। ବାଟ ସାରା ଆଲୋଭେରା (ଘିକୁଆଁରୀ) ଗଛ, ଅଲିଭ୍ ଗଛ, ସବୁଜ ବନାନୀ ଓ ଚାଷଜମି ଦେଖି ଦେଖି ଆମେ ସେଭିଲ୍‌ରେ ପହଞ୍ଚିଗଲୁ।

ଟାକ୍ସି ନେଇ ଆମେ ହୋଟେଲ୍ 'ଆଲ୍‌ଫୋନସୋ ଏକ୍ସ'ରେ ପ୍ରାୟ ୨୦ ମିନିଟ୍‌ରେ ପହଞ୍ଚିଲୁ। ଟାକ୍ସିଭଡ଼ା ପଡ଼ିଲା ୧୧ ଇଉରୋ। ପାଖରେ ଅନେକଗୁଡ଼ିଏ ବଡ଼ ବଡ଼ ଅଟ୍ଟାଳିକା ଥାଇ ଏହି ହୋଟେଲଟି ସହରର କେନ୍ଦ୍ର ସ୍ଥଳରେ ଅବସ୍ଥିତ। କିନ୍ତୁ ଏଇ ସବୁ ବଡ଼ ବଡ଼ ବିଲ୍‌ଡିଙ୍ଗ୍ ଓ ହୋଟେଲ୍‌କୁ ସଂଯୋଗ କରୁଥିବା ରାସ୍ତାଟି ଭାରି ଅଣଓସାରିଆ। ସେ ଅଞ୍ଚଳରେ ସବୁ ରାସ୍ତାଗୁଡ଼ିକର ଚୌଡ଼ା ଏତେ କମ୍ ଯେ ରାସ୍ତାରେ ଗାଡ଼ି କେମିତି ଯାଉଛି ମୁଁ ଭାବି ପାରିଲିନି। ଚେକ୍-ଇନ୍ ପରେ ରୁମ୍‌ରେ ଜିନିଷ ରଖିଦେଇ ଆମେ ଲଞ୍ଚ୍ ପାଇଁ ବାହାରିଗଲୁ। ପାଖଆଖରେ ଅନେକଗୁଡ଼ିଏ ରେଷ୍ଟୋରାଁ ଓ କାଫେ ଥିଲା। କେଉଁଠି ଖାଇବୁ ଭାବି ଚାଲୁଚାଲୁ ଗୋଟିଏ କାଫେ ନଜରରେ ପଡ଼ିଲା। ତା'ର ନାଁ ଲିଭାଇଜ୍ ତାପାସ୍ ବାର୍। ସେଠାରେ ଅନେକ ଲୋକ ଦେଖି ଭାବିଲୁ ଭଲ ହୋଇଥିବ ନିଶ୍ଚୟ; ତେଣୁ ତା' ଭିତରକୁ ଗଲୁ। ମେନୁରେ ନିଜ ପସନ୍ଦର ଆଇଟମ୍ ଦେଖି ଖୁସି ଲାଗିଲା। ଆମେ ପୋଲୋ କରି (ଚିକେନ୍ କରି), ଭାତ ଓ ସାଲାଡ଼ ମଗାଇଲୁ। ସବୁ ଖାଇବା ଭଲ ଲାଗିଲା। ଚିକେନ୍ କରି କିନ୍ତୁ ଆମ ଭାରତୀୟ ଚିକେନ୍ ତରକାରି ପରି ନୁହେଁ। ଅଳ୍ପ ମସଲା ଓ ଝୋଳ ଥାଇ ସ୍ୱାଦ ପୂରା ଅଲଗା ଥିଲା।

ଲଞ୍ଚ୍ ପରେ ବୁଲାବୁଲି କରି ସହର ଉପରେ ଗୋଟିଏ ମୋଟାମୋଟି ଧାରଣା କରିବା ପାଇଁ ବାହାରିଲୁ। କାଫେ ବାହାରେ ଠିଆହୋଇ ମୁଁ ଚାରିଆଡ଼କୁ ଆଖି ବୁଲାଇ ଦେଖିନେଲି। ଦେଖିଲି ରାସ୍ତାଗୁଡ଼ିକ କେବଳ ଅଣଓସାରିଆ ନୁହେଁ, ବହୁତ ବଙ୍କାଟଙ୍କା ମଧ୍ୟ। ତାକୁ ଦେଖି ମୋ ମନକୁ ଯେଉଁ ପ୍ରଥମ ପ୍ରଶ୍ନ ଆସିଲା, ତା'ହେଲା- ଏଠି ଗୋଟିଏ ନିର୍ଦ୍ଦିଷ୍ଟ ଜାଗା ଖୋଜି ପାଇବୁ କେମିତି ? ମନେ ମନେ ଭାବିଲି ଏଇ ସହରରେ ଆମେ ନିଶ୍ଚୟ ବାଟବଣା ହେବୁ। ଅନେକ ଦେଶରେ ଅନେକ ସହର ଆମେ ବୁଲିଛୁ, କିନ୍ତୁ ଏପରି ଭାବନା କେଉଁଠି ହେଲେ ଆସିନଥିଲା।

ହୋଟେଲ୍‌କୁ ଫେରିଆସି କିଛି ସମୟ ବିଶ୍ରାମ ନେଇ ଆମେ ଯେତେବେଳେ ବୁଲି ବାହାରିଲୁ, ହୋଟେଲର ଜଣେ କର୍ମଚାରୀଙ୍କୁ ପଚାରିଲୁ, ଏଠି କ'ଣ ଲାଣ୍ଡ୍‌ମାର୍କ ଅଛି ଯାହା ସାହାଯ୍ୟରେ ହୋଟେଲ୍‌କୁ ଫେରିବାକୁ ସୁବିଧା ହେବ। ସେ କହିଲେ, ଏଇଟା କ୍ୟାଥେଡ୍ରାଲ୍ ଦେ ସେଭିଲ୍‌ରୁ ମାତ୍ର ପାଞ୍ଚ ମିନିଟ୍‌ର ବାଟ। ସେଇ ସମୟରେ କ୍ୟାଥେଡ୍ରାଲ୍‌ର ଅବସ୍ଥିତି ବିଷୟରେ ଆମର କିଛି ଧାରଣା ନଥିଲା। ତେବେ ହୋଟେଲ୍‌ର

ଅନ୍ୟ ଜଣେ କର୍ମଚାରୀ କ୍ୟାଥେଡ୍ରାଲ୍ ବିଷୟରେ ଏକ ସଠିକ ବିବରଣୀ ଦେଲେ। ପରେ ଅବଶ୍ୟ ଆମେ ଜାଣିପାରିଲୁ ଯେ ହଁ, କ୍ୟାଥେଡ୍ରାଲ୍ ଆମ ହୋଟେଲ୍‌ରୁ ପାଞ୍ଚ ମିନିଟ୍‌ର ବାଟ ନିଶ୍ଚୟ। କିନ୍ତୁ ସେଠିକୁ ଯିବାକୁ ରାସ୍ତା ବହୁତ ବଙ୍କାଟଙ୍କା ଓ ଅଣଓସାରିଆ। କେତେଗୁଡ଼ିଏ ଗଳିକନ୍ଦି ଦେଇ ଯିବାକୁ ହୁଏ। ସେଭିଲ୍ ସହର ବହୁତ ପୁରୁଣା ଓ ମୁର୍‌ମାନଙ୍କ ଦ୍ୱାରା ଗଢ଼ି ଉଠିଥିବାରୁ ଏବଂ ସବୁତକ ଦେଖିବା ଜାଗା ସେଇ ଅଞ୍ଚଳରେ ଥିବାରୁ, ସେଠିକାର ରାସ୍ତାଗୁଡ଼ିକ ସେମିତି ତିଆରି ହୋଇଛି ବୋଲି ଶୁଣିଲୁ।

ହୋଟେଲ୍ ଆଗରେ ଯେଉଁ ମୁଖ୍ୟ ରାସ୍ତାଟି ଥିଲା ତା' ମଧ୍ୟ ବେଶୀ ଚୌଡ଼ା ନୁହେଁ। ଯେଉଁ ହୋଟେଲ୍‌ରେ ଆମେ ରହିଥିଲୁ ତାହା ସହରର କେନ୍ଦ୍ରସ୍ଥଳରେ ଥିବାରୁ ସବୁ ଦର୍ଶନୀୟ ସ୍ଥାନଗୁଡ଼ିକୁ ସୁବିଧାରେ ଚାଲିକରି ଯାଇହେଉଥିଲା। ସେଭିଲ୍ ରହଣିର ପ୍ରଥମ ଦିନରେ ଆମେ ପ୍ଲାଜା ଦେ ଏସ୍ପାନା ଦେଖିବା ପାଇଁ ସ୍ଥିର କଲୁ। ହୋଟେଲ୍‌ରୁ ପ୍ଲାଜା ଦେ ଏସ୍ପାନା ପ୍ରାୟ ଗୋଟେ କିଲୋମିଟର ଦୂରରେ ଥିଲା। ପ୍ଲାଜାକୁ ଯିବା ବାଟରେ ଗୋଟିଏ ଛୋଟ ସୁନ୍ଦର ପାର୍କ ପଡ଼ିଲା। ସେଇ ପାର୍କରେ ଟିକେ ବୁଲି ଆସିବାକୁ ଭାବି ତା' ଭିତରକୁ ଗଲୁ। ପାର୍କ ଭିତରେ ଗୋଟିଏ ବହୁତ ପୁରୁଣା, ବିରାଟକାୟ ଗଛ ଦେଖି ତା' ପାଖକୁ ମୁଁ ଗଲି। ଗଛଟି ବହୁତ ଉଚ୍ଚ। ପତ୍ରଗୁଡ଼ିକ ଅତି ଛୋଟ ଛୋଟ। ଗଛର ଚେରଗୁଡ଼ିକ ଖୁବ୍ ମୋଟା, ପ୍ରାୟ ଗୋଟିଏ ଫୁଟ ପାଖାପାଖି ଓ ଭୂମି ଉପରେ ଥିବାର ଦେଖି ଆଶ୍ଚର୍ଯ୍ୟ ଲାଗିଲା। ଗଛଟି ମତେ ଏତେ ଅସାମାନ୍ୟ ଲାଗିଲା ଯେ ତା'ର ଗୁଡ଼ିଏ ଫଟୋ ଉଠେଇଲି। ପାର୍କର ଅପର ପାର୍ଶ୍ୱରେ ଗୋଟିଏ ୟୁନିଭର୍‌ସିଟି ଥିଲା। ୟୁନିଭର୍‌ସିଟି ହେବା ପୂର୍ବରୁ ସେଠାରେ ଗୋଟିଏ ଟବାକୋ ଫାକ୍ଟ୍ରି ଥିଲା। ଭିତରକୁ ନଯାଇ ରାସ୍ତାରେ ଗଲାବେଳକୁ କେବଳ ସେଠି ଆଖି ପକେଇଦେଇ ଗଲୁ। ଚାଲିକରି ଯିବାବେଳେ ଦୂରରୁ ଦେଖାଗଲା ପ୍ଲାଜା ଦେ ଏସ୍ପାନାର ପ୍ରବେଶ ଦ୍ୱାର ପାଖରେ ଅନେକ ଲୋକ। ପାଖରେ ପହଞ୍ଚି ଦେଖିଲୁ ସମସ୍ତେ- ବାଳୁତଠାରୁ ବୃଦ୍ଧ ପର୍ଯ୍ୟନ୍ତ- ଆଇସ୍‌କ୍ରିମ୍ ଓ ପପ୍‌ସିକ୍ଲ (କାଠି ଲଗା ଆଇସ୍‌କ୍ରିମ୍) ଖାଇବାରେ ବ୍ୟସ୍ତ। ସାଇକଲ୍ ଷ୍ଟାଣ୍ଡରେ କେତେଗୁଡ଼ିଏ ସାଇକଲ୍ ଓ ପାଖରେ କେତୋଟି ଘୋଡ଼ାଗାଡ଼ି ଠିଆ ହୋଇଥିବାର ମଧ୍ୟ ଦେଖିଲୁ। ଏହି ପ୍ଲାଜାଟି ଏତେ ବଡ଼ ଯେ ଏହାକୁ ବୁଲି ଦେଖିବା ପାଇଁ ସାଇକଲ୍ ଭଡ଼ାରେ ମିଳେ। ପ୍ଲାଜା ଭିତରେ ଭଡ଼ା କରି ବୁଲିବା ପାଇଁ ଘୋଡ଼ା ଗାଡ଼ି ମଧ୍ୟ ମିଳେ।

ପ୍ଲାଜା ଦେ ଏସ୍ପାନା ପୃଥିବୀର ଶ୍ରେଷ୍ଠ ପ୍ଲାଜା ମଧ୍ୟରୁ ଅନ୍ୟତମ। ଏହି ବିରାଟ ଅର୍ଦ୍ଧବୃତ୍ତାକାର ପ୍ଲାଜାର ଦୁଇ ପାର୍ଶ୍ୱରେ ରହିଛି ଦୁଇଟି ଗମ୍ବୁଜ। ଏହି ଦୁଇ ଗମ୍ବୁଜ ଭିତରେ ରହିଛି ଅନେକ ସୁରମ୍ୟ ଅଟ୍ଟାଳିକା। ଏହାର କାନ୍ଥଗୁଡ଼ିକରେ ଅନେକଗୁଡ଼ିଏ ଆର୍ଚ୍

ତିଆରି ହୋଇଛି। ବିଭିନ୍ନ ରଙ୍ଗ ଓ ବିଭିନ୍ନ ପ୍ରକାର ଟାଇଲ୍ ଖଞ୍ଜା ଯାଇଥିବାରୁ ଏଗୁଡ଼ିକ ଅତି ସୁନ୍ଦର ଦିଶୁଥିଲା। ପ୍ରତି ଆର୍ଚ୍‌ର ଭିତର ଆଡ଼କୁ ଦୁଇ କଡ଼ରେ ରହିଛି ବହି ଆଲମାରୀ ଓ ମଝିରେ ବସିବା ପାଇଁ ଗୋଟିଏ ବେଞ୍ଚ। ପ୍ରତିଟି ଆର୍ଚ ସ୍ପେନ୍‌ର ବିଭିନ୍ନ ପ୍ରଦେଶ ନାଁରେ ତିଆରି। ସ୍ପେନ୍‌ର ଯେଉଁ ଦର୍ଶକମାନେ ଏଠାକୁ ଆସନ୍ତି, ସେମାନେ ନିଜ ନିଜ ପ୍ରଦେଶର ଆର୍ଚ୍ ପାଖରେ ବସି ଫଟୋ ଉଠାନ୍ତି ଓ ସେଠାରେ ଥିବା ବହି ପଢ଼ନ୍ତି। ନିଜ ପ୍ରଦେଶ ଆର୍ଚ୍ ପାଖରେ, ନିଜ ପରିବାର ବା ସାଙ୍ଗମାନଙ୍କ ସହ ଫଟୋ ଉଠାଇବାପାଇଁ ସ୍ପେନ୍‌ବାସୀ ବହୁତ ଭଲ ପାଆନ୍ତି। ଅନ୍ୟମାନେ ପଢ଼ିବେ ବୋଲି କିଛି ପର୍ଯ୍ୟଟକ ନିଜ ପସନ୍ଦର ବହି ମଧ୍ୟ ସେଠାରେ ଛାଡ଼ିଯାନ୍ତି ବୋଲି ଶୁଣିଲୁ। ପ୍ଲାଜାର ସାମନାରେ ଗଡ଼ଖାଇ ଭଳି ଏକ ୫୦୦ ମିଟର ଲମ୍ବ ଖାଇ ଅଛି। ଏହା ବେଶ୍ ଚୌଡ଼ା ମଧ୍ୟ। ଏଠାରେ ନୌବିହାରର ସୁବିଧା ଅଛି। ପର୍ଯ୍ୟଟକମାନେ ଭଡ଼ା ଦେଇ ନୌବିହାର କରିଥାନ୍ତି। ଖାଇକୁ ପାର ହେବାପାଇଁ ଚାରିଟି ପୋଲ ଅଛି ଏବଂ ସବୁ ପୋଲଗୁଡ଼ିକ ଅତି ଉଚ୍ଚକୋଟୀର ଡିଜାଇନ୍ ହୋଇଥିବା ଟାଇଲ୍‌ରେ ଖଚିତ।

ସେଭିଲ୍‌ରେ ଗୋଟିଏ ଖୁବ୍ ବଡ଼ ପ୍ରଦର୍ଶନୀ, ଇବେରୋ-ଆମେରିକାନ୍ ଏକ୍ସପୋଜିସନ୍, ୦୯ ମେ ୧୯୨୯ରେ ଆରମ୍ଭ ହୋଇ ୨୧ ଜୁନ୍ ୧୯୩୦ରେ ଉଦ୍‌ଯାପିତ ହୋଇଥିଲା। ପ୍ରଦର୍ଶନୀ କରିବାର ଉଦ୍ଦେଶ୍ୟ ଥିଲା ସ୍ପେନ୍‌ର ଅନ୍ୟ କେତେ ଦେଶମାନଙ୍କ ସହ ସମ୍ପର୍କ ସୁଦୃଢ଼ କରିବା। ଏଥିରେ ଆମେରିକା ବ୍ୟତୀତ ପର୍ତ୍ତୁଗାଲ୍, ବ୍ରାଜିଲ୍, ପେରୁ, ମେକ୍ସିକୋ, ଚିଲି, ଭେନେଜୁଏଲା ଓ ଆହୁରି ଅନେକଗୁଡ଼ିଏ ଦେଶ ଅଂଶଗ୍ରହଣ କରିଥିଲେ। ସେହି ପ୍ରଦର୍ଶନୀର ଆବଶ୍ୟକତାକୁ ଆଖିରେ ରଖି ଏହି ପ୍ଲାଜା ୧୯୨୮ରେ ନିର୍ମିତ ହୋଇଥିଲା। ଏହାର ଆର୍କିଟେକ୍ଟ ଥିଲେ ସେଭିଲ୍‌ର ଆନୀବଲ୍ ଗଞ୍ଜାଲେଜ୍ ଆଲଭାରେଜ୍-ଓସୋରିଓ।

ପ୍ଲାଜା ସାମନାରେ ଥିବା ବିସ୍ତୀର୍ଣ୍ଣ ପ୍ରୋମନେଡ୍ ସବୁବେଳେ ପର୍ଯ୍ୟଟକମାନଙ୍କ ଦ୍ୱାରା ପୂର୍ଣ୍ଣ ରହିଥାଏ। ଆମେ ଦେଖିଲୁ ସେଠି ଅନେକ ଲୋକ ଚାଲି ଚାଲି ବୁଲୁଥାନ୍ତି, କେତେ ସାଇକଲ୍ ଚଳାଇ ଓ କେତେ ଲୋକ ଘୋଡ଼ାଗାଡ଼ିରେ ବସି ବୁଲୁଥାନ୍ତି। ଠାଏ ଠାଏ ସଙ୍ଗୀତର ଆସର ଜମିଥାଏ। ଏହି ବୃହତ୍‌କାୟ ପ୍ଲାଜାର ପ୍ରତ୍ୟେକ କାନ୍ଥ, ଛାତ, ବସିବା ପାଇଁ ଥିବା ବେଞ୍ଚ, ଗଡ଼ଖାଇ ଉପରେ ଥିବା ଚାରିଟା ପୋଲ ଏପରିକି ସେ ଏରିଆରେ ଥିବା ବତିଖୁଣ୍ଟଗୁଡ଼ିକ ମଧ୍ୟ ବିଭିନ୍ନ ଡିଜାଇନ୍‌ର ଟାଇଲ୍ ଦ୍ୱାରା ନିର୍ମିତ। ଯେଉଁଆଡ଼େ ଚାହିଁଲେ ଆଖି ଝଲସି ଉଠିବ। ଆମେ ଶୁଣିଲୁ ପର୍ତ୍ତୁଗାଲ୍‌ର ରାଜା ମାନୁଏଲ୍-୧ ଏଇ ଟାଇଲ୍ ସଜା ଦେଖି ଏତେ ପ୍ରଭାବିତ ହୋଇଥିଲେ ଯେ ନିଜ ଦେଶରେ ଏପରି କାରୁକାର୍ଯ୍ୟ କରିବା ପାଇଁ ନିର୍ଦ୍ଦେଶ ଦେଇଥିଲେ। ଏହାର ସୌନ୍ଦର୍ଯ୍ୟ, ଏହାର

ବିସ୍ତୀର୍ଣ୍ଣତା ଜଣେ ଦେଖିଲେ ହିଁ ଜାଣିପାରିବ। ପ୍ଲାଜାରେ ପ୍ରାୟ ଦୁଇ ଘଣ୍ଟା ବିତାଇଲା ପରେ ଆମେ ହୋଟେଲ୍‌କୁ ଫେରିଲୁ। ସନ୍ଧ୍ୟାବେଳେ ହୋଟେଲ୍ ପାଖରେ ଥିବା ଏକ ରେଷ୍ଟୋରାଁ ଆଲ୍ଲାଦିନ୍‌ରେ ସିରିଆନ୍ ଷ୍ଟାଇଲ୍‌ର ଚିକେନ୍ ବିରିଆନୀ, କବାବ୍ ଓ ରାଇତା ଖାଇଲୁ। ସିରିଆନ୍ ଷ୍ଟାଇଲ୍‌ର ଖାଇବା ବହୁତ ଭଲ ଲାଗିଲା।

ପରଦିନ ସକାଳେ ଆମ ହୋଟେଲ୍ ସାମନାରେ ଥିବା କାଫେ ବାର୍ କାମେଲାରେ ବ୍ରେକଫାଷ୍ଟ୍ କରିବା ପରେ ସେଇ ଅଣଓସାରିଆ ଓ ଅଙ୍କାବଙ୍କା ରାସ୍ତା ଦେଇ ପ୍ରସିଦ୍ଧ ମେଟ୍ରୋପୋଲ୍ ପାରାସୋଲ୍ ଦେଖିବା ପାଇଁ ଗଲୁ। ପୁରୁଣା ସେଭିଲ୍‌ର "ଲା ଏନ୍‌କାର୍‌ନାସିଅନ୍" ସ୍କୋୟାର୍‌ରେ ରହିଛି ଏହି ଚମତ୍କାର କାଠ ତିଆରି ଷ୍ଟ୍ରକ୍‌ଚର୍- ମେଟ୍ରୋପୋଲ୍ ପାରାସୋଲ୍। ଏହାକୁ ଲା ସେତାସ୍ ମଧ୍ୟ କହନ୍ତି, ଯାହାର ଅର୍ଥ 'ଛତୁ'। ୟୋଗେନ୍ ମେୟର୍ ନାମକ ଜଣେ ଜର୍ମାନ ଆର୍କିଟେକ୍ଟ ଏହାକୁ ଡିଜାଇନ୍ କରିଥିଲେ। ଏହି କାଠ ଷ୍ଟ୍ରକ୍‌ଚର୍‌ଟି ପୃଥିବୀର ବୃହତ୍ତମ କାଠ ଷ୍ଟ୍ରକ୍‌ଚର୍ ବୋଲି କୁହାଯାଏ। ଏହାର ସ୍ତମ୍ଭଗୁଡ଼ିକ ଛତୁ ଆକାରର ଓ ଛାତଟି ମହୁଫେଣା ପରି ଦେଖାଯାଏ। ୨୦୧୧ ମସିହାରେ ନିର୍ମିତ ହୋଇଥିବା ଏହି ଚାରିତାଲା ଷ୍ଟ୍ରକ୍‌ଚର୍‌ରେ ଛ'ଟି ସନ୍-ସେଡ୍ ରହିଛି। ସେଠାରେ ଥିବା ଚାରି ତାଲା ଭିତରୁ ପ୍ରଥମ ତାଲାରେ ଚାଷୀମାନଙ୍କର ହାଟ, ମାଛ ବଜାର ଓ ଅନେକଗୁଡ଼ିଏ ଦୋକାନ ସହ ଗୋଟିଏ ପବ୍ଲିକ୍ ପ୍ଲାଜା ରହିଛି। ସ୍ଥାନୀୟ ଲୋକମାନେ ଏହି ପ୍ଲାଜାରେ ବିଭିନ୍ନ ସଭାସମିତି କରିଥାନ୍ତି। ଉପରକୁ ଯିବାପାଇଁ ଗୋଟିଏ ଏଲିଭେଟର୍ ଅଛି। ଉଭୟ ଦ୍ୱିତୀୟ ଏବଂ ତୃତୀୟ ମହଲା, ଯେଉଁଠିକି ଗୋଟିଏ ରେଷ୍ଟୋରାଁ ଏବଂ ଗୋଟିଏ ପ୍ଲାଟ୍‌ଫର୍ମ ଅଛି, ସେହିଠାରୁ ସହରର ଦୃଶ୍ୟ ଅତି ଚମତ୍କାର ଦେଖାଯାଏ। ମାଟିତଳ ମହଲାରେ ଗୋଟିଏ ମ୍ୟୁଜିଅମ୍ ଅଛି। ସେଇ ମ୍ୟୁଜିଅମ୍‌ରେ ମେଟ୍ରୋପୋଲ୍ ପାରାସୋଲ୍ ଷ୍ଟ୍ରକ୍‌ଚର୍‌ଟି ତିଆରି କରିବାପାଇଁ ମୂଳଦୁଆ ଖୋଳାହେବା ସମୟରେ ମାଟିତଳୁ ମିଳିଥିବା ରୋମାନ୍ ଓ ମୁର୍ ସମୟର ସାମଗ୍ରୀସବୁ ରଖାହୋଇଛି। ମେଟ୍ରୋପୋଲ୍ ପାରାସୋଲ୍ ଚାରିକଡ଼ରେ ବିଭିନ୍ନ ପ୍ରକାର ଦୋକାନସବୁ ଅଛି। ସେଇ ପାଖରେ ଥିବା ସପିଙ୍ଗ୍ ସେଣ୍ଟର୍ ମଝିରେ ଗୋଟିଏ ବଡ଼ ପୁରୁଣା ଝଙ୍କାଳିଆ ଗଛଟିଏ ଥିଲା ଏବଂ ତା' ତଳେ ଗଛ ଛାଇରେ ବସିବା ପାଇଁ ବେଞ୍ଚ ଥିଲା। ଆମେ ସେଇ ଗଛମୂଳ ବେଞ୍ଚରେ କିଛି ସମୟ ବସି ଚଳପ୍ରଚଳ ହେଉଥିବା ଲୋକଙ୍କୁ ଦେଖିଲୁ। ସେଦିନ ବେଶ୍ ଗରମ ହେଉଥିଲା, ତେଣୁ ଛାଇରେ ବସିବାକୁ ଭଲ ଲାଗୁଥିଲା। କିଛି ସମୟ ବସିଲା ପରେ ଲଞ୍ଚ୍ ସମୟ ହେବାରୁ ଆମେ ପାଖରେ ଥିବା ଗୋଟିଏ ବର୍ଗର୍ କିଙ୍ଗ୍‌କୁ ଯାଇ ଲଞ୍ଚ୍ ଖାଇଲୁ ଓ ହୋଟେଲ୍‌କୁ ବିଶ୍ରାମ ନେବାପାଇଁ ଫେରିଆସିଲୁ।

ଅପରାହ୍ନରେ ସେଭିଲ୍‌ର ଅନ୍ୟତମ ମୁଖ୍ୟ ଆକର୍ଷଣ ଆଲ୍‌କାଜାର୍ ଦେଖିବା

ପାଇଁ ଗଲୁ। ଏହା ସ୍ପେନ୍‌ର ଖ୍ରୀଷ୍ଟିଆନ୍ ଏବଂ ମୁର୍‌ମାନଙ୍କର ଇସଲାମିକ୍ ଆର୍କିଟେକ୍‌ଚର୍ ସମିଶ୍ରଣରେ ତିଆରି ଏକ ମଧ୍ୟଯୁଗର ଅତି ସୁନ୍ଦର ପ୍ରାସାଦ। ବଗିଚା, ଫୁଆରା ଓ ସୁଶୋଭିତ ତୋରଣରେ ପରିପୂର୍ଣ୍ଣ। ପ୍ରାସାଦଟି ସହରର କେନ୍ଦ୍ରସ୍ଥଳ ସେଭିଲ୍ କ୍ୟାଥେଡ୍ରାଲ୍ ନିକଟରେ ଅବସ୍ଥିତ। ଏହା ୧୦ମ ଶତାବ୍ଦୀରେ ମୁର୍‌ମାନଙ୍କର ଦୁର୍ଗ ଭାବରେ ତିଆରି ହୋଇଥିଲା। ବର୍ତ୍ତମାନ ଯେଉଁ ଆଲ୍‌କାଜାର୍ ଅଛି ତାହାର ନିର୍ମାଣ ଆରମ୍ଭ ହୋଇଥିଲା ୧୪ଶ ଶତାବ୍ଦୀରେ। ଏପର୍ଯ୍ୟନ୍ତ ବ୍ୟବହୃତ ହେଉଥିବା ପ୍ରାସାଦମାନଙ୍କ ଭିତରୁ ଏହା ଗୋଟିଏ। ପ୍ରତ୍ୟେକଟି କୋଠରୀ, ଛାତ ଓ ପିଲର୍‌ଗୁଡ଼ିକ ସୁନ୍ଦର ଭାବେ ଜ୍ୟାମିତିକ ଡିଜାଇନ୍‌ର ଟାଇଲ୍ ଖଞ୍ଜାହୋଇ ତିଆରି ହୋଇଛି। ପ୍ରକୃତରେ ଏହି ପ୍ରାସାଦଟି ଟାଇଲ୍‌ର ଡିଜାଇନ୍ ପାଇଁ ଜଣାଶୁଣା। ପ୍ରାସାଦଟିରେ ଦେଖିବା ପରି ଟାଇଲ୍ ଛଡ଼ା ମନଲୋଭା ବଗିଚା, ଫୁଲଗଛ ଘେରା ଦୁଇଟି ସୁନ୍ଦର ଅଗଣା ରହିଛି। ଏଠାରେ ପ୍ରବେଶ ଦେୟ ଦେବାକୁ ପଡ଼େ। ସିନିଅର୍ ଓ ଛାତ୍ରଛାତ୍ରୀମାନଙ୍କ ପାଇଁ ପ୍ରବେଶ ଶୁଳ୍କ ତିନି ଇଉରୋ ଥିବାବେଳେ ଅନ୍ୟମାନଙ୍କ ପାଇଁ ଏହା ଏଗାର ଇଉରୋ। ସୋମବାର ଦିନ ଯେକେହି ବିନା ଶୁଳ୍କରେ ପ୍ରବେଶ କରିପାରିବେ। ଶୀତ ଦିନରେ ଏହା ସବୁଦିନେ ସକାଳ ୯ଟା ୩୦ରୁ ସନ୍ଧ୍ୟା ୫ଟା ପର୍ଯ୍ୟନ୍ତ ଓ ଗ୍ରୀଷ୍ମ ଦିନରେ ସକାଳ ୯.୩୦ରୁ ସନ୍ଧ୍ୟା ୭ଟା ପର୍ଯ୍ୟନ୍ତ ଖୋଲା ରହେ।

ସେଭିଲ୍‌ର ଫ୍ଲମେଁକୋ ଡାନ୍ସ ପ୍ରସିଦ୍ଧ ବୋଲି ଆମେ ଜାଣିଥିଲୁ। ସ୍ପେନ୍‌ର ନିଜସ୍ୱ ଏହି ନୃତ୍ୟକଳାରେ ଭାବର ପ୍ରକାଶ ଅତି ସୁନ୍ଦର ଭାବରେ କରାହୋଇଥାଏ। ବିଶ୍ୱାସ କରାଯାଏ ଯେ ଏହି ନୃତ୍ୟ ପଦ୍ଧତି ଆଣ୍ଡାଲୁଚିଆନ୍ (ଦକ୍ଷିଣ ସ୍ପେନ୍ ଅଧିବାସୀମାନଙ୍କୁ ଆଣ୍ଡାଲୁଚିଆନ୍ କୁହାଯାଏ) ଜିପ୍ସିମାନଙ୍କ ଦ୍ୱାରା ଆରମ୍ଭ ହୋଇଥିଲା। ବହୁ ଶତାବ୍ଦୀ ପୂର୍ବରୁ ଉତ୍ତର ଭାରତରୁ ଆସିଥିବା ଏହି ଜିପ୍ସିମାନେ ସ୍ଥାନୀୟ ଜୁଇସ୍ ଓ ମୁର୍‌ମାନଙ୍କ ସହ ମିଶି ଏହି ନୃତ୍ୟର ରୂପାନ୍ତର ଆଣିଥିଲେ। ଫ୍ଲମେଁକୋ ନୃତ୍ୟ ପଦ୍ଧତିର ବିଶେଷତ୍ୱ ହେଉଛି ହାତତାଳି, ପଦପାତ ଏବଂ ସୂକ୍ଷ୍ମ ହସ୍ତ, ବାହୁ ଓ ଶରୀର ଚାଳନା। ଏହି ନୃତ୍ୟରେ ଜଣେ ଗାୟକ ଓ ଜଣେ ଗୀଟାର ବାଦକ ଥାଆନ୍ତି। ଗାୟକ ଗାଉଥିବା ବିଷୟବସ୍ତୁକୁ ନର୍ତ୍ତକୀ ନୃତ୍ୟ ମାଧ୍ୟମରେ ପ୍ରକାଶ କରିଥାନ୍ତି। ତେଣୁ ଅଡିଟୋରିଅମ୍‌ରେ ବସି ଦେଖିବାର ସୁଯୋଗ ହାତଛଡ଼ା ନକରିବା ପାଇଁ ସ୍ଥିର କରି "ଆଉଦିତୋରିଓ ଆଲ୍‌ଭାରିଜ୍ କିନ୍‌ତେରୋ"ରେ ପାରମ୍ପାରିକ ଫ୍ଲମେଁକୋ ନାଚ ଦେଖିବା ପାଇଁ ଦୁଇଟି ଟିକେଟ୍ କିଣିଲୁ। ସିନିଅର୍ ସିଟିଜେନଙ୍କ ପାଇଁ ଟିକେଟ୍‌ର ଦାମ୍ ପଡ଼ିଲା ଜଣକୁ ୧୫ ଇଉରୋ। ଶୋ ଟାଇମ ଥିଲା ସନ୍ଧ୍ୟା ୮.୩୦। ଏକ ଘଣ୍ଟାର ପ୍ରୋଗ୍ରାମ୍। ଆମେ ଠିକ୍ ସମୟରେ ଯାଇ ହଲ୍‌ରେ ବସିଲୁ। ହଲ୍‌ଟି ବହୁତ ଛୋଟ ଥିଲା, ପ୍ରାୟ ୭୦ ଜଣ

ବସିବା ପରି । କିନ୍ତୁ ସବୁ ସିଟ୍‌ଗୁଡ଼ିକ ଭର୍ତ୍ତି ହୋଇଯାଇଥିଲା । ନାଚଦଳରେ ଥିଲେ ଜଣେ ଗାୟକ, ଜଣେ ଗୀଟାରବାଦକ, ଜଣେ ନର୍ତ୍ତକ ଓ ଜଣେ ନର୍ତ୍ତକୀ । ନର୍ତ୍ତକୀ ରଙ୍ଗବେରଙ୍ଗର ଘେରଦିଆ ପୋଷାକ ପିନ୍ଧିଥିଲେ । ସଂଗୀତ ବୁଝି ନପାରିଲେ ମଧ୍ୟ ନାଚ ବହୁତ ଭଲ ଲାଗିଲା । ଏହା ଥିଲା ଗୋଟିଏ ନୂତନ ଅଭିଜ୍ଞତା ।

ଶୋ ସାରିବା ପରେ ହୋଟେଲ୍‌କୁ ଫେରିବା ରାସ୍ତାରେ ଅନେକଗୁଡ଼ିଏ ବାର୍ ଓ ରେସ୍ତୋରାଁ ଥିବାର ଦେଖିଲୁ । କେଉଁ ରେସ୍ତୋରାଁରେ ଡିନର୍ କରିବୁ ଭାବୁଥିବା ବେଳେ ଦେଖିଲୁ ଗୋଟିଏ ରେସ୍ତୋରାଁରେ ଅନେକ ଲୋକ ଥିଲେ । ଭିତରେ, ବାହାରେ ବସି ଲୋକମାନେ ଖାଇବା ଏଞ୍ଜୟ କରୁଥିଲେ । ସେଇ ରେସ୍ତୋରାଁର ନାଁ ଥିଲା "ଷ୍ଟେଲା ଦୋରାଦା ବୋଡେଗା ଟାପାସ୍ ଆଣ୍ଡ୍ ଡିନୋସ୍" । ଭାବିଲୁ ଏଇଟା ନିଶ୍ଚୟ ବହୁତ ପପୁଲାର୍ ହୋଇଥିବ । ତେବେ ବି ଭିତରକୁ ଯିବା ପୂର୍ବରୁ ବାହାରେ ଟଙ୍ଗା ହୋଇଥିବା ମେନୁ ଦେଖିଲୁ । ମେନୁରେ ଥିବା ଆଇଟମ୍‌ଗୁଡ଼ିକ ଦେଖି ପସନ୍ଦ ହେବାରୁ ଆମେ ଭିତରକୁ ଗଲୁ । ଆମ ପସନ୍ଦ ମୁତାବକ ରେସ୍ତୋରାଁର ବାହାରେ ପଡ଼ିଥିବା ଟେବୁଲ୍‌ରେ ଆମେ ବସିଲୁ । ଏହା ଥିଲା ଏକ 'ଟାପାସ୍' ରେସ୍ତୋରାଁ । ଟାପାସ୍‌ର ଅର୍ଥ ହେଲା ବିଭିନ୍ନ ପ୍ରକାର ସୁସ୍ୱାଦୁ ଖାଦ୍ୟ ଯାହାକି ଅଳ୍ପ ପରିମାଣରେ ପରଷାଯାଏ । ବିଭିନ୍ନ ପ୍ରକାର ଖାଦ୍ୟ ଚାଖିବାପାଇଁ ମନ ହେଲା । ତେଣୁ ଆମେ ଗୁଡ଼ିଏ ଆଇଟମ୍ ଯଥା ଫ୍ରାଏଡ଼୍ ଚିକେନ୍ ଉଇଥ୍ ଫ୍ରାଇଜ୍, ଚିକେନ୍ କ୍ରକେଟ୍ (ଛୋଟ ଛୋଟ ଚିକେନ୍ ଖଣ୍ଡ ବ୍ରେଡ୍ କ୍ରମ୍ବରେ ଗୋଳାହୋଇ ଭଜା ହୋଇଥିଲା) ଓ ସାଲାଡ଼୍, ଲ୍ୟାମ୍ବ ଚପ୍ ଉଇଥ ଫ୍ରାଇଜ୍, ଚିକେନ୍ ସୁପ୍ ଉଇଥ୍ ରାଇସ୍ ଓ କଡ଼୍ (ମାଛ) ଫିଲେ ଉଇଥ୍ ସାଲାଡ଼୍ ମଗାଇଲୁ । ସବୁ ଆଇଟମ୍ ଖୁବ୍ କମ୍ କମ୍ ପରଷା ହୋଇଥିଲା ଓ ଆମକୁ ସବୁ ଖୁବ୍ ଭଲ ଲାଗିଲା । ଡିନର୍ ସରିଲାବେଳକୁ ସମୟ ହୋଇଥିଲା ରାତି ଦଶଟା ତିରିଶ । ଖାଇ ସାରିବା ପରେ ହୋଟେଲ୍‌କୁ ଯିବା ରାସ୍ତାରେ ଗୋଟିଏ ପାର୍କ୍‌ରେ ପ୍ରାୟ ୧୫/୨୦ ମିନିଟ୍ ବୁଲା ବୁଲି କରି ହୋଟେଲ୍‌କୁ ଫେରିଲୁ । ଗ୍ରାନାଡ଼ା ପରି ସେଭିଲ୍‌ରେ ମଧ୍ୟ ରାସ୍ତା ଘାଟରେ ଅନେକ ରାତିପର୍ଯ୍ୟନ୍ତ ଲୋକମାନେ ଚଲାବୁଲା କରୁଥାନ୍ତି ।

ପରଦିନ ସକାଳେ ଜଳଖିଆ ଖାଇସାରିବା ପରେ ଆମେ ଏଲ ସେନ୍‌ଟ୍ରୋକୁ ଚାଲି ଚାଲି ଗଲୁ । ଏଲ ସେନ୍‌ଟ୍ରୋ ହେଉଛି ସେଭିଲ୍ ନଗରୀର ପ୍ରାଣକେନ୍ଦ୍ର । ଏହାକୁ କେନ୍ଦ୍ର କରି ସିଟିର କାରବାର, ଧନ୍ଦା ସବୁ ଚାଲିଥାଏ । ଏଲ ସେନ୍‌ଟ୍ରୋରେ ଅନେକ ଦୋକାନ, ମ୍ୟୁଜିଅମ୍, ଚର୍ଚ୍ଚ, କାଫେ, ଐତିହାସିକ ସ୍ମାରକୀ ଏବଂ ଶହ ଶହ ବର୍ଷର ପୁରୁଣା ପଡ଼ା (ସାଇ) ରହିଛି । ପାଗ ବହୁତ ଭଲ ଥିବାରୁ ସକାଳେ ସେଇ ଅଙ୍କାବଙ୍କା ଅଣଓସାରିଆ ରାସ୍ତାରେ ଚାଲିବାକୁ ଭଲ ଲାଗୁଥିଲା । ସେପର୍ଯ୍ୟନ୍ତ ରାସ୍ତାରେ ବେଶୀ

ଲୋକ ନଥିଲେ। ତେଣୁ ଆମେ ହାଲ୍କା ମନରେ ଧୀରେସୁସ୍ଥେ ଚାଲିଚାଲି ଯାଇ ମୁଜିଓ ଦ ବେଲାସ୍ ଆର୍ଟେସ୍-ଆର୍ଟ୍ ମ୍ୟୁଜିଅମ୍‌ରେ ପହଞ୍ଚିଲୁ। ଏହା ହେଉଛି ଲଳିତକଳା, ଚାରୁକଳାର କେନ୍ଦ୍ର। ଏହି ମ୍ୟୁଜିଅମ୍‌ଟି ୧୮୩୯ ମସିହାରେ ପ୍ରତିଷ୍ଠିତ ହୋଇଥିଲା। ଯେଉଁ ଚିତ୍ର ଗୁଡିକ ଏଇ ମ୍ୟୁଜିଅମ୍‌ରେ ପ୍ରଦର୍ଶିତ ହୋଇଛି, ସେଗୁଡ଼ିକ ପଞ୍ଚମ ଶତାବ୍ଦୀ ପରଠାରୁ ସ୍ପେନ୍‌ରେ ଯେତେସବୁ ଚିତ୍ର ଅଙ୍କା ଯାଇଥିଲା, ସେମଧ୍ୟରୁ ବଛା ବଛା ଅନେକ ଚିତ୍ର। ପଞ୍ଚମ ଶତାବ୍ଦୀରୁ ଆରମ୍ଭ କରି ୧୭ଶ ଶତାବ୍ଦୀ ପର୍ଯ୍ୟନ୍ତ ଅଙ୍କା ଯାଇଥିବା ଅନେକ ଧର୍ମ ସମ୍ବନ୍ଧୀୟ ଚିତ୍ର ମଧ୍ୟ ସେଠାରେ ଦେଖିବାକୁ ମିଳିଲା। ପ୍ରଦର୍ଶିତ ହୋଇଥିବା ଚିତ୍ରମାନଙ୍କ ମଧ୍ୟରେ ବିଭିନ୍ନ ଚିତ୍ରକାରଙ୍କ ଦ୍ୱାରା ଅଙ୍କାଯାଇଥିବା ଯୀଶୁଖ୍ରୀଷ୍ଟଙ୍କର ଅନେକ ଚିତ୍ର ମଧ୍ୟ ରହିଛି। ମ୍ୟୁଜିଅମ୍‌ରେ ଏଣ୍ଟ୍ରି ଫି ଦେବାକୁ ପଡ଼େ। ଆମେ ଯେତେବେଳେ ଯାଇଥିଲୁ ବରିଷ୍ଠ ନାଗରିକମାନଙ୍କ ପାଇଁ ଏଣ୍ଟ୍ରି ଫି ଥିଲା ଜଣକା ୧.୫ ଇଉରୋ।

ମ୍ୟୁଜିଅମ୍ ଦେଖିସାରି ବାହାରକୁ ଆସି ଦେଖିଲୁ କେତେକ ସ୍ଥାନୀୟ ଶିଳ୍ପୀ ଅନେକ ପ୍ରକାରର ନିଜେ ତିଆରି କରିଥିବା କଳାକୃତି ବିକ୍ରି କରୁଛନ୍ତି। ସେଗୁଡ଼ିକ ଏତେ ସୁନ୍ଦର ଭାବରେ ସଜାହୋଇ ରଖା ହୋଇଥିଲା ଯେ ଆମେ ସେ ଆଡ଼କୁ ଟାଣି ହୋଇଗଲୁ। ପାଖରୁ ଦେଖିଲୁ ପ୍ରକୃତରେ ଜିନିଷଗୁଡ଼ିକର କ୍ୱାଲିଟି ଖୁବ୍ ଭଲ। ସେଥିରୁ ଅନେକଗୁଡ଼ିଏ କିଣିବାପାଇଁ ଭାରି ଲୋଭ ହେଲା। କିନ୍ତୁ ନେବାପାଇଁ ଅସୁବିଧା ଥିବାରୁ କେବଳ ଗୋଟିଏ ଜିନିଷ କିଣିବା ପାଇଁ ସ୍ଥିର କଲୁ। ସେଇଟି ହେଲା ପୋର୍‌ସିଲିନ୍ ତିଆରି ଗୋଟିଏ ମେନିନା (ଝିଅ)ର ପ୍ରତିମୂର୍ତ୍ତି। ପୂର୍ବରୁ ଶୁଣିଥିବା ଚିତ୍ରକାର ଦିଏଗୋ ଭେଲାସ୍କେଶ୍‌ଙ୍କର ପ୍ରସିଦ୍ଧ ଚିତ୍ର 'ଲା ମେନିନାଜ୍'ର ମୁଖ୍ୟ ଚରିତ୍ର ଉପରେ ଆଧାରିତ ଏହି ପ୍ରତିମୂର୍ତ୍ତିଟି ଦେଖି ମତେ କିଣିବାକୁ ବହୁତ ଇଛା ହେଲା। ଏହା ସାମାନ୍ୟ ବଡ଼ ଆକାରର ହୋଇଥିବାରୁ ତାକୁ ଧରି ବୁଲିବା ପାଇଁ ଅସୁବିଧା ହେବ ଭାବି ମୁଁ ସେ ଶିଳ୍ପୀଙ୍କୁ ଆମେ ଫେରିବା ବାଟରେ ମୁଁ ତାକୁ କିଣିବି ବୋଲି କହିଲି।

ମ୍ୟୁଜିଅମ୍‌ର ଅଳ୍ପଦୂରରେ ରହିଛି "ଲା ଏସ୍‌ତାସିଓନ ଦେ କରଦୋବା" ଯେଉଁଠାରେ କି ଅନେକଗୁଡ଼ିଏ କାଫେଟେରିଆରେ ସ୍ପାନିସ୍, ଭୂମଧ୍ୟସାଗରୀୟ, ଇଟାଲିଆନ୍ ଆଦି ବିଭିନ୍ନ ପ୍ରକାର ଖାଦ୍ୟ ଓ ତା'ଛଡ଼ା ଅନେକ ପ୍ରକାର ପେଷ୍ଟ୍ରି ମଧ୍ୟ ମିଳୁଥିଲା। ଲଞ୍ଚ୍‌ରେ ଅଳ୍ପ କିଛି ଖାଇବାକୁ ଭାବି ଆମେ ତରତିୟା (ପିଟା ବ୍ରେଡ୍ ଏବଂ ଆଳୁ ସାଣ୍ଡଉଇଚ୍) ମଗାଇଲୁ। ସେମିତି ସାଧାରଣ ଲାଗିଲା। ଲଞ୍ଚ୍ ପରେ ଆମେ ପ୍ଲାଜା ନୂଏଭାକୁ ଚାଲିଚାଲି ଗଲୁ। ସେଭିଲ୍ ସିଟି ସେଣ୍ଟର୍‌ରେ ଏହା ଗୋଟିଏ ଜାଗା ଯେଉଁଠାରେ କି ସୁନ୍ଦର ଲନ୍ ଓ ବିଭିନ୍ନ ଗଛର ସବୁଜିମା ଉପଭୋଗ କରିବାପାଇଁ ଅନେକ ଲୋକ ଏକାଠି ହୁଅନ୍ତି। ଏଠାରେ ଅନେକଗୁଡ଼ିଏ ଦୋକାନବଜାର ଥିବାରୁ

କେବଳ ପର୍ଯ୍ୟଟକମାନଙ୍କର ନୁହେଁ, ସ୍ଥାନୀୟ ଲୋକମାନଙ୍କର ମଧ୍ୟ ଏଇ ଜାଗାଟି ଅତି ପ୍ରିୟ ସ୍ଥାନ। ଏହି ପ୍ଲାଜା ମଝିରେ ଫେର୍‌ନାନ୍ଦୋ ତୃତୀୟଙ୍କର ଗୋଟିଏ ପ୍ରତିମୂର୍ତ୍ତି ଅଛି। ଫେର୍‌ନାନ୍ଦୋ ଜଣେ ଖୁବ ପ୍ରତିଭାଶାଳୀ ରାଜା ଓ ଜଣେ କୌଶଳୀ ଯୋଦ୍ଧା ଥିଲେ। ଯଦିଓ ସେ ସମୟରେ ସିଏ ସର୍ବଶ୍ରେଷ୍ଠ ଶାସକମାନଙ୍କ ମଧ୍ୟରୁ ଜଣେ ଥିଲେ, ଅନ୍ୟମାନଙ୍କ ପରି ନିଜର ପ୍ରାଧାନ୍ୟ ବିସ୍ତାର କରିବା ପରିବର୍ତ୍ତେ ସିଏ କିନ୍ତୁ ତାଙ୍କ ଜୀବନକୁ ଭଗବାନଙ୍କ ସେବାରେ ନିଯୁକ୍ତ କରିଥିଲେ। ୧୯୨୦ ମସିହାରେ ଫେର୍‌ନାନ୍ଦୋ ତୃତୀୟଙ୍କ ପାଇଁ ଏକ ସ୍ମାରକୀ ନିର୍ମାଣ କରିବାକୁ ନିଷ୍ପତ୍ତି ନିଆଗଲା ଏବଂ ସ୍ପେନ୍‌ର ଆର୍କିଟେକ୍‌ଚର ହୁଆନ୍ ତାଲାଭେରା ୟ ହେରେଦିଆ ଏହାକୁ ତିଆରି କଲେ। ଅଗଷ୍ଟ ୧୯୨୪ରେ ଏହାର ଉଦ୍‌ଘାଟନ କରାଯାଇଥିଲା। ତା'ପରେ ସେଇ ପ୍ଲାଜାରେ ଥିବା ସେଭିଲ୍ ସିଟି ହଲ୍ ଦେଖିଲୁ। ପ୍ଲାଜା ନୂଏଭାରେ ଥିବା ଏହି ବିଲ୍‌ଡିଙ୍ଗ୍‌ଟି ଅତି ଚମତ୍କାର। ବିଲ୍‌ଡିଙ୍ଗ୍‌ଟି ବିଭିନ୍ନ ସମୟରେ ତିଆରି ହୋଇଥିବାରୁ ଏହାର ଦୁଇ କଡ଼ ସମାନ ନହୋଇ ପୂରା ଅଲଗା ଦେଖାଯାଏ। ଦୁଇ କଡ଼ରେ ଅଲଗା ସ୍ଥାପତ୍ୟ ଥିବାରୁ ଏହି ବିଲ୍‌ଡିଙ୍ଗ୍‌ର ସ୍ୱାତନ୍ତ୍ର୍ୟ ବହୁତ ବେଶୀ। ସର୍ବସାଧାରଣଙ୍କୁ ଏହା ଭିତରେ ପ୍ରବେଶ କରିବାକୁ ଅନୁମତି ମିଳେ ନାହିଁ। ତେଣୁ ଆମେ ତା' ଭିତର ଦେଖିପାରିଲୁ ନାହିଁ। ଏଠାରେ କିଛି ସମୟ ବିତାଇଲା ପରେ ଆମେ ନଦୀକୂଳକୁ ଗଲୁ। ଏଇ ନଦୀଟିର ନାଁ ଗୁଡ଼ାଲ୍‌କୋଭିର ଓ ଏହା ସ୍ପେନ୍‌ର ଏକମାତ୍ର ନୌକାଗମ୍ୟ ନଦୀ। ନଦୀ ଉପରେ ଥିବା ବିରାଟ ବଡ଼ ପୋଲ ଉପରେ କିଛି ବାଟ ଚାଲିଚାଲି ଗଲୁ। ନଦୀକୂଳରେ ଅନେକ ସୁନ୍ଦର ଘର ଥିଲା ଓ ତା' ଭିତରୁ କେତେଗୁଡ଼ିଏ ଘରର କାନ୍ଥରେ ଭାରି ସୁନ୍ଦର ଭାବରେ ମ୍ୟୁରାଲ କରା ହୋଇଥିଲା। ବେଶ୍ କିଛି ବାଟ ଚାଲିଚାଲି ହାଲିଆ ହୋଇଗଲା ପରେ ଆମେ ହୋଟେଲ୍‌କୁ ଫେରି ଆସିବାକୁ ଚାହିଁଲୁ। ଫେରିବା ବାଟରେ ସେଇ ପୋର୍‌ସିଲିନ୍ ପ୍ରତିମୂର୍ତ୍ତିଟି କିଣିବା ପାଇଁ ଆମେ ମୁଜିଓ ଦେ ବେଲାସ ଆର୍ତେସ୍ ପାଖକୁ ଗଲୁ। ଆମେ ସେଠି ପହଞ୍ଚିଲା ବେଳକୁ ଦେଖିଲୁ ଅନେକ ବିକ୍ରେତା ନିଜ ଜିନିଷ ଉଠାଇନେଇ ଚାଲିଗଲେଣି। ଆମେ ଯାହାଙ୍କ ପାଖରୁ ପ୍ରତିମୂର୍ତ୍ତିଟି କିଣିବାପାଇଁ ଚାହୁଁଥିଲୁ ସେ ତାଙ୍କ ଜିନିଷସବୁ ପ୍ୟାକ୍ କରୁଥିଲେ। ଆମେ ତାଙ୍କ ପାଖରେ ପହଞ୍ଚିବା କ୍ଷଣି ଆମକୁ ଦେଖି ମୁଁ ପସନ୍ଦ କରିଥିବା ଜିନିଷଟି ସେ କାର୍ଟୁନ ଭିତରୁ ବାହାର କରି ପଚାରିଲେ, ଏଇଟା ତ ? ପ୍ଲେନ୍‌ରେ ସୁବିଧାରେ ନେବାପାଇଁ ସେ ଜିନିଷଟିକୁ ସିଏ ଖୁବ୍ ଭଲ ଭାବରେ ପ୍ୟାକ୍ କରିଦେଲେ। ମୂଲ୍ୟ ଦେଇ ଆମେ ଜିନିଷଟି ଧରି ହୋଟେଲ୍‌କୁ ଫେରିଲୁ।

ଅଳ୍ପ କିଛି ସମୟ ବିଶ୍ରାମ ପରେ ସେଭିଲ୍‌ର ପ୍ରସିଦ୍ଧ ରୋମାନ୍ କାଥୋଲିକ୍ କ୍ୟାଥେଡ୍ରାଲ୍- ସେଭିଲ୍ କ୍ୟାଥେଡ୍ରାଲ୍ ଦେଖିବାପାଇଁ ଗଲୁ। ଏହି କ୍ୟାଥେଡ୍ରାଲ୍‌ର

ବିଶେଷତ୍ୱ ହେଲା ଯେ ଏହା ଗଥିକ୍ ଆର୍କିଟେକ୍ଚର ଅନୁସାରେ ତିଆରି ହୋଇଥିବା ପୃଥିବୀର ସବୁଠାରୁ ବଡ଼ ଅଟ୍ଟାଳିକା ଏବଂ ଇଉରୋପର ବଡ଼ ଚର୍ଚ୍ଚମାନଙ୍କ ମଧ୍ୟରେ ତୃତୀୟ ସ୍ଥାନ ଅଧିକାର କରିଛି। ୟୁନେସ୍କୋ ଏହାକୁ ୧୯୮୭ ମସିହାରେ ଏକ ବିଶ୍ୱ ଐତିହ୍ୟ ସ୍ଥଳ ଭାବରେ ଘୋଷଣା କରିଥିଲା। ପୂର୍ବରୁ ମୂର୍‌ମାନଙ୍କ ଦ୍ୱାରା ତିଆରି ହୋଇଥିବା ମସଜିଦ୍‌କୁ ଭାଙ୍ଗି ଏଇ କ୍ୟାଥେଡ୍ରାଲ୍‌ଟି ୧୪୦୧ ମସିହାରେ ଆରମ୍ଭ ହୋଇ ୧୫୦୬ ମସିହାରେ ସମାପ୍ତ ହୋଇଥିଲା। ଯେହେତୁ ସେଇ ସମୟରେ ସେଭିଲ୍ ବାଣିଜ୍ୟରେ ବହୁତ ଆଗୁଆନ ହୋଇ ଗୋଟିଏ ସମୃଦ୍ଧିଶାଳୀ ସହର ଭାବରେ ଇଉରୋପ୍‌ରେ ପ୍ରତିଷ୍ଠିତ ହୋଇଥିଲା ସେଇଥିପାଇଁ ବୋଧହୁଏ କ୍ୟାଥୋଲିକ୍ ଚର୍ଚ୍ଚର କ୍ଲର୍ଜିମାନେ ଏଇ ଚର୍ଚ୍ଚଟିକୁ ବୃହତ ଆକାରରେ ଗଢ଼ି ଏହାର ପ୍ରାଧାନ୍ୟ ବିସ୍ତାର କରିବା ପାଇଁ ଚାହୁଁଥିଲେ। ସେଇ ଅନୁସାରେ ଏଇ କ୍ୟାଥେଡ୍ରାଲଟି ଗ୍ରାଣ୍ଡ ସ୍କେଲ୍ ରେ ତିଆରି ହୋଇଥିଲା। ବିଭିନ୍ନ ସପ୍ତାହର ବିଭିନ୍ନ ସମୟରେ ଏହି କ୍ୟାଥେଡ୍ରାଲ୍ ସର୍ବସାଧାରଣଙ୍କ ପାଇଁ ଖୋଲା ରହେ। ସୋମବାର ଦିନ ସକାଳ ୧୧ଟାରୁ ଦିନ ୩.୩୦ ପର୍ଯ୍ୟନ୍ତ, ମଙ୍ଗଳବାରରୁ ଶନିବାର ପର୍ଯ୍ୟନ୍ତ ଦିନ ୧୧ଟାରୁ ଅପରାହ୍ନ ୫ଟା ଯାଏ ଏବଂ ରବିବାର ଦିନ ୨ଟା ୩୦ରୁ ସନ୍ଧ୍ୟା ୬ଟା ପର୍ଯ୍ୟନ୍ତ ଦର୍ଶକମାନଙ୍କ ପାଇଁ ଖୋଲା ରହେ। ଆମେ ରବିବାର ଦିନ ଯାଇଥିଲୁ। ସେଠି ପହଞ୍ଚି ଦେଖିଲୁ ପ୍ରବେଶ ପାଇଁ ଟିକେଟ୍ କାଉଣ୍ଟର୍‌ରେ ଲମ୍ବା ଲାଇନ୍ ଲାଗିଛି; କିନ୍ତୁ ଟିକେଟ୍ ପାଇବା ପାଇଁ ବେଶୀ ଡେରି ହେଲାନାହିଁ। ଟିକଟର ମୂଲ୍ୟ ଥିଲା ୪ ଇଉରୋ।

ବାହାରୁ କ୍ୟାଥେଡ୍ରାଲ୍‌ର ଆକାର ଓ ଆର୍କିଟେକ୍ଚର ଦେଖି ମନ ଖୁସି ହୋଇଯାଇଥିଲା। ଭିତରର ସୌନ୍ଦର୍ଯ୍ୟ ଦେଖି ମୁଁ ଆଶ୍ଚର୍ଯ୍ୟ ହୋଇଗଲି। ଏଇ ଆର୍କିଟେକ୍ଚରର ଉତ୍କର୍ଷ ଜଣେ ନିଜେ ଦେଖିଲେ ହିଁ ହୃଦୟଙ୍ଗମ କରିପାରିବ। ଅଲ୍ଟର୍‌ଗୁଡ଼ିକ ସୁନ୍ଦର ଭାବରେ ସଜା ହୋଇଥିଲା। ଅସାଧାରଣ କାଚ ଝରକାଗୁଡ଼ିକ ମଧ୍ୟ ଦେଖିବାର ଜିନିଷ। ଲଳିତକଳା ଓ ଚାରୁକଳାର ଅନେକଗୁଡ଼ିଏ ସୁନ୍ଦର ଜିନିଷ ସଜାହୋଇ ରଖାଯାଇଥିଲା। ଏସବୁ ଜିନିଷ ସହ ସେଠି କଲମ୍ବସ୍‌ଙ୍କର କବର ରଖା ହୋଇଥିବାର ଦେଖିଲୁ। କଲମ୍ବସଙ୍କ ସମାଧି ସେଠାରେ ଦେଖି ଟିକେ ଆଶ୍ଚର୍ଯ୍ୟ ଲାଗିଲା। କାରଣ ମୁଁ ଜାଣିଥିଲି ଯେ କଲମ୍ବସ ଇଟାଲିର ଜେନୋଆ ସହରରେ ଜନ୍ମ ହୋଇଥିଲେ। ପିଲାଦିନେ ବହିରେ ପଢ଼ିଥିଲି ଯେ କଲମ୍ବସ୍ ଭାରତକୁ ଆସିବାକୁ ଚେଷ୍ଟା କରି ଯାଇ ଆମେରିକାରେ ପହଞ୍ଚିଥିଲେ। ତାଙ୍କୁ କାହିଁକି ସେଭିଲ୍‌ରେ ସମାଧି ଦିଆଗଲା ବୁଝିବାରୁ ଜଣା ପଡ଼ିଲା ଯେ ଯେହେତୁ ସିଏ ସେଭିଲ୍‌ରୁ ତାଙ୍କ ସମୁଦ୍ର ଯାତ୍ରା ଆରମ୍ଭ କରିଥିଲେ ସେଥିପାଇଁ ତାଙ୍କୁ ସେଠାରେ ସମାଧି ଦିଆଯାଇଥିଲା। ଏପରିକି ଯେଉଁ ସିପ୍‌ରେ ସେ

ତାଙ୍କ ସମୁଦ୍ର ଯାତ୍ରା ଆରମ୍ଭ କରିଥିଲେ ସେଇ ସିପ୍, ଯାହାର ନାଁ ଥିଲା 'ସାନ୍ତା ମାରିଆ' ତାହା ମଧ୍ୟ ସ୍ପେନ୍‌ରେ ତିଆରି ହୋଇଥିଲା ।

ଏହାପରେ ଆମେ ଗିରାଲ୍‌ଡା ବେଲ୍ ଟାୱାର୍ ଉପରକୁ ଗଲୁ । ଏହି ଟାୱାର୍‌ଟି ୧୧୮୪ରୁ ୧୧୯୭ ମସିହା ଭିତରେ ମୁର୍‌ମାନଙ୍କ ରାଜତ୍ୱ ସମୟରେ ଅହମଦ୍ ବେନ୍ ବାସୋଙ୍କ ଦ୍ୱାରା ମସଜିଦ୍‌ର ଏକ ଗମ୍ବୁଜ ଭାବରେ ନିର୍ମିତ ହୋଇଥିଲା । ଏହାର ଉଚ୍ଚତା ଥିଲା ୭୬ ମିଟର । ଯେତେବେଳେ ମସଜିଦଟି କ୍ୟାଥେଡ୍ରାଲରେ ପରିଣତ ହେଲା, ମିନାରଟିକୁ କିଛି ପରିମାଣରେ ବଢ଼ାଇ ବେଲ୍ ଟାୱାର ଭାବରେ ବ୍ୟବହାର କରାଗଲା । ଟାୱାର୍ ଉପରକୁ ଯିବାପାଇଁ ୩୪ଟି ବେଶ୍ ଚୌଡ଼ା ରାମ୍ପ୍ ଦେଇ ଗଲାପରେ ୧୬ଟି ପାହାଚ ଚଢ଼ି ଯିବାକୁ ପଡ଼େ । ଲୋକମାନେ ଦିନକୁ ପାଞ୍ଚ ଥର ପ୍ରାର୍ଥନା କରିବାକୁ ଉପରକୁ ଯିବାପାଇଁ ଘୋଡ଼ା ବ୍ୟବହାର କରୁଥିଲେ । ତେଣୁ ଘୋଡ଼ାମାନଙ୍କ ପାଇଁ ରାମ୍ପଗୁଡ଼ିକ ଏତେ ଚୌଡ଼ା ଭାବରେ ତିଆରି ହୋଇଥିଲା । ଟାୱାର୍ ଉପରକୁ ଯିବା ରାମ୍ପଗୁଡ଼ିକ ଆଲୋକିତ ରହିବା ପାଇଁ ମଝିରେ ମଝିରେ ଝରକା ରହିଛି । ଏ ରାମ୍ପ ଓ ସିଡ଼ି ଦେଇ ଯାଇ ଶୀର୍ଷରେ ପହଞ୍ଚିବା କ୍ଷଣି ମୁଁ ଆନନ୍ଦରେ ବିଭୋଳ ହୋଇଗଲି । ସାରା ସେଭିଲ୍ ସହରଟି ସେଇ ଉଚ୍ଚତାରୁ ଏକ ସ୍ୱପ୍ନିଳ ଚିତ୍ର ପରି ମନେ ହେଉଥିଲା । ଶୀର୍ଷରେ ଯେଉଁ ୨୪ଟି ପ୍ରକାଣ୍ଡ ଘଣ୍ଟି ଲାଗିଛି ତାହା 'ବେଲ୍ ଟାୱାର୍' ନାଁକୁ ସାର୍ଥକ କରୁଛି । ଟାୱାର୍ ଉପରୁ ସେଭିଲ୍ ସହରଟି ଚମତ୍କାର ଦେଖାଯାଉଥିଲା ।

ଟାୱାର୍‌ରୁ ଓହ୍ଲାଇ ଆମେ ସାଲ୍‌ଭାଡୋର୍ ଚର୍ଚ୍ଚ ଦେଖିବାକୁ ଗଲୁ । ଯେଉଁ ଟିକେଟ୍ ଆମେ ସେଭିଲ୍ କ୍ୟାଥେଡ୍ରାଲ୍ ପାଇଁ କାଟିଥିଲୁ ସେଇ ଟିକେଟ୍ ଏଠାରେ ମଧ୍ୟ କାଏମ ରହିଲା । ସାଲ୍‌ଭାଡୋର୍ ଚର୍ଚ୍ଚଟି ରୋମାନ୍ କ୍ୟାଥୋଲିକମାନଙ୍କର ପ୍ରାର୍ଥନା ଗୃହ । ପ୍ରଥମରୁ ଏହା ମଧ୍ୟ ଗୋଟିଏ ମସ୍‌ଜିଦ ଥିଲା । ଏଇ ମସ୍‌ଜିଦ୍‌ଟି କେବେ ତିଆରି ହୋଇଥିଲା ଓ କେବେ ମସ୍‌ଜିଦ୍‌ଟି ଚର୍ଚ୍ଚକୁ ପରିବର୍ତ୍ତିତ କରାହେଲା ସେ ବିଷୟରେ ବିଭିନ୍ନ ମତ ଅଛି । କିନ୍ତୁ ଯାହା ଜଣାଯାଏ ମସ୍‌ଜିଦ୍‌ଟି ୧୬୭୧ ମସିହାରେ ଭଙ୍ଗାହୋଇ ୧୬୭୪ରୁ ୧୭୧୨ ଭିତରେ ଚର୍ଚ୍ଚଟି ତିଆରି ହୋଇଥିଲା । ଭିତରକୁ ଯାଇ ଦେଖିଲୁ ଚର୍ଚ୍ଚଟିରେ ସ୍ଥାନୀୟ ଶିଳ୍ପୀମାନେ ନିଜ ନିଜର ସୃଜନଶୀଳତାର ବିନିଯୋଗରେ କିପରି ବିଭିନ୍ନ ପ୍ରକାରର ଲଳିତକଳା ଓ ଚାରୁକଳା ପ୍ରଦର୍ଶିତ କରି ଚର୍ଚ୍ଚଟିର ସୌନ୍ଦର୍ଯ୍ୟ ଫୁଟାଇ ପାରିଛନ୍ତି । ଏହି ଚର୍ଚ୍ଚ ବୁଲି ଦେଖିବା ପରେ ଆମେ ପୁଣି ଥରେ ପ୍ଲାଜା ଏସ୍ପାନା ଯାଇ ବୁଲାବୁଲି କରିବା ସହ ଅନେକ ଫଟୋ ଉଠାଇଲୁ । କିଛି ସମୟ ସେଇ ମନୋରମ ସୌନ୍ଦର୍ଯ୍ୟ ଉପଭୋଗ କରି ଫେରିବା ବାଟରେ ଡିନର୍ ଖାଇ ହୋଟେଲ୍‌କୁ ଫେରିଲୁ ।

ପୁଣି ମାଡ୍ରିଡ୍

ସେପ୍ଟେମ୍ବର ୧୪, ସୋମବାର। ତିନିଦିନ ସେଭିଲ୍‌ରେ ରହି ସବୁଆଡ଼େ ଚାଲି ଚାଲି ବୁଲି ଆମେ ସେଠି ରାସ୍ତା ଚିହ୍ନିବାରେ ପୋଖତ ହୋଇଗଲୁ। ପ୍ରଥମ ଦିନ ଯେମିତି ହଜିଯିବୁ ବୋଲି ଡର ଥିଲା ତାହା କୁଆଡ଼େ ଉଭେଇଗଲା। ସକାଳ ଜଳଖିଆ ଖାଇସାରିବା ପରେ ଆମେ ଅଳ୍ପକିଛି ଜିନିଷ କିଣିବାପାଇଁ ସେଣ୍ଟ୍ରୋକୁ ଗଲୁ। କାମ ସାରି ପ୍ରାୟ ଦେଢ଼ ଘଣ୍ଟାରେ ଫେରିଆସିଲୁ। ଦିନ ବାରଟାରେ ହୋଟେଲ୍‌ରୁ ଚେକ୍-ଆଉଟ୍ କରିବା କଥା। ଆମେ ସେଇ ଅନୁସାରେ ଚେକ୍-ଆଉଟ୍ କରି, ଜିନିଷପତ୍ର ହୋଟେଲର ସେବାକାରୀଙ୍କ ପାଖରେ ରଖିଦେଲୁ। ଆମର ଟ୍ରେନ୍ ଥିଲା ଅପରାହ୍ନ ୩ଟା ୪୫ରେ। ଟ୍ରେନ୍ ଷ୍ଟେସନ୍ ହୋଟେଲ୍‌ରୁ ଖୁବ୍ କମ୍ ବାଟ। ତେଣୁ ପ୍ରଥମେ ଲଞ୍ଚ୍ ଖାଇବାପାଇଁ ଗଲୁ। ପାଖରେ ଥିବା ସିରିଆନ୍ ରେଷ୍ଟୋରାଁ ଆଲ୍ଲାଦିନ୍‌ର ଖାଇବା ଆମକୁ ବହୁତ ଭଲ ଲାଗିଥିଲା। ତେଣୁ ସେଇଠାରେ ଲଞ୍ଚ୍ ଖାଇବାପାଇଁ ଗଲୁ। ସେଦିନ ଥିଲା ସୋମବାର। ଆମେ ରେଷ୍ଟୋରାଁ ମାଲିକଙ୍କୁ ଆମପାଇଁ ଭେଜ୍ ବିରିୟାନି କରିଦେବାପାଇଁ ଅନୁରୋଧ କଲୁ। ଯଦିଓ ତାଙ୍କ ମେନୁରେ ଭେଜ୍ ବିରିୟାନି ନଥିଲା ସେ ଖୁସିରେ ରାଜି ହୋଇଗଲେ ଏବଂ ବହୁତ ଟେଷ୍ଟି ବିରିୟାନି କରିଥିଲେ। ସେ ବିରିୟାନିର ଟେଷ୍ଟ ଆଜି ବି ମୋର ମନେଅଛି। ଲଞ୍ଚ୍ ପରେ ହୋଟେଲ୍‌କୁ ଫେରିଆସିଲୁ। ହୋଟେଲ୍ ସେବାକାରୀ ଆମପାଇଁ ଟାକ୍ସି ଡାକିଦେଲେ। ଦିନ ଦୁଇଟାବେଳେ ହୋଟେଲ୍‌ରୁ ବାହାରି ଦଶ ମିନିଟ୍‌ରୁ କମ୍ ସମୟରେ ଷ୍ଟେସନ୍‌ରେ ଯାଇ ପହଞ୍ଚିଗଲୁ। ଟ୍ରେନ୍ ଠିକ୍ ସମୟରେ ଆସିଲା ଓ ଆମେ ଟ୍ରେନ୍‌ରେ ବସିଲୁ। ଅନ୍ୟସବୁ ଟ୍ରେନ୍ ପରି ଏଥର ମଧ୍ୟ ଦେଖିଲୁ ଟ୍ରେନ୍ କମ୍ପାର୍ଟମେଣ୍ଟଗୁଡ଼ିକ ପରିଷ୍କାର ଥିଲା ଓ ସିଟ୍‌ଗୁଡ଼ିକ ମଧ୍ୟ ଆରାମଦାୟକ। ଟ୍ରେନ୍‌ଟି ଘଣ୍ଟାରେ ୨୫୦ କିଲୋମିଟର ବେଗରେ ଯାଉଥିଲା। ପ୍ରତି କୋଚ୍‌ର ଉପରେ ଥିବା ଡିସ୍‌ପ୍ଲେ ମନିଟର୍‌ରେ ଟ୍ରେନ୍‌ର ବେଗ, ବାହାରର ତାପମାତ୍ରା ଏବଂ ସ୍ଥାନୀୟ ସମୟ ଡ଼ିସ୍‌ପ୍ଲେ କରାଯାଉଥିଲା। ଟ୍ରେନ୍‌ର ବେଗ ଜାଣିବାପାଇଁ ମୋର ଉତ୍କଣ୍ଠା ଥିବାରୁ ମୁଁ ଡ଼ିସ୍‌ପ୍ଲେ ମନିଟର୍‌କୁ ବାରମ୍ବାର ଦେଖୁଥିଲି। ଯେତେଥର ଦେଖିଲି ସେଇ ୨୩୦ରୁ ୨୫୦ କିଲୋମିଟର ବେଗରେ ଟ୍ରେନ୍ ଯାଉଥିଲା। ଭିତରେ ବସି ବାହାରର ଦୃଶ୍ୟ ଦେଖିବାକୁ ଖୁବ୍ ଭଲ ଲାଗୁଥିଲା। କିଛି ପର୍ବତାଞ୍ଚଳ ଓ ଚାଷଜମି ଦେଖୁଦେଖୁ ମାଡ୍ରିଡ୍‌ରେ ପହଞ୍ଚିଗଲୁ। ଟ୍ରେନ୍‌ଟି ନିର୍ଦ୍ଧାରିତ ସମୟର ୧୫ ମିନଟ୍ ପୂର୍ବରୁ ମାଡ୍ରିଡ୍‌ରେ ପହଞ୍ଚିଗଲା। ଟାକ୍ସି ନେଇ ଆମେ ହୋଟେଲ୍ ଅପେରାରେ ୧୫ ମିନିଟ୍ ଭିତରେ ପହଞ୍ଚିଗଲୁ।

କିଛି ସମୟ ହୋଟେଲ୍‌ରେ ବିଶ୍ରାମ କଲାପରେ ଆମେ ହୋଟେଲ୍ ନିକଟରେ ଥିବା ଗୋଟିଏ ଷ୍ଟୋର୍‌କୁ ଗଲୁ। ମାଡ୍ରିଡ୍‌ରେ ପହଞ୍ଚିବାର ପ୍ରଥମ ଦିନ ରୟାଲ୍ ପ୍ୟାଲେସ୍‌କୁ

ଚାଲିଚାଲି ଯିବା ସମୟରେ ଆମେ ସେଇ ଦୋକାନଟି ଦେଖିଥିଲୁ। ସେଠାରେ ଅନେକ ରକମର ଶୁଭିନିର ଯଥା- ଛୋଟବଡ଼ ମୂର୍ତ୍ତି, ତୈଳଚିତ୍ର ଓ ଘରସଜା ଜିନିଷ ମିଳେ। ସେଇ ଦୋକାନରେ କିଛି କିଣାକିଣି କରିବା ସମୟରେ ସେଦିନ ମେକ୍ସିକାନ୍ ଖାଦ୍ୟ ଖାଇବାକୁ ଇଚ୍ଛା ହେବାରୁ ଷ୍ଟୋର୍ କର୍ମଚାରୀଙ୍କୁ ଗୋଟିଏ ଭଲ ମେକ୍ସିକାନ୍ ରେଷ୍ଟୋରାଁର ଠିକଣା ପଚାରିଲୁ। ସେ ଆମ ହୋଟେଲ୍ ପାଖରେ ଥିବା ଲା ମୋରଡିଡା ରେଷ୍ଟୋରାଁର ନାଁ କହିଲେ। ଆମେ ସେଠାରେ ଯାଇ ଡିନର୍ ଖାଇଲୁ। ଡିନର୍ ପାଇଁ ଆମେ 'ଫାହିତା ଦେ ଭେଞ୍ଚୁରା' ଓ ନିରାମିଷ 'ଏଞ୍ଚିଲାଦା' ମଗାଇଲୁ। ଆମେରିକାରେ ଆମେ ଯେଉଁ ମେକ୍ସିକାନ୍ ଖାଦ୍ୟ ଖାଉ ତା'ଠାରୁ ଏହାର ଟେଷ୍ଟ୍ ଅଲଗା ଲାଗିଲା। କିନ୍ତୁ ଖାଇବା ଭଲ ଥିଲା। ଖାଇସାରିବା ପରେ ହୋଟେଲ୍‌କୁ ଫେରିଆସିଲୁ।

ପରଦିନ ସକାଳେ ଆମେ ହୋଟେଲ୍ କାଫେଟେରିଆରେ ବ୍ରେକ୍‌ଫାଷ୍ଟ କରିବା ପାଇଁ ହୋଟେଲ୍ ଲବି ଦେଇ କାଫେଟେରିଆକୁ ଗଲୁ। କାଫେଟେରିଆର ଜଣେ କର୍ମଚାରୀ ଯିଏକି ଆମକୁ ନେଇ ଟେବଲ୍‌ରେ ବସାଇଲେ, ଆମ ରୁମ୍ ନମ୍ବର ପଚାରିଲେ। ଆମେ ରୁମ୍ ନମ୍ବର କହିବାରୁ ସେ କହିଲେ ଆମ ରୁମ୍ ରେଟ୍‌ରେ ଫ୍ରି ବ୍ରେକ୍‌ଫାଷ୍ଟ ମିଳିବା କଥା। କିନ୍ତୁ ସନ୍ଦେହ ଥିବାରୁ ସେ ଯାଇ ରିସେପ୍‌ସନ୍ ଡେସ୍କରେ ପଚାରି ଆସି ଆମକୁ କହିଲେ ଯେ ଆମପାଇଁ ବ୍ରେକ୍‌ଫାଷ୍ଟ ଫ୍ରି। ଏକଥା ଆମେ ଜାଣିନଥିଲୁ। ଆମେ ସେଇ ହୋଟେଲ୍‌ରେ ପୂର୍ବରୁ ମଧ୍ୟ ରହିଥିଲୁ। ଚେକ୍-ଇନ୍ କଲାବେଳେ ଆମକୁ ରିସେପ୍‌ସନିଷ୍ଟ ଏ ବିଷୟରେ କିଛି କହିନଥିଲେ। ସେ ଯାହାହେଉ ଆମେ ସେ କର୍ମଚାରୀଙ୍କୁ ଧନ୍ୟବାଦ ଦେଇ ବ୍ରେକ୍‌ଫାଷ୍ଟ ଖାଇଲୁ।

ସେଦିନ ଆମର ପ୍ଲାନ୍ ଥିଲା ପ୍ରଥମେ ପ୍ରସିଦ୍ଧ ପ୍ରାଦୋ ମ୍ୟୁଜିଅମ୍ ଯିବାପାଇଁ। ମେଟ୍ରୋ ଟ୍ରେନ୍‌ରେ ଯିବାପାଇଁ ଭାବି ଆମେ ହୋଟେଲର ଜଣେ କର୍ମଚାରୀଙ୍କୁ କେଉଁ ଲାଇନ୍ ଧରି ଗଲେ ପ୍ରାଦୋ ମ୍ୟୁଜିଅମ୍‌ରେ ପହଞ୍ଚିବୁ ବୋଲି ପଚାରିଲୁ। ତାଙ୍କ ମତ ଥିଲା ଆମେ ଯଦି ଚାଲିକରି ଯିବୁ ତା'ହେଲେ ଭଲ ହେବ; କାରଣ ଚାଲିକରି ଗଲେ ଆମେ ଅନେକ ପୁରୁଣା ସୁନ୍ଦର ଆର୍କିଟେକ୍‌ଚର ଦେଖିପାରିବୁ। ହୋଟେଲ୍‌ରୁ ମାତ୍ର ୧୫/୨୦ ମିନିଟ୍ ଲାଗିବ ବୋଲି ସେ କହିଲେ। ତାଙ୍କ କହିବା ଅନୁସାରେ ଆମେ ଚାଲିଚାଲି ଗଲୁ। ସେ ଠିକ୍ କହିଥିଲେ। ପ୍ରକୃତରେ ଚାଲିଚାଲି ଗଲାବେଳେ ପୁରୁଣା ଆର୍କିଟେକ୍‌ଚରର ବେଶ୍ କିଛି ନମୁନା ଆମେ ଦେଖିପାରିଲୁ। ସେଠାରେ ପହଞ୍ଚି ପ୍ରବେଶ ଟିକେଟ୍ ପାଇଁ ଲାଇନ୍‌ରେ ଠିଆ ହେଲୁ। ଟିକେଟ୍‌ର ଦାମ୍ ଥିଲା ୭.୫ ଇଉରୋ। ୧୩୮୦ ମସିହାରୁ ୧୯୦୦ ମସିହା ମଧ୍ୟରେ ଇଉରୋପିଆନ୍ କଳାକୃତିର ଶ୍ରେଷ୍ଠ ସଂଗ୍ରହାଳୟ ଭାବରେ ପ୍ରାଦୋ ମ୍ୟୁଜିଅମ୍ ପ୍ରସିଦ୍ଧି ଲାଭ କରିଛି। ବୋଷ୍, ଗୋୟା,

ଟାଇଟାନ୍ ଓ ଅନ୍ୟ ପ୍ରସିଦ୍ଧ କଳାକାରମାନଙ୍କର ଶ୍ରେଷ୍ଠ କୃତିଗୁଡ଼ିକ ଏଠାରେ ସାଇତି ରଖାଯାଇଛି। ଅନ୍ୟମାନଙ୍କ ମଧ୍ୟରେ ଚିତ୍ରକର ଦିଏଗୋ ଭେଲାସକେଶ୍‌ଙ୍କର ପ୍ରସିଦ୍ଧ ଚିତ୍ର 'ଲା ମେନିନାଜ୍' ଏହି ମ୍ୟୁଜିଅମ୍‌ରେ ଅଛି। ଯେତେବେଳେ ସ୍ପେନ୍ ଦେଶ ଚିତ୍ରକଳାର ଶୀର୍ଷରେ ପହଞ୍ଚିଥିଲା, ଯାହାକୁ କୁହା ଯାଉଥିଲା 'ସ୍ପେନ୍‌ର ସୁବର୍ଣ୍ଣ ଯୁଗ', ସେହି ସମୟରେ ୧୬୫୬ ମସିହାରେ ସ୍ପେନ୍‌ର ଅଗ୍ରଣୀ ଚିତ୍ରକାର ଦିଏଗୋ ଭେଲାସକେଶ୍ ଏହି ଚିତ୍ରଟି ଆଙ୍କିଥିଲେ। ଏହାକୁ କେବଳ ଦର୍ଶକ ନୁହନ୍ତି, ସେ ସମୟର ପ୍ରସିଦ୍ଧ ଚିତ୍ରକାରମାନେ ମଧ୍ୟ ଉଚ୍ଚ ପ୍ରସଂଶା କରିଛନ୍ତି। ପ୍ରସିଦ୍ଧ ଚିତ୍ରକାରଙ୍କର ଚିତ୍ର ବ୍ୟତୀତ ମ୍ୟୁଜିଅମ୍‌ରେ ଭାସ୍କର୍ଯ୍ୟର ଉଚ୍ଚମାନର କଳାକୃତି ରଖାଯାଇଛି। ସେଗୁଡ଼ିକୁ ଦେଖି ବହୁତ ଭଲ ଲାଗିଲା।

ପ୍ରାଦୋ ମ୍ୟୁଜିଅମ୍‌ରେ ପ୍ରାୟ ଦୁଇ ଘଣ୍ଟା ବିତାଇଲା ପରେ ଆମେ ଆଉଥରେ ରେନା ସୋଫିଆ ମ୍ୟୁଜିଅମ୍ ଦେଖିବା ପାଇଁ ସ୍ଥିର କଲୁ। ଯେଉଁ ଅଞ୍ଚଳରେ ମ୍ୟୁଜିଅମ୍‌ଗୁଡ଼ିକ ଅଛି ସେହି ଅଞ୍ଚଳଟି ବହୁତ ବଡ଼ ଓ ଖୋଲା। ଚୌଡ଼ା ଚୌଡ଼ା ରାସ୍ତା, ସୁନ୍ଦର କରି କଟା ହୋଇଥିବା ବଡ଼ ବଡ଼ ଗଛ ଆଉ ଫୁଲ ଗଛରେ ଭର୍ତ୍ତି। ସେଇଠି କେବଳ ବୁଲାବୁଲି କଲେ ମନ ଶାନ୍ତି ହୋଇଯିବ। ସେଇ ପାଖରେ କିଛି ସମୟ ଚଲାବୁଲା କରି ଆମେ ରେନା ସୋଫିଆ ମ୍ୟୁଜିଅମ୍ ଆଡ଼େ ଗଲୁ। ସେଠି ପହଞ୍ଚି ଦେଖିଲୁ ସେଦିନ ମ୍ୟୁଜିଅମ୍ ବନ୍ଦ ଥିଲା। ମାଡ୍ରିଡ୍‌ରେ ପହଞ୍ଚି ପ୍ରଥମ ଥର ଆମେ ଯେତେବେଳେ ସେପ୍ଟେମ୍ବର ୬ ତାରିଖରେ ରେନା ସୋଫିଆ ମ୍ୟୁଜିଅମ୍‌କୁ ଯାଇଥିଲୁ ସେତେବେଳେ ରାସ୍ତାକଡ଼ରେ କିଛି ଲୋକ ଗୋଟିଏ ଭର୍ଟିକାଲ୍ ଗାର୍ଡନ୍‌ରେ କାମ କରୁଥିବାର ଦେଖିଥିଲୁ। ଏବେ ଦେଖିଲୁ ସେ କାମ ସରିଯାଇଛି ଓ ସେ ଗାର୍ଡନ୍ ଭାରି ସୁନ୍ଦର ଦିଶୁଛି। ଭର୍ଟିକାଲ୍ ଗାର୍ଡନ୍ କରାହେଉଥିବାର ମୁଁ ପୂର୍ବରୁ କେବେ ଦେଖିନଥିଲି। ଭର୍ଟିକାଲ୍ ଗାର୍ଡନ୍ କ'ଣ ମୁଁ ଏବେ କହିରଖେ। ଗୋଟିଏ କାନ୍ଥ ଉପରେ ଫ୍ରେମ୍ ରଖି ତା' ଉପରେ ବିଭିନ୍ନ ପ୍ରକାର ଫୁଲଗଛ ଓ ଲତାଗୁଡ଼ିକୁ ସୁନ୍ଦର ଡିଜାଇନ୍ କରି ଫ୍ରେମ୍‌ରେ ଝୁଲାଇ ଦିଆଯାଏ। ସେ କାନ୍ଥଟି ଗଛଲତାରେ ପୂରା ଢାଙ୍କିହୋଇ ଯାଇଥାଏ, ଜମା ଦେଖାଯାଏନି। କେବଳ ବିଭିନ୍ନ ରଙ୍ଗର ଫୁଲ ଓ ଲତା ଦେଖାଯାଏ। ସବୁ ଗଛଗୁଡ଼ିକ ବାଛିବାଛି ଏମିତି ସ୍ଥାନିତ କରାଯାଇଥାଏ ଯେମିତି ସେଗୁଡ଼ିକର ଫୁଲ ଫୁଟି ସମଗ୍ର କାନ୍ଥଟି ଲୁଚିଯିବ। ଆମେ ସେଠାରେ ଠିଆହୋଇ କିଛି ସମୟ ପାଇଁ ଗାର୍ଡନ୍‌ଟି ଦେଖି ଫେରିଲୁ। ଫେରିବା ବାଟରେ ପୂର୍ବରୁ ଖାଇଥିବା 'ଥାଇ' ରେସ୍ତୋରାଁ ପଡ଼ିଲା। ସେତେବେଳକୁ ଲଞ୍ଚ୍ ସମୟ ହୋଇଯାଇଥିଲା। ତେଣୁ ଆମେ ପୁଣି ସେଇ ରେସ୍ତୋରାଁକୁ ଯାଇ ଲଞ୍ଚ୍ କଲୁ। ଲଞ୍ଚ୍ ପରେ ଅଳ୍ପ ସମୟ ପାଇଁ ଦୋକାନବଜାର ବୁଲିଲାବେଳେ ଗୋଟିଏ ଦୋକାନରେ ଭିଏନା, ଅଷ୍ଟ୍ରିଆର ପ୍ରସିଦ୍ଧ ଚିତ୍ରକାର ଗୁସ୍ତାଭ୍ କ୍ଲିମଟ୍‌ଙ୍କର ବିଖ୍ୟାତ

ପେଣ୍ଟିଙ୍ଗ୍ 'The Kiss'ର ପ୍ରତିମୂର୍ତ୍ତିକୁ ଡେର୍ କୁଶ୍ ନାମକ ଜଣେ ଶିଳ୍ପୀ କରିଥିବାର ଦେଖି ବହୁତ ଭଲ ଲାଗିବାରୁ କିଣିଲୁ। ଆମେ ହୋଟେଲ୍‌ରେ ଆସି ପହଞ୍ଚିଲା ବେଳକୁ ସମୟ ହୋଇଥିଲା ଅପରାହ୍ନ ୫.୩୦।

ପ୍ରାୟ ସନ୍ଧ୍ୟା ୭ଟା ବେଳେ ବବି ଓ ସିଲ୍‌ଭିଆ ଆସି ପହଞ୍ଚିଲେ। ଡିନର୍ ପାଇଁ ଆମେ ସମସ୍ତେ ପ୍ଲାଜା ମେୟରରେ ଥିବା 'ବ୍ୟାକଙ୍ଗ୍ ଥାଇ' ରେସ୍ତୋରାଁକୁ ଗଲୁ। ରେସ୍ତୋରାଁଟି ଖୁବ୍ ଭଲ ଭାବରେ ଥାଇଲାଣ୍ଡ୍ ଜିନିଷରେ ସଜା ହୋଇଥିଲା। ମେନୁ ଦେଖି ଆମେ ଭାତ, ଚିକେନ୍ ସାତେ, ଗ୍ରୀନ୍ କରି ଉଇଥ୍ ପ୍ରନ୍, ଚିକେନ୍ ଉଇଥ୍ ପିନଟ୍‌ସ ଓ ମିକ୍ସଡ଼୍ ଭେଜିଟେବଲ୍ ମଗାଇଲୁ। ଥାଇଲାଣ୍ଡ୍‌ରେ ବସି ଖାଦ୍ୟ ଖାଇଲାପରି ଲାଗିଲା। ଆମେ ନିଜ ଭିତରେ ଆଲୋଚନା କଲୁ ଯେ ରାନ୍ଧୁଣିଆ ନିଶ୍ଚୟ ଥାଇଲାଣ୍ଡ୍‌ର ଲୋକ ହୋଇଥିବେ। ଆମେ ଖାଉଥିବା ସମୟରେ ରେସ୍ତୋରାଁର ମ୍ୟାନେଜର, ଯିଏ କି ଜଣେ ବାଂଲାଦେଶୀ, ଆସି ପାଖରେ ବସି ଆମ ସହ ଆଳାପ କଲେ। ତାଙ୍କଠାରୁ ଶୁଣିଲୁ ଯେ ରେସ୍ତୋରାଁର ମାଲିକ ଜଣେ ଆମେରିକାନ୍ ଯିଏକି ସ୍ପେନ୍ ଆସିବା ପୂର୍ବରୁ ଥାଇଲାଣ୍ଡ୍‌ରେ କିଛି ବର୍ଷ ଥିଲେ ଏବଂ ରେସ୍ତୋରାଁର ସବୁ ରାନ୍ଧୁଣିଆ ହେଉଛନ୍ତି ବାଙ୍ଗଲାଦେଶୀ। ମ୍ୟାନେଜରଙ୍କ ସାଙ୍ଗରେ କଥା ହୋଇ ଏସବୁ କଥା ଜାଣି ଭଲ ଲାଗିଲା। ଡିନର୍ ପରେ ହୋଟେଲ୍‌କୁ ଫେରି ବବି ଓ ସିଲଭିଆଙ୍କଠାରୁ ବିଦାୟ ନେଲୁ। ପରଦିନ ସକାଳେ ଆମର ୱାଶିଂଟନ୍ ଫେରିବାର ଥିଲା। ଜିନିଷପତ୍ର ପ୍ୟାକ୍ କରି ଶୋଇଲୁ।

ପରଦିନ ସକାଳେ ହୋଟେଲ୍ ଷ୍ଟାଫ୍‌ଙ୍କ ଫୋନ୍ କଲ୍‌ରେ ନିଦ ଭାଙ୍ଗିଲା। ନିତ୍ୟକର୍ମ ସାରି ହୋଟେଲ୍‌ର କାଫେଟେରିଆରେ ବ୍ରେକ୍‌ଫାଷ୍ଟ ଖାଇ ଏୟାରପୋର୍ଟକୁ ବାହାରିଲୁ। ପ୍ରାୟ ଅଧ ଘଣ୍ଟା ଲାଗିଲା ଏୟାରପୋର୍ଟରେ ପହଞ୍ଚିବା ପାଇଁ। ଆମର ଫ୍ଲାଇଟ୍ ଦିନ ୧୨.୪୦ରେ ଥିଲା। ଚେକ୍-ଇନ୍ ପରେ ଆମ ହାତରେ ଯଥେଷ୍ଟ ସମୟ ଥିଲା। ସେଇଠି ବୁଲାବୁଲି କଲୁ। ବୋର୍ଡିଙ୍ଗ୍ କଲ୍ ହେବାରୁ ଯାଇ ପ୍ଲେନ୍‌ରେ ବସିଲୁ। କୌଣସି କାରଣ ପାଇଁ ଫ୍ଲାଇଟ୍ ଛାଡ଼ିବାରେ ଡେରି ହେଲା। ମାଡ୍ରିଡ୍‌ରୁ ଫ୍ରାଙ୍କ୍‌ଫୋର୍ଟ ଅଢ଼େଇ ଘଣ୍ଟାର ଫ୍ଲାଇଟ୍। ଆମର ଆଶଙ୍କା ହେଲା ଯେ କାଳେ ଆମେ ଫ୍ରାଙ୍କ୍‌ଫୋର୍ଟରୁ ୱାଶିଂଟନ୍ ଫ୍ଲାଇଟ୍ ମିସ୍ କରିଯିବୁ। କିନ୍ତୁ ଯା'ହେଉ ଆମେ ଫ୍ରାଙ୍କ୍‌ଫୋର୍ଟରେ ପହଞ୍ଚି ୱାଶିଂଟନ୍ ଫ୍ଲାଇଟ୍ ଛାଡ଼ିବାର ଶେଷ ମୁହୂର୍ତ୍ତରେ ପହଞ୍ଚି ଫ୍ଲାଇଟ୍ ଧରିଲୁ ଓ ୯ ଘଣ୍ଟା ପରେ ୱାଶିଂଟନ୍ ଡି.ସି.ରେ ପହଞ୍ଚିଲୁ।

ମୋଟ ଉପରେ ଆମର ଏଇ ଟ୍ରିପ୍‌ଟା ଥିଲା ଅତି ଆନନ୍ଦମୟ। ଆଉଥରେ ଯିବା ପାଇଁ ମନରେ ବାସନା ରହିଲା।

ପେରୁ: ଇନ୍‌କା ସଭ୍ୟତାର ପ୍ରତୀକ ମାଚୁପିଚୁ

ମୋର ପିଲାମାନେ ଯେତେବେଳେ ଛୋଟ ଥିଲେ, ସେମାନେ ଆମେରିକାର ଦୁଇଟି ଟି.ଭି. କାର୍ଯ୍ୟକ୍ରମ ପ୍ରାୟ ପ୍ରତିଦିନ ଦେଖୁଥିଲେ ଓ ସେଥିରୁ ଅନେକ ଜିନିଷ ଶିଖୁଥିଲେ। ସେ ଦୁଇଟି ଶୋ ହେଲା ସେସ୍‌ମି ଷ୍ଟ୍ରିଟ ଓ ମିଷ୍ଟର ରଜର୍ସ ନେବର୍‌ହୁଡ୍। ସେତେବେଳେ ଛୋଟ ପିଲାଙ୍କ ପାଇଁ ପ୍ରସାରିତ ହେଉଥିବା ଅନେକ କାର୍ଯ୍ୟକ୍ରମ ମଧ୍ୟରୁ ଏଇ ଦୁଇଟି ଅତି ଉଚ୍ଚକୋଟୀର ଭାବେ ଗଣା ହେଉଥିଲା। ଅନେକ ସମୟରେ ମୁଁ ମଧ୍ୟ ସେମାନଙ୍କ ସହ ଏଇ ଦୁଇଟି କାର୍ଯ୍ୟକ୍ରମ ଦେଖୁଥିଲି। ଧୀରେ ଧୀରେ ସେମାନଙ୍କ ବୟସ ଓ ଜ୍ଞାନ ବଢ଼ିବା ସହ ସେମାନେ ବିଜ୍ଞାନ, ପ୍ରକୃତି, ଇତିହାସ, ଭ୍ରମଣ, କଳା, ସଂଗୀତ, ଡ୍ରାମା ଓ ରାଜନୀତି ସମ୍ପର୍କୀୟ ବିଭିନ୍ନ କାର୍ଯ୍ୟକ୍ରମ ଦେଖିବାକୁ ଆରମ୍ଭ କଲେ। ଏଇ ଟି.ଭି. କାର୍ଯ୍ୟକ୍ରମ ମାଧ୍ୟମରେ ମୁଁ ଦକ୍ଷିଣ ଆମେରିକାର ପେରୁ ଦେଶର ମାଚୁପିଚୁ ଅଞ୍ଚଳର ବିଲୁପ୍ତ ଇନ୍କା ସଭ୍ୟତା ବିଷୟରେ ପ୍ରଥମେ ଜାଣିବାକୁ ପାଇଥିଲି।

ଆମର ଜଣେ ବନ୍ଧୁ ପେରୁ ଦେଶର ଲିମା ସହରରୁ ଥିଲେ। ସେ ମାଚୁପିଚୁ ବିଷୟରେ କଥା ହେଲାବେଳେ ଖୁବ୍ ଭାବବିହ୍ୱଳ ହୋଇ କହନ୍ତି। ଥରେ ତାଙ୍କ ସହ ଆଳାପ କଲାବେଳେ, ତା'ର ଅଳ୍ପ ଦିନ ପୂର୍ବରୁ ଟି.ଭି.ରେ ମାଚୁପିଚୁ ସମ୍ବନ୍ଧରେ ଗୋଟିଏ କାର୍ଯ୍ୟକ୍ରମ ଦେଖିଥିବାର ମନେପଡ଼ିଲା। ନୀଳ ଆକାଶ ତଳେ, ଆଣ୍ଡିଜ୍ ପର୍ବତମାଳାର ସବୁଜ ବନାନୀ କୋଳରେ ଇନ୍କା ସଭ୍ୟତାର ଭଗ୍ନାବଶେଷର ସ୍ୱର୍ଗୀୟ ଦୃଶ୍ୟ ମତେ ଅଭିଭୂତ କରିଥିଲା। ପରେ ପଢ଼ିଲି, ଯତ୍ନ ସହ ସଂରକ୍ଷିତ ଏହି ଭଗ୍ନାବଶେଷ ଏବଂ ଇନ୍କା ସଭ୍ୟତାର ଜୟଗାନ କରୁଥିବା ଟେରାସ୍ ଚାଷ ପଞ୍ଚଦଶ ଶତାବ୍ଦୀରେ ଶୀର୍ଷରେ ପହଞ୍ଚି ଥିଲା ବୋଲି ପ୍ରତ୍ନତତ୍ତ୍ୱବିତ୍‌ମାନେ କହନ୍ତି। ଏଇ କଥା ସବୁ ଶୁଣିଲା ପରେ ଥରେ ଯାଇ ମାଚୁପିଚୁ ଦେଖିବାର ଆଗ୍ରହ ମନରେ ରହିଲା।

ସେଇ ଆଗ୍ରହ ପୂର୍ଣ୍ଣ ହେଲା ୨୦୧୭ ମସିହାରେ। ମୁଁ, ମୋ ସ୍ୱାମୀ ଓ ଆମର

ଆଉ କିଛି ବନ୍ଧୁ ମାଚୁପିଚୁ ଦେଖିବାକୁ ଯିବାପାଇଁ ଠିକ୍ କଲୁ। ମାଚୁପିଚୁ ସହ ପେରୁର ଅନ୍ୟ କେତୋଟି ପ୍ରସିଦ୍ଧ ସ୍ଥାନ ଯଥା ପେରୁର ରାଜଧାନୀ ଲିମା, ଇନ୍କାମାନଙ୍କ ରାଜଧାନୀ କୁସ୍କୋ, ମନୋରମ ସାକ୍ରେଡ୍ ଭ୍ୟାଲି ଓ ଟିଟିକାକା ହ୍ରଦ ଦେଖିବାପାଇଁ ସ୍ଥିର କଲୁ। ଟିଟିକାକା ହ୍ରଦ ପୃଥିବୀର ବୃହତ୍ ମଧୁର ଜଳ ହ୍ରଦମାନଙ୍କ ମଧ୍ୟରେ ଅନ୍ୟତମ।

ଦକ୍ଷିଣ ଆମେରିକାକୁ ଏହା ଥିଲା ଆମର ପ୍ରଥମ ଯାତ୍ରା। ସେଥିପାଇଁ ବିଶେଷ ଯତ୍ନ ସହ ଆମକୁ ଟୁର୍ ପ୍ରୋଗ୍ରାମ୍ ତିଆରି କରିବାକୁ ପଡ଼ିଲା। ଆମ ଦଳଟିରେ ଥିଲେ ବାର ଜଣ ଓଡ଼ିଆ ଲୋକ। ୱାଶିଂଟନ୍ ଡି.ସି.ରୁ ଆମେ ଥିଲୁ ଆଠ ଜଣ, ଦୁଇ ଜଣ ଥିଲେ ଆଲାବାମାର ହଣ୍ଟ୍ସଭିଲ୍ ସହରରୁ ଓ ଆଉ ଦୁଇଜଣ ଥିଲେ ଟେକ୍ସାସ୍‌ର ଡାଲାସ୍ ସହରରୁ। ଟୁର୍ ପାଇଁ ଆମର ପ୍ଲାନିଂ ଆରମ୍ଭ ହେଲା ଅକ୍ଟୋବର୍ ୨୦୧୬ରୁ। ଅନେକ ଗୁଡ଼ିଏ ଟ୍ରାଭଲ୍ ଏଜେନ୍ସିକୁ ଯୋଗାଯୋଗ କରି ସେମାନଙ୍କଠାରୁ ସବୁ ବୁଝିଲାପରେ ଆମେ ଗେଟ୍-୧ ଟ୍ରାଭଲ୍ କମ୍ପାନୀକୁ ବାଛିଲୁ। ଏହା ଆମେରିକାର ଗୋଟିଏ ଟ୍ରାଭଲ୍ ଏଜେନ୍ସି ଯାହାକି ପୃଥିବୀର ଯେକୌଣସି ଜାଗାରେ ବୁଲିବା ପାଇଁ ବ୍ୟବସ୍ଥା କରି ଦେଇଥାନ୍ତି। ପେରୁ ପାଇଁ ଏହି କମ୍ପାନୀର ଯେତେଗୁଡ଼ିଏ ଟୁର୍ ପ୍ୟାକେଜ୍ ଥିଲା ଆମେ ତା' ଭିତରୁ 'ଟେନ୍ ଡେ ଆଫୋର୍ଡେବଲ୍' ପେରୁ ପ୍ୟାକେଜ୍‌ଟି ବାଛିଲୁ। ଏହାର କାର୍ଯ୍ୟସୂଚୀ ଅନୁଯାୟୀ ଆମର ଯାତ୍ରା ଆରମ୍ଭ ହେଲା ଲିମାଠାରୁ ମେ ମାସ ୬ ତାରିଖରେ ଏବଂ ସମାପ୍ତ ହେଲା ସେଇ ଲିମାରେ ସେହି ମାସ ୧୪ ତାରଖରେ।

ପେରୁ ଦକ୍ଷିଣ ଆମେରିକାର ପ୍ରଶାନ୍ତ ମହାସାଗର ଉପକୂଳରେ ଗୋଟିଏ ଦେଶ। ଏହାର ଉତ୍ତର ଦିଗରେ ଅଛି ଇକ୍ୱେଡର୍ ଓ କଲମ୍ବିଆ, ଦକ୍ଷିଣରେ ଚିଲି, ପୂର୍ବରେ ବ୍ରାଜିଲ୍ ଓ ବୋଲିଭିଆ ଏବଂ ପଶ୍ଚିମରେ ପ୍ରଶାନ୍ତ ମହାସାଗର। ପ୍ରକୃତି ଏହି ଦେଶକୁ ସୌନ୍ଦର୍ଯ୍ୟରେ ଭରିଦେଇଛି। ଆଣ୍ଡିଜ୍ ପର୍ବତମାଳାର ମନଲୋଭା ଦୃଶ୍ୟ, ପ୍ରଶାନ୍ତ ମହାସାଗରର ବିସ୍ତୃତ ସମୁଦ୍ର ତଟ, ସେଚୁରା ମରୁଭୂମି, ଏସବୁ ସହ ଆମାଜନ୍ ପରି ପ୍ରାଚୀନ ଗ୍ରୀଷ୍ମମଣ୍ଡଳୀୟ ଅରଣ୍ୟ- ଏସବୁରେ ସମୃଦ୍ଧ ହୋଇଛି ପେରୁ। ଅନେକ ବିରଳ ପଶୁପକ୍ଷୀ, ବୃକ୍ଷଲତାର ଭଣ୍ଡାର ହେଉଛି ଆମାଜନ୍। ପେରୁରେ ଥିବା ଅନେକ ପ୍ରାଚୀନ ସଭ୍ୟତା ଭିତରୁ ଇନ୍‌କା ସଭ୍ୟତା ସର୍ବଜନବିଦିତ। ଏଇ ଇନ୍‌କା ସଭ୍ୟତା ପେରୁର ଅରଣ୍ୟ ଅଞ୍ଚଳରେ ୧୩ଶ ଶତାବ୍ଦୀ ସମୟରେ ଆରମ୍ଭ ହୋଇଥିଲା। ଆଣ୍ଡିଜ୍ ପର୍ବତମାଳାର ପ୍ରାୟ ସବୁ ଅଞ୍ଚଳରେ ଇନ୍କାମାନେ ବସତି ସ୍ଥାପନ କରି ରାସ୍ତାଘାଟ ନିର୍ମାଣ କରିବା ସହ ସର୍ବସାଧାରଣଙ୍କ ସୁବିଧା ପାଇଁ ପାଣିର ବନ୍ଦୋବସ୍ତ କରିଥିଲେ। ସେମାନେ ସ୍ଥାପନ କରିଥିବା ସହରଗୁଡ଼ିକ ଭିତରୁ ରାଜଧାନୀ କୁସ୍କୋ ଓ ମାଚୁପିଚୁ ଅନ୍ୟତମ। ଏଇସବୁ ସହର ଦେଖିଲା ପରେ ଜଣାପଡେ ଇନ୍କାମାନଙ୍କର ଇଞ୍ଜିନିଅରିଙ୍ଗ୍

କୌଶଳ କେତେ ଉଚ୍ଚକୋଟୀର ଥିଲା । ଇଞ୍ଜିନିଅରିଙ୍ଗ୍ କୌଶଳ ବ୍ୟତୀତ ସେମାନେ ପଥର କାମ, ଆର୍କିଟେକ୍ଚର, ଗହଣା ତିଆରି ଓ ସୁନ୍ଦର ଲୁଗାବୁଣା ପାଇଁ ମଧ୍ୟ ପ୍ରସିଦ୍ଧି ଲାଭ କରିଥିଲେ ।

ପେରୁରେ ଖଣିଜତୈଳ, ପ୍ରାକୃତିକ ଗ୍ୟାସ୍, ସୁନା, ରୂପା, ତମ୍ବା, ଜିଙ୍କ୍ ପରି ପ୍ରାକୃତିକ ସମ୍ପଦ ଭରି ରହିଛି । ସେ ଦେଶରେ କିନୁଆ, ଆଭୋକାଡୋ, ଆମ୍ବ, କଫି, ଅଙ୍ଗୁର ଓ ଆସ୍ପାରାଗସ୍ ଇତ୍ୟାଦି ପ୍ରଚୁର ପରିମାଣରେ ଉତ୍ପାଦିତ ହୁଏ । ତେଣୁ ସେସବୁ ଅନ୍ୟ ଦେଶକୁ ରପ୍ତାନି କରାହୋଇଥାଏ । ଟୁର୍ ଗାଇଡ଼ଙ୍କଠାରୁ ଶୁଣିଲି ଆଳୁର ଜନ୍ମସ୍ଥାନ ହେଉଛି ପେରୁ । ସେମାନେ ପ୍ରାୟ ୩୦୦୦ ପ୍ରକାର ଆଳୁ ଉତ୍ପାଦନ କରନ୍ତି ଓ ୫୫ ପ୍ରକାର ମକା ଚାଷ କରନ୍ତି । ଏହି ମକାଗୁଡ଼ିକର ସାଇଜ୍ ଛୋଟରୁ ଅତି ବଡ଼ ହୋଇଥାଏ । ଏଗୁଡ଼ିକର ରଙ୍ଗ ମଧ୍ୟ ବିବିଧ- ଧଳା, ବାଇଗଣି, ହଳଦିଆ ଓ କଳା । ଅନ୍ୟାନ୍ୟ ଦ୍ରବ୍ୟ ମଧ୍ୟରୁ ଏ ଦେଶ ବହୁ ପରିମାଣରେ ରିଫାଇଣ୍ଡ୍ ପେଟ୍ରୋଲିଅମ୍ ଓ କାର୍ ଆମଦାନୀ କରିଥାଏ ।

ସମୃଦ୍ଧ ସଂସ୍କୃତି ବ୍ୟତୀତ ପ୍ରାଚୀନ ସଭ୍ୟତା, କଳା, ସଂଗୀତ ଓ ସୁସ୍ୱାଦୁ ଖାଦ୍ୟ ପାଇଁ ପେରୁ ପୃଥିବୀରେ ପ୍ରସିଦ୍ଧି ଲାଭ କରିଛି । ଏଠିକାର ଲୋକମାନେ ମୂଳତଃ ଲୋହିତ ଭାରତୀୟ, ଇଉରୋପିଆନ୍, ସ୍ପାନିସ୍ ଏବଂ ଏସିଆନ୍ । ଏମାନଙ୍କର ମୁଖ୍ୟ ଭାଷା ସ୍ପାନିସ୍ ଯଦିଓ କିଛି ଲୋକ କେଚୁଆ (ଏହା ଇନ୍କାମାନଙ୍କର ଭାଷା ଥିଲା) ବ୍ୟବହାର କରିଥାନ୍ତି । ତା'ଛଡ଼ା ସେଠାରେ ଆଉ ମଧ୍ୟ କିଛି ସ୍ଥାନୀୟ ଭାଷା ଅଛି । ପେରୁବାସୀ ମାନଙ୍କର ମୁଖ୍ୟ ଖାଦ୍ୟ ହେଲା ଭାତ, କିନୁଆ (ଏହି ମଞ୍ଜିଗୁଡ଼ିକରେ ପ୍ରଚୁର ପରିମାଣରେ ପ୍ରୋଟିନ୍ ଥାଏ), ମାଛ, କୁକୁଡ଼ା ମାଂସ, ପୋର୍କ, ଆଲ୍ପାକା ମାଂସ, ମକା ଓ ଆଳୁ । କଏ- ପୋଡ଼ା ଗିନି ପିଗ୍ ଖାଇବାକୁ ପେରୁବାସୀ ବହୁତ ଭଲ ପାଆନ୍ତି ।

ପେରୁର ଲୋକପ୍ରିୟ ପର୍ଯ୍ୟଟନସ୍ଥଳୀ ଶୀର୍ଷରେ ରହିଛି ମାଚୁପିଚୁ । ଏଇ ମାଚୁପିଚୁ ସହରଟିକୁ ଇନ୍କାମାନେ ଆଣ୍ଡିଜ୍ ପର୍ବତମାଳାରେ ୧୪ଶ ଶତାବ୍ଦୀରେ ତିଆରି କରିଥିଲେ । ଦେଖିବାକୁ ଗଲେ ଇନ୍କା ସଭ୍ୟତା ପାଇଁ ହିଁ ମାଚୁପିଚୁ ପ୍ରସିଦ୍ଧ । ଇନ୍କାମାନେ ଥିଲେ ଲୋହିତ ଭାରତୀୟ- ଦକ୍ଷିଣ ଆମେରିକାର ମୂଳ ବାସିନ୍ଦା । ସଂଖ୍ୟାରେ ଅଳ୍ପ ଥିଲେ ମଧ୍ୟ ସେମାନେ ପେରୁର ପର୍ବତାଞ୍ଚଳକୁ ଅକ୍ତିଆର କରି ନେଇଥିଲେ । ୧୪ଶ ଶତାବ୍ଦୀରେ ବେଶ୍ ଉନ୍ନତି କରି ଇନ୍କାମାନେ ଏପରି ଏକ ସାମ୍ରାଜ୍ୟ ଗଢ଼ିଲେ ଯାହା ପୃଥିବୀର ବୃହତ୍ତମ ସାମ୍ରାଜ୍ୟମାନଙ୍କ ଭିତରେ ଅନ୍ୟତମ । ୧୫ଶ ଶତାବ୍ଦୀରେ ସେମାନେ ଉନ୍ନତିର ଶୀର୍ଷରେ ପହଞ୍ଚି ସୁନ୍ଦର ଘର, ରାସ୍ତା ଓ ଚାଷଜମି ପାଇଁ ଜଳସେଚନର ବ୍ୟବସ୍ଥା କରି ପାରିଥିଲେ । ଆଣ୍ଡିଜ୍ ପର୍ବତମାଳାରେ ସେମାନେ ତିଆରି କରିଥିବା ରାସ୍ତା ଏବଂ

ଜଳସେଚନ ପ୍ରଣାଳୀର ସମୀକ୍ଷା କଲେ ଜଣେ ବୁଝିପାରିବ ଯେ ସେମାନଙ୍କର ଇଞ୍ଜିନିଅରିଙ୍ଗ୍ ଜ୍ଞାନ କେତେ ଉଚ୍ଚକୋଟୀର ଥିଲା।

ଫ୍ରାନ୍‌ସିସ୍କୋ ପିଜାରୋ ଓ ଇନ୍କାମାନଙ୍କର କଲୋନୀଆଲାଇଜେସନ୍

କଲୋନୀ ସ୍ଥାପନ ଓ ଅଧୀନସ୍ଥ କରିବା ଉଦ୍ଦେଶ୍ୟ ନେଇ ଫ୍ରାନ୍‌ସିସ୍କୋ ପିଜାରୋ ନାମକ ଜଣେ ଫିରିଙ୍ଗି (ସ୍ପେନ୍‌ବାସୀ) ପ୍ରାୟ ୩୦୦ ସୈନ୍ୟଙ୍କୁ ଧରି ପେରୁକୁ ଲୁଣ୍ଠନ କରିବାକୁ ଆସିଥିଲେ। ସେ ଥିଲେ ଜଣେ ଦୁଃସାହସୀ ଯିଏ କି କୌଣସି ପ୍ରକାରେ ହେଉ ନୂଆ ନୂଆ ଜାଗା ନିଜ ଅଧୀନକୁ ଆଣିବା ପାଇଁ ଆଗ୍ରହୀ ଥିଲେ। ଧନ ଲୋଭରେ ସେ ୧୫୩୨ ମସିହାରେ ଇନ୍କା ସାମ୍ରାଜ୍ୟ ଉପରେ ଆକ୍ରମଣ କଲେ। ନିଷ୍ଠା ଓ କଠିନ ପରିଶ୍ରମ ବଳରେ ସେ ଧୀରେ ଧୀରେ ଇନ୍କାମାନଙ୍କ ଉପରେ ପ୍ରଭାବ ବିସ୍ତାର କରି ସମଗ୍ର ଇନ୍କା ଅଞ୍ଚଳର ଶାସକ ହୋଇଗଲେ। ସମ୍ପୂର୍ଣ୍ଣ ଇନ୍କା ସାମ୍ରାଜ୍ୟ ତାଙ୍କ ଅଧୀନକୁ ଆସିଗଲା। ସମୟକ୍ରମେ ସ୍ପାନିସ୍‌ମାନେ ଆସି ନିଜ ପସନ୍ଦର ଘର ତିଆରି କରି ଇଉରୋପିଆନ୍ ଢାଞ୍ଚାରେ ପେରୁରେ ସହର ବସାଇଲେ। ଏହାକୁ କୁହାଗଲା କଲୋନିଆଲ୍ ଆର୍କିଟେକ୍‌ଚର। ଇନ୍କାମାନେ ତିଆରି କରିଥିବା ବଡ଼ ବଡ଼ ପ୍ରାସାଦଗୁଡ଼ିକୁ ଭାଙ୍ଗି, ସେଇ ମୂଳଦୁଆ ଉପରେ ଏମାନେ କଲୋନିଆଲ୍ ପ୍ରାସାଦ ତିଆରି କଲେ। ଅନେକ ବର୍ଷ ଧରି ସଂଗ୍ରାମ କରି ଇନ୍କାମାନେ ଶେଷରେ ହାରିଯାଇ ସ୍ପାନିସ୍‌ମାନଙ୍କ ଅଧୀନସ୍ଥ ହେଲେ। ଇନ୍କାମାନଙ୍କର ପ୍ରଚୁର ପରିମାଣରେ ଥିବା ସୁନା, ରୁପା, ସୁନା ଗହଣା, ରୁପା ଗହଣା ଓ ସୁନା ମୁଦ୍ରାକୁ ସ୍ପାନିସ୍‌ମାନେ ନିଜ ଦେଶକୁ ଶହ ଶହ ଜାହାଜରେ ଭର୍ତ୍ତିକରି ପଠାଉଥିଲେ। ତେଣୁ ଇନ୍କାମାନେ ସବୁବେଳେ ସ୍ପାନିସ୍‌ମାନଙ୍କୁ ଘୃଣା କରୁଥିଲେ ଏବଂ ତାଙ୍କ ସହ ଅନବରତ ଯୁଦ୍ଧ କରୁଥିଲେ। ମଝିରେ ମଝିରେ ଯୁଦ୍ଧ ହେବା ଫଳରେ ଅନେକ ଇନ୍କା ମରିଗଲେ। ଏଇ ସଂକ୍ରାନ୍ତରେ ଆମ ଟୁର୍ ଗାଇଡ୍ କହିଲେ ଯେ ସ୍ପାନିସ୍‌ମାନେ ନିଜ ସାଙ୍ଗରେ ବସନ୍ତ ଜୀବାଣୁ ଆଣି ପେରୁବାସୀଙ୍କୁ ସଂକ୍ରମିତ କରିଥିଲେ। ସମୟକ୍ରମେ ଇନ୍କାମାନେ ଏ ରୋଗରେ ଆକ୍ରାନ୍ତ ହେଇ, ସ୍ପାନିସ୍‌ଙ୍କ ସଙ୍ଗେ ଯୁଦ୍ଧ କଳାପରେ ବାକି ଯେତିକି ଇନ୍କା ବଂଚିଥିଲେ ସେ ସମସ୍ତେ ଲୁପ୍ତ ହୋଇଗଲେ। ଇନ୍କାମାନଙ୍କ ରାଜଧାନୀ କୁସ୍କୋରେ ଏବେ ମଧ୍ୟ ଇନ୍କା ସଭ୍ୟତାର ଧ୍ୱଂସାବଶେଷ ଭିତରେ ଫୁଟି ଦିଶୁଛି ସେ ସମୟର ଆର୍କିଟେକ୍‌ଚର ଓ କଳାକୃତି। ଇନ୍କା କଳାକୃତି ବ୍ୟତୀତ ସ୍ପାନିସ୍ କଳାକୃତି ମଧ୍ୟ ଏଠାରେ ଯଥେଷ୍ଟ ପରିମାଣରେ ଦେଖିବାକୁ ମିଳେ। ଇନ୍କାମାନେ ଇଞ୍ଜିନିଅରିଙ୍ଗ୍, ପଥରକାମ ଓ ଅନ୍ୟାନ୍ୟ ବିଷୟରେ ଅନେକ ଅଗ୍ରଗତି କରିଥିଲେ ମଧ୍ୟ ସେମାନଙ୍କର ଲିଖିତ ଭାଷା ନଥିଲା। ସେଥିପାଇଁ ବୋଧହୁଏ ସେମାନଙ୍କର ଇତିହାସ ଲିପିବଦ୍ଧ ହୋଇ ରହିନାହିଁ।

ଯାତ୍ରା ଆରମ୍ଭର ପ୍ରସ୍ତୁତି:

ପେରୁ ଯିବାପାଇଁ ସ୍ଥିର କଲାପରେ ଆମେ ସେଠାର ପାଣିପାଗ ବିଷୟରେ ଖବର ସଂଗ୍ରହ କଲୁ। ଆମେ ଏପରି ସମୟରେ ଯିବାକୁ ଚାହୁଁଥିଲୁ ଯେତେବେଳେ ପାଗ ଆମ ବୁଲାବୁଲିରେ ବ୍ୟାଘାତ ସୃଷ୍ଟି କରିବନି। ପେରୁରେ ଶୀତଦିନ ମେ ମାସରୁ ଆରମ୍ଭ ହୋଇ ସେପ୍ଟେମ୍ବର ପର୍ଯ୍ୟନ୍ତ ରହେ। ଗ୍ରୀଷ୍ମ ଡିସେମ୍ବରରୁ ଆରମ୍ଭ ହୋଇ ଏପ୍ରିଲ୍ ପର୍ଯ୍ୟନ୍ତ ରହେ। ପେରୁରେ ଖରା ଯେମିତି ପ୍ରବଳ ହୁଏ ବର୍ଷା ମଧ୍ୟ ସେମିତି ପ୍ରବଳ ହୁଏ। ବୁଲାବୁଲି କରିବା ପାଇଁ ଏପ୍ରିଲ୍‌ରୁ ଅକ୍ଟୋବର ହେଉଛି ଉପଯୁକ୍ତ ସମୟ। ଶୀତ ଦିନରେ ଯେହେତୁ ବର୍ଷା ହୁଏନି ବୁଲାବୁଲି କରିବା ସାଧାରଣତଃ ଆରାମଦାୟକ ହୋଇଥାଏ। ତେଣୁ ଆମେ ଆମର ଭ୍ରମଣ ପାଇଁ ମେ ମାସଟିକୁ ବାଛିଲୁ। ମେ ମାସଟିକୁ ବାଛିବାର ଅନ୍ୟ କାରଣଟି ହେଲା ଏହି ମାସରେ ପେରୁକୁ ଅଳ୍ପସଂଖ୍ୟକ ପର୍ଯ୍ୟଟକ ଯାଇଥାନ୍ତି, କାରଣ ଆମେରିକା ଓ କେତେଗୁଡ଼ିଏ ଇଉରୋପ ଦେଶରେ ମେ ଶେଷ ଭାଗ କିମ୍ବା ଜୁନ୍ ପ୍ରଥମ ସପ୍ତାହ ପୂର୍ବରୁ ସ୍କୁଲ୍ ଓ କଲେଜଗୁଡ଼ିକର ଖରାଛୁଟି ହୋଇ ନଥାଏ। ଆମେରିକାରେ କେତେଗୁଡ଼ିଏ ଜାଗାରେ ଖରାଛୁଟି ଜୁନ୍ ମାସର ମଧ୍ୟ ଭାଗରେ ହୋଇଥାଏ। ଏହାଛଡ଼ା ପେରୁରେ ମେ ମାସରେ ପ୍ରାୟ ବର୍ଷା ହୁଏ ନାହିଁ। ପାଗ ଖୁବ୍ ଭଲ ରହେ।

ଗେଟ-୧ ଟ୍ରାଭଲ୍‌କୁ ଆମର ଟୁର୍ ଏଜେଣ୍ଟ ଭାବରେ ନିଯୁକ୍ତ କଲାପରେ ଆମେ ନଭେମ୍ବର ୧୬ରେ ପ୍ରତ୍ୟେକଙ୍କ ପାଇଁ ଆକଳନ ହୋଇଥିବା ଖର୍ଚ୍ଚର ୧୦% କମ୍ପାନୀକୁ ପଠାଇଲୁ। ସେହି ମାସ ଆମେ ଲିମା ପର୍ଯ୍ୟନ୍ତ ଯିବାପାଇଁ ଓ ଲିମାରୁ ଫେରିବା ପାଇଁ ନିଜ ନିଜର ଏୟାର୍ ଟିକେଟ୍ କଲୁ। ଟୁର୍ କମ୍ପାନୀକୁ ବାକିତକ ଟଙ୍କା ଆମେ ମାର୍ଚ୍ଚ ୨୦୧୭ରେ ପଠେଇଲୁ। ଏପ୍ରିଲ୍ ମାସରେ କମ୍ପାନୀ ଆମ ସମସ୍ତଙ୍କୁ ୨୪ ପୃଷ୍ଠାର ଏକ ଚିଠି ପଠେଇଲା। ସେଥିରେ ଆମ ଟୁର୍‌ର ସମସ୍ତ ବିବରଣୀ ବିସ୍ତୃତ ଭାବରେ ଦିଆ ଯାଇଥିଲା। ଯାତ୍ରା ଆରମ୍ଭରୁ ଶେଷ ପର୍ଯ୍ୟନ୍ତ ସମସ୍ତ ବ୍ୟବସ୍ଥାର ଏକ ଟିକିନିଖି କାର୍ଯ୍ୟକ୍ରମ ସେଥିରେ ମଧ୍ୟ ଥିଲା। ଏହାପରେ ଆମେ ସାଙ୍ଗରେ କି କି ଜିନିଷ ନେବୁ, କେଉଁ ପ୍ରକାର ଲୁଗାପଟା ନେବୁ ସେ ବିଷୟରେ ଆମ ଭିତରେ ଆଲୋଚନା କରି ସ୍ଥିର କଲୁ। ପେରୁ ଗୋଟିଏ ବଡ଼ ରାଜ୍ୟ। ତା'ର ବିଭିନ୍ନ ଅଞ୍ଚଳର ପାଗ ଅଲଗା ଅଲଗା ହୋଇଥାଏ। ସେଇ ଅନୁସାରେ ଟୁର୍ କମ୍ପାନୀର ମତାମତ ଅନୁସାରେ ଆମେ ଲୁଗାପଟା ସଜାଡ଼ିଲୁ। ଆମ ଟୁର୍‌ଟି ଥିଲା ୧୦ ଦିନର। କିନ୍ତୁ ଆମେ (ମୁଁ ଓ ମୋ ସ୍ୱାମୀ) ଫେରିବା ସମୟରେ ଲିମାରେ ଗୋଟିଏ ଦିନ ଅଧିକା ରହି ବୁଲାବୁଲି କରିବାକୁ ସ୍ଥିର କଲୁ। ଆମର ଆଉ କେତେଜଣ ସାଙ୍ଗ ବି ଅଧିକା ଗୋଟିଏ ଦିନ ଲିମାରେ ରହିବା ପାଇଁ ଚାହିଁଲେ।

ଗେଟ୍-୧ କମ୍ପାନୀ ଏପ୍ରିଲ୍ ମାସରେ ଯେଉଁ ଚିଠି ଆମ ସମସ୍ତଙ୍କ ପାଖକୁ ପଠାଇଥିଲା ସେଥିରେ ପେରୁ ଭିତର ଫ୍ଲାଇଟ୍‌ଗୁଡ଼ିକର ସବୁ ଖବର ଥିଲା। ପେରୁ ଭିତରେ ଆମେ କେବଳ ଲିମାରୁ କୁସ୍କୋ ଓ ପୁନୋରୁ ଲିମା ଫ୍ଲାଇଟ୍‌ରେ ଯିବାର ଥିଲା। ପୁନୋ ହେଉଛି ଟିଟିକାକା ହ୍ରଦ ନିକଟ ସହର ଏବଂ ତା'ର ଏୟାରପୋର୍ଟ ଜୁଲିଆକା ସହରରେ ଅବସ୍ଥିତ। ଆମେ ଟିଟିକାକା ହ୍ରଦ ବୁଲିସାରି ଜୁଲିଆକା ଏୟାରପୋର୍ଟରୁ ଲିମା ଫେରିବାର ଥିଲା। ଟ୍ରାଭଲ୍ ଏଜେନ୍ସି ଆମକୁ ପଠାଇଥିବା ଚିଠିରେ ଆମେ ରହିବାକୁ ଥିବା ସବୁ ହୋଟେଲର ଠିକଣା ଓ ଟେଲିଫୋନ୍ ନମ୍ବର, ତାଙ୍କ କମ୍ପାନୀର ସ୍ଥାନୀୟ ଅଫିସ୍ ଠିକଣା ଓ ଟେଲିଫୋନ୍ ନମ୍ବର ସହ ପ୍ରତିଦିନର ପ୍ରୋଗ୍ରାମ୍‌ର ବିସ୍ତୃତ ବିବରଣୀ ଥିଲା। କମ୍ପାନୀ ଆମକୁ ଯେଉଁ ଲଞ୍ଚ୍ ଓ ଡିନର୍ ଦେବାର ଥିଲା ସେ ରେସ୍ତୋରାଁଗୁଡ଼ିକର ନାଁ ବି ଥିଲା। ଏହି ଟ୍ରିପ୍‌ରେ ଆମେ ଯେଉଁସବୁ ହୋଟେଲ୍‌ରେ ରହିବୁ, ସବୁ ହୋଟେଲ୍‌ରେ ବ୍ରେକ୍‌ଫାଷ୍ଟ ସୌଜନ୍ୟମୂଳକ ହେବ ବୋଲି କୁହା ଯାଇଥିଲା। ସାଥିରେ ଉଚ୍ଚତା ଜନିତ ଅସୁସ୍ଥତା, ଥଣ୍ଡା, କାଶ, ପେଟ ଖରାପ ଔଷଧ ନେବା ସହ ଅଧିକ ନଗଦ ଟଙ୍କା ନନେବା ପାଇଁ ଟ୍ରାଭଲ୍ କମ୍ପାନୀ ସୂଚନା ଦେଇଥିଲେ। ଆଉ ଗୋଟିଏ ସୂଚନା ଯାହା ଆମକୁ ପ୍ରକୃତରେ ସାହାଯ୍ୟ କଲା, ତାହା ହେଉଛି ପାଖରେ ସର୍ବଦା କିଛି ଛୋଟ ଛୋଟ ଡଲାର୍ ବିଲ୍ ରଖିବା ପାଇଁ ଦେଇଥିବା ପରାମର୍ଶ। ପେରୁରେ ଛୋଟ ଛୋଟ ଦୋକାନଗୁଡ଼ିକ ପଇସା ଫେରାଇଲାବେଳେ ଅସୁବିଧାର ସମ୍ମୁଖୀନ ହୁଅନ୍ତି। ତେଣୁ ବଡ଼ ଡଲାର୍ ବିଲ୍ ନନେବା ପାଇଁ ଟୁର୍ କମ୍ପାନୀ ଆମକୁ ପରାମର୍ଶ ଦେଇଥିଲେ। ତା'ଛଡ଼ା ଟିପ୍ସ ଦେବାପାଇଁ ଛୋଟ ଡଲାର୍ ବିଲ୍ କାମରେ ଲାଗେ। ଟୁର୍ କମ୍ପାନୀ ଆମକୁ ପରାମର୍ଶ ଦେଇଥିଲେ ଯେ ଟୁର୍ ମ୍ୟାନେଜରଙ୍କୁ ଦିନକୁ ଜଣପିଛା ୬ ଡଲାର୍, ମ୍ୟାନେଜରଙ୍କ ସାହାଯ୍ୟକାରୀଙ୍କୁ ଏକ ଡଲାର୍, ଡ୍ରାଇଭରଙ୍କୁ ତିନି ଡଲାର୍ ଓ ସ୍ଥାନୀୟ ଗାଇଡ୍‌ଙ୍କୁ ଦିନକୁ ଜଣପିଛା ତିନି ଡଲାର୍ ଦେବାକୁ ହେବ। ଷ୍ଟ୍ରିଟ୍ ଫୁଡ଼ ନଖାଇବା ପାଇଁ, ସାଲାଡ଼ ନଖାଇବା ପାଇଁ ଓ ଟ୍ୟାପ୍ ପାଣି ନପିଇବାକୁ ବିଶେଷ ଭାବରେ ଉପଦେଶ ଦିଆଯାଇଥିଲା। ନିଜର ମୂଲ୍ୟବାନ ଜିନିଷ ଓ ପାଖରେ ଥିବା ନଗଦ ଟଙ୍କା ସୁରକ୍ଷିତ ରଖିବାପାଇଁ ମଧ୍ୟ କୁହାଯାଇଥିଲା। ସବୁ ଉପଦେଶଗୁଡ଼ିକ ପାଳନ କରିଥିବାରୁ ସମୁଦାୟ ଟ୍ରିପ୍‌ରେ ଆମେ କୌଣସି ପ୍ରକାର ଅସୁବିଧାର ସମ୍ମୁଖୀନ ହୋଇନଥିଲୁ।

ମେ ୫, ୨୦୧୭। ବାଲ୍‌ଟିମୋର୍-ୱାଶିଂଟନ୍ ଆନ୍ତର୍ଜାତିକ ବିମାନ ବନ୍ଦରରୁ ଆମେ ପ୍ରାୟ ଦିନ ୧.୪୫ ମିନିଟ୍‌ରେ ଡେଲ୍ଟା ଏୟାରଲାଇନ୍ସ ଫ୍ଲାଇଟ୍ ଧରି ଗଲୁ ଜର୍ଜିଆର ଆଟ୍‌ଲାଣ୍ଟା ଏୟାରପୋର୍ଟକୁ। ଯେଉଁ ଆଠଜଣ ଆମେ ପାଖାପାଖି (୧୦

ମାଇଲ୍ ବ୍ୟାସାର୍ଦ୍ଧ ଭିତରେ) ରହୁଚୁ ସମସ୍ତେ ଠିକ୍ କରିଥିଲୁ ଯେ ଦୁଇଟି ଭ୍ୟାନ୍ ନେଇ ଏୟାରପୋର୍ଟ ଯିବୁ। ଭ୍ୟାନ୍ ଦୁଇଟିକୁ ଲଙ୍ଗ୍-ଟର୍ମ୍ ପାର୍କିଙ୍ଗ୍ ଲଟ୍ (ଯେଉଁଠି ଗାଡ଼ି ବେଶୀ ଦିନ ରଖିହୁଏ)ରେ ରଖି ସଟଲ୍ ବସ୍‌ରେ ଟର୍ମିନାଲ୍‌କୁ ଯିବୁ। ପାର୍କିଙ୍ଗ୍ ଲଟ୍‌ରୁ ଟର୍ମିନାଲ୍‌କୁ ସଟଲ୍ ବସ୍‌ରେ ଯିବାପାଇଁ ପ୍ରାୟ ୭/୮ ମିନିଟ୍ ଲାଗେ ଏବଂ ସଟଲ୍ ବସ୍ ଫ୍ରି। ଆମ ସମସ୍ତଙ୍କ ପାଖରେ ଗୋଟିଏ ସୁଟ୍‌କେଶ ଓ ଗୋଟିଏ ଲେଖା କ୍ୟାରିଅନ୍ ଥିଲା। ତା'ଛଡ଼ା ସବୁ ମହିଳାମାନଙ୍କ ହାତରେ ଗୋଟିଏ ଲେଖା ପର୍ସ। ଏୟାରପୋର୍ଟ ପାର୍କିଙ୍ଗ୍ ଲଟ୍‌ରେ ଗାଡ଼ି ପାର୍କ କରି ସଟଲ୍ ବସ୍‌ରେ ଉଠିଲାବେଳେ ଜଣେ ସାଙ୍ଗର ସୁଟକେଶ୍‌ଟି ଭୁଲରେ ବସ୍‌ଷ୍ଟପ୍‌ରେ ରହିଗଲା। ଚେକ୍-ଇନ୍ କରିବାପାଇଁ ଲାଇନ୍‌ରେ ଠିଆ ହେଲାବେଳେ ତାଙ୍କ ସୁଟକେଶ୍ ନାହିଁ ବୋଲି ଜଣାପଡ଼ିଲା। ଆମେ ଆଠ ଜଣ ଲୋକ ଆଉ ଏତେଗୁଡ଼ିଏ ଲଗେଜ୍, ତେଣୁ ସଟଲ୍ ବସ୍‌ରେ ଚଢ଼ିଲା ବେଳକୁ କେମିତି ଭୁଲ ହୋଇଗଲା। ଆମେ ସମସ୍ତେ ବ୍ୟସ୍ତ ହୋଇପଡ଼ିଲୁ। ଦୁଇ ଜଣ ପୁଣି ସଟଲ୍ ବସ୍ ନେଇ ଆମେ ଯେଉଁ ଷ୍ଟପ୍‌ରୁ ଉଠିଥିଲୁ ସେଇ ବସ୍‌ଷ୍ଟପ୍‌କୁ ଖୋଜିବା ପାଇଁ ଗଲେ। ସେଠି ପହଞ୍ଚି ଦେଖିଲେ ସୁଟକେଶ୍ ନାହିଁ। ଆଉ ଗୋଟିଏ ସଟଲ୍ ବସ୍ ନେଇ ଟର୍ମିନାଲ୍‌କୁ ଫେରିବା ବାଟରେ ସେମାନେ ବସ୍ ଡ୍ରାଇଭର୍‌ଙ୍କୁ ହଜିଥିବା ସୁଟ୍‌କେଶ କଥା କହିବାରୁ ସେ ଡ୍ରାଇଭର୍ ସଙ୍ଗେସଙ୍ଗେ ଅନ୍ୟ ଡ୍ରାଇଭର୍‌ଙ୍କୁ ପଚାରି କହିଲେ ଯେ କେହିଜଣେ ଲୋକ ସେ ସୁଟ୍‌କେଶ ପାଇ, ତାକୁ ନେଇ ଏୟାରପୋର୍ଟର ଲଷ୍ଟ-ଆଣ୍ଡ-ଫାଉଣ୍ଡ୍ କାଉଣ୍ଟର୍‌ରେ ଜମା ଦେଇଛନ୍ତି। ଭାଗ୍ୟବଶତଃ ସେଇ କାଉଣ୍ଟର୍‌ଟି ଆମ ଚେକ୍-ଇନ୍ କାଉଣ୍ଟର୍ ପାଖରେ ଥିଲା। ଆମ ହାତରେ ମଧ୍ୟ କିଛି ସମୟ ଥିଲା। ଲଗେଜ୍‌ଟି ଆଣି ଚେକ୍-ଇନ୍ କରିବା ପରେ ସମସ୍ତେ ଆଶ୍ୱସ୍ତ ହେଲୁ।

ଆମେ ଆଟ୍‌ଲାଣ୍ଟାରେ ପହଞ୍ଚିଲା ବେଳକୁ ସମୟ ହୋଇଥିଲା ପ୍ରାୟ ୩ଟା ୪୦ ମିନିଟ୍। ସେଠି ଆମର ଅଢ଼େଇ ଘଣ୍ଟା ରହିବାର ଥିଲା। ଆମେ ମହିଳାମାନେ କଫି ପିଇବାକୁ ଇଛାକରି ଷ୍ଟାର୍‌ବକ୍ସ ଖୋଜିଲୁ। ଷ୍ଟାର୍‌ବକ୍ସ ପାଖ ଟର୍ମିନାଲରେ ଥିଲା। ଆଟଲାଣ୍ଟା ଡେ଼ଲ୍ଟା ଏୟାର୍‌ଲାଇନ୍‌ସର ମୁଖ୍ୟ ବିମାନବନ୍ଦର (ହବ୍), ତେଣୁ ସାଇଜ୍‌ରେ ବେଶ୍ ବଡ଼। କିଛି ସମୟ ଚାଲିଲା ପରେ ପରବର୍ତ୍ତୀ ଟର୍ମିନାଲରେ ଥିବା ଷ୍ଟାର୍‌ବକ୍ସ ପାଖରେ ପହଞ୍ଚି ଦେଖିଲୁ କଫିପାଇଁ ଲମ୍ବା ଲାଇନ୍ ଲାଗିଛି। ଏତେ ବାଟ ଯାଇ କଫି ନପିଇ ଫେରିବାକୁ ଇଛା ହେଲାନି। ଲାଇନ୍‌ରେ ଠିଆ ହେଲୁ। ଆମେ ଠିକ୍ କଫି ପିଇଲାବେଳକୁ ଆମର ଜଣେ ସାଙ୍ଗ ଫୋନ୍ କରି କହିଲେ ଯେ ବୋର୍ଡିଙ୍ଗ୍ ପାଇଁ ଘୋଷଣା କଲେଣି। କଫି ଧରି ଆମେ ପ୍ରାୟ ଦୌଡ଼ି ଦୌଡ଼ି ଆସି ବୋର୍ଡିଙ୍ଗ୍ ପାଇଁ ଲାଇନ୍‌ରେ ଠିଆହେଲୁ ଓ ସେଇ ଲାଇନ୍‌ରେ ଠିଆହୋଇ କଫି ପିଇଲୁ। ଆଲାବାମାରୁ

ଆମର ଯେଉଁ ସାଙ୍ଗମାନେ ଆମ ସାଙ୍ଗରେ ଯିବାର ଥିଲା ସେଇଠି ତାଙ୍କ ସଙ୍ଗେ ଦେଖାହେଲା। ଆମେସବୁ ଏକା ଫ୍ଲାଇଟ୍‌ରେ ଲିମା ଗଲୁ। ପ୍ଲେନ୍ ପ୍ରାୟ ସନ୍ଧ୍ୟା ୬ଟାରେ ଛାଡ଼ିଲା ଓ ଲିମାରେ ମଧ୍ୟରାତ୍ରିରେ (ଲିମା ସମୟ) ପହଞ୍ଚିଲା। ଆଟ୍‌ଲାଣ୍ଟାରେ ଅଢ଼େଇ ଘଣ୍ଟାର ରହଣି ମିଶାଇ ଆମର ସମୁଦାୟ ୧୧ ଘଣ୍ଟାର ଯାତ୍ରା ଥିଲା। ଦୁଇଟି ଏସ୍‌ୟୁଭି ଭଡ଼ା କରି ହୋଟେଲ୍‌ରେ ପହଞ୍ଚିଲା ବେଳକୁ ରାତି ଗୋଟାଏ ବାଜି ସାରିଥିଲା। ଲିମା ସମୟ ୱାଶିଂଟନ୍ ଡି.ସି. ସମୟଠାରୁ ଘଣ୍ଟାଏ ପଛରେ। ଏୟାରପୋର୍ଟରୁ ହୋଟେଲ୍ ଥିଲା ଅଧାଘଣ୍ଟାର ବାଟ।

ଲିମା: ପେରୁର ରାଜଧାନୀ

ଲିମାରେ ରହିବା ପାଇଁ ଟୁର୍ କମ୍ପାନୀ ଆମ ପାଇଁ ହୋଟେଲ୍ 'ହୋଯେ ଆଣ୍ଟୋନିଓ ଡିଲକ୍ସ'ରେ ରୁମ୍ ବୁକ୍ କରିଥିଲେ। ଲିମାର ଏକ ସମ୍ଭ୍ରାନ୍ତ ଅଞ୍ଚଳ ମୀରାଫ୍ଲୋରେସ୍‌ରେ ଏହି ହୋଟେଲ୍‌ଟି ଅବସ୍ଥିତ। ହୋଟେଲ୍ ପାଖରେ ଅନେକଗୁଡ଼ିଏ ଭଲ ରେଷ୍ଟୋରାଁ ଓ ସପିଙ୍ଗ୍ ସେଣ୍ଟର୍ ଅଛି। ଏୟାରପୋର୍ଟ ମାତ୍ର ଅଧଘଣ୍ଟାର ବାଟ ଓ ସମୁଦ୍ରକୂଳକୁ ଚାଲିକରି ଯାଇହେବ। ହୋଟେଲ୍ ପାଖରେ ଦୁଇଟି ସୁନ୍ଦର ପାର୍କ- ମୀରାଫ୍ଲୋରେସ୍ ସେଣ୍ଟ୍ରାଲ୍ ପାର୍କ ଓ କେନେଡ଼ି ପାର୍କ। ହୋଟେଲ୍‌ଟି ମଧ୍ୟ ଖୁବ୍ ଭଲ। ରୁମ୍‌ଗୁଡ଼ିକ ବଡ଼ ଓ ବେଶ୍ ପରିଷ୍କାର। ଦୁଇଟି ରେଷ୍ଟୋରାଁ, ଦୁଇଟି ବାର୍ ଓ ଟେରାସ୍‌ରେ ସୁଇମିଙ୍ଗ୍ ପୁଲ୍ ଥାଇ ହୋଟେଲ୍‌ଟି ବହୁତ ଭଲ ଭାବରେ ରଖାଯାଇଛି। ଫ୍ରି ବ୍ରେକ୍‌ଫାଷ୍ଟ, ଫ୍ରି ୱାଇ-ଫାଇ ଓ କମ୍ପ୍ଲିମେଣ୍ଟାରୀ ଚା ଓ କଫିର ବ୍ୟବସ୍ଥା ସହିତ ପ୍ରତିଦିନ ଦୁଇ ବୋତଲ ପାଣି ପ୍ରତି ଗେଷ୍ଟ ରୁମ୍‌ରେ ଦିଆଯାଉଥିଲା। ହୋଟେଲ୍‌ରେ ପଶୁ ପଶୁ ଲବିଟି ସୁନ୍ଦର ଭାବରେ ସଜା ହୋଇଥିବା ଦେଖି ଭାରି ଖୁସି ଲାଗିଲା। ଚେକ୍-ଇନ୍ ସୁବିଧାରେ ହୋଇଗଲା। ଚେକ୍-ଇନ୍ ସମୟରେ ଦେଖିଲୁ ରିସେପ୍‌ସନ କାଉଣ୍ଟର୍ ପାଖରେ ଗୋଟିଏ ବଡ଼ ପୋଷ୍ଟରରେ ଆମେମାନେ ସକାଳ ୮ଟାରେ ଆମ ଟୁର୍ ଗାଇଡ୍/ମ୍ୟାନେଜର ଲିଓ ଗାର୍ସିଆଙ୍କୁ ଭେଟିବା ପାଇଁ ଲେଖା ହୋଇଥିଲା। ଦିନଯାକ ଟ୍ରାଭଲ୍ କରି ଏବଂ ଏତେ ରାତିରେ ହୋଟେଲରେ ପହଞ୍ଚି ଆମେ ଟାୟାର୍ଡ ହୋଇଯାଇଥିଲୁ, ତେଣୁ ଚେକ୍-ଇନ୍ କରି ଆମେ ନିଜ ନିଜ ରୁମ୍‌କୁ ଯାଇ ଶୋଇପଡ଼ିଲୁ।

ପରଦିନ ସକାଳ ବୁଫେ ବ୍ରେକ୍‌ଫାଷ୍ଟରେ ପରଷା ହୋଇଥିଲା ଅନେକଗୁଡ଼ିଏ ଆଇଟମ୍। ପେରୁର ନିଜସ୍ୱ କିଛି ଆଇଟମ୍ ବ୍ୟତୀତ ଇଉରୋପିଆନ୍ ଓ କଣ୍ଟିନେଣ୍ଟାଲ୍ ଆଇଟମ୍ ଗୁଡ଼ିଏ ଥିଲା। ଏଗ୍ ଷ୍ଟେସନ୍‌ରେ ଅମଲେଟ୍ ଓ ପୋଚ୍ ବରାଦ ଅନୁସାରେ ତିଆରି କରି ଦେଉଥିଲେ। କୋଲ୍ଡ କଟ୍ ମିଟ୍, ଚିଜ୍, ସାଲାଡ଼, ପେଷ୍ଟ୍ରି ସହ ଅନେକ

ପ୍ରକାର ଫଳ, ଫଳରସ, ଚା ଓ କଫି ଥିଲା। ଜଳଖିଆ ଖାଇସାରି ଆମେ ସମସ୍ତେ ଲିଓ ଗାର୍ସିଆଙ୍କ ସହ ଗୋଟିଏ ରୁମ୍‌ରେ ଏକାଠି ହେଲୁ। ଏପ୍ରିଲ୍ ମାସରେ ଆସିଥବା ଚିଠିରେ ଟୁର୍ କମ୍ପାନୀ ଯେଉଁସବୁ ସୂଚନା ଦେଇଥିଲେ, ଲିଓ ସେଗୁଡ଼ିକୁ ପୁଣିଥରେ ଦୋହରାଇଲେ। ନିରାପତ୍ତା, ଖାଦ୍ୟ, ପାଣି, ୱାସ୍‌ରୁମ୍, ମନି ଏକ୍ସଚେଞ୍ଜ ଏବଂ ଆମର ପ୍ରତିଦିନର କାର୍ଯ୍ୟସୂଚୀ ବିଷୟ ବିସ୍ତୃତ ଭାବରେ କହିଲେ। ତାଙ୍କର ଉଦ୍ଦେଶ୍ୟ ଥିଲା ଟୁର୍ ସମ୍ପର୍କୀୟ ସବୁ ବିଷୟରେ ଯେପରି ଆମେ ଅବଗତ ହେବୁ। ଟୁର୍ ଆରମ୍ଭରୁ ଶେଷ ପର୍ଯ୍ୟନ୍ତ ନିରାପଦ ଓ ସୁସ୍ଥ ରହିବା ପାଇଁ କିଛି ଉପଦେଶ ଦେବା ସହ ଲିଓ ଆମକୁ ଗୋଟିଏ ଗୋଟିଏ ଫ୍ଲାୟର୍ ଧରାଇଦେଲେ। ସେଥିରେ ଅନେକଗୁଡ଼ିଏ ଦରକାରୀ କଥା ଲେଖାଥିଲା ଯାହାକି ଆମକୁ ଲିଓ କହିଥିଲେ ଯଥା- ଉଚ୍ଚ ସ୍ଥାନଗୁଡ଼ିକରେ ଡିହାଇଡ୍ରେସନ୍‌ରୁ ରକ୍ଷା ପାଇବାପାଇଁ ଅଧିକ ପାଣି ପିଇବା ଦରକାର, ପ୍ରତିଦିନ ଆମକୁ ଦୁଇ ବୋତଲ ପାଣି ବିନା ମୂଲ୍ୟରେ ମିଳିବ ଇତ୍ୟାଦି। ଲିଓ ଏକଥା ବି କହିଥିଲେ ଯେ ସବୁ ସ୍ଥାନରେ ଯଥା ସମୟରେ ଉପଯୁକ୍ତ ୱାସ୍‌ରୁମ୍ ମିଳିନପାରେ। ତେଣୁ ଯେଉଁଠାରେ ମିଳିବ ତାକୁ ବ୍ୟବହାର କରିବାକୁ ପଡ଼ିବ। ୱାସ୍‌ରୁମ୍‌ଗୁଡ଼ିକରେ ଟିସୁ ପେପର୍ ଯେ ଥିବ ତା'ର ନିଶ୍ଚିତତା ନାହିଁ, ତେଣୁ ନିଜେ ନିଜର ଟିସୁ ପେପର ନେବାପାଇଁ ସେ କହିଥିଲେ। ଲିଓଙ୍କଠାରୁ ଶୁଣିଥିଲୁ ଯେ ପେରୁର ସୁଏଜ୍ ସିଷ୍ଟମ୍ ଏତେ ଭଲ ନୁହେଁ, ତେଣୁ ବ୍ୟବହୃତ ଟିସୁ ପେପରଗୁଡ଼ିକୁ ଫ୍ଲସ୍ ନକରି ୱାସରୁମ୍‌ରେ ରଖା ଯାଇଥିବା ନିର୍ଦ୍ଦିଷ୍ଟ ବାସ୍କେଟ୍‌ରେ ପକାଇବାକୁ ହେବ। ରାସ୍ତାକଡ଼ ଦୋକାନରେ ଖାଇବା ପାଇଁ ଆମକୁ ବାରଣ କରାଯାଇଥିଲା। ଖାଇବା ପୂର୍ବରୁ ହାତ ଧୋଇବା ପାଇଁ ଓ ହୋଟେଲ୍ ବାହାରେ ସାଲାଡ଼, କଞ୍ଚା ପରିବା, ଚୋପା ସହ ଫଳ ନଖାଇବା ପାଇଁ ପରାମର୍ଶ ଦେଇଥିଲେ। ପାଣିରେ ବା କୌଣସି ପାନୀୟରେ ବରଫ ନପକାଇବାକୁ କୁହାଯାଇଥିଲା। ପେରୁରେ ସୂର୍ଯ୍ୟକିରଣର ପ୍ରଖରତା ଯୋଗୁ ଦେହରେ ସନ୍‌ସ୍କ୍ରିନ୍ ଲୋସନ୍ ଲଗାଇବାକୁ, ୟୁ.ଭି. ରେଜିଷ୍ଟାଣ୍ଟ ଗଗ୍‌ଲସ୍ ଓ ମୁଣ୍ଡରେ ଟୋପି ପିନ୍ଧିବା ପାଇଁ ଉପଦେଶ ଦେଇଥିଲେ। ଆଉ ଗୋଟିଏ ବଡ଼ କଥା ହେଲା, ଆମକୁ ସବୁବେଳେ ପାଖରେ ୧୦ ଓ ୨୦ ସୋଲ୍‌ର କରେନ୍‌ସି ନୋଟ୍ ରଖିବା ପାଇଁ କହିଥିଲେ। ପେରୁର ଟଙ୍କାକୁ ସୋଲ୍ କହନ୍ତି। ଆମେ ପେରୁରେ ଥିଲାବେଳେ ଗୋଟିଏ ୟୁଏସ୍ ଡଲାର୍ ୩.୪୨ ସୋଲ୍ ସହ ସମାନ ଥିଲା। ଆମର ସୁରକ୍ଷା ପାଇଁ ସେ ଦେଇଥିବା ପରାମର୍ଶ ଆମେ ଯେମିତି ମନରେ ରଖିବୁ ସେଥିପାଇଁ ସେ ବାରମ୍ବାର ଚେଷ୍ଟା କରିଥିଲେ। ଲିଓଙ୍କ ଟୁର୍ ଗ୍ରୁପରେ ସମୁଦାୟ ଥିଲେ ୨୮ ଜଣ। ତା' ଭିତରେ ଆମେ ଥିଲୁ ୧୨ ଜଣ ଓଡ଼ିଆ। ବାକି ଷୋହଳ ଜଣ ଆମେରିକାର ବିଭିନ୍ନ ସ୍ଥାନରୁ ଆସିଥିଲେ। ଟୁର୍ ଆରମ୍ଭରୁ ଶେଷ

ପର୍ଯ୍ୟନ୍ତ ଟୁର୍ ମ୍ୟାନେଜର ଲିଓ ଗାର୍ସିଆ ଆମ ସହ ରହି ଆମର ଯତ୍ନ ନେଉଥିଲେ। ସ୍ଥାନାନ୍ତର ସମୟରେ ସେ ଆମ ଲଗେଜ୍ ଦାୟିତ୍ୱ ନେଉଥିଲେ। ଯେଉଁ ଦିନ ହୋଟେଲ୍ ଛାଡୁଥିଲୁ ସେଦିନ ଆମେ ଲଗେଜ୍‌ରେ ଥିବା ଟ୍ୟାଗରେ ନିଜ ନାଁ ଲେଖି ରୁମ୍ ବାହାରେ ରଖି ଦେଉଥିଲୁ। ଟୁର୍ କମ୍ପାନୀର ଲୋକ ସେସବୁ ନେଇ ଆମର ପରବର୍ତ୍ତୀ ହୋଟେଲ୍ ରୁମ୍‌ରେ ପହଞ୍ଚାଇ ଦେଉଥିଲେ।

ଲିଓ ତାଙ୍କ ବକ୍ତବ୍ୟ ଶେଷ କଲାପରେ ଆମେ ଲିମା ବୁଲିବା ପାଇଁ ଗୋଟିଏ ଲକ୍‌ଜୁରୀ ବସ୍‌ରେ ବାହାରିଲୁ। ସେଦିନ ଥିଲା ମେ ୬, ୨୦୧୭। ଆମର ପ୍ରଥମ ଗନ୍ତବ୍ୟସ୍ଥଳ ଥିଲା ପ୍ଲାଜା ମେୟର୍। ଏହା ଲିମାର ସିଟି ସେଣ୍ଟର୍। ଏଠାରେ ଥିବା ଐତିହାସିକ ପ୍ରାସାଦଗୁଡ଼ିକ ପାଇଁ ୟୁନେସ୍କୋ ଏହାକୁ ବିଶ୍ୱ ଐତିହ୍ୟ ସ୍ଥାନ ଭାବରେ ଘୋଷଣା କରିଛି। ୧୫ଶ ଶତାବ୍ଦୀରେ ପ୍ଲାଜା ମେୟର୍ ଥିଲା ଲିମାର ମୁଖ୍ୟ ବଜାର। ପରେ ଏହି ଅଞ୍ଚଳର ପୁନର୍ବିନ୍ୟାସ କରାଯାଇଥିଲା। ଏବେ ଯେଉଁ ପ୍ଲାଜା ମେୟର୍ ଅଛି ତାହା ୧୬୧୯ ମସିହାରେ ନିର୍ମିତ ହୋଇଥିଲା। ଏହାକୁ କେନ୍ଦ୍ର କରି ଅନେକଗୁଡ଼ିଏ ଗୁରୁତ୍ୱପୂର୍ଣ୍ଣ ବିଲ୍‌ଡ଼ିଙ୍ଗ ପରେ ତିଆରି ହୋଇଥିଲା। ସେ ଭିତରେ ଅଛି କ୍ୟାଥେଡ୍ରାଲ୍ ଅଫ ଲିମା, ଗଭର୍ଣ୍ମେଣ୍ଟ ପ୍ୟାଲେସ୍, ମ୍ୟୁନିସିପାଲ୍ ପ୍ୟାଲେସ୍, ଆର୍ଚ୍ଚବିଶପଙ୍କ ପ୍ୟାଲେସ୍ ସହ ଅନ୍ୟ କେତେଗୁଡ଼ିଏ ପ୍ରସିଦ୍ଧ ବିଲ୍‌ଡିଙ୍ଗ୍। ପ୍ଲାଜା ମେୟର୍ ସେଣ୍ଟର୍‌ରେ ଗୋଟିଏ ବିରାଟ ବ୍ରୋଞ୍ଜ୍‌ର ଫୁଆରା ଅଛି। ଏହାର ଚାରିକଡ଼ରେ ସୁନ୍ଦର ଲନ୍ ଓ ଅନେକ ପ୍ରକାର ଫୁଲ ଗଛ ଭର୍ତ୍ତି। ସେ ଜାଗାରେ ସବୁବେଳେ ଭିଡ଼ ଥାଏ। କେବଳ ଟୁରିଷ୍ଟ୍ ନୁହନ୍ତି, ସ୍ଥାନୀୟ ଲୋକମାନେ ମଧ୍ୟ ଏଠାରେ ଅନ୍ୟ ଲୋକଙ୍କ ସଙ୍ଗେ ମିଶିବା ପାଇଁ ଜମା ହୁଅନ୍ତି।

କ୍ୟାଥେଡ୍ରାଲ୍ ଅଫ ଲିମା ରୋମାନ୍ କ୍ୟାଥୋଲିକମାନଙ୍କର କ୍ୟାଥେଡ୍ରାଲ୍। ସ୍ପେନ୍‌ରୁ ଆସି ଲିମାରେ ବସତିସ୍ଥାପନ କରିଥିବା ସ୍ପାନିସ୍‌ମାନଙ୍କ ପାଇଁ ଏ ଚର୍ଚ୍ଚର ମୂଳଦୁଆ ଫ୍ରାନ୍‌ସିସ୍କୋ ପିଜାରୋ ୧୫୩୫ ମସିହାରେ ପକାଇଥିଲେ। ତା'ପରଠାରୁ ଏଇ କ୍ୟାଥେଡ୍ରାଲ୍‌ରେ ଅନେକୁଡ଼ିଏ ପୁନଃନିର୍ମାଣ ଓ କିଛିଟା ନବୀକରଣ ହୋଇଛି। ୧୫୪୧ରେ ଏହାକୁ କ୍ୟାଥେଡ୍ରାଲ୍ ଭାବରେ ଘୋଷଣା କରାଯାଇଥିଲା। ପାଖରେ ପହଞ୍ଚି ଦେଖିଲୁ କ୍ୟାଥେଡ୍ରାଲ୍‌ର ମୁଖ୍ୟ ପ୍ରବେଶଦ୍ୱାର ଉପରେ ପେରୁର ସନ୍ତକ ରହିଛି। ମୁଖ୍ୟ ପ୍ରାସାଦର ଦୁଇ ପାଖରେ ଦୁଇଟି ଅତି ସୁନ୍ଦର ବେଲ୍ ଟାୱାର୍ ଅଛି। ଭିତରେ ପଶିବା ପରେ ପ୍ରଥମେ ମୋର ନଜର ପଡ଼ିଲା କାଠ ତିଆରି ଗୋଟିଏ ସୁନ୍ଦର ବେଦୀ ଉପରେ। ବେଦୀଟି ୨୨ କ୍ୟାରେଟ ସୁନାପାତିଆରେ ଛାଉଣି ହୋଇଛି। ବେଦୀ ଉପରେ ଭର୍ଜିନ୍ ମେରୀଙ୍କର ଗୋଟିଏ ପ୍ରତିମୂର୍ତ୍ତୀ ଅଛି। ଭିତର ପାଖ କାନ୍ଥରେ ଯୀଶୁଙ୍କର ଏକ

ସୁନ୍ଦର ମୂର୍ତ୍ତି ବ୍ୟତୀତ ଅନେକ ପ୍ରକାର ଧାର୍ମିକ ଚିତ୍ର, ପରୀମାନଙ୍କର ଚିତ୍ର ଓ ଅନେକ ସେଣ୍ଟ ମାନଙ୍କର ମୂର୍ତ୍ତି ରହିଛି। ସବୁ ସ୍ତମ୍ଭ ଓ ବେଦୀଗୁଡ଼ିକ ସୁନ୍ଦର ଭାବରେ ସଜା ହୋଇଛି। କ୍ୟାଥେଡ୍ରାଲ୍ ଭିତରେ ଆମେ ଫ୍ରାନ୍‌ସିସ୍କୋ ପିଜାରୋଙ୍କ ସମାଧି ମଧ ଦେଖିଲୁ। କ୍ୟାଥେଡ୍ରାଲ୍ ଦେଖିସାରି ଆମେ ଗଭର୍ଣ୍ଣମେଣ୍ଟ ପ୍ୟାଲେସ୍ ବୁଲି ଦେଖିଲୁ। ଏହା ପେରୁର ରାଷ୍ଟ୍ରପତିଙ୍କ ବାସଭବନ ହେବା ସହ ସରକାରଙ୍କର ମୁଖ୍ୟ କାର୍ଯ୍ୟାଳୟ।

ଏହାପରେ ଆମେ ୧୭ଶ ଶତାବ୍ଦୀରେ ନିର୍ମିତ ସେଣ୍ଟ ଫ୍ରାନ୍ସିସ୍‌ଙ୍କ ମଠ ଦେଖିବାକୁ ଗଲୁ। ହଳଦିଆ ରଙ୍ଗର ଏହି ପ୍ରାସାଦଟିରେ ଅତି ଚମତ୍କାର ଭାବେ ହାତରେ ଚିତ୍ରିତ ହୋଇଥିବା ଇଟାଲିଆନ୍ ଟାଇଲ୍ ଖଞ୍ଜାହୋଇ ତିଆରି ହୋଇଛି। ଏହି ଚର୍ଚ୍ଚଟିର ଭିତର, ବାହାର ଓ ଛାତ ସବୁଆଡ଼ ମନଲୋଭା ଚିତ୍ରକଳାରେ ପରିପୂର୍ଣ୍ଣ। ସୁନ୍ଦର ଚିତ୍ରକଳା ବ୍ୟତୀତ ଏହି ଚର୍ଚ୍ଚ ଦୁଇଟି କାରଣ ପାଇଁ ପ୍ରସିଦ୍ଧ। ଗୋଟିଏ ହେଲା ଏଠାରେ ଥିବା ମାଟିତଳର କବରସ୍ଥଳ ଯାହାକି ୧୮୦୮ ମସିହା ପର୍ଯ୍ୟନ୍ତ କବରସ୍ଥଳ ଭାବରେ ବ୍ୟବହୃତ ହେଉଥିଲା। ସେଠାରେ ହଜାର ହଜାର ଖପୁରୀ ଓ ହାଡ଼ ସଜା ହୋଇ ରହିଥିବାର ଆମେ ଦେଖିଲୁ। ଅନ୍ୟଟି ହେଲା ସେଠାରେ ଥିବା ଲାଇବ୍ରେରୀ। ପ୍ରାୟ ୨୫୦୦୦ ପ୍ରାଚୀନ ଗ୍ରନ୍ଥ ଏହି ଲାଇବ୍ରେରୀରେ ଅଛି। ଅନ୍ୟାନ୍ୟ ଗ୍ରନ୍ଥ ମଧ୍ୟରେ ସେଠାରେ ଅଛି ରୟାଲ୍ ସ୍ପାନିସ୍ ଅଭିଧାନ ଓ ୧୬ଶ ଶତାବ୍ଦୀରେ ମୁଦ୍ରିତ ହୋଇଥିବା ପବିତ୍ର ବାଇବେଲ୍।

ଏସବୁ ଦେଖିବାପରେ ଅପରାହ୍ନରେ ଟୁର୍ ଗ୍ରୁପ୍ ତରଫରୁ କିଛି କାର୍ଯ୍ୟକ୍ରମ ନଥିବାରୁ ଆମ ଭିତରୁ କେତେଜଣ ନିଜେ ବୁଲାବୁଲି କରି ଅନ୍ୟ କିଛି ଦେଖିବାକୁ ଚାହିଁଲୁ। ଆମେ ଟୁର୍ ଗାଇଡ଼ଙ୍କୁ କହିଲୁ ଆମକୁ ସମୁଦ୍ରକୂଳର ଏପରି ଏକ ଜାଗାରେ ଛାଡ଼ି ଦେବାପାଇଁ ଯାହାକି ହୋଟେଲ୍‌ରୁ ବେଶୀ ଦୂର ହୋଇନଥିବ। ଆମକୁ ସେ ଯେଉଁ ସ୍ଥାନରେ ଛାଡ଼ିଲେ ତାହା ଥିଲା ଏକ ଚମତ୍କାର ସ୍ଥାନ- ଲାର୍‌କୋମାର୍ ସପିଙ୍ଗ୍ ସେଣ୍ଟର୍। ଏହା ଆନ୍ତର୍ଜାତିକ ପର୍ଯ୍ୟଟକମାନଙ୍କର ପ୍ରିୟ ସ୍ଥଳ ହେବା ସହ ସ୍ଥାନୀୟ ଲୋକମାନଙ୍କର ମଧ ପ୍ରିୟ ସ୍ଥଳ। ସେଠାରେ ଇନ୍‌ଡୋର ଓ ଆଉଟ୍‌ଡୋର ଦୋକାନ ସହ ଅନେକଗୁଡ଼ିଏ ଭଲ ରେସ୍ତୋରାଁ ଅଛି। ଚିତ୍ତବିନୋଦନ ପାଇଁ ସିନେମା ହଲ୍, ବୋଲିଂ ଆଲି, ବହିଦୋକାନ, ଫୁଡ଼କୋର୍ଟ (ଫୁଡ଼କୋର୍ଟରେ ଅନେକ ପ୍ରକାର ଖାଦ୍ୟ ପରିବେଷଣ କରାଯାଏ) ଓ ବୁଟିକ୍ ଇତ୍ୟାଦି ଅଛି। ଏଇ ଜାଗାଟି ଯଦିଓ ସମୁଦ୍ରକୂଳରେ ତେବେ ସମୁଦ୍ରକୁ ଯିବା ପାଇଁ ସେଠାରୁ ରାସ୍ତା ନାହିଁ। କୂଳ ପାଖଟି ଘେରା ହୋଇଛି।

ଲଞ୍ଚ୍ ସମୟ ହୋଇଥିବାରୁ ସମୁଦ୍ରକୂଳରେ ଗୋଟିଏ ଭଲ ରେସ୍ତୋରାଁରେ ପଶିଲୁ। ଆମ ଟେବୁଲ୍‌ରୁ ଝରକାକାଚ ଦେଇ ପ୍ରଶାନ୍ତ ମହାସାଗରର ସୌନ୍ଦର୍ଯ୍ୟ ଉପଭୋଗ

କଲୁ। ମୁଁ ପେରୁ ଷ୍ଟାଇଲ୍ ରନ୍ଧା ମାଛ ଓ କିଛି ଭେଜିଟେବଲ୍ ମଗାଇଲି। ଖାଇବା ମତେ ଖୁବ୍ ଭଲ ଲାଗିଲା। ଲଞ୍ଚ୍ ପରେ ଆମେ ପାଖରେ ଥିବା ସମୁଦ୍ରଦର୍ଶନ ସ୍ଥଳରେ ଠିଆ ହୋଇ କିଛି ସମୟ ପର୍ଯ୍ୟନ୍ତ ସମୁଦ୍ରର ସେଇ ଚିରନ୍ତନ ମନଲୋଭା ଦୃଶ୍ୟ ଦେଖି ଫେରିଲୁ। ମଲ୍‌ରେ ବୁଲି କିଛି ସପିଙ୍ଗ୍ କଲୁ। ବୁଟିକ୍‌ଗୁଡ଼ିକରେ ଖୁବ୍ ଭଲ କ୍ୱାଲିଟିର ଜିନିଷ ଥିଲା; କିନ୍ତୁ ଦାମ୍ ବେଶ୍ ଅଧିକ ଲାଗିଲା। ହୋଟେଲ୍‌କୁ ଫେରିବା ବାଟରେ ଆମେ ଗୋଟିଏ ଭୁଲ ରାସ୍ତାରେ ଚାଲିଗଲୁ। ପେରୁର ଅଧିକାଂଶ ଲୋକ ଇଂରାଜୀ ବୁଝନ୍ତି ନାହିଁ। ତେଣୁ ବାଟ ପଚାରି ଫେରିବାରେ ବେଶ୍ ଅସୁବିଧା ହେଲା। ଏପଟ ସେପଟ ହୋଇ ଶେଷରେ ଘଣ୍ଟାକ ପରେ ଆମେ ଯେଉଁଠି ପହଞ୍ଚିଲୁ ସେ ହୋଟେଲର ନାଁ ଆମ ହୋଟେଲ୍ ସହ ମିଶୁଥିଲେ ମଧ୍ୟ ଦେଖିବାକୁ ଏକା ନଥିଲା। ସେଇ ହୋଟେଲର ଜଣେ କର୍ମଚାରୀ ଆମ ହୋଟେଲ୍‌କୁ ରାସ୍ତା ବତାଇଦେଲେ। ସେତେବେଳକୁ ଆମେ ସମସ୍ତେ ପୂରା କ୍ଲାନ୍ତ। ଖାଲି ଯେ ଏତେ ବାଟ ଚାଲିଲୁ ସେଥିପାଇଁ ନୁହେଁ, ପୂର୍ବ ଦିନର ଲମ୍ବା ବିମାନଯାତ୍ରାଜନିତ ଜେଟ୍‌ଲ୍ୟାଗ୍ ମଧ୍ୟ ଥିଲା।

ସନ୍ଧ୍ୟାବେଳେ ଆମ ଟୁର୍ ମ୍ୟାନେଜର ଲିଓଙ୍କ ସଙ୍ଗେ ଦେଖାହେଲା। ସେ ପୁଣି ଥରେ ଟୁର୍ ସମ୍ବନ୍ଧରେ କିଛି କହିଲେ। ପରଦିନ ସକାଳେ ଆମକୁ କୁସ୍‌କୋ ଯିବାର ଥିବାରୁ ଉଚ୍ଚତାଜନିତ ଅସୁସ୍ଥତା ଏଡ଼ାଇବା ପାଇଁ ସେ ଆମକୁ ଔଷଧ ଖାଇବାକୁ ପରାମର୍ଶ ଦେଲେ। କୁସ୍‌କୋ ସମୁଦ୍ରପତ୍ତନଠାରୁ ପ୍ରାୟ ୧୧,୦୦୦ ଫୁଟ ଉପରେ। କୁସ୍‌କୋର ତାପମାତ୍ରା କିଛି କମ୍ ଓ ଉଚ୍ଚତା ହେତୁ ବାୟୁମଣ୍ଡଳର ଚାପ ମଧ୍ୟ କମ୍। ପ୍ରଚୁର ପରିମାଣରେ ପାଣି ପିଇବା ପାଇଁ ଓ ହାଲୁକା ଖାଦ୍ୟ ଯେମିତିକି ଭାତ, ପରିବା, ପାସ୍ତା, ମାଛ ବା ଚିକେନ୍ ଖାଇବାକୁ ପରାମର୍ଶ ଦେଲେ। ମାଂସ ଖାଇବାକୁ ବାରଣ କଲେ। ଉଚ୍ଚ ସ୍ଥାନରେ ହଜମ କରିବାରେ କଷ୍ଟ ହୋଇଥାଏ, ତେଣୁ ଗରିଷ୍ଠ ଖାଦ୍ୟ ଖାଇବାକୁ ବାରଣ କରାଯାଏ। ଉଚ୍ଚତା ଯୋଗୁ ସେ ଆମକୁ କୁସ୍‌କୋରେ ଧୀରେ ଧୀରେ ଚାଲିବାକୁ କହିଲେ। ତାଙ୍କ କହିବା ଅନୁସାରେ ଆମେ ସକାଳ ଛ'ଟା ପୂର୍ବରୁ ଲଗେଜ୍ ପ୍ୟାକ କରି ନିଜ ନାଁ ଟ୍ୟାଗ୍‌ରେ ଲେଖି ରୁମ୍ ବାହାରେ ରଖିଦେଲୁ।

ପରଦିନ ୭ ମେ, ଲିମା ଛାଡ଼ି ଆମେ କୁସ୍‌କୋ ଅଭିମୁଖେ ବାହାରିଲୁ। ଲିମାରୁ କୁସ୍‌କୋ ପ୍ରାୟ ଦେଢ଼ଘଣ୍ଟାର ଫ୍ଲାଇଟ୍। ସକାଳ ୯ଟା ୧୫ ମିନିଟ୍‌ରେ ବାହାରି ପ୍ରାୟ ୧୦ଟା ୫୦ ମିନିଟ୍‌ରେ କୁସ୍‌କୋ ଏୟାରପୋର୍ଟରେ ପହଞ୍ଚିଲୁ। ପହଞ୍ଚିଲାକ୍ଷଣି ଆମ ଭିତରୁ କେତେଜଣଙ୍କର ମୁଣ୍ଡ ସାମାନ୍ୟ ବୁଲାଇଲା। ଏହା ଉଚ୍ଚତାଜନିତ ଏକ ସାଧାରଣ ଅସୁସ୍ଥତା। ଆଗରୁ କହିଛି, କୁସ୍‌କୋ ସମୁଦ୍ରପତ୍ତନଠାରୁ ପ୍ରାୟ ୧୧,୦୦୦ ଫୁଟ ଉଚ୍ଚରେ। ଏୟାରପୋର୍ଟରୁ ବାହାରି ଅପେକ୍ଷା କରିଥିବା ବସ୍‌ରେ ବସି ସିଧା ସାକ୍‌ରେଡ଼୍

ଭ୍ୟାଲି ଗଲୁ। କୁସ୍‌କୋରୁ ସାକ୍‌ରେଡ଼୍ ଭ୍ୟାଲି ପ୍ରାୟ ୬୦ କିଲୋମିଟର ଦୂର। ଉଠାଣି, ଗଡ଼ାଣି, ଅସମତଳ ପାହାଡ଼ିଆ ରାସ୍ତାରେ ବସ୍ ଆଗେଇ ଚାଲିଲା। ତେବେ ରାସ୍ତାଟି ବେଶ୍ ଚଉଡ଼ା ଓ ଖୁବ୍ ଭଲ ଥିଲା। ବସ୍‌ରେ ବସି ଆମେ ଆଣ୍ଡିଜ୍ ପର୍ବତମାଳାର ଶୋଭା ଉପଭୋଗ କରୁଥିଲୁ। ବାଟରେ କେଉଁଠି କେଉଁଠି ଛୋଟଛୋଟ ଗାଁ, କେତୋଟି ନଦୀ ଓ କିଛି ଫାର୍ମ ଆଖିରେ ପଡୁଥାଏ। ମଝିରେ ଓ୍ୱାସ୍‌ରୁମ ଯିବା ପାଇଁ ଗୋଟିଏ ଜାଗାରେ ବସ୍ ରହିଲା। ସେହି ସମୟରେ ଟୁର୍ ଗାଇଡ଼୍ କେତୋଟି କିନୁଆ ଗଛ ଆଣି ଆମକୁ ଦେଖାଇଲେ। କିନୁଆ ମଞ୍ଜି ଏକ ପୁଷ୍ଟିକର ଖାଦ୍ୟ। ପ୍ରୋଟିନ୍, ଭିଟାମିନ୍-ବି, ଫାଇବର୍ ଓ ମିନେରାଲରେ ଭର୍ତ୍ତି। ଏହା ମୁଖ୍ୟତଃ ପେରୁରେ ଚାଷ କରାଯାଏ। ପେରୁବାସୀଙ୍କର ଏହା ଏକ ମୁଖ୍ୟ ଖାଦ୍ୟ। ଅମଳ ପରେ ଚୋପାରୁ ମଞ୍ଜି ଅଲଗା କରାଯାଏ। ଏହାର ଚୋପା ଅତି ପିତା। ମଞ୍ଜିଗୁଡ଼ିକ ଦେଖିବାକୁ ବଡ଼ ଧଳା ସୋରିଷ ପରି; କିନ୍ତୁ ଖାଇବାକୁ ଭଲ ଲାଗେ। ପେରୁ ଏହାକୁ ଅନେକ ଦେଶକୁ ରପ୍ତାନି କରେ।

ଆଣ୍ଡିଜ୍ ପର୍ବତମାଳା ମଧ୍ୟରେ ବୋହି ଯାଉଥିବା ସାକ୍‌ରେଡ଼୍ ନଦୀର ନାଁ ଅନୁସାରେ ଏହି ଉପତ୍ୟକାର ନାମ ଦିଆହୋଇଛି ସାକ୍‌ରେଡ଼୍ ଭ୍ୟାଲି। ଇନ୍‌କାମାନେ ନଦୀଟିର ନାଁ ରଖିଥିଲେ ଉରୁବାମବା। ଏହି ମନୋମୁଗ୍ଧକର ଭ୍ୟାଲିରେ ଅଗଣିତ ୟୁକିଲିପ୍ଟସ୍ ଗଛ, ଅନେକ ପ୍ରକାର ପକ୍ଷୀ ଓ ରଙ୍ଗବେରଙ୍ଗ ପ୍ରଜାପତି ମେଳରେ ରହିଛି ବହୁ ସଂଖ୍ୟକ ଷ୍ଟୋନ୍ ଭିଲେଜ। ଘରଗୁଡ଼ିକ ସବୁ ପଥରରେ ତିଆରି ହୋଇଥିବାରୁ ଏହାକୁ ଷ୍ଟୋନ ଭିଲେଜ କୁହାଯାଏ। ଏ ସ୍ଥାନର ଜଳବାୟୁ ଅତି ଭଲ। ନିକଟସ୍ଥ କୁସ୍‌କୋ ଅପେକ୍ଷା ଏଠାର ଜଳବାୟୁ ସହିତ ଜଣେ ଶୀଘ୍ର ଅଭ୍ୟସ୍ତ ହୋଇଯାଇପାରେ। ଆଣ୍ଡିଜ୍ ପର୍ବତମାଳାର ସୌନ୍ଦର୍ଯ୍ୟ ଉପଭୋଗ କରିବାପାଇଁ ଏହା ହିଁ ଉପଯୁକ୍ତ ସ୍ଥାନ।

ସାକ୍‌ରେଡ଼୍ ଭ୍ୟାଲିକୁ ଯିବା ବାଟରେ ଆମେ ଗୋଟିଏ ଛୋଟ ଗାଁରେ ରହିଲୁ। ଗାଁଟିର ନାଁ ହେଲା ଚିନ୍‌ଚେରୋ। କାରୁକାର୍ଯ୍ୟପୂର୍ଣ୍ଣ ପାରମ୍ପାରିକ ଲୁଗାପଟା ପାଇଁ ଏହି ଗାଁଟି ପ୍ରସିଦ୍ଧ। ଛ' ଶହ ବର୍ଷ ପୂର୍ବେ ସେମାନଙ୍କର ପୂର୍ବପୁରୁଷ ଇନ୍‌କାମାନେ ଯେଉଁ ପ୍ରକାର ଲୁଗା ବୁଣୁଥିଲେ ଏବେ ମଧ୍ୟ ସେମାନେ ସେହିପରି ଲୁଗା ବୁଣନ୍ତି। ଏବେ ମଧ୍ୟ ସେମାନେ ଇନ୍‌କାଙ୍କ ଭାଷା କେଚୁଆରେ କଥାବାର୍ତ୍ତା କରନ୍ତି।

ଗାଁର କିଛି ଲୋକଙ୍କ ସାହାଯ୍ୟରେ ଟୁର୍ କମ୍ପାନୀ ସେଠାରେ ଆମପାଇଁ ଖାଣ୍ଟି ପେରୁ ଖାଦ୍ୟର ବନ୍ଦୋବସ୍ତ କରିଥିଲେ। ଆମେ ସେଠାରେ ପହଞ୍ଚିଲାବେଳକୁ ଭୋକ ହେଲାଣି। ସେମାନେ ମଧ୍ୟ ଲଞ୍ଚ୍ ପରଷିବା ପାଇଁ ପ୍ରସ୍ତୁତ ହୋଇ ରହିଥିଲେ। ଯେଉଁ ରୁମ୍‌ରେ ଆମେ ବସି ଖାଇଲୁ ସେଇ ରୁମ୍‌ଟିକୁ ଭଲ ଭାବରେ ସଜାଇଥିଲେ। ହାତବୁଣା କନାର ଏମବ୍ରୋଏଡରି କରାହୋଇଥିବା ଟେବୁଲ୍‌କ୍ଲଥ, ହାତ ତିଆରି ନାପ୍‌କିନଗୁଡ଼ିକ

ରଖି ଯନ୍ତ୍ରର ସହ ଟେବୁଲ୍ ଗୁଡ଼ିକ ସଜା ହୋଇଥିଲା। ଟେବୁଲ୍ ମଝିରେ ଲୁଣ ଓ ଗୋଲମରିଚ ଗୁଣ୍ଡର ଡବା ରଖାଯାଇଥିଲା।

ପ୍ରଥମେ ସେମାନେ ପରଷିଲେ ବ୍ରେଡ୍। ହାତ ତିଆରି ଚାଙ୍ଗୁଡିରେ, ଏମବ୍ରୋଏଡରି କରାଯାଇଥିବା ନାପ୍‌କିନ ଭିତରେ ବ୍ରେଡ୍ ପରଷା ହେଲା। ଲଞ୍ଚ ଆରମ୍ଭ ହେଲା କିନୁଆ ସୁପ୍‌ରୁ। ବହୁତ ଭଲ ଲାଗିଲା। ଏଇଠି କହିରଖେ ଯେ ଏହି ସୁପ୍‌ର ସ୍ୱାଦ ଏତେ ଭଲ ଥିଲା ଯେ ପରବର୍ତ୍ତୀ ସମୟରେ ଆମେ ଅନେକ ନାମୀଦାମୀ ରେସ୍ତୋରାଁରେ ଏହି ସୁପ୍ ଅର୍ଡର କଲୁ; କିନ୍ତୁ କେଉଁଠି ହେଲେ ଏ ଦେଶୀ ସ୍ୱାଦ ପାଇଲୁ ନାହିଁ। ତା'ପରେ ସେମାନେ ଲଞ୍ଚ ପାଇଁ ଦେଲେ ମକା ବ୍ରେଡ୍, ଚିକେନ୍, ମକା ଓ ଆଳୁପୋଡ଼ା। ଆମର ଗାଁମାନଙ୍କରେ ଆଗରୁ ଯେପରି ଆଳୁ ପୋଡ଼ା ଯାଉଥିଲା (ଏବେ ହେଉଛି କି ନାହିଁ କେଜାଣି) ସେମାନେ ଠିକ୍ ସେଇପରି ପୋଡ଼ିଥିଲେ। ଲିଭିଲା ଚୁଲୀର ଗରମ ପାଉଁଶରେ ଆଳୁପୋଡ଼ା। ଲଞ୍ଚ ଖୁବ୍ ସ୍ୱାଦିଷ୍ଟ ଥିଲା।

ଲଞ୍ଚ ପରେ ଆମେ ଗୋଟିଏ ଖୋଲା ପଡ଼ିଆରେ ଏକାଠି ହେଲୁ। ଜାଗାଟି ଗୋଟିଏ ଏକ୍‌ଜିବିସନ୍ ପଡ଼ିଆ ପରି ଲାଗୁଥିଲା। ପଡ଼ିଆର ଗୋଟିଏ ପାଖରେ କେତେ ଗୁଡ଼ିଏ ବେଞ୍ଚ ପଡ଼ିଥିଲା। ଆମେ ସେଇ ବେଞ୍ଚ ଉପରେ ବସିଲୁ। ଆମ ଆଗରେ, ପଡ଼ିଆର ଆର ପଟରେ ଅର୍ଦ୍ଧଗୋଲାକାର ହୋଇ ଅନେକଗୁଡ଼ିଏ ଷ୍ଟଲ୍ କରାଯାଇଥିଲା। ସେଗୁଡ଼ିକରେ ଇନ୍‌କାମାନେ ତିଆରି କରିଥିବା ହସ୍ତତନ୍ତ ଓ ହସ୍ତଶିଳ୍ପର ବିଭିନ୍ନ ସାମଗ୍ରୀ ପ୍ରଦର୍ଶିତ ହୋଇଥିଲା। ପ୍ରଥମେ ସେମାନେ ଆମକୁ ପ୍ରାଚୀନ ଆଣ୍ଡିଜ୍ ପର୍ବତମାଳା ଅଞ୍ଚଳରେ ପାରମ୍ପରିକ ପଦ୍ଧତିରେ ଆଲ୍ପାକା ଓ ଲାମା ଲୋମ କିପରି ସଫାକରି ରଙ୍ଗ କରାଯାଏ ଏବଂ ତା'ପରେ କେମିତି ସୁତା ବୁଣି ବସ୍ତ୍ର ବା ପୋଷାକ ତିଆରି କରାଯାଏ ତାହା ଦେଖାଇଲେ। ଆଲ୍ପାକା ଓ ଲାମା ସମଜାତୀୟ, ମେଣ୍ଢା ସଦୃଶ ପ୍ରାଣୀ। ଲାମାଗୁଡ଼ିକ ଆକାରରେ ବେଶ୍ ବଡ଼ ଓ ଏମାନଙ୍କ କାନ ଦୁଇଟି ଆଲ୍ପାକା କାନ ଅପେକ୍ଷା ଯଥେଷ୍ଟ ବଡ଼। ଉଭୟ ପ୍ରାଣୀଙ୍କ ଲୋମରୁ ଉଲ୍ ତିଆରି ହୁଏ। ତେବେ ଆଲ୍ପାକା ଲୋମରୁ ଯେଉଁ ଉଲ୍ ହୁଏ ତାହା ଲାମା ଲୋମଠାରୁ ଅଧିକ ନରମ ଓ ବେଶୀ ଗରମ ରଖେ। ଲାମା ଓ ଆଲ୍ପାକାଙ୍କର ଲୋମ କିପରି କଟାଯାଏ ଓ କିପରି ଉଲ୍ କରାଯାଏ ତାହା ସେମାନେ ଦେଖାଇଲେ। ଲୋମଗୁଡ଼ିକ ଅପରିଷ୍କାର ଥିବାରୁ, ଉଲ୍ ମଧ୍ୟ ଅପରିଷ୍କାର ଥିଲା। ଦେଖିଲୁ ବଡ଼ ବଡ଼ ହାଣ୍ଡିରେ ପାଣି ଭର୍ତ୍ତି କରି କିଛି ଗଛର ଛେଲି ପକାଇ ସେମାନେ ପାଣି ଗରମ କଲେ। ଗରମ ପାଣିରେ ଉଲ୍ ପକାଇଲେ। କିଛି ସମୟ ପାଣି ଫୁଟିଲା ପରେ ଯେତେବେଳେ ଉଲ୍ ବାହାର କଲେ ସେଗୁଡିକ ପୂରା ଧଳା ରଙ୍ଗ ହୋଇ ବାହାରିଲା। ଉଲ୍‌କୁ ବିଭିନ୍ନ ରଙ୍ଗ କରିବାକୁ ସେମାନେ କିଛି ପତ୍ର, କିଛି ଖଣିଜ ପଦାର୍ଥ, କିଛି

ପୋକ ପକାଇ ଫୁଟାନ୍ତି। ବିଭିନ୍ନ ପ୍ରକାର ସାଗୁଆ ରଙ୍ଗ କରିବାପାଇଁ ସେମାନେ ଭିନ୍ନ ଭିନ୍ନ ପ୍ରକାର ପତ୍ର ବ୍ୟବହାର କରିଥାନ୍ତି। ଆମର ଗାଇଡ଼ କହିଲେ, ଗାଢ଼ ଲାଲ ରଙ୍ଗ କରିବାପାଇଁ କୋଚିନୀଲ କୀଟକୁ ମାରି, ଶୁଖାଇ, ତାକୁ ଗୁଣ୍ଡ କରି ବ୍ୟବହାର କରନ୍ତି। ତା'ପରେ ସେଇ ଉଲ୍‌ରେ ବିଭିନ୍ନ ପ୍ରକାର ପୋଷାକ, ଖେଳଣା, ଶାଲ, କମ୍ବଳ, ଟେବୁଲ୍ କ୍ଲଥ ଓ ଅନ୍ୟାନ୍ୟ ଘରକରଣା ସାମଗ୍ରୀ ତିଆରି କରନ୍ତି। ଆମେ ସେମାନଙ୍କପାଖରୁ କିଛି କଣ୍ଢେଇ ଓ ନିକ୍‌ନାକ୍ କିଣିଲୁ। ପରେ କୁସ୍‌କୋରୁ ବେବି ଆଲ୍ପାକା ଉଲ୍‌ର ଶାଲ ଓ ଅନ୍ୟାନ୍ୟ ପୋଷାକ କିଛି କିଣିଲୁ।

ସାକ୍ରେଡ଼ ଭ୍ୟାଲି: ସ୍ୱର୍ଗୀୟ ଉପତ୍ୟକା

ଚିନ୍‌ଚେରୋ ଗାଁରେ ପ୍ରାୟ ଅଢ଼େଇ ଘଣ୍ଟା ରହି ପୁଣି ବସ୍‌ରେ ବସିଲୁ। ଏହି ବସ୍ ଯାତ୍ରାରେ ସମୟ କେମିତି କଟିଗଲା ଜଣାପଡ଼ିଲା ନାହିଁ। ବାହାରର ପ୍ରାକୃତିକ ଶୋଭା ଦେଖିଦେଖି ଯିବାବେଳେ ଆଉ କିଛି ମନେପଡୁ ନଥିଲା। ସନ୍ଧ୍ୟା ସମୟରେ ଆମେ ଆରାନ୍ୱା ସାକ୍ରେଡ ଭ୍ୟାଲି ହୋଟେଲ୍ ଆଣ୍ଡ ୱେଲ୍‌ନେସରେ ପହଞ୍ଚିଲୁ। ଆରାନ୍ୱା, ଅରଣ୍ୟ ପରି ଶୁଭୁଥିଲେ ମଧ୍ୟ କେଚୂଆ ଭାଷାରେ ଏହାର ଅର୍ଥ 'ଲଳିତ କଳାର ସାମୂହିକ ପରିବେଷଣ'। ଚେକ୍-ଇନ୍ କରି ରୁମ୍‌କୁ ଯିବାବେଳେ ଦେଖିଲୁ ଯେ ହୋଟେଲ୍‌ଟି ବଡ଼ ବଡ଼ ପର୍ବତ ଚାରିକଡ଼ରେ ଥିବା ଗୋଟିଏ ଉପତ୍ୟକାରେ ଅବସ୍ଥିତ। ପରିବେଶ ଥିଲା ଅତ୍ୟନ୍ତ ମନୋମୁଗ୍ଧକର। ପାହାଡ଼ ମଝି ଉପତ୍ୟକାରେ ଥିବା ଏହି ହୋଟେଲ୍ ଚାରିପାଖଯାକ ଘଞ୍ଚ ଜଙ୍ଗଲ। ପ୍ରକୃତରେ ଭାବିଲେ ଯେଉଁ ଉପତ୍ୟକାରେ ଏଇ ହୋଟେଲଟି ଅବସ୍ଥିତ ତାର ଚାରି ଦିଗରେ ଥିବା ପ୍ରାକୃତିକ ସୌନ୍ଦର୍ଯ୍ୟକୁ ଦେଖିଲେ ଲାଗେ ସତେ ଯେମିତି, ଭଗବାନ ତୁଳିରେ ଛବିଟିଏ ଆଙ୍କି ଦେଇଛନ୍ତି। ସମଗ୍ର ହୋଟେଲ୍‌ଟି ଗୋଟିଏ ବଡ଼ ଅଟ୍ଟାଳିକା ନହୋଇ ଗୁଡ଼ିଏ ଦୁଇ ତାଲା ଘର ହୋଇଥିବାରୁ ବେଶ୍ ବଡ଼ ଅଞ୍ଚଳ ମାଡ଼ି ବସିଛି। ଏଇ ଦୁଇ ତାଲା ଘରଗୁଡ଼ିକର ବିସ୍ତୃତି ଭିତରେ ସୁନ୍ଦର ବଗିଚା ରହିଛି। ଦୁଇଟି ମୟୂର ବଗିଚାରେ ବୁଲୁଥିବାର ଦେଖିଲୁ। ହୋଟେଲ୍ ପରିସର ମଧ୍ୟରେ ଥିବା ଚର୍ଚ୍ଚ ଆଗରେ କେତେଗୁଡ଼ିଏ ବଡ଼ ବଡ଼ ଲାମା ଚରୁଥିଲେ। ଆମେ ଚେକ୍-ଇନ୍ କଲାବେଳକୁ ସନ୍ଧ୍ୟା ହୋଇ ଆସୁଥାଏ। ଲବିର କାନ୍ଥରେ ଥିବା ରଙ୍ଗୀନ କାଚର ବିରାଟ ମ୍ୟୁରାଲ୍ ଉପରେ ଅସ୍ତଗାମୀ ସୂର୍ଯ୍ୟର କିରଣ ପଡ଼ି ପୁରା ଲବିଟି ଝଲସି ଉଠୁଥିଲା। ରୁମ୍‌କୁ ଯିବାପାଇଁ ମାର୍ଗ ନିର୍ଦ୍ଦେଶକ ଲାଗିଥିଲେ ମଧ୍ୟ ଆମେ କର୍ମଚାରୀଙ୍କ ସହାୟତା ନେଇ ବିଭିନ୍ନ ବିଲଡିଙ୍ଗ୍‌ରେ ଥିବା ନିଜ ନିଜ ରୁମ୍‌କୁ ଗଲୁ। ରୁମ୍‌ରେ ପହଞ୍ଚି ଦେଖିଲୁ ଆମ ଲଗେଜ୍ ରଖାହୋଇଛି। ଟୁର୍ ମ୍ୟାନେଜର ତାଙ୍କ ଦାୟିତ୍ୱ

ଠିକ୍ ତୁଲାଇଥିଲେ। ସବୁଜିମା ଦେଖି ତ ମନ ଖୁସି ହୋଇଯାଇଥିଲା, ମୟୂର ଓ ଲାମା ଦେଖି ଆହୁରି ଖୁସି ଲାଗିଲା।

କିଛି ସମୟ ବିଶ୍ରାମ କଲାପରେ ଫ୍ରେସ୍ ହୋଇ ହୋଟେଲ୍ ଲବିରେ ସମସ୍ତେ ଏକାଠି ହେଲୁ। ଟୁର୍ ବସ୍ (ସବୁ ଟୁର୍ ବସ୍‌ଗୁଡ଼ିକ ବେଶ୍ ଆରାମଦାୟକ ଥିଲା)ରେ ବସି ଖାଣ୍ଟି ପେରୁ ଖାଦ୍ୟ ଖାଇବାପାଇଁ ଗୋଟିଏ ନାମୀ ଆଣ୍ଡିଆନ୍ ରେସ୍ତୋରାଁକୁ ଗଲୁ। ସେଇ ରେସ୍ତୋରାଁର ନାଁ ଥିଲା ହାସିଏନଦା ପୁକା ପୁଙ୍କୁ। ଏଇ ଡିନର୍ ଆମ ଟୁର୍ ପ୍ୟାକେଜ୍‌ରେ ଥିଲା। ପହଞ୍ଚି ଦେଖିଲୁ ରେସ୍ତୋରାଁଟି ଖୁବ୍ ଚିତ୍ରବିଚିତ୍ର ରଙ୍ଗରେ ସଜା ହୋଇଥିଲା। ଟେବୁଲ୍‌ଗୁଡ଼ିକରେ ଧଳା ଟେବୁଲ୍‌କ୍ଲଥ୍ ପଡ଼ିଥିଲା ଓ ଫୁଲଦାନି ସହିତ କ୍ୟାଣ୍ଡଲ୍ ରଖାହୋଇ ଭାରି ସୁନ୍ଦର ଲାଗୁଥିଲା। ମେନୁ ଦେଖି ନିଜେ ନିଜର ଖାଇବା ଅର୍ଡର କଲୁ। ମୁଁ ମଗାଇଲି ଆପେଟାଇଜର୍‌ରେ 'ସାରା ଲାଓ୍ୱା'- କସି ମକା, ହୁଆକାଟେ ନାମକ ଏକ ପ୍ରକାର ଚେରମୂଳିରେ ସିଜନ୍ କରାଯାଇଥିଲା। ତା' ସାଙ୍ଗରେ ଥିଲା କ୍ରିସ୍‌ପି ଚିଜ୍ ଓ ହଳଦିଆ ଆଳୁ। ମେନୁରେ ଏହାର ବର୍ଣ୍ଣନା ପଢ଼ି ମୋ ମନକୁ ପାଇଲା, ସେଇଥିପାଇଁ ମଗାଇଲି। ମେନ୍ କୋର୍ସରେ ମୁଁ ଗ୍ରିଲ୍‌ଡ଼ ଟ୍ରାଉଟ୍ (ମଧୁରଜଳ ମାଛ) ମଗାଇଲି ଯାହାକି ମେନିଅର୍ ସସ୍ ସାଙ୍ଗରେ ଗ୍ରିଲ୍ କରାଯାଇଥିଲା ଏବଂ ତା' ସାଙ୍ଗରେ ଷ୍ଟିମ୍‌ଡ଼ ଭେଜିଟେବଲ୍ ଥିଲା। ଡିଜର୍ଟ ପାଇଁ ମୁଁ ଫଜ୍ ବୋଲା କିନୁଆ ଅର୍ଡର କରିଥିଲି। ସବୁ ଖାଇବା ବହୁତ ଭଲ ଲାଗିଲା। ଅନ୍ୟମାନେ ମଧ୍ୟ ଯିଏ ଯାହା ଅର୍ଡର କରିଥିଲେ ଖାଇବା ପସନ୍ଦ କଲେ। ଆମେ ଡିନର୍ ଖାଉଥିବାବେଳେ ଗୋଟିଏ ଛ' ଜଣିଆ ଦଳ ପେରୁ ଦେଶର ସଂଗୀତ ପରିବେଷଣ କରୁଥିଲେ। ଖାଇବା ଭଲ, ତା' ସାଙ୍ଗକୁ ସୁମଧୁର ମ୍ୟୁଜିକ୍ ଆମେ ସମସ୍ତେ ବହୁତ ଏନ୍‌ଜୟ କଲୁ। ସେଇ ମ୍ୟୁଜିକ୍ ଗ୍ରୁପ୍‌ଟି ନିଜର ସି.ଡି. କରି ବିକ୍ରି କରୁଥିଲେ। ଆମେ କେତୋଟି ସି.ଡି. କିଣିଲୁ। ଏହି ସଂଧ୍ୟାର ଅନୁଭୂତି ମନେରହିବା ପରି ଥିଲା।

ଡିନର୍ ପରେ ଲିଓ ଗାର୍ସିଆ ଆମକୁ ଗୋଟିଏ ସେରାମିକ୍ କାରଖାନା ଦେଖାଇବାକୁ ନେଲେ। ସେଠାରେ, ସେଇ କାରଖାନାରେ ତିଆରି ହୋଇଥିବା ହଜାର ହଜାର ପ୍ରକାର ସୁନ୍ଦର ଜିନିଷସବୁ ସଜାହୋଇ ରଖାଯାଇଥିଲା। କେତେ ଲୋକ ବସି ଫୁଲଦାନି, ଘରସଜା ଜିନିଷ, ପ୍ଲେଟ୍, ବେଲା ତିଆରି କରୁଥିବାର ଦେଖିଲୁ। ଆଉ କେତେ ଲୋକ ବସି ତିଆରି ହୋଇଥିବା ଜିନିଷଗୁଡ଼ିକରେ ବିଭିନ୍ନ ପ୍ରକାର ଡିଜାଇନ୍ କରୁଥିଲେ। ତା'ଭିତରୁ ଅନେକଗୁଡ଼ିଏ ଜିନିଷ ପସନ୍ଦ ହେଲା। ସେଗୁଡ଼ିକ କିନ୍ତୁ ଆକାରରେ ବଡ଼। ଏତେ ବଡ଼ ଜିନିଷ କିଣି ଲଗେଜ୍ ବଢ଼େଇବାକୁ ମୁଁ ଚାହିଁଲିନି। ଆମେ କେବଳ ବାହାରୁ ସେ ଜିନିଷଗୁଡ଼ିକ ଦେଖିଲୁ; କିନ୍ତୁ କେହି କିଛି କିଣିଲୁ ନାହିଁ। କାରଖାନା ଦେଖିସାରି ଆମେ ହୋଟେଲ୍‌କୁ ଫେରିଲୁ। ହୋଟେଲ୍‌ରେ ପହଞ୍ଚି ଆମ

ରୁମ୍‌କୁ ଯିବା ବାଟରେ ଦେଖିଲୁ କେତେଗୁଡ଼ିଏ ସୁନ୍ଦର ସୁନ୍ଦର ଗିଫ୍ଟ ସପ୍। ଜିନିଷଗୁଡ଼ିକ ଭଲ କ୍ୱାଲିଟିର ବୋଲି ଜଣା ପଡୁଥିଲା। କିନ୍ତୁ ସେତେବେଳକୁ କ୍ଲାନ୍ତ ହୋଇଯାଇଥିବାରୁ ଦୋକାନ ଭିତରକୁ ନ ଯାଇ ପରଦିନ ଦେଖିବୁ ଭାବି ନିଜ ରୁମ୍‌କୁ ଗଲୁ।

ପରଦିନ ସକାଳେ ଜଳଖିଆ ଖାଇସାରି ପ୍ରାଚୀନ ଇନ୍‌କା ଭଗ୍ନାବଶେଷ ଦେଖିବା ପାଇଁ ପିଶାକ୍ ସହର ଅଭିମୁଖେ ଆମେ ବାହାରିଲୁ। ସହରଟି ସାକ୍ରେଡ଼୍ ଭ୍ୟାଲିର ପୂର୍ବ ପ୍ରାନ୍ତରେ। ଏହାକୁ ଇନ୍‌କାମାନେ ଏକ କଲୋନୀ ଭାବରେ ନିର୍ମାଣ କରିଥିଲେ। ଇନ୍‌କା ସଭ୍ୟତାର ଭଗ୍ନାବଶେଷ ଯେତେଗୁଡ଼ିଏ ଜାଗାରେ ଅଛି, ତା'ଭିତରୁ ଏଇ ଜାଗାଟିରେ ସବୁଠାରୁ ଭଲ ଭଗ୍ନାବଶେଷ ଦେଖିବାକୁ ମିଳେ। ପାହାଡ଼ ଶୀର୍ଷରେ ଟେରାସ୍ ଉପରେ ଟେରାସ୍ କରି ସେଥିରେ ସେମାନେ ମନ୍ଦିର, କଲ୍ୟାଣ ମଣ୍ଡପ, ବେଦୀ ଓ ଗାଧୁଆ ଘର ନିର୍ମାଣ କରିଥିଲେ। ଇନ୍‌କାମାନେ ଯାହାସବୁ କରିଥିଲେ ତା'ଭିତରୁ ପାହାଡ଼ ଶୀର୍ଷରେ ଚାଷ କରିବାପାଇଁ କରିଥିବା ଟେରାସ୍‌ଗୁଡ଼ିକ ମତେ ସବୁଠାରୁ ବେଶି ପ୍ରଭାବିତ କଲା। ପାହାଡ଼କୁ କୁଣ୍ଢେଇ ଧରିଥିବା ପରି ମନେ ହେଉଥିବା ଏହି ସରକୁଲାର ଟେରାସ୍‌ଗୁଡ଼ିକ ତ୍ରୁଟିଶୂନ୍ୟ ଭାବରେ ନିର୍ମିତ। ଏବେ ମଧ୍ୟ ଏହି ଟେରାସ୍‌ଗୁଡ଼ିକ ଚାଷପାଇଁ ବ୍ୟବହୃତ ହେଉଥିବାର ଦେଖି ଆଶ୍ଚର୍ଯ୍ୟ ଲାଗିଲା। ଆମେ ଶୁଣିଲୁ ଉଚ୍ଚ ସ୍ଥାନରେ ଥିବା ଏହି ଟେରାସ୍‌ଗୁଡ଼ିକରେ ଫସଲ ଆମଦାନୀ ଅପେକ୍ଷାକୃତ ବେଶି ହୋଇଥାଏ। ପର୍ବତ ଶୀର୍ଷରୁ ଗାଁଗୁଡ଼ିକର ଦୃଶ୍ୟ ଥିଲା ଅତି ମନୋହର। ପାହାଡ଼ ଚଢ଼ିବା ସହଜ ନଥିଲା; କିନ୍ତୁ ଆଣ୍ଡିଜ୍ ପର୍ବତମାଳାର ସ୍ୱର୍ଗୀୟ ସୌନ୍ଦର୍ଯ୍ୟ ଉପଭୋଗ କରିବାପାଇଁ ଏବଂ ଟେରାସ୍ ଫାର୍ମିଙ୍ଗ୍ ଦେଖିବାପାଇଁ ଆମ ଭିତରେ ବଳ ଆସିଗଲା।

ଏହାପରେ ଆମେ ଗଲୁ ପିଶାକ୍‌ର ପ୍ରସିଦ୍ଧ ହସ୍ତଶିଳ୍ପ ହାଟକୁ। ସେଠାରେ ରାସ୍ତାଗୁଡ଼ିକ ଗୋଲାକାର ଗେଟି ପଥରରେ ତିଆରି ହୋଇଛି। ଦେଖିବା ପରି। ସମ୍ପୂର୍ଣ୍ଣ ହାଟଟି ବିଭିନ୍ନ ପ୍ରକାର ରଙ୍ଗବେରଙ୍ଗ ହସ୍ତଶିଳ୍ପ ଜିନିଷରେ ଭରିଥିଲା। ସବୁ ଜିନିଷଗୁଡ଼ିକ ପେରୁର ହସ୍ତଶିଳ୍ପୀମାନଙ୍କ ଦ୍ୱାରା ନିର୍ମିତ। ହାଟ ବସିଥିଲା ଖୋଲା ଆକାଶ ତଳେ। ଦୋକାନଗୁଡ଼ିକରେ ବିଭିନ୍ନ ପ୍ରକାର ପୋଷାକ, କମ୍ବଳ, ତୈଳଚିତ୍ର, ଗହଣା, ମାଳି, କଣ୍ଢେଇ, କାଠରେ ତିଆରି ଆଣ୍ଡିଆନ୍ ବଂଶୀ ଓ ବ୍ୟାକ୍ ପ୍ୟାକ୍ ଇତ୍ୟାଦି ରଖା ଯାଇଥିଲା। ଆମେ କିଛି କିଛି କିଣିଲୁ। ତେବେ ଏହି ଜିନିଷଗୁଡ଼ିକର ମୂଲ୍ୟ ଥିଲା ସନ୍ଦେହଜନକ। ମୂଲାମୁଲି ଏତେ ବେଶୀ ହେଉଥିବାରୁ ପ୍ରକୃତ ଦର ବିଷୟରେ ଆମେ ସନ୍ଦିହାନ ଥିଲୁ। ଲଞ୍ଚ୍ ଟାଇମ୍ ହୋଇଯିବାରୁ ଆମେ ହୋଟେଲ୍‌କୁ ଫେରିଆସିଲୁ।

ଅପରାହ୍ନରେ ଆମେ ଓ୍ୟାନ୍ତେତାମ୍ବୋରେ ଥିବା ଇନ୍‌କା ଦୁର୍ଗର ଧ୍ୱଂସାବଶେଷ ଦେଖିବାକୁ ଗଲୁ। ଇନ୍‌କା ସାମ୍ରାଜ୍ୟ ସମୟରେ ସମ୍ରାଟ ପାଚାକୁତି ଏଇ ସହରଟି

ନିର୍ମାଣ କରିଥିଲେ ଓ ସେଠାରେ ଏକ ଆନୁଷ୍ଠାନିକ କେନ୍ଦ୍ର ତିଆରି କରିଥିଲେ। ବର୍ତ୍ତମାନ ଏଇ ଗାଁଟି ଇନ୍‌କା ଦୁର୍ଗର ଧ୍ୱଂସାବଶେଷ ପାଇଁ ଯେତିକି ପ୍ରସିଦ୍ଧ, ଏଠାର ପାହାଡ଼ରେ କଟାଯାଇଥିବା ବିରାଟ ବିରାଟ ଟେରାସ୍ ଏବଂ ଚାଷ କରିବାପାଇଁ ଥିବା ଜଳସେଚନର ବ୍ୟବସ୍ଥା ଓ ସେଥିରେ ବ୍ୟବହୃତ ଇଞ୍ଜିନିଅରିଙ୍ଗ୍ କୌଶଳ ପାଇଁ ମଧ୍ୟ ସେତିକି ପ୍ରସିଦ୍ଧ। ଅନ୍ୟାନ୍ୟ ଭଗ୍ନାବଶେଷ ଯାହା ଆମେ ଦେଖିଲୁ ତା'ହେଲା ସେଠାରେ ଥିବା ଗୋଟିଏ ବଡ଼ ସନ୍ ଟେମ୍ପଲ୍ ଓ ପ୍ରିନ୍‌ସେସ୍ ବାଥ୍ ଫାଉଣ୍ଟେନ୍। ଏହି ଫାଉଣ୍ଟେନ୍‌ଟି ତିନୋଟି ସ୍ତରରେ ସୁନ୍ଦର ଭାବେ ଖୋଦେଇ ହୋଇଥିବା ପଥରରେ ନିର୍ମିତ। ଉପର ସ୍ତରରେ ଗୋଟିଏ ଛୋଟ ପୋଖରୀ ଅଛି। ପର୍ବତରୁ ବୋହି ଆସୁଥିବା ପାଣି ସେଠାରେ ଜମା ହୁଏ। ପୋଖରୀର ଗୋଟିଏ ପାଖରେ ପାଣିକୁ ସଫା କରିବାପାଇଁ ଗୋଟିଏ ବାଲିବନ୍ଧ ଦିଆଯାଇଛି। ପାଣି ବାଲି ଭିତର ଦେଇ ଆସୁଥିବାରୁ ସଫା ରହେ। ବାଲିଦେଇ ଆସିବା ପରେ ପାଣି ଯେଉଁଠି ତଳେ ପଡ଼େ ସେଇଠି ଠିଆ ହୋଇ ରାଜକୁମାରୀ ସଫା ପାଣିରେ ଗାଧୋଉଥିଲେ। ଏହାର ଇଞ୍ଜିନିଅରିଙ୍ଗ୍ କୌଶଳ ଅଭୂତପୂର୍ବ। ଆମ ଗାଇଡ୍ କହିଲେ ଯେ ଇନ୍‌କାମାନଙ୍କ ବିଶ୍ୱାସ ଅନୁଯାୟୀ ଫାଉଣ୍ଟେନ୍‌ରେ ଥିବା ତିନି ସ୍ତର ହେଉଛି ସ୍ୱର୍ଗ, ମର୍ତ୍ତ୍ୟ ଓ ପାତାଳ।

ଲିଓ ଗାର୍ସିଆ କହିଲେ ଯେ ଏହି ଓୟାନ୍ତେତାମ୍ବୋରେ ଇନ୍‌କାମାନେ ସ୍ପେନ୍ ଆକ୍ରମଣକାରୀଙ୍କ କବଳରୁ ନିଜ ଜମିକୁ ରକ୍ଷା କରିବାପାଇଁ ଯୁଦ୍ଧକରି ଜିତିଥିଲେ। କିନ୍ତୁ ଅଳ୍ପ ଦିନ ପରେ ଆକ୍ରମଣକାରୀମାନେ ପୁଣିଥରେ ଆକ୍ରମଣ କରି ଓୟାନ୍ତେତାମ୍ବୋର ଦୁର୍ଗକୁ କବ୍‌ଜା କରିନେଲେ। ଇନ୍‌କାମାନେ ଯାହାସବୁ ତିଆରି କରିଥିଲେ ସେଗୁଡ଼ିକର ଆକାର ଆମକୁ ବିସ୍ମିତ କଲା। ଓୟାନ୍ତେତାମ୍ବୋରୁ ହୋଟେଲରେ ପହଞ୍ଚିଲା ବେଳକୁ ସୂର୍ଯ୍ୟାସ୍ତ ହେଉଥାଏ। ଅସ୍ତ ସୂର୍ଯ୍ୟଙ୍କ ସୁନେଲି କିରଣରେ ପାହାଡ଼ର ଶୀର୍ଷ ସୁନେଲି ରଙ୍ଗରେ ଚକ୍‌ଚକ୍ କରୁଥିଲା। ହୋଟେଲ୍‌ରେ ପଶୁପଶୁ ଏହି ଦୃଶ୍ୟ ଦେଖି ମନ ଉଲ୍ଲସିତ ହୋଇଗଲା।

ଦିନସାରା ବୁଲାବୁଲି କରି ଥକ୍କା ହୋଇ ଯାଇଥିଲୁ। ହୋଟେଲ୍ ରେସ୍ତୋରାଁରେ ଡିନର୍ କଲୁ। ତେଣୁ ଡିନର୍ ଟେବୁଲ୍‌ରେ ବସି ଖାଇଲାବେଳେ ଧୀରେସୁସ୍ଥେ ଗପ କରି କରି ଖାଉଥିଲୁ। ସେଇଠି ଆମର ଜଣେ ସହଯାତ୍ରୀ କହିଲେ ଯେ ତାଙ୍କ ରୁମ୍ ପାଖରେ କେତେଗୁଡ଼ିଏ ନାସ୍‌ପାତି ଗଛରେ ନାସ୍‌ପାତି ବହୁତ ଫଳିଛି। ସେ ନାସ୍‌ପାତି ତୋଳି ଖାଇଛନ୍ତି ଓ ଭାରି ମିଠା ନାସ୍‌ପାତି। ତାଙ୍କ ରୁମ୍ ଥିଲା ତଳ ତାଲାରେ। ଆମମାନଙ୍କର ଇଛା ହେଲା ନାସ୍‌ପାତି ତୋଳି ଖାଇବାପାଇଁ। ଡିନର୍ ପରେ ଆମେ ସମସ୍ତେ ତାଙ୍କ ରୁମ୍‌କୁ ଗଲୁ। ସେତେବେଳକୁ ରାତି ହୋଇଗଲାଣି। ତଥାପି ତାଙ୍କ ରୁମ୍ ପଛକୁ ଯାଇ

ରୁମ୍ ଆଲୁଅ ସାହାଯ୍ୟରେ କେତୋଟି ନାସ୍‌ପାତି ତୋଳି ଫେରିଆସିଲୁ। ସାପ ଓ ବନ୍ୟ ଜନ୍ତୁ ଭୟରେ ବେଶି ସମୟ ଅନ୍ଧାରରେ ରହିଲୁ ନାହିଁ। ସେ ନାସ୍‌ପାତି ପ୍ରକୃତରେ ଭାରି ଭଲ ଲାଗିଲା।

ପରଦିନ ସକାଳେ ଆମର ପ୍ରସିଦ୍ଧ ମାଚୁପିଚୁ ଦେଖିବାକୁ ଯିବାର ଥିଲା। ଏହା ଦେଖିବା ତ ଆମର ପେରୁ ଭ୍ରମଣର ମୁଖ୍ୟ ଉଦ୍ଦେଶ୍ୟ ଥିଲା। ସେଥିପାଇଁ ଆମେ ସମସ୍ତେ ବେଶ୍ ଉତ୍ସାହିତ ଥିଲୁ। ମତେ କିନ୍ତୁ ଟିକେ ଦୁଃଖ ଲାଗିଲା ଯେ ହୋଟେଲର ସୁନ୍ଦର ପରିବେଶକୁ ମନଭରି ଉପଭୋଗ କରିବା ପୂର୍ବରୁ ଆମକୁ ଫେରିଯିବାକୁ ପଡ଼ିଲା। ତା'ଛଡ଼ା କୌଣସି କାରଣବଶତଃ ସେତେବେଳ ପର୍ଯ୍ୟନ୍ତ ଗିଫ୍‌ଟ ସପ୍‌କୁ ଯାଇ କିଛି ସ୍ମାରକୀ କିଣି ପାରିନଥିଲି। ମନେମନେ ଭାବିଲି ବରାଦ ଥିଲେ ପୁଣି କେବେ ଆସି ଏଇ ସୁନ୍ଦର ଜାଗାକୁ ମନଭରି ଉପଭୋଗ କରିବି।

ମାଚୁପିଚୁ: ହଜିଯାଇଥିବା ଇନ୍‌କା ସଭ୍ୟତାର ପ୍ରତୀକ

ମେ ୯, ୨୦୧୭। ହୋଟେଲ୍‌ରୁ ସକାଳ ୬ଟା ୩୦ରେ ବାହାରି ବସ୍ ଯୋଗେ ସାକ୍‌ରେଡ଼୍ ଭ୍ୟାଲିର ଓଲାଣ୍ଟା ରେଳଷ୍ଟେସନ୍ ଗଲୁ। ମାତ୍ର ଦଶ ମିନିଟ୍‌ର ବାଟ। ସେଠାରୁ ଟ୍ରେନ୍‌ରେ ଯାଇ ଆମେ ମାଚୁପିଚୁ ପାହାଡ଼ର ପାଦଦେଶରେ ଥିବା ଆଗୁଆସ୍ କାଲିଏଣ୍ଟେ ରେଳଷ୍ଟେସନ୍‌ରେ ପହଞ୍ଚିଲୁ। ଆମ ଗାଇଡ଼୍ ଆଗରୁ ଟ୍ରେନ୍ ଟିକେଟ୍ କରିଥିଲେ। ଟ୍ରେନ୍ ଛାଡ଼ିଲା ସକାଳ ୭ଟାରେ। ଆମେ ଯେଉଁ ଟ୍ରେନ୍‌ରେ ଗଲୁ ତା'ର ନାଁ ଭିସ୍ତାଡୋମ୍। ଏହି ଟ୍ରେନ୍‌ର ପୂରା ଛାତଟା କାଚ ଏବଂ ଟ୍ରେନ୍‌ର ଦୁଇ କଡ଼ରେ ବଡ଼ ବଡ଼ କାଚ ଝରକା ଥିବାରୁ ଆମେ ସବୁଆଡ଼ ଭଲରେ ଦେଖି ପାରୁଥିଲୁ। ଏପରି ଟ୍ରେନ୍ ମୁଁ ଆଗରୁ କେବେ ଦେଖିନଥିଲି। ଘଞ୍ଚ ଜଙ୍ଗଲର ସବୁଜିମା। ତା'ଭିତରେ କୁହୁଡ଼ିଘେରା ଆଣ୍ଡିଜ୍ ପର୍ବତମାଳା। ତା' ବକ୍ଷରେ ପାହାଡ଼ିଆ ଝରଣା କୂଳଦେଇ ଯାଉଥିବା ଏହି ଆରାମଦାୟକ ଟ୍ରେନ୍‌ଯାତ୍ରା ଥିଲା ରାଜକୀୟ। ଟ୍ରେନ୍ ଭିତରେ ଧୀରେ ଧୀରେ ଭାସି ଆସୁଥିଲା ପେରୁଭିଆନ୍ ପ୍ୟାନ୍ ଫ୍ଲୁଟ ସଙ୍ଗୀତର ମୂର୍ଚ୍ଛନା, ଯାହାକି ପରିବେଶକୁ ଆହୁରି ଆନନ୍ଦମୟ କରୁଥିଲା। ଯାତ୍ରା ଶେଷରେ ମୁଁ ଜାଣିଲି ଯେ ଏ ଭିତରେ ସାଢ଼େ ତିନି ଘଣ୍ଟା ବିତିଯାଇଛି। ଟ୍ରେନ୍‌ରେ କିଛି ସ୍ନାକ୍ସ ଓ କୋଲ୍‌ଡ଼୍ ଡ୍ରିଙ୍କ୍ ଦେଇଥିଲେ। ଆଗୁଆସ୍ କାଲିଏଣ୍ଟେ ଷ୍ଟେସନ୍‌ରେ ୧୦ଟା ୩୦ ମିନିଟ୍‌ରେ ପହଞ୍ଚି ଆମେ ବସ୍ ଯୋଗେ ମାଚୁପିଚୁ ପାହାଡ଼ର ପାଦଦେଶକୁ ଗଲୁ। ପ୍ରାୟ ୨୦ ମିନିଟ୍ ଲାଗିଲା ସେଠାରେ ପହଞ୍ଚିବା ପାଇଁ।

ମାଚୁପିଚୁର ପ୍ରବେଶ ଟିକେଟ୍ ଲିଓ ଆଗରୁ କରି ରଖିଥିଲେ। ସେ ଅଞ୍ଚଳର

ସମଗ୍ର ଦୃଶ୍ୟ ଦେଖିବାକୁ ହେଲେ ପାହାଡ଼ ଉପରେ ଥିବା ଟେରାସ୍ ପର୍ଯ୍ୟନ୍ତ ଚଢ଼ିକରି ଯିବାକୁ ହେବ। ଚଢ଼ିବା ପାଇଁ ଯେଉଁ ପାହାଚଗୁଡ଼ିକ ଅଛି ତାହା ଏତେ ଭଲ ନୁହେଁ। ଆମର ଜଣେ ସହଯାତ୍ରୀ ସ୍ୱାସ୍ଥ୍ୟଗତ ସମସ୍ୟା ପାଇଁ ଚାଲିବାରେ କଷ୍ଟ ଅନୁଭବ କରୁଥିଲେ। ମୁଁ ମନେମନେ ଭାବୁଥିଲି ସେ ଚଢ଼ିବେ କେମିତି। ଦେଖିଲି ସେ ହାତରେ ଗୋଟିଏ ହାଲୁକା ଫୋଲଡିଙ୍ଗ୍ ଚେୟାର୍ ଧରିଛନ୍ତି। ଅଳ୍ପ କେତୋଟି ପାହାଚ ଚଢ଼ିବା ପରେ ସେ ସେଇ ଚେୟାରଟି ଖୋଲି କିଛି ସମୟ ବସନ୍ତି ପୁଣି ପାହାଚ ଚଢ଼ନ୍ତି। ତାଙ୍କର ଏମିତି ପାହାଡ଼ଚଢ଼ା ଦେଖି ମୋର ମନେପଡ଼ିଲା 'ଇଚ୍ଛା ଥିଲେ ଉପାୟ ମିଳେ'; ଏହା ନିରାଟ ସତ କଥା।

ପାହାଡ଼ ଉପରୁ ମାଚୁପିଚୁର ଦୃଶ୍ୟ ଚମତ୍କାର ହୋଇଥିବ ବୋଲି ଅନୁମାନ କରିଥିଲି; କିନ୍ତୁ ଆଣ୍ଡିଜ୍ ପର୍ବତମାଳାର ଟେରାସ୍, ଯେଉଁଠାରୁ ମାଚୁପିଚୁ ଦେଖାଯାଏ, ସେଠାରେ ପହଞ୍ଚିଲା ପରେ ମୁଁ ମୋ ଆଖିକୁ ବିଶ୍ୱାସ କରିପାରିଲି ନାହିଁ। କି ସୁନ୍ଦର ସେ ଦୃଶ୍ୟ! ଭାଷାରେ ବର୍ଣ୍ଣନା କରିବା ମୋ ପାଇଁ ସମ୍ଭବ ନୁହେଁ। ଏ ଦୃଶ୍ୟ ଥିଲା ମୋ କଳ୍ପନାର ବାହାରେ। ମୁଁ ଭାବିଲି ସୁନ୍ଦର ଦୃଶ୍ୟର ଏ ହେଉଛି ଚରମ। ଏହାଠାରୁ ଅଧିକ ସୁନ୍ଦର ଦୃଶ୍ୟ ଆଉ କ'ଣ ହେଇପାରେ ? ଏପରି ଏକ ମାନସିକ ଅବସ୍ଥାରେ ପହଞ୍ଚିଗଲି ଯେ ଭାବିଲି, ମୋ ଜୀବନ ପରିପୂର୍ଣ୍ଣ ହେଇଗଲା। ଏ ଦୃଶ୍ୟ ଦେଖିବାପାଇଁ ବୋଧହୁଏ ମୁଁ ଆଜି ପର୍ଯ୍ୟନ୍ତ ଅପେକ୍ଷା କରିଥିଲି। ଆମ ଭାଗ୍ୟକୁ ପାଗ ବି ଚମତ୍କାର ଥିଲା। ଧୀର ପବନ ମଳୟ ପରି ଲାଗୁଥିଲା। ଯୁଆଡ଼େ ଚାହିଁଲେ ସମ୍ପୂର୍ଣ୍ଣ ନୀଳ ଆକାଶ ଓ ତୁଳା ପରି ଧଳା ମେଘର ଲୁଚକାଳି ଖେଳ। ତା'ରି ମଝିରେ ମାଚୁପିଚୁର ଶିଖର ମୁଣ୍ଡଟେକି ଯେପରି ଏ ମର୍ତ୍ତ୍ୟକୁ ସ୍ୱର୍ଗରେ ପରିଣତ କରିଦେଉଛି। ମତେ ଲାଗିଲା ମୁଁ ଯେମିତି ଭଗବାନଙ୍କର ଅତି ନିକଟରେ ଅଛି। କେବଳ ଅନୁଭବୀ ହିଁ ଜାଣିବ। ଏହି ଅନୁଭୂତିକୁ ମୁଁ ଜୀବନସାରା ଭୁଲିପାରିବି ନାହିଁ। ମୋର ସେତେବେଳେ ରାଧାନାଥ ରାୟଙ୍କର କବିତାର ଗୋଟିଏ ଧାଡ଼ି ମନେ ପଡ଼ିଲା- 'ସୁନ୍ଦରେ ତୃପ୍ତିର ଅବସାଦ ନାହିଁ, ଯେତେ ଦେଖୁଥିଲେ ନୂଆ ଦିଶୁଥାଇ।'

ଆଣ୍ଡିଜ୍ ପର୍ବତାଞ୍ଚଳରେ ମାଚୁପିଚୁ ସହର ତିଆରି ହୋଇଥିଲା ପ୍ରାୟ ୧୪୫୦ ମସିହାରେ। ୧୯୮୩ ମସିହାରେ ଏହାକୁ ୟୁନେସ୍କୋ ବିଶ୍ୱ ଐତିହ୍ୟର ଗୋଟିଏ ସ୍ମାରକ ବୋଲି ଘୋଷଣା କରିଥିଲା। ୨୦୦୭ ମସିହାରେ ଏହାକୁ ପୃଥିବୀର ନୂତନ ସପ୍ତାଶ୍ଚର୍ଯ୍ୟ ଭାବରେ ଘୋଷଣା କରାଗଲା। ମାଚୁପିଚୁ ସହର ସମୁଦ୍ରପତ୍ତନଠାରୁ ୭୯୭୨ ଫୁଟ ଉଚ୍ଚରେ। ଉରୁବାମ୍ବା ନଦୀର ଉପତ୍ୟକାରେ ଯଦିଓ ଏହାର ଅବସ୍ଥିତି, ସହରଟି ନଦୀର ଧାରଠାରୁ ବହୁତ ଉପରେ ଏବଂ ଉପତ୍ୟକାଠାରୁ ପ୍ରାୟ ୫୮ କିଲୋମିଟର

ଦୂରରେ। ବିଶ୍ୱାସ କରାଯାଏ ଯେ ମାଚୁପିଚୁ ସହର ଇନ୍‌କା ରାଜାଙ୍କର ଉଆସ ଥିଲା କିମ୍ବା ପୂଜାସ୍ଥଳୀ ଥିଲା। ମୁଁ ଯାହା ବୁଝିଲି ଇନ୍‌କାମାନେ କେବଳ ସୂର୍ଯ୍ୟ ଓ ଚନ୍ଦ୍ରଙ୍କୁ ପୂଜା କରୁନଥିଲେ, ସେମାନେ ପାହାଡ଼କୁ ମଧ୍ୟ ପୂଜା କରୁଥିଲେ। ଇନ୍‌କାମାନଙ୍କର ଲିପି ନଥିଲା, ତେଣୁ ଏଇ ସହରଟି କେବେ ଓ କାହିଁକି ବସାଇଥିଲେ ତାହା ଲିପିବଦ୍ଧ ହୋଇନାହିଁ। ଆମେ ଯେତେସବୁ ଭଗ୍ନାବଶେଷ ଦେଖିଲୁ ସେଥିରୁ ଜଣାପଡୁଥିଲା ଯେ ଘରଗୁଡ଼ିକ କେବଳ ପଥରଖଣ୍ଡମାନଙ୍କରେ ତିଆରି ହୋଇଥିଲା। ଯୋଡ଼େଇ କରିବା ପାଇଁ ସିମେଣ୍ଟ ବା ଅନ୍ୟ କିଛି ମୋର୍ଟାର ବ୍ୟବହୃତ ହୋଇନଥିଲା। ପଥରଗୁଡ଼ିକ ଏକା ସାଇଜ୍‌ର ହୋଇନଥିଲେ ମଧ୍ୟ ତାକୁ ସିମେଣ୍ଟ ବା ମୋର୍ଟାର ବ୍ୟବହାର ନକରି କିପରି ଯୋଡ଼ାଇ କରି ଏତେ ବଡ଼ ବଡ଼ ପ୍ରାସାଦ ନିର୍ମାଣ କରିଥିଲେ ତାହା ବୁଝିହୁଏ ନାହିଁ। ଏଥିରୁ ପ୍ରମାଣ ମିଳେ ଯେ ସେମାନଙ୍କର ସ୍ଥାପତ୍ୟ ଜ୍ଞାନକୌଶଳ ଅତି ଉଚ୍ଚକୋଟୀର ଥିଲା।

ସେ ଏରିଆରେ ପ୍ରାୟ ୧୫୦ଟି ବିଭିନ୍ନ ପ୍ରକାର ଘର ଥିଲା। ସେଇ ଭିତରେ ବାସଗୃହ, ମନ୍ଦିର, ପୂଜାସ୍ଥଳ ଓ ସ୍ନାନାଗାର ରହିଛି। ସେଠାରେ ଥିବା ଭଗ୍ନାବଶେଷର ମୁଖ୍ୟ ଅଂଶଗୁଡ଼ିକ ହେଲା ସୂର୍ଯ୍ୟ ମନ୍ଦିର, ପୂଜକଙ୍କ ଗୃହ, ସାକ୍‌ରେଡ଼ ପ୍ଲାଜା ଏବଂ ଜଟିଳ ଖୋଦେଇ ହୋଇ ସୂର୍ଯ୍ୟଘଣ୍ଟା ଭାବରେ ବ୍ୟବହୃତ ହେଉଥିବା ଗୋଟିଏ ବିରାଟ ପଥର। ସାଧାରଣତଃ ଘର ତିଆରି କଲାବେଳେ ଆୟତାକାର ପଥର କିମ୍ବା ଇଟା ବ୍ୟବହାର କରାଯାଏ। କିନ୍ତୁ ଇନ୍‌କାମାନେ କରିଥିବା ଘରଗୁଡ଼ିକର ଝରକା, କବାଟ ସବୁ ଆକାରରେ ଟ୍ରାପେଜଏଡାଲ୍ ଥିଲା। ଜ୍ୟାମିତିରେ ଟ୍ରାପେଜଏଡ଼ର ଅର୍ଥ ହେଉଛି ଏକ ଚାରିପାଖିଆ ଚିତ୍ର ଯାହାର ଦୁଇ ପାର୍ଶ୍ୱ ସମାନ୍ତରାଳ। ଟ୍ରାପେଜଏଡ଼ ଆକାରର ପଥର ଏବଂ ଝରକା ଓ କବାଟର ଫ୍ରେମ୍ କରି ଘର ତିଆରି କରିବା କଷ୍ଟ। ଆମ ଟୁର୍ ଗାଇଡ଼ କହିଲେ ଯେ ଇନ୍‌କା ସଭ୍ୟତା ଓ ସ୍ଥାପତ୍ୟକଳାରେ ଟ୍ରାପେଜଏଡାଲ୍ ଆକୃତିଗୁଡ଼ିକ ଅତି ସାଧାରଣ ଥିଲା। ଏତେ ଅସୁବିଧା ସ୍ଥାନରେ ନିର୍ମିତ ଏଇ ସହରର ଭଗ୍ନାବଶେଷ ଦେଖିବା ପରେ ମୋ ମନରେ ପ୍ରଶ୍ନ ଉଠିଲା- ଇନ୍‌କାମାନେ ସହର ବସେଇବା ପାଇଁ ଏଇ ପାହାଡ଼ ଟୀଖକୁ କାହିଁକି ବାଛିଲେ? ସୀମିତ ସମ୍ବଳ ନେଇ ପାହାଡ଼ ଉପରେ ଏତେ ବଡ଼ ବଡ଼ ପ୍ରାସାଦ କେମିତି ତିଆରି କଲେ?

ଇନ୍‌କାମାନଙ୍କର କେଚୂଆ ଭାଷାରେ ମାଚୁପିଚୁର ଅର୍ଥ 'ବୃଦ୍ଧ ପର୍ବତ'। ଯେଉଁ ପର୍ବତ ଉପରେ ମାଚୁପିଚୁ ସହର ନିର୍ମିତ ହୋଇଥିଲା, ସେହି ପର୍ବତରେ ଥିବା ଟେରାସ୍‌ରୁ ମାଚୁପିଚୁ ପର୍ବତ (ଏହାକୁ ବୃଦ୍ଧ ପର୍ବତ କହନ୍ତି) ଓ ହୁଆନା ପିଚୁ ପର୍ବତର ଦୃଶ୍ୟ ଚମତ୍କାର ଦେଖାଯାଉଥିଲା। ସେଠାରୁ ଇନ୍‌କାମାନେ ତିଆରି କରିଥିବା ଅନ୍ୟ ଦୁଇଟି

ଟେରାସ୍ ଦେଖିଲୁ । ସେ ଦୁଇଟି ଟେରାସ୍ ଉପରେ ଚଢ଼ିବାପାଇଁ ଆମର ଇଚ୍ଛା ହେଲା । ଆମେ ତା' ଉପରକୁ ଚଢ଼ିଲୁ ।

ପ୍ରଥମ ଟେରାସ୍ ଉପରୁ ଦେଖାଯାଉଥିବା ଦୃଶ୍ୟ ଥିଲା ଅତି ଚମତ୍କାର । ଭଗ୍ନାବଶେଷକୁ ଲାଗି ସହରକୁ ଘେରି ରହିଥିବା ବିସ୍ତିର୍ଣ୍ଣ ଅଞ୍ଚଳରେ ଅନେକଗୁଡ଼ିଏ ଲାମା ଚରୁଥିବାର ଦେଖିଲୁ । ଏତେ ଉଚ୍ଚ ପାର୍ବତ୍ୟ ଟେରାସ୍‌ରୁ ପ୍ରକୃତିର ଯେତେ ସୌନ୍ଦର୍ଯ୍ୟ ସାଉଁଟିପାରିଲୁ ସବୁ ସାଉଁଟି ଆଣିଲୁ । ଏହି ଦୃଶ୍ୟ ଦେଖିବାବେଳେ ମୁଁ ସେହି ସମୟକୁ ଫେରିଗଲି ଯେତେବେଳେ ଇନ୍‌କାମାନେ ସେଠାରେ କେତେ ଆନନ୍ଦରେ ଥିଲେ । ଭଗ୍ନାବଶେଷ ଦେଖି ଭାବିଲି ଏବେ ସେ ସଭ୍ୟତା ଜୀବନ୍ତ ଥିଲେ କେମିତି ଲାଗୁଥାନ୍ତା । ଆମ ଗାଇଡ଼ ଲିଓ କହିଲେ- ସୁନା ଲୋଭରେ ସ୍ପାନିସ୍‌ମାନେ ମାଚୁପିଚୁ ଆସିଥିବାବେଳେ ସାଙ୍ଗରେ ବସନ୍ତ ରୋଗର ଜୀବାଣୁ ଆଣିଥିଲେ । ପୂର୍ବରୁ ନିଜ ରାଜ୍ୟକୁ ରକ୍ଷା କରିବାକୁ ଯାଇ ଅନେକ ଇନ୍‌କା ଯୁଦ୍ଧରେ ମରିଥିଲେ । ବାକି ଯାହା ଥିଲେ ସେମାନେ ବସନ୍ତ ରୋଗରେ ପଡ଼ି ନିପାତ ହୋଇଗଲେ । ପୂରା ଇନ୍‌କା ସଭ୍ୟତା ଲୋପ ପାଇଗଲା । ସ୍ପାନିସ୍‌ମାନେ ସମ୍ପତ୍ତି ଓ ସୁନା ସନ୍ଧାନରେ ଅନ୍ୟ ସ୍ଥାନକୁ ଚାଲିଗଲେ, ରହିଗଲା କେବଳ ଏହି ଉନ୍ନତ ସଭ୍ୟତାର ଧ୍ୱଂସାବଶେଷ । କୌଣସି କାରଣବଶତଃ ମାଚୁପିଚୁ ଲୋକଲୋଚନର ଆଢୁଆଳରେ ରହିଯାଇଥିଲା । ଆମେରିକାର ୟେଲ୍ ୟୁନିଭର୍‌ସିଟିର ହିରମ୍ ବିଙ୍ଘମ୍ ନାମକ ଜଣେ ଐତିହାସିକ ୧୯୧୧ ମସିହାରେ ସ୍ଥାନୀୟ ବାସିନ୍ଦାଙ୍କ ସାହାଯ୍ୟରେ ଏହି ଅଞ୍ଚଳର ପୂର୍ବ ଗୌରବ ଉଦ୍ଧାର କଲେ । ଆଜି ମାଚୁପିଚୁ ସହର ପୃଥିବୀର ପର୍ଯ୍ୟଟକମାନଙ୍କର ଏକ ମୁଖ୍ୟ ସ୍ଥଳ । ପ୍ରତିଦିନ ହଜାର ହଜାର ଦର୍ଶକ ଇନ୍‌କାମାନଙ୍କ କୃତିତ୍ୱ ଦେଖିବାକୁ ଏଠାକୁ ଆସନ୍ତି ।

ଘଣ୍ଟା ଘଣ୍ଟା ଧରି ଏଠିକାର ପ୍ରାକୃତିକ ଶୋଭା ଦେଖୁଥିଲେ ମଧ୍ୟ କ୍ଳାନ୍ତି ଆସିବ ନାହିଁ । କିନ୍ତୁ ସାକ୍‌ରେଡ଼ ଭ୍ୟାଲି ଫେରିଯିବା ପାଇଁ ଆମକୁ ଶେଷ ଟ୍ରେନ୍‌ଟି ଧରିବାର ଥିଲା । ପ୍ରଥମ ଟେରାସ୍‌ରୁ ଦ୍ୱିତୀୟ ଟେରାସ୍‌କୁ ଯିବାପାଇଁ ଇଚ୍ଛା ଥିଲା । କିନ୍ତୁ ଲିଓ ମନେ ପକାଇ ଦେଲେ ଯେ ଶେଷ ଟ୍ରେନ୍‌ଟି ୩ଟା ୧୫ରେ ଛାଡ଼ିଦେବ । ଏହି ଟ୍ରେନ୍ ଧରି ନପାରିଲେ ସେଠାରେ ରାତି କଟାଇବାକୁ ପଡ଼ିବ । ରାତିରେ ସେଠି ରହିବାର କୌଣସି ସୁବିଧା ନଥିଲା । ତେଣୁ ଆମେ ବାଧ୍ୟ ହୋଇ ଫେରିଲୁ । ଆମ ବାର ଜଣ ଓଡ଼ିଆଙ୍କ ଭିତରୁ ଯେଉଁ ଚାରି ଜଣ ଦୁଃସାହସୀ ଥିଲେ ଲିଓଙ୍କ କଥା ଏଡ଼ାଇ ଦେଇ ଦ୍ୱିତୀୟ ଟେରାସ୍ ଉପରେ ଚଢ଼ିଲେ । ଆମେ ଫେରିଆସି ବସ୍ ପାଖରେ ପହଞ୍ଚି ଦେଖିଲୁ ବସ୍‌ରେ ଚଢ଼ିବା ପାଇଁ ଲମ୍ବା ଲାଇନ୍ । ପ୍ରାୟ ପନ୍ଦର ମିନିଟ୍ ଅପେକ୍ଷା କଲାପରେ ଆମେ ଗୋଟିଏ ବସ୍‌ରେ ଚଢ଼ିଲୁ । ଆମେ ଠିକ୍ ବସ୍‌ରେ ବସିବାବେଳେ ଜଣେ ସହଯାତ୍ରୀଙ୍କର ମନେ

ପଡ଼ିଲା ଯେ ତାଙ୍କ ସ୍ତ୍ରୀଙ୍କ ପାସ୍‌ପୋର୍ଟ୍ ତାଙ୍କ ପାଖରେ ଅଛି। ତାଙ୍କ ସ୍ତ୍ରୀ ଯାଇଥିଲେ ଦ୍ୱିତୀୟ ଟେରାସ୍‌ରେ ଚଢ଼ିବା ପାଇଁ। ପେରୁରେ ଟ୍ରେନ୍‌ରେ ଯିବାପାଇଁ ବିଦେଶୀମାନଙ୍କୁ ଟିକେଟ୍ ସହ ପାସପୋର୍ଟ୍ ଦେଖାଇବାକୁ ପଡ଼େ। ତେଣୁ ଉପାୟହୀନ ହୋଇ ସେ ତାଙ୍କ ସ୍ତ୍ରୀଙ୍କୁ ଅପେକ୍ଷା କରିବା ପାଇଁ ବସ୍‌ରୁ ଓହ୍ଲାଇଗଲେ। ଆମେ ରେଳ ଷ୍ଟେସନ୍ ପାଖରେ ଯାଇ ପହଞ୍ଚିବା ବେଳକୁ ପ୍ରବଳ ଭୋକ ହେଲାଣି। ସେତେବେଳେ ଦୁଇଟା ବାଜି ସାରିଥିଲା। ପାଖରେ ଥିବା ଗୋଟିଏ ରେଷ୍ଟୋରାଁକୁ ଲଞ୍ଚ୍ ଖାଇବାପାଇଁ ଗଲୁ। ରେଷ୍ଟୋରାଁ ପାଖରେ ଗୋଟିଏ ସୁନ୍ଦର ଝରଣା ବୋହିଯାଉଥିଲା। ଆମେ ଯେଉଁ ଟେବୁଲ୍‌ରେ ଖାଇବାକୁ ବସିଥିଲୁ ସେଠାରୁ ଝରଣାଟିଏ ପାହାଡ଼ରୁ ଖସୁଥିବାର ଓ ପରେ ରେଷ୍ଟୋରାଁ କଡ଼ଦେଇ ବୋହିଯିବାର ସୁନ୍ଦର ଦୃଶ୍ୟ ଦେଖାଯାଉଥିଲା। ଏହାର ପାଣି ଏତେ ନିର୍ମଳ ଥିଲା ଯେ ଦଳ ଦଳ ମାଛ ଖେଳୁଥିବାର ଆମେ ଦେଖିଲୁ। ରେଷ୍ଟୋରାଁ ଲୋକରେ ଭର୍ତ୍ତି। ସବୁ ଲୋକମାନେ ଟ୍ରେନ୍ ଧରିବାପାଇଁ ବ୍ୟଗ୍ର ଥିଲେ। ଆମେ ଅର୍ଡର ଦେଇଥିବା ଖାଦ୍ୟ ପାଇବାପାଇଁ ବେଶ୍ କିଛି ସମୟ ଲାଗିଲା। ଖାଦ୍ୟ ପରଷା ହେଲା ବେଳକୁ ଟ୍ରେନ୍ ସମୟ ପାଖେଇ ଆସିଲାଣି। ଯେଉଁ ସାଙ୍ଗମାନେ ରହିଯାଇଥିଲେ ତାଙ୍କ ପାଇଁ ବ୍ୟସ୍ତ ଲାଗୁଥିଲା। ଠିକ୍ ସେତିକିବେଳେ ଦେଖିଲୁ ସେମାନେ ସେଇ ରେଷ୍ଟୋରାଁରେ ପଶୁଛନ୍ତି। ଏ ଭିତରେ ଗହଳି ମଧ୍ୟ କିଛି ପରିମାଣରେ କମି ଯାଇଥିଲା। ଡେରିରେ ପହଞ୍ଚିଥିବା ଆମ ସାଙ୍ଗମାନେ ଚଟାପଟ୍ ଖାଇନେଲେ। ଆମେ ସମସ୍ତେ ରେଳଷ୍ଟେସନ୍‌କୁ ଚାଲିକରି ଗଲୁ। ମାତ୍ର ୩/୪ ମିନିଟ୍‌ର ବାଟ। ଠିକ୍ ସମୟରେ ପହଞ୍ଚି ଟ୍ରେନ୍ ଧରିଲୁ।

ଟ୍ରେନ୍‌ରେ ସ୍ନାକ୍ସ ଓ ଥଣ୍ଡା ପାନୀୟର ବ୍ୟବସ୍ଥା ଥିଲା। ମଜା କଥା ହେଲା, ଟ୍ରେନ୍‌ର କର୍ମଚାରୀମାନେ ସଂଗୀତ ଆସରର ଆୟୋଜନ କରିଥିଲେ। ଗାୟକ ଓ ବାଦକଙ୍କ ଛଡ଼ା ଜଣେ ଜୋକର ବି ଥିଲେ। ସଂଗୀତ ଆସର କରି ଯାତ୍ରୀମାନଙ୍କୁ ଆପ୍ୟାୟିତ କରିବା ପରେ ପରେ ଫ୍ୟାସନ୍ ଶୋ ଆରମ୍ଭ ହେଲା। ବେବି ଆଲ୍ପାକା ଉଲ୍‌ରେ ତିଆରି ହୋଇଥିବା ଲଙ୍ଗ୍ ଉଇନଟର୍ କୋଟ୍, ସ୍କାର୍ଫ, ସ୍ୱେଟର, ପଞ୍ଚୋ, ଟୋପି ଓ ଷ୍ଟୋଲ୍ ଇତ୍ୟାଦି ପ୍ରଦର୍ଶିତ ହେଲା। ପୋଷାକଗୁଡ଼ିକ ଖୁବ୍ ଭଲ କ୍ୱାଲିଟିର ଥିଲା। ସେମାନେ ଯେଉଁ ଢଙ୍ଗରେ ଏସବୁ ଦେଖାଇଲେ ନକିଣିବା ଲୋକ ମଧ୍ୟ କିଣିବା ପାଇଁ ମନ କରିବ। କେତେକ ଯାତ୍ରୀ କିଣିଲେ ମଧ୍ୟ। ମୁଁ ଗୋଟିଏ ଲଙ୍ଗ୍ କୋଟ୍ କିଣିବାକୁ ଚାହିଁଲି। କିନ୍ତୁ ମୋ ସାଇଜ୍‌ର କୋଟ୍ ତାଙ୍କ ପାଖରେ ନଥିଲା। ସେମାନେ ମତେ କୁସ୍‌କୋର ଗୋଟିଏ ଦୋକାନର ଠିକଣା ଦେଲେ ଯେଉଁଠାରେ ମୁଁ ମୋ ସାଇଜ୍‌ର କୋଟ୍ ପାଇପାରିବି।

ସାକ୍‌ରେଡ଼୍ ଭ୍ୟାଲିରେ ପହଞ୍ଚିବା ବେଳକୁ ସନ୍ଧ୍ୟା ୬ଟା ୧୫ ହୋଇଯାଇଥିଲା। ସେଠାରେ ଆମପାଇଁ ଗୋଟିଏ ବସ୍ ଅପେକ୍ଷା କରିଥିଲା। ଟ୍ରେନରୁ ଓହ୍ଲାଇ ସିଧା ବସ୍‌ରେ ବସିଲୁ। ବସ୍‌ଯାତ୍ରା ଥିଲା ପ୍ରାୟ ତିନି ଘଣ୍ଟାର। ବସ୍‌ରେ ବସି ସୂର୍ଯ୍ୟାସ୍ତ ଦେଖି ମନ ଖୁସି ହୋଇଗଲା। ଧୀରେ ଧୀରେ ଅନ୍ଧାର ମାଡ଼ି ଆସିଲା। ଭାଗ୍ୟବଶତଃ ସେଦିନ ଥିଲା ପୂର୍ଣ୍ଣମୀ। ନୀଳ ଆକାଶରେ ପୂର୍ଣ୍ଣ ଚନ୍ଦ୍ର ଖୁବ୍ ଉଜ୍ଜ୍ୱଳ ଓ ଚମତ୍କାର ଦେଖାଯାଉଥିଲା। ଚାରିଆଡ଼େ ଚନ୍ଦ୍ରକିରଣ ବିଛାଡ଼ି ହୋଇ ପଡ଼ିଥିଲା। କିଛି ବାଟ ଗଲାପରେ ଗୋଟିଏ ଜାଗାରେ ବସ୍ ଅଟକିଲା। ବସ୍‌ରୁ ଓହ୍ଲାଇ ଫଟୋ ନେବାପାଇଁ ଲିଓ ଆମକୁ କହିଲେ। ତାଙ୍କ କହିବା ଅନୁସାରେ ଆମେ ଚନ୍ଦ୍ର ଆଡ଼କୁ ହାତ ବଢ଼ାଇ ଫଟୋ ନେଲୁ। ଫଟୋରେ ଜଣା ପଡୁଥିଲା ସତେ ଯେମିତି ଆମେ ଚନ୍ଦ୍ରକୁ ହାତରେ ଧରିଛୁ। ଆମେ ନିଜର ଆଇ-ଫୋନ୍ ତାଙ୍କୁ ଦେଲୁ ଓ ସେ ଆମର ଫଟୋ ଉଠାଇଦେଲେ।

କୁସ୍କୋ: ଇନ୍‌କା ସାମ୍ରାଜ୍ୟର ରାଜଧାନୀ

ସୋନେଟା କୁସ୍କୋ ହୋଟେଲ୍‌ରେ ପହଞ୍ଚିଲାବେଳକୁ ରାତି ୯ଟା ୩୦ ମିନିଟ୍ ହୋଇଯାଇଥିଲା। ଆମେ ସିଟି ପାଖାପାଖି ହେବାବେଳକୁ ଗତାନୁଗତିକତା କଟାଇବା ପାଇଁ ଲିଓ ସମସ୍ତଙ୍କୁ ରାସ୍ତାକଡ଼ରେ ବୁଲୁଥିବା କୁକୁରଙ୍କ ସଂଖ୍ୟା ଗଣିବାପାଇଁ କହିଲେ। ଏହା ମଧ୍ୟ କହିଲେ ଯେ ଯିଏ ସବୁଠାରୁ ବେଶୀ ଗଣିବ, ସିଏ ଗୋଟେ ପ୍ରାଇଜ୍ ପାଇବ। କିଛି ଯାତ୍ରୀ ଶୋଇପଡ଼ିଥିଲେ। ଯେଉଁମାନେ ଶୋଇନଥିଲେ ତାଙ୍କ ଭିତରୁ କେତେଜଣ ଗଣିବା ଆରମ୍ଭ କରିଦେଲେ। ପ୍ରକୃତରେ ରାସ୍ତାକଡ଼ରେ ଅନେକ କୁକୁର ଦେଖିବାକୁ ମିଳିଲା। ସବୁଠାରୁ ଯିଏ ବେଶୀ ଗଣିଲେ ତାଙ୍କର ସଂଖ୍ୟା ନବେ ଟପିଗଲା। କୁକୁରଗୁଡ଼ିକ ରାସ୍ତାକଡ଼ର ବୁଲାକୁକୁର ହେଲେ ମଧ୍ୟ ବେଶ୍ ସୁସ୍ଥସବଳ ଦେଖା ଯାଉଥିଲେ। ସେତେବେଳେ ମତେ ଏତେ ହାଲିଆ ଲାଗୁଥିଲା ଓ ନିଦ ମାଡୁଥିଲା ଯେ ମୁଁ ଗଣିଲି ନାହିଁ। କିଏ ପ୍ରାଇଜ୍ ପାଇଲା, କି ପ୍ରାଇଜ୍ ମିଳିଲା ତାହା ମଧ୍ୟ ଜାଣିବାପାଇଁ ମୋର ଆଗ୍ରହ ନଥିଲା। ହୋଟେଲ୍‌ରେ ପହଞ୍ଚି ଚେକ୍-ଇନ୍ କରିସାରି ପାଖରେ ଥିବା ଗୋଟିଏ ରେସ୍ତୋରାଁରେ ଯାଇ ଡିନର୍ କଲୁ। ଖାଇବା ବେଶ୍ ଭଲ ଲାଗିଲା। ମୁଁ କ'ଣ ସବୁ ମଗେଇଥିଲି ମନେ ନାହିଁ, କେବଳ ସୁପ୍ ଖୁବ୍ ଭଲ ଲାଗିଲା ବୋଲି ମନେଅଛି।

କୁସ୍କୋର ଅନ୍ୟ ନାମ ଇମ୍ପେରିଆଲ୍ ସିଟି। ଏହା ଥିଲା ଇନ୍‌କା ସାମ୍ରାଜ୍ୟର ରାଜଧାନୀ। ଇନ୍‌କାମାନଙ୍କର କେଚୂଆ ଭାଷାରେ କୁସ୍କୋର ଅର୍ଥ 'କେନ୍ଦ୍ର'। ଏହା ଦକ୍ଷିଣ ଆମେରିକାର ପ୍ରାଚୀନତମ ସହରମାନଙ୍କ ମଧ୍ୟରୁ ଗୋଟିଏ। ଇନ୍‌କା ପ୍ରତ୍ନତତ୍ତ୍ୱ ସମ୍ବନ୍ଧୀୟ ଭଗ୍ନାବଶେଷ ଓ ସ୍ପାନିସ୍‌ମାନଙ୍କ ଦ୍ୱାରା ନିର୍ମିତ ଐତିହାସିକ ପ୍ରାସାଦଗୁଡ଼ିକ

ପାଇଁ କୁସ୍କୋ ପ୍ରସିଦ୍ଧ। ୧୯୮୩ ମସିହାରେ ୟୁନେସ୍କୋ ଏହାକୁ ବିଶ୍ୱ ଐତିହାସିକ ସ୍ଥାନ ଭାବରେ ଘୋଷଣା କରିଥିଲେ। ସମୁଦ୍ରପତ୍ତନଠାରୁ ଏହା ୧୧,୦୦୦ ଫୁଟ ଉଚ୍ଚରେ। ଆମେ ଯେତେବେଳେ ଲିମାରୁ ଆସି କୁସ୍କୋରେ ପ୍ରଥମେ ପହଞ୍ଚିଥିଲୁ, ଆମ ଭିତରୁ ଅଧିକାଂଶ ଏଇ ଉଚ୍ଚତା ପାଇଁ ଅଶ୍ୱସ୍ତି ଅନୁଭବ କରିଥିଲେ। କିନ୍ତୁ ଏଥର ଆମେ କୁସ୍କୋରେ ପହଞ୍ଚିଲାବେଳକୁ କେତେଗୁଡ଼ିଏ ଉଚ୍ଚସ୍ଥାନରେ ରହି ଅଭ୍ୟସ୍ତ ହୋଇ ଯାଇଥିଲୁ। ତେଣୁ ସେଠାରେ ପହଞ୍ଚିଲା ପରେ ସେପରି କିଛି ଅସୁସ୍ଥତା କେହି ଅନୁଭବ କଲୁ ନାହିଁ।

ପରଦିନ ଆମର ଗାଇଡେଡ଼୍ ଟୁର୍ ନଥିଲା। ସକାଳ ଜଳଖିଆ ପରେ ଆମେ ପ୍ଲାଜା ଦେ ଆର୍ମାସ୍‌କୁ ଚାଲିଚାଲି ଯିବାପାଇଁ ସ୍ଥିର କଲୁ। ଏହା ସିଟିର କେନ୍ଦ୍ରସ୍ଥଳ। ଇନ୍‌କା ସଭ୍ୟତା ସମୟରେ ମଧ୍ୟ ଏହା ସିଟିର କେନ୍ଦ୍ରସ୍ଥଳ ଥିଲା, ତାକୁ ହାଉକପତା କୁହାଯାଉଥିଲା ଯେଉଁଠାରେ କି ସବୁ ଉତ୍ସବ ପାଳନ କରାଯାଉଥିଲା। ସେଠାର ଚଉଡ଼ା ରାସ୍ତାଗୁଡ଼ିକ ପଥରରେ ତିଆରି ଓ ସବୁଆଡ଼େ ରଙ୍ଗୀନ ଫୁଲ ବଗିଚା ଘେରି ରହିଛି। ରାସ୍ତାକଡ଼ରେ ରେସ୍ତୋରାଁ ଓ ଦୋକାନ ଭର୍ତ୍ତି। ଘରଗୁଡ଼ିକରେ ସୁନ୍ଦର ଡିଜାଇନ୍ ଥାଇ ବାଲକୋନି, ଏହା ବ୍ୟତୀତ ସେଠାରେ ଇନ୍‌କା ସମୟର କିଛି ଧ୍ୱଂସାବଶେଷ ମଧ୍ୟ ଅଛି। ସେଇ ପ୍ଲାଜା ପାଖରେ ଅଛି କ୍ୟାଥେଡ୍ରାଲ୍ ଅଫ୍ କୁସ୍କୋ, କନଭେଣ୍ଟ୍ ଅଫ୍ ସାଣ୍ଟୋ ଡୋମିଙ୍ଗୋ ଓ ଅନ୍ୟ କେତେଗୁଡ଼ିଏ ବଡ଼ ବଡ଼ ସୁନ୍ଦର ଅଟ୍ଟାଳିକା।

ଆମର ପ୍ରଥମ ଗନ୍ତବ୍ୟସ୍ଥଳ ଥିଲା ଗୋଟିଏ କ୍ୟାଥେଡ୍ରାଲ୍ ଯାହାର ନାମ କଲୋନିଆଲ୍ କ୍ୟାଥେଡ୍ରାଲ୍ ବା 'କୁସ୍କୋ କ୍ୟାଥେଡ୍ରାଲ୍'। କ୍ୟାଥେଡ୍ରାଲ୍‌ରେ ପଶିବାପାଇଁ ଜଣକୁ ଏଣ୍ଟ୍ରି ଫି ୨୫ ସୋଲ୍ (୧ ୟୁଏସ୍ ଡଲାର୍ = ୩.୪୨ ସୋଲ୍) ଦେବାକୁ ପଡ଼ିଲା। କ୍ୟାଥେଡ୍ରାଲ୍‌ଟି ପ୍ଲାଜାର ଉତ୍ତରପୂର୍ବ କୋଣରେ। ସ୍ପାନିସ୍ ସ୍ଥାପତ୍ୟକଳାରେ ନିର୍ମିତ ଏହି କ୍ୟାଥେଡ୍ରାଲ୍‌ର ନିର୍ମାଣ ସରିବାପାଇଁ ପ୍ରାୟ ଶହେ ବର୍ଷ ଲାଗିଥିଲା। ଏହା ସମ୍ପୂର୍ଣ୍ଣ ହେଲା ୧୬୫୪ ମସିହାରେ। ଏଇ କ୍ୟାଥେଡ୍ରାଲ୍‌ଟି କୁଆଡ଼େ ସ୍ପାନିସ୍‌ମାନେ ପୂର୍ବରୁ ଥିବା ଏକ ଇନ୍‌କା ମନ୍ଦିରକୁ ଭାଙ୍ଗି ସେଇ ମୂଳଦୁଆ ଉପରେ ଇନ୍‌କାମାନଙ୍କୁ ଶ୍ରମିକ ଭାବରେ ଲଗାଇ ନିର୍ମାଣ କରିଥିଲେ। ଦୁଇଟି ଛୋଟ ଚର୍ଚ୍ଚ ମଝିରେ ଥିବା ଏହି କ୍ୟାଥେଡ୍ରାଲ୍‌ରେ ପୁରାତନ କଲୋନିଆଲ୍ ପେଣ୍ଟିଙ୍ଗ୍, ପ୍ରତ୍ନତାତ୍ତ୍ୱିକ ଜିନିଷ ଏବଂ ମୂର୍ତ୍ତିଗୁଡ଼ିଏ ଥିବାରୁ ୟୁନେସ୍କୋ ଏହାକୁ ବିଶ୍ୱ ଐତିହ୍ୟ ସ୍ଥାନ ଭାବରେ ଘୋଷଣା କରିଛି।

କ୍ୟାଥେଡ୍ରାଲ୍‌ରେ ପଶିବାକ୍ଷଣି କଲୋନିଆଲ୍ ସମୟର ସୁନା କାମ ଦେଖି ମୁଁ ଆଚମ୍ବିତ ହୋଇଗଲି। ମୁଖ୍ୟ ବେଦୀ ଓ ଅନ୍ୟ ଛୋଟ ଛୋଟ ବେଦୀଗୁଡ଼ିକ ଉପରେ ସୁନାପାତିଆର ଛାଉଣି। ସମଗ୍ର ହଲ୍‌ଟା ପୂରା ସୁନାରେ ଚକ୍‌ଚକ୍ କରୁଥାଏ। ଗୋଟିଏ

ବେଦୀ କେବଳ ରୂପାରେ ସଜା ହୋଇଥିଲା । ଚର୍ଚ୍ଚର ସଂଗୀତ ପରିବେଷଣକାରୀ ଏବଂ ଲୋକମାନେ ବସିବାପାଇଁ ଥିବା ବେଞ୍ଚଗୁଡ଼ିକ ଲାଲ ରଙ୍ଗର ଦେବଦାରୁ କାଠରେ ସୁନ୍ଦର ଭାବରେ ତିଆରି । ମୁଖ୍ୟ ବେଦୀ ପଛପଟରେ ଗୋଟିଏ ଦେବଦାରୁ କାଠର ପରଦାରେ ଭର୍ଜିନ୍ ମେରୀଙ୍କ ଚିତ୍ରଟିଏ ଖୋଦେଇ କରାଯାଇଛି । କେତେଗୁଡ଼ିଏ ସ୍ତମ୍ଭରେ ସୁନାର ଜରି କାମ ହୋଇଥିଲାବେଳେ, ଅନ୍ୟଗୁଡ଼ିକ ଉପରେ କାଠ କାମ ହୋଇଛି । କାନ୍ଥରେ ଯେଉଁ ତୈଳଚିତ୍ରଗୁଡ଼ିକ ଅଛି, ସବୁଗୁଡ଼ିକ ଅତି ଚମତ୍କାର । ସେଠାରେ ଥିବା ସମୁଦାୟ ପ୍ରାୟ ୪୦୦ ପେଣ୍ଟିଙ୍ଗ୍ ମଧ୍ୟରୁ ସ୍ଥାନୀୟ ଶିଳ୍ପୀ ମାର୍କୋ ସପାଟାଙ୍କ 'ଦି ଲାଷ୍ଟ୍ ସପର୍' ଚିତ୍ରଟି ସର୍ବୋତ୍ତମ ଭାବରେ ବିବେଚିତ ହୁଏ । ଚିତ୍ରଟିରେ ଯୀଶୁଖ୍ରୀଷ୍ଟ କ୍ରୁଶବିଦ୍ଧ ହେବା ପୂର୍ବରୁ ନିଜ ଶିଷ୍ୟମାନଙ୍କ ସହ କରିଥିବା ଶେଷ ରାତ୍ରିଭୋଜନର ଚିତ୍ର ନିଖୁଣ ଭାବରେ ଚିତ୍ରିତ କରାଯାଇଛି । ଏହି ବିରାଟ ତୈଳଚିତ୍ରଟି ଏତେ ଜୀବନ୍ତ ହୋଇଛି ଯେ ତାକୁ ଦେଖିଲେ ଜଣେ ଅନୁଭବ କରିବ ସତେ ଯେମିତି ସେ ନିଜ ଆଖିରେ ଦେଖୁଚି, ଯୀଶୁଖ୍ରୀଷ୍ଟ ନିଜ ଶିଷ୍ୟମାନଙ୍କ ସହ ଡାଇନିଂ ଟେବୁଲ୍‌ରେ ବସି ପାରମ୍ପରିକ ପେରୁ ଖାଦ୍ୟ- ମକା, ଆଳୁ ଓ କଏ (ପୋଡ଼ା ଗିନିପିଗ୍) ଖାଉଛନ୍ତି ।

କ୍ୟାଥେଡ୍ରାଲ୍‌କୁ ଲାଗି ୧୪ଟି ଚାପେଲ୍ ଅଛି । ସେଠାରେ ସେଣ୍ଟ୍‌ମାନଙ୍କର ମୂର୍ତ୍ତି, ତୈଳଚିତ୍ର ଓ ଅନ୍ୟାନ୍ୟ କଳାକୃତି ରହିଛି । ଆମେ ଏହି ଚାପେଲ୍‌ଗୁଡ଼ିକୁ ଦେଖିବାକୁ ନଯାଇ ଗଲୁ କନ୍‌ଭେଣ୍ଟ୍ ଅଫ୍ ସାନତୋ ଦୋମିନଗୋ ଦେଖିବା ପାଇଁ । ଏହି କନଭେଣ୍ଟ୍‌କୁ ସ୍ପାନିସ୍‌ମାନେ ଇନ୍‌କାମାନଙ୍କର କୋରିକାଞ୍ଚା ନାମକ ସୂର୍ଯ୍ୟ ମନ୍ଦିରକୁ ଭାଙ୍ଗି ସେହି ଜାଗାରେ ନିର୍ମାଣ କରିଛନ୍ତି । କୋରିକାଞ୍ଚା ଇନ୍‌କାମାନଙ୍କର ସବୁଠାରୁ ଶ୍ରେଷ୍ଠ ଓ ସୁନ୍ଦର ମନ୍ଦିର ଥିଲା । କେଚୂଆ ଭାଷାରେ କୋରିକାଞ୍ଚାର ଅର୍ଥ 'ସୁନା ଅଗଣା' । ସୁନାରେ ତିଆରି ଶହ ଶହ ପ୍ୟାନେଲ୍, ପିଣ୍ଡି ଓ ମୂର୍ତ୍ତିରେ ହୁଏତ ସେତେବେଳେ ସ୍ଥାନଟି ଝଟକୁଥିଲା । କାନ୍ଥରେ ଥିବା ଅନେକଗୁଡ଼ିଏ ସୁନ୍ଦର ତୈଳଚିତ୍ର ଦେଖିଲୁ । ତା'ଛଡ଼ା କନଭେଣ୍ଟ୍‌ରେ ଥିବା ମ୍ୟୁଜିଅମ୍‌ରେ ପାଦ୍ରୀମାନଙ୍କର ଆଡ଼ମ୍ବରପୂର୍ଣ୍ଣ ପୋଷାକ ପ୍ରଦର୍ଶିତ ହୋଇଥିବାର ଦେଖିଲୁ । ପୋଷାକଗୁଡ଼ିକରେ ସୁନା ଓ ରୂପା ଜରିରେ ଅତି ସୁନ୍ଦର ଏମବ୍ରୋଏଡରି କାମ ହୋଇଥିଲା ।

ସେହି ସ୍ଥାନରେ ଇନ୍‌କାମାନେ ଯାହାସବୁ ତିଆରି କରିଥିଲେ ସ୍ପାନିସ୍‌ମାନେ ସେସବୁକୁ ନଷ୍ଟ କରିଦେଇଛନ୍ତି । ରହିଯାଇଛି କେବଳ କୋରିକାଞ୍ଚାର ଛୋଟ ଅଂଶଟିଏ ଏବଂ କନଭେଣ୍ଟ୍ ପଛରେ ଥିବା ଫୁଆରା । ତାକୁ ଦେଖିବାକୁ ଆମେ ଆଉ ଗଲୁନାହିଁ । ଆମେ ଭାବିଲୁ ବରଂ ଇନ୍‌କାମାନେ ତିଆରି କରିଥିବା ପାଚେରୀର ଭଗ୍ନାବଶେଷ ଯାଇ ଦେଖିବୁ । ପ୍ଲାଜା ଦି ଆର୍ମାସ୍‌ରୁ ଏକ ସରୁ ଗଳି ରାସ୍ତା ଦେଇ ଯାଇ ରାସ୍ତାର ଦୁଇ

ପାଖରେ ଥିବା ଇନ୍‌କାମାନେ କରିଥିବା ପାଚେରୀ ଦେଖିଲୁ। ଏହି ପାଚେରୀ ବିଭିନ୍ନ ପ୍ରକାର ପଥରରେ ତିଆରି, କେତେଗୁଡ଼ିଏ ପଥର ବଡ଼ ଓ ଆଉ କେତେଗୁଡ଼ିଏ ଛୋଟ। ବିନା ମୋର୍ଟାରରେ ପଥରଗୁଡ଼ିକ ସୁନ୍ଦର ଭାବେ ଖଞ୍ଜା ହୋଇଛି। ପଥରଗୁଡ଼ିକ ଏପରି ସୂକ୍ଷ୍ମ ଭାବରେ କଟାଯାଇଛି ଯେ ଗୋଟିଏ ଅନ୍ୟଟି ସହ ମିଶିଯାଇଛି। ଏତେ ଶହ ବର୍ଷ ପରେ ମଧ୍ୟ ଏଗୁଡ଼ିକ ଅକ୍ଷତ ଥାଇ ଇନ୍‌କା ସଭ୍ୟତାର ଜୟଗାନ କରୁଛନ୍ତି। ପାଚେରୀର ପଥରଗୁଡ଼ିକ ଅତି ମସୃଣ ଦେଖାଯାଉଥିଲା। ସେଇ ପାଚେରୀ ପାଖରେ ସ୍ପାନିସ୍‌ମାନେ ପରବର୍ତ୍ତୀ ସମୟରେ ତିଆରି କରିଥିବା କିଛି ପାଚେରୀ ମଧ୍ୟ ଅଛି। ଏହି ଦୁଇ ଗଠନ ଭିତରେ ଥିବା ପାର୍ଥକ୍ୟ ଖୁବ୍ ସହଜରେ ବାରି ହୋଇପଡୁଥିଲା।

ଅପରାହ୍ଣରେ ଗୋଟିଏ ଖୋଲା ବସ୍ ନେଇ ସିଟି ବୁଲିଲୁ। ବସ୍ ଉପରୁ ସହରଟି ଖୁବ୍ ସୁନ୍ଦର ଦେଖାଯାଉଥିଲା। ଯିବା ରାସ୍ତାରେ ଯୀଶୁଖ୍ରୀଷ୍ଟ ଦୁଇ ହାତ ମେଲାଇ ଠିଆ ହୋଇଥିବାର ଏକ ବଡ଼ ମୂର୍ତ୍ତି ଦେଖିଲୁ। ମୂର୍ତ୍ତିର ଉଚ୍ଚତା ପ୍ରାୟ ୨୬ ଫୁଟ। ଦ୍ୱିତୀୟ ବିଶ୍ୱଯୁଦ୍ଧ ପରେ କୁସ୍କୋରେ ଆଶ୍ରୟ ନେଇଥିବା ପାଲେଷ୍ଟାଇନ୍ ଲୋକମାନଙ୍କଠାରୁ ଏହା ଏକ ଉପହାର ଥିଲା ବୋଲି ଟୁର୍ ଗାଇଡ଼ କହିଲେ। ଏହି ମୂର୍ତ୍ତିର ନାମ ରଖାଯାଇଛି କ୍ରିଷ୍ଟୋବ୍ଲାଙ୍କୋ। ପୁକାମୋକୋ ନାମକ ଗୋଟିଏ ଛୋଟ ପାହାଡ଼ ଉପରେ ମୂର୍ତ୍ତିଟି ଅଛି। ପାହାଡ଼ଟି କୁସ୍କୋ ସହରଠାରୁ ଉଚ୍ଚରେ। ସହରଠାରୁ ଉଚ୍ଚରେ ଥିବା ପାହାଡ଼ ଉପରେ ଥିବାରୁ ଏହି ବିରାଟ ମୂର୍ତ୍ତିଟି ଅନେକ ଦୂର ପର୍ଯ୍ୟନ୍ତ ଦେଖାଯାଏ। ଆମେ ସେଠାରେ ବସ୍‌ରୁ ଓହ୍ଲାଇନଥିଲୁ। ବସ୍ ଏହା କଡ଼ରେ ଯିବାବେଳେ ଯାହା ପରିକ୍ରମା କଲୁ। ତା'ଛଡ଼ା ସିଟିର ସବୁ ଦର୍ଶନୀୟ ସ୍ଥାନଗୁଡ଼ିକୁ ବସ୍‌ରେ ବସି ଦେଖିଲୁ। ଗୋଟିଏ ଜାଗାରେ ବସ୍ ରହିଲା। ଆମ ଗାଇଡ଼ ବସ୍‌ରୁ ଓହ୍ଲାଇ ତାଙ୍କ ସାଙ୍ଗରେ ଆମକୁ ଯିବାପାଇଁ କହିଲେ। ତାଙ୍କ ସାଙ୍ଗରେ ପାହାଡ଼ ତଳେ ଥିବା ଗୋଟିଏ ଛୋଟ ଘର ପାଖକୁ ଗଲୁ। ସେଠାରେ ପହଞ୍ଚି ଦେଖିଲୁ ବାହାରେ ଜଣେ ବୃଦ୍ଧ ପୂଜା କରୁଥିଲେ। କୌଣସି ମୂର୍ତ୍ତି କିନ୍ତୁ ନଥିଲା। ମତେ ଲାଗିଲା ସେ ଇନ୍‌କାମାନଙ୍କ କେଚୁଆ ଭାଷାରେ ମନ୍ତ୍ର ବୋଲୁଥିଲେ। ମନ୍ତ୍ର ବୋଲିସାରି ସେ ଆମମାନଙ୍କ ଉପରେ ପାଣି ଛିଞ୍ଚି ନାଚିଲେ। ଆମେ କେବଳ ଦେଖୁଥାଉ। ତାଙ୍କ ଭାବଭଙ୍ଗୀରୁ ଜଣାପଡୁଥାଏ ସେ ଆମ ପାଇଁ ପ୍ରାର୍ଥନା କରୁଛନ୍ତି। ତାଙ୍କୁ କିଛି ପଇସା ଦେଇ ଆମେ ବସ୍‌କୁ ଫେରିଲୁ।

ଦୁଇ ଘଣ୍ଟା ବୁଲିଲା ପରେ ବସ୍ ଆମକୁ ଗୋଟେ ଭଲ ସପିଙ୍ଗ୍ ସେଣ୍ଟର୍ ପାଖରେ ଛାଡ଼ିଦେଲା। ସେଠାରେ ଥିବା ଗୋଟିଏ ବୁଟିକ୍‌ରୁ ମୁଁ ବେବି ଆଲ୍‌ପାକା ଉଲ୍ ତିଆରି ଜିନିଷ କିଛି କିଣିଲି। ଆମେ ପେରୁରେ ଯେତେ ଜାଗା ବୁଲିଲୁ, କିଣାକିଣି ପାଇଁ କୁସ୍କୋ ମତେ ସବୁଠାରୁ ଭଲ ଲାଗିଲା। ସେଠାରେ ଅନେକ ପ୍ରକାର, ଭଲ

କ୍ୱାଲିଟି ଓ ଉଚିତ ଦାମ୍‌ର ଜିନିଷ ମିଳେ। ସେଦିନର ଡିନର୍ ଆମେ ହୋଟେଲ୍ ରେଷ୍ଟୋରାଁରେ ଖାଇ ପରଦିନ ସକାଳେ ଲମ୍ୱା ବସ୍ ଯାତ୍ରା ଥିବାରୁ ଶୀଘ୍ର ଶୋଇପଡ଼ିଲୁ।

ପୁନୋ: ଟିଟିକାକା ହ୍ରଦ ଓ ଲୋକନୃତ୍ୟର ସହର

ପେରୁର ଦକ୍ଷିଣପୂର୍ବ କୋଣରେ, ଲେକ୍ ଟିଟିକାକା କୂଳରେ ପୁନୋ ସହର ଅବସ୍ଥିତ। ଏଇ ସହରଟିକୁ 'ଲୋକନୃତ୍ୟର ସହର' କୁହାଯାଏ, କାରଣ ପ୍ରତି ମାସରେ ଏଠାରେ ବିଭିନ୍ନ ପ୍ରକାର ପାରମ୍ପରିକ ନୃତ୍ୟ ଓ ସଂଗୀତର ଆୟୋଜନ କରାଯାଇଥାଏ। କିନ୍ତୁ ଆମର ଦୁର୍ଭାଗ୍ୟକୁ ଆମେ ଥିବା ସମୟରେ ସେଠାରେ କୌଣସି ଉତ୍ସବ ହେଉନଥିଲା। ସାଂସ୍କୃତିକ କାର୍ଯ୍ୟକ୍ରମ ବ୍ୟତୀତ ଲାମା ଓ ଆଲ୍ପାକାଙ୍କ ପାଇଁ ଏହି ସ୍ଥାନ ପ୍ରସିଦ୍ଧ। ମୁଁ ଆଗରୁ କହିଛି ଯେ ଏହି ଦୁଇ ପ୍ରାଣୀଙ୍କ ଲୋମରୁ ଉଲ୍ ତିଆରି ହୁଏ ଏବଂ ଏଇ ଉଲ୍‌ରୁ ବହୁତ ପ୍ରକାର ଗରମ ପୋଷାକ ତିଆରି ହୁଏ। ତା'ଛଡ଼ା ପୁନୋର ସ୍ଥାନୀୟ ଶିଳ୍ପୀମାନେ ବିଭିନ୍ନ ପ୍ରକାର ଲୁଗାପଟା, ଗହଣା, ଏମବ୍ରୋଏଡରି କରାଯାଇଥିବା ସୁନ୍ଦର ୱାଲ୍ ହାଙ୍ଗିଙ୍ଗ୍ ପ୍ରଭୃତି ତିଆରି କରିଥାନ୍ତି। ପୁନୋରେ ଭଲ କ୍ୱାଲିଟିର ପୋର୍ସିଲିନ୍ ସାମଗ୍ରୀ ମଧ୍ୟ ତିଆରି ହୁଏ। ସିକୁ ନାମକ ଏକ ବାଦ୍ୟଯନ୍ତ୍ର (ବଂଶୀ ପରି) ପାଇଁ ପୁନୋ ପ୍ରସିଦ୍ଧ।

ସମୁଦ୍ର ପତ୍ତନଠାରୁ ୧୨,୫୦୦ ଫୁଟ ଉଚ୍ଚରେ ଥିବା ଲେକ୍ ଟିଟିକାକା ଦକ୍ଷିଣ ଆମେରିକାର ସବୁଠାରୁ ବଡ଼ ମଧୁର ଜଳ ହ୍ରଦ। ଏହାର କ୍ଷେତ୍ରଫଳ ୮୩୦୦ ସ୍କୋୟାର୍ କିଲୋମିଟର। ହ୍ରଦଟି ଦୁଇଟି ଦେଶ- ପେରୁ ଓ ବୋଲିଭିଆ ମଝିରେ ଅଛି। ହ୍ରଦର ପଶ୍ଚିମପଟଟି ପେରୁରେ ଥିଲାବେଳେ ପୂର୍ବପଟ ରହିଛି ବୋଲିଭିଆରେ। ହ୍ରଦରେ ଅନେକ ଗୁଡ଼ିଏ ମନୁଷ୍ୟକୃତ ଭାସମାନ ଦ୍ୱୀପ ଅଛି। ଏହି ଦ୍ୱୀପଗୁଡ଼ିକରେ ବାସ କରୁଥିବା ଲୋକମାନଙ୍କୁ ଉରୋସ୍ କହନ୍ତି। ଶହ ଶହ ବର୍ଷ ଧରି ସେମାନେ ଏହି ଦ୍ୱୀପଗୁଡ଼ିକରେ ବାସ କରିଆସୁଛନ୍ତି।

ଆମ ଟୁର୍ କାର୍ଯ୍ୟକ୍ରମ ଅନୁସାରେ ୧୧ ମେ ୨୦୧୭ ଦିନ ଲେକ୍ ଟିଟିକାକା ଦେଖିବାପାଇଁ ସକାଳୁ ବାହାରିପଡ଼ିଲୁ। କୁସ୍କୋରୁ ପୁନୋର ଦୂରତ୍ୱ ପ୍ରାୟ ୩୯୦ କିଲୋମିଟର। ବସ୍‌ରେ ଆଠ ଘଣ୍ଟା ଲାଗେ। ଜଳଖିଆ ଖାଇସାରି ଆମେ ସକାଳ ୮ଟାରେ କୁସ୍କୋ ଛାଡ଼ିଲୁ। ବାଟରେ ମନୋରମ ଦୃଶ୍ୟ ଉପଭୋଗ କରିବାପାଇଁ ଦୁଇଟି ସ୍ଥାନରେ ବସ୍ ରହିଲା। ସମୁଦ୍ରପତ୍ତନଠାରୁ ୧୪,୦୦୦ ଫୁଟ ଉପରେ ଥିବା ମନୋମୁଗ୍ଧକର ଆଣ୍ଡିଆନ୍ ପର୍ବତମାଳା ଭିତର ଦେଇ ଆମ ବସ୍ ଆଗେଇ ଚାଲିଲା। କିଛି ଦୂରରେ ଦିଶୁଥିବା ବରଫାବୃତ୍ତ ପାହାଡ଼ ଶିଖରଗୁଡ଼ିକ ମନ ମୋହୁଥାଏ। ବାଟରେ

କେତେଗୁଡ଼ିଏ ଗାଁ ପଡ଼ିଲା। ବଡ଼ ବଡ଼ ଉପତ୍ୟକାର ଖୋଲା ଜାଗା ଓ ପାହାଡ଼ ଉପରେ ଅନେକ ଲାମା ଓ ଆଲ୍ପାକା ଚରୁଥିବାର ଦେଖିଲୁ।

ଯାତ୍ରା ଏତେ ଲମ୍ବା ହୋଇଥିବାରୁ ଟୁର୍ କମ୍ପାନୀ ଆମକୁ ଲଞ୍ଚ୍ ପ୍ୟାକେଟ୍ ଦେଇଥିଲେ। ତେଣୁ ଲଞ୍ଚ୍ ପାଇଁ ଆମକୁ ଅଟକିବାକୁ ପଡ଼ିଲା ନାହିଁ। ତେବେ ୱାସ୍‌ରୁମ୍ ଯିବାପାଇଁ ମାତ୍ର ଦୁଇଟି ସ୍ଥାନରେ ବସ୍ ରହିଲା। ଏ ଦୁଇଟି ସ୍ଥାନରେ ଅନେକ ବିକାଳି ସ୍ମାରକୀ ବିକୁଥିଲେ। ଏପରି ସ୍ଥାନରେ ସାଧାରଣତଃ ବିକାଳିମାନେ ଯେମିତି ଜିଗର କରି ବିକ୍ରି କରିଥାନ୍ତି, ଏ ଦୁଇଟି ସ୍ଥାନରେ ସେମିତି କିଛି ନଥିଲା। ଗୋଟିଏ ରହଣିରେ ଟୁର୍ କମ୍ପାନୀର ଜଣେ କର୍ମଚାରୀ ଆମକୁ ପେରୁର ପ୍ରିୟ ଖାଦ୍ୟ କଏ (ପୋଡ଼ା ଗିନିପିଗ୍) ଆଣି ଦେଖାଇଲେ। ତାକୁ ଦେଖିବାକୁ ମତେ ଭଲ ଲାଗିଲା ନାହିଁ।

ବାଟରେ ୧୫ଶ ଶତାବ୍ଦୀରେ ନିର୍ମିତ ଓୟର୍‌କାଚା ମନ୍ଦିରର ଧ୍ୱଂସାବଶେଷ ଓ ପ୍ରତ୍ନତତ୍ତ୍ୱ ଦୃଷ୍ଟିରୁ ଗୁରୁତ୍ୱ ବହନ କରୁଥିବା ରାକ୍‌ଚି ଅଞ୍ଚଳ ବୁଲି ଦେଖିଲୁ। ଇନ୍‌କାମାନେ ବିଶ୍ୱାସ କରନ୍ତି ଯେ ଓୟର୍‌କାଚା ହେଉଛନ୍ତି ପରମ ପୁରୁଷ, ସବୁ ଦେବତାମାନଙ୍କର ପିତା। ସେ ହିଁ ସୂର୍ଯ୍ୟ, ଚନ୍ଦ୍ର, ମର୍ତ୍ତ୍ୟ, ସ୍ୱର୍ଗ ସବୁର ସୃଷ୍ଟିକର୍ତ୍ତା। ପଥରରେ ଅତି ସୁନ୍ଦର କାମ କରି ଇନ୍‌କାମାନେ ଏହି ମନ୍ଦିର ନିର୍ମାଣ କରିଥଲେ। ଓୟର୍‌କାଚା ମନ୍ଦିରର ଭଗ୍ନାବଶେଷ ଛଡ଼ା ସେହି ଅଞ୍ଚଳରେ ଆହୁରି ଅନେକଗୁଡ଼ିଏ ଭଗ୍ନାବଶେଷ ଥିଲା। ସେ ଭିତରୁ ଅଳ୍ପ କିଛି ଦେଖିଲୁ। ସେଇ ଭଗ୍ନାବଶେଷ ସବୁ ଦେଖିଲାବେଳେ ଟୁର୍ ଗାଇଡ଼୍ କହିଲେ ଯେ, ଇନ୍‌କାମାନେ କେବଳ ରାକ୍‌ଚିରେ ନୁହେଁ, ସମଗ୍ର ଆଣ୍ଡିଜ୍ ପର୍ବତ ମାଳାରେ ଅତି ସୁନ୍ଦର ଜଳସେଚନର ବ୍ୟବସ୍ଥା କରିଥିଲେ। ଇନ୍‌କାମାନେ ଯେଉଁ ରାସ୍ତା ନିର୍ମାଣ କରିଥିଲେ ସେଗୁଡ଼ିକ ମଧ୍ୟ ବେଶ୍ ଚୌଡ଼ା ଓ ଉଚ୍ଚକୋଟୀର ଥିଲା। ଏତେସବୁ ସୁବିଧା କରି ରାକ୍‌ଚିରେ ଯେଉଁ ଇନ୍‌କାମାନେ ରହୁଥିଲେ ସେମାନେ କୁଆଡ଼େ ହଜିଗଲେଣି। ଏବେ ରାକ୍‌ଚିରେ କେବଳ ଅନେକ ଚାଷୀ, ପଶୁପାଳକ ଓ ହସ୍ତଶିଳ୍ପ କାରିଗର ବସବାସ କରି ରହୁଛନ୍ତି।

ଏହାପରେ ଆମେ ଗୋଟିଏ ପ୍ରାଥମିକ ବିଦ୍ୟାଳୟ ଦେଖିବାପାଇଁ ରହିଲୁ। ଏହି ବିଦ୍ୟାଳୟକୁ ଆମ ଟୁର୍ କମ୍ପାନୀ, ଗେଟ୍୧ ଟ୍ରାଭଲସ୍ ଚଳାଉଛି। ସେଠାରେ ଆମେ ହେଡ୍ ମାଷ୍ଟର ଓ ଅନ୍ୟ ଦୁଇ ଜଣ ଶିକ୍ଷକଙ୍କୁ ଭେଟିଲୁ। ସ୍କୁଲ୍‌ରେ ପ୍ରାୟ ୪୫ ଜଣ ପିଲା ଥିଲେ। ଆମକୁ ଦେଖିବାପାଇଁ ଓ ଆମ ସହ ମିଶିବାପାଇଁ ସେମାନେ ଉତ୍ସୁକ ଥିଲେ। ଶିକ୍ଷକ ତିନି ଜଣଯାକ ଇଂରାଜୀ ଜାଣନ୍ତି ନାହିଁ। ତେଣୁ ସେମାନଙ୍କ ସହ ଓ ଛାତ୍ରଛାତ୍ରୀଙ୍କ ସହ ଆମେ ଯାହାକିଛି କଥା ହେଲୁ, ସବୁ ହେଲା ଟୁର୍ ଗାଇଡ଼୍ ଓ ତାଙ୍କ ସହକାରୀଙ୍କ ମାଧ୍ୟମରେ। ଆମକୁ ସ୍ୱାଗତ କରିବାପାଇଁ ଶିକ୍ଷକମାନେ ପିଲାମାନଙ୍କୁ

ଗୀତ ଶିଖାଇଥିଲେ। ପିଲାମାନେ ସେ ଗୀତ ଗାଇଲେ। ଗାଇଡ଼ଙ୍କ ମାଧ୍ୟମରେ ପ୍ରଧାନ ଶିକ୍ଷକ କହିଲେ ଯେ ପାଠପଢ଼ା ବ୍ୟତୀତ ପିଲାମାନଙ୍କୁ ସଂଗୀତ, ଚିତ୍ରକଳା ଓ କୁମ୍ଭାର କାମ ଶିକ୍ଷା ମଧ୍ୟ ଦିଆଯାଏ। ପିଲାମାନେ ଯେଉଁ ଚିତ୍ର ଆଙ୍କିଥିଲେ ଓ ମାଟିରେ ଯେଉଁସବୁ ଜିନିଷ ତିଆରି କରିଥିଲେ ସେସବୁ ଆମକୁ ଦେଖାଇବା ପାଇଁ ସୁନ୍ଦର ଭାବରେ ସଜା ହୋଇ ରଖାଯାଇଥିଲା। ଆମେ ସେସବୁ ବୁଲି ଦେଖିଲୁ। ଶିକ୍ଷକମାନଙ୍କଠାରୁ ଶୁଣିଲୁ ଯେ ସେଠାରେ ପଢୁଥିବା ପିଲା କେତେଜଣ ସ୍କୁଲରେ ପହଞ୍ଚିବା ପାଇଁ ପ୍ରାୟ ତିନି କିଲୋମିଟର ବାଟ ଚାଲନ୍ତି। ଦେଖିଲୁ ପିଲାମାନଙ୍କର ଭଲ ପୋଷାକ ଓ ଜୋତା ନଥିଲା। କେତେଗୁଡ଼ିଏ ପିଲାଙ୍କର ତ ଜୋତା ମୂଳରୁ ନଥିଲା। ଖାଲି ପାଦରେ ଏତେ ରାସ୍ତା ଚାଲିବା ଫଳରେ ସେମାନଙ୍କର ପାଦଗୁଡ଼ିକ ମଳିନ ଓ କଠିନ ଦେଖା ଯାଉଥିଲା। ତଥାପି ପିଲାଗୁଡ଼ିକ ଖୁସି ଜଣା ପଡୁଥିଲେ। ଜୋତା କିଣିବା ପାଇଁ ପିଲାଙ୍କୁ କିଛି ଟଙ୍କା ଦେବାପାଇଁ ଇଚ୍ଛା ପ୍ରକାଶ କରିବାରୁ ହେଡ଼ମାଷ୍ଟର ବାରଣ କଲେ। କୌଣସି ନିର୍ଦ୍ଦିଷ୍ଟ ଛାତ୍ରଛାତ୍ରୀଙ୍କୁ ସାହାଯ୍ୟ ନକରି ସ୍କୁଲକୁ ସାହାଯ୍ୟ କରିବାପାଇଁ କହିଲେ। ପିଲାମାନଙ୍କ ସହ ମିଶି ଆମ ମନ ଖୁସି ହୋଇଯାଇଥିଲା। ସମସ୍ତେ ମିଶି ସ୍କୁଲକୁ କିଛି ଦାନ କଲୁ। ସେଠାରେ ପ୍ରାୟ ୪୫ ମିନିଟ୍ ରହିବା ପରେ ଆମ ବସ୍‌ଯାତ୍ରା ପୁଣି ଆରମ୍ଭ ହେଲା। ପୁନୋର ହୋଯେ ଆଣ୍ଟୋନିଓ ହୋଟେଲ୍‌ରେ ପହଞ୍ଚିଲା ବେଳକୁ ସମୟ ହୋଇଥିଲା ଅପରାହ୍ନ ପାଞ୍ଚଟା।

ହୋଟେଲ୍‌ଟି ଥିଲା ପୁନୋ ସିଟିରୁ ବାହାରେ, ଟିଟିକାକା ହ୍ରଦ କୂଳରେ। ହୋଟେଲ୍‌ରେ ପହଞ୍ଚି ଆମେ ଚେକ୍-ଇନ୍ କଲୁ। ଆମ ଗ୍ରୁପ୍‌ର ସମସ୍ତଙ୍କୁ ଦ୍ୱିତୀୟ ତାଲାରେ ରୁମ୍ ମିଳିଲା। ଆମେ କେତେଜଣ ଚେକ୍-ଇନ୍ ସରିଲା ପରେ କ୍ୟାରିଅନ୍ ବ୍ୟାଗ ଧରି ଏଲିଭେଟର୍ ନନେଇ ସିଡ଼ିରେ ଦ୍ୱିତୀୟ ତାଲାକୁ ଗଲୁ। ସମୁଦ୍ରପତ୍ତନଠାରୁ ପୁନୋର ଉଚ୍ଚତା କଥା ସେତେବେଳେ ମନକୁ ଆସିଲାନି। ମୁଁ ଦ୍ୱିତୀୟ ମହଲାରେ ପହଞ୍ଚିଲା ବେଳକୁ ନିଃଶ୍ୱାସ ନେବାରେ କଷ୍ଟ ଅନୁଭବ କଲି। ଏପରି ଅସୁସ୍ଥତା ପାଇଁ ପ୍ରତିକାର ହେଉଛି କୋକୋଆ ପତ୍ରର ଚା, ବା କୋକୋଆ ପତ୍ର ଚୋବାଇ ରସ ପିଇବା। ଦ୍ୱିତୀୟ ତାଲାର ଲବିରେ ହୋଟେଲ୍ ତରଫରୁ କୋକୋଆ ପତ୍ର ଚା ଓ କୋକୋଆ ପତ୍ର ରଖା ଯାଇଥିଲା। ମୁଁ କୋକୋଆ ଚା ପିଇ, ଲାଉଞ୍ଜରେ କିଛି ସମୟ ବସିଲା ପରେ ମତେ ଭଲ ଲାଗିଲା। ହୋଟେଲ୍‌ରେ ଅକ୍ସିଜେନ୍‌ର ବ୍ୟବସ୍ଥା ମଧ୍ୟ ଥିଲା। ଯେଉଁମାନଙ୍କର ଦରକାର ସେମାନେ ମାସ୍କ ପିନ୍ଧି ଅକ୍ସିଜେନ୍ ନେଇପାରିବେ। ଏପରି ଅସୁସ୍ଥତାକୁ ଏଡ଼ାଇବା ପାଇଁ ମୁଁ ପୂର୍ବଦିନ ଔଷଧ ଖାଇଥିଲି, କୋକୋଆ ଚା ପିଇ ସୁସ୍ଥ ହେଲି, ତଥାପି କୌତୁହଳ ମେଣ୍ଟାଇବା ପାଇଁ ୧୦ ମିନିଟ୍ ପାଇଁ ଅକ୍ସିଜେନ୍

ନେଲି। ଗୋଟିଏ ନୂଆ ଅଭିଜ୍ଞତା ହେଲା। କିନ୍ତୁ ଆମର ଜଣେ ସହଯାତ୍ରୀ ପ୍ରକୃତରେ ଅସୁସ୍ଥ ହୋଇପଡ଼ିଲେ। ତାଙ୍କୁ ହୋଟେଲ୍ କର୍ମଚାରୀଙ୍କ ତତ୍ତ୍ୱାବଧାନରେ ତାଙ୍କ ରୁମ୍‌ରେ ଅଧ ଘଣ୍ଟା ପାଇଁ ଅକ୍ସିଜେନ୍ ଦିଆଗଲା। ତାଙ୍କୁ ଭଲ ଲାଗିବା ପର୍ଯ୍ୟନ୍ତ ହୋଟେଲ୍ କର୍ମଚାରୀ ଜଗି ରହିଲେ। ପ୍ରାୟ ଦୁଇ ଘଣ୍ଟା ପରେ ସେ ପୂରା ସୁସ୍ଥ ହେଲେ। ଲମ୍ବା ବସ୍ ଯାତ୍ରା ପରେ ଆମେ ସମସ୍ତେ କ୍ଲାନ୍ତ ହୋଇପଡ଼ିଥିଲୁ। ଡିନର୍ ଖାଇ ଶୋଇପଡ଼ିଲୁ।

ଆମ ହୋଟେଲ୍‌ଟି ଥିଲା ସାତ ତାଲା। ୧୦୦ରୁ ଅଧିକ ରୁମ୍। ରୁମ୍‌ଗୁଡ଼ିକ ସାଇଜ୍‌ରେ ବଡ଼ ଓ ସୁନ୍ଦର ଭାବରେ ସଜା ହୋଇଥିଲା। ଆମ ଦ୍ୱିତୀୟ ତାଲା ରୁମ୍‌ର ଝରକାରୁ ଟିଟିକାକା ହ୍ରଦର ଦୃଶ୍ୟ ଥିଲା ଅତି ମନୋରମ। ହୋଟେଲ୍ ରେଷ୍ଟୋରାଁରେ ପେରୁ ଖାଦ୍ୟ ବ୍ୟତୀତ ବିଭିନ୍ନ ପ୍ରକାର ଅନ୍ତର୍ଦେଶୀୟ ଖାଦ୍ୟ ପରଷା ହେଉଥିଲା। ବୁଫେ ବ୍ରେକ୍‌ଫାଷ୍ଟରେ ଅନେକ ପ୍ରକାର ଆଇଟମ୍ ରହୁଥିଲା। ହୋଟେଲ୍ ଆଉ ଗୋଟିଏ ସୁବିଧା କରିଥିଲା– ହ୍ରଦରେ ଏହାର ନିଜର ଗୋଟିଏ ବଡ଼ ପିଅର୍ ଥିଲା, ଗେଷ୍ଟ୍‌ମାନେ ଏହାକୁ ବ୍ୟବହାର କରି ହ୍ରଦର ସୌନ୍ଦର୍ଯ୍ୟ ଉପଭୋଗ କରିବାପାଇଁ।

ନିର୍ଦ୍ଧାରିତ ସୂଚୀ ଅନୁସାରେ ପରଦିନ ସକାଳେ ଆମର ଭାସମାନ ଦ୍ୱୀପକୁ ଯାଇ ଉରୋସ୍‌ମାନଙ୍କର ଜୀବନଶୈଳୀ ଦେଖିବାର ଥିଲା। ଉରୋସ୍‌ମାନେ ପେରୁର ଆଦିମ ଅଧିବାସୀ। ମୁଁ ଯାହା ଖବର ସଂଗ୍ରହ କଲି, ଇନ୍‌କାମାନେ ଯେତେବେଳେ ଏହି ଅଞ୍ଚଳକୁ ଆସିଲେ, ସେମାନେ ଉରୋସ୍‌ମାନଙ୍କୁ ନିଜର ଦାସ କରି ରଖିଥିଲେ। ତେଣୁ ଉରୋସ୍‌ମାନେ ତାଙ୍କର ସମକକ୍ଷ ହୋଇନପାରି ଇନ୍‌କାମାନଙ୍କୁ ନିଜର ଶତ୍ରୁ ଭାବରେ ଦେଖୁଥିଲେ। ତାଙ୍କଠାରୁ ଦୂରେଇ ଯିବାପାଇଁ ସେମାନେ ଟିଟିକାକା ହ୍ରଦ ଭିତରେ ଭାସମାନ ଦ୍ୱୀପ ତିଆରି କରି ସେଠାରେ ଘରଦ୍ୱାର କରି ରହିଲେ। ସେମାନେ ଭାବନ୍ତି ଯେ ହ୍ରଦ ଓ ହ୍ରଦପାଣି କେବଳ ତାଙ୍କର। ସେମାନେ ହ୍ରଦରେ ଘର କରି ରହିବାପାଇଁ ସରକାରଙ୍କ ଅନୁମତି ନିଅନ୍ତି ନାହିଁ କିମ୍ବା ସରକାରଙ୍କୁ କିଛି ଟ୍ୟାକ୍‌ସ ବି ଦିଅନ୍ତି ନାହିଁ। ହ୍ରଦ ଭିତରେ ତାଙ୍କୁ ସବୁକିଛି ଛାଡ଼। ଏସବୁ ଶୁଣିଲା ପରେ ସେମାନେ ନିଜେ ତିଆରି କରି ରହୁଥିବା ଦ୍ୱୀପକୁ ଯାଇ ତାଙ୍କ ଜୀବନଶୈଳୀ ଦେଖିବାପାଇଁ ଆମର ଆଗ୍ରହ ହେଲା। ମୁଁ ଏହା ମଧ୍ୟ ଶୁଣିଥିଲି ଯେ ଉରୋସ୍‌ଙ୍କ ପୂର୍ବପୁରୁଷମାନେ ଯେପରି ରହୁଥିଲେ ବର୍ତ୍ତମାନ ମଧ୍ୟ ସେଇ ପରମ୍ପରା ଅନୁଯାୟୀ ସେମାନେ ଠିକ୍ ସେହିପରି ରହୁଛନ୍ତି।

ସକାଳ ଜଳଖିଆ ପରେ ଆମେ ସମସ୍ତେ ପିଅର୍ ପାଖକୁ ଯାଇ ସେଠାରୁ ଗୋଟିଏ ମୋଟର୍ ବୋଟ୍‌ରେ ବସି ହ୍ରଦ ଭିତରକୁ ଭାସମାନ ଦ୍ୱୀପ ଦେଖିବା ପାଇଁ ଗଲୁ। ଏହି ଦ୍ୱୀପଗୁଡ଼ିକ ସମ୍ପୂର୍ଣ୍ଣ ଭାବରେ ମନୁଷ୍ୟକୃତ। ଲେକ୍ ଟିଟିକାକାରେ

ସେତେବେଳେ ପ୍ରାୟ ୧୨୦୦ ଉରୋସ୍, ସେଇ ୧୦୦ଟି ଦ୍ୱୀପରେ ରହୁଥିଲେ। ଦ୍ୱୀପରେ ଥିବା ଭେଳାଗୁଡ଼ିକ ଟୋଟୋରା ଘାସରେ ତିଆରି ହୁଏ। ଏହି ଘାସଗୁଡ଼ିକ ଖୁବ୍ ଶକ୍ତ ଓ ସରୁ, ଲମ୍ବ ପ୍ରାୟ ୨୦ ଫୁଟ। ଏଗୁଡ଼ିକ ସେଇ ହ୍ରଦର ସନ୍ତସନ୍ତିଆ ଜାଗାଗୁଡ଼ିକରେ ଜଙ୍ଗଲ ହୋଇ ବଢ଼େ।

ପ୍ରାୟ ପଚିଶ ମିନିଟ୍ ଡଙ୍ଗା ଯାତ୍ରା ପରେ ଆମେ ଗୋଟିଏ ଦ୍ୱୀପରେ ପହଞ୍ଚିଲୁ। ଡଙ୍ଗାରେ ରଢ଼ିବା ପୂର୍ବରୁ ମୁଁ ଟିକେ ଭୟଭୀତ ଥିଲି, କାରଣ ହ୍ରଦଟି ଗୋଟିଏ ତରଙ୍ଗ ବିହୀନ ସମୁଦ୍ର ପରି ଦେଖା ଯାଉଥିଲା। ଡଙ୍ଗାଟି ଯଥେଷ୍ଟ ବଡ଼ ଥିଲା। ଆମେ ୨୮ ଜଣ ପର୍ଯ୍ୟଟକ, ଟୁର୍ ଗାଇଡ୍ ଏବଂ ତାଙ୍କ ସହାୟକ ସମସ୍ତେ ଡଙ୍ଗାରେ ସହଜରେ ବସିପାରିଲୁ। ଯଦିଓ ଡଙ୍ଗାଯାତ୍ରା ଅତ୍ୟନ୍ତ ସହଜ ନଥିଲା, ତେବେ ବି ଚଳନୀୟ ଥିଲା। ଦ୍ୱୀପରେ ପହଞ୍ଚିବା ପରେ ଡ୍ରାଇଭର ଡଙ୍ଗାକୁ ଡକ୍ କଲେ। ହ୍ରଦଠାରୁ ଉଚ୍ଚରେ ଥିବା ଦ୍ୱୀପକୁ ପ୍ରବେଶ କରିବାକୁ ଆମକୁ କିଛି ପାହାଚ ଚଢ଼ିବାକୁ ପଡ଼ିଲା। ଡଙ୍ଗାରୁ ଦ୍ୱୀପକୁ ଚଢ଼ିବା ପାଇଁ ଅସ୍ଥାୟୀ ପାହାଚ ରଖା ଯାଇଥାଏ। ପାଣି ଉପରେ ଥିବାରୁ ଦ୍ୱୀପଟି ସବୁବେଳେ ହଲୁଥିଲା। ତେଣୁ ଦ୍ୱୀପରେ ପହଞ୍ଚିଲା ପରେ ଭାରସାମ୍ୟ ରଖିବା ପାଇଁ ଟିକିଏ ସମୟ ଲାଗିଲା। ତା'ଉପରେ ଚାଲିଲାବେଳେ ମଧ୍ୟ ଖୁବ୍ ସାବଧାନରେ ଭାରସାମ୍ୟ ରଖି ଚାଲିବାକୁ ପଡ଼ିଲା। କିନ୍ତୁ ଦେଖିଲି ଉରୋସ୍‌ମାନେ ବେଶ୍ ଆରାମରେ, ନିର୍ବିକାର ଭାବରେ ଯିବାଆସିବା କରୁଥିଲେ, ଆମେ ଯେମିତି ସମତଳ ଭୂମିରେ ଚାଲୁ।

ସାଧାରଣତଃ ଗୋଟିଏ ଦ୍ୱୀପରେ ଅଳ୍ପ କେତୋଟି ପରିବାର ରହିଥାନ୍ତି। ଆମେ ଯେଉଁଠିକୁ ଗଲୁ, ସେଥିରେ ଗୋଟିଏ ପରିବାରର ୧୪ ଜଣ ଲୋକ ଥିଲେ। ସେଇ ପରିବାରରେ ଥିଲେ ଦୁଇ ଭାଇ, ଗୋଟିଏ ଭଉଣୀ ଏବଂ ସେମାନଙ୍କ ପରିବାର। ବଡ଼ ଭାଇ ଏଇ ପରିବାରର ମୁଖ୍ୟ। ଆମେ ତାଙ୍କୁ, ତାଙ୍କ ସ୍ତ୍ରୀ, ତାଙ୍କ ଭାଇଙ୍କ ସ୍ତ୍ରୀ, ତାଙ୍କ ଭଉଣୀ ଓ ଭଉଣୀଙ୍କର ଛୋଟ ପିଲାଙ୍କୁ ଦେଖିଲୁ। ପରିବାରର ଅନ୍ୟମାନେ ଘରେ ନଥିଲେ। ବଡ଼ ଭାଇ ଇଂରାଜୀ ଜାଣିନଥିବାରୁ ଆମ ସାଙ୍ଗରେ ସିଧାସଳଖ କଥା ହୋଇପାରିଲେ ନାହିଁ। ଆମର ଟୁର୍ ଗାଇଡ଼ ଆମର ଇଣ୍ଟରପ୍ରେଟର ହେଲେ। ଟୋଟୋରା ଘାସରେ ଭେଳା କିପରି ତିଆରି କରନ୍ତି ଦେଖାଇବା ପାଇଁ ଆମ ଟୁର୍ ଗାଇଡ଼ କହିବାରୁ ସେ ଆମକୁ ତାହା ଦେଖାଇଲେ। ଖାଲି ଭେଳା ନୁହେଁ, ଟୋଟୋରା ଘାସରେ ଘର, ନୌକା, ଘରର ଆସବାବପତ୍ର ଓ ଅନ୍ୟାନ୍ୟ ଜିନିଷ କିପରି ତିଆରି କରନ୍ତି ତାହା ମଧ୍ୟ କହିଲେ।

ଉରୋସ୍‌ମାନେ ତାଙ୍କର ସବୁ କାମ ପାଇଁ ଟୋଟୋରା ଘାସ ଉପରେ ନିର୍ଭର

କରନ୍ତି। ଏଗୁଡ଼ିକ ସେଇ ହ୍ରଦର ସନ୍ତସନ୍ତିଆ ଜାଗାଗୁଡ଼ିକରେ ପ୍ରଚୁର ପରିମାଣରେ ମିଳେ। ଟୋଟୋରା ଘାସର ଚେରଗୁଡ଼ିକ ଅତି ଗହଳିଆ ବୁଦା ପରି। ସେଇ ଚେରଗୁଡ଼ିକୁ ବଡ଼ ବଡ଼ କରତ ବ୍ୟବହାର କରି କାଟି ଦ୍ୱୀପର ସର୍ବନିମ୍ନ ସ୍ତରରେ ମୂଳଦୁଆ ଭାବରେ ବ୍ୟବହାର କରାଯାଏ। ଦ୍ୱୀପ ବସେଇବା ପାଇଁ ଏଇ କଟା ଚେରକୁ ଡଙ୍ଗା ସାହାଯ୍ୟରେ ନିର୍ଦ୍ଧାରିତ ସ୍ଥାନକୁ ନିଅନ୍ତି। ଦ୍ୱୀପ କେଉଁଠି ବସାଇବେ ତାହା ସେମାନେ ନିଜେ ସ୍ଥିର କରନ୍ତି। ସେଥିରେ କେହି ହସ୍ତକ୍ଷେପ କରନ୍ତି ନାହିଁ। ସରକାର ମଧ୍ୟ ନୁହେଁ। ଦ୍ୱୀପଟିକୁ ସ୍ଥିର କରି ରଖିବା ପାଇଁ ପ୍ରଥମେ ସେମାନେ ଲେକ୍‌ରେ କାଠର ଖୁମ୍ବ ପୋତି ଟୋଟୋରା ଘାସରେ ତିଆରି ହୋଇଥିବା ଶକ୍ତ ଦଉଡ଼ି ବାନ୍ଧି ଲଙ୍ଗର ପକାନ୍ତି। ଏଇ ଦଉଡ଼ିରେ ଚେରଗୁଡ଼ିକ ବାନ୍ଧି ଦ୍ୱୀପର ଚଟାଣ ତିଆରି କଲାପରେ ତା'ଉପରେ ଯଥେଷ୍ଟ ପରିମାଣରେ ଘାସ ବିଛାଇ ଏହା ଉପରେ ଘାସରେ ଘର ତିଆରି କରନ୍ତି। ଘରର କବାଟ, ଛାତ ସବୁ ଏଇ ଘାସରେ ତିଆରି। ଆମ ଟୁର୍ ଗାଇଡ୍ କହିଲେ, ଠିକ୍ ଭାବରେ ରକ୍ଷଣାବେକ୍ଷଣ କଲେ ଗୋଟିଏ ଗୋଟିଏ ଦ୍ୱୀପ ୩୦ ବର୍ଷ ପର୍ଯ୍ୟନ୍ତ ରହିପାରେ। ଚେରଗୁଡ଼ିକ ପାଣିରେ ପଚି ଯାଉଥିବାରୁ ମରାମତି ଦରକାର ହୁଏ। ଟୋଟୋରା ଘାସ ଏମାନଙ୍କ ପାଇଁ ସବୁକିଛି। ସେଥିରେ ସେମାନେ ହସ୍ତଶିଳ୍ପ ସାମଗ୍ରୀ କରି ବିକ୍ରି କରନ୍ତି। ଏହି ଘାସ ତାଙ୍କର ଔଷଧ, ଜାଳେଣି, ନୌକାତିଆରି- ସବୁକିଛି ପାଇଁ ବ୍ୟବହୃତ ହୁଏ।

ଟୁର୍ ଗାଇଡ୍ ଲିଓ ଆମକୁ ସେଠିକାର ଲୋକମାନଙ୍କର ଜୀବନଶୈଳୀ ଜାଣିବା ପାଇଁ ଯେଉଁ ଦ୍ୱୀପକୁ ନେଇଥିଲେ ସେଠାରେ ନା ଅଛି ବିଜୁଳି ନା କଳପାଣି। ରାତିରେ ସେମାନେ ମହମବତୀ ଜାଳନ୍ତି। ଶୀଘ୍ର ଶୋଇପଡ଼ନ୍ତି ଓ ଶୀଘ୍ର ଉଠନ୍ତି। ରାନ୍ଧିବା, ପିଇବା, ଗାଧୋଇବା- ସବୁ ହୁଏ ହ୍ରଦ ପାଣିରେ। ରାନ୍ଧିବା ପାଇଁ ସେମାନେ ଉଠା ଚୁଲି ବ୍ୟବହାର କରନ୍ତି। ଏ ଚୁଲିକୁ ଗୋଟିଏ ବଡ଼ ପଥର ଉପରେ ରଖାଯାଏ ଓ ଶୁଖିଲା ଟୋଟୋରା ଘାସ ହୁଏ ଜାଳେଣି। ଉରୋସ୍ ପିଲାମାନେ ନୌକାରେ ବସି ପାଠ ପଢ଼ିବା ପାଇଁ ସହରକୁ ଯାଆନ୍ତି। ସ୍କୁଲ୍ ପାଠ ସରିଲେ କେବଳ ୨୦% ତାଙ୍କ ପାରମ୍ପରିକ ଘରକୁ ଫେରନ୍ତି, ବାକି ସବୁ ସହରରେ କାମ କରିବାକୁ ରହିଯାଆନ୍ତି। ଲିଓ କହିଲେ ଆଜିକାଲି କେତେ ଦ୍ୱୀପରେ ଆଧୁନିକତା ପ୍ରବେଶ କଲାଣି। କେତେଗୁଡ଼ିଏ ଦ୍ୱୀପରେ ପ୍ରାଥମିକ ସ୍କୁଲ୍ ଖୋଲିଲାଣି। ଆଉ କେତେ ଦ୍ୱୀପବାସୀ ସୋଲାର୍ ପ୍ୟାନେଲ୍ ଲଗାଇ ଟିଭି ଦେଖିଲେଣି। ଲେକ୍‌ରେ କେତେଗୁଡ଼ିଏ ରଙ୍ଗବେରଙ୍ଗ ଟୋଟୋରା ଘାସ ତିଆରି ଡଙ୍ଗା ଦେଖିଲୁ। ସେଗୁଡ଼ିକ କେବଳ ଟୁରିଷ୍ଟମାନଙ୍କୁ ହ୍ରଦରେ ବୁଲାଇବା ପାଇଁ ବ୍ୟବହାର କରାହୁଏ।

ଉରୋସ୍‌ମାନଙ୍କର ନିତିଦିନିଆ କାମ ହେଲା- ପୁରୁଷମାନେ ଦିନରେ ମାଛ

ଧରନ୍ତି, ପକ୍ଷୀ ଶିକାର କରନ୍ତି । ନିଜ ଖାଇବା ପାଇଁ ରଖିସାରି ବଳକାକୁ ପାଖ ବଜାରରେ ବିକ୍ରି କରନ୍ତି ଓ ସେଇ ପଇସାରେ ଅନ୍ୟାନ୍ୟ ଆବଶ୍ୟକୀୟ ଜିନିଷ କିଣନ୍ତି । କିନୋଆ ଓ ମାଛ ଏମାନଙ୍କର ମୁଖ୍ୟ ଖାଦ୍ୟ । ଇବିସ୍ ନାମକ ଏକ ପକ୍ଷୀକୁ ଏମାନେ ପୋଷନ୍ତି । ଏହି ପକ୍ଷୀର ଅଣ୍ଡା ଓ ମାଂସ ଖାଆନ୍ତି । ଦ୍ୱୀପର ରକ୍ଷଣାବେକ୍ଷଣ ପୁରୁଷମାନଙ୍କର ଅନ୍ୟ ଏକ ମୁଖ୍ୟ ଦାୟିତ୍ୱ । ଅବସର ସମୟରେ ସେମାନେ ବୁଢ଼ା ନାଉର ଖୋଳରେ ଓ ଟୋଟୋରା ଘାସରେ ବାଦ୍ୟଯନ୍ତ୍ର ଓ ଖେଳନା ଇତ୍ୟାଦି ତିଆରି କରନ୍ତି । ସ୍ତ୍ରୀ ଲୋକମାନେ ଘର ଓ ପିଲାମାନଙ୍କୁ ସମ୍ଭାଳିବା ସହ ଅନେକ ପ୍ରକାର ହସ୍ତଶିଳ୍ପ କାମ କରି ସେଗୁଡ଼ିକୁ ଟୁରିଷ୍ଟମାନଙ୍କୁ ବିକ୍ରି କରନ୍ତି । କୌଣସି ପ୍ରକାର ତାଲିମ ପାଇନଥିଲେ ମଧ୍ୟ ସେମାନେ ନିଜ ମନରୁ ଅନେକ ସୁନ୍ଦର ଡିଜାଇନ୍ କରିଥାନ୍ତି । ସେମାନେ ତାଙ୍କ ହାତ ତିଆରି କିଛି ଏମବ୍ରୋଏଡରି କରା ବିଛଣା ଚାଦର, ତକିଆ ଖୋଳ, ୱାଲ ହାଙ୍ଗିଙ୍ଗ୍, କଣ୍ଢେଇ ଓ ଅନ୍ୟ କେତେ ଘର ଉପଯୋଗୀ ଜିନିଷ ଆମକୁ ଦେଖାଇଲେ । ଜଣେ ସ୍ତ୍ରୀ ଲୋକ ଗୋଟିଏ ସୁନ୍ଦର ଡିଜାଇନ୍‌ର କମ୍ବଳ ବସି ବୁଣୁଥିବାର ଦେଖିଲୁ । ଆମେ ତାଙ୍କଠାରୁ କିଛି ଜିନିଷ କିଣିଲୁ । ଉରୋସ୍‌ମାନଙ୍କ ଜୀବନଶୈଳୀ ଦେଖି ବହୁତ ଭଲ ଲାଗିଲା । ନିଜେ ନ ଦେଖିଥିଲେ ବିଶ୍ୱାସ କରିବା କଷ୍ଟ ହୋଇଥାନ୍ତା ଯେ ଆଧୁନିକ ଯୁଗରେ ଏହି ଶୈଳୀରେ ଜୀବନଯାପନ କରୁଥିବା ଲୋକ ଏବେ ମଧ୍ୟ ଅଛନ୍ତି ।

ହୋଟେଲ୍‌କୁ ଫେରି ଲଞ୍ଚ୍ କଲୁ । ଅପରାହ୍ଣରେ କୌଣସି କାର୍ଯ୍ୟକ୍ରମ ନଥିଲା । ସାଧାରଣତଃ ଟୁର୍ ସମୟରେ ଆମେ ସିଟି ଭିତରେ ରହୁ, ଫଳରେ ଖାଲି ସମୟରେ ସହର ଭିତରେ ବୁଲିବା, ସପିଙ୍ଗ୍ କରିବା କିମ୍ବା ବାହାରେ କେଉଁଠି ଖାଇବା ପରି କାମ ଗୁଡ଼ିକ ସହଜରେ କରିହୁଏ । ପୁନୋରେ ଏହି ହୋଟେଲ୍ ପାଖରେ ହ୍ରଦ ବ୍ୟତୀତ ଆଉ କିଛି ନଥିଲା । ସହରକୁ ଯିବାକୁ ହେଲେ ଟାକ୍ସିରେ ପନ୍ଦର ମିନିଟ୍ ଲାଗିବ । ତେଣୁ ପୁନୋ ସିଟି ଦେଖିବାକୁ ଆମେ ଗଲୁ ନାହିଁ । ଗୋଟିଏ ଦୃଷ୍ଟିରୁ ଭଲ ହେଲା । ଅପରାହ୍ଣରେ ପିଅର୍‌କୁ ଯାଇ ସୂର୍ଯ୍ୟାସ୍ତର ସୌନ୍ଦର୍ଯ୍ୟ ଉପଭୋଗ କଲୁ । ଡିନର୍ ପରେ ଜିନିଷ ପ୍ୟାକ୍ କରି ଶୋଇଲୁ । ଆମର ପରଦିନ ଲିମା ଫେରିଯିବାର ଥିଲା ।

ପୁଣିଥରେ ଲିମା

ମେ ୧୩, ୨୦୧୭ । ଲିମାକୁ ଆମର ଫ୍ଲାଇଟ୍ ଥିଲା ଦିନ ଗୋଟାଏ ପନ୍ଦରରେ । ସକାଳେ ତରତର ହୋଇ ବାହାରିବାର ନଥିଲା, ତେଣୁ ହୋଟେଲ୍ ରେସ୍ତୋରାଁରେ ଆରାମରେ ବସି ଜଳଖିଆ ଖାଇଲୁ । ଏୟାରପୋର୍ଟ୍ ହୋଟେଲ୍‌ରୁ ପ୍ରାୟ ୩୨ କିଲୋମିଟର । ୧୦ଟା ୪୫ରେ ହୋଟେଲ୍ ଛାଡ଼ିଲୁ । ଏୟାରପୋର୍ଟ୍‌ରେ ପହଞ୍ଚିଲା

ବେଳକୁ ଦିନ ୧୨ଟା ହୋଇଗଲା। ପୁନୋ ସିଟି ଭିତର ଦେଇ ଯିବାକୁ ପଡ଼ିଲା। ସେ ରାସ୍ତାଗୁଡ଼ିକ ଖୁବ୍ ଅଣଓସାରିଆ ଓ ଜନବହୁଳ। ତେଣୁ ବସ୍‌ର ବେଗ କମିଗଲା। ଏୟାରପୋର୍ଟରେ ଲିଓ ଆମର ବ୍ୟାଗେଜ୍ ଚେକ୍-ଇନ୍ କରାଇ ଆମକୁ ବୋର୍ଡିଂ ପାସ୍ ଧରାଇଦେଲେ। ସେ ମଧ୍ୟ ଆମ ସହ ଲିମା ଆସିଲେ। ପୁନୋରୁ ଲିମା ଥିଲା ଦେଢ଼ ଘଣ୍ଟାର ଫ୍ଲାଇଟ୍। ଆମେ ଲିମାରେ ପହଞ୍ଚିଲୁ ୨ଟା ୫୦ରେ। ସେଠାରେ ପହଞ୍ଚି ସିଧା ଗଲୁ ଆଗରୁ ରହିଥିବା ହୋଟେଲ୍ ହୋଜେ ଆଣ୍ଟୋନିଓ ଡିଲକ୍ସକୁ। ଚେକ୍-ଇନ୍ ପରେ ହୋଟେଲ୍‌ରେ ଲଞ୍ଚ୍ କଲୁ।

ଲଞ୍ଚ୍ ପରେ କିଛି ସମୟ ବିଶ୍ରାମ ନେଇ ସିଟି ବୁଲିବାକୁ ଗଲୁ। ସେଦିନ ଆମର ଟୁର୍‌ର ଶେଷ ଦିନ ଥିବାରୁ ଟୁର୍ କମ୍ପାନୀ ତରଫରୁ ଫେୟାରୱେଲ ଡିନର୍ ଆୟୋଜିତ ହୋଇଥିଲା ଗୋଟିଏ ଭଲ ପେରୁ ଖାଦ୍ୟ ପରଷୁଥିବା ରେଷ୍ଟୋରାଁରେ। ଆମ ହୋଟେଲ୍ ପାଖରେ ଥିବା ଏହି ରେଷ୍ଟୋରାଁର ନାମ ଥିଲା ଲା ତିନ୍ଦିତା ବ୍ଲାଙ୍କା। ମେନୁ ଦେଖି ଯାହା ଭଲ ଲାଗିବ ଭାବି ମଗାଇଲୁ। ଆପିଟାଇଜର୍‌ରେ ମୁଁ ମସ୍‌ରୁମ କ୍ରିମ୍ ସୁପ୍ ମଗାଇଲି; ମେନ୍ କୋର୍ସ୍‌ରେ ଚୋରିୟାନା ଫିସ୍ ଷ୍ଟାଇଲ୍ ଉଇଥ୍ ରାଇସ୍ ଆଣ୍ଡ୍ କର୍ଣ୍ଣ୍ ଏବଂ ଡେସର୍ଟ୍ ଭାବରେ ମଗାଇଲି ମିଲୋହାସ୍ ଦ ଫ୍ରେସା। ମୁଁ ଯାହାସବୁ ଅର୍ଡର କରିଥିଲି ସେସବୁ ନୂଆ। ମୁଁ ଆଗରୁ କେବେ ଖାଇନଥିଲି। ମୋ ଅନୁମାନ କିନ୍ତୁ ଠିକ୍ ଥିଲା। ସବୁଗୁଡ଼ିକ ବେଶ୍ ଭଲ ଲାଗିଲା। ଆମ ଗ୍ରୁପ୍‌ର ୨୮ ଜଣଯାକ ଦୁଇଟି ବଡ଼ ବଡ଼ ଟେବୁଲ୍‌ରେ ବସିଲୁ। ଆମ ଟ୍ରିପ୍‌ର ଶେଷ ଡିନର୍ ଏକାଠି ବସି ଉପଭୋଗ କଲୁ। ଏଇଠି ଟୁର୍ କମ୍ପାନୀର ଦାୟିତ୍ୱ ସରିଲା। ପରଦିନ ସକାଳେ ସମସ୍ତେ ଲିମା ଛାଡ଼ିବା କଥା। କିନ୍ତୁ ଆମେ ୧୦ ଜଣ ଓଡ଼ିଆ ଲିମାରେ ଗୋଟିଏ ଦିନ ଅଧିକା ରହିବା ପାଇଁ ପୂର୍ବରୁ ସ୍ଥିର କରିଥିଲୁ। ସେଇ ଅନୁସାରେ ଆମର ଫେରନ୍ତା ଫ୍ଲାଇଟ୍ ଟିକେଟ୍ ଓ ହୋଟେଲ୍ ବୁକିଂ ହୋଇଥିଲା।

ପରଦିନ ଥିଲା ରବିବାର। ସେଦିନ ସକାଳୁ ଗୋଟିଏ ଓଡ଼ିଆ ପରିବାର ଆମେରିକା ଫେରିଆସିଲେ। ପୂର୍ବ ନିର୍ଦ୍ଧାରିତ କାର୍ଯ୍ୟସୂଚୀ ଅନୁସାରେ ଆମେ ଦଶ ଜଣ ଦୁଇଟି ବଡ଼ ଟାକ୍ସି ଧରି ପ୍ରସିଦ୍ଧ ମୁଜିଓ ଓରୋ ଦେଲ୍ ପେରୁ (ଗୋଲ୍ଡ଼ ମ୍ୟୁଜିଅମ୍ ଅଫ୍ ପେରୁ ଆଣ୍ଡ୍ ଆର୍ମ୍‌ସ ଅଫ୍ ଦି ୱାର୍ଲ୍ଡ଼) ଦେଖିବାକୁ ଗଲୁ। ଏହି ମ୍ୟୁଜିଅମ୍‌ରେ ପ୍ରଦର୍ଶିତ ପ୍ରାୟ ୭୦୦୦ ପ୍ରକାର ସାମଗ୍ରୀ ମିଗେଲ୍ ମୁଜିକା ଗାଲେ ନାମକ ଜଣେ ଅତି ଧନୀ ବ୍ୟକ୍ତି ନିଜ ବ୍ୟକ୍ତିଗତ ପ୍ରଚେଷ୍ଟାରେ ସଂଗ୍ରହ କରିଥିଲେ। ସେ ୧୯୬୮ ମସିହାରେ ନିଜେ ସଂଗ୍ରହ କରିଥିବା ଜିନିଷସବୁ ପେରୁ ସରକାରଙ୍କୁ ଦାନ କରିଦେଲେ। ସେଇ ମ୍ୟୁଜିଅମ୍‌ଟି ଅତି ଲୋକପ୍ରିୟ। ପ୍ରଦର୍ଶିତ ଜିନିଷଗୁଡ଼ିକୁ ଦେଖିବା ପାଇଁ ପ୍ରତିଦିନ ଶହ

ଶହ ଲୋକ ଆସନ୍ତି । ମ୍ୟୁଜିଅମ୍‌ରେ ପହଞ୍ଚି ଜଣପିଛା ୧୦ ଡଲାର୍ ଦେଇ ପ୍ରବେଶ ଟିକେଟ୍ କିଣିଲୁ । ପ୍ରବେଶ ପଥରେ ଅନେକ ଗାଇଡ୍ ଠିଆ ହୋଇଥିଲେ । ସେମାନେ ପାରିଶ୍ରମିକ ନେଇ ଦର୍ଶକମାନଙ୍କୁ ପ୍ରଦର୍ଶିତ ଜିନିଷଗୁଡ଼ିକ ବିଷୟରେ ଭଲ ଭାବରେ ବୁଝାଇଦିଅନ୍ତି । ଭଲ ଇଂରାଜୀ ଜାଣିଥିବା ଜଣେ ଗାଇଡ୍‌ଙ୍କୁ ଆମେ ସାଙ୍ଗରେ ନେଲୁ ।

ମିଗେଲ୍ ମୁଜିକା ଗାଲେ ୭୦୦୦ରୁ ଅଧିକ କଳାକୃତି ସଂଗ୍ରହ କରିଥିଲେ । ସେଥିରେ ସୁନା, ରୁପା ପରି ମୂଲ୍ୟବାନ ଧାତୁ ନିର୍ମିତ ସାମଗ୍ରୀ ମଧ୍ୟ ଥିଲା । ମ୍ୟୁଜିଅମ୍‌ରେ ଅତି ସୂକ୍ଷ୍ମ କାମ ହୋଇଥିବା ଅନେକଗୁଡ଼ିଏ ସୁନା ଅଳଙ୍କାର ଦେଖିଲୁ । ପୂର୍ବ କାଳରେ ଯେତେବେଳେ ଭଲ ମେସିନ୍ ନଥିଲା, ସେ ସମୟରେ ମେସିନ୍ ସାହାଯ୍ୟ ବିନା ଏତେ ସୂକ୍ଷ୍ମ କାମ କେମିତି କରୁଥିଲେ ଭାବିଲେ ଆଶ୍ଚର୍ଯ୍ୟ ଲାଗେ । ସ୍ପାନିସ୍‌ମାନେ ପେରୁରେ ପହଞ୍ଚିବା ପୂର୍ବ ସମୟରେ ତିଆରି ହୋଇଥିବା କିଛି ଲୁଗାପଟା, ସେରାମିକ୍ ଜିନିଷ ଇତ୍ୟାଦି ପ୍ରଦର୍ଶିତ ହେଇଥିବାର ଦେଖିଲୁ । ଅନ୍ୟାନ୍ୟ ଜିନିଷ ଭିତରେ ସୁନାରେ ତିଆରି କିଛି ମୂର୍ତ୍ତି, ଘୋଡ଼ାଗାଡ଼ି, ଯାହାସବୁ ଅଛି ସେଥିରେ ମଧ୍ୟ ବହୁତ ସୂକ୍ଷ୍ମ କାମ ହୋଇଥିବାର ଦେଖିଲୁ । ଅନେକ ପ୍ରକାର ମିଲିଟାରୀ ପୋଷାକ, ଘୋଡ଼ା ଉପରେ ପଡୁଥିବା ସାଡଲ୍ ଓ ଅସ୍ତ୍ରଶସ୍ତ୍ର ପ୍ରଦର୍ଶିତ ହୋଇଥିଲା । ଏସବୁ ଛଡ଼ା ପୃଥିବୀର ବିଭିନ୍ନ ସ୍ଥାନରୁ ସଂଗୃହୀତ ପ୍ରାୟ ୨୦,୦୦୦ ପ୍ରକାର ଅସ୍ତ୍ରଶସ୍ତ୍ର ସେଠାରେ ଅଛି ।

ଦୁଇ ମହଲା ବିଶିଷ୍ଟ ମ୍ୟୁଜିଅମ୍‌ଟି ଅଛି ଗୋଟିଏ ସୁନ୍ଦର ଜାଗାରେ; କିନ୍ତୁ ମେନ୍ ରୋଡ୍‌ଠାରୁ ଯଥେଷ୍ଟ ଦୂରରେ । ମ୍ୟୁଜିଅମ୍ ଦେଖିସାରିବା ପରେ ଆମେ ବାହାରକୁ ଆସି ହୋଟେଲ୍‌କୁ ଫେରିବାପାଇଁ ଟାକ୍ସି ଅପେକ୍ଷାରେ ରହିଲୁ । ଅନେକ ସମୟ ଅପେକ୍ଷା କରିବା ପରେ ମଧ୍ୟ ଟାକ୍ସି ପାଇଲୁ ନାହିଁ । ମେନ୍ ରାସ୍ତାରୁ ଦୂରରେ ଥିବାରୁ ଟାକ୍ସି ପାଇବା ସହଜ ନଥିଲା । କିଛି ସମୟ ପରେ ଯେଉଁ ଗାଇଡ୍ ଆମକୁ ମ୍ୟୁଜିଅମ୍ ବୁଲାଇ ଦେଖାଇଥିଲେ ସେ ତାଙ୍କ ଗାଡ଼ି ଧରି ଆସୁଥିବାର ଦେଖିଲୁ । ସେ ଆମକୁ ଦେଖି ଆସି ପଚାରିଲେ ଆମର କିଛି ସାହାଯ୍ୟ ଦରକାର କି ବୋଲି । ଆମେ ଟାକ୍ସି ପାଇଁ ଅପେକ୍ଷା କରିଛୁ ଶୁଣି ସେ ତାଙ୍କ ଗାଡ଼ିରେ ଆମକୁ ନେଇ ହୋଟେଲ୍‌ରେ ଛାଡ଼ିଦେବେ ବୋଲି ପ୍ରସ୍ତାବ ଦେଲେ । ଆମେ ତାଙ୍କ ପ୍ରସ୍ତାବରେ ଖୁସି ହୋଇଗଲୁ । ଭାଗ୍ୟକୁ ତାଙ୍କ ଭ୍ୟାନ୍‌ଟି ବେଶ୍ ବଡ଼ ସାଇଜ୍‌ର ଥିଲା । ଆମେ ଦଶ ଜଣଯାକ ତାଙ୍କ ଭ୍ୟାନ୍‌ରେ ବସିଲୁ । ସେତେବେଳକୁ ଲଞ୍ଚ୍ ସମୟ ଚାଲିଗଲାଣି । ପ୍ରାୟ ୩ଟା ବାଜିଲାଣି । ଭୋକ ହେଉଥିଲା, ତେଣୁ ତାଙ୍କୁ ଅନୁରୋଧ କଲୁ ଆମକୁ ଗୋଟିଏ ଭଲ ରେଷ୍ଟୋରାଁରେ ନେଇ ଛାଡ଼ିଦେବାକୁ । ସେତେବେଳକୁ ରେଷ୍ଟୋରାଁଗୁଡ଼ିକ ବନ୍ଦ ହେବା ଉପରେ । ସେ ଆମକୁ ଯେଉଁ ରେଷ୍ଟୋରାଁକୁ ନେଲେ ସେଟା ମଧ୍ୟ ବନ୍ଦ ହେବାକୁ ଯାଉଥିଲା । ଆମ ଗାଇଡ୍

ସ୍ପାନିସ୍ ଭାଷାରେ ରେଷ୍ଟୋରାଁ ମ୍ୟାନେଜର ସାଙ୍ଗେ କଥାବାର୍ତ୍ତା କରି ଆମ ଖାଇବା ବନ୍ଦୋବସ୍ତ କଲେ। ଆମ ସହ ଲଞ୍ଚ୍ ଖାଇବାପାଇଁ ଆମେ ତାଙ୍କୁ ଅନୁରୋଧ କଲୁ। ଆମେ ତାଙ୍କ ଖାଇବା ଖର୍ଚ୍ଚ ବି ଦେଲୁ। ଲଞ୍ଚ୍ ଆମକୁ ଖୁବ୍ ଭଲ ଲାଗିଲା।

ହୋଟେଲ୍‌କୁ ଫେରିବା ବାଟରେ କଥା ପ୍ରସଙ୍ଗରେ ଆମେ ସନ୍ଧ୍ୟାବେଳେ ମ୍ୟାଜିକ୍ ସର୍କିଟ୍ ୱାଟର୍ ଶୋ ଦେଖିବାକୁ ଯିବା କଥା ଗାଇଡ଼ଙ୍କୁ କହିଲୁ। ସିଏ ନିଜେ ଆମକୁ ସେଠିକୁ ନେଇଯିବା ପାଇଁ କହିଲେ। ଆମ ପାଇଁ ସୁବିଧା ହେଲା। କାରଣ ଗୋଟିଏ ଭ୍ୟାନ୍‌ରେ ଆମେ ସମସ୍ତେ ଏକାଠି ଯାଇପାରିବୁ। ନହେଲେ ଦୁଇଟି ଟାକ୍ସି ନବାକୁ ପଡ଼ିଥାନ୍ତା। ଅଲଗା ଅଲଗା ହୋଇ ଯାଇଥାନ୍ତୁ। ତେଣୁ ଆମେ ତାଙ୍କ ପ୍ରସ୍ତାବରେ ଖୁସିରେ ରାଜି ହେଲୁ। ହୋଟେଲ୍‌ରେ ପହଞ୍ଚି ଆମେ ସମସ୍ତେ କିଛି ସମୟ ବିଶ୍ରାମ ନେଲୁ। ପ୍ରାୟ ୬.୩୦ରେ ଗାଇଡ଼ ଆସିଲେ। ଶୋ ଦେଖିବାକୁ ଯିବା ବାଟରେ ଆମ କଥାବାର୍ତ୍ତାରୁ ସେ ଅନୁମାନ କଲେ ଯେ ଆମେ ଭାରତୀୟ। ସେ ବଲିଉଡ୍ ମୁଭି କଥା ଆରମ୍ଭ କଲେ। ସେ ବଲିଉଡ୍ ମୁଭି ଦେଖିବାକୁ ଭଲ ପାଆନ୍ତି ଓ ବଲିଉଡ୍ ଗୀତ କିଛି ଜାଣନ୍ତି। ଏହା କହି ସେ ବଲିଉଡ୍ ଗୀତ କିଛି ଗାଇବା ଆରମ୍ଭ କଲେ। ଆମେ ତାଙ୍କ ବଲିଉଡ୍ ଆଗ୍ରହ ଦେଖି ଖୁସି ହେଲୁ। ଆମ ଭିତରୁ ଜଣେ କହିଲେ ଯେ ସେ ବଲିଉଡ୍ ଆକ୍ଟର୍ ରଣବୀର କପୁର ପରି ଦିଶୁଛନ୍ତି। ଗାଡ଼ି ଚଲାଉ ଚଲାଉ ସେ ତାଙ୍କ ସ୍ମାର୍ଟ୍ ଫୋନରେ ରଣବୀର କପୁରଙ୍କ ଫଟୋ ବାହାର କରି ପଚାରିଲେ ଇଏ ରଣବୀର କପୁର? ଆମେ ହଁ କହିବାରୁ ସେ ବହୁତ ଖୁସି ହୋଇଗଲେ। ଗାଇଡ଼ ଥିଲେ ଜଣେ ଭଲ ଲୋକ ଓ ବହୁତ ମେଳାପୀ। ସେ ଆମର ଜଣେ ବନ୍ଧୁ ହୋଇଗଲେ।

ପାର୍କ୍‌ରେ ପହଞ୍ଚି ଦେଖିଲୁ ପ୍ରବେଶ ଦ୍ୱାରରେ ଲାଗିଛି ଲମ୍ବା ଲାଇନ୍। ଅନେକ ଲୋକ ନିଜ ଗାଡ଼ି ବା ଟାକ୍ସିରେ ଆସି ପହଞ୍ଚି ଲାଇନ୍‌ରେ ଠିଆ ହେଉଥାନ୍ତି। ମ୍ୟୁଜିଅମ୍ ଟୁର୍ ଗାଇଡ଼ଙ୍କ ସାଙ୍ଗରେ ଯାଇଥିବାରୁ ଆମର ବହୁତ ସୁବିଧା ହେଲା। ସେ ତ ସେତେବେଳକୁ ଆମର ବନ୍ଧୁ ହୋଇଯାଇଥିଲେ। ତାଙ୍କ ଗାଡ଼ିଟିକୁ ପାର୍କ୍ ଭିତରକୁ ନେଇ, ଶୋ ହେଉଥିବା ଜାଗା ପାଖରେ ତାଙ୍କ ଭ୍ୟାନ୍ ପାର୍କ୍ କଲେ। ତାଙ୍କର ବୋଧହୁଏ ସେଠି ପାର୍କ୍ କରିବାକୁ ପାସ୍ ଥିଲା। ସେ ମଧ୍ୟ ଆମର ଟିକେଟ୍ କିଣିଦେଲେ। ତେଣୁ ଆମକୁ ଆଉ ଲମ୍ବା ଲାଇନ୍‌ରେ ଠିଆ ହେବାକୁ ପଡ଼ିଲାନି। ସେଠାରେ ଦେଖିଲୁ ଟୁରିଷ୍ଟମାନେ ତ ବହୁ ସଂଖ୍ୟାରେ ଥିଲେ, ତା'ଛଡ଼ା ସ୍ଥାନୀୟ ଲୋକ ମଧ୍ୟ କିଛି କମ୍ ନଥିଲେ।

ଲିମାର ଏହି ୱାଟର୍ ଶୋ'କୁ ମ୍ୟାଜିକ୍ ସର୍କିଟ ୱାଟର୍ ଶୋ କହନ୍ତି। ପାଣି, ଆଲୋକ ଓ ସଙ୍ଗୀତର ଅପୂର୍ବ ସମନ୍ୱୟରେ ଅତି ଆଡ଼ମ୍ବରପୂର୍ଣ୍ଣ ଶୋ। ଲିମା ନଗରୀର

କେନ୍ଦ୍ରସ୍ଥଳରେ ଥିବା ଐତିହାସିକ ପାର୍କ ଅଫ୍ ଦି ରିଜର୍ଭ୍‌ରେ ଏହି ଶୋ ହୋଇଥାଏ। ୧୯ ଏକର ପରିମିତ ଜାଗାରେ ତିଆରି କରାଯାଇଛି ଏହି ପାର୍କ। ବିଭିନ୍ନ ପ୍ରକାର ଫୁଲ ଗଛ, ଅନେକ ପ୍ରକାର ବଡ଼ ବଡ଼ ଗଛ ଓ କେତେଗୁଡ଼ିଏ କଙ୍କ୍ରିଟ୍ ମୂର୍ତ୍ତି ପାର୍କ୍‌ର ଗରିମା ବଢ଼ାଉଛି। ସେଠାରେ ଗୋଟିଏ ସୁନ୍ଦର ୱାଟର୍ ବ୍ରିଜ୍ ମଧ୍ୟ ଅଛି। ଏହି ପାର୍କ୍‌ଟି ବହୁ ବର୍ଷ ଧରି ସ୍ଥାନୀୟ ବାସିନ୍ଦାଙ୍କର ଚିତ୍ତବିନୋଦନ କରି ଆସୁଥିଲା। ୨୦୦୭ ମସିହାରୁ ଆରମ୍ଭ କରାଯାଇଥିବା ୱାଟର୍ ଶୋ, ପାର୍କ୍ ପ୍ରତି ଲୋକମାନଙ୍କର ଆକର୍ଷଣ ବହୁତ ବଢ଼ାଇଦେଲା। ପୃଥିବୀର ବୃହତ୍ତମ ଫୁଆରା କମ୍ପ୍ଲେକ୍ସ ଭାବରେ ଗିନିସ୍ ବୁକ୍ ଅଫ୍ ରେକର୍ଡ୍‌ରେ ଏହା ସ୍ଥାନ ପାଇଛି। ୧୩ଟି ଫୁଆରାରେ ପାଞ୍ଚ ଶହରୁ ଅଧିକ ବିଭିନ୍ନ ରଙ୍ଗର ଲାଇଟ ଆରେଞ୍ଜମେଣ୍ଟ ରହିଛି। ଏ ଭିତରୁ ଅନେକଗୁଡ଼ିଏ ସବୁ ସମୟରେ ରଙ୍ଗ ବଦଳାଉଥାନ୍ତି। ଘୂର୍ଣ୍ଣାୟମାନ ଫୁଆରାର ପାଣିରେ ଯେଉଁ ଆଲୋକ ପଡ଼େ ତାହା କମ୍ପ୍ୟୁଟର ପରିଚାଳିତ। ସବୁଠାରୁ ଉଚ୍ଚ ଫୁଆରାର ପାଣି ୩୯୦ ଫୁଟ ଉଚ୍ଚ ପର୍ଯ୍ୟନ୍ତ ଉଠେ। ଅତି ସୁନ୍ଦର ଏହି ଦୃଶ୍ୟ। ପେରୁ ସଙ୍ଗୀତର ତାଳେ ତାଳେ ଫୁଆରା ପାଣିର କମ୍ପ୍ୟୁଟର ନିୟନ୍ତ୍ରିତ ନାଚ ମନ ମୋହିନିଏ। ପ୍ରତ୍ୟେକ ଶୋ ୪୫ ମିନିଟ୍ ପାଇଁ ହୁଏ। ପ୍ରତ୍ୟେକ ସନ୍ଧ୍ୟାରେ ୪ଟି ଶୋ ହୁଏ। ପ୍ରଥମ ଶୋ ସନ୍ଧ୍ୟା ୭ଟା ୧୫ରେ ଓ ଶେଷ ଶୋ ରାତି ୧୦ଟା ୩୦ ମିନିଟ୍‌ରେ ଆରମ୍ଭ ହୁଏ। ଏହି ଶୋ ନିଜେ ନଦେଖିଲେ ବର୍ଣ୍ଣନା କରିବା ବା କଳ୍ପନା କରିବା କଷ୍ଟ। ଏଣ୍ଟ୍ରି ଫି ଥିଲା ମାତ୍ର ଦେଢ଼ ଡଲାର୍। ଶୋ ସରିଲା ପରେ ଆମର ନୂତନ ବନ୍ଧୁ ଆମକୁ ନେଇ ହୋଟେଲ୍‌ରେ ଛାଡ଼ିଦେଲେ। ଆମକୁ ବହୁତ ସାହାଯ୍ୟ କରିଥିବାରୁ ଆମେ ତାଙ୍କୁ ଯିବା ଆସିବା ଖର୍ଚ୍ଚ ସହ ବେଶ୍ ଭଲ ରକମର ଟିପ୍‌ସ ଦେଲୁ।

ପରଦିନ ଆମର ୱାଶିଂଟନ୍ ଫ୍ଲାଇଟ୍ ଥିଲା ରାତି ୯ଟା ୨୦ରେ। ଲିମାରେ ବୁଲିବା ପାଇଁ ସାରା ଦିନଟି ହାତରେ ଥିଲା। ବ୍ରେକ୍‌ଫାଷ୍ଟ ପରେ ଆମେ ସେଇ ପାଖରେ କେତେଗୁଡ଼ିଏ ଜାଗାକୁ ସର୍ଫିଙ୍ଗ୍ ପାଇଁ ଗଲୁ। ଲଞ୍ଚ୍ ଖାଇବାପାଇଁ ସମସ୍ତେ ଏକାଠି ହୋଇ କେଉଁଠିକୁ ଯିବୁ ଭାବି ଗଲାବେଳକୁ ରାସ୍ତା ପାଖରେ ଥିବା ଗୋଟିଏ ରେଷ୍ଟୋରାଁର ଜଣେ ଲୋକ ତାଙ୍କ ରେଷ୍ଟୋରାଁକୁ ଯିବାକୁ ଡାକିଲେ। ଆମେ ସେଇ ରେଷ୍ଟୋରାଁକୁ ଗଲୁ ଓ ମୁଁ ଯେଉଁ ପାସ୍ତା ମଗାଇଥିଲି ଖୁବ୍ ଭଲ ଲାଗିଲା। ରେଷ୍ଟୋରାଁର ପରିଚାରିକା ଆମକୁ ଗୋଟିଏ ସ୍ପେସିଆଲ୍ ଡ୍ରିଙ୍କ୍ ଯାଚିଲେ। ତାଙ୍କ କହିବା ଅନୁସାରେ ଏହା ପେରୁ ସମ୍ଭ୍ରାନ୍ତମାନଙ୍କର ଗୋଟିଏ ଡ୍ରିଙ୍କ୍। ସେଥିରେ ଆଲ୍‌କୋହଲ୍ ମିଶିଥିବାରୁ ମୁଁ ନେଲି ନାହିଁ। କିନ୍ତୁ ଯେଉଁମାନେ ପିଇଲେ, ତାରିଫ କଲେ। ଯାହା ମନେ ପଡୁଛି, ତା' ନା ବୋଧହୁଏ ପିସ୍କୋ ସାୱାର୍ କହିଥିଲେ।

ଲଞ୍ଚ୍ ପରେ ଆମେ ହୋଟେଲ୍‌କୁ ଚାଲି ଚାଲି ଆସିଲାବେଳେ ବାଟରେ ପେଷ୍ଟ୍ରି ଦୋକାନ ଦେଖି ଆମର ଜଣେ ସାଙ୍ଗ ଚୁରୋ ଖାଇବା ପାଇଁ ଇଚ୍ଛାକଲେ। ଏହା ଏକ ସ୍ପେନ୍ ଦେଶର ପେଷ୍ଟ୍ରି। ଅନେକ ପ୍ରକାରର ଚୁରୋ ମିଳୁଥିଲା। ଆମ ସାଙ୍ଗ ଯେଉଁଟି ଆଣିଲେ ଆମକୁ ଖୁବ୍ ଭଲ ଲାଗିଲା। ଏତେ ଭଲ ଲାଗିଲା ଯେ ଆମେ ପୁଣି ଥରେ ଯାଇ ଆଉ ଆଣି ଖାଇଲୁ।

ସେଦିନ ସଂଧ୍ୟାରେ ଆମେରିକାନ୍ ଏୟାର୍‌ଲାଇନ୍ସ ଫ୍ଲାଇଟ୍‌ରେ ଆମେ ଫେରିଲୁ। ବାଟରେ ଫ୍ଲୋରିଡ଼ାର ମାୟାମୀ ଏୟାର୍‌ପୋର୍ଟରେ ପ୍ଲେନ୍ ବଦଳାଇ ୱାଶିଂଟନ୍‌ରେ ଆସି ପହଞ୍ଚିଲା ବେଳକୁ ପର ଦିନ ଗୋଟାଏ ହୋଇ ଯାଇଥିଲା। ପେରୁ ଭ୍ରମଣ ଏତେ ଭଲ ଲାଗିଲା ଯେ ଦଶ ଦିନ କେମିତି କଟିଗଲା ଜଣାପଡ଼ିଲା ନାହିଁ।

ଚାଇନା: ବେଇଜିଙ୍ଗ୍‌ରୁ ଆରମ୍ଭ, ସାଙ୍ଘାଇରେ ଶେଷ

ଭାରତ ଭଳି ଚୀନ୍ ମଧ୍ୟ ବିଶ୍ୱର ପୁରାତନ ସଭ୍ୟତା ମଧ୍ୟରୁ ଅନ୍ୟତମ। ଗତ ୪୩ ବର୍ଷ ମଧ୍ୟରେ ଚାଇନା ନିଜର ଅର୍ଥନୈତିକ ଉନ୍ନତି ଓ ଆଧୁନିକରଣ ଦ୍ୱାରା, ଆମେରିକା ପରେ, ପୃଥିବୀର ଦ୍ୱିତୀୟ ସମୃଦ୍ଧିଶାଳୀ ଦେଶ ଭାବରେ ନିଜକୁ ପ୍ରତିଷ୍ଠିତ କରିପାରିଛି। ଚିନ୍ ଦେଶ ଆଜି ପୃଥିବୀର ସବୁଠାରୁ ବେଶୀ ରପ୍ତାନି କରୁଥିବା ଦେଶ ମଧ୍ୟରେ ଗଣାଯାଏ। ସେଠାରେ ଉତ୍ପାଦିତ ହେଉଥିବା ସାମଗ୍ରୀ ପୃଥିବୀର ସବୁ ଦେଶକୁ ରପ୍ତାନି ହୁଏ।

ପିଲାଦିନେ ସ୍କୁଲ୍‌ରେ ପଢୁଥିବା ସମୟରେ ମୁଁ ଚୀନ୍ ଦେଶର ଇତିହାସ, ସଂସ୍କୃତି, ଗ୍ରେଟ୍ ୱାଲ୍ ଅଫ୍ ଚାଇନା ଓ ପରିବ୍ରାଜକ ଶାଙ୍ଗ୍ ଯାଙ୍ଗ୍‌ଙ୍କ ବିଷୟରେ ପଢ଼ିଥିଲି। ଶାଙ୍ଗ୍ ଯାଙ୍ଗ୍‌ଙ୍କୁ ଆମେ ସେତେବେଳେ ହୁଏନ୍ ସାଂ ଭାବରେ ଜାଣିଥିଲୁ। ଯାଙ୍ଗ୍ ଥିଲେ ଜଣେ ବୌଦ୍ଧ ଭିକ୍ଷୁ ଓ ଚୀନ୍‌ର ବିଦ୍ୱାନ ଓ ଦାର୍ଶନିକ। ସେ ବୌଦ୍ଧଧର୍ମ ଜାଣିବା ପାଇଁ ଚୀନ୍‌ରୁ ବହୁତ କଷ୍ଟକରି ଭାରତକୁ ଆସିଥିଲେ। ଭାରତରେ ଅନେକ ସ୍ଥାନ ଭ୍ରମଣ କରିସାରିବା ପରେ, ସେଇ ସମୟରେ ସାରା ପୃଥିବୀରେ ନାଁ କରିଥିବା ନାଳନ୍ଦା ବିଶ୍ୱବିଦ୍ୟାଳୟରେ କିଛି ସମୟ ବିତାଇଥିଲେ। ତା'ଛଡ଼ା ମୁଁ ଚିଙ୍ଗ୍, ଟାଙ୍ଗ୍ ଓ ମିଙ୍ଗ୍ ରାଜବଂଶଗୁଡ଼ିକର ପ୍ରସିଦ୍ଧ ରାଜା ଓ ସେମାନଙ୍କ ସମୟରେ ତିଆରି ହୋଇଥିବା ସ୍ମାରକୀଗୁଡ଼ିକ ବିଷୟରେ ମଧ୍ୟ ଶୁଣିଥିଲି। ଚୀନ୍ ଦେଶର ନେତା ମାଓ ଜଦୋଂଗ୍ (ଆମେ ସେତେବେଳେ ତାଙ୍କୁ ମାଓ ସେତୁଂଗ୍ ଭାବରେ ଜାଣିଥିଲୁ) ୧୯୬୬ରୁ ୧୯୭୬ ଭିତରେ ନିଜ ଦେଶରେ ସାଂସ୍କୃତିକ ବିପ୍ଳବ ଆଣି ସମଗ୍ର ବିଶ୍ୱରେ ନିଜ ଦେଶକୁ ଏକ ଅର୍ଥନୈତିକ ଶକ୍ତିରୂପେ ଠିଆ କରାଇବା ପାଇଁ ଚେଷ୍ଟା କରିଥିଲେ।

ଆମେରିକାରେ ପ୍ରାୟ ପଚାଶ ବର୍ଷ ଧରି ରହିବା ଭିତରେ ମତେ ଚୀନ୍ ଦେଶର ଲୋକମାନଙ୍କ ବିଷୟରେ ଓ ଚୀନ୍ ଦେଶ ବିଷୟରେ ଅନେକ କିଛି ଜାଣିବାର ସୁଯୋଗ

ମିଳିଲା । କିଛି ବର୍ଷ ପୂର୍ବେ ମୁଁ ଗୋଟିଏ ସୁନ୍ଦର ବହି 'ଟେନ୍ ଥାଉଜେଣ୍ଡ୍ ମାଇଲ୍ସ ୱିଦାଉଟ୍ ଏ କ୍ଲାଉଡ୍' ପଢ଼ିଥିଲି । ବହିଟିର ଲେଖିକା ଥିଲେ ସୁନ୍ ଶୁୟୁନ୍ । ସେ ଚୀନ୍‌ର ଜଣେ ପ୍ରସିଦ୍ଧ ଲେଖିକା । ବେଇଜିଙ୍ଗ୍ ବିଶ୍ୱବିଦ୍ୟାଳୟରୁ ଉଚ୍ଚଶିକ୍ଷା ପାଇଁ ବୃତ୍ତି ପାଇ ସେ ଅକ୍ସଫୋର୍ଡ ବିଶ୍ୱବିଦ୍ୟାଳୟକୁ ଯାଇଥିଲେ । ଏଇ ଅକ୍ସଫୋର୍ଡରେ ତାଙ୍କର ସାକ୍ଷାତ ହୋଇଥିଲା ଜଣେ ଭାରତୀୟ ଛାତ୍ରଙ୍କ ସହିତ ଯିଏକି ତାଙ୍କୁ ହୁଏନ୍ ସାଂଙ୍କ ଭ୍ରମଣ କାହାଣୀ ଭାରତ ଇତିହାସରେ ଲିପିବଦ୍ଧ ଅଛି ବୋଲି କହିଥିଲେ । ଏହା ଶୁଣିବାକ୍ଷଣି ସୁନ୍ ଶୁୟୁନ୍‌ଙ୍କର ମନେପଡ଼ିଲା ଯେ ତାଙ୍କ ଜେଜେମା ତାଙ୍କୁ ପିଲାଦିନେ ଭିକ୍ଷୁ ଶାଙ୍ଗ୍ ଯାଙ୍ଗ୍‌ଙ୍କ ବିଷୟରେ କହିଥିଲେ । ଭାରତୀୟ ଛାତ୍ରଙ୍କ ସହ ଏହି ବାକ୍ୟାଳାପ ପରେ ସେ ଶାଙ୍ଗ୍ ଯାଙ୍ଗ୍‌ଙ୍କ ବିଷୟରେ ଅଧିକ ଜାଣିବା ପାଇଁ ଆଗ୍ରହୀ ହେଲେ । ତାଙ୍କ ବହିରେ ସେ ଶାଙ୍ଗ୍ ଯାଙ୍ଗ୍‌ଙ୍କର ଅଠର ବର୍ଷର ଭାରତ ଭ୍ରମଣ ବୃତ୍ତାନ୍ତ ବିସ୍ତୃତ ଭାବରେ ବର୍ଣ୍ଣନା କରିଛନ୍ତି ।

ଚୀନ୍‌ରେ ବୌଦ୍ଧଧର୍ମର ପ୍ରସାରରେ ଶାଙ୍ଗ୍ ଯାଂଗ୍‌ଙ୍କ ଅବଦାନ ଜାଣିବାପାଇଁ ତାଙ୍କର ଆକାଙ୍କ୍ଷା ହେଲା । ତେଣୁ ସେ ନିଜେ ଭାରତ ଆସି ଅନେକ ରିସର୍ଚ୍ଚ କରି ବହିଟିରେ ଶାଙ୍ଗ୍ ଯାଙ୍ଗ୍‌ଙ୍କ ବିଷୟରେ ବିସ୍ତୃତ ଭାବରେ ବର୍ଣ୍ଣନା କରିଛନ୍ତି । ସୁନ୍ ଶୁୟୁନ୍‌ଙ୍କର ବହିଟି ପଢ଼ିଲା ପରେ ମୋ ମନରେ ମଧ୍ୟ ଚୀନ୍ ଭ୍ରମଣ ପାଇଁ ଆଗ୍ରହ ହୋଇଥିଲା । ଆମ ଭ୍ରମଣ କାର୍ଯ୍ୟସୂଚୀ ଠିକଣା ହେଲାପରେ କାର୍ଯ୍ୟସୂଚୀରେ ଶିଆନ୍ ସହର (ଯେଉଁଠି ଶାଙ୍ଗ୍ ଯାଙ୍ଗ୍ ତାଙ୍କ ଭାରତ ଯାତ୍ରା ଆରମ୍ଭ ଓ ଶେଷ କରିଥିଲେ) ରହିଥିବାର ଦେଖି ମୁଁ ଆନନ୍ଦିତ ହେବା ସହ ଆଶ୍ଚର୍ଯ୍ୟାନ୍ୱିତ ହୋଇଥିଲି ।

ଆମର ସ୍ଥାନୀୟ ଖବରକାଗଜ ୱାଶିଂଟନ୍ ପୋଷ୍ଟ୍‌ରେ ଚୀନ୍ ବିଷୟରେ ଅନେକ ଖବର ଛପାଯାଏ । ମୋର ଚୀନି ବନ୍ଧୁମାନଙ୍କ ସହ ତାଙ୍କ ଦେଶର ସଂସ୍କୃତି, ପର୍ଯ୍ୟଟନ ସ୍ଥଳ, ବିଶେଷକରି ତାଙ୍କ ଦେଶର ଖାଦ୍ୟ ସମ୍ବନ୍ଧରେ ଅନେକ ଥର ଆଲୋଚନା ହୋଇଛି । ଆମର କେତେକ ଭାରତୀୟ ବନ୍ଧୁ ଚୀନ୍ ଭ୍ରମଣରୁ ଫେରି ସେ ଦେଶ ସମ୍ବନ୍ଧରେ ଅତି ଉଚ୍ଚ ମତାମତ ଦେଇଥିଲେ । ଶେଷରେ ଆମେ (ମୁଁ ଓ ମୋ ସ୍ୱାମୀ ବିନୋଦ) ଚୀନ୍ ଭ୍ରମଣରେ ଯିବାପାଇଁ ସ୍ଥିର କଲୁ । ବନ୍ଧୁମାନଙ୍କ ସହ ଆଲୋଚନା ହେଲାପରେ ଆମେ ଆଠ ଜଣ ଓଡ଼ିଆ ବାହାରିଲୁ ଚୀନ୍ ଯିବାପାଇଁ । ଏଥିରେ ଥିଲେ ୱାଶିଂଟନ୍‌ରୁ ଚାରି ଜଣ (ମୁଁ ଓ ମୋ ସ୍ୱାମୀ ତଥା ଅନ୍ୟ ଏକ ଦମ୍ପତି), ଗୋଟିଏ ଦମ୍ପତି ଡାଲାସ୍ ଟେକ୍ସାସ୍‌ରୁ ଓ ହଣ୍ଟ୍‌ସଭିଲ୍ ଆଲାବାମାରୁ ମୋର ଜଣେ କଲେଜ ସମୟର ସାଙ୍ଗ ଓ ତା'ର ସ୍ୱାମୀ । ଚୀନ୍ ଭ୍ରମଣ ପାଇଁ ଆମେ ସେପ୍ଟେମ୍ବର ମାସଟିକୁ ବାଛିଲୁ । କାରଣ ଏହି ମାସରେ ଚୀନ୍ ଦେଶରେ ଆମେ ଭ୍ରମଣ କରିବାକୁ ଥିବା ସ୍ଥାନଗୁଡ଼ିକର ତାପମାତ୍ରା ଆରାମଦାୟକ ରହିବା ସହ ବର୍ଷାର ସମ୍ଭାବନା ନଥାଏ ।

ପ୍ରସ୍ତୁତି

ଏପ୍ରିଲ୍ ୨୦୧୮ରେ ଆମେ ଚୀନ୍ ଯାତ୍ରା ପାଇଁ ବିଧିବଦ୍ଧ ଭାବରେ ଗୁରୁତ୍ୱର ସହ ଲାଗିପଡ଼ିଲୁ। ଆମେ ଯେଉଁମାନେ ଏକାଠି ଯିବାପାଇଁ ଠିକ୍ କଲୁ, ସମସ୍ତେ ନିଜ ନିଜ ଦୃଷ୍ଟିକୋଣରୁ ଚିନ୍ତା କରି ମତାମତ ଦେବାପାଇଁ ପ୍ରତି ବୁଧବାର ସନ୍ଧ୍ୟା ଆଠଟା ବେଳେ ଟେଲେକନ୍ 'ଟେଲେଫୋନ କନ୍‌ଫରେନ୍ସ' ଯୋଗେ ଏକାଠି କଥାବାର୍ତ୍ତା କରୁ। ବିଶଦ ଆଲୋଚନା ପରେ ସ୍ଥିର ହେଲା ଯେ ଆମେ ଚୀନ୍‌ର ଶିଆନ୍‌ସ୍ଥିତ ଟୁର୍ କମ୍ପାନୀ ଟ୍ରାଭଲ୍ ଚାଇନା ଗାଇଡ୍‌ର ସହାୟତା ନେବୁ। ଆମର ଟୁର୍ ପରାମର୍ଶଦାତା ଭାବରେ କେଲି ୱାଙ୍ଗ୍ ନିଯୁକ୍ତ ହେଲେ। ସ୍ଥିର ହେଲା ଯେ ଆମେ ବେଇଜିଙ୍ଗ୍, ଶିଆନ୍ ଓ ତିବ୍ବତର ଲାସା ସହର ଭ୍ରମଣ ପରେ ତିନି ଦିନର ୟାଙ୍ଗ୍‌ଜି ନଦୀରେ କ୍ରୁଜ୍ (ଜାହାଜରେ ନଦୀ ଭ୍ରମଣ) କରିସାରି ସାଙ୍ଘାଇରେ ଯାତ୍ରା ଶେଷ କରିବୁ। ଆମେ ଆମର ଚିନ୍ତାଧାରା ଟୁର୍ ପରାମର୍ଶଦାତାଙ୍କୁ ଜଣାଇଲୁ। ଆମ ପସନ୍ଦ ଅନୁସାରେ ସେ ଟୁର୍ ପ୍ରୋଗ୍ରାମ୍ ତିଆରି କଲେ। ତାଙ୍କୁ ଆମେ କହିଥିଲୁ ପନ୍ଦର ଦିନର ପ୍ରୋଗ୍ରାମ୍ କରିବା ପାଇଁ। କିନ୍ତୁ ଆମେ କେତେଜଣ ସାଙ୍ଘାଇରେ ଗୋଟିଏ ଦିନ ଅଧିକ ରହି ଏଇ ଆଧୁନିକ ସହର ବିଷୟରେ ବେଶୀ କିଛି ଅଭିଜ୍ଞତା ଲାଭ କରିବାକୁ ଚାହୁଁଥିଲୁ। ସେଇ ଅନୁସାରେ ପ୍ରୋଗ୍ରାମ୍ ହେଲା। ଆମର ଫାଇନାଲ୍ ପ୍ରୋଗ୍ରାମ୍ ହେଲା ଯେ ଆମେ ପ୍ରଥମେ ବେଇଜିଙ୍ଗ୍, ତା'ପରେ ଶିଆନ୍, ତା'ପରେ ଲାସା, ଲାସାରୁ ଚଙ୍ଗ୍‌କୁଇଙ୍ଗ୍ (ଯେଉଁଠାରୁ ୟାଙ୍ଗ୍‌ଜି ନଦୀର କ୍ରୁଜ୍ ଆରମ୍ଭ), ଇଚାଙ୍ଗ୍ (ଯେଉଁଠାରେ ୟାଙ୍ଗ୍‌ଜି ନଦୀର କ୍ରୁଜ୍ ଶେଷ) ଓ ଶେଷରେ ସଙ୍ଘାଇ ଯାଇ ୱାଶିଂଟନ୍ ଡି.ସି.କୁ ଫେରିଆସିବୁ।

ଆମ୍‌ର ଏଇ ଟୁର୍ ପାଇଁ ଯେତେ ଟଙ୍କା ଖର୍ଚ୍ଚ ହେବ ବୋଲି ଆକଳନ କରା ଯାଇଥିଲା ତା'ର ୧୦% ଆମକୁ ଟୁର୍ କମ୍ପାନୀକୁ ଆଗୁଆ ଦବାକୁ ପଡ଼ିଲା। ସେ ଟଙ୍କା ପାଇଲା ପରେ ସେମାନେ ଆବଶ୍ୟକୀୟ ବ୍ୟବସ୍ଥା କଲେ ଏବଂ ଆମକୁ ଟୁର୍ କର୍ମସୂଚୀ ସହ ଏକ ନିମନ୍ତ୍ରଣପତ୍ର ପଠାଇଲେ। ଚୀନ୍ ଦେଶରେ ପ୍ରବେଶ କରିବାକୁ ଭିସା ପାଇବା ପାଇଁ ଏଇ ନିମନ୍ତ୍ରଣପତ୍ର ଦରକାର ହୁଏ। ଯେଉଁ କର୍ମସୂଚୀ ଟୁର୍ କମ୍ପାନୀ ପଠାଇଥିଲା ସେଥିରେ ପ୍ରତିଦିନର କାର୍ଯ୍ୟକ୍ରମ, କାର୍ଯ୍ୟକ୍ରମର ନିର୍ଦ୍ଦିଷ୍ଟ ସମୟ, କେଉଁ ହୋଟେଲ୍‌ରେ ରହିବୁ ତା'ର ନାଁ ଓ ଆମର ଲଞ୍ଚ୍ ଓ ଡିନର୍ ଖାଇବା ବ୍ୟବସ୍ଥାର ବିସ୍ତୃତ ବିବରଣୀ ଥିଲା। ଯେଉଁସବୁ ହୋଟେଲ୍‌ରେ ଆମେ ରହିଲୁ ସେଠିକା ଖର୍ଚ୍ଚରେ ବ୍ରେକ୍‌ଫାଷ୍ଟ ମିଶିଥିଲା। ଆମର ପନ୍ଦର ଦିନର ରହଣି ଭିତରେ କେବଳ ଏଗାରଟି ଲଞ୍ଚ୍ ଓ ସାତଟି ଡିନର୍ ଥିଲା କମ୍ପାନୀର ଦାୟିତ୍ୱ। ତା'ଛଡ଼ା ଅନ୍ୟସବୁ ଲଞ୍ଚ୍ ଓ ଡିନର୍ ଆମ ନିଜର ଦାୟିତ୍ୱ ଥିଲା।

ଭିସା ଫର୍ମ୍ ଆମେ ଇଣ୍ଟରନେଟ୍‌ରୁ ଡାଉନ୍‌ଲୋଡ଼୍ କଲୁ। ଫର୍ମ୍ ପୂରଣ କରି, ଆବଶ୍ୟକୀୟ କାଗଜପତ୍ର ଓ ଭିସା ଫି ନେଇ ଓ୍ୱାଶିଂଟନ୍ ଡି.ସି.ରେ ଥିବା ଚୀନ୍ ଦୂତାବାସକୁ ୨୦୧୮ ମସିହା ଜୁନ୍ ୨୫ ତାରିଖରେ ଗଲୁ। ଦୂତାବାସର ଜଣେ ଅଧିକାରୀଙ୍କ ସହ ଆମର ସାକ୍ଷାତ ହେଲା। ସେ ସବୁ କାଗଜପତ୍ର ଯାଞ୍ଚ୍ କଲେ। ଦୁଇ ଦିନ ପରେ ଦୂତାବାସରୁ ଫୋନ୍ ଆସିଲା ଯେ ଆମ ଭିସା ପ୍ରସ୍ତୁତ ହୋଇଯାଇଚି। ଜୁନ୍ ୨୮ରେ ଆମେ ଯାଇ ଭିସା ନେଇଆସିଲୁ। ଭିସା ମିଳିବା ପରେ ଆମେ ଇଣ୍ଟରନେଟ ଦେଖି କେଉଁ ଏୟାରଲାଇନସ୍‌ରେ ଯିବୁ ବୋଲି ଟିକେଟ୍ ଖୋଜିଲୁ। ଶେଷରେ ଆମେ ୟୁନାଇଟେଡ଼୍ ଏୟାର୍‌ଲାଇନସ୍‌ରେ ଯିବୁ ବୋଲି ଠିକ୍ କରି ଟିକେଟ୍ କିଣିଲୁ। ଆମେ ଯେଉଁ ଚାରିଜଣ ଓ୍ୱାଶିଂଟନ୍ ଡି.ସି.ରେ ରହୁ ସମସ୍ତେ ମିଶି ଓ୍ୱାଶିଂଟନ୍ ଡି.ସି.ର ଡଲେସ୍ ଏୟାରପୋର୍ଟରୁ ସିଧା ବେଇଜିଙ୍ଗ୍ ଆନ୍ତର୍ଜାତିକ ଏୟାରପୋର୍ଟକୁ ଯିବାପାଇଁ ସ୍ଥିର କଲୁ। ଫେରିଲାବେଳେ ଆମେ ସାଙ୍ଘାଇର ପୁଡ଼ଙ୍ଗ୍ ଏୟାରପୋର୍ଟରୁ ଲସ୍ ଆଞ୍ଜେଲସ୍‌କୁ ଯାଇ ସେଠାରୁ ଅନ୍ୟ ଏକ ପ୍ଲେନ୍‌ରେ ଓ୍ୱାଶିଂଟନ୍ ଡି.ସି. ଫେରିବୁ। ସେଇ ଅନୁସାରେ ଟିକେଟ୍ କିଣିଲୁ। ମୁଁ ଆଗରୁ କହିଚି ଯେ ସମସ୍ତ ଖର୍ଚ୍ଚର ୧୦% ଆମେ ପ୍ରଥମେ ଟୁର୍ କମ୍ପନୀକୁ ପଠାଇଥିଲୁ। ବାକିତକ ଟଙ୍କା ଆମେ ଜୁଲାଇ ୨୫, ୨୦୧୮ରେ ଟୁର୍ କମ୍ପାନୀ ନାଁରେ ଜମା କଲୁ।

ଯାତ୍ରା ଆରମ୍ଭ

ସେପ୍ଟେମ୍ବର ୬, ୨୦୧୮। ସେଦିନ ଥିଲା ଗୁରୁବାର। ସକାଳ ପ୍ରାୟ ଦଶଟା ସମୟରେ ଆମେ ଡଲେସ୍ ଏୟାର୍‌ପୋର୍ଟରେ ପହଞ୍ଚିଲୁ। ଏୟାର୍‌ପୋର୍ଟରେ ପହଞ୍ଚିବା ପୂର୍ବରୁ ଆମେ ଅନ୍‌ଲାଇନ୍‌ରେ ଆମର ସିଟ୍ ରିଜର୍ଭ କରିଦେଇଥିଲୁ। ଫଳରେ ଚେକ୍-ଇନ୍ ସୁରୁଖୁରୁରେ, ଅଳ୍ପ ସମୟରେ ହୋଇଗଲା। ଆମେ ଯଥା ସମୟରେ ପ୍ଲେନ୍‌ରେ ବସିଲୁ ଓ ପ୍ଲେନ୍ ମଧ୍ୟ ଠିକ୍ ସମୟରେ, ଦିନ ବାରଟା ପଚାଶ ମିନିଟ୍‌ରେ ଛାଡ଼ିଲା। ଏଇ ପ୍ଲେନ୍ ସିଧା ବେଇଜିଙ୍ଗ୍ ସହରକୁ ଯାଉଥିଲା। ବେଇଜିଙ୍ଗ୍‌ରେ ଆମେ ତେର ଘଣ୍ଟା ପଚାଶ ମିନିଟ୍ ପରେ ପହଞ୍ଚିଲୁ। ଆମେ ଆଗରୁ ଏୟାର୍‌ଲାଇନ୍‌କୁ ଅନୁରୋଧ କରିଥିବା ଶାକାହାରୀ ଖାଦ୍ୟ ଆମକୁ ପରଷାହେଲା। ଲଞ୍ଚ୍ ଛଡ଼ା ଏଆର୍‌ଲାଇନ୍ ତରଫରୁ ଆମକୁ ଦୁଇଟି ସ୍ନାକ୍ ଓ ଡିନର୍ ଦେଇଥିଲେ। ମୋ ଦୁର୍ଭାଗ୍ୟକୁ ମୋ ସିଟ୍‌ରେ ଥିବା ଟେଲିଭିଜନ୍ ସ୍କ୍ରିନ୍‌ଟି କାମ କରୁନଥିଲା। ତେଣୁ ମୁଁ କିଛି ମୁଭି ଦେଖିପାରିଲି ନାହିଁ କିମ୍ବା ଗୀତ ଶୁଣିପାରିଲି ନାହିଁ।

ବେଇଜିଙ୍ଗ୍ ସହର ଓ ତା'ର କେତୋଟି ପ୍ରଧାନ ଦର୍ଶନୀୟ ସ୍ଥାନ

ନିର୍ଦ୍ଧାରିତ ସମୟ, ପ୍ରାୟ ଅପରାହ୍ନ ସାଢ଼େ ଦୁଇଟା ବେଳେ ଆମେ ବେଇଜିଙ୍ଗ୍‌ରେ ପହଞ୍ଚିଲୁ। ସେଦିନ ଥିଲା ସେପ୍ଟେମ୍ବର ୭ ତାରିଖ, ଶୁକ୍ରବାର। ୱାଶିଂଟନ୍ ଡି.ସି. ସମୟଠାରୁ ବେଇଜିଙ୍ଗ୍ ସମୟ ଠିକ୍ ୧୨ ଘଣ୍ଟା ଆଗରେ। ପ୍ଲେନ୍‌ରୁ ଓହ୍ଲାଇ ଆମେ ଇମିଗ୍ରେସନ୍ କାମ ସାରିଲୁ। ଆଜିକାଲି ଅନେକ ଏୟାରପୋର୍ଟ ଅଟୋମେଟିକ୍ ହୋଇଯାଇଛି। ବେଇଜିଙ୍ଗ୍ ଏୟାରପୋର୍ଟରେ ମଧ୍ୟ ସବୁ ଅଟୋମେଟିକ୍। ସେଠାରେ ପାସ୍‌ପୋର୍ଟ ଚେକ୍ କରିବା ପାଇଁ ଓ ଆଙ୍ଗୁଳି ଛାପ ନେବାପାଇଁ ମେସିନ୍ ଥିଲା। କିନ୍ତୁ କୌଣସି କାରଣରୁ ଆମକୁ କେବଳ ପାସ୍‌ପୋର୍ଟ ଚେକ୍ କରିବାପାଇଁ କୁହାଗଲା। ଆମର ଆଙ୍ଗୁଳି ଛାପ ଦରକାର ହେଲାନି। ଲଗେଜ୍ ସଂଗ୍ରହ କରିସାରିଲା ପରେ ଆମକୁ ଆଉ କଷ୍ଟମ୍ କ୍ଲିଅରେନ୍‌ସ ମଧ୍ୟ ଦରକାର ପଡ଼ିଲା ନାହିଁ। ଏୟାରପୋର୍ଟରୁ ବାହାରି ଆସି ଆମେ ଆମ ଗାଇଡ଼ଙ୍କୁ ଖୋଜିଲୁ।

ଏଠାରେ ମୁଁ କହିରଖେ ଯେ ଚୀନ୍‌ରେ ଆମେ ଯେତେଗୁଡ଼ିଏ ଜାଗାକୁ ଗଲୁ ସବୁଠାରେ ଆମର ଭିନ୍ନ ଭିନ୍ନ ଗାଇଡ୍ ଥିଲେ। ଆମ ବେଇଜିଙ୍ଗ୍ ଗାଇଡ଼ଙ୍କ ନାଁ ଥିଲା ମ୍ୟାଗି। ଆମର କାଳେ ତାଙ୍କୁ ଖୋଜି ପାଇବାରେ ଅସୁବିଧା ହେବ, ସେଥିପାଇଁ ସେ ନିଜ ନାଁ ଓ ଟ୍ରାଭଲ୍ ଏଜେନ୍‌ସିର ନାଁ ଲେଖାଥିବା ଗୋଟିଏ ପ୍ଲାକାର୍ଡ଼ ଧରି ଆମକୁ ଅପେକ୍ଷା କରିଥିଲେ। ଆମ ଗ୍ରୁପ୍‌ର କେତେଜଣ ଅନ୍ୟ ସହରରୁ ଆସୁଥିବାରୁ ଆମେ କିଛି ସମୟ ସେଇ ଏୟାରପୋର୍ଟରେ ଅପେକ୍ଷା କଲୁ। ପ୍ରାୟ ଅଧ ଘଣ୍ଟା ଭିତରେ ସମସ୍ତେ ଆସି ପହଞ୍ଚିଗଲେ। ଆମ ଆଠଜଣଙ୍କ ପାଇଁ ମ୍ୟାଗି ଗୋଟିଏ ବଡ଼ ଭ୍ୟାନ୍ ବନ୍ଦୋବସ୍ତ କରିଥିଲେ। ସେଇ ଭ୍ୟାନ୍‌ରେ ଆମେ ସମସ୍ତେ ଏକାଠି ହୋଟେଲ୍‌କୁ ଗଲୁ। ହୋଟେଲ୍‌ରେ ପହଞ୍ଚିବାକୁ ଆମକୁ ପ୍ରାୟ ଘଣ୍ଟାଟିଏ ଲାଗିଲା। ଅଫିସ୍ ଫେରନ୍ତା ସମୟ ହୋଇଥିବା ଯୋଗୁ ରାସ୍ତା ଭୀଷଣ ଭିଡ଼ ଥିଲା। ଆମେ ପ୍ରାୟ ସଂଧ୍ୟା ୫ଟାରେ ହୋଟେଲ୍‌ରେ ପହଞ୍ଚିଲୁ। ଟୁର୍ କମ୍ପାନୀ ଆମପାଇଁ ବିଭିନ୍ନ ସ୍ଥାନରେ ଯେଉଁସବୁ ହୋଟେଲ୍‌ର ବ୍ୟବସ୍ଥା କରିଥିଲା, ସବୁଗୁଡ଼ିକ ଥିଲା ଅତି ଭଲ- ପାଞ୍ଚ ଷ୍ଟାର୍। କେବଳ ଲାସାର ହୋଟେଲ୍‌ଟି ଥିଲା ସାମାନ୍ୟ ନିମ୍ନ ସ୍ତରର- ତିନି ଷ୍ଟାର୍ ହେବ ବୋଧହୁଏ। ପାଗ ବେଶ୍ ଭଲ ଥିଲା। ହୋଟେଲ୍ ପର୍ଯ୍ୟନ୍ତ ଆମର ଯାତ୍ରା ଆରାମଦାୟକ ଥିଲା। ଚେକ୍-ଇନ୍ ସୁରୁଖୁରୁରେ ସରିଯିବା ପରେ ଆମେ ସମସ୍ତେ ମ୍ୟାଗିଙ୍କ ପାଖରେ ଏକାଠି ହେଲୁ। ଆମକୁ ପରଦିନର କାର୍ଯ୍ୟକ୍ରମ ଓ କେଉଁ କେଉଁ ଜାଗା ଆମେ ଦେଖିବୁ ସେସବୁ ବିଷୟରେ ସେ ଆମକୁ ଭଲ ଭାବରେ ବୁଝାଇଦେଲେ, ତା'ପରେ ସେ ତାଙ୍କ ଘରକୁ ଚାଲିଗଲେ।

ଟୁର୍ କମ୍ପାନୀ ଆମ ପାଇଁ ଯେଉଁ ହୋଟେଲ୍ ଠିକ୍ କରିଥିଲା ତା'ର ନାଁ 'ରେନାସାଁସ୍ ବେଇଜିଙ୍ଗ୍ ୱାଙ୍ଗଫୁଜିଙ୍ଗ୍' ହୋଟେଲ୍। ଡୋଙ୍ଗଚେଙ୍ଗ୍ ଏରିଆରେ ଏହା ଏକ ବିଳାସପୂର୍ଣ୍ଣ ହୋଟେଲ୍। ହୋଟେଲ୍‌ଟି ବହୁତ ସୁନ୍ଦର ଏବଂ ସହରର ମଝିରେ ଥିବାରୁ ସବୁ ପର୍ଯ୍ୟଟନ ଜାଗାଗୁଡ଼ିକ ଆଖପାଖରେ ଥିଲା। ଟିଆନାନମେନ୍ ସ୍କୋୟାର୍ ଓ ଫର୍ବିଡେନ୍ ସିଟି ଆମ ହୋଟେଲ୍‌ରୁ ମାତ୍ର ୧୧/୧୨ ମିନିଟ୍‌ର ବାଟ ଏବଂ ଟେମ୍ପଲ୍ ଅଫ ହେଭେନ୍‌ସ ସେଠାରୁ ପ୍ରାୟ ୨୦ ମିନିଟ୍‌ର ବାଟ। (ଚାଇନାରେ ଦୂରତ୍ୱ ଜଣାଇବା ପାଇଁ ମୁଁ ଯେଉଁ ମିନିଟ୍‌ର ବାଟ କହୁଛି ସେସବୁ ଡ୍ରାଇଭିଂ କରି ଯିବା ସମୟ, ଚାଲିକରି ନୁହେଁ) ହୋଟେଲ୍‌ର ଲବିଟି ବହୁତ ବଡ଼ ଓ ଭାରି ସୁନ୍ଦର ଭାବରେ ସଜା ହୋଇଥିଲା। ରିସେପ୍ସନ୍ ଏରିଆର ପଛପଟ କାନ୍ଥରେ, ଛାତ ପର୍ଯ୍ୟନ୍ତ ଉଚ୍ଚ ବୁକ୍‌ସେଲ୍‌ଫରେ ବହିଗୁଡ଼ିକ ସୁନ୍ଦର ଭାବରେ ସଜାହୋଇ ରଖାଯାଇଥିଲା। ବୁକ୍‌ସେଲ୍‌ଫଗୁଡ଼ିକରେ କାଚର କବାଟ ଲାଗିଥିଲା। ତାକୁ ଦେଖି ଲାଗିଲା ସତେ ଯେମିତି ଗୋଟିଏ ବଡ଼ ଲାଇବ୍ରେରୀ। ସେଇ ସାଜସଜ୍ଜା ମତେ ଖୁବ୍ ଭଲ ଲାଗିଲା ଓ ବହୁତ ନୂଆ ପ୍ରକାର ଲାଗିଲା। ମୁଁ ଆଗରୁ କେଉଁଠି ଏମିତି ହୋଟେଲ୍‌ରେ ବହି ସଜେଇବା ଦେଖିନଥିଲି। ଲବି ଛଡ଼ା ଅନ୍ୟସବୁ ଜାଗା ମଧ୍ୟ ଖୁବ୍ ରୁଚିପୂର୍ଣ୍ଣ ଭାବରେ ସଜା ହୋଇଥିଲା। ଅନ୍ୟାନ୍ୟ ସୁବିଧାସବୁ ଯେକୌଣସି ଭଲ ହୋଟେଲ୍ ପରି ଥିଲା। ଆଜିକାଲି ତ ସବୁ ଭଲ ହୋଟେଲମାନଙ୍କରେ ଗେଷ୍ଟରୁମ୍‌ରେ ପ୍ରତିଦିନ ଚା ଓ କଫି ଛଡ଼ା ପିଇବା ପାଇଁ ଦୁଇଟି ପାଣି ବୋତଲ ଦେବା ସାଧାରଣ କଥା ହୋଇଗଲାଣି। ସେଠି ବି ଆମକୁ ସେମାନେ ଦୁଇଟି ଲେଖେଁ ପାଣି ବୋତଲ ଦେଉଥିଲେ। ହୋଟେଲ୍ କର୍ମଚାରୀମାନେ ବହୁତ ଭଦ୍ର ଓ ସବୁବେଳେ ସାହାଯ୍ୟ କରିବାକୁ ପ୍ରସ୍ତୁତ ଥିଲେ। ସେମାନେ ଭଲ ଇଂରାଜୀ କହିପାରୁଥିବାରୁ ଆମର କିଛି ଅସୁବିଧା ହେଲାନାହିଁ। ଅଳ୍ପ କିଛି ସମୟ ବିଶ୍ରାମ ନେଲାପରେ ଆମେ ସମସ୍ତେ ହୋଟେଲ୍ ଲବିରେ ଏକାଠି ହେଲୁ। ସ୍ଥିର କଲୁ ଯେ ହୋଟେଲ୍ ରେସ୍ତୋରାଁରେ ଡିନର୍ ନଖାଇ ଆମେ ବାହାରେ ଯାଇ ଖାଇବୁ, ତା'ହେଲେ ଆଖପାଖ ଅଞ୍ଚଳ ବିଷୟରେ ବି ମୋଟାମୋଟି ଧାରଣା ହେବ। ହୋଟେଲ୍ କର୍ମଚାରୀଙ୍କଠାରୁ ରେସ୍ତୋରାଁ ବିଷୟରେ ବୁଝିଲୁ। ଶେଷରେ ଠିକ୍ କଲୁ ଯେ ପାଖରେ ଥିବା ସପିଙ୍ଗ୍ ସେଣ୍ଟର୍‌କୁ ଯିବୁ ଯେଉଁଠାରେ କି ଅନେକଗୁଡ଼ାଏ ରେସ୍ତୋରାଁ ସହିତ କେତେଗୁଡ଼ିଏ ଫାଷ୍ଟ୍ ଫୁଡ୍ ଦୋକାନ ଥିଲା। ସେଇ ସପିଙ୍ଗ୍ ସେଣ୍ଟର୍‌ର ନାଁ ଥିଲା ବେଇଜିଙ୍ଗ୍ ଏପିଏମ୍ ଆଉ ସେଇଟା ଥିଲା ହୋଟେଲ୍‌ରୁ ମାତ୍ର ଦଶ ବାର ମିନିଟ୍‌ର ଚଲାବାଟ ଦୂରରେ। ଆମେ ସେଇଠିକୁ ଗଲୁ।

ହୋଟେଲ୍‌ରୁ ବାହାରିଆସି ରାସ୍ତା ଉପରେ ପହଞ୍ଚି ଦେଖିଲୁ ଅନେକ ଲୋକ ଯିବା ଆସିବା କରୁଛନ୍ତି। ରାସ୍ତା ବେଶ୍ ଚଉଡ଼ା ଓ ପରିଷ୍କାର। ଜନଗହଳି ଥାଇ ସବୁଆଡ଼େ

ଏତେ ପରିଷ୍କାର ଥିବାର ଦେଖି ମୁଁ ଆଶ୍ଚର୍ଯ୍ୟ ହୋଇଗଲି। ଯିବା ବାଟରେ ଦେଖିଲୁ ରାସ୍ତାର ଦୁଇକଡ଼ରେ ଧାଡ଼ି ଧାଡ଼ି ହୋଇ ଦୋକାନ ଓ ଆପାର୍ଟମେଣ୍ଟ ଭର୍ତ୍ତି ହୋଇଛି। ସେଇମିତି ଚାଲୁଚାଲୁ କିଛି ବାଟ ଗଲାପରେ ମୋ ଆଖିରେ ପଡ଼ିଲା ଧାତୁନିର୍ମିତ ଗୋଟିଏ ସୁନ୍ଦର ଗଛ। ସେ ଗଛଟି ଅନେକଗୁଡ଼ିଏ ଇଲେକ୍‌ଟ୍ରିକ୍ ବଲ୍‌ବରେ ସଜା ହୋଇଥିଲା ବଲ୍‌ବଗୁଡ଼ିକର ରଙ୍ଗ ବାରମ୍ବାର ନାରଙ୍ଗୀ, ସବୁଜ, ନୀଳ, ବାଇଗଣି ଓ ସାଧାରଣ ଆଲୋକ ରଙ୍ଗକୁ ବଦଳୁଥିଲା। ବେଇଜିଙ୍ଗ୍ ଏପିଏମ୍‌ରେ ପହଞ୍ଚି ଦେଖିଲୁ ଯେ ସେଇଟା ଗୋଟିଏ ଛଅ ତାଲାର ବିରାଟ ସପିଙ୍ଗ୍ ସେଣ୍ଟର୍। ପ୍ରବେଶ ଦ୍ୱାରରେ ଗୋଟିଏ ବୃହତ୍‌କାୟ ଟିଭି ସ୍କ୍ରିନ୍‌ରେ ଆମେ ଦେଖିଲୁ ଯେ ଆମେ ଚାଲିକରି ଯାଉଚୁ। ଏମିତି ମୁଁ ଆଗରୁ କେଉଁଠି ଦେଖିନଥିଲି। ଆମେ ସାଙ୍ଗେ ସାଙ୍ଗେ ନିଜ କ୍ୟାମେରାରେ ନିଜ ଫଟୋ ଉଠାଇଲୁ। ଲକ୍ଷ୍ୟ କଲି, ଆମ ପରି ଅନେକ ଲୋକ ନିଜ ନିଜ ଫଟୋ ଉଠାଉଥିଲେ।

ଭିତରକୁ ଗଲାପରେ ଦେଖିଲୁ ସେଠାରେ ବହୁତ ଉଚ୍ଚକୋଟୀର ଦୋକାନ ଓ ଅନେକ ପ୍ରକାର ରେସ୍ତୋରାଁ ଥିଲା, ତା'ଛଡ଼ା କେତେ ଫାଷ୍ଟ ଫୁଡ଼୍ ଦୋକାନ ବି ଥିଲା। ସେତେବେଳକୁ ଆମକୁ ଭୀଷଣ ଭୋକ ହେଲାଣି। ଅନେକ ଜାଗା ଦେଖିସାରିଲା ପରେ ଆମେ ଡିସାଇଡ଼୍ କଲୁ ଯେ ଗୋଟିଏ ଚାଇନିଜ୍ ରେସ୍ତୋରାଁରେ ଡିନର୍ ଖାଇବୁ। ସେ ରେସ୍ତୋରାଁର ନାଁ ଥିଲା ସିଟି ଗାର୍ଡେନ୍। ଆମେ ତା' ଭିତରକୁ ଗଲୁ। ଚୀନ୍‌ରେ ଅଧିକାଂଶ ଲୋକ ଇଂରାଜୀ କହିପାରନ୍ତି ନାହିଁ ଓ ଇଂରାଜୀ ବୁଝନ୍ତି ବି ନାହିଁ। ଆମେ ବି କେହି ଚୀନି ଭାଷା ଜାଣିନଥିଲୁ। ତେଣୁ ଖାଇବା ଅର୍ଡର୍ କରିବା ପାଇଁ ପ୍ରବେଶ ଦ୍ୱାରରେ ଥିବା ମେନୁ ବୋର୍ଡରେ ଖାଦ୍ୟର ଛବି ୱେଟରକୁ ଦେଖାଇ ଆମକୁ ଖାଇବା ଅର୍ଡର୍ କରିବାକୁ ପଡ଼ିଲା। ୱେଟରମାନେ ଦୁଇଟି ଲେଖାଏଁ ମୋବାଇଲ୍ ଫୋନ୍ ବ୍ୟବହାର କରିବା ଦେଖି ଆମକୁ ମଜା ଲାଗିଲା। ସେମାନେ ଗୋଟିଏ ଫୋନ୍‌ରେ ଚୀନି ଭାଷାରେ ଅର୍ଡର୍ ନେଲେ ଓ ଦ୍ୱିତୀୟ ଫୋନ୍‌ରେ ଚୀନି ଭାଷାକୁ ଇଂରାଜୀରେ ଅନୁବାଦ କରି ଆମକୁ ଆମେ ଯାହା ଅର୍ଡର୍ କରିଥିଲୁ ଠିକ୍ କି ନାହିଁ ଜାଣିବାକୁ ଦେଖାଇଲେ। ମୁଁ ସେଠାରେ କେବଳ ଚିଙ୍ଗୁଡ଼ି ଫ୍ରାଏଡ଼୍ ରାଇସ୍ ମଗାଇଥିଲି। ବହୁତ ଟେଷ୍ଟି ହୋଇଥିଲା। ଯିଏ ଯାହା ଅର୍ଡର୍ କରିଥିଲେ ସମସ୍ତେ ଖାଇବା ପସନ୍ଦ କଲେ। ଏଠାରେ ମୁଁ କହିରଖେ ଯେ ଚାଇନାରେ ଟିପ୍ସ ଦବା ନିୟମବିରୁଦ୍ଧ। ଆମେ ଏହା ଆଗରୁ ଶୁଣିଥିଲୁ। କିନ୍ତୁ ପୁରୁଣା ଅଭ୍ୟାସ ଛାଡ଼େ କେଉଁଠି ? ଖାଇସାରି ଟେବୁଲ୍ ଉପରେ କିଛି ଟିପ୍ସ ରଖି ଆମେ ରେସ୍ତୋରାଁ ବାହାରକୁ ଆସିବାବେଳେ ଆମ ପଛରେ ଜଣେ ୱେଟର୍ ଦୌଡ଼ି ଆସି ପଇସା ଫେରାଇଦେଲେ। ଆମେ ବୁଦ୍ଧି ଶିଖିଲୁ। ଏ ଭୁଲ୍ ଆଉ

କେବେ କରିନୁ। ଲମ୍ବା ଯାତ୍ରା ପରେ ଆମେ ସମସ୍ତେ କ୍ଳାନ୍ତ ହୋଇପଡ଼ିଥିଲୁ। ତେଣୁ ହୋଟେଲ୍‌କୁ ଫେରିଲୁ ବିଶ୍ରାମ ନେବାପାଇଁ।

ପରଦିନ ସକାଳେ ହୋଟଲ୍‌ରେ ଜଳଖିଆ ଖାଇଲୁ। ହୋଟେଲ୍‌ରେ ବଫେ ବ୍ରେକ୍‌ଫାଷ୍ଟର ବନ୍ଦୋବସ୍ତ ଥିଲା। ବ୍ରେକ୍‌ଫାଷ୍ଟରେ ୱେଷ୍ଟର୍ନ୍ ଓ ଏସିଆନ୍ ଖାଦ୍ୟ ସହିତ ପାରମ୍ପାରିକ ଚୀନି ଖାଦ୍ୟର ବି ବ୍ୟବସ୍ଥା ଥିଲା। କେତେଗୁଡ଼ିଏ କୁକିଙ୍ଗ୍ ଷ୍ଟେସନ୍ ଥିଲା। ସାଧାରଣତଃ ସବୁ ଭଲ ହୋଟେଲ୍‌ଗୁଡ଼ିକରେ ଏଗ୍ ଷ୍ଟେସନ୍ ଥାଏ ଯେଉଁଠାରେକି ଜଣେ ନିଜ ପସନ୍ଦର ଅଣ୍ଡା ଅର୍ଡର୍ କରିପାରିବ। ଏଠି କିନ୍ତୁ ଅନେକଗୁଡ଼ିଏ କୁକିଙ୍ଗ୍ ଷ୍ଟେସନ୍ ଥିଲା ଯେଉଁଠି କି ଅଣ୍ଡା ଛଡ଼ା ସେମାନେ ବିଭିନ୍ନ ପ୍ରକାର ଖାଇବା ଫ୍ରେସ୍ ତିଆରି କରି ଦେଉଥିଲେ। ମତେ ସବୁଠୁ ଭଲ ଲାଗିଲା ତାଙ୍କ ନୁଡୁଲ୍ ଷ୍ଟେସନ୍‌ଟି। ନୁଡୁଲ୍ ପାଇଁ ମୋର ଦୁର୍ବଳତା ମତେ ସେଠିକି ଟାଣିନେଲା। ସେଠି ଠିଆ ହୋଇ ଦେଖିଲି ସେମାନେ କେମିତି ନୁଡୁଲ୍ ତିଆରି କରୁଛନ୍ତି। ପ୍ରଥମେ ସେମାନେ ଦଳା ମଇଦାରୁ ସରୁ ସରୁ ନୁଡୁଲ୍ ତିଆରି କଲେ। ତାକୁ ଗୋଟାଏ ବଡ଼ ଡେକ୍‌ଚିରେ ଫୁଟୁଥିବା ପାଣିରେ ଦୁଇ ମିନିଟ୍ ପାଇଁ ପକାଇ କାଢ଼ି, ଗୋଟେ ବାଟିରେ ରଖି ମତେ ଦେଲେ। ସେଠାରେ ଅନେକଗୁଡ଼ିଏ ବାଟିରେ ବିଭିନ୍ନ ପ୍ରକାର ରନ୍ଧା ହୋଇଥିବା ଓ ଫ୍ରେସ୍ ପରିବା, ତା'ଛଡ଼ା କେତେ ପ୍ରକାର ମାଂସ ଥିଲା। ମୋ ନୁଡୁଲ୍‌ରେ ଟପିଙ୍ଗ୍ ପାଇଁ ମୁଁ କେବଳ କେତେ ପ୍ରକାର ପରିବା ନେଲି। ଅତି ଚମତ୍କାର ଟେଷ୍ଟ। ସେଠି ସଦ୍ୟ ରନ୍ଧା ଛଡ଼ା ଅନେକ ପ୍ରକାର ଚିଜ୍, କୋଲ୍ଡ଼ ମିଟ୍, ସାଲାଡ଼ ବାର୍, କେତେ ପ୍ରକାର ପେଷ୍ଟ୍ରି ଓ ବିଭିନ୍ନ ପ୍ରକାର ଫଳ ଓ ଜୁସ୍ ଥିଲା। ଫଳ ଭିତରେ ବରକୋଳି ଦେଖି ମୁଁ ଭାରି ଖୁସି ହୋଇଗଲି। ଆମେ ସବୁ ପେଟ ଭରି ଖାଇ ବୁଲିଯିବା ପାଇଁ ପ୍ରସ୍ତୁତ ହୋଇଗଲୁ।

ଟିଆନାନମେନ୍ ସ୍କୋୟାର୍: ସ୍ୱର୍ଗୀୟ ଶାନ୍ତିର ଦ୍ୱାର

ଆମ ଟୁର୍ ଗାଇଡ଼ ମ୍ୟାଗି, ଗୋଟିଏ ବଡ଼ ଭ୍ୟାନ୍ ଓ ଡ୍ରାଇଭର୍ ସହ ସକାଳ ସାଢ଼େ ଆଠଟାର ଟିକେ ପୂର୍ବରୁ ଆସି ଆମପାଇଁ ଲବିରେ ଅପେକ୍ଷା କରିଥିଲେ। ଆମେ ସମସ୍ତେ ମଧ୍ୟ ଠିକ୍ ସମୟରେ ଲବିରେ ପହଞ୍ଚିଲୁ। ସେଦିନ ଆମର ପ୍ରଥମେ ଟିଆନାନମେନ୍ ସ୍କୋୟାର୍ ଯିବାର ପ୍ଲାନ୍ ଥିଲା। ଆମେ ଠିକ୍ ସାଢ଼େ ଆଠଟାରେ ବାହାରିଗଲୁ। ଟିଆନାନ୍‌ମେନ୍ ସ୍କୋୟାର୍ ବେଇଜିଙ୍ଗ୍‌ର କେନ୍ଦ୍ରସ୍ଥଳରେ ଅବସ୍ଥିତ। ଆମେ ସେଠି ପ୍ରାୟ ପନ୍ଦର ମିନିଟ୍‌ରେ ପହଞ୍ଚି ଜାଣିବାକୁ ପାଇଲୁ ସେ ଜାଗାଟା ୪,୪୦,୦୦୦ ସ୍କୋୟାର୍ ମିଟର୍ (୧୦୯ ଏକର)ର ଏକ ବିରାଟ ଅଞ୍ଚଳ। ଆମ ଗାଇଡ଼ଙ୍କ କହିବା ଅନୁସାରେ ସେଠି ଏକା ସମୟରେ ଦଶ ଲକ୍ଷ ଲୋକ ଉପସ୍ଥିତ ରହିପାରିବେ। ତାଙ୍କ

ପାଖରୁ ଦଶ ଲକ୍ଷ ଲୋକ ଏକାଠି ହେବା କଥା ଶୁଣି ମୋର ୧୯୮୯ ମସିହାର ଟିଆନାନମେନ୍ ସ୍କୋୟାର୍ ମାସାକର୍ କଥା ମନେପଡ଼ିଲା, ଯେଉଁଠାରେ ଅନେକ ଲୋକ ଆରେଷ୍ଟ୍ ହୋଇଥିଲେ ଓ ଆହୁରି ଅନେକ ନିରୀହ ଲୋକ ମୃତ୍ୟୁବରଣ କରିଥିଲେ। ସେମାନେ ସମସ୍ତେ ପ୍ରାୟ ଛାତ୍ର ହିଁ ଥିଲେ, ଯେଉଁମାନେ କି ତାଙ୍କ ଦେଶରେ ଗଣତନ୍ତ୍ର ଓ କଥା କହିବାର ସ୍ୱାଧୀନତା ବା 'ଫ୍ରିଡମ୍ ଅଫ୍ ସ୍ପିଚ୍' ପାଇଁ ଦାବି କରୁଥିଲେ।

ଚୀନି ଭାଷାରେ ଟିଆନାନମେନ୍ ଅର୍ଥ ସ୍ୱର୍ଗୀୟ ଶାନ୍ତିର ଦ୍ୱାର। ଏହା ମିଙ୍ଗ୍ ବଂଶର ରାଜତ୍ୱ କାଳରେ ୧୪୧୫ ମସିହାରେ ଗଢ଼ି ଉଠିଥିବା ଇମ୍ପେରିଆଲ୍ ସିଟିର ପ୍ରବେଶ ଦ୍ୱାର ଭାବରେ ଗଢ଼ା ହୋଇଥିଲା। ସପ୍ତଦଶ ଶତାବ୍ଦୀରେ, ୧୬୫୧ ମସିହାରେ ଏହାକୁ ଭାଙ୍ଗି ନୂଆ ଡିଜାଇନ୍‌ରେ ପୁନର୍ନିର୍ମାଣ କରାଯାଇଥିଲା। ୧୯୫୦ ମସିହାରେ ଏହାକୁ ପୁଣି ବଢ଼ାଯାଇ ମୂଳ ଆକାରର ଚାରିଗୁଣ ବଡ଼ କରାଯାଇଥିଲା। ସ୍କୋୟାର୍ ଭିତରେ ଲୋକନାୟକମାନଙ୍କର ଗୋଟିଏ ସ୍ମାରକୀ ରହିଛି ଏବଂ ସବୁଆଡ଼େ ସୁନ୍ଦର ଲନ୍ ଓ ଲନ୍ କଡ଼ରେ ବର୍ଡ଼ର ଭଳିଆ ଫୁଲଗଛ ଲାଗିଥିବାରୁ ଭାରି ସୁନ୍ଦର ଦେଖାଯାଉଥିଲା। ଏପରିକି ସେ ଅଞ୍ଚଳରେ ଥିବା ଲ୍ୟାମ୍ପ୍-ପୋଷ୍ଟଗୁଡ଼ିକରେ ମଡ଼ା ଯାଇଥିବା ଲତାଗୁଡ଼ିକ ବିଭିନ୍ନ ରଙ୍ଗର ଫୁଲରେ ଭର୍ତ୍ତି ହୋଇ ଅତ୍ୟନ୍ତ ସୁନ୍ଦର ଦେଖା ଯାଉଥିଲା। ଆମେ ସମସ୍ତେ ସେଇ ସ୍କୋୟାର୍ ଭିତରେ ଏଣେତେଣେ ବୁଲାବୁଲି କରି ବହୁତ ଫଟୋ ଉଠାଇଲୁ। ସେଇ ସୌନ୍ଦର୍ଯ୍ୟ ଉପଭୋଗ କଲାବେଳେ ମଧ୍ୟ ଗଣତନ୍ତ୍ର ପାଇଁ ଲଢୁଥିବା ନିରୀହ ଲୋକମାନେ ସେଇଠି କେମିତି ପ୍ରାଣ ହରାଇଥିଲେ ସେକଥା ମୁଁ ଭୁଲିପାରୁ ନଥିଲି।

ନିଷିଦ୍ଧ ସହର

ଟିଆନାନମେନ୍ ସ୍କୋୟାର୍ ଦେଖିଲା ପରେ ଆମେ ପାଖରେ ଥିବା ଇମ୍ପେରିଆଲ୍ ପ୍ୟାଲେସ୍ କମ୍ପ୍ଲେକ୍ସ, ଯାହାକୁ ନିଷିଦ୍ଧ ସହର କୁହାଯାଏ, ତାକୁ ଦେଖିବାକୁ ଗଲୁ। ଚାଲି କରି ଯିବାକୁ ମାତ୍ର ୫/୬ ମିନିଟ୍ ଲାଗିଲା। ଇମ୍ପେରିଆଲ୍ ପ୍ୟାଲେସ୍ ଭିତରକୁ ଯିବା ରାସ୍ତାରେ ଆମକୁ ଗୋଟିଏ ବଡ଼ ଲାଲ ରଙ୍ଗର ପାଚେରି ପାରହୋଇ ଯିବାକୁ ପଡ଼ିଲା, ଯେଉଁଠାରେ ମାଓ ଜଦୋଂଗଙ୍କର ଏକ ପ୍ରକାଣ୍ଡ ତୈଳଚିତ୍ର ଝୁଲା ହୋଇଥିଲା। ୧୪୨୦ ମସିହାରେ ଯେତେବେଳେ ଚୀନ୍‌ର ରାଜଧାନୀ ନାନ୍‌ଜିଙ୍ଗରୁ ବେଇଜିଙ୍ଗ୍ (ଯାହାକୁ ପୂର୍ବେ ପିକିଙ୍ଗ୍ କୁହାଯାଉଥିଲା)କୁ ସ୍ଥାନାନ୍ତରିତ କରାଗଲା ସେତିକିବେଳେ ମିଙ୍ଗ୍ ରାଜବଂଶ ଏହି ପ୍ୟାଲେସ୍ ତିଆରି କରିଥିଲେ। ଚଉଦ ବର୍ଷ ଧରି ଏହାର ନିର୍ମାଣ କାମ ଚାଲିଥିଲା। ନିର୍ମାଣ ସାମଗ୍ରୀ ଚୀନ୍‌ର ବିଭିନ୍ନ ସ୍ଥାନରୁ ଅଣାଯାଇଥିଲା। ଗମ୍ବୁଜ ତିଆରି

ହେବାପାଇଁ ନାନ୍‌ଶୁ କାଠ ନଦୀପଥରେ ଦକ୍ଷିଣପଶ୍ଚିମ ଅଞ୍ଚଳର ଜଙ୍ଗଲରୁ ଓ ପ୍ୟାଲେସ୍ ତିଆରି ପାଇଁ ଦରକାରୀ ପଥରଗୁଡ଼ିକ ବିଭିନ୍ନ ସ୍ଥାନରୁ ଶୀତ ଦିନରେ ବରଫ ଉପରେ ଟାଣିଟାଣି ଅଣାଯାଇଥିଲା ବେଇଜିଙ୍ଗ୍ ପର୍ଯ୍ୟନ୍ତ। ଆମେ ଆଗରୁ ନାନ୍‌ଶୁ ଗଛ କଥା ଶୁଣିନଥିଲୁ। ତେଣୁ ଏ କାଠର ବିଶେଷତ୍ୱ ବିଷୟରେ ମ୍ୟାଗିଙ୍କୁ ପଚାରିଲୁ। ଏ କାଠ ବହୁତ ହାଲୁକା ଏବଂ ଶକ୍ତ ବୋଲି ସେ କହିଲେ। ଏଇ କାଠ ଖୋଦେଇ କାମ ପାଇଁ ଏବଂ ଫର୍ଣ୍ଣିଚର ତିଆରି କରିବାପାଇଁ ବହୁତ ଭଲ। ଏହା କେବଳ ଚୀନ୍ ଦେଶରେ ମିଳେ। ମ୍ୟାଗିଙ୍କଠାରୁ ଆମେ ଜାଣିଲୁ ଯେ ଚୀନ୍ ରାଜାମାନଙ୍କର ଏହି ଇମ୍ପେରିଆଲ୍ ପ୍ୟାଲେସ୍ ନିର୍ମାଣରେ ଲକ୍ଷ ଲକ୍ଷ ଲୋକ କାମ କରିଥିଲେ। ଇମ୍ପେରିଆଲ୍ ପ୍ୟାଲେସ୍ ଚୀନ୍ ରାଜାମାନଙ୍କର ରାଜନୈତିକ ଏବଂ ଆନୁଷ୍ଠାନିକ ଉତ୍ସବର କେନ୍ଦ୍ର ଥିଲା। ଏହି ପ୍ୟାଲେସ୍ କମ୍ପ୍ଲେକ୍ସରେ ସାଧାରଣ ଲୋକ ପଶି ପାରୁନଥିଲେ। କେବଳ ରାଜାଙ୍କ ଛଡ଼ା ଅନ୍ୟ କେହି ଏ କମ୍ପ୍ଲେକ୍ସର ସବୁ ଅଞ୍ଚଳକୁ ଯାଇ ପାରୁନଥିଲେ। ଏପରିକି ଉଚ୍ଚ କର୍ମଚାରୀ ଓ ରାଜବଂଶର ଲୋକମାନେ ମଧ୍ୟ କେବଳ କେତେକ ନିର୍ଦ୍ଦିଷ୍ଟ ଅଞ୍ଚଳରେ ଚଳପ୍ରଚଳ ହେଉଥିଲେ। ତେଣୁ ଏହାର ନାଁ ନିଷିଦ୍ଧ ସହର ଦିଆଯାଇଥିଲା। ବର୍ତ୍ତମାନ ଏହି ନିଷିଦ୍ଧ ସହର ଭିତରେ ପ୍ୟାଲେସ୍ ମ୍ୟୁଜିଅମ୍ ଅଛି। ଏହି ମ୍ୟୁଜିଅମ୍‌ରେ ମିଙ୍ଗ୍ ଓ ଚିଙ୍ଗ୍ ରାଜବଂଶ ସମୟର କଳାକୃତିସବୁ ପ୍ରଦର୍ଶିତ ହୋଇଛି। ପ୍ରତିଦିନ ହଜାର ହଜାର ଲୋକ ଆସି ତାକୁ ଦେଖୁଛନ୍ତି।

ଆମେ ଦକ୍ଷିଣ ଦ୍ୱାର ଦେଇ ନିଷିଦ୍ଧ ସହରରେ ପଶିଲୁ। ୨୫୦ ଏକର ଜମି ଉପରେ ପ୍ରାୟ ୯୦୦୦ରୁ ଅଧିକ ରୁମ୍ ଥାଇ ଏହା ଏକ ବିରାଟ ଅଞ୍ଚଳ। ବିଭିନ୍ନ ଉଦ୍ଦେଶ୍ୟକୁ ମନରେ ରଖି ଚୀନ୍ ରାଜାମାନେ ହଲ୍ ଅଫ୍ ସୁପ୍ରିମ୍ ହାର୍ମୋନି, ହଲ୍ ଅଫ୍ ସେଣ୍ଟ୍ରାଲ୍ ହାର୍ମୋନି, ହଲ୍ ଅଫ୍ ପ୍ରିଜର୍ଭିଙ୍ଗ୍ ହାର୍ମୋନି ପରି ବିରାଟ କୋଠାଗୁଡ଼ିକୁ ନିର୍ମାଣ କରାଇଥିଲେ। ହଲ୍ ଅଫ୍ ସୁପ୍ରିମ୍ ହାର୍ମୋନି ହେଉଛି ଚୀନ୍‌ର ସବୁଠାରୁ ବଡ଼ କାଠ ତିଆରି ପ୍ରାସାଦ। ମାର୍ବଲ୍ ମୂଳଦୁଆ ଉପରେ ତିନୋଟି ସ୍ତରରେ ଏହା ନିର୍ମିତ। ଦୁଇ ସ୍ତରୀୟ ଛାତ ଥାଇ ଏହା ଏକ ଖୁବ୍ ଉଚ୍ଚ ଚିତ୍ତାକର୍ଷକ ଅଟ୍ଟାଳିକା। ରାଜାଙ୍କ ଜନ୍ମଦିନ, ରାଜାଭିଷେକ ପରି ବିଶେଷ ଘଟଣାଗୁଡ଼ିକ ଏହିଠାରେ ଅନୁଷ୍ଠିତ ହେଉଥିଲା। ହଲ୍ ଅଫ ସୁପ୍ରିମ୍ ହାର୍ମୋନିରେ ରହିଛି ଏକ ଆଡ଼ମ୍ବରପୂର୍ଣ୍ଣ ଡ୍ରାଗନ୍ ସିଂହାସନ। ଏହି ସିଂହାସନରେ ବସି ରାଜା ପାତ୍ରମନ୍ତ୍ରୀମାନଙ୍କ ସହ ମନ୍ତ୍ରଣା କରୁଥିଲେ। ରାଜକୀୟ ସିଂହାସନଟି ଓ ତାକୁ ଘେରି ରହିଥିବା ଛଅଟି ସ୍ତମ୍ଭ ପୂରା ସୁନାରେ ଛାଉଣି ହୋଇଛି। ସମଗ୍ର ହଲ୍‌ଟି ଡ୍ରାଗନ୍ ଛବିରେ ସୁନ୍ଦର ଭାବେ ସଜାହୋଇ ଅତି ଚମତ୍କାର ଦେଖା ଯାଉଥିଲା। ତା'ପରେ ଆମେ ହଲ୍ ଅଫ୍ ସେଣ୍ଟ୍ରାଲ୍ ହାର୍ମୋନି ଦେଖିବାକୁ ଗଲୁ। ଏହା

ଏକ ଚାରିକୋଣିଆ ପ୍ରାସାଦ। କୌଣସି ଉତ୍ସବରେ ଯୋଗଦେବା ପୂର୍ବରୁ, ପରେ ବା ମଝିରେ ରାଜାମାନେ ନିଜର ଦରକାର ଅନୁଯାୟୀ ଏଠାରେ ବିଶ୍ରାମ ନେଉଥିଲେ। ଶେଷରେ ଆମେ ଗଲୁ ହଲ୍ ଅଫ୍ ପ୍ରିଜର୍ଭିଙ୍ଗ୍ ହାର୍ମୋନି ଦେଖିବାକୁ। ସବୁ ରାଜକୀୟ ଉତ୍ସବର ଏହା ଥିଲା ରିହର୍ସଲ୍‌ର ସ୍ଥାନ। ଏହି ହଲ୍‌ରେ ଚିଙ୍ଗ୍ ବଂଶର ରାଜାମାନେ ସମ୍ଭ୍ରାନ୍ତ ଲୋକମାନଙ୍କୁ ଓ ବିଭିନ୍ନ ସମ୍ପ୍ରଦାୟର ମୁଖ୍ୟମାନଙ୍କୁ ଆପ୍ୟାୟିତ କରିବା ସଙ୍ଗେ ସଙ୍ଗେ ସେମାନଙ୍କର ମନୋରଞ୍ଜନର ବ୍ୟବସ୍ଥା କରୁଥିଲେ। ଏଠାରେ ମଧ୍ୟ ଗୋଟିଏ ଅତି ସୁନ୍ଦର ସିଂହାସନ ଅଛି। ଏହି ହଲ୍‌ର ସାଜସଜ୍ଜା ଯଦିଓ ହଲ୍ ଅଫ୍ ସୁପ୍ରିମ୍ ହାର୍ମୋନି ସହ ତୁଳନୀୟ, ତେବେ ଏଠାରେ ଥିବା ସିଂହାସନଟି ଆକାରରେ ଅପେକ୍ଷାକୃତ ଛୋଟ। ଏସବୁ ଦେଖିସାରି ଆମେ ଗୋଟିଏ ଗେଟ୍ (ଗେଟ୍ ଅଫ୍ ହେଭେନ୍‌ଲି ପିସ୍) ଦେଇ ଭିତର କୋର୍ଟ୍‌କୁ ଗଲୁ ଯେଉଁଠାରେ କି ସମ୍ରାଟ ଓ ତାଙ୍କ ପରିବାର ରହୁଥିଲେ। ସେଠାରେ ଥିବା ଅନେକଗୁଡ଼ିଏ ବଡ଼ ପ୍ରାସାଦ ଛଡ଼ା, ଧାଡ଼ିଧାଡ଼ି ହେଇ ଛୋଟ ଘରଗୁଡ଼ିଏ ଦେଖିଲୁ। ସେଥିରେ ରାଜାଙ୍କ ରକ୍ଷିତାମାନେ ରହୁଥିଲେ। ସେଇ ବାଟଦେଇ ଆମେ ଗଲୁ ଇମ୍ପେରିଆଲ୍ ଗାର୍ଡେନ୍ ଦେଖିବାକୁ। ବଗିଚାଟି ଚୀନି ଐତିହ୍ୟର ଏକ ଚମତ୍କାର ନମୁନା। ଏହାର ପ୍ରାକୃତିକ ଦୃଶ୍ୟ ଅତୀବ ମନୋମୁଗ୍ଧକର। ପାଭିଲିଆନ୍ ଓ ଚଲାପଥଗୁଡ଼ିକ ସୁନ୍ଦର ଭାବରେ ତିଆରି ହୋଇଛି। ଏହି କମ୍ପ୍ଲେକ୍ସର ଉତ୍ତର ଦିଗରେ ଗୋଟିଏ ପ୍ରାସାଦ ଅଛି ଯେଉଁଟା କି ଦେଖିବାକୁ ଠିକ୍ ନିଷିଦ୍ଧ ସହର ପରି; କିନ୍ତୁ ଆକାରରେ ଯଥେଷ୍ଟ ଛୋଟ। ସେଇ ପ୍ରାସାଦର ନାଁ ପ୍ୟାଲେସ୍ ଅଫ୍ ଟ୍ରାଙ୍କୁଇଲ୍ ଲଞ୍ଜିଭିଟି। ଗାଇଡ୍ ଆମକୁ କହିଲେ ଯେ ଏହି ପ୍ରାସାଦ ଚିଙ୍ଗ୍ ବଂଶର ରାଜା କାନ୍‌ଲଙ୍ଗ୍‌ଙ୍କ ଅବସରକାଳୀନ ବିଶ୍ରାମ ଗୃହ ଭାବରେ ତିଆରି ହୋଇଥିଲା। କିନ୍ତୁ ସେ ସେଠାରେ ଆଦୌ ରହିନଥିଲେ। ନିଷିଦ୍ଧ ସହର ଏକ ବିରାଟ ଅଞ୍ଚଳ। ଆମେ ସବୁ ପ୍ରାସାଦଗୁଡ଼ିକ ଦେଖିପାରିଲୁ ନାହିଁ। ଅଳ୍ପ କେତୋଟି ମୁଖ୍ୟ ପ୍ରାସାଦ ଦେଖି ଉତ୍ତର ଦିଗରେ ଥିବା ଦ୍ୱାର ଦେଇ ବାହାରିଆସିଲୁ।

ନିଷିଦ୍ଧ ସହର ବୁଲି ଦେଖି ସାରିଲା ବେଳକୁ ଲଞ୍ଚ୍ ସମୟ ହୋଇଯାଇଥିଲା। ମ୍ୟାଗି ଆମକୁ ଗୋଟିଏ ନାମୀ ରେଷ୍ଟୋରାଁକୁ ନେଇଗଲେ। ଆମକୁ ସେଠି ପହଞ୍ଚିବାକୁ ପ୍ରାୟ ପନ୍ଦର ମିନିଟ୍ ଲାଗିଲା। ସେ ରେଷ୍ଟୋରାଁର ନାଁ ଥିଲା ସି ହେୟାଜୁ। ମ୍ୟାଗି କହିଲେ ସ୍ପାଇସି ସିଚୁଆନ୍ ଖାଦ୍ୟ ପାଇଁ ଏଇ ରେଷ୍ଟୋରାଁ ପ୍ରସିଦ୍ଧ। ପହଞ୍ଚି ଦେଖିଲୁ ପ୍ରବେଶ ପଥରେ କୃତ୍ରିମ ଆଇଭି ଓ ପେନ୍ଥା ଥିବା ଅଙ୍ଗୁର ଲତା ସଜା ହୋଇଥିଲା ଯାହାକି ପୂରା ସତ ପରି ଦେଖା ଯାଉଥିଲା। ଆର୍ଟିଫିସିଆଲ୍ ପରି ଜମା ଜଣା ପଡୁନଥିଲା। ରେଷ୍ଟୋରାଁର ସାଜସଜ୍ଜା ବହୁତ ରୁଚିକର ଥିଲା। ପାଗ ଅତ୍ୟନ୍ତ ଭଲ ଥିବାରୁ ଆମେ ବାହାରେ ବସି ଖାଇବା ପାଇଁ ସ୍ଥିର କଲୁ। ଆମେ ଯେଉଁଠି ବସିଲୁ ସେ ପାଖରେ

ଗୋଟିଏ ବିରାଟ ବଡ଼ ଗଛ ଥିଲା ଯାହାକି ଛୋଟଛୋଟ ଲାଇଟ୍ ବଲ୍‌ବରେ ସଜା ହୋଇଥିଲା। ସେ ପରିବେଶ ଅତ୍ୟନ୍ତ ଶାନ୍ତ ଓ ନୀରବ ଲାଗୁଥିଲା। ଆମେ ସେ ରେଷ୍ଟୋରାଁରେ ପହଞ୍ଚିବା ପୂର୍ବରୁ ମ୍ୟାଗି ଆମର ଖାଇବା ପସନ୍ଦ ବୁଝି, ଫୋନ୍‌ରେ ଖାଇବା ଅର୍ଡର୍ କରିଦେଇଥିଲେ। ତେଣୁ ଆମେ ସେଠି ପହଞ୍ଚିଲା ବେଳକୁ ଖାଇବା ପ୍ରସ୍ତୁତ ହୋଇସାରିଥିଲା। ତିନି ଜଣ ଓ୍ୱେଟ୍‌ରେସ୍ ମିଶି ସବୁ ଖାଇବା ଏକାଥରେ ଆଣି ଆମ ଟେବୁଲ୍‌ରେ ରଖିଦେଲେ।

ମ୍ୟାଗି ବହୁତ ପ୍ରକାରର ଖାଇବା ଅର୍ଡର କରିଥିଲେ। ସେଥିରେ ଥିଲା ହଟ୍ ଆଣ୍ଡ ସାଓ୍ୱାର୍ ସୁପ୍, ଚିଙ୍ଗୁଡ଼ି ଓ କାଜୁ, ଫୁଲକୋବି, ଆସ୍‌ପାରାଗସ୍, ବତକମାଂସର ଗୋଟିଏ ଆଇଟମ୍ ଓ ଟୋଫୁର ଗୋଟେ ଆଇଟମ୍। ବତକମାଂସର ଆଇଟମ୍‌ଟି ମୁଁ ଖାଇଲି ନାହିଁ; କିନ୍ତୁ ବତକମାଂସ ଚୀନ୍ ଲୋକମାନଙ୍କର ଅତି ପ୍ରିୟ ଖାଦ୍ୟ। ଅନ୍ୟସବୁ ଆଇଟମ୍‌ଗୁଡ଼ିକ ବେଶ୍ ଭଲ ଲାଗିଲା। ଚୀନ୍‌ରେ ପହଞ୍ଚିବା ପୂର୍ବରୁ ମୋ ମନରେ ଆଶଙ୍କା ଥିଲା ଯେ ସେଠି ସବୁ ଖାଦ୍ୟରେ ଆଇଁଷ ଗନ୍ଧ ଥିବ ଓ ସେମାନେ ଆମକୁ ଯାବତୀୟ ପ୍ରକାର କୀଟପତଙ୍ଗଠାରୁ ଆରମ୍ଭ କରି ବଡ଼ ବଡ଼ ଜନ୍ତୁଙ୍କ ମାଂସ ଖାଇବାକୁ ଦେବେ। ସେମାନେ ହୁଏତ ସେସବୁ ଖାଉଥିବେ। ଆମେ କିନ୍ତୁ ସେପରି କିଛି ପରିସ୍ଥିତିରେ ପଡ଼ିନାହୁଁ। ଖାଇବା ପରଷୁଥିବା ଝିଅମାନଙ୍କର କଥାବାର୍ତ୍ତା ବହୁତ ମାର୍ଜିତ ଆଉ ସେମାନଙ୍କର ସେବା ଅତି ଉଚ୍ଚକୋଟୀର ଥିଲା। ସେ ରେଷ୍ଟୋରାଁର ଓ୍ୱାସ୍‌ରୁମ୍ ଗୁଡ଼ିକ ବେଶ୍ ସଫାସୁତରା ଥିଲା। ଏବଂ ବ୍ୟବହାର କରିବାପାଇଁ ଟିସୁ ପେପର୍ ବି ଥିଲା। ଟଏଲେଟ୍ ପାଖରେ ଗୋଟିଏ ବାସ୍କେଟ୍ ଥିଲା। ସେଠାରେ ଇଂରାଜୀରେ ଓ ଚୀନି ଭାଷାରେ ବ୍ୟବହୃତ ଟିସୁ କମୋଡ଼ରେ ନପକାଇ ପାଖରେ ଥିବା ବାସ୍କେଟ୍‌ରେ ପକାଇବାକୁ ଲେଖାଯାଇଥିଲା। କାରଣ ସେଠିକାର ନିଷ୍କାସନ ସିଷ୍ଟମ୍‌ର ଏତେସବୁ ଟିସୁ ପେପର୍ ନିଷ୍କାସନ କରିବାର କ୍ଷମତା ନାହିଁ। ଆମେ ପୂର୍ବରୁ ଏସିଆର କିଛି ଦେଶ ଓ ଦକ୍ଷିଣ ଆମେରିକାର ପେରୁରେ ଏଭଳି ପରିସ୍ଥିତିର ସମ୍ମୁଖୀନ ହୋଇଥିଲୁ।

ଟେମ୍ପଲ୍ ଅଫ୍ ହେଭେନ୍‌ସ

ତୃପ୍ତିକର ଭୋଜନ ପରେ ଆମେ ଗଲୁ ଟେମ୍ପଲ୍ ଅଫ ହେଭେନ୍‌ସ ଦେଖିବା ପାଇଁ। ଏକ ବ୍ୟାପକ ଅଞ୍ଚଳରେ ଅନେକଗୁଡ଼ିଏ ଧର୍ମକେନ୍ଦ୍ରିକ ପ୍ରାସାଦକୁ ନେଇ ଏହା ଗଠିତ। ବର୍ଷା ଓ ଭଲ ଫସଲ ପାଇବା ଆଶାରେ ମିଙ୍ଗ୍ ଓ ଚିଙ୍ଗ୍ ବଂଶର ରାଜାମାନେ ପ୍ରତି ବର୍ଷ ପ୍ରେୟାର୍ କରିବା ପାଇଁ ଏଠାକୁ ଆସୁଥିଲେ। ଚୀନିମାନେ ବିଶ୍ୱାସ କରୁଥିଲେ ଯେ ରାଜାମାନେ ଭଗବାନଙ୍କ ପୁତ୍ର। ସେମାନେ ପୃଥିବୀରେ ଶାସନ କରିବାପାଇଁ ଆସିଥାନ୍ତି।

ଟେମ୍ପଲ୍ ଅଫ୍ ହେଭେନ୍‌ସ ଭିତରେ ଥିବା ହଲ୍ ଅଫ୍ ପ୍ରେୟାର୍‌ର ଆକାର ଗୋଲାକାର। ସେଇ କୋଠାଟି ତିନି ସ୍ତରର ମାର୍ବଲ୍ ମୂଳଦୁଆ ଉପରେ ତିଆରି ହୋଇଛି। ଏହାର ଉପର ଅଂଶଟି କେବଳ କାଠରେ ତିଆରି। ଛାତରେ ବିଭିନ୍ନ ରଙ୍ଗରେ ଖୁବ୍ ସୁନ୍ଦର ଡିଜାଇନ୍ କରାହୋଇଛି। ସେଠାରେ ଥିବା ସବୁ ଖୁମ୍ବଗୁଡ଼ିକ ଡ୍ରାଗନ୍ ମୋଟିଫ୍‌ରେ ସଜା ହୋଇଛି। ଟେମ୍ପଲ୍ ଅଫ୍ ହେଭେନ୍‌ସକୁ ଘେରି ଗୋଟିଏ ବଡ଼ ପାର୍କ ଅଛି। ପାର୍କରେ ଖେଳିବାର ସୁବିଧା ସହ ବ୍ୟାୟାମ କରିବାର ମଧ୍ୟ ବ୍ୟବସ୍ଥା ଅଛି। ଆମେ ଦେଖିଲୁ ସେଠାରେ କିଛି ବୟସ୍କ ଲୋକ ତାସ୍ ଖେଳୁଥିଲେ, କିଛି ଲୋକ ବୋର୍ଡ୍ ଗେମ୍ ଖେଳୁଥିଲେ ଓ କିଛି ଲୋକ କସରତ କରୁଥିଲେ। ଆହୁରି କେତେ ବୟସ୍କ ଲୋକ ପିଲାମାନଙ୍କୁ ଖେଳାଉଥିଲେ। ମ୍ୟାଗି କହିଲେ ତାଙ୍କ ଦେଶରେ ଚିକିତ୍ସା ଖର୍ଚ୍ଚ ଅତ୍ୟଧିକ ହୋଇଥିବାରୁ ଲୋକମାନେ ସୁସ୍ଥ ରହିବାପାଇଁ ନିୟମିତ ଭାବରେ ବ୍ୟାୟାମ କରନ୍ତି। ମୁଁ ମଧ୍ୟ ଲକ୍ଷ୍ୟ କଲି ଯେ, ଆମର ପୂରା ରହଣି ଭିତରେ ଯେତେ ଜାଗା ଆମେ ବୁଲିଲୁ ସବୁଠି ଦେଖିଲୁ ଖୋଲା ଜାଗା ଓ ପାର୍କଗୁଡ଼ିକରେ ଲୋକମାନେ ବ୍ୟାୟାମ କରୁଥିଲେ। ବ୍ୟାୟାମ ଯେ କେବଳ ସକାଳେ ଓ ସନ୍ଧ୍ୟାରେ କରୁଥିଲେ ତା' ନୁହେଁ, ଖରାବେଳେ ମଧ୍ୟ ଲୋକ ବ୍ୟାୟାମ କରିବା ଆମେ ଦେଖିଛୁ। ଟେମ୍ପଲ୍ ଅଫ୍ ହେଭେନ୍‌ସ ଦେଖି ସାରିଲାବେଳକୁ ସନ୍ଧ୍ୟା ୬ଟା ହୋଇଯାଇଥିଲା। ତେଣୁ ମନ୍ଦିର ଦେଖିସାରି ଆମେ ହୋଟେଲ୍‌କୁ ଫେରିଆସିଲୁ।

ହୋଟେଲ୍‌ରେ ପହଞ୍ଚି ଆମେ ନିଜ ନିଜ ରୁମ୍‌କୁ ଯିବାପାଇଁ ଏଲିଭେଟର୍‌ରେ ପଶିଲା ବେଳକୁ ଗୋଟିଏ ମଜାଦାର ଘଟଣା ଘଟିଲା। ଏଲିଭେଟର୍ ଦୁଆରଟି ବନ୍ଦ ହେବାପରେ ହଠାତ୍ ପୁଣି ଖୋଲିଗଲା। ଦେଖିଲା ବେଳକୁ ସାମ୍ନାରେ ଠିଆହୋଇଛି ଗୋଟିଏ ରୋବଟ୍। ଯେହେତୁ ଆମେ ବହୁତ ଲୋକ ଏଲିଭେଟର୍‌ରେ ଥିଲୁ ସେ ରୋବଟ୍ ଆଉ ଭିତରେ ପଶିଲା ନାହିଁ। ପରେ ଯିବାପାଇଁ ଅପେକ୍ଷା କଲା। ଆମେ ପରେ ଶୁଣିଲୁ ଯେ ପିଇବା ପାଣି ବୋତଲ ଓ ଅନ୍ୟାନ୍ୟ ଜିନିଷ ରୁମ୍‌ରେ ପହଞ୍ଚାଇ ଦେବାପାଇଁ ହୋଟେଲ୍ କେତେଗୁଡ଼ିଏ ରୋବଟ୍ ରଖିଛନ୍ତି। ପରେ ଚୀନ୍‌ର ଅନ୍ୟ କେତୋଟି ହୋଟେଲ୍‌ରେ ମଧ୍ୟ ଆମେ ଏଇ ବ୍ୟବସ୍ଥା ଦେଖିଲୁ।

ସନ୍ଧ୍ୟାରେ ଆମେ ହୋଟେଲ୍ ପାଖରେ ଗୋଟିଏ ସପିଙ୍ଗ୍ ସେଣ୍ଟର୍‌କୁ ଗଲୁ କିଛି ସ୍ମାରକୀ କିଣିବା ପାଇଁ। ସେଠାରେ ପାଞ୍ଚ ତାଲାର ଗୋଟେ ବିରାଟ ବହି ଦୋକାନ ଭିତରକୁ ଗଲୁ। ସେଇ ବହି ଦୋକାନରେ ବହି ଛଡ଼ା ଅନେକ ପ୍ରକାର ସ୍ମାରକୀ ମଧ୍ୟ ମିଳୁଥିଲା। ଆମେ କିଛି ସ୍ମାରକୀ କିଣିଲୁ। କିନ୍ତୁ ଆଶ୍ଚର୍ଯ୍ୟର କଥା ଯେ ଏତେ ବଡ଼ ଦୋକାନଟାରେ ଗୋଟିଏ ହେଲେ ଇଂରାଜୀ ବହି ନଥିଲା। ସବୁ ବହିଗୁଡ଼ିକ ଥିଲା ଚୀନ୍ ଭାଷାର।

ଗ୍ରେଟ୍ ୱାଲ୍

ପରଦିନ ସେପ୍ଟେମ୍ବର ୯ ତାରିଖ ଥିଲା ରବିବାର। ସକାଳେ ବ୍ରେକ୍‌ଫାଷ୍ଟ ପରେ ଆମେ ଠିକ୍ ୮ଟା ୩୦ ମିନିଟ୍‌ରେ ହୋଟେଲ୍ ଲବିରେ ମ୍ୟାଗିଙ୍କୁ ଭେଟିଲୁ। ଆମର ସେଦିନ ଗ୍ରେଟ୍ ୱାଲ୍ ଦେଖିବାର ପ୍ରୋଗ୍ରାମ୍ ଥିଲା। ସେଠାକୁ ଯିବାପାଇଁ ଆମକୁ ହୋଟେଲରୁ ପ୍ରାୟ ଦେଢ଼ ଘଣ୍ଟା ଲାଗିଲା। ଗ୍ରେଟ୍ ୱାଲ୍‌ରେ ଥିବା ଅନେକଗୁଡ଼ିଏ ଏଣ୍ଟ୍ରି ପଏଣ୍ଟ୍ ଭିତରୁ ଆମେ ବାଡ଼ାଲିଂ ସେକ୍ସନ୍‌କୁ ଯିବାପାଇଁ ମ୍ୟାଗି ଠିକ୍ କରିଥିଲେ। ବାଡ଼ାଲିଂ ହେଉଛି ସବୁଠାରୁ ପପୁଲାର୍ ପ୍ରବେଶପଥ; କାରଣ ଏଇ ସେକ୍ସନ୍ ସବୁଠାରୁ ଭଲ ଭାବରେ ସୁରକ୍ଷିତ ଏବଂ ଏଠାରେ ପାହାଚ ଚଢ଼ିବା ଅତି କଷ୍ଟକର ନୁହେଁ। ତା'ଛଡ଼ା ଏଠି ଚଢ଼ିଲାବେଳେ ପାହାଚରେ ହାତ ଧରି ଚାଲିବା ପାଇଁ ରେଲିଂର ସୁବିଧା ଅଛି, ତେଣୁ ପାହାଚ ଚଢ଼ିବାକୁ ସୁବିଧା। ଏସବୁ ବ୍ୟତୀତ, କେବଳ ଏଇ ସେକ୍ସନ୍‌ରେ ଚାଲି ନପାରୁଥିବା ଲୋକଙ୍କ ପାଇଁ କେବଲ୍ କାର୍‌ର ସୁବିଧା ଅଛି। ସେଥିପାଇଁ ଏଇ ସେକ୍ସନ୍‌ଟି ବୟସ୍କ ଲୋକମାନଙ୍କ ପାଇଁ ସୁବିଧା। କେବଲ୍ କାର ବ୍ୟବହାର ପାଇଁ କିଛି ପଇସା ପଡ଼େ। କେତେ ପଡ଼େ ମୁଁ କହି ପାରିବିନି; କାରଣ ଆମ ଭିତରୁ କେହି ସେଟା ବ୍ୟବହାର କରିନାହାନ୍ତି। ତା'ଛଡ଼ା ବାଡ଼ାଲିଂ ସେକ୍ସନରେ କେବଳ ଟଏଲେଟ୍‌ର ସୁବିଧା ଅଛି ଓ ରାସ୍ତାକଡ଼ରେ ଦୋକାନ ବଜାର ଅଛି। ସେ ଦୋକାନଗୁଡ଼ିକରେ ସ୍ମାରକୀ ମିଳିବା ଛଡ଼ା ସ୍ନାକ୍‌ସ ଓ ପାଣି ଇତ୍ୟାଦି ମିଳେ।

ଗ୍ରେଟ୍ ୱାଲ୍‌ର ନିର୍ମାଣ ପ୍ରଥମେ ଆରମ୍ଭ ହୋଇଥିଲା ଖ୍ରୀଷ୍ଟପୂର୍ବ ସପ୍ତମ ଶତାବ୍ଦୀରେ। ଉତ୍ତର ଦିଗରୁ ଆସୁଥିବା ଯାଯାବରମାନଙ୍କ ଆକ୍ରମଣରୁ ଦେଶକୁ ରକ୍ଷା କରିବା ଉଦ୍ଦେଶ୍ୟରେ ୱାଲ୍‌ଟି ପ୍ରଥମେ ପୂର୍ବ ଦିଗରେ ଥିବା ଲିଆଓଦୋଙ୍ଗଠାରୁ ଆରମ୍ଭ ହୋଇ ପଶ୍ଚିମର ଲପ୍ ନୁର୍ ହ୍ରଦ ପର୍ଯ୍ୟନ୍ତ ତିଆରି ହୋଇଥିଲା। ସମୟକ୍ରମେ ଚୀନ୍‌ର ବିଭିନ୍ନ ବଂଶର ଶାସକମାନେ ଏହି ପ୍ରାଚୀରକୁ ଧୀରେ ଧୀରେ ବଢ଼ାଇ ଏହାକୁ ଖୁବ୍ ବଡ଼ କରିଦେଲେ। ବର୍ତ୍ତମାନ ଏହାର ଦୀର୍ଘ ପ୍ରାୟ ୨୧,୧୯୬ କିଲୋମିଟର ଓ ଚଉଡ଼ା ପ୍ରାୟ ୫ରୁ ୬ ମିଟର। ଯେହେତୁ ବିଭିନ୍ନ ସମୟରେ ତିଆରି ହୋଇଥିଲା, ଏହାର ନିର୍ମାଣ ପାଇଁ ଅନେକ ପ୍ରକାର ପଦାର୍ଥ ଯଥା ପଥର, ଇଟା, ସିମେଣ୍ଟ ଓ ମାଟି ବ୍ୟବହୃତ ହୋଇଛି। ପ୍ରାଚୀରର ସ୍ଥାନେ ସ୍ଥାନେ ଜଗୁଆଳିମାନେ ରହି ୱାଲ୍‌କୁ ଜଗିବା ପାଇଁ ଚେକ୍ ପଏଣ୍ଟର ବ୍ୟବସ୍ଥା ଅଛି। ରକ୍ଷଣାବେକ୍ଷଣ ହେଉନଥିବାରୁ ଏବଂ ପ୍ରାଚୀର ଏତେ ପୁରୁଣା ହୋଇ ଯାଇଥିବାରୁ ନିରାପତ୍ତା ଦୃଷ୍ଟିରୁ ପର୍ଯ୍ୟଟକମାନଙ୍କୁ ପ୍ରାଚୀରର କେତୋଟି ମାତ୍ର ଅଂଶ ଦେଖିବାକୁ ଅନୁମତି ମିଳିଥାଏ।

ଗ୍ରେଟ୍ ୱାଲ୍‌କୁ ଯିବା ରାସ୍ତାରେ ଦେଖିଲୁ ସବୁ ଅଞ୍ଚଳ ପ୍ରାକୃତିକ ଶୋଭାରେ

ପରିପୂର୍ଣ୍ଣ। ମେନ୍ ରାସ୍ତା ଓ ସରୁ ରାସ୍ତା ଗୁଡ଼ିକ ଖୁବ୍ ଯତ୍ନର ସହିତ ତିଆରି ହେବା ସଙ୍ଗେସଙ୍ଗେ ତା'ର ରକ୍ଷଣାବେକ୍ଷଣ ମଧ୍ୟ ନିୟମିତ କରାଯାଉଥିବାପରି ଲାଗିଲା। ଡ୍ରାଇଭ୍ କରି ଗଲାବେଳେ ଦୂରରୁ ଯେତେବେଳେ ଗ୍ରେଟ୍ ୱାଲ୍ ଦେଖାଗଲା, ମନେହେଲା ସତେ ଯେପରି ଏକ ବିରାଟ ବଡ଼ ସାପ ଅଙ୍କାବଙ୍କା ହୋଇ ଦିଗ୍‌ବଳୟ ପର୍ଯ୍ୟନ୍ତ ଶୋଇଚି। ସେଇଟା କେତେ ବଡ଼ କଳନା କରି ହେଉନଥିଲା। ପାଖରେ ପହଞ୍ଚିଲା ପରେ ଆଶ୍ଚର୍ଯ୍ୟର ସୀମା ରହିଲା ନାହିଁ। ନିଜ ଆଖିକୁ ବିଶ୍ୱାସ କରିହେଲା ନାହିଁ।

ଆମେ ପ୍ରାୟ ସକାଳ ଦଶଟାରେ ଏଣ୍ଟ୍ରାନ୍‌ସ ପାଖରେ ପହଞ୍ଚିଲୁ। ସେତେବେଳେ ଟିକେ ଥଣ୍ଡା ଥିଲା। ମୁଁ କେବଳ ଗୋଟେ ପତଳା ସାର୍ଟ୍ ପିନ୍ଧିଥିବାରୁ ମତେ ଟିକେ ଶୀତ ହେଲା। ରାସ୍ତାକଡ଼ରେ ଥିବା ଅନେକ ଦୋକାନ ଭିତରୁ ଗୋଟିକରୁ ମୋ କଲେଜ୍ ସାଙ୍ଗ ସରୋଜିନୀ ଯାଇ ଗୋଟେ ଶାଲ କିଣି ଆଣି ମତେ ଦେଲା। ସେଇଟା ଘୋଡ଼େଇ ହେଲା ପରେ ମତେ ଭଲ ଲାଗିଲା। ଆମେ ଯେତେବେଳେ ପାହାଚ ଚଢ଼ିବାକୁ ଆରମ୍ଭ କଲୁ ଓ ଦିନ ବଢ଼ିବାକୁ ଲାଗିଲା ଆଉ ଶାଲ ଘୋଡ଼େଇବା ଦରକାର ପଡ଼ିଲାନି। ଆମେ ଯେଉଁ ସ୍ଥାନରୁ ଗ୍ରେଟ୍ ୱାଲ୍‌ରେ ଚଢ଼ିଲୁ ସେ ସ୍ଥାନଟି ଥିଲା ବେଶ୍ ଚଉଡ଼ା। ସେଇ ଚଉଡ଼ା ପାଦଚଲା ରାସ୍ତାରେ ଆମେ ପ୍ରାୟ ଚାରି କିଲୋମିଟର ଚାଲିଚୁ। ମଝିରେ ମଝିରେ ଜଗୁଆଳିମାନଙ୍କ ପାଇଁ ହୋଇଥିବା ଚେକ୍‌ପଏଣ୍ଟରେ ଆମେ ବିଶ୍ରାମ ନେଉଥିଲୁ। ଏହି ଚେକ୍‌ପଏଣ୍ଟଗୁଡ଼ିକ ତିଆରି ହୋଇଥିଲା ଉଚ୍ଚ ସ୍ଥାନରେ ରହି ଶତ୍ରୁମାନଙ୍କ ଗତିବିଧି ଲକ୍ଷ୍ୟ କରିବାପାଇଁ।

ଗ୍ରେଟ୍ ୱାଲ୍ ଉପରେ ଚାଲିଲାବେଳେ ଆମେ ପୂରା ଅଞ୍ଚଳର ସୌନ୍ଦର୍ଯ୍ୟ ଏଞ୍ଜୟ କରିବା ସହିତ ଆଖି ପାଉଥିବା ଦୂରତା ପର୍ଯ୍ୟନ୍ତ ଥିବା ସବୁଜ ବନାନୀର ସୌନ୍ଦର୍ଯ୍ୟ ମଧ୍ୟ ଉପଭୋଗ କରୁଥିଲୁ। ଚାଲିବା ପାଇଁ ପାଗ ବହୁତ ଅନୁକୂଳ ଥିଲା। କିନ୍ତୁ ଉଚ୍ଚ ପାହାଚରେ ଚଢ଼ି ଚଢ଼ି ଆମେ ସମସ୍ତେ ହାଲିଆ ହୋଇପଡ଼ିଲୁ। ତେଣୁ ପ୍ରାୟ ଦୁଇ କିଲୋମିଟର ଗଲାପରେ ଆମେ ଫେରିଆସିଲୁ। ଫେରିବା ବାଟରେ ଆମକୁ ବେଶୀ ସାବଧାନ ହେବାକୁ ପଡ଼ିଲା କାରଣ ପାହାଚରେ ଓହ୍ଲାଇଲା ବେଳକୁ ଆଣ୍ଠୁରେ ବହୁତ ପ୍ରେସର୍ ପଡୁଥିଲା। ତଳେ ପହଞ୍ଚିଲା ବେଳକୁ ଆମେ ସମସ୍ତେ ଟାୟାର୍ଡ଼ ହୋଇ ଯାଇଥିଲୁ। ସେତେବେଳକୁ ଭୋକ ମଧ୍ୟ ହେଲାଣି। ଫେରିବା ବାଟରେ ଅନେକଗୁଡ଼ିଏ ଆମେରିକାନ୍ ଫାଷ୍ଟ୍ ଫୁଡ଼ ଦୋକାନ ଥିଲା। କେଣ୍ଟକି ଫ୍ରାଏଡ଼ ଚିକେନ୍, ସବୱେ ପରି ଅନେକ କିଛି ମିଳୁଥିଲା। ତା'ଛଡ଼ା ଅନେକଗୁଡ଼ିଏ ଚାଇନିଜ୍ ଫାଷ୍ଟ୍ ଫୁଡ଼ ଦୋକାନ ବି ଥିଲା। ଆମେ ନିଜ ନିଜ ପସନ୍ଦ ଅନୁସାରେ ଭିନ୍ନ ଭିନ୍ନ ଜାଗାରେ ଯାଇ ଲଞ୍ଚ୍ ଖାଇଲୁ।

ଡିଙ୍ଗ୍‌ଲିଙ୍ଗ୍ ଟୋମ୍ବ

ଲଞ୍ଚ୍ ଶୀଘ୍ର ଖାଇସାରି ଆମେ ଡିଙ୍ଗ୍‌ଲିଙ୍ଗ୍ କବର ସ୍ଥାନ ଦେଖିବାକୁ ଗଲୁ। ସେଠାରେ ମିଙ୍ଗ୍ ରାଜବଂଶର ସବୁଠାରୁ ବେଶୀ ସମୟ ପାଇଁ ରାଜଗାଦିରେ ବସିଥିବା ତ୍ରୟୋଦଶ ରାଜା ଝୁ ୟୀୟୁନ୍ ଓ ତାଙ୍କ ଦୁଇ ପତ୍ନୀଙ୍କର କବର ଏକାଠି ଦିଆଯାଇଛି। ୧୫୮୪ରୁ ୧୫୯୦ ପର୍ଯ୍ୟନ୍ତ ଦୀର୍ଘ ଛ ବର୍ଷ ଧରି ଏହି କବର ନିର୍ମାଣ କରାଯାଇଥିଲା। ୧୯୫୬ରୁ ୧୯୫୮ ଭିତରେ କବରଗୁଡ଼ିକ ଆବିଷ୍କୃତ ହୋଇଥିଲା। ଏହି କବରସ୍ଥଳ ଦେଖିବାକୁ ପ୍ରତିବର୍ଷ ଲକ୍ଷ ଲକ୍ଷ ଲୋକ ଏଠାକୁ ଆସନ୍ତି। ଆମେ ସେଠି ପହଞ୍ଚି ଦେଖିଲୁ କିଛି ନାହିଁ, ଖାଲି ଖୋଲା ଜାଗା। ତା'ପରେ ମ୍ୟାଗିଙ୍କ ପଛେ ପଛେ ଅଶୀଟି ପାହାଚ ଓହ୍ଲାଇ ତଳକୁ ଗଲୁ। ତଳେ ପହଞ୍ଚି ଦେଖିଲୁ ସେଠି ବିରାଟ ପ୍ରାସାଦ। ତା' ଭିତରେ ପାଞ୍ଚଟି ହଲ୍। ଆଗପଛ ହୋଇ ତିନୋଟି ଓ ମଝି ହଲ୍‌ର ଦୁଇ ପାଖରେ ଦୁଇଟି। ସବା ପଛରେ ଥିବା ହଲ୍‌ଟି ସବୁଠାରୁ ବଡ଼ ଓ ମୁଖ୍ୟ। ସବୁ ହଲ୍‌ର ପ୍ରବେଶଦ୍ୱାରଗୁଡ଼ିକ ଖୋଦେଇ କରାଯାଇ ଜେଡ୍ ଷ୍ଟୋନ୍‌ରେ ସଜ୍ଜିତ ହୋଇଥିଲା। ଜେଡ୍ ବିଷୟରେ ମୁଁ ପଦେ କହିଦିଏ। ପ୍ରାଚୀନ ଚାଇନାରେ ଜେଡ୍ ସବୁଠାରୁ ମୂଲ୍ୟବାନ ପଥର ଭାବରେ ପରିଗଣିତ ହେଉଥିଲା। ଏହା ଶୁଦ୍ଧତା ଏବଂ ନୈତିକତାର ପ୍ରତୀକ ବୋଲି ଚୀନିମାନେ ବିଶ୍ୱାସ କରନ୍ତି। ଏହାର ସ୍ଥାୟୀତ୍ୱ ଏବଂ ଯାଦୁକରୀ ଗୁଣପାଇଁ ଏଇ ପଥରଟି ପାଲିସ୍ କରାଯାଇ ଖୁବ୍ ସୂକ୍ଷ୍ମ ଭାବରେ ଖୋଦିତ ଅଳଙ୍କାରଠାରୁ ଆରମ୍ଭ କରି ବିଭିନ୍ନ ପ୍ରକାର ଜିନିଷରେ ବ୍ୟବହାର କରାଯାଉଥିଲା। ଏବେ ବି ଚାଇନାରେ ଜେଡ୍ ବହୁଳ ଭାବରେ ବ୍ୟବହାର କରାଯାଏ।

ପହଞ୍ଚି ଦେଖିଲୁ ପ୍ରତି ହଲ୍ ମଝିରେ ଗୋଟିଏ ଗୋଟିଏ ଧଳା ମାର୍ବଲ୍‌ର କଫିନ୍ ଥିଲା ଓ ମେଜିଆରେ ସୁନା ଛାଉଣୀ ହୋଇଥିବା ଇଟା ଖଞ୍ଜା ଯାଇଥିଲା। ମଝି ହଲ୍‌ରେ ତିନୋଟି ଧଳା ମାର୍ବଲ୍‌ର ସିଂହାସନ ଥିଲା। ପ୍ରତ୍ୟେକ ସିଂହାସନ ଆଗରେ ଫୁଲ ସଜା ହୋଇଥିଲା ଓ ମହମବତୀ ଜଳୁଥିଲା। ହଲ୍‌ର ଛାତଗୁଡ଼ିକ ସୁନ୍ଦର ସୁନ୍ଦର ଡିଜାଇନ୍‌ରେ ସଜ୍ଜିତ ହୋଇଥିଲା। ଆମେ ଦେଖିଲୁ ରାଜାଙ୍କ କବର ସ୍ଥଳରେ ଅନେକ ଦର୍ଶକ ଟଙ୍କା ଛାଡ଼ି ଯାଉଥିଲେ।

ଏହାଛଡ଼ା ସେଠାରେ ଗୋଟିଏ ମ୍ୟୁଜିଅମ୍ ଥିଲା ଯେଉଁଠାରେ କି ଏହି ପ୍ରାସାଦ ଖୋଲା ହେଲାବେଳେ ଯେଉଁସବୁ କଳାକୃତିଗୁଡ଼ିକ ମିଳିଥିଲା ସେଗୁଡ଼ିକ ସାଇତା ହୋଇ ରଖାଯାଇଛି। ପର୍ଯ୍ୟଟକମାନଙ୍କ ପାଇଁ ସେଇଟା ମଧ୍ୟ ଗୋଟିଏ ଆକର୍ଷଣୀୟ ସ୍ଥାନ। ସେଠାରେ ଥିବା ସୁବର୍ଣ୍ଣ ପାତ୍ର ଓ ଅନ୍ୟ ମୂଲ୍ୟବାନ ସାମଗ୍ରୀଗୁଡ଼ିକ ପ୍ରକୃତରେ ଦେଖିବାର କଥା। ମିଙ୍ଗ୍ ବଂଶର ରାଜାମାନଙ୍କ କବର ଭିତରୁ କେବଳ ଏଇ ଗୋଟିକ

ସର୍ବସାଧାରଣ ଦେଖିବାପାଇଁ ଖୋଲା ଥାଏ। ତାକୁ ଦେଖିସାରି ଫେରିଲାବେଳେ ବାହାରକୁ ଆସିବାପାଇଁ ଆମକୁ ୩୦/୪୦ଟି ପାହାଚ ଚଢ଼ି ଆସିବାକୁ ପଡ଼ିଲା।

ଏହାପରେ ଆମେ ପବିତ୍ର ପଥ ବା ସାକ୍ରେଡ଼ ୱେ ଦେଖିବାକୁ ଗଲୁ। ଚୀନି ଭାଷାରେ ଏହାର ଅର୍ଥ 'ସ୍ୱର୍ଗ ପଥ'। ଚୀନିମାନଙ୍କର ବିଶ୍ୱାସ ଯେ, ରାଜାମାନେ ଇଶ୍ୱରଙ୍କର ସନ୍ତାନ। ସେମାନେ ଏଇ ପବିତ୍ର ପଥଦେଇ ପୃଥିବୀକୁ ଆସନ୍ତି ପୁଣି ଏଇ ପଥଦେଇ ଫେରିଯାନ୍ତି। ସାକ୍ରେଡ଼ ୱେ ଗୋଟିଏ ବଡ଼ ପଥର ନିର୍ମିତ ତୋରଣ ପାଖରୁ ଆରମ୍ଭ ହୋଇ ଶେଷ ହୋଇଛି ଚାଙ୍ଗ୍ ସ୍ମୃତିସ୍ତମ୍ଭର ଗେଟ୍ ପାଖରେ। ପୂରା ରାସ୍ତାଟି ଖୁବ୍ ଲମ୍ବା ଓ ବେଶ୍ ଚୌଡ଼ା। ରାସ୍ତାର ଉଭୟ କଡ଼ରେ ୧୮ ଯୋଡ଼ା ଖୁବ୍ ସୁନ୍ଦର ପଥର ମୂର୍ତ୍ତି ସ୍ଥାପନ କରାଯାଇଛି। ଏଇ ମୂର୍ତ୍ତିମାନଙ୍କ ମଧ୍ୟରୁ ୧୨ ଯୋଡ଼ା ସିଂହ, ହାତୀ, ଘୋଡ଼ା, ଓଟ ଓ ଅନ୍ୟ ପଶୁମାନଙ୍କର। ଅନ୍ୟ ୬ ଯୋଡ଼ା ସମ୍ଭ୍ରାନ୍ତ ସେନାପତି, ଉଚ୍ଚ ପଦାଧିକାରୀ ଓ ମନ୍ତ୍ରୀମାନଙ୍କର। ଏଇ ମୂର୍ତ୍ତିମାନଙ୍କ ମଧ୍ୟରୁ କେତେକ ଠିଆ ହୋଇଥିବା ବେଳେ ଅନ୍ୟ କେତେକ ଆଣ୍ଠେଇ ବସିଛନ୍ତି। ଚୀନିମାନଙ୍କର ବିଶ୍ୱାସ ଯେ ଏହା ଦିନ ଓ ରାତିର ପ୍ରତୀକ। ସେମାନେ ବିଶ୍ୱାସ କରନ୍ତି ଯେ ଠିକ୍ ମଝି ରାତିରେ ଏ ମୂର୍ତ୍ତିମାନେ ନିଜ ନିଜର ଦାୟିତ୍ୱ ହସ୍ତାନ୍ତର କରନ୍ତି। ଏହି ସାକ୍ରେଡ଼ ୱେ ଶେଷରେ ଜଣେ ମିଙ୍ଗ୍ ବଂଶର ରାଜାଙ୍କ କବର ରହିଥିବା କଥା କୁହାଯାଏ। କିନ୍ତୁ ଆମ ଗାଇଡ଼ କହିଲେ ପ୍ରକୃତରେ କୌଣସି ରାଜାଙ୍କର ମର ଶରୀର ସେଠାରେ ନାହିଁ।

ହୋଟେଲ୍‌କୁ ଫେରିବା ବାଟରେ ଆମେ ବର୍ଡସ୍ ନେଷ୍ଟ କଡ଼ଦେଇ ଆସିଲୁ। ଏହା ହେଉଛି ଅଲିମ୍ପିକ୍ ନେସନାଲ୍ ଷ୍ଟାଡିଅମ୍ ଯେଉଁଠାରେ ୨୦୦୭ ଗ୍ରୀଷ୍ମ ଅଲିମ୍ପିକସ୍‌ର ଉଦ୍‌ଯାପନ ଉତ୍ସବ ଅନୁଷ୍ଠିତ ହୋଇଥିଲା। ଆମେ କେବଳ ଦୂରରୁ ସେ ବିରାଟ ଷ୍ଟ୍ରକ୍‌ଚର୍ ଛଡ଼ା ଆଉ କିଛି ଅଧିକ ଦେଖିନାହୁଁ। ହୋଟେଲ୍‌ରେ ପହଞ୍ଚିଲା ବେଳକୁ ସନ୍ଧ୍ୟା ୬ଟା ହୋଇଯାଇଥିଲା। ଅଳ୍ପ ସମୟ ବିଶ୍ରାମ ନେଇ ଆମେ ବେଇଜିଙ୍ଗ୍ ଏ.ପି.ମ. ସପିଙ୍ଗ୍ ସେଣ୍ଟର୍‌କୁ ଡିନର୍ ପାଇଁ ଗଲୁ। ସେଠାରେ ଗୋଟିଏ ଇଟାଲିଆନ୍ ରେସ୍ତୋରାଁରେ ବସି ପିଜ୍ଜା ଖାଇଲୁ। ଆମେରିକାର ପିଜ୍ଜାଠାରୁ ଏଠା ପିଜ୍ଜାର ସ୍ୱାଦ ଥିଲା ଭିନ୍ନ; କିନ୍ତୁ ବେଶ୍ ଭଲ ଲାଗୁଥିଲା। ହୋଟେଲ୍‌କୁ ଫେରି ଶୋଇପଡ଼ିଲୁ।

ତା'ପର ଦିନ ଥିଲା ସେପ୍ଟେମ୍ବର ୧୦ ତାରିଖ। ସକାଳ ଜଳଖିଆରେ ଅନ୍ୟ ଦିନ ପରି ଅନେକ ରକମର ଖାଇବା ପରଷା ହୋଇଥିଲା। ସେସବୁ ଖାଇବା ଭିତରେ ଚାଇନିଜ୍ ପ୍ରଣାଳୀରେ ରନ୍ଧା ହୋଇଥିବା ଛତୁ ଓ ଫୁଲକୋବି ମତେ ଖୁବ୍ ଭଲ ଲାଗିଲା। ଜଳଖିଆ ଖାଇସାରିଲା ପରେ ଆମେ ହୋଟେଲ୍‌ରୁ ସକାଳ ୮ଟାରେ ବାହାରିଲୁ। ପ୍ରଥମେ ଗଲୁ ହୁଟାଙ୍ଗ୍ ଷ୍ଟ୍ରୀଟ୍। ଉଦ୍ଦେଶ୍ୟ ଥିଲା ସ୍ଥାନୀୟ ବାସିନ୍ଦାମାନେ

କେମିତି ଜୀବନଯାପନ କରନ୍ତି ତାହା ନିଜେ ଯାଇ ଦେଖିବା। ଏପର୍ଯ୍ୟନ୍ତ ଆମେ କେବଳ ହାଇରାଇଜ୍ ବିଲ୍ଡ଼ିଂ, ଚୌଡ଼ା ଓ ପରିଷ୍କାର ରାସ୍ତା, ସୁନ୍ଦର ପାର୍କ୍ ଓ ସବୁକିଛି ଆଧୁନିକ ଦେଖି ଆସିଥିଲୁ। ସ୍ଥାନୀୟ ସାଧାରଣ ଲୋକଙ୍କ ଜୀବନଯାପନ ପ୍ରଣାଳୀ ଜାଣିବା ପାଇଁ ଆମର ଆଗ୍ରହ ଥିଲା। ସେଇ ଅନୁସାରେ ଆଗରୁ ପ୍ରୋଗ୍ରାମ୍ କରା ଯାଇଥିଲା।

ହୁଟାଙ୍ଗ୍‌ରେ ଆମକୁ ବୁଲେଇବା ପାଇଁ ଜଣେ ନୂଆ ଗାଇଡ଼୍ ଥିଲେ। ଆମେ ସେଠି ପହଞ୍ଚିଲା ବେଳକୁ ସିଏ ଆମକୁ ଅପେକ୍ଷା କରିଥିଲେ। 'ହୁଟାଙ୍ଗ୍'ର ଅର୍ଥ କୌଣସି ସହର, ବିଶେଷକରି ବେଇଜିଙ୍ଗ୍ ସହରର ପୁରୁଣା ଗଳି ଅଞ୍ଚଳ। ସେଇ ଗଳି ଅଞ୍ଚଳରେ ବୁଲିବା ପାଇଁ ଆମ ନୂଆ ଗାଇଡ଼୍ ଆମ ୮ ଜଣଙ୍କ ପାଇଁ ୪ଟି ରିକ୍ସାର ବନ୍ଦୋବସ୍ତ କରିଥିଲେ। ଆମେ ରିକ୍ସାରେ ବସିଲୁ ଓ ସେ ନିଜ ସାଇକଲ୍ ଚଲାଇ ଆମ ସାଙ୍ଗରେ ଗଲେ। ଆମେ ପ୍ରଥମେ ହୋ ହି ନଈକୂଳରେ ଅଟକିଲୁ। ନଦୀଟି ବେଶ୍ ବଡ଼; କିନ୍ତୁ ତା'ର ପାଣି ବହୁତ ଅପରିଷ୍କାର ଥିଲା। ଗାଇଡ଼୍ (ତାଙ୍କ ନାଁ ମୁଁ ଭୁଲିଯାଇଛି) କହିଲେ ପୂର୍ବ କାଳରେ ଖରା ଦିନେ ଏଇ ନଦୀପଥରେ ବାଣିଜ୍ୟ-ବେପାର ହେଉଥିଲା ଓ ଶୀତ ଦିନରେ ପାଣି ବରଫ ହୋଇଗଲେ ଲୋକମାନେ ସେଠି ସ୍କେଟିଂ କରୁଥିଲେ। ଏବେ ଆଉ ସେ ନଦୀକୁ ବ୍ୟବହାର କରାଯାଉନି।

ପହଞ୍ଚି ଦେଖିଲୁ ସେ ଅଞ୍ଚଳରେ ଥିଲା ବହୁତ ଗଳିକନ୍ଦି, ରାସ୍ତାଗୁଡ଼ିକ ଖୁବ୍ ଅଣଓସାରିଆ ଓ ଘରଗୁଡ଼ିକ ଛୋଟ ଛୋଟ। ଶୁଣିଲୁ ସେଠି ସମସ୍ତଙ୍କ ଘରେ ଶୌଚାଳୟ ନାହିଁ। ଯେଉଁ କେତେଗୁଡ଼ିଏ ଶୌଚାଳୟ ଅଛି ସେଗୁଡ଼ିକ ସର୍ବସାଧାରଣଙ୍କ ବ୍ୟବହାର ପାଇଁ। ଗାଇଡ଼୍ କହିଲେ ସେ ଅଞ୍ଚଳରେ କେବଳ ବୟସ୍କ ଲୋକମାନେ ରହନ୍ତି; କାରଣ ଯୁବକଯୁବତୀମାନେ ସହରରେ ରହିବାକୁ ପସନ୍ଦ କରନ୍ତି। ଆମେ କିନ୍ତୁ ସେଠି କେତେକ ଯୁବକ ବୁଲୁଥିବାର ଦେଖିଲୁ। ହୁଏତ ସେମାନେ ବେକାର, ଫଳରେ ସହରରେ ରହିବାପାଇଁ ତାଙ୍କର ସାମର୍ଥ୍ୟ ନାହିଁ। ଆମେ ଅବଶ୍ୟ ଏ ବିଷୟରେ ଗାଇଡ଼୍‌ଙ୍କୁ ପଚାରି ନାହୁଁ।

ଗାଇଡ଼୍ ଆମକୁ ସେଠାରେ କିଛି ଘର ଦେଖାଇଲେ। ଦେଖିଲୁ, ମଝିରେ ଗୋଟିଏ ଅଗଣା ଥାଇ ଚାରିପଟେ ଘରସବୁ ଅଛି। ଘରଗୁଡ଼ିକ ବିଭିନ୍ନ ଲୋକଙ୍କର; କିନ୍ତୁ ଅଗଣାଟି ସମସ୍ତଙ୍କର। ସେଠାରେ ରହୁଥିବା ଲୋକମାନଙ୍କର ଜୀବନଶୈଳୀ ବିଷୟରେ ସମ୍ୟକ୍ ଧାରଣା ପାଇବାପାଇଁ ଗାଇଡ଼୍ ଆମକୁ ଜଣେ ଚିତ୍ରକାରଙ୍କ ଘରକୁ ନେଇଗଲେ। ତାଙ୍କର ଦୁଇଟି ରୁମ୍ ଓ ଗୋଟିଏ କିଚେନ୍ ଥିବା ବହୁତ ଛୋଟିଆ ଘରଟିଏ। ଘର ଭିତରେ ଯେଉଁସବୁ ଘରକରଣା ଜିନିଷ ଥିଲା ତାହା ମଧ୍ୟ ଅତି

ସାଧାରଣ। ଗୋଟିଏ ରୁମ୍‌ର କଣରେ ଖଟଟିଏ ପଡ଼ିଥିଲା, ତା'ଉପରେ ଗୋଟିଏ ଚାଦର ଓ ଛୋଟ ତକିଆଟିଏ। କାନ୍ଥରେ ଦଉଡ଼ି ବନ୍ଧାହୋଇ ଲୁଗା ଟଙ୍ଗା ହୋଇଥିଲା। ରୋଷେଇଘର ମଧ୍ୟ ସେମିତି ସାଧାରଣ। ସେଠାରେ ଚୁଲିଟି କେମିତି ଥିଲା ମୋର ମନେ ପଡୁନି। କେବଳ ଅଳ୍ପ କେତେଖଣ୍ଡ ବାସନ ଥିଲା ବୋଲି ମନେ ଅଛି। ରୋଷେଇଘର ପାଖରେ ଛୋଟିଆ କିଚେନ୍ ଗାର୍ଡନଟିଏ ଥିଲା। ଗାର୍ଡନ୍‌ରେ କିଛି ପରିବା ଗଛ ଥିଲା ଓ ଗୋଟିଏ ଲାଉ ଲତା ଥିଲା ଯାହାକି ଛାତ ଉପରକୁ ଉଠିଥିଲା। ସେଥିରେ ଗୁଡ଼ାଏ ଲାଉ ଝୁଲୁଥିଲା। ରୋଷେଇଘରକୁ ଲାଗି ଥିଲା ଚିତ୍ରକାରଙ୍କ ଷ୍ଟୁଡ଼ିଓ। କିଛି ପେଣ୍ଟିଙ୍ଗ୍ ଓ ପେପର୍ କଟା ଡିଜାଇନ୍ କାନ୍ଥରେ ଝୁଲା ହୋଇଥିଲା। ସେଠାରେ କେତେଗୁଡ଼ିଏ ବହୁତ ସୁନ୍ଦର ତୈଳଚିତ୍ର ମଧ୍ୟ ରଖା ହୋଇଥିଲା। ଆମେ କେବଳ ତାଙ୍କ ଷ୍ଟୁଡ଼ିଓ ଦେଖି ଫେରିଆସିଲୁ। ସେଠାରୁ ଆସି ଆମେ ସେଇ ଛୋଟ ଗଳି ଦେଇ ଅନ୍ୟାନ୍ୟ ଘର ସବୁ ବାହାରୁ ଦେଖିଲୁ। ଅନେକ ଘରର ଛାତ ଉପରେ ଲତା ମାଡ଼ିଥିଲା ଓ ସେଥିରେ ଫଳ ଫଳିଥିଲା। ତାକୁ ଦେଖି ମୋର ଆମ ଓଡ଼ିଶାର ଗାଁ କଥା ମନେ ପଡ଼ିଲା। ଗାଇଡ଼ଙ୍କ କହିବା ଅନୁସାରେ ଆଗରୁ ଚାଇନାରେ ଏଇଭଳି ବହୁତ ଅଞ୍ଚଳ ଥିଲା। ରାସ୍ତା ଚୌଡ଼ା କରିବାପାଇଁ ଓ ସହରରେ ନୂତନତା ଆଣିବାପାଇଁ ହୁଟାଙ୍ଗ୍ ପରି ଅନେକ ଅଞ୍ଚଳକୁ ଭାଙ୍ଗି ଦିଆଗଲା। ଏଇ ଯେତିକି ଅଛି ତାକୁ ରଖାଯାଇଛି କେବଳ ଚୀନି ସଂସ୍କୃତିକୁ ସଂରକ୍ଷିତ କରି ପର୍ଯ୍ୟଟକମାନଙ୍କୁ ଦେଖାଇବା ପାଇଁ। ଆଜିକାଲି ବେଇଜିଙ୍ଗ୍‌ର ଏଇ ହୁଟାଙ୍ଗ୍ ଅଞ୍ଚଳ ପର୍ଯ୍ୟଟକମାନଙ୍କର ଏକ କେନ୍ଦ୍ରବିନ୍ଦୁ। ହୁଟାଙ୍ଗ ଅଞ୍ଚଳରେ ପ୍ରାୟ ଘଣ୍ଟାଟିଏ ବିତେଇଲା ପରେ ଆମେ ସମର୍ ପ୍ୟାଲେସ୍ ଦେଖିବା ପାଇଁ ଗଲୁ।

ସମର୍ ପ୍ୟାଲେସ୍: ୟାହେୱାନ୍

ପାହାଡ଼ପର୍ବତଘେରା ଅନେକଗୁଡ଼ିଏ ଉଆସ, ସୁନ୍ଦର ବଗିଚା, କେତେଗୁଡ଼ିଏ ମଣ୍ଡପ ଓ କୁନ୍‌ମିଙ୍ଗ୍ ନାମରେ ଏକ ବିରାଟ ହ୍ରଦ- ଏଇସବୁର ସମଷ୍ଟି ହେଉଛି ଗ୍ରୀଷ୍ମ ପ୍ରାସାଦ ୟାହେୱାନ୍। ଏହା ବେଇଜିଙ୍ଗ୍‌ଠାରୁ ପ୍ରାୟ ପନ୍ଦର କିଲୋମିଟର ଦୂରରେ ଅବସ୍ଥିତ। ଚିଙ୍ଗ୍ ରାଜବଂଶର ରାଜତ୍ୱ ସମୟରେ ଏହି ଗ୍ରୀଷ୍ମ ପ୍ରାସାଦର ବଗିଚାକୁ ରାଜକୀୟ ବଗିଚା ଭାବରେ ଧରା ଯାଉଥିଲା। ଚୀନ୍ ଦେଶର ବଗିଚାଗୁଡ଼ିକର ଡିଜାଇନ୍ ଅତି ସୁନ୍ଦର। ସେଇ ସୁନ୍ଦର ଡିଜାଇନ୍‌ର ପରାକାଷ୍ଠା ଏଇ ବଗିଚାରେ ଦେଖିବାକୁ ମିଳେ। ସେଥିପାଇଁ ଏହାକୁ ଏପର୍ଯ୍ୟନ୍ତ ସୁରକ୍ଷିତ କରି ରଖାଯାଇଛି। ରାଜପ୍ରାସାଦଟି ଆକାରରେ ଛୋଟ ହେଲେ ମଧ୍ୟ ଏହାର ସୌନ୍ଦର୍ଯ୍ୟ ଓ ଗାମ୍ଭୀର୍ଯ୍ୟ

ରହିଛି, ପ୍ରାସାଦ ଚାରିପାଖରେ ଥିବା ବଗିଚା ଓ କୁନ୍‌ମିଙ୍ଗ୍ ହ୍ରଦ ପାଇଁ। ହ୍ରଦ ଉପରେ ୧୭ଟି ଆର୍ଚ ଥାଇ ୧୫୦ ମିଟର ଲମ୍ବର ଏକ ପୋଲ ଅଛି। ଦୂରରୁ ଏହା ନୀଳ ଜଳରାଶି ଉପରେ ଏକ ଇନ୍ଦ୍ରଧନୁର ଭ୍ରମ ସୃଷ୍ଟି କରେ। ଏହି ପୋଲ ଉପରେ ଯାଇ ଚାଲିବାକୁ ଆମର ଇଚ୍ଛା ଥିଲେ ମଧ୍ୟ ସମୟ ଅଭାବ ଯୋଗୁ ଆମେ ସେଠିକୁ ଯାଇ ପାରିଲୁନି। ସେଦିନ ଶିଆନ୍ ଯିବାପାଇଁ ଆମକୁ ରେଲୱେ ଷ୍ଟେସନ୍ ଯାଇ ଟ୍ରେନ୍ ଧରିବାର ଥିଲା। ତେଣୁ ରାଜପ୍ରାସାଦ, ବଗିଚା, ହ୍ରଦ ଓ ପୋଲ ଅଳ୍ପ ସମୟରେ ଦେଖି ଆମେ ଫେରିଆସିଲୁ। ଷ୍ଟେସନ୍ ଯିବା ବାଟରେ ରାସ୍ତା କଡ଼ରେ ଅତି ଯତ୍ନରେ ରଖାଯାଇଥିବା ଲନ୍ ଓ ବଗିଚା ସବୁ ଦେଖୁଥିଲୁ। ମେନ୍ ରାସ୍ତାର ଦୁଇ ପାଖରେ ଖୁବ୍ ସୁନ୍ଦର ଫୁଲ ଗଛ ଲଗାଯାଇଥିଲା। ଏଇ ଗଛରେ ପାଣି କେମିତି ଦେଉଥିବେ ବୋଲି ମୁଁ ମନେମନେ ଭାବୁଥିଲି। ଏହା ଭାବୁ ଭାବୁ ଦେଖିଲି ଉପରେ ପାଣି ଟାଙ୍କି ରଖାଯାଇଥିବା ଗୋଟିଏ ଟ୍ରକ ଖୁବ୍ ଧୀରେ ଧୀରେ ଯାଉଛି ଓ ତା'ର ଡାହାଣ ପଟରେ ସରୁ ପାଇପ୍ ସାହାଯ୍ୟରେ ଫୁଲ ଗଛରେ ପାଣି ଦିଆଯାଉଛି। ସହରର ପରିଚ୍ଛନ୍ନତା, ଫୁଲ ବଗିଚା ଓ ସବୁଜିମା ଦେଖି ଆମେ ମୁଗ୍ଧ ହେଲୁ।

ବେଇଜିଙ୍ଗ୍ ୱେଷ୍ଟ ରେଲୱେ ଷ୍ଟେସନ୍‌ରେ ପହଞ୍ଚି ଦେଖିଲୁ ପାର୍କିଙ୍ଗ୍ ଜାଗାରୁ ଜିନିଷ ନେଇ ଟ୍ରେନ୍ ଚଢ଼ିବା ଆମପାଇଁ ଏକ ପ୍ରକାର ଅସମ୍ଭବ। ତେଣୁ କୁଲି ଡାକିଲୁ। ମ୍ୟାଗି ଓ ଡ୍ରାଇଭରଙ୍କୁ ଟୁର୍ କନସଲ୍‌ଟାଣ୍ଟଙ୍କ ପରାମର୍ଶ ଅନୁସାରେ ଯଥାଯୋଗ୍ୟ ଟିପ୍‌ସ ଦେଇ ତାଙ୍କଠାରୁ ବିଦାୟ ନେଲୁ। ସମୟ ଅନୁସାରେ ଟ୍ରେନ୍ ଠିକ୍ ଦୁଇଟା ବେଳେ ଛାଡ଼ିଲା। ଘଣ୍ଟାରେ ପ୍ରାୟ ୩୦୫ କିଲୋମିଟର ବେଗରେ ଯାଉଥିଲା। ପ୍ରତି କମ୍ପାର୍ଟ୍‌ମେଣ୍ଟ ଉପରେ ଗୋଟିଏ ମନିଟର୍ ଲାଗିଥିଲା। ସେଥିରେ ଟ୍ରେନ୍‌ର ବେଗ ଓ ପରବର୍ତ୍ତୀ ଷ୍ଟେସନ୍‌ର ନାଁ ଦେଖାଯାଉଥିଲା। ଯେହେତୁ ସବୁ ଷ୍ଟେସନ୍‌ର ନାଁ ଚୀନି ଭାଷାରେ ଲେଖା ହୋଇଥିଲା ଆମେ ପଢ଼ି ପାରୁନଥିଲୁ।

ଠିକ୍ ସମୟରେ, ପ୍ରାୟ ସନ୍ଧ୍ୟା ଛ'ଟା କୋଡ଼ିଏରେ ଆମେ ଶିଆନ୍ ରେଳ ଷ୍ଟେସନ୍‌ରେ ପହଞ୍ଚିଲୁ। ଷ୍ଟେସନ୍‌ଟିରେ ବହୁତ ଭିଡ଼ ହୋଇଥିଲା। ତା' ଭିତରେ ଆମେ ଏସ୍କଲେଟର୍‌ରେ ଜିନିଷ ସବୁ ଧରି ତଳକୁ ଆସିବାକୁ ଆମକୁ ବହୁତ କଷ୍ଟ ହେଲା। କଷ୍ଟେମଷ୍ଟେ ଜିନିଷ ସବୁ ଧରି ତଳେ ପହଞ୍ଚିଲା ପରେ ଦେଖିଲୁ ସାମନାରେ ଅନେକଗୁଡ଼ିଏ ଏଲିଭେଟର୍ ଥିଲା। ଯେହେତୁ ଏସ୍କଲେଟର୍‌ଗୁଡ଼ିକ ଆଗ ଆଖିରେ ପଡ଼ିଲା, ଆମେ ଆଉ ଏତେ ଗହଳି ଭିତରେ ଏଲିଭେଟର୍ ଖୋଜିଲୁନି। ବାହାରକୁ ଆସିଲାପରେ, ଆମର ଶିଆନ୍ ଗାଇଡ଼ କ୍ୟାରୋଲ୍‌ଙ୍କୁ ଭେଟିଲୁ। ସେ ଆମ ପାଇଁ ଗୋଟିଏ ଭ୍ୟାନ୍ ନେଇ ଅପେକ୍ଷା କରିଥିଲେ। ଭ୍ୟାନ୍‌ଟି ପ୍ରାୟ ଦଶ ମିନିଟ୍ ଦୂରରେ ପାର୍କ୍ ହୋଇଥିଲା।

ଏତେ ବାଟ ଜିନିଷ ନେଇ ଚାଲିବା କଷ୍ଟ ହେବ ବୋଲି ଆମେ କୁଲି ଡାକିଲୁ। ହୋଟେଲ୍‌ରେ ଯାଇ ପହଞ୍ଚିଲା ବେଳକୁ ସମୟ ହୋଇଥିଲା ସନ୍ଧ୍ୟା ଆଠଟା।

ଶିଆନ୍‌: ଚିରନ୍ତନ ଶାନ୍ତିର ସହର

ଶିଆନ୍‌ରେ ଆମର କ୍ରାଉନ୍ ପ୍ଲାଜା ହୋଟେଲ୍‌ରେ ରହିବାର ବ୍ୟବସ୍ଥା ହୋଇଥିଲା। କ୍ରାଉନ୍ ପ୍ଲାଜା ହୋଟେଲ୍‌ଟି ଗୋଟିଏ ହାଇରାଇଜ୍ ଓ ଅତି ସୁନ୍ଦର ହୋଟେଲ୍। ସେଇଟା ମଧ୍ୟ ସହରର ସେଣ୍ଟ୍ରାଲ୍ ଜାଗାରେ ଥିଲା। ପଞ୍ଚାବନ ମହଲାର ଏଇ ହୋଟେଲ୍ ଭିତରେ ପଶିଲା ବେଳକୁ ଆମେ ଦେଖିଲୁ ସାମ୍ନା ଦୁଆରଟି ଖୁବ୍ ସୁନ୍ଦର। ଲବିଟି ମଧ୍ୟ କଳା ରଙ୍ଗର କାଠରେ ଅତି ଚମତ୍କାର ଭାବରେ ସଜା ହୋଇଥିଲା। ଆମର ଚେକ୍-ଇନ୍ ସୁରୁଖୁରୁରେ ସରିଗଲା ପରେ ଗାଇଡ଼୍ କ୍ୟାରୋଲ୍ ସେଦିନ ପାଇଁ ବିଦାୟ ନେଲେ। ଆମ ଗ୍ରୁପ୍‌ର ସମସ୍ତଙ୍କୁ ଷଷ୍ଠ ତାଲାରେ ରୁମ୍ ମିଳିଲା। ଅଳ୍ପ ସମୟରେ ଧୁଆଧୋଇ ହୋଇ ଆମେ ସମସ୍ତେ ଡିନର୍ ପାଇଁ ଯିବାକୁ ଲବିରେ ଏକାଠି ହେଲୁ। ସେତେବେଳକୁ ରାତି ୯ଟା। ରେଷ୍ଟୋରାଁ ସବୁ ବନ୍ଦହେବା ଉପରେ। ହୋଟେଲ୍‌କୁ ଲାଗି ଲୋଟସ୍ ବୋଲି ଗୋଟିଏ ଖୁବ୍ ଭଲ ରେଷ୍ଟୋରାଁ ଥିଲା। ଆମେ ସେଇଠିକୁ ଗଲୁ। ବନ୍ଦ ହେବାପାଇଁ ପ୍ରସ୍ତୁତ ହେଉଥିଲେ ମଧ୍ୟ ସେମାନେ ଆମକୁ ଭିତରକୁ ଯିବାପାଇଁ ଛାଡ଼ିଲେ। କିନ୍ତୁ ଭିତରେ ପଶିଲା ପରେ ଆମେ ବହୁତ ଅସୁବିଧାରେ ପଡ଼ିଲୁ। ସେଠି କୌଣସି କର୍ମଚାରୀ ଇଂରାଜୀ ବୁଝୁନଥିଲେ। ଦୁଇ ଜଣ ପରିଚାରିକା ଆମକୁ ନେଇ ଟେବୁଲ୍‌ରେ ବସାଇଲା ପରେ ଆମେ ଚାହୁଁଥିବା ଖାଦ୍ୟ ଅର୍ଡର କରିବା ଏକ ପ୍ରକାର ଅସମ୍ଭବ ହେଲା। ମେନୁରେ ଚୀନି ଭାଷାରେ ଲେଖା ହୋଇଥିଲା। ଆମେ ପଢ଼ିପାରୁନୁ କି ତାଙ୍କୁ କିଛି ପଚାରି ପାରୁନୁ। ବ୍ୟସ୍ତତା ଭିତରେ କିଛି ସମୟ କଟିଲା ପରେ ହଠାତ୍ ଜଣେ ଯୁବକ ଆସି ପହଞ୍ଚିଲେ। ସେ ଖାଇସାରି ଫେରୁଥିଲେ। ଆମ ବ୍ୟସ୍ତତା ଦେଖି ସେ ଜାଣିପାରି ଆସି ଆମ ସାଙ୍ଗରେ ଖୁବ୍ ଭଲ ଇଂରାଜୀରେ କଥାବାର୍ତ୍ତା କଲେ ଓ ଆମେ କ'ଣ ଖାଇବା ମଗାଇବାକୁ ଚାହୁଁଚୁ ପଚାରି, ଆମ ପାଇଁ ଖାଇବା ଅର୍ଡର୍ କରିଦେଲେ। ତାଙ୍କ ସାଙ୍ଗରେ କଥା ହୋଇ ଜାଣିଲୁ ସେ ଇକନମିକ୍ସରେ ପୋଷ୍ଟ୍ ଗ୍ରାଜୁଏଟ୍ ପଢ଼ିବା ପାଇଁ ଆମେରିକା ଯିବାକୁ ପ୍ରସ୍ତୁତ ହେଉଥିଲେ। ଆମେ ତାଙ୍କୁ ଧନ୍ୟବାଦ ଦେବା ସହ ଆମର ଇମେଲ୍ ଠିକଣା ଦେଲୁ ଓ ଆମେରିକାରେ କୌଣସି ପ୍ରକାର ସାହାଯ୍ୟ ଦରକାର ହେଲେ ଆମ ସହ ଯୋଗାଯୋଗ କରିବାପାଇଁ କହିଲୁ।

ସେଦିନ ଥିଲା ସୋମବାର। ଆମ ଭିତରୁ ଅଧିକାଂଶ ସୋମବାରରେ ଆମିଷ ଖାଆନ୍ତି ନାହିଁ। ତେଣୁ ଆମେ ସବୁ ନିରାମିଷ ଆଇଟମ୍ ମଗାଇଲୁ- ଭାତ, ଫୁଲକୋବି,

ବ୍ରୋକୋଲି ଓ ଗୋଟିଏ ମିଶାମିଶି ତରକାରୀ। କିଛି ସମୟ ପରେ ପରିବା ତରକାରୀ ସବୁ ଆସିଲା; କିନ୍ତୁ ଭାତ ଆସୁନି। ଭାତ ପାଇଁ ଅପେକ୍ଷା କରି ଆମେ ତରକାରୀ ଖାଇବା ଆରମ୍ଭ କଲୁ। ଆମକୁ ଆଶ୍ଚର୍ଯ୍ୟ ଲାଗିଲା ଯେ ଆମର ତରକାରୀ ସବୁ ସରିଆସିଲା ବେଳକୁ ଭାତ ଆସିଲା। ପରେ ଆମେ ଜାଣିଲୁ ଯେ ଭାତ ଖାଇ ପେଟ ପୂରାଇବା ଚୀନ୍ ଦେଶର ସଂସ୍କୃତି ନୁହେଁ। ସାଧାରଣତଃ ମାଂସ ଓ ଅନ୍ୟାନ୍ୟ ଭେଜିଟେବଲ୍ ଖାଇସାରି ସେମାନେ ଅଳ୍ପ ଭାତ ଖାଆନ୍ତି। ଆମେ ଯାହାସବୁ ଖାଇବା ମଗେଇଥିଲୁ ସବୁ ତ ଭଲ ହୋଇଥିଲା, ତେବେ ଫୁଲକୋବିର ସ୍ୱାଦ ଥିଲା ଅତି ଚମତ୍କାର। ବିନା ମସଲାରେ ସେମାନେ ଏତେ ଟେଷ୍ଟି କେମିତି ରାନ୍ଧିଥିଲେ ସେଟା ବିଶ୍ୱାସ କରିବା କଷ୍ଟ ହେଲେ ବି ସତ। ରେଷ୍ଟୋରାଁରେ ଭାତ ଡେରିରେ ଆସିବା ଅଘଟଣ ପରେ ଆମେ ଗାଇଡ୍ କ୍ୟାରୋଲ୍‌ଙ୍କୁ କହିଲୁ ଆମ ପାଇଁ ଚାଇନିଜ୍ ଭାଷାରେ ଗୋଟିଏ ନୋଟ୍ ଲେଖି ଦେବାପାଇଁ, ଯେଉଁଥିରେ କି ଭେଜିଟେବଲ୍ ସାଙ୍ଗରେ ଆମକୁ ଭାତ ସର୍ଭ କରିବାପାଇଁ ଲେଖା ହୋଇଥିଲା। ତା'ପରଠୁ ଆମେ ଯେତେବେଳେ ନିଜେ ଲଞ୍ଚ୍ ବା ଡିନର୍ ଖାଇବାକୁ ଯାଉଥିଲୁ ଖାଇବା ଅର୍ଡର କଲାବେଳେ ସେ ନୋଟ୍‌ଟି ସବୁ ଚାଇନିଜ୍ ରେଷ୍ଟୋରାଁରେ ଦେଖାଉଥିଲୁ।

ପରଦିନ ସକାଳେ ହୋଟେଲ୍‌ରେ ବଫେ ଜଳଖିଆ ଖାଇଲୁ। ଏଠାରେ ମଧ୍ୟ ଅନେକ ପ୍ରକାର ଖାଦ୍ୟ ଥିଲା; କିନ୍ତୁ ବେଇଜିଙ୍ଗ୍‌ର ରେନାସା ବେଇଜିଙ୍ଗ୍ ଓଆଙ୍ଗ୍ ଫୁ ଜିଙ୍ଗ୍ ହୋଟେଲ୍ ପରି ନୁହେଁ। ସମସ୍ତେ ନିଜ ନିଜ ପସନ୍ଦ ଅନୁସାରେ ଯାହା ଖାଇବା କଥା ଖାଇଲୁ। ତା'ପରେ ୮ଟା ୩୦ ମିନିଟ୍‌ରେ ହୋଟେଲ୍ ଲବିରେ କ୍ୟାରୋଲ୍‌ଙ୍କ ସାଙ୍ଗରେ ଦେଖା କଲୁ। ସେଦିନ ଆମର ଟେରାକୋଟା ୱରିଅର୍ ଓ ଘୋଡ଼ାମାନଙ୍କ (Terra-cotta Warriors and Horses) ମ୍ୟୁଜିଅମ୍ ଦେଖିବାର ଥିଲା। ଏହାକୁ ପୃଥିବୀର ଅଷ୍ଟମ ଆଶ୍ଚର୍ଯ୍ୟ ବୋଲି କୁହାଯାଏ। ଏଇ ମ୍ୟୁଜିଅମ୍‌ଟି ଥିଲା ଆମ ହୋଟେଲ୍‌ରୁ ପ୍ରାୟ ୪୫ କିଲୋମିଟର ଦୂରରେ। ଆମକୁ ପ୍ରାୟ ଘଣ୍ଟାଏ ଲାଗିଲା ସେଠି ପହଞ୍ଚିବାପାଇଁ। ରାସ୍ତାରେ ଗଲାବେଳେ କ୍ୟାରୋଲ୍ ଆମକୁ ଶିଆନ୍ ବିଷୟରେ କିଛି କିଛି ଧାରଣା ଦେଲେ। ତାଙ୍କ କହିବା ଅନୁସାରେ ଶିଆନ୍ ତିନିଟି ଜିନିଷ ପାଇଁ ପ୍ରସିଦ୍ଧ। ସେ ତିନୋଟି ହେଲା- କୁଇନସି ହୁଆଙ୍ଗ୍ ରାଜବଂଶର ଟେରାକୋଟା ସୈନ୍ୟବାହିନୀ, ଡମ୍ପ୍ଲିଙ୍ଗ୍ (ଡମ୍ପ୍ଲିଙ୍ଗ୍‌ଗୁଡ଼ିକ ଆମର ଶିଙ୍ଘାମଣ୍ଡା ପରି; କିନ୍ତୁ ସେଗୁଡ଼ିକ ମଇଦାରେ ତିଆରି ଓ ସେଥିରେ ମାଂସ, ପରିବା କିମ୍ବା ଚିଜ୍ ପୁର ଦିଆ ହୋଇଥାଏ) ଓ ଟାଙ୍ଗ୍ ଡ୍ୟାନ୍‌ସ।

ଚୀନ୍‌ର ପ୍ରଥମ ରାଜା କୁଇନସି ହୁଆଙ୍ଗ୍‌ଙ୍କର କଳ୍ପନା ଥିଲା ଯେ ତାଙ୍କର ଦେହାନ୍ତ ପରେ ଗୋଟିଏ ଟେରାକୋଟା ସୈନ୍ୟବାହିନୀ ମାଟି ତଳେ ତାଙ୍କ ସମାଧି ଚାରି ପାଖରେ

ରହି ତାଙ୍କ ସୁରକ୍ଷାର ଦାୟିତ୍ୱ ନେବେ। ସେଇ ଅନୁସାରେ ସେ ଶିଳ୍ପୀ ଲଗାଇ ହଜାର ହଜାର ଟେରାକୋଟା ସୈନ୍ୟ ତିଆରି କରାଇଥିଲେ। ସେ ଭାବିଥିଲେ, ସେ ନିଜେ ପୁନର୍ଜନ୍ମ ପାଇବେ ଓ ସେଇ ଟେରାକୋଟା ସୈନ୍ୟମାନେ ମଧ୍ୟ ପୁନର୍ଜନ୍ମ ପାଇ ତାଙ୍କର ସୁରକ୍ଷା କରିବେ।

୧୯୭୪ ମସିହାରେ ଜଣେ ଚାଷୀ ନିଜ ଜମି ଖୋଳୁ ଖୋଳୁ କେତୋଟି ମାଟି ତିଆରି ମନୁଷ୍ୟ ମୂର୍ତ୍ତି ପାଇଲେ। ସେ ସରକାରଙ୍କୁ ଖବର ଦେବା ପରେ ପ୍ରତ୍ନତତ୍ତ୍ୱ ବିଭାଗରୁ ଲୋକ ଆସି ସେ ଜାଗା ଖୋଳିବାକୁ ଆରମ୍ଭ କଲେ। ଖୋଳିଲା ପରେ ଧୀରେ ଧୀରେ ଗୋଟିଏ କିମ୍ବା ଦୁଇଟି ନୁହେଁ, ଶହେ ବା ଦୁଇ ଶହ ନୁହେଁ, ହଜାର ହଜାର ମାଟି ତିଆରି ସୈନିକ ମୂର୍ତ୍ତି ଓ ଘୋଡ଼ା ଆବିଷ୍କୃତ ହେଲା। ମୂର୍ତ୍ତିଗୁଡ଼ିକ ଆବିଷ୍କାର ହେଲାପରେ ଦେଖାଗଲା ଯେ ଯଦିଓ ଏତେ ସଂଖ୍ୟକ ମୂର୍ତ୍ତି ତଥାପି ପ୍ରତ୍ୟେକ ମୂର୍ତ୍ତିର ମୁଖଭଙ୍ଗୀ ସ୍ୱତନ୍ତ୍ର ଓ ସେମାନେ ସମସ୍ତେ ବିଭିନ୍ନ ପ୍ରକାର ସାମରିକ ପୋଷାକ ପିନ୍ଧିଥିଲେ। ସେମାନଙ୍କୁ ନିଜର ସାମରିକ ପଦମର୍ଯ୍ୟାଦା ଅନୁସାରେ ସ୍ଥାନିତ କରାଯାଇଥିଲା। ସେମାନେ ପିନ୍ଧିଥିବା ସାମରିକ ପୋଷାକ (ତାହା ମଧ୍ୟ ମାଟିର) ଏବେ ପାଉଁଶିଆ ଦେଖା ଯାଉଥିଲେ ମଧ୍ୟ କେତେକ ପୋଷାକରେ ଥିବା ରଙ୍ଗରୁ ଜଣାପଡ଼େ ଯେ ସେମାନେ ରଙ୍ଗୀନ୍ ସାମରିକ ପୋଷାକ ପିନ୍ଧିଥିଲେ। ଖଣ୍ଡା, ତୀର ପ୍ରଭୃତି ଅନେକ ଅକ୍ଷତ ଅସ୍ତ୍ରଶସ୍ତ୍ର ମଧ୍ୟ ଖନନ ସମୟରେ ମିଳିଥିଲା। ଖୋଳିଲାବେଳେ ମୂର୍ତ୍ତିଗୁଡ଼ିକ ଖଣ୍ଡ ବିଖଣ୍ଡ ହୋଇ କ୍ଷତିଗ୍ରସ୍ତ ହୋଇଯାଇଥିଲା। ଏଗୁଡ଼ିକୁ ପୂର୍ବାବସ୍ଥାକୁ ଫେରାଇ ଆଣିବାପାଇଁ ପ୍ରତ୍ୟେକ ଛୋଟ ଓ ବଡ଼ ଖଣ୍ଡକୁ ଯୋଡ଼ି, ଏକାଠି କରି ମୂର୍ତ୍ତି ତିଆରି କରିବା ବହୁତ କାଠିକର କାମ। ଅନେକ ଶିଳ୍ପୀ ବହୁତ ପରିଶ୍ରମ କରି ଏପର୍ଯ୍ୟନ୍ତ ପ୍ରାୟ ୧୦,୦୦୦ ମୂର୍ତ୍ତି ଗଢ଼ି ସାରିଛନ୍ତି। ସେଇ ପୁନଃନିର୍ମିତ ମୂର୍ତ୍ତିଗୁଡ଼ିକ ତିନୋଟି ବଡ଼ ବଡ଼ ହଲ୍‌ରେ ସଜେଇ ରଖାଯାଇଛି। ଏହି ହଲ୍‌ଗୁଡ଼ିକୁ କୁହାଯାଏ ପିଟ୍-୧, ପିଟ୍-୨ ଓ ପିଟ୍-୩। ପିଟ୍-୧ଟି ସବୁଠାରୁ ବଡ଼। ଯୁଦ୍ଧ ପାଇଁ ଆଗେଇ ଚାଲୁଥିବା ସୈନ୍ୟବାହିନୀର ସବା ଆଗରେ ଥିବା ସୈନ୍ୟମାନଙ୍କୁ ଏଠାରେ ତିନି ଧାଡ଼ିରେ ସଜାହୋଇ ରଖାଯାଇଛି। ତାଙ୍କ ପଛରେ ଅଛନ୍ତି ବୃହତ୍ ପଦାତିକ ସୈନ୍ୟବାହିନୀଙ୍କ ସହିତ ରଥାରୋହୀମାନେ। ପିଟ୍-୨ର ଦୃଶ୍ୟ ଅତି ଚମତ୍କାର। ଏଠାରେ ପୁନଃନିର୍ମିତ ପଦାତିକ ଓ ଅଶ୍ୱାରୋହୀ ସୈନ୍ୟବାହିନୀ ସହ ଅଶୀଟି ରଥ ଅଛି। ପିଟ୍-୩ରେ ଅଛନ୍ତି ସେନାପତି ଓ ୬୨ ଜଣ ଯୋଦ୍ଧା। ଏଠାରେ ଥିବା ରଥଗୁଡ଼ିକୁ ଚାରିଟି ଲେଖା ଅତି ସୁନ୍ଦର ଯୁଦ୍ଧ ନିପୁଣ ପରି ଦେଖା ଯାଉଥିବା ଘୋଡ଼ା ଟାଣୁଛନ୍ତି। ଏହି ଘୋଡ଼ାଗୁଡ଼ିକୁ ଦେଖିଲେ ଖ୍ରୀଷ୍ଟପୂର୍ବ ୨୧୦-୨୦୯ ସମୟର ଚୀନ୍ ଦେଶର କଳାନୈପୁଣ୍ୟ ସହଜରେ ଅନୁମାନ କରିହୁଏ। ଆମେ

ଦେଖିଲୁ ସେଇ ପିଟ୍ ଭିତରେ ଶିଳ୍ପୀମାନେ ଏକାଠି ହୋଇ ଅତି ମନଯୋଗ ସହ ନିଖୁଣ ଭାବରେ କଳାକୃତିଗୁଡ଼ିକୁ ପୁନଃନିର୍ମାଣ କରୁଥିଲେ। ସୈନ୍ୟ, ରଥ ଓ ଘୋଡ଼ା ସବୁକିଛିର ପୁନଃନିର୍ମାଣ ଚାଲିଥିଲା। ଏହି କାମ ଯେ କେତେ ସମୟସାପେକ୍ଷ ଓ ଧୈର୍ଯ୍ୟସାପେକ୍ଷ ତାହା ବୁଝି ହେଉଥିଲା। ମୋଟ ଉପରେ କହିବାକୁ ଗଲେ, ଚୀନ୍‌କୁ ଯାଉଥିବା ପ୍ରତ୍ୟେକ ପର୍ଯ୍ୟଟକ ଏହି ଟେରାକୋଟା ଯୋଦ୍ଧାମାନଙ୍କୁ ନିଶ୍ଚୟ ଦେଖିବା ଉଚିତ। ନିଜେ ନଦେଖିଲେ ବିଶ୍ୱାସ କରିହେବନି ଯେ ସେଇ ସୈନ୍ୟବାହିନୀ କେତେ ବଡ଼ ଥିଲା ଏବଂ ସେଇ ମୂର୍ତ୍ତିଗୁଡ଼ିକ କିପରି ଗଢ଼ା ଯାଇଥିଲା।

ଟେରାକୋଟା ମ୍ୟୁଜିଅମ୍ ଦେଖିସାରିଲା ପରେ ନିକଟରେ ଥିବା ମ୍ୟୁଜିଅମ୍ ଗିଫ୍ଟ ଷ୍ଟୋର୍‌କୁ ଗଲୁ କିଛି ସ୍ମାରକୀ କିଣିବା ପାଇଁ। ଆମ ଭାଗ୍ୟକୁ ଯେଉଁ ବ୍ୟକ୍ତି ନିଜ ଜମି ଖୋଳୁଖୋଳୁ ପ୍ରଥମେ ଟେରାକୋଟା ଆର୍ମିର ସନ୍ଧାନ ପାଇଥିଲେ, ସିଏ ସଶରୀରେ ସେଇ ଷ୍ଟୋର୍‌ରେ ଉପସ୍ଥିତ ଥିଲେ। ଆମେ ଶୁଣିଲୁ ସେ ଅନେକ ସମୟରେ ସକାଳେ ଆସି ଷ୍ଟୋର୍‌ରେ ବସନ୍ତି। ଯେଉଁମାନେ ମ୍ୟୁଜିଅମ୍ ପ୍ରକାଶ କରିଥିବା ବହି, ଟେରାକୋଟା ସୈନ୍ୟ ଓ ଘୋଡ଼ା କିଣନ୍ତି, ସେମାନେ ଚାହିଁଲେ, ସେ ଭଦ୍ର ବ୍ୟକ୍ତି ତାଙ୍କ ଅଟୋଗ୍ରାଫ ଦିଅନ୍ତି। ଆମେ ତାଙ୍କୁ ସାକ୍ଷାତ କରି ତାଙ୍କ ସାଙ୍ଗରେ କରମର୍ଦ୍ଦନ କଲୁ। ଭାରି ସାଦାସିଧା ମଣିଷଟିଏ। ସେ ଇଂରାଜୀ ଜାଣିନଥିଲେ, ତେଣୁ ତାଙ୍କ ସହ କଥାବାର୍ତ୍ତା ହୋଇପାରିଲା ନାହିଁ।

ମ୍ୟୁଜିଅମ୍‌ରୁ ଫେରିଲା ବେଳକୁ ଲଞ୍ଚ୍ ଟାଇମ୍ ହୋଇଯାଇଥିଲା। ହୋଟେଲ୍‌କୁ ଫେରି ଲଞ୍ଚ୍ ଖାଇଲାପରେ କିଛି ସମୟ ବିଶ୍ରାମ ନେଲୁ। ସନ୍ଧ୍ୟାରେ କୌଣସି ପ୍ରୋଗ୍ରାମ୍ ନଥିଲା। ତେଣୁ ଆମେ କେତେଜଣ ସ୍ଥିର କଲୁ ଟାଙ୍ଗ୍ ରାଜବଂଶର ପ୍ରସିଦ୍ଧ ମ୍ୟୁଜିକ୍ ଆଣ୍ଡ୍ ଡ୍ୟାନ୍ସ ଶୋ ଦେଖିବାକୁ ଯିବାପାଇଁ। କ୍ୟାରୋଲ୍‌ଙ୍କୁ ଏକଥା କହିବା ମାତ୍ରେ ସେ ଆମ ପାଇଁ ଟିକେଟ୍ ଆଣି ଦେବାପାଇଁ ରାଜି ହୋଇଗଲେ।

ହୋଟେଲ୍‌ରେ ଚେକ୍-ଇନ୍ କଲାବେଳେ ଆମକୁ ଜଣେ ହୋଟେଲ୍ କର୍ମଚାରୀ କହିଥିଲେ ଛାତ ଉପରକୁ ଯାଇ ସେଠାରୁ ସହରର ଦୃଶ୍ୟ ଦେଖିବା ପାଇଁ। ସନ୍ଧ୍ୟାବେଳର ମ୍ୟୁଜିକ୍ ଆଣ୍ଡ ଡ୍ୟାନ୍ସ ଶୋ ପୂର୍ବରୁ ଆମ ପାଖରେ କିଛି ସମୟ ଥିବାରୁ ଆମେ ଛାତ ଉପରକୁ ଗଲୁ। ଛାତ ଥିଲା ୫୫ ତାଲା ଉପରେ। ଏଲିଭେଟର୍ ଖୁବ୍ ଶୀଘ୍ର ଛାତରେ ପହଞ୍ଚାଇ ଦେଲା। ଯଦିଓ ଏଲିଭେଟର୍ ଖୁବ୍ ଦ୍ରୁତ ଗତିରେ ଯାଉଥିଲା ତଥାପି ଆମେ କିଛି ଅସୁବିଧା ଅନୁଭବ କଲୁନି। ଉପରେ ପହଞ୍ଚିଲା ପରେ ଓଃ କି ଦୃଶ୍ୟ ! ଶିଆନ୍ ସହରର ସୌନ୍ଦର୍ଯ୍ୟ ମନଭରି ଉପଭୋଗ କଲୁ। ଛାତ ଉପରେ ଗୋଟିଏ ଛୋଟ ଦୋକାନ ଥିଲା ଯେଉଁଠିକି ଥଣ୍ଡା ପାନୀୟ ଓ କିଛି ସ୍ନାକ୍‌ସ ମିଳୁଥିଲା। ସେଠି ମଧ୍ୟ କେତେଗୁଡ଼ିଏ

ଚେୟାର ପଡ଼ିଥିଲା ଯେଉଁଠାରେ ବସି ଥଣ୍ଡା ପାନୀୟ ପିଇ ଓ ସ୍ନାକ୍ସ ଖାଇ ଦେଖଣାହାରୀମାନେ ଶିଆନ୍‌ର ସୌନ୍ଦର୍ଯ୍ୟ ଉପଭୋଗ କରୁଥିଲେ।

ଟାଙ୍ଗ୍ ଡାଇନାଷ୍ଟି ମ୍ୟୁଜିକ୍ ଆଣ୍ଡ୍ ଡାନ୍ସ ଶୋ

ଟାଙ୍ଗ୍ ରାଜବଂଶର ରାଜାମାନେ ବହୁତ ସଙ୍ଗୀତ ଓ ନୃତ୍ୟପ୍ରେମୀ ଥିଲେ, ତେଣୁ ସେମାନେ ସଙ୍ଗୀତ ଓ ନୃତ୍ୟକଳାକୁ ବହୁତ ଉତ୍ସାହିତ କରୁଥିଲେ। ସେଇ ପୁରୁଣା ସମୟର ଏହି କଳାକୁ ବଳିଷ୍ଠ ଓ ଚମତ୍କାର ଭାବରେ ପରିବେଷଣ କରିବାପାଇଁ ଟାଙ୍ଗ୍ ଡାଇନାଷ୍ଟି ମ୍ୟୁଜିକ୍ ଆଣ୍ଡ୍ ଡାନ୍ସ ଶୋ ୧୯୮୨ ମସିହାରୁ ଆରମ୍ଭ ହୋଇଥିଲା। ଶିଆନ୍‌ର ପ୍ରାଚୀନ କଳା ଓ ବିଶ୍ୱାସଗୁଡ଼ିକୁ ନେଇ ଏଇ ଶୋରେ ପ୍ରଦର୍ଶିତ ସମସ୍ତ ଆଇଟମ୍‌ଗୁଡ଼ିକୁ ଖୁବ୍ ସୁନ୍ଦର ଭାବରେ ରଚନା କରାଯାଇ ଉପସ୍ଥାପିତ କରାଯାଇଥିଲା। ସହରର ମଧ୍ୟବର୍ତ୍ତୀ ଅଞ୍ଚଳରେ ଥିବା ଟାଙ୍ଗ୍ ଡାଇନାଷ୍ଟି ପ୍ୟାଲେସ୍‌ରେ ଏହି ଶୋ ପ୍ରଦର୍ଶିତ ହୋଇଥିଲା। ଏହା ଚୀନ୍‌ର ଏକ ପ୍ରଖ୍ୟାତ ମନୋରଞ୍ଜନ କେନ୍ଦ୍ର ଓ ଡିନର୍ ଥିଏଟର୍। ଆମେ ସେଠାରେ ଡିନର୍ କରିବାର ସାହସ କଲୁ ନାହିଁ। କାରଣ ସେଠାରେ ପରଷା ଯାଉଥିବା ଖାଦ୍ୟ ସମ୍ବନ୍ଧରେ ଆମେ ନିଶ୍ଚିତ ହୋଇପାରିଲୁ ନାହିଁ। ଏହା ପୂର୍ବରୁ କାମ୍ବୋଡ଼ିଆ ଭ୍ରମଣରେ ଯାଇଥିବା ବେଳେ ଏଇ ଡିନର୍ ଥିଏଟର୍ ଅଭିଜ୍ଞତା ଆମର ଭଲ ନଥିଲା। ତେଣୁ ମନରେ ଦ୍ୱନ୍ଦ୍ୱ ଥିବାରୁ ଖାଇବାକୁ ଏଡ଼ାଇଦେବା ଶ୍ରେୟ ମନେକଲୁ। ଶୋ ଟିକେଟ୍‌ର ମୂଲ୍ୟ ଥିଲା ଜଣକୁ ୨୫୦ ୟୁଆନ। ଆମେରିକା ଟଙ୍କାରେ ପ୍ରାୟ ୪୦ ଡଲାର୍, ଭାରତୀୟ ଟଙ୍କାରେ ପ୍ରାୟ ୨୮୦୦ ଟଙ୍କା।

ଡାଇନାଷ୍ଟି ପ୍ୟାଲେସ୍‌ର ବାହାର ଦୃଶ୍ୟ ମନ ଭିତରେ ଆଙ୍କିହୋଇ ରହିଗଲା। ସୁନ୍ଦର ହଲ୍‌ଟି ଉଜ୍ଜ୍ୱଳ ଆଲୋକରେ ସଜାହୋଇ ଆହୁରି ମନୋରମ ଦେଖା ଯାଉଥିଲା। ଭିତରକୁ ଗଲାପରେ ଦେଖିଲୁ, ଭିତରଟି ମଧ୍ୟ ଭାରି ରୁଚିପୂର୍ଣ୍ଣ ଭାବରେ ସଜା ହୋଇଛି। ଶୋ ଠିକ୍ ସାତଟା ପଚାଶରେ ଆରମ୍ଭ ହୋଇ ରାତି ନ'ଟାରେ ଶେଷ ହେଲା। କଳାକାର ମାନଙ୍କର ନାନା ରଙ୍ଗର ସୁଦୃଶ୍ୟ ପୋଷାକ ମନ କିଣି ନେଲାପରି ଲାଗିଲା। ଆଲୋକ ସଜା ମଧ୍ୟ ଥିଲା ଚମତ୍କାର, ଯାହାକି କଳାକାରମାନଙ୍କର ପୋଷାକର ସୌନ୍ଦର୍ଯ୍ୟକୁ ବହୁ ଗୁଣରେ ବଢ଼ାଉଥିଲା। ନୃତ୍ୟ ରଚନା ଓ ନିର୍ଦ୍ଦେଶନା ମଧ୍ୟ ଖୁବ୍ ଉଚ୍ଚକୋଟୀର ଥିଲା। ପାରମ୍ପରିକ ବାଦ୍ୟଯନ୍ତ୍ର ଓ ପ୍ରାଚୀନ ଚୀନି ସଂଗୀତର ତାଳେ ତାଳେ ନର୍ତ୍ତକନର୍ତ୍ତକୀ ଗଣ ନୃତ୍ୟ କରୁଥିଲେ। ଯେଉଁ ମହିଳାମାନେ ବାଦ୍ୟଯନ୍ତ୍ର ବଜାଉଥିଲେ ସେମାନେ ମଧ୍ୟ ପାରମ୍ପାରିକ ଚୀନି ବସ୍ତ୍ର ପରିଧାନ କରିଥିଲେ।

ଟାଙ୍ଗ୍ ଡାଇନାଷ୍ଟି ମ୍ୟୁଜିକ୍ ଆଣ୍ଡ୍ ଡାନ୍ସ ଶୋରେ ସମୁଦାୟ ଆଠଟି ଆଇଟମ୍

ପ୍ରଦର୍ଶିତ ହୋଇଥିଲା। ପ୍ରଥମ ଡାନ୍ସଟି ଥିଲା ସମ୍ରାଟଙ୍କୁ ସମ୍ମାନ। ଅନ୍ୟଗୁଡ଼ିକ ଭିତରୁ ହ୍ୱାଇଟ୍ ଲିନେନ୍ ଡାନ୍ସରେ ସବୁ କଳାକାର ଧଳା ରଙ୍ଗର ସ୍କାର୍ଟ୍ ଓ ଧଳା ରଙ୍ଗର ଖୁବ୍ ଲମ୍ବା ଓ ଢିଲା ହାତବାଲା ବ୍ଲାଉଜ୍ ପିନ୍ଧିଥିଲେ। ସେଇ ଲମ୍ବା ଢିଲା ବ୍ଲାଉଜ୍ ହାତକୁ ସେମାନେ ଏତେ ସୁନ୍ଦର ଭାବରେ ତରଙ୍ଗାୟିତ କରୁଥିଲେ ଯେ ଦର୍ଶକମାନେ ବିଭୋର ହୋଇ ଉଠୁଥିଲେ। ଅନ୍ୟ ଗୋଟିଏ ଡାନ୍ସରେ କଳାକାରମାନେ ଇନ୍ଦ୍ରଧନୁ ପରି ରଙ୍ଗ ବେରଙ୍ଗ ପୋଷାକ ପିନ୍ଧି, ମୁଣ୍ଡରେ ପକ୍ଷୀ ପର ଲଗାଇଥିଲେ। ନୃତ୍ୟ ସହ ଦିଆଯାଉଥିବା ବିବରଣୀ ଅନୁସାରେ ଅନ୍ୟ ଗୋଟିଏ ଆଇଟମ୍ ଥିଲା ସମ୍ରାଟ ଜୁଆନ୍‌ଜୋଙ୍ଗ୍‌ଙ୍କ ରଚିତ ଗୀତକୁ ନେଇ କରାହୋଇଥିବା ଗୋଟିଏ ଡାନ୍ସ। ଜୁଆନ୍‌ଜୋଙ୍ଗ୍ ଖୁବ ସଂଗୀତପ୍ରେମୀ ଥିଲେ। ଚାଇନାର ସଂଗୀତ ଉପରେ ନୂତନ ଅନ୍ତର୍ଜାତୀୟ ପ୍ରଭାବର ସୁଯୋଗ ନେଇ ସେ ଇମ୍ପେରିଆଲ୍ ମ୍ୟୁଜିକ୍ ଏକାଡେମୀ ମଧ୍ୟ ସୃଷ୍ଟି କରିଥିଲେ। ଯେଉଁ ଆଇଟମ୍‌ଟି ସମ୍ରାଟ ଜୁଆନ୍‌ଜୋଙ୍ଗ୍‌ଙ୍କ ରଚିତ ଗୀତ ଉପରେ ଆଧାରିତ ହୋଇଥିଲା ସେଥିରେ ବର୍ଣ୍ଣନା ଅନୁସାରେ ରାଜା ଥରେ ସ୍ୱପ୍ନ ଦେଖିଲେ ଯେ ସେ ମୁନ୍ ପ୍ୟାଲେସ୍‌ରେ ବୁଲୁଛନ୍ତି ଓ ସୁନ୍ଦରୀ ଝିଅମାନେ ଧଳା ମେଘ ବର୍ଣ୍ଣର ପୋଷାକ ପିନ୍ଧି ସଂଗୀତର ତାଳେ ତାଳେ ନାଚୁଛନ୍ତି। ଏହି ସ୍ୱପ୍ନ ଅନୁସାରେ ସେ ଗୋଟିଏ ଗୀତ ରଚନା କରି ତାଙ୍କର ପ୍ରିୟ ଉପପତ୍ନୀଙ୍କୁ ଏହାର ନାଟ୍ୟରୂପ ଦେବାପାଇଁ ନିର୍ଦ୍ଦେଶ ଦେଲେ। ଏହାର ନାମ ରଖାଗଲା 'ଡେଥ୍‌ଲେସ ଡାନ୍‌ସ'। ସଂଗୀତ ରଚନା, ସଂଯୋଜନା ଓ ପରିବେଷଣ ଥିଲା ଅତି କୋମଳ ଓ ମଧୁର।

ଶୋ ସରିବା ପରେ ଆମେ ହୋଟେଲ୍‌ରେ ଆସି ରାତି ନ'ଟା ତିରିଶରେ ପହଞ୍ଚିଲୁ ଓ ହୋଟେଲ୍‌ର ଗୋଟିଏ ରେସ୍ତୋରାଁରେ ଡିନର୍ କଲୁ। ଡିନର୍ ପାଇଁ ମୁଁ ଚିଙ୍ଗୁଡ଼ି ନୁଡୁଲ୍ ଅର୍ଡର କରିଥିଲି। ଅନ୍ୟମାନେ ନିଜ ଇଚ୍ଛା ଅନୁସାରେ ଅର୍ଡର କଲେ। ଚୀନ୍ ଯିବା ପୂର୍ବରୁ ଆମେ ଶୁଣିଥିଲୁ ଯେ ଚୀନ୍‌ର ଲୋକମାନେ କୁକୁର, ସାପ ଇତ୍ୟାଦି ସବୁକିଛି ଖାଆନ୍ତି। କିନ୍ତୁ ଆମ ଟୁର୍ ଗାଇଡ଼୍ କହିଲେ ଯେ ସେମାନେ କେବଳ ପୋର୍କ୍, ବିଫ୍, ମଟନ୍, ଲ୍ୟାମ୍ବ୍ ଓ ଚିକେନ୍ ଖାଆନ୍ତି। ବେଶୀ ଭାଗ ଲୋକ ପୋର୍କ୍ ଖାଆନ୍ତି, କାରଣ ସେଇଟା ସବୁଠାରୁ ଶସ୍ତା। ମାଛ ଏତେ ଲୋକପ୍ରିୟ ନୁହେଁ, କାରଣ ମାଛ ସବୁଠି ମିଳିବା କଷ୍ଟ ଓ ମାଛର ଦାମ୍ ବହୁତ ବେଶୀ। ଗୋଟିଏ ରେସ୍ତୋରାଁରେ ଆମେ ଯେତେବେଳେ ମାଛ ଅର୍ଡର୍ କଲୁ ସେମାନେ କହିଲେ ମାଛ ପାଇଁ ଗୋଟିଏ ଦିନ ଆଗରୁ ଅର୍ଡର ନକଲେ ସେମାନେ ମାଛ ଦେଇ ପାରିବେନି।

ପରଦିନ ଥିଲା ବୁଧବାର, ସେପ୍ଟେମ୍ବର ୧୨ ତାରିଖ। ସକାଳେ ଆମେ ବିଗ୍ ୱାଇଲଡ଼୍ ଗୁଜ୍ ପାଗୋଡ଼ା ଦେଖିବା ପାଇଁ ବାହାରିଲୁ। ଏହା ଶିଆନ୍‌ର ଦକ୍ଷିଣ ପଟରେ, ହୋଟେଲ୍‌ଠାରୁ ପ୍ରାୟ ଆଠ କିଲୋମିଟର୍ ଦୂରରେ ଥିଲା। ସେଠାରେ

ପହଞ୍ଚିବା ପାଇଁ ଆମକୁ ପ୍ରାୟ ପନ୍ଦର ମିନିଟ୍ ଲାଗିଲା। ବୁଦ୍ଧଙ୍କ ପ୍ରତିମୂର୍ତ୍ତି ଓ ହୁଏନ୍ ସାଂ ଭାରତରୁ ନେଇଥିବା ସନ୍ଥକଗୁଡ଼ିକ ଏଠାରେ ସଂରକ୍ଷିତ ଥିବାରୁ ଏହି ପାଗୋଡ଼ାର ସ୍ୱତନ୍ତ୍ର ମର୍ଯ୍ୟାଦା ରହିଛି। ଏଇ ପାଞ୍ଚ ତାଲା ବିଶିଷ୍ଟ ପଗୋଡ଼ାଟି ୬୫୨ ମସିହାରେ, ଟାଙ୍ଗ୍ ବଂଶ ରାଜୁତି ବେଳେ ତିଆରି ହୋଇଥିଲା। ପରେ ୭୦୪ ମସିହାରେ ମିଙ୍ଗ୍ ବଂଶ ରାଜୁତି ସମୟରେ ଏହାର ନବୀକରଣ କରାଯାଇଥିଲା। ଶୁଣିଲୁ ଏଇ ପାଗୋଡ଼ା ତିଆରି ବେଳେ ଇଟା ଯୋଡ଼େଇ ପାଇଁ ସିମେଣ୍ଟ ବ୍ୟବହାର କରାଯାଇ ନାହିଁ। ସ୍ଥାପତ୍ୟକଳା ଦୃଷ୍ଟିରୁ ଏହାକୁ ଏକ ଆଶ୍ଚର୍ଯ୍ୟ ଭାବରେ ଗଣାଯାଏ। ବୌଦ୍ଧ ଧର୍ମାବଲମ୍ବୀଙ୍କର ଏହା ଏକ ପବିତ୍ର ପୀଠ।

ପାଗୋଡ଼ା ଭିତରେ ବୁଦ୍ଧଙ୍କର ଅନେକଗୁଡ଼ିଏ ସୁନାରେ ତିଆରି ବଡ଼ ମୂର୍ତ୍ତି ଅଛି। ୟାନ୍ ଲିବେନ୍ ନାମକ ଜଣେ ପ୍ରସିଦ୍ଧ ଶିଳ୍ପୀ ପାଗୋଡ଼ାର ଭିତର କାନ୍ଥଗୁଡ଼ିକରେ ବୁଦ୍ଧଙ୍କର ଖୋଦେଇ ମୂର୍ତ୍ତି ଖଞ୍ଜି ଦେଇଛନ୍ତି। ସେସବୁ ଦେଖି ପାଗୋଡ଼ାରୁ ବାହାରି ଆସିଲା ବେଳକୁ ଦେଖିଲୁ କିଛି ଲୋକ ଧୂପକାଠି ଓ ଦୀପ ଜଳାଇ ମନ୍ଦିର ବାହାରେ ରଖୁଥିଲେ। ତାଙ୍କୁ ଦେଖି ମୋର ଭାରତର ମନ୍ଦିର କଥା ମନେ ପଡ଼ିଲା। ଧୂଆଁ ପଲ୍ୟୁସନ୍‌ରୁ ମୁକ୍ତ ରହିବା ପାଇଁ ଏବଂ ମନ୍ଦିର ଓ କାନ୍ଥଗୁଡ଼ିକର କଳାକୃତିକୁ କ୍ଷତି ନପହଞ୍ଚାଇବା ପାଇଁ ସେମାନେ ମନ୍ଦିର ଭିତରେ ଦୀପ ବା ଧୂପକାଠି ଜାଳନ୍ତି ନାହିଁ। ସେଥିପାଇଁ ମନ୍ଦିର ସମ୍ମୁଖରେ ଥିବା ପିଣ୍ଡା ଉପରେ ଧୂପକାଠି ଓ ଦୀପ ଜାଳନ୍ତି। ସେଠାରେ କିଛି ସମୟ କଟାଇ ଫେରିବା ବାଟରେ ପାଗୋଡ଼ାରୁ ଅଳ୍ପ ଦୂରରେ ଗୋଟିଏ ପାର୍କ୍‌ରେ ହୁଏନ୍ ସାଂଙ୍କର ଏକ ବିରାଟ ବ୍ରୋଞ୍ଜ୍ ପ୍ରତିମୂର୍ତ୍ତି ଦେଖିଲୁ। ଆମ ଟୁର୍ ଗାଇଡ଼ କହିଲେ ଯେ ପ୍ରତିଦିନ ହଜାର ହଜାର ସ୍ଥାନୀୟ ଲୋକ ଆସି ତାଙ୍କୁ ସେଠାରେ ସମ୍ମାନ ପ୍ରଦର୍ଶନ କରିଥାନ୍ତି।

ଶିଆନ୍‌ର ସ୍ଥାନୀୟ ପରିବାର ଘରେ ଲଞ୍ଚ

ଶିଆନ୍‌ରେ ଗୋଟିଏ ସ୍ଥାନୀୟ ପରିବାର ସହ କିଛି ସମୟ ବିତାଇ, ତାଙ୍କ ଘର ରନ୍ଧା ଖାଦ୍ୟ ଖାଇ, ତାଙ୍କର ଚାଲିଚଳନ ଲକ୍ଷ୍ୟ କରିବା ଆମ କାର୍ଯ୍ୟସୂଚୀରେ ଥିଲା। ସେଥିପାଇଁ କ୍ୟାରୋଲ୍ ଆମକୁ ପାଗୋଡ଼ା ଦର୍ଶନ ପରେ ଶ୍ରୀମତୀ ସି. କାଇ ଚିନ୍‌ଙ୍କ ଘରକୁ ନେଇଗଲେ। ଶ୍ରୀମତୀ ସି ତାଙ୍କ ସ୍ୱାମୀ ଓ ପୁଅ ସହ ହାଇରାଇଜ୍ ବିଲ୍‌ଡ଼ିଂର ଗୋଟିଏ ଆପାର୍ଟମେଣ୍ଟରେ ରହନ୍ତି। ସେଇ ଆପାର୍ଟମେଣ୍ଟରେ ଥିଲା ତିନୋଟି ବେଡ଼ରୁମ୍, ଦୁଇଟି ବାଥରୁମ୍, ଗୋଟିଏ ଲିଭିଂ କମ୍ ଡାଇନିଂ ଏରିଆ ଓ ଗୋଟିଏ ଛୋଟ ରୋଷେଇ ଘର। ଛୋଟ ରୁମ୍‌ଟିଏ ହେଲେ ବି ରୋଷେଇଘରେ ସବୁ ଜିନିଷ ଖୁବ୍ ଭଲ ଭାବରେ ସଜା ହୋଇ ରଖାଯାଇଥିଲା। ଘରଟିରେ ସାଧାରଣ ଆସବାବପତ୍ର ଥିଲା। ଘରଟି କିନ୍ତୁ ବେଶ୍

ପରିଷ୍କାର ପରିଚ୍ଛନ୍ନ ଲାଗୁଥିଲା। ଆମେ ପହଞ୍ଚିଲା ବେଳକୁ ଶ୍ରୀମତୀ ସି.ଙ୍କର ସ୍ୱାମୀ କିମ୍ବା ପୁଅ ଘରେ ନଥିଲେ; କିନ୍ତୁ ତାଙ୍କ ସାନ ଭଉଣୀ ଆସିଥଲେ ଶ୍ରୀମତୀ ସି.ଙ୍କୁ ଆମ ପାଇଁ ଲଞ୍ଚ୍ ତିଆରି କରିବାରେ ସାହାଯ୍ୟ କରିବାପାଇଁ। ରୋଷେଇ ପାଇଁ ସମସ୍ତ ପ୍ରସ୍ତୁତି ସେମାନେ ଆଗରୁ ସାରିଦେଇଥିଲେ। ଆମେ ପହଞ୍ଚିଲା ପରେ ସେମାନେ ସବୁ ରାନ୍ଧିଲେ। ମୁଁ ମୋ ଅନୁଭୂତିରୁ ଜାଣିଛି ଯେ ଚୀନି ଖାଦ୍ୟ ରାନ୍ଧିବାର ପ୍ରସ୍ତୁତି ହେଉଛି ବେଶୀ ସମୟସାପେକ୍ଷ; କିନ୍ତୁ ରାନ୍ଧିବାପାଇଁ ବେଶୀ ସମୟ ଲାଗେ ନାହିଁ। ଚୀନି ଖାଇବାରେ ଖାଦ୍ୟ ଅତ୍ୟଧିକ ମାତ୍ରାରେ ରନ୍ଧା ନହେଉଥିବାରୁ ଖାଦ୍ୟଦ୍ରବ୍ୟର ବାସ୍ନା ବଜାୟ ରହେ। ଶ୍ରୀମତୀ ସି ଓ ତାଙ୍କ ଭଉଣୀ ରାନ୍ଧୁଥିବା ବେଳେ ଆମେ ପାଖରେ ଠିଆ ହୋଇ ଦେଖୁଥିଲୁ। ତାଙ୍କ ରୋଷେଇ ଦେଖି ଆମକୁ ବହୁତ ଖୁସି ଲାଗିଲା। ସେମାନେ ଆମ ପାଇଁ ଭାତ, ପରିବା ଓ ପୋର୍କ୍ ଡମ୍ପଲିଙ୍ଗ, କୁଙ୍ଗ୍‌ପାଓ ଚିକେନ୍, ବିଲାତି ବାଇଗଣ ଓ ଅଣ୍ଡାର ଗୋଟେ ଆଇଟମ୍ ଟୋଫୁ, ବିନ୍ସ ଓ ଆଉ ଗୋଟିଏ ପୋର୍କ୍ ଆଇଟମ୍ ରାନ୍ଧିଥିଲେ। ଡେସର୍ଟ୍ ପାଇଁ ସେମାନେ ଆମକୁ ପାଚିଲା କଦଳୀ ଦେଇଥିଲେ। ବିଲାତି ବାଇଗଣ ଓ ଅଣ୍ଡା ତରକାରୀର କିଛି ସ୍ୱାଦ ନଥିଲା। ମୁଁ ଓ ମୋ ସ୍ୱାମୀ ପୋର୍କ୍ ଖାଉ ନଥିବାରୁ ପୋର୍କ୍ ଆଇଟମ୍ କେମିତି ହୋଇଥିଲା ମୁଁ କହିପାରିବିନି; କିନ୍ତୁ ଅନ୍ୟ ସବୁ ଆଇଟମ୍‌ଗୁଡ଼ିକ ଠିକ୍ ଥିଲା।

ଟ୍ରିପ୍‌ରେ ଯିବା ପୂର୍ବରୁ ଆମେ ଯେଉଁ ଟ୍ରାଭଲ୍ କନ୍ସଲଟାଣ୍ଟ କେଲି ୱାଙ୍ଗ୍‌ଙ୍କ ସାଙ୍ଗରେ କଥାବାର୍ତ୍ତା କରି ଆମର ଟ୍ରାଭଲ୍ ପ୍ଲାନ୍ ଠିକ୍ କରିଥିଲୁ ସେ ହଠାତ୍ ଆସି ଆମକୁ ଶ୍ରୀମତୀ ସି.ଙ୍କ ଘରେ ଦେଖାକଲେ। ତାଙ୍କୁ ଦେଖି ଆମେ ଆଶ୍ଚର୍ଯ୍ୟ ହେବା ସଙ୍ଗେସଙ୍ଗେ ଖୁସି ବି ହେଲୁ। ଆମ ପାଖରେ ସେ ବସି କିଛି ସମୟ ଗପସପ କରିବା ସହ ଆମର ଅନୁଭୂତି, ଟୁର୍ କମ୍ପାନୀ କରିଥିବା ଯାବତୀୟ ବନ୍ଦୋବସ୍ତ ଓ ଟୁର୍ ଗାଇଡ଼୍ ମାନଙ୍କ ପାରଦର୍ଶିତା ବିଷୟରେ ଆମର ମତାମତ ନେଲେ। ଆମର କୌଣସି ଅସୁବିଧା ହୋଇନଥିବାରୁ ଆମେ ସବୁଥିରେ ସନ୍ତୁଷ୍ଟ ବୋଲି ତାଙ୍କୁ କହିଲୁ। ଯିବା ପୂର୍ବରୁ ସେ ସବୁ ଦମ୍ପତିଙ୍କୁ ଆମ ଦଳର ଫ୍ରେମ୍ କରାଯାଇଥିବା ଗ୍ରୁପ ଫଟୋ ଗୋଟିଏ ଲେଖା ଉପହାର ସ୍ୱରୂପ ଦେଲେ। ସେଇ ଫଟୋ ଆମ ବେଇଜିଙ୍ଗ୍ ଟୁର୍ ଗାଇଡ଼୍ ମ୍ୟାଗି, ଗ୍ରେଟ୍ ୱାଲ୍ ଓ ଟିଆନାନମେନ୍ ସ୍କୋୟାର୍‌ରେ ଉଠାଇଥିଲେ।

କେଲି ଯିବା ପରେପରେ ଆମେ ମଧ୍ୟ ଫେରିଆସିଲୁ। ବିଦାୟ ନେଲାବେଳେ ଆମେ ଶ୍ରୀମତୀ ସି. ଓ ତାଙ୍କ ଭଉଣୀଙ୍କୁ ତାଙ୍କର ଆତିଥ୍ୟତା ପାଇଁ ଧନ୍ୟବାଦ ଦେଲୁ। ତାଙ୍କ ମୁହଁର ହସ ଓ ଆଖିକୁ ଦେଖି ଆମେ ଜାଣିପାରିଲୁ ଯେ ସେମାନେ ଖୁସି ଥିଲେ। ସେମାନେ ଇଂରାଜୀ ଜାଣିନଥିଲେ, ତେଣୁ ତାଙ୍କ ସାଙ୍ଗରେ ଭାବର ଆଦାନପ୍ରଦାନ ହୋଇପାରିଲା ନାହିଁ।

ଚୀନି ପରିବାରଙ୍କ ଘରେ ଲଞ୍ଚ୍ ପରେ ଆମେ ଗ୍ରେଟ୍ ମସ୍କ ଦେଖିବାପାଇଁ ଗଲୁ । ଏହା ଚୀନ୍‌ର ଏକ ପ୍ରାଚୀନ ମସଜିଦ୍ । ଏଇ ମସଜିଦ୍‌ଟି ବୋଧହୁଏ ୭୦୦ ଖ୍ରୀଷ୍ଟାବ୍ଦରେ ତିଆରି ହୋଇଥିଲା । ଟାଙ୍ଗ୍ ରାଜବଂଶ ରାଜୁତି ସମୟରେ କେତେକ ଆରବ ବଣିକ ଚୀନ୍‌ରେ ଆସି ବସବାସ କରିଥିଲେ ଓ ସେହି ସମୟରେ ଏହା ଚୀନି ଓ ଇସ୍‌ଲାମିକ୍ ସ୍ଥାପତ୍ୟକଳାର ସମିଶ୍ରଣରେ ତିଆରି ହୋଇଥିଲା । ଚାରିଟି ଅଗଣା ଥିବା ଏହି ମସଜିଦ୍‌ଟି ପ୍ରାୟ ୧୨,୦୦୦ ସ୍କୋୟାର୍ ମିଟର୍ ଜମି ଉପରେ ଠିଆ ହୋଇଛି । ପ୍ରଥମ ଅଗଣାରେ ଗୋଟିଏ କାଠ ନିର୍ମିତ ତୋରଣ ଅଛି ଯାହାକି ଟାଇଲ୍‌ରେ ସଜାହୋଇଛି । ଦ୍ୱିତୀୟ ଅଗଣାରେ ଏକ ପଥର ନିର୍ମିତ କାନ୍ଥ ଅଛି ଓ ଏଇ କାନ୍ଥର ଦୁଇ କଡ଼ରେ ଦୁଇଟି ସ୍ତମ୍ଭ ଅଛି । କାନ୍ଥର ଦୁଇପଟରେ ଆରବିକ୍ ହସ୍ତଲିପିରେ କିଛି ଲେଖାହୋଇଛି । ତୃତୀୟ ଅଗଣାର ପ୍ରବେଶ ଦ୍ୱାରରେ ଗୋଟିଏ ହଲ୍ ଅଛି । ସେଠାରେ ପ୍ରାଚୀନ କାଳର ଅନେକ ଗୁଡ଼ିଏ ସ୍ତମ୍ଭ ରଖାଯାଇଛି । ସେଠାରେ ଥିବା ଜିଙ୍ଗ୍‌ଜିନ୍ ସ୍ତମ୍ଭ ପାଖରେ ମୁସଲମାନମାନେ ପ୍ରାର୍ଥନା କରନ୍ତି । ଚତୁର୍ଥ ଅଗଣାରେ ଅଛି ପ୍ରାର୍ଥନା ହଲ୍ । ହଲ୍‌ଟି ସାଇଜ୍‌ରେ ବେଶ୍ ବଡ଼, ସେଠାରେ ଏକା ସାଙ୍ଗରେ ହଜାରେ ଲୋକ ବସି ପ୍ରାର୍ଥନା କରିପାରିବେ । ସବୁଦିନେ ସେଠାରେ ପାଞ୍ଚ ଥର ପ୍ରାର୍ଥନା କରାଯାଏ । ଏଇ ହଲ୍‌ରେ ଚୀନି ଭାଷାରେ ଅନୁବାଦିତ କୋରାନ୍, ଆରବିକ୍ ଭାଷାରେ କୋରାନ୍, ଅନ୍ୟାନ୍ୟ ତୈଳଚିତ୍ର ଓ ହସ୍ତଲିପି ପ୍ରଦର୍ଶିତ ହୋଇଛି । ମସଜିଦ୍ ଭିତରେ ଗୋଟିଏ ଛୋଟ ବଗିଚା ଥିଲା ଯେଉଁଠାରେ କି ମାଗ୍ନୋଲିଆ ଗଛରେ ଧଳା ଓ ଗୋଲାପୀ ରଙ୍ଗର ଫୁଲ ଭର୍ତ୍ତି ହୋଇଥିଲା । ବଗିଚାର ଗୋଟିଏ ପାଖରେ ବିରାଟ ପଥରଟିଏ ବଗିଚାର ଶୋଭା ବଢ଼ାଇବା ସହିତ ବାତାବରଣକୁ ନୀରବ ପ୍ରଶାନ୍ତିରେ ଭରି ଦେଉଥିଲା । କୁହାଯାଏ ଏଇ ମସଜିଦ୍‌ଟି ଚୀନ୍ ଦେଶରେ ସବୁଠାରୁ ବଡ଼ ଓ ଉତ୍ତମ ଭାବରେ ସଂରକ୍ଷିତ । କିନ୍ତୁ ତାକୁ ଦେଖି ମତେ ଲାଗିଲା ଯେ ମସଜିଦ୍‌ଟିର ରକ୍ଷଣାବେକ୍ଷଣ ଠିକ୍ ହେଉନଥିବାରୁ କେମିତି ଶ୍ରୀହୀନ ପରି ଲାଗୁଛି ।

ଜନାକୀର୍ଣ୍ଣ ଅଞ୍ଚଳର ଗଳିକନ୍ଦି ଭିତରେ ଏଇ ମସଜିଦ୍‌ଟି ଅବସ୍ଥିତ । ଏହା ସକାଳ ୮ଟାରୁ ସନ୍ଧ୍ୟା ୭ଟା ପର୍ଯ୍ୟନ୍ତ ଦର୍ଶକମାନଙ୍କ ପାଇଁ ଖୋଲା ରହେ । ମସଜିଦ୍ ପାଖରେ ଥିବା ଗଳିକନ୍ଦିରେ ଦୋକାନବଜାର ଭର୍ତ୍ତି ଓ ପ୍ରାୟ ସବୁ ଦୋକାନର ମାଲିକମାନେ ମୁସଲମାନ । ଫେରିଲାବେଳେ ଦେଖିଲୁ ସେଇ ଦୋକାନଗୁଡ଼ିକରେ ସ୍ମାରକୀ, ହସ୍ତଶିଳ୍ପ ସାମଗ୍ରୀ ସହ ଅନେକ ପ୍ରକାର ଚଟ୍‌ପଟି ଖାଦ୍ୟ ମଧ୍ୟ ମିଳୁଥିଲା । ଆମେ ସେଠାରୁ କିଛି ସ୍ମାରକୀ କିଣି ଫେରିଲୁ ।

ଶିଆନ୍‌ର ସିଟି ୱାଲ୍

ଆମର ପରବର୍ତ୍ତୀ ଭ୍ରମଣ ସ୍ଥାନ ଥିଲା ସିଟି ୱାଲ୍। ସହରକୁ ବାହ୍ୟ ଆକ୍ରମଣରୁ ରକ୍ଷା କରିବାପାଇଁ ପ୍ରଥମେ ୧୪ଶ ଶତାବ୍ଦୀରେ ଏଇ ପ୍ରାଚୀରଟି ନିର୍ମାଣ କରାଯାଇଥିଲା। ପରେ ମିଙ୍ଗ୍ ରାଜବଂଶ ଏହାକୁ ବଢ଼ାଇଥିଲେ। ଏହାର ଲମ୍ବ ପ୍ରାୟ ୧୪ କିଲୋମିଟର ଓ ଉଚ୍ଚତା ପ୍ରାୟ ୧୨ ମିଟର। ନିମ୍ନ ଭାଗରେ ଏହାର ଚଉଡ଼ା ୧୬ ମିଟର ଥିଲାବେଳେ ଊର୍ଦ୍ଧ୍ୱରେ ଚଉଡ଼ା ପ୍ରାୟ ୧୩ ମିଟର। ସହରର ସୁରକ୍ଷା ପାଇଁ ପ୍ରାଚୀରକୁ ଘେରି ରହିଛି ଗୋଟିଏ ଖାଇ। ପ୍ରାଚୀରଟିର ମଝିରେ ମଝିରେ ଜଗୁଆଳିଙ୍କ ପାଇଁ ୨୪ଟି ମଞ୍ଚ ରହିଛି ଓ ଜଗୁଆଳିଙ୍କ ସୁରକ୍ଷା ପାଇଁ ପ୍ରାଚୀରର ସବୁଆଡ଼ ପାରାପେଟ୍ କରାଯାଇଛି। ଫଳରେ ସହରକୁ ରକ୍ଷା କରୁଥିବା ସୈନ୍ୟମାନେ ଅସାବଧାନତାବଶତଃ ଉପରୁ ତଳକୁ ଖସିପଡ଼ିବେ ନାହିଁ। ଏହି ପ୍ରାଚୀରର ବିଶାଳତା ହେଉଛି ଏହାର ବୈଶିଷ୍ଟ୍ୟ। ପ୍ରାଚୀର ସଂଲଗ୍ନ ଆବଦ୍ଧ ଅଞ୍ଚଳରେ ସ୍ଥାନୀୟ ଲୋକମାନେ ବ୍ୟାୟାମ କରିବା ସହ ସାଇକଲ୍ ଚାଳନା ମଧ୍ୟ କରନ୍ତି। ଅବସର ସମୟ ବିତାଇବା ପାଇଁ ଅନେକ ଲୋକ ଏହି ସ୍ଥାନଟିକୁ ବ୍ୟବହାର କରିଥାନ୍ତି। ଏହା ଏକ ଲୋକପ୍ରିୟ ପର୍ଯ୍ୟଟନ ସ୍ଥାନ। ପ୍ରାଚୀର ଉପରକୁ ଚଢ଼ିବାପାଇଁ ୧୮ଟି ଦ୍ୱାର ଅଛି। କିନ୍ତୁ କେବଳ ଦକ୍ଷିଣ ପାଖର ଗୋଟିଏ ଦ୍ୱାର ଦେଇ ଦର୍ଶକମାନଙ୍କୁ ଉପରକୁ ଛଡ଼ାଯାଏ। ଆମକୁ ପ୍ରାଚୀର ଉପରକୁ ଯିବାପାଇଁ ବେଶ୍ କିଛି ପାହାଚ ଚଢ଼ିବାକୁ ପଡ଼ିଲା। ଉପରେ ପହଞ୍ଚି ଦେଖିଲୁ କେତେ ଲୋକ ଲାଇନ୍‌ରେ ଠିଆହୋଇ, ସାଇକଲ୍ ଭଡ଼ାନେଇ ସେଠାରେ ବୁଲୁଥାନ୍ତି। ପ୍ରାଚୀରର ଉପର ପ୍ରଶସ୍ତି ଏତେ ବେଶୀ ଯେ ସେଇଟି ପ୍ରାଚୀରର ରୁଫ୍ ପରି ଲାଗୁଥିଲା। ଦେଖିଲୁ ସେଠାରେ ଅନେକ ଲୋକ ସାଇକେଲ୍ ଚଲାଇ ବୁଲୁଥାନ୍ତି, କିଛି ଲୋକ ଜଗିଙ୍ଗ୍ କରୁଥାନ୍ତି ଓ ଅନ୍ୟ କେତେଲୋକ ବ୍ୟାୟାମ କରୁଥାନ୍ତି। ସେଦିନ ସନ୍ଧ୍ୟାର ସୁଲୁସୁଲିଆ ହାୱାରେ ସେଠାରେ ବୁଲିଲାବେଳେ ଧୀରେ ଧୀରେ ଆଲୋକିତ ହୋଉଉଠୁଥିବା ଶିଆନ୍ ସହରକୁ ଦେଖିବାକୁ ଖୁବ୍ ଭଲ ଲାଗୁଥିଲା। ସନ୍ଧ୍ୟା ହେବା କ୍ଷଣି ସମଗ୍ର ଅଞ୍ଚଳଟି ଆଲୋକରେ ଆଲୋକିତ ହୋଇଉଠିଲା। ସେଇ ସମୟରେ ସେଇ ପ୍ରାଚେରୀ ଉପରେ ଚାଲି ଚାଲି ବୁଲିବାର ଆନନ୍ଦ ଥିଲା ନିଆରା। ସେଠାରେ କିଛି ସମୟ କଟାଇ ହୋଟେଲ୍‌କୁ ଫେରିବାବେଳକୁ ଡିନର୍ ସମୟ ହୋଇଯାଇଥିଲା। ହୋଟେଲ୍‌ର ଦ୍ୱିତୀୟ ତାଲାରେ ଥିବା ରେସ୍ତୋରାଁରେ ଡିନର୍ କଲୁ। ଶିଆନ୍‌ରେ ଆମର ଶେଷ ଡିନର୍ ଖୁବ୍ ତୃପ୍ତିକର ଥିଲା।

ପରଦିନ ୧୩ ସେପ୍ଟେମ୍ବର ୨୦୧୮। ସେଦିନ ଆମର ତିବ୍ବତର ରାଜଧାନୀ ଲାସା ଯିବାର ଥିଲା। ସକାଳ ୭ଟା ୫୦ ମିନିଟ୍‌ରେ ହୋଟେଲ୍ ଲବିରେ ଆମେ ଏକାଠି ହେଲୁ। କ୍ୟାରୋଲ୍ ସେଠି ଆସି ପହଞ୍ଚି ଯାଇଥିଲେ। ସେ ଆମର ଚେକ୍-ଇନ୍

ଲଗେଜ୍ ସବୁ ନେଇ ଏୟାର୍‌ପୋର୍ଟ ପଠାଇବାର ବନ୍ଦୋବସ୍ତ କଲେ। ଆମେମାନେ ୮.୩୦ରେ ହୋଟେଲ୍ ଛାଡ଼ି ପ୍ରାୟ ୯.୩୦ରେ ଏୟାର୍‌ପୋର୍ଟରେ ପହଞ୍ଚିଲୁ। କ୍ୟାରୋଲ୍ ଆମ ବୋର୍ଡିଙ୍ଗ୍ ପାସ ଆଣି ଚେକ୍-ଇନ୍ କରାଇଦେଲେ। ଆମର ସିକ୍ୟୁରିଟି ଚେକ୍ ସରିବା ପର୍ଯ୍ୟନ୍ତ ସେ ଅପେକ୍ଷା କରି ରହିଥିଲେ। ଆମେ ଲାସା ଯାଉଥିବା ଇଷ୍ଟର୍ଣ୍ଣ ଚାଇନା ଫ୍ଲାଇଟ୍‌ରେ ଗଲୁ। ସକାଳ ୧୦.୩୦ରେ ଶିଆନ୍ ଛାଡ଼ି ୨.୫୦ରେ ଲାସା ଏୟାର୍‌ପୋର୍ଟରେ ପହଞ୍ଚିଲୁ। ପ୍ଲେନ୍‌ରେ ବସି ମୁଁ ଶିଆନ୍ କଥା ଭାବୁଥିଲି। ଶିଆନ୍‌ରେ ଆମ ଟୁର୍ ଗାଇଡ଼ ଯେଉଁ ତିନୋଟି କଥା ନିଶ୍ଚୟ କରିବା ପାଇଁ କହିଥିଲେ ସେଥିରୁ ମୁଁ ଦୁଇଟି ଯଥା- ଟେରାକୋଟା ୱରିଅର୍ ଓ ଟାଙ୍ଗ୍ ଡାଇନାଷ୍ଟି ମ୍ୟୁଜିକ୍ ଆଣ୍ଡ୍ ଡାନ୍ସ ଶୋ ଦେଖିଲି। ଆଉ ଯେଉଁ ଗୋଟିକ ବାକି ରହିଗଲା ସେଇଟା ହେଲା ଶିଆନ୍‌ର ପ୍ରସିଦ୍ଧ ଡମ୍ପ୍‌ଲିଙ୍ଗ୍। ଡମ୍ପ୍‌ଲିଙ୍ଗ୍ ମୁଁ ଖାଇଲି ନାହିଁ କାରଣ ସେଥିରେ ସାଧାରଣତଃ ପୋର୍କ୍ ପଡ଼ିଥାଏ ଏବଂ ମୁଁ ପୋର୍କ୍ ଖାଏନାହିଁ। କିନ୍ତୁ ଟେରାକୋଟା ୱରିଅର୍ ଓ ମ୍ୟୁଜିକ୍ ଶୋ ଦେଖି ମୋ ମନ ତୃପ୍ତ ହୋଇଯାଇଥିଲା।

ଦେବସ୍ଥାନ ଲାସା

ତିବ୍ବତାନ୍ ଭାଷାରେ ଲାସାର ଅର୍ଥ 'ଦେବଭୂମି' ଏବଂ ଏହା ହେଉଛି ଚାଇନାର ସ୍ୱୟଂଶାସିତ ଅଞ୍ଚଳ, ତିବ୍ବତର ରାଜଧାନୀ। ତିବ୍ବତ ଦେଶଟିର ଅଧିକାଂଶ ଅଞ୍ଚଳରେ ଖୁବ୍ ଉଚ୍ଚ ପର୍ବତମାଳା ରହିଛି। ସେଥିପାଇଁ ତିବ୍ବତକୁ ପୃଥିବୀର ଛାତ କୁହାଯାଏ। ଏହା ହିମାଳୟର ଉତ୍ତର ପାର୍ଶ୍ୱରେ, ଲାସା ନଦୀର ଉପତ୍ୟକାରେ ଅବସ୍ଥିତ। ସମୁଦ୍ରପତ୍ତନଠାରୁ ପ୍ରାୟ ୪୦୦୦ ମିଟର ଉଚ୍ଚରେ ଥିବା ଏଇ ସହର ବହୁ ପୁରାତନ ମଠ, ମନ୍ଦିର ଏବଂ ପ୍ରାସାଦରେ ପରିପୂର୍ଣ୍ଣ। ଏହାର ଇତିହାସ ସାରା ପୃଥିବୀର ପର୍ଯ୍ୟଟକଙ୍କୁ ଆକର୍ଷିତ କରିଥାଏ। ପର୍ଯ୍ୟଟକମାନେ ବର୍ଷର ଯେକୌଣସି ସମୟରେ ଲାସା ପରିଦର୍ଶନ କରିପାରିବେ; କିନ୍ତୁ ଲାସା ଭିଜିଟ୍ କରିବାର ଲୋକପ୍ରିୟ ସମୟ ହେଉଛି ବସନ୍ତ ଏବଂ ଶରତ ଋତୁ। କାରଣ ସେତେବେଳେ ବର୍ଷା ହେବାର ସମ୍ଭାବନା ନଥାଏ। ପର୍ଯ୍ୟଟକ ମାନଙ୍କୁ ତିବ୍ବତରେ ପ୍ରବେଶ କରିବାକୁ, ତିବ୍ବତ ସରକାରଙ୍କର ଅନୁମତି ଦରକାର, ଯାହାକି ଆମ ଟୁର୍ କମ୍ପାନୀ ଆମ ପାଇଁ ଆଣିଥିଲା। ଆମେ ଯେତେବେଳେ ଚାଇନା ଭିସା ପାଇଁ ଆବେଦନ କଲୁ ଆମ ଟୁର୍ କମ୍ପାନୀ ଆମକୁ ତିବ୍ବତ ଯିବା ବିଷୟରେ କିଛି ଉଲ୍ଲେଖ ନକରିବାକୁ କହିଥିଲେ। ସେମାନେ କହିଥିଲେ ଯେ ତିବ୍ବତ ଯିବାପାଇଁ ଯାହା ଅନୁମତି ଦରକାର ତା'ର ବ୍ୟବସ୍ଥା ସେମାନେ କରିବେ। ତେଣୁ ଚାଇନା ଭିସା ଫର୍ମରେ ଆମେ ତିବ୍ବତ ବିଷୟରେ କିଛି ଲେଖିନଥିଲୁ।

ଲାସା କେବଳ ତିବ୍ବତର ରାଜଧାନୀ ନୁହେଁ। ଆଧ୍ୟାତ୍ମିକତା ଓ ଧର୍ମ ଦୃଷ୍ଟିରୁ ଏହା ହେଉଛି ତିବ୍ବତର ପ୍ରାଣକେନ୍ଦ୍ର। ୧୯୫୧ ମସିହାରେ ତିବ୍ବତୀୟମାନେ ପିପୁଲ୍ସ ରିପବ୍ଲିକ୍ ଅଫ ଚାଇନା ଅଧୀନରେ ଏକ ସ୍ୱୟଂଶାସିତ ରାଜ୍ୟ ହେବାପାଇଁ ଗୋଟିଏ ୧୭ ଦଫା ସମ୍ବଳିତ ରାଜିନାମା ସ୍ୱାକ୍ଷର କରିଥିଲେ। ଫଳରେ ତିବ୍ବତ ଚୀନ୍ ପ୍ରଜାତନ୍ତ୍ର ଅଧୀନରେ ଏକ ସ୍ୱୟଂଶାସିତ ଅଞ୍ଚଳ ଭାବରେ ପରିଗଣିତ ହେଲା। ସେତେବେଳେ ଦଲାଇଲାମା ତିବ୍ବତର ଶାସକ ଥିଲେ। ସେ ତିବ୍ବତର ଆଧ୍ୟାତ୍ମିକ ଗୁରୁ ଥିବା ସହ ରାଜନୈତିକ କର୍ଣ୍ଣଧାର ମଧ୍ୟ ଥିଲେ। ୧୯୫୯ ମସିହାରେ ଚୀନ୍ ତିବ୍ବତକୁ ନିଜର ଏକ ଅବିଚ୍ଛିନ୍ନ ଅଙ୍ଗ ଭାବରେ ଘୋଷଣା କରିବା ଫଳରେ ସେ ଭାରତରେ ରାଜନୈତିକ ଆଶ୍ରୟ ନେଲେ। ଦଲାଇଲାମାଙ୍କ ମତରେ ତିବ୍ବତ ଏକ ସ୍ୱାଧୀନ ରାଷ୍ଟ୍ର। ବର୍ତ୍ତମାନ ତିବ୍ବତ ଚୀନ୍ ଅଧିନସ୍ଥ ଏକ ସ୍ୱୟଂଶାସିତ ଅଞ୍ଚଳ ବୋଲି ଧରାହେଉଥିବାରୁ ଲାସା ଯିବା ପାଇଁ ଆମକୁ ସ୍ୱତନ୍ତ୍ର ଅନୁମତିପତ୍ର ଆଣିବାକୁ ପଡ଼ିଥିଲା। ଆମ ଟ୍ରାଭଲ୍ ଏଜେନ୍ସି ଆମ ପାଇଁ ସେହି କାମ କରିଥିଲା।

ତିବ୍ବତ ଜନସଂଖ୍ୟାର ପ୍ରାୟ ୯୧% ବୌଦ୍ଧ। ଏଇ ବୌଦ୍ଧମାନେ ଲାସାକୁ ଏକ ପବିତ୍ର ସ୍ଥାନର ମର୍ଯ୍ୟାଦା ଦେଇଥାନ୍ତି। ତିବ୍ବତ ଜନସଂଖ୍ୟାର ୯୩ ଭାଗ ତିବ୍ବତୀୟ ହୋଇଥବା ବେଳେ ୬ ଭାଗ ଚୀନ୍ ଦେଶର। ଯଦିଓ ତିବ୍ବତ ମୂଳତଃ କୃଷିପ୍ରଧାନ ଦେଶ, ଏବେ କିନ୍ତୁ ପର୍ଯ୍ୟଟନ ଶିଳ୍ପର ଗୁରୁତ୍ୱ ସେଠି ବହୁତ ବଢ଼ିଯାଇଛି। ଲାସା ବର୍ତ୍ତମାନ ଏକ ଲୋକପ୍ରିୟ ପର୍ଯ୍ୟଟନ ସ୍ଥଳୀ। କେବଳ ଯେ ଏହାର ଐତିହାସିକ ଓ ଧାର୍ମିକ ଐତିହ୍ୟ ପର୍ଯ୍ୟଟକମାନଙ୍କୁ ଆକୃଷ୍ଟ କରୁଛି ତା’ ନୁହେଁ, ଏହାର ପ୍ରାକୃତିକ ବୈଭବ ମଧ୍ୟ କୌଣସି ଗୁଣରେ କମ୍ ନୁହେଁ।

ପ୍ଲେନ୍ ଭିତରୁ ଲାସାର ସୌନ୍ଦର୍ଯ୍ୟ ଥିଲା ସ୍ମରଣୀୟ। ଆମେ ହିମାଳୟ ପର୍ବତମାଳା ଉପରଦେଇ ଗଲୁ। ଲାସା ସହରଟି ଏହି ପର୍ବତମାଳା କୋଳରେ ସୁନ୍ଦର ଭାବରେ ସଜେଇ ହୋଇ ବସିଛି। ଆମେ ଲାସାରେ ପହଞ୍ଚିଲା ସମୟରେ ପାଗ ଖୁବ୍ ଭଲ ଥିଲା। ଆକାଶ ସଫା ଥିବାରୁ ସୂର୍ଯ୍ୟକିରଣ ସବୁଆଡ଼େ ବିଛେଇ ହୋଇ ପଡ଼ିଥିଲା। ଆମର ଲାସା ଟୁର୍ ଗାଇଡ଼ ଲାକ୍‌ଡୋନ୍ ଆମକୁ ସ୍ୱାଗତ କରିବାପାଇଁ ଏୟାରପୋର୍ଟରେ ଅପେକ୍ଷା କରିଥିଲେ। ସେ ଗୋଟିଏ ଗୋଟିଏ ଧଳା ରଙ୍ଗର ଛୋଟ ଶାଲ୍ ଆମ ସମସ୍ତଙ୍କ କାନ୍ଧରେ ପକାଇ ଆମକୁ ସ୍ୱାଗତ କଲେ ଓ ଅପେକ୍ଷାରତ ଭ୍ୟାନ୍ ପାଖକୁ ବାଟ କଢ଼ାଇ ନେଲେ।

ଲାସା ସମୁଦ୍ରପତ୍ତନଠାରୁ ପ୍ରାୟ ୪୦୦୦ ମିଟର ଉଚ୍ଚରେ, ତେଣୁ ସେଠାର ବାୟୁମଣ୍ଡଳରେ ଅକ୍ସିଜେନ୍ ଅଂଶ କମ। ଏହାକୁ ମନେରଖି ଆମ ଭିତରୁ ଯେଉଁମାନେ

ଉଚ୍ଚତା ଜନିତ କଷ୍ଟ ଅନୁଭବ କରନ୍ତି ସେମାନେ ପୂର୍ବ ଦିନରୁ ଔଷଧ ଖାଇଥିଲେ। ଏହି ଔଷଧ ତିନି ଦିନ ପାଇଁ ଖାଇବା କଥା; କିନ୍ତୁ ମୁଁ ଦ୍ୱିତୀୟ ଦିନ ପରେ ଆଉ ଖାଇଲି ନାହିଁ, କାରଣ ମୋର ଆଉ ଦରକାର ପଡ଼ିଲାନି।

ତିବ୍ବତୀୟ ଭାଷାରେ ଲାସାର ଅର୍ଥ ଦେବଭୂମି। ପ୍ରକୃତରେ ଆମେ ସେଠି ପହଞ୍ଚିଲା ପରେ ମତେ ବି ଲାଗିଲା ସତେ ଯେମିତି ଏହା ଏକ ଦେବଭୂମି। ଏୟାରପୋର୍ଟରୁ ହୋଟେଲ୍ ଗୋଟିଏ ଘଣ୍ଟାର ବାଟ। ଯିବା ବାଟରେ ମାଇଲ ମାଇଲ ଧରି ସବୁଜିମା, ସୁନ୍ଦର ନୀଳ ଆକାଶ, ବିସ୍ତୃତ ପଟ୍ଟଭୂମିରେ ଧୂସର ପର୍ବତମାଳାଗୁଡ଼ିକର ଅପୂର୍ବ ଦୃଶ୍ୟ, କଳକଳ ହୋଇ ବୋହି ଯାଉଥିବା ନଦୀର ନିର୍ମଳ ଜଳର ଶୋଭା ଦେଖି ମୁଁ ଭାବିଲି ପ୍ରକୃତରେ ଦେବଭୂମି ଛଡ଼ା ଇଏ ଆଉ କ'ଣ ହୋଇପାରେ? ବାୟୁମଣ୍ଡଳ ବେଶ୍ ପରିଷ୍କାର ଥିଲା ବୋଲି ଆମେ ତତ୍‌କ୍ଷଣାତ୍ ଅନୁଭବ କରିପାରିଲୁ।

ହୋଟେଲ୍‌ରେ ପହଞ୍ଚିଲାକ୍ଷଣି ସେଠାର କର୍ମଚାରୀମାନେ ଆମ ସମସ୍ତଙ୍କ କାନ୍ଧରେ ପୁଣି ଥରେ ଗୋଟିଏ ଗୋଟିଏ ଧଳା ରଙ୍ଗର ଶାଲ୍ ପକାଇ ଆମକୁ ସ୍ୱାଗତ କଲେ। ଲାସାରେ ଯେଉଁ ହୋଟେଲ୍‌ରେ ଆମେ ରହିଲୁ ତା' ନାଁ ସାଇଡିଙ୍ଗ। ଅନ୍ୟତ୍ର ରହିଥିବା ହୋଟେଲ୍‌ଗୁଡ଼ିକ ସହ ଏହା ତୁଳନୀୟ ନୁହେଁ; ତଥାପି ଏହାର ଅବସ୍ଥିତି ବେଶ୍ ସୁବିଧାଜନକ ଥିଲା। ସବୁ ପର୍ଯ୍ୟଟକ କେନ୍ଦ୍ରଗୁଡ଼ିକ ପ୍ରାୟ ଚାଲିବା ବାଟରେ, ତେଣୁ ଆମକୁ ଆଉ ଏତେ ଖରାପ ଲାଗିଲାନି। ପର୍ଯ୍ୟଟନ ଦୃଷ୍ଟିରୁ ସବୁଠାରୁ ଗୁରୁତ୍ୱ ବହନ କରୁଥିବା ପୋଟାଲା ପ୍ୟାଲେସ୍, ଯୋଖାଙ୍ଗ ମନ୍ଦିର, ବାରଖୋର ଷ୍ଟ୍ରିଟ୍ ହୋଟେଲ୍‌ରୁ ମାତ୍ର ଦୁଇ ବା ଅଢ଼େଇ କିଲୋମିଟର ଦୂରରେ ଥିଲା।

ଅପରାହ୍ଣ ଚାରିଟା ବେଳେ ଆମେ ହୋଟେଲ୍‌ରେ ପହଞ୍ଚିଲୁ। ସମୁଦ୍ରପତ୍ତନଠାରୁ ପ୍ରାୟ ୪୦୦୦ ମିଟର ଉଚ୍ଚରେ ଥିବାରୁ ନିଜକୁ ଆଡ଼ଜଷ୍ଟ କରିବାପାଇଁ ସେଦିନ ଆମର ସନ୍ଧ୍ୟା ସମୟରେ କିଛି ପ୍ଲାନ୍ ନଥିଲା। ତେଣୁ ଲାକ୍‌ଡୋନ୍ ନିଜ ଘରକୁ ଫେରିଗଲେ ଓ ଆମେମାନେ ରେଷ୍ଟ୍ ନେଲୁ। ଡିନର୍ ସମୟରେ ଆମେ ସମସ୍ତେ ଯାଇ ହୋଟେଲ୍‌ରେ ଥିବା ରେଷ୍ଟୋରାଁରେ ଡିନର୍ ପାଇଁ ଏକାଠି ହେଲୁ। ସେଠି ପହଞ୍ଚି ଦେଖିଲୁ ରେଷ୍ଟୋରାଁର କର୍ମଚାରୀମାନେ କେହି ଇଂରାଜୀ ବୁଝୁନାହାନ୍ତି। ଆମେ ବହୁତ ଅସୁବିଧାରେ ପଡ଼ିଗଲୁ। ମେନୁରେ ଯେଉଁ ଆଇଟମ୍‌ଗୁଡ଼ିକ ଥିଲା କେବଳ ଅନ୍ଦାଜ କରି ଖାଇବା ଅର୍ଡର କଲୁ। ପିଜ୍ଜା ଅର୍ଡର କଲେ ଠିକ୍ ହେବ ଭାବି ମୁଁ ପିଜ୍ଜା ଅର୍ଡ଼ର କଲି; କିନ୍ତୁ ସେ ପିଜ୍ଜା ଜମା ଭଲ ଲାଗିଲାନି। ତା'ର ନା ଥିଲା ପିଜ୍ଜାର ଟେଷ୍ଟ ନା ଥିଲା ବାସ୍ନା। ସେମିତି ଅନ୍ଦାଜ କରି ଅନ୍ୟମାନେ ଯିଏ ଯାହା ଅର୍ଡର କଲେ କାହାକୁ ସେ ଖାଇବା ଭଲ ଲାଗିଲାନି। ଅଳ୍ପ ଟିକେ ଟିକେ ଖାଇ ଆମେ ସବୁ ଫେରିଆସି ଶୋଇବାକୁ

ଚାଲିଗଲୁ। ଆମ ସାଙ୍ଗରେ ଗାଇଡ୍ ଥିଲାବେଳେ ଆମର କୌଣସି ଅସୁବିଧା ନଥିଲା। ଚାଇନାରେ ଯେଉଁସବୁ ଜାଗାକୁ ଆମେ ଗଲୁ, ସବୁ ଜାଗାରେ ହୋଟେଲ୍‌ର ରିସେପସନ୍ ଷ୍ଟାଫ୍ ଛଡ଼ା କେହି ଇଂରାଜୀ ବୁଝୁନଥିଲେ। ଆମେ ଶୁଣିଥିଲୁ ଯେ ଚୀନ୍ ଦେଶରେ ମିଡିଲ୍ ସ୍କୁଲ୍ ପର୍ଯ୍ୟନ୍ତ ସବୁ ପିଲା ଇଂରାଜୀ ପଢ଼ନ୍ତି। ତେଣୁ ଆମେ ବୁଝି ପାରିଲୁନି କେମିତି ଲୋକମାନେ କିଛି ଇଂରାଜୀ ବୁଝୁନଥିଲେ।

ପରଦିନ ସକାଳେ ବ୍ରେକ୍‌ଫାଷ୍ଟ ମଧ୍ୟ ମନପସନ୍ଦର ନଥିଲା। ଅତି ସାଧାରଣ ଭାବରେ ଯାହା ସବୁ ଦିଆଯାଏ, ସେପରି କେତୋଟି ଆଇଟମ୍ ଥିଲା। ସେଠାରେ ସର୍ଭ ହୋଇଥିବା ବଟର୍ ଓ ଦୁଧ ଥିଲା ତିବ୍ଦତର ଚାମରୀ ଗାଈର। ସେ ଦୁଧ ଖୁବ୍ ବହଳିଆ। ତା'ର ବାସ୍ନା ମଧ୍ୟ ଅଲଗା। ମତେ ଆଦୌ ଭଲ ଲାଗିଲା ନାହିଁ। ସେ ଯାହାହେଉ ଅଳ୍ପକିଛି ଖାଇ, ସକାଳ ୯.୩୦ରେ ଆମେ ଲବିରେ ଲାକଦୋନଙ୍କୁ ଦେଖାକଲୁ। ସେଦିନ ଆମର ପ୍ରଥମେ ରକ୍ ପେଣ୍ଟିଙ୍ଗ୍ ଦେଖିବାକୁ ଯିବାର ଥିଲା। ଏହାକୁ ରକ୍ ପେଣ୍ଟିଙ୍ଗ୍ କୁହାଯାଏ; କିନ୍ତୁ ପ୍ରକୃତରେ ଏହା ରକ୍ କାର୍ଭିଙ୍ଗ୍ ଯାହାକି ପ୍ରାୟ ୨୦୦୦ ବର୍ଷର ପୁରୁଣା। ପଥର ଖୋଦେଇ କରି ସେଠାରେ ମନୁଷ୍ୟ, ଘୋଡ଼ା, ପାଗୋଡ଼ା ଓ ବୁଦ୍ଧଙ୍କ ମୂର୍ତ୍ତି ତିଆରି କରାଯାଇଛି। ଏତେ ବର୍ଷ ତଳେ ପଥର ଖୋଦେଇ କରି ଏପରି ସୁନ୍ଦର ଚିତ୍ର ତିଆରି କରାଯାଇଥିବାର ଦେଖି ଆଶ୍ଚର୍ଯ୍ୟ ଲାଗିଲା। ରଙ୍ଗ କିଛି ପରିମାଣରେ ଫିକା ପଡ଼ିଗଲାଣି, ତଥାପି ଯେତିକି ଅଛି ତାକୁ ଦେଖି ଖୁସି ଲାଗିଲା। ସେଠାରୁ ପାଖରେ ଥିବା ଗୋଟିଏ ମନ୍ଦିରକୁ ଗଲୁ। ମନ୍ଦିରରେ ଶହ ଶହ ଲୋକ ପ୍ରାର୍ଥନା କରୁଥିବାର ଦେଖିଲୁ। ମନ୍ଦିର ସାମନାରେ କିଛି ଲୋକ ବସିଥିଲେ, କିଛି ଲୋକ ଠିଆ ହୋଇଥିଲେ, କିଛି ଲୋକ ଚାଲୁଥିଲେ; କିନ୍ତୁ ସମସ୍ତେ ମନ୍ତ୍ର ଉଚ୍ଚାରଣ କରୁଥିଲେ। ଦୀପ ଓ ମହମବତୀ ଜଳାଇ ବିଭିନ୍ନ ଭଙ୍ଗୀରେ ପ୍ରାର୍ଥନା କରୁଥିଲେ- କେତେ ଲୋକ ଦଣ୍ଡ ପ୍ରଣାମ କରୁଥିଲେ ଏବଂ ଆଉ କେତେ ଲୋକ ଗୋଟିଏ ଲମ୍ବା ଲାଇନ୍‌ରେ ଠିଆ ହୋଇ ମନ୍ତ୍ର ଉଚ୍ଚାରଣ କରୁଥିଲେ। ଏସବୁ ଦେଖି ଭାରି ଖୁସି ଲାଗିଲା।

ଏହାପରେ ଆମେ ଗୋଟିଏ ସାନ୍ନ୍ୟାସିନୀମାନଙ୍କ ଆଶ୍ରମ ଦେଖିବାକୁ ଗଲୁ। ଗୋଟିଏ ଛୋଟ ରୁମ୍ ଭିତରେ ଦଶ ବାର ଜଣ ସାନ୍ନ୍ୟାସିନୀ ନିଜ ନିଜ ଆଗରେ ଗୋଟିଏ ଗୋଟିଏ ମହମବତୀ ଜଳାଇ ବସି ଏକ ଲୟରେ ମନ୍ତ୍ରପାଠ କରୁଥିଲେ। ସେମାନେ ବସିଥିବାର ସାମନା କାନ୍ଥରେ ବୁଦ୍ଧଙ୍କର ଗୁଡ଼ିଏ ପ୍ରତିମୂର୍ତ୍ତି ଥିଲା। ଆଶ୍ରମଟି ବେଶ୍ ଛୋଟ। ଆଉ ବିଶେଷ କିଛି ଦେଖିବାର ନଥିଲା।

ତା'ପରେ ଆମେ ଗଲୁ ନରବୁଲିଙ୍କା, ଯାହାକି ୧୭୫୫ରୁ ୧୭୮୩ ମସିହା ଭିତରେ ଦଲାଇ ଲାମାଙ୍କ ସମର୍ ପ୍ୟାଲେସ୍ ଭାବରେ ନିର୍ମିତ ହୋଇଥିଲା। ଦଲାଇଲାମା

୪୭ ଓ ୪୧୩ ଏହି ପ୍ରାସାଦରେ ରହୁଥିଲେ। ବର୍ତ୍ତମାନର ଦଲାଇଲାମା ୧୯୫୯ରେ ତିବ୍ବତ ଛାଡ଼ି ଭାରତକୁ ଚାଲିଯିବା ପୂର୍ବରୁ ଏହି ପ୍ୟାଲେସ୍‌ରେ କିଛି ଦିନ ରହିଥିଲେ। ଏହା କେତେ ଗୁଡ଼ିଏ ଛୋଟ ଛୋଟ ପ୍ରାସାଦର ସମଷ୍ଟି। ଏହି କମ୍ପ୍ଲେକ୍ସରେ କେତେଗୁଡ଼ିଏ ଛୋଟ ଛୋଟ ପ୍ରାସାଦ ସହ ପ୍ରାୟ ୩୦୦ କୋଠରି ରହିଛି। ଗୋଟିଏ ପ୍ରାସାଦର ଭିତରକୁ ଯାଇ ଦେଖିଲୁ ଅନେକଗୁଡ଼ିଏ ହଲ୍, ଗୋଟିଏ ମନ୍ଦିର, ଗୋଟିଏ ଆସେମ୍ବ୍ଲି ହଲ୍ ଓ ଗୋଟିଏ ରିଡିଙ୍ଗ୍ ରୁମ୍ ଥିଲା। ପ୍ରାସାଦଗୁଡ଼ିକର କାନ୍ଥରେ ଥିବା ହସ୍ତଲିପିଗୁଡ଼ିକ ଅତି ସୁନ୍ଦର, ଦେଖିବା ଭଳି। ନରବୁଲିଙ୍କା ଗୋଟେ ଖୁବ୍ ବଡ଼ ଜାଗାରେ ତିଆରି ହୋଇଥିଲା। ଏହା ଭିତରେ ଥିବା ବଗିଚାଗୁଡ଼ିକ ବେଶ୍ ବଡ଼ ଆକାରର ଓ ମନମୁଗ୍ଧକର। କେବଳ ବଗିଚା ନୁହେଁ, ରାସ୍ତାଗୁଡ଼ିକ ମଧ୍ୟ ଖୁବ ଭଲ ଓ ପ୍ରଶସ୍ତ। ଏହି ବଗିଚାରେ ବୁଲିଲା ସମୟରେ ସ୍ୱର୍ଗୀୟ ସୌନ୍ଦର୍ଯ୍ୟ ଉପଭୋଗ କରି ବହୁତ ଶାନ୍ତି ଲାଗିଲା।

ନରବୁଲିଙ୍କା ବୁଲି ଦେଖିସାରିଲା ବେଳକୁ ଲଞ୍ଚ୍ ସମୟ ହୋଇ ଯାଇଥିଲା। ଲାକ୍‌ଡୋନ୍ ଆମକୁ ଗୋଟିଏ ଭାରତୀୟ ରେଷ୍ଟୋରାଁକୁ ନେଇଗଲେ। ତା ନାଁ ଥିଲା କୈଳାସ। ପୂର୍ବ ସନ୍ଧ୍ୟାର ଡିନର୍ ଭଲ ନଥିଲା। ତା'ଛଡ଼ା ଅନେକ ଦିନରୁ ଭାରତୀୟ ଖାଇବା ଖାଇନଥିଲୁ। ତେଣୁ ଭଲକରି ଲଞ୍ଚ୍ ଅର୍ଡର୍ କଲୁ। ଏଇ ଟୁର୍‌ରେ ଆମେ ଯେତେଗୁଡ଼ିଏ ଟୁର୍ କମ୍ପାନୀ ଦେଉଥିବା ଲଞ୍ଚ୍ ବା ଡିନର୍ ଖାଇଥିଲୁ ସେସବୁ ଟୁର୍ ଗାଇଡ୍ ଅର୍ଡର୍ କରୁଥିଲେ। ସେମାନେ କେବଳ ଆମକୁ ପଚାରୁଥିଲେ ଆମେ ସାକାହାରୀ ନା ମାଂସାହାରୀ, ଯଦି ମାଂସାହାରୀ ତା'ହେଲେ ଆମେ କି ପ୍ରକାର ମାଂସ ଖାଉ ଇତ୍ୟାଦି। ପ୍ରାୟତଃ ସେମାନେ ଛ ସାତଟି ଆଇଟମ୍ ମଗାଉଥିଲେ। ଏଇ ଲଞ୍ଚ୍ ମଧ୍ୟ ଆମ ଟୁର୍ ପ୍ୟାକେଜରେ ଥିଲା। କିନ୍ତୁ ଆମ ଗାଇଡ୍ ଆମକୁ ନିଜେ ଅର୍ଡର କରିବାକୁ କହିଲେ। ଆମେ ଖୁସି ହୋଇ ବହୁତ ପ୍ରକାର ଖାଇବା ଅର୍ଡର୍ କଲୁ। ରେଷ୍ଟୋରାଁ ମ୍ୟାନେଜରଙ୍କ ସୁପାରିଶ ଅନୁସାରେ ପ୍ରଥମେ ଆମେ ଗୋଟେ କୋଲଡ୍ ଡ୍ରିଙ୍କ୍ ଅର୍ଡର୍ କଲୁ ଯାହାକି ଆମକୁ ବହୁତ ଭଲ ଲାଗିଲା। ଡ୍ରିଙ୍କ୍‌ଟା ସେଇ ରେଷ୍ଟୋରାଁର ସ୍ପେସିଆଲିଟି। ତା'ପରେ ଆମେ ଆଲୁ ପରଟା, ଭାତ, ଛେଳି ମାଂସ, ଛୋଲେ ଓ ଅନ୍ୟ ତିନି ପ୍ରକାର ପରିବା ତରକାରୀ ମଗାଇଥିଲୁ। ସବୁ ଆଇଟମ୍‌ଗୁଡ଼ିକ ବେଶ୍ ଭଲ ଲାଗିଲା। ଆମେ ସମସ୍ତେ ବହୁତ ତୃପ୍ତିରେ ଖାଇଲୁ। ଯେହେତୁ ଆମେ ନିଜେ ଅର୍ଡର କଲୁ, ବେଶୀଗୁଡ଼ିଏ ଆଇଟମ୍ ଅର୍ଡର୍ କଲାପରେ ଭାବିଲୁ ହୁଏତ ଟୁର୍ କମ୍ପାନୀ ଆମ ଲଞ୍ଚ୍ ପାଇଁ ଯାହା ଖର୍ଚ୍ଚ କରିବା କଥା ତା'ଠୁ ବେଶୀ ଖର୍ଚ୍ଚ ହୋଇଯାଇଥିବ। ଆମେ ଗାଇଡ୍‌କୁ କହିଲୁ ଲଞ୍ଚ୍ ଖର୍ଚ୍ଚର କିଛିଟା ଆମେ ଦେବୁ। ସେ ଖୁସିରେ ରାଜି ହୋଇଗଲେ।

ପ୍ରୋଗ୍ରାମ୍ ଅନୁସାରେ ଆମର ପରବର୍ତ୍ତୀ ଗନ୍ତବ୍ୟସ୍ଥଳ ଥିଲା ସେରା ମଠ। ଏହା

ଏକ ବିଶ୍ୱବିଦ୍ୟାଳୟ ଯାହାକି ୧୯୪୯ ମସିହାରେ ଆରମ୍ଭ ହୋଇଥିଲା। ପାହାଡ଼ର ଉପରେ ନିର୍ମିତ ହୋଇଥିବା ଅତି ସୁନ୍ଦର ମଠଟିଏ। ମଠକୁ ଲମ୍ବିଯାଇଥିବା ସର୍ପାକାର ରାସ୍ତାର ଉଭୟ କଡ଼ରେ ଥିବା ଗଛଗୁଡ଼ିକର ଶୋଭା ଥିଲା ଆନନ୍ଦଦାୟକ। ଶୁଣିଲୁ ୧୯୫୯ରେ ଦଲାଇଲାମା ଭାରତକୁ ଚାଲିଗଲା ପରେ ଅନେକ ସନ୍ନ୍ୟାସୀ ଏଠାରୁ ଭାରତର ମଇସୁରକୁ ଚାଲିଗଲେ। ତଥାପି ଏବେ ବି ସେଠାରେ ଅନେକ ସନ୍ନ୍ୟାସୀ ଅଛନ୍ତି। ଆମେ ପହଞ୍ଚିବା ସମୟରେ ସେଠି ସନ୍ନ୍ୟାସୀମାନଙ୍କର ଏକ ତର୍କସଭା ଚାଲିଥିଲା। କେହି କିଛି କଥା କହୁନଥିଲେ, କେବଳ ଅଙ୍ଗଭଙ୍ଗୀରେ ନିଜ ନିଜ ବକ୍ତବ୍ୟ ପ୍ରକାଶ କରୁଥିଲେ। ଆମ ଗାଇଡ଼ କହିଲେ ଏଇ ତର୍କ ଧର୍ମଶାସ୍ତ୍ର ସମ୍ବନ୍ଧରେ ଚାଲିଥିଲା। ସେ ମଠରେ ଦିନରେ ତିନିଥର ଏହିପରି ତର୍କ ହୁଏ ଏବଂ ପ୍ରତି ତର୍କ ୩ ଘଣ୍ଟା ପାଇଁ ଚାଲେ। କିନ୍ତୁ ଶେଷ ତର୍କଟି ହୁଏ କେବଳ ଘଣ୍ଟାଏ ପାଇଁ ରାତି ୮.୩୦ରୁ ୯.୩୦ ପର୍ଯ୍ୟନ୍ତ। ସେମାନଙ୍କ ଅଙ୍ଗଭଙ୍ଗୀରୁ ଆମେ କିଛି ବୁଝି ନପାରିଲେ ମଧ୍ୟ କୌତୁହଳବଶତଃ କିଛି ସମୟ ସେଠାରେ କଟାଇ ହୋଟେଲ୍‌କୁ ଫେରିଲୁ।

ଫେରିବା ବାଟରେ ମୁଁ ଅନୁଭବ କଲି ଯେ ମତେ ଥଣ୍ଡା ଧରିବ। ତଣ୍ଟି ସଲ ସଲ ଲାଗିଲା। କିଛି ସମୟ ବିଶ୍ରାମ ନେଲା ପରେ ମୁଁ ଓ ମୋ ସ୍ୱାମୀ ହୋଟେଲ୍ ପାଖରେ ଥିବା ଗୋଟିଏ ଔଷଧ ଦୋକାନକୁ ଗଲୁ ଥଣ୍ଡା ପାଇଁ କିଛି ଔଷଧ କିଣିବାକୁ। ସେ ଦୋକାନରେ କାମ କରୁଥିବା ଲୋକମାନଙ୍କ ଭିତରୁ କେହି ଇଂରାଜୀ ବୁଝୁନଥିଲେ କିମ୍ବା କୌଣସି ଔଷଧ ବୋତଲର ଖୋଳଗୁଡ଼ିକରେ ଇଂରାଜୀରେ ଲେଖାନଥିଲା। ଏପରି ପରିସ୍ଥିତିରେ ଔଷଧ ନକିଣି ଆମେ ଫେରିଆସିଲୁ। ହୋଟେଲ୍‌ରେ ଉଷୁମ ପାଣି ଓ ଲୁଣ ମଗାଇ ମୁଁ ଗଳଗଳ କଲି। ତା'ପରେ ମତେ ଭଲ ଲାଗିଲା। ସେଦିନ ସନ୍ଧ୍ୟାରେ ଆଉ କିଛି ପ୍ଲାନ୍ ନଥିଲା, ତେଣୁ ଆମେ ସମସ୍ତେ କିଛି ସମୟ ଗଡ଼ପଡ଼ ହୋଇ ୫.୩୦ରେ ହୋଟେଲ୍ ଲବିରେ ଏକାଠି ହେଲୁ। ଆମର ଜଣେ ସାଙ୍ଗ ଏଠୁ ଭାରତୀୟ ମସଲା ଚା' ନେଇଥିଲେ। ସେ ଚା' ପ୍ୟାକେଟରେ ଚା' ସହ ଚିନି, ଦୁଧ ଓ ମସଲା ମିଶିଥିଲା। ଖାଲି ଗରମ ପାଣି ଢାଳି ପିଇବା କଥା। ସେ ଚା' କଲେ। ପାଖ ଦୋକାନରୁ ଆମେ ଯାଇ କିଛି ସ୍ନାକ୍ସ ନେଇଆସିଲୁ। ସମସ୍ତେ ଏକାଠି ବସି ଚା' ଓ ସ୍ନାକ୍ସ ଉପଭୋଗ କଲୁ। ଯେହେତୁ ଆମେ କୈଳାସ ରେଷ୍ଟୋରାଁରେ ବହୁତ ଡେରିରେ ଓ ବହୁତ ପରିମାଣରେ ଖାଇଥିଲୁ, ଚା' ପିଇବା ପରେ ଆଉ ଭୋକ ନଥିଲା ଡିନର୍ ପାଇଁ। ତେଣୁ ଲବିରେ ବସି କିଛି ସମୟ ଗପସପ କରି ଆମେ ଶୋଇବାକୁ ଗଲୁ।

ଆମର ଲାସା ଭ୍ରମଣର ମୁଖ୍ୟ ଆକର୍ଷଣ ଥିଲା ପୋଟାଲା ପ୍ୟାଲେସ୍, ଯାହାକି ସପ୍ତମ ଶତାବ୍ଦୀରୁ ଦଲାଇଲାମାଙ୍କର ଶୈତ ନିବାସ ରହି ଆସିଥିଲା। ବର୍ତ୍ତମାନ ଏହାକୁ

ଗୋଟିଏ ମ୍ୟୁଜିଅମ୍ କରିଦିଆଯାଇଛି । ପ୍ରତିଦିନ ହଜାର ହଜାର ଲୋକ ତାକୁ ଦେଖିବାକୁ ଆସୁଛନ୍ତି । ଆମେ ଯେଉଁ ହୋଟେଲ୍‌ରେ ରହୁଥିଲୁ ସେଠାରୁ ଏଇ ପ୍ୟାଲେସ୍ ବହୁତ ପାଖ । ମାତ୍ର ଦୁଇ, ଅଢ଼େଇ କିଲୋମିଟର ହେବ । ଆମ ହୋଟେଲ୍ ରୁମ୍‌ରୁ ପ୍ୟାଲେସ୍ ଦେଖାଯାଉଥିଲା । ସନ୍ଧ୍ୟା ହେଲେ ଯେତେବେଳେ ପ୍ୟାଲେସ୍‌ର ସବୁ ଆଲୁଅଗୁଡ଼ିକ ଜଳିଉଠେ ସେତେବେଳେ ପ୍ୟାଲେସ୍‌ଟି ଖୁବ୍ ଆଡ଼ମ୍ବରପୂର୍ଣ୍ଣ ଦେଖାଯାଏ ।

ପୂର୍ବ ନିର୍ଦ୍ଧାରିତ ପ୍ଲାନ୍ ଅନୁସାରେ, ଆମେ ୧୬୪୯ ମସିହାରେ ତିଆରି ହୋଇଥିବା ପୋଟାଲା ପ୍ୟାଲେସ୍ ବୁଲି ଦେଖିବା ପାଇଁ ସକାଳ ୭.୪୫ ମିନିଟ୍‌ରେ ହୋଟେଲ୍ ଲବିରେ ଏକାଠି ହେଲୁ । ପ୍ରାସାଦଟି ବହୁତ ପୁରୁଣା ହୋଇଥିବାରୁ ଏବଂ ଦର୍ଶକ ସଂଖ୍ୟା ଅଧିକ ହେଉଥିବାରୁ, ପ୍ରାସାଦର ସୁରକ୍ଷା ଦୃଷ୍ଟିରୁ ନିୟନ୍ତ୍ରିତ ସଂଖ୍ୟାରେ ଏକ ନିର୍ଦ୍ଦିଷ୍ଟ ସମୟ ପାଇଁ ଦର୍ଶକମାନଙ୍କୁ ଏହା ଭିତରକୁ ଛଡ଼ାଯାଏ । ଫଳରେ ଏକ ନିର୍ଦ୍ଦିଷ୍ଟ ସମୟରେ, ନିର୍ଦ୍ଦିଷ୍ଟ ସଂଖ୍ୟକ ଦର୍ଶକ ପ୍ରାସାଦ ଭିତରେ ରହିଥାନ୍ତି । ପ୍ରାସାଦ ବୁଲି ଦେଖିବା ପାଇଁ ଆମକୁ ଦୁଇ ଘଣ୍ଟା କୋଡ଼ିଏ ମିନିଟ୍ ସମୟ ମିଳିଥିଲା । ଆମ ପ୍ରବେଶ ସମୟ ଥିଲା ସକାଳ ୯ଟାରେ । ତେଣୁ ଆମକୁ ସକାଳ ୯ଟାରେ ପ୍ରାସାଦରେ ପ୍ରବେଶ କରି ଦିନ ୧୧.୨୦ ମିନିଟ୍ ସୁଦ୍ଧା ବାହାରି ଆସିବାର ଥିଲା । ଆମ ଗାଇଡ଼ ଆଗରୁ ଆମ ପାଇଁ ପାସ୍ ଆଣି ରଖିଥିଲେ ।

ହୋଟେଲ୍ ପ୍ରାସାଦର ନିକଟରେ ଥିଲେ ମଧ୍ୟ ଗାଡ଼ିରେ ସିଧା ବାଟରେ ଯିବା ସହଜ ନଥିଲା । ଆମ ଯିବା ରାସ୍ତାଟି ଥିଲା ୱାନ-ୱେ । ଗାଡ଼ିରେ ଗଲେ ପ୍ୟାଲେସ୍‌ରେ ପହଞ୍ଚିବା ପାଇଁ ପ୍ରାୟ ଦଶ ବାର ମିନିଟ୍ ସମୟ ଲାଗେ । ଆମେ ପ୍ରସ୍ତୁତ ହୋଇ ହୋଟେଲ୍‌ରୁ ବାହାରି ଆସି ପାର୍କିଙ୍ଗ୍ ଲଟ୍‌ରେ ଦେଖିଲା ବେଳକୁ ଭ୍ୟାନ୍‌ରେ ଡ୍ରାଇଭର୍ ନାହାନ୍ତି । ଗାଇଡ଼ ଡ୍ରାଇଭର୍‌ଙ୍କୁ ଫୋନ୍ କରି ଜାଣିଲେ ଯେ ସେ ବେଶି ସମୟ ଶୋଇ ପଡ଼ିବାରୁ ଘରୁ ତଥାପି ବାହାରି ନାହାନ୍ତି । ଯଦିଓ ସେ କହିଲେ ଶୀଘ୍ର ବାହାରି ଆସିବେ ବୋଲି, ତଥାପି ଲାକ୍‌ଡୋନ୍ ନିଶ୍ଚିତ ହୋଇପାରିଲେ ନାହିଁ । ଡ୍ରାଇଭର୍‌ଙ୍କ ଘର ହୋଟେଲ୍‌ରୁ କେତେ ଦୂର, ସେ କେମିତି ଆସିବେ ଓ ତାଙ୍କୁ ଆସିବାପାଇଁ କେତେ ସମୟ ଲାଗିବ ଏକଥା ତାଙ୍କୁ ଜଣାନଥିଲା । ତେଣୁ ସେ ବ୍ୟସ୍ତ ହୋଇ ଟାକ୍ସି ଖୋଜିଲେ; କିନ୍ତୁ ଏତେ କମ୍ ବାଟ ଯିବାପାଇଁ କୌଣସି ଟାକ୍ସି ଡ୍ରାଇଭର୍ ରାଜି ହେଲେନି । ତା'ପର ଦିନ ଆମର ଲାସା ଛାଡ଼ିବା କଥା । ତେଣୁ ଆମେ ଭାବିଲୁ ଯେ ଯେଉଁ ପୋଟାଲା ପ୍ୟାଲେସ୍ ଆମ ଲାସା ଆସିବାର ମୁଖ୍ୟ ଆକର୍ଷଣ ଥିଲା ତାକୁ ଆଉ ଦେଖିବା ହୁଏତ ସମ୍ଭବ ହେବନି । ଅନେକ ଚେଷ୍ଟା ପରେ ଲାକ୍‌ଡୋନ୍ ଅନ୍ୟ ଗୋଟିଏ ଟୁର୍ ବସ୍ ଡ୍ରାଇଭର୍‌ଙ୍କୁ ଅନୁରୋଧ କରି ଆମକୁ ନେବାର ବନ୍ଦୋବସ୍ତ କଲେ । ଆମେ ପୋଟାଲା

ପ୍ୟାଲେସ୍‌ରେ ପହଞ୍ଚିଲା ବେଳକୁ ସମୟ ଠିକ୍ ୯ଟା ହୋଇଥିଲା । ପାଖରେ ପହଞ୍ଚି ଭିତରକୁ ଯିବାପାଇଁ ଏତେ ବଡ଼ ଲାଇନ୍ ଦେଖି ଆମେ ଆଶଙ୍କିତ ହେଲୁ ଯେ ଆମକୁ ଦିଆ ଯାଇଥିବା ସମୟ ମଧ୍ୟରେ ଆମେ ପ୍ରାସାଦରେ ପଶି ପାରିବୁ ନାହିଁ । କିନ୍ତୁ ଲାକ୍‌ଡୋନ୍ ବୁଦ୍ଧି କରି ଆଗରୁ ଆମ ପାଇଁ ପ୍ରକ୍‌ସି ଠିଆ କରାଇଥିଲେ । ତେଣୁ ଆମେ ଠିକ୍ ସମୟରେ ପ୍ରାସାଦରେ ପ୍ରବେଶ କଲୁ ।

ଲାସା ନଦୀ କୂଳରେ ଅବସ୍ଥିତ, ପୋଟାଲା ପ୍ୟାଲେସ୍ ତିବ୍ବତର ବୌଦ୍ଧମାନଙ୍କ ପାଇଁ ଏକ ପବିତ୍ର ସ୍ଥାନ । ଏହି ପ୍ରାସାଦରେ ଅନେକଗୁଡ଼ିଏ ଅଟ୍ଟାଳିକା, ଗମ୍ବୁଜ ଓ ଉପାସନା ଗୃହ ଅଛି । ଅନେକ ଦୁର୍ଲଭ କଳାକୃତି ସହ ମାଟିର ମୂର୍ତ୍ତି, କାଠରେ ଖୋଦେଇ କାମ, ଶିଳାଲିପି ଓ ଧାତୁ ନିର୍ମିତ ମୂର୍ତ୍ତି ମଧ୍ୟ ଅଛି । ପ୍ରାସାଦଟି ସୁନ୍ଦର ତ ନିଶ୍ଚୟ; ଏହା ବ୍ୟତୀତ ତିବ୍ବତୀୟ କଳା, ସଂସ୍କୃତି ଓ ଇତିହାସର ଗନ୍ତାଘର ହୋଇଥିବାରୁ ଏହାର ମର୍ଯ୍ୟାଦା ବହୁତ ବେଶୀ । ସେଠାରେ ଅନେକ ପୂର୍ବ ଦଲାଇଲାମାମାନଙ୍କର ସ୍ତୂପ ମଧ୍ୟ ରଖାଯାଇଛି । କାନ୍ଥଗୁଡ଼ିକ ପଥରରେ ତିଆରି; କିନ୍ତୁ ଛାତ ସବୁ ଖୋଦେଇ କାଠରେ ସଜା ହୋଇଛି । ଏହି ବିରାଟ ପ୍ରାସାଦଟି ଦୁଇଟି ଭାଗରେ ବିଭକ୍ତ । କେନ୍ଦ୍ରରେ ରହିଛି ଏକ ଲାଲ ରଙ୍ଗର ପ୍ରାସାଦ ଓ ଏଇ ପ୍ରାସାଦକୁ ଘେରି ରହିଛି ଏକ ଧଳା ରଙ୍ଗର ପ୍ରାସାଦ । ଧଳା ପ୍ରାସାଦରେ ଦଲାଇଲାମାଙ୍କର ରହିବା ଘର ଓ କାର୍ଯ୍ୟାଳୟ ଥିବାବେଳେ ଲାଲ ପ୍ରାସାଦରେ ରହିଛି ପାଠାଗାର, ପୂଜାଘର ଓ ଧାର୍ମିକ ସଭା ପାଇଁ ବଡ଼ ବଡ଼ ହଲ୍ ।

ପୋଟାଲା ପ୍ୟାଲେସ୍‌ଟି ଡେର ତାଲା ବିଶିଷ୍ଟ । ଏହାର ଶୀର୍ଷକୁ ପହଞ୍ଚିବା ପାଇଁ ୯୯୯ଟି ପାହାଚ ଚଢ଼ିବାକୁ ପଡ଼ିଥାଏ । ପୁରୁଣା କାଳର ପ୍ରାସାଦ ହୋଇଥିବାରୁ ପାହାଚ ଚଢ଼ିବା ବେଶ୍ କଷ୍ଟସାପେକ୍ଷ ଥିଲା । ଆମେ ସକାଳ ୯ଟାରେ ପଶି ତ ଗଲୁ; କିନ୍ତୁ ଏତେ ଉଚ୍ଚରେ ଓ ଏତେ ବଡ଼ ପ୍ରାସାଦ, ତା'ଛଡ଼ା ପାହାଚ ଚଢ଼ିବା ଖୁବ୍ କଷ୍ଟକର ଥିବାରୁ ପାହାଚ ଚଢ଼ି ଗଲାବେଳକୁ ଆମର ଆଶଙ୍କା ହେଲା ଆମେ ଠିକ୍ ସମୟରେ ଫେରି ପାରିବୁ ତ? ପ୍ରାସାଦର ସର୍ବୋଚ୍ଚ ସ୍ତରକୁ ଯିବାପାଇଁ ଶେଷ ପର୍ଯ୍ୟାୟରେ କେତେଗୁଡ଼ିଏ ଆବୁଡ଼ା ଖାବୁଡ଼ା ପାହାଚ ଚଢ଼ିବା ସହ କେତେଗୁଡ଼ିଏ କାଠର ଝୁଲା ପାହାଚ ଚଢ଼ିବାକୁ ପଡ଼ିଲା । ମୁଁ ତ ପୂରା ଡରି ଡରି ଚଢ଼ିଲି । ପ୍ରାସାଦର କୌଣସି ଅଂଶ ଅଦେଖା ରହିଯିବା ଆମେ ଚାହୁଁ ନଥିଲୁ । ତେଣୁ ଶିଖର ପର୍ଯ୍ୟନ୍ତ ଗଲୁ । କିନ୍ତୁ ଏତେ କଷ୍ଟରେ ଉପରେ ପହଞ୍ଚିଲା ପରେ ମନଖୁସିରେ ସେଠି କିଛି ସମୟ କଟାଇବା ପାଇଁ ଆମ ହାତରେ ସମୟ ନ ଥିଲା । ସବୁଆଡ଼େ କେବଳ ଆଖି ବୁଲେଇଦେଇ ଫେରିଆସିଲୁ । ଦଲାଇଲାମା ଯେଉଁ ହଲରେ ବସି ପ୍ରାର୍ଥନା କରୁଥିଲେ ଦେଖିଲୁ ।

ପ୍ରାର୍ଥନା ହଲ୍ ଛଡ଼ା ପ୍ୟାଲେସ୍‌ରେ ଥିବା ବୁଦ୍ଧଙ୍କର ଅନେକଗୁଡ଼ିଏ ସୁନାର ପ୍ରତିମୂର୍ତ୍ତି ଦେଖିଲୁ। ମୂର୍ତ୍ତିଗୁଡ଼ିକ ସୁନାରେ ସଜା ହୋଇଥିବାରୁ ସବୁଆଡ଼ ଝଟକୁଥିଲା। ସେଠାରେ ଆଉ କିଛି ସମୟ ରହି ସବୁ ଜିନିଷ ଭଲ କରି ଦେଖିବାକୁ ବହୁତ ଇଚ୍ଛା ଥିଲେ ମଧ୍ୟ ସମୟର ସ୍ୱଳ୍ପତା ଦୃଷ୍ଟିରୁ ଫେରିବାପାଇଁ ବାଧ୍ୟ ହେଲୁ। ତଳେ ପହଞ୍ଚିଲା ପରେ ଆଶ୍ୱସ୍ତ ହେଲୁ ଯେ ଆମକୁ ଦିଆଯାଇଥିବା ସମୟ ଭିତରେ ଆମେ ଫେରି ଆସିପାରିଲୁ।

ସେତେବେଳକୁ ଲଞ୍ଚ୍ ଖାଇବା ସମୟ ହୋଇଯାଇଥିଲା। ଲଞ୍ଚ୍‌ରେ ପୁଣି ଭାରତୀୟ ଖାଦ୍ୟ ଖାଇବାପାଇଁ ଇଚ୍ଛା ହେବାରୁ ଆମେ ଲାସା କିଚେନ ବୋଲି ଗୋଟିଏ ରେଷ୍ଟୋରାଁକୁ ଗଲୁ। ସେଠାରେ ଭାରତୀୟ ଖାଦ୍ୟ ସହ ଚୀନି ଖାଦ୍ୟ ମଧ୍ୟ ମିଳୁଥିଲା। ସେଠି ମନପୂରାଇ ଖାଇସାରି ପାଖରେ ବାରଖୋର ବଜାର ଭିତରେ ଥିବା ଯୋଖାଙ୍ଗ ମନ୍ଦିରକୁ ଗଲୁ। 'ଯୋଖାଙ୍ଗ' ଅର୍ଥ ବୁଦ୍ଧଙ୍କ ଘର। ଲାସାରେ ଏହାକୁ ଅତି ପବିତ୍ର ସ୍ଥଳ ବୋଲି ଧରାଯାଏ। ଏହାକୁ ତିବ୍ବତର ଆଧ୍ୟାତ୍ମିକ କେନ୍ଦ୍ର ମଧ୍ୟ କୁହାଯାଏ। ଏ ମନ୍ଦିରଟି ପ୍ରାୟ ୧୩୦୦ ବର୍ଷ ପୂର୍ବେ ଭାରତୀୟ, ନେପାଳୀ ଓ ଚାଇନାର ଟାଙ୍ଗ୍ ରାଜବଂଶ ଡିଜାଇନ ଅନୁସାରେ ତିଆରି ହୋଇଥିଲା। ଏଇ ଚାରିତାଲା ମନ୍ଦିରଟି କାଠରେ ତିଆରି ଏବଂ ଏହାର ଛାତ ସୁନାରେ ତିଆରି। ସୁନା ତିଆରି ଛାତରେ ବିଭିନ୍ନ ପକ୍ଷୀ ଓ ପଶୁ ମାନଙ୍କର ଚିତ୍ର ରହିଛି। ଛାତରୁ ଅନେକଗୁଡ଼ିଏ ଘଣ୍ଟି ଝୁଲୁଛି। ଏଠାରେ ସବୁବେଳେ ଧୂପ ଓ ଦୀପ ଜଳୁଥାଏ ଓ ପ୍ରତିଦିନ ଅନେକ ଲୋକ ରାତିଦିନ ବସି ପ୍ରାର୍ଥନା କରନ୍ତି ବୋଲି ଶୁଣିଲୁ।

ଯୋଖାଙ୍ଗ ମନ୍ଦିରଟି ମଣ୍ଡଳ ତତ୍ତ୍ୱ ଆଧାରରେ ନିର୍ମିତ। ବୌଦ୍ଧ ମତ ଅନୁସାରେ ଏହା ମନ ଓ ଶରୀର କିମ୍ବା ଅନ୍ୟ ଅର୍ଥରେ କହିଲେ ଚେତନା ଓ ଜଡ଼ର ପ୍ରତୀକ। ସଂସ୍କୃତରେ ମଣ୍ଡଳର ଅର୍ଥ ବୃତ୍ତ। ବୃତ୍ତର ଆରମ୍ଭ କିମ୍ବା ଶେଷ ନଥାଏ। ତେଣୁ ଏହା ସୃଷ୍ଟିର ମଧ୍ୟ ପ୍ରତୀକ, କାରଣ ସୃଷ୍ଟିର ଆରମ୍ଭ କିମ୍ବା ଶେଷ ନାହିଁ। ବୃତ୍ତ ପରି ମଧ୍ୟ ଆମର ଚେତନାର ଆରମ୍ଭ କିମ୍ବା ଶେଷ ନାହିଁ।

ଏହି ମନ୍ଦିରର ଭାସ୍କର୍ଯ୍ୟରେ ଦେଖିବାକୁ ମିଳିଲା ଚମତ୍କାର ତିବ୍ବତୀୟ, ଭାରତୀୟ, ଚୀନି ଓ ନେପାଳୀ ସ୍ଥାପତ୍ୟକଳାର ସମ୍ମିଶ୍ରଣ। ମନ୍ଦିର ଭିତରେ ବୁଲିଲାବେଳେ ଆଖିରେ ପଡ଼ିଲା ଅତି ସୁନ୍ଦର ଭାବେ କାଠରେ ଖୋଦେଇ ହୋଇଥିବା କଳାକୃତି, କାନ୍ଥ ଓ ଛାତମାନଙ୍କରେ ଅଙ୍କାଯାଇଥିବା ଚମତ୍କାର ଚିତ୍ର ଏବଂ ଅଦ୍ଭୁତ ମଣ୍ଡଳଗୁଡ଼ିକ। ପୋଟାଲା ପ୍ୟାଲେସ୍ ପରି ଯୋଖାଙ୍ଗ ମନ୍ଦିରରେ ମଧ୍ୟ ଅନେକଗୁଡ଼ିଏ ସୁନାର ମୂର୍ତ୍ତି ଅଛି। ଅନ୍ୟସବୁ ବୌଦ୍ଧ ମନ୍ଦିର ପରି ଏଠାରେ ମଧ୍ୟ ଜଳୁଥବା ଦୀପ ଓ ଧୂପକାଠିର ବାସ୍ନା ଏକ ପବିତ୍ର ବାତାବରଣ ସୃଷ୍ଟି କରୁଥିଲା। ଏଇ ମନ୍ଦିରର ବିଶେଷତ୍ୱ ହେଉଛି ଯେ ଏଠାରେ ଶାକ୍ୟମୁନି

(ବୁଦ୍ଧ)ଙ୍କର ବାଲ୍ୟାବସ୍ଥାର ଏକ ବିରଳ ପ୍ରତିମୂର୍ତ୍ତି ରଖାଯାଇଛି। ଏଇ ପ୍ରତିମୂର୍ତ୍ତିରେ ଶାକ୍ୟମୁନି ମଣିମୁକ୍ତା ଖଞ୍ଜା ମୁକୁଟ ପିନ୍ଧିବା ସହ ରାଜକୀୟ ପୋଷାକ ପିନ୍ଧି ଗାରିମାମୟ ଦେଖା ଯାଉଛନ୍ତି।

ମନ୍ଦିର ବୁଲି ଦେଖିସାରିବା ପରେ ଆମ ଟୁର୍ ଗାଇଡ୍ ଆମକୁ ୟାଙ୍ଗ୍‌ଜିଆନ୍ ଟାଙ୍ଗ୍‌କା ଆର୍ଟ୍ ଷ୍ଟୋରକୁ ନେଇଗଲେ। ସେଠାରେ ଦେଖିଲୁ ଚିତ୍ରକାରମାନେ ତଳେ ବସି ତୂଳୀ ଓ ରଙ୍ଗ ଧରି ବିଭିନ୍ନ ପ୍ରକାର ମଣ୍ଡଳ ଆଙ୍କୁଛନ୍ତି। ଆମେ ସେମାନଙ୍କ ପାଖରୁ କିଛି ଚିତ୍ରକଳା କିଣିଲୁ। ତା'ପରେ ବାର୍‌ଖୋର ଷ୍ଟ୍ରିଟ୍ ଯାଇ କିଛି ସ୍ମାରକୀ ମଧ୍ୟ କିଣିଲୁ।

ଦିନସାରା ବୁଲି ବୁଲି କ୍ଳାନ୍ତ ହୋଇପଡ଼ିବାରୁ ହୋଟେଲ୍‌କୁ ଫେରିଆସିଲୁ। ସନ୍ଧ୍ୟାରେ କିଛି ପ୍ରୋଗ୍ରାମ୍ ନଥିଲା। କିଛି ସମୟ ବିଶ୍ରାମ ନେଲାପରେ ଆମ ଭିତରୁ କେତେଜଣ ସପିଙ୍ଗ୍ କରିବାପାଇଁ ବାହାରିଲୁ। ବାର୍‌ଖୋର ମାର୍କେଟ ଆମ ହୋଟେଲ୍‌ରୁ ବେଶ୍ ପାଖ ଥିଲା। ଆମେ ଦୁଇଟା ଟାକ୍ସି ନେଇ ଗଲୁ। ମାର୍କେଟ ପାଖରେ ପହଞ୍ଚିବା ଅଳ୍ପ ଆଗରୁ ଆମ ଟାକ୍ସି ଗୋଟିଏ ସାଇକଲ ଆରୋହୀଙ୍କୁ ଧକ୍କା ଦେଲା। ସେ ଲୋକଟି ତା' ସାଇକଲରେ ଅନେକ ଜିନିଷ ଲଦି ନେଉଥିଲା। ତା'ର ସବୁ ଜିନିଷ ରାସ୍ତାରେ ଛିନ୍‌ଛତ୍ର ହୋଇ ପଡ଼ିଲା। ବେଶ୍ କିଛି ସମୟ ପର୍ଯ୍ୟନ୍ତ ଆମ ଡ୍ରାଇଭର୍ ଓ ସାଇକଲ ଆରୋହୀଙ୍କ ଭିତରେ ଯୁକ୍ତିତର୍କ ଲାଗିଲା। ଆମେ ସବୁ ଗାଡ଼ି ଭିତରେ, କିଛି ପରିମାଣରେ ଆଶଙ୍କିତ ହୋଇ ବସିଥିଲୁ। ଶେଷରେ ଆମ ଡ୍ରାଇଭର୍ ଗାଡ଼ିରୁ ଓହ୍ଲାଇ ସାଇକଲ ଆରୋହୀଙ୍କୁ ଜିନିଷପତ୍ର ଗୋଟାଇ ସାଇକଲରେ ଲଦିବାରେ ସାହାଯ୍ୟ କଲା। ସାଇକଲ ଆରୋହୀ ତା' ବାଟରେ ଗଲା ଓ ଆମେ ମାର୍କେଟ ଗଲୁ। କିନ୍ତୁ ଆମ ସାଙ୍ଗମାନେ ଥିବା ଅନ୍ୟ ଟାକ୍ସିଟି ଚାଲି ଯାଇଥିବାରୁ ଆମେ ସେମାନଙ୍କୁ କିପରି ଓ କେଉଁଠି ଭେଟିବୁ ସେଥିପାଇଁ ଆମେ ଟିକେ ଚିନ୍ତିତ ହେଲୁ। ମାର୍କେଟ ଏରିଆଟି ବେଶ୍ ବଡ଼। ତେଣୁ ସେମାନେ କେଉଁ ଅଞ୍ଚଳରେ ଥିବେ, ଆମେ କେଉଁଠି ତାଙ୍କୁ ଖୋଜିବୁ ଭାବି ଟିକେ ବ୍ୟସ୍ତ ହେଲୁ। ଚୀନ୍‌ରେ ଗୁଗୁଲ୍ ଓ ଜି-ମେଲ ମନା। ତେଣୁ ଆମେ ମୋବାଇଲ୍ ଫୋନ ବ୍ୟବହାର କରି ପାରୁନଥିଲୁ। ଭାଗ୍ୟକୁ ଆମେ ଯେଉଁଠାରେ ଟାକ୍ସିରୁ ଓହ୍ଲାଇଲୁ ସେଇ ପାଖରେ ଆମ ସାଙ୍ଗମାନେ ଆମକୁ ଅପେକ୍ଷା କରି ଠିଆ ହୋଇଥିଲେ। ଆମେ ଶାନ୍ତିରେ ନିଃଶ୍ୱାସ ମାରିଲୁ।

ବଜାରରେ ବେଶ୍ ଗହଳି ଥିଲା। ଲୋକମାନଙ୍କ ମନରେ ଆନନ୍ଦ ଓ ଉତ୍ସାହ ବାରି ହୋଇ ପଡୁଥିଲା। ସମସ୍ତେ ଖୁସି ମିଜାଜରେ ଥିଲେ, ଏପରିକି ଦୋକାନୀମାନେ ମଧ୍ୟ। ରାସ୍ତାର ଦୁଇ କଡ଼ରେ ଦୋକାନ ଧାଡ଼ି ଧାଡ଼ି ହୋଇ ଥିଲା। ତା'ଛଡ଼ା ମଝିରେ ମଝିରେ କେତେଗୁଡ଼ିଏ ଉଠାଦୋକାନ ବି ଥିଲା। ଉଠାଦୋକାନୀମାନେ ପ୍ରାୟତଃ

ମାଳା, ପୂଜା ସାମଗ୍ରୀ, ପାରମ୍ପରିକ ତିବ୍ବତୀୟ ପୋଷାକ ଏବଂ କନା ଉପରେ ଅଙ୍କା ହୋଇଥିବା ଚିତ୍ର ବିକୁଥିଲେ। ସେମାନେ ପ୍ରେୟାର୍ ହୁଇଲ୍ ମଧ୍ୟ ବିକ୍ରି କରୁଥିଲେ। ପ୍ରେୟାର ହୁଇଲ୍ କଣ ମୁଁ ଏଠାରେ କହିରଖେ। ପ୍ରେୟାର୍ ହୁଇଲ୍ ହେଉଛି ଛଡ଼ୀ ଉପରେ ସାଧାରଣତଃ କାଠ, ଧାତୁ ବା ପଥରର ଗୋଟିଏ ସିଲିଣ୍ଡର ଆକାରର ଚକ ଥାଏ ଯାହାକୁ ପ୍ରାର୍ଥନା କଲାବେଳେ ବ୍ୟବହାର କରାଯାଏ। ସେଠାରେ କିଛି ଦୋକାନରେ କେବଳ ତିବ୍ବତୀୟ ମସଲା ମିଳୁଥିଲା। ଦେଖିଲି ବଜାରରେ ଯାହାସବୁ ମିଳୁଥିଲା ସେସବୁ ପ୍ରାୟ ସ୍ଥାନୀୟ ଉତ୍ପାଦ। ଭାରତ ଓ ନେପାଳରେ ତିଆରି କିଛି ସାମଗ୍ରୀ ମଧ୍ୟ ଆମେ କେତେଗୁଡ଼ିଏ ଦୋକାନରେ ଦେଖିଲୁ। ସେଠାରେ ମଧ୍ୟ ଅନେକ ପ୍ରକାରର ଚଟ୍‌ପଟି ଖାଇବା ମିଳୁଥଲା। କିନ୍ତୁ ଭୋକ ନଥିବାରୁ ସେ ଆଡ଼କୁ ନଜର ଗଲାନାହିଁ। କିଣାକିଣି ସାରି ହୋଟେଲ୍‌କୁ ଫେରିଆସିଲୁ। ଦିନରେ ଭଲକରି ଖାଇଥିବାରୁ ଡିନର୍ ପାଇଁ ମନ ନଥିଲା କି ଭୋକ ନଥିଲା। ସାମାନ୍ୟ ସ୍ନାକ୍‌ସ ଖାଇ ଓ ଚା' ପିଇ ସକାଳୁ ଲାସା ଛାଡ଼ିବାର ସମସ୍ତ ପ୍ରସ୍ତୁତି ସାରି ଶୋଇପଡ଼ିଲୁ।

ପରଦିନ ଚଙ୍ଗ୍‌କିଙ୍ଗ୍ ଯିବାପାଇଁ ଆମେ ସକାଳ ୮ଟା ୩୦ ମିନିଟ୍‌ରେ ହୋଟେଲ୍‌ରୁ ଚେକ-ଆଉଟ୍ କରି ଲାସାର ଗୋଙ୍ଗାର ଏୟାର୍‌ପୋର୍ଟରେ ପ୍ରାୟ ୯ଟା ୪୫ ମିନିଟ୍‌ରେ ପହଞ୍ଚିଲୁ। ଆମ ଫ୍ଲାଇଟ୍ ୧୧ଟା ୪୦ ମିନିଟ୍‌ରେ ଲାସା ଛାଡ଼ି ଅଢ଼େଇ ଘଣ୍ଟା ପରେ ଚଙ୍ଗ୍‌କିଙ୍ଗ୍ ଏୟାର୍‌ପୋର୍ଟରେ ପହଞ୍ଚିଲା ପ୍ରାୟ ଦୁଇଟା ପାଖାପାଖି। ଆମର ଚଙ୍ଗ୍‌କିଙ୍ଗ୍ ଗାଇଡ୍ ଫିଓନା ଆମକୁ ଏୟାର୍‌ପୋର୍ଟରୁ ସିଧା ନେଇଗଲେ ସେଠାରେ ଥିବା ଚିଡ଼ିଆଖାନାକୁ, ଚୀନି ପାଣ୍ଡା ଦେଖିବା ପାଇଁ। ଚୀନି ପାଣ୍ଡାଗୁଡ଼ିକ ଭାଲୁ ବଂଶର। ଏଗୁଡ଼ିକ ଦେଖିବାପାଇଁ କଣ୍ଢେଇ ପରି- ଜୀଅନ୍ତା କଣ୍ଢେଇ। ଦେହସାରା ଲୋମ। ଆଖି, ନାକ, କାନ ଓ ଗୋଡ଼ ଅଂଶ ସବୁ କଳା, ତା'ଛଡ଼ା ଦେହର ବାକି ସବୁ ଅଂଶ ଧଳା ଲୋମରେ ପୂର୍ଣ୍ଣ। ଏ ପଶୁଗୁଡ଼ିକ ସତରେ ବହୁତ ସୁନ୍ଦର। ଦେଖିଲେ ଜାକି ଧରିବାକୁ ଇଚ୍ଛା ହୁଏ। ୱାଶିଂଟନ୍‌ରେ ଥିବା 'ଜୁ'ରେ ଆମେ ଏଇ ସୁନ୍ଦର ପ୍ରାଣୀ ଦେଖିଛୁ। ଆମ ପିଲାମାନେ ଏମାନଙ୍କୁ ଦେଖିବାକୁ ଯିବାପାଇଁ ଖୁବ୍ ଆଗ୍ରହୀ ଥିଲେ। ଏବେ ତାଙ୍କ ପିଲାମାନେ ମଧ୍ୟ ପାଣ୍ଡା ଦେଖିବାକୁ ଖୁବ୍ ଆଗ୍ରହୀ।

'ଜୁ' ଭିତରକୁ ଯିବାପାଇଁ ଫିଓନା ଆମ ପାଇଁ ଟିକେଟ୍ କାଟିଲେ। ଟିକେଟ୍ ନେଇ ଭିତରେ ପଶୁ ପଶୁ ଦେଖିଲୁ ଅନେକ ଲୋକ ବ୍ୟାୟାମ କରୁଛନ୍ତି। ଫିଓନା କହିଲେ ସେ ଲୋକମାନେ ପାଖରେ ଥିବା ନଭଶ୍ଚୁମ୍ବୀ ଅଟ୍ଟାଳିକାଗୁଡ଼ିକରେ ରହନ୍ତି। ଘରେ ଜାଗା ଅଭାବରୁ ସେମାନେ ଚିଡ଼ିଆଖାନାର ମେମ୍ବର୍ ହୋଇ ସେଠାରେ ଥିବା ଖୋଲା ଜାଗାରେ ଯାଇ ବ୍ୟାୟାମ କରନ୍ତି। ଚିଡ଼ିଆଖାନାଟି ବେଶ୍ ବଡ଼ ଓ ସଫାସୁତରା।

ଚାରିଆଡ଼େ ବଡ଼ ବଡ଼ ଗଛ, ଫୁଲ ଗଛ ଓ ପ୍ରତିମୂର୍ତ୍ତି ଭର୍ତ୍ତି ହୋଇଛି। ଲନ୍‌ଗୁଡ଼ିକ ମଧ୍ୟ ଖୁବ୍ ଭଲ ଭାବରେ ରଖାଯାଇଛି। ଆମ ପାଖରେ ସମୟ କମ୍ ଥିବାରୁ ଆମେ ଅନ୍ୟ କିଛି ନଦେଖି ସିଧା ପାଣ୍ଡା ଥିବା ଅଞ୍ଚଳକୁ ଗଲୁ। ସେଠାରେ ୬ଟି ପାଣ୍ଡା ଥିଲେ ଓ ତା' ଭିତରୁ ୩ଟି ଛୁଆ। ଛୁଆ ପାଣ୍ଡାଗୁଡ଼ିକ ନିଜ ନିଜ ଭିତରେ ଖେଳୁଥିଲେ ଏବଂ ଗଛ ଉପରେ ଚଢୁଥିଲେ। ବଡ଼ ପାଣ୍ଡାଗୁଡ଼ିକ ବାଉଁଶପତ୍ର ଚୋବାଉଥିଲେ ଓ ମଝିରେ ମଝିରେ ତାଙ୍କ ପାଇଁ ତିଆରି ହୋଇଥିବା ଘର ଭିତରକୁ ଯାଉଥିଲେ ପୁଣି ଅଳ୍ପ ସମୟରେ ବାହାରି ଆସୁଥିଲେ। ସେଠି ଅଧଘଣ୍ଟା ରହି ମନ ପୂରେଇ ତାଙ୍କୁ ଦେଖିଲୁ।

'ଜୁ'ରୁ ବାହାରି ଆସିଲାବେଳେ ଦେଖିଲୁ ଜଣେ ଲୋକ କେତେ ପ୍ରକାର ପ୍ଲାଷ୍ଟିକ୍ ପକ୍ଷୀ ବିକୁଛି। ସେଗୁଡ଼ିକ ଏତେ ସୁନ୍ଦର ହୋଇଥିଲା ଯେ ପୂରା ସତ ପକ୍ଷୀ ପରି ଦେଖା ଯାଉଥିଲା। ସେଥିରୁ କେତୋଟି ନାତୁଣୀମାନଙ୍କ ପାଇଁ କିଣି ନଦୀ ବନ୍ଦରକୁ ଯିବାପାଇଁ ବସ୍‌ରେ ବସିଲୁ। ଏହିଠାରୁ ଆମର କ୍ରୁଜ୍ (ସମୁଦ୍ର ଯାତ୍ରା) ଆରମ୍ଭ ହେବାର ଥିଲା। ଆମ ଗାଇଡ଼ ଆମକୁ ପଚାରିଲେ ଆମେ ସିଟି ଭିତରେ ଡିନର୍ ଖାଇ କ୍ରୁଜ୍‌ରେ ଯିବୁ ନା କ୍ରୁଜ୍ ଭିତରେ ଯାଇ ଡିନର୍ ଖାଇବୁ। ଆମେ କ୍ରୁଜ୍ ଭିତରେ ଡିନର୍ ଖାଇବା ପାଇଁ ସ୍ଥିର କଲୁ।

ୟାଙ୍ଗ୍‌ଜି ନଦୀରେ ଯାତ୍ରା

ଆମ ଟୁର୍ ପ୍ୟାକେଜ୍‌ରେ ଚଙ୍ଗ୍‌କିଙ୍ଗ୍‌ରୁ ୟିଚାଙ୍ଗ୍ ପର୍ଯ୍ୟନ୍ତ ୟାଙ୍ଗ୍‌ଜି ନଦୀରେ ଜାହାଜରେ ଯିବାର ଥିଲା। କ୍ରୁଜ୍ ପରିଚାଳନା କରୁଥିବା କମ୍ପାନୀ ନାଁ ଥିଲା ସେଞ୍ଚୁରୀ ଡାଇମଣ୍ଡ୍ କ୍ରୁଜ୍। ଏହି କମ୍ପାନୀର ଯେଉଁ ଜାହାଜଟିରେ ଆମେ ଚଢ଼ିଲୁ ସେଥିରେ ପ୍ରାୟ ୨୫୦ ଜଣ ଯିବାପାଇଁ ବ୍ୟବସ୍ଥା ଥିଲା। ଜାହାଜ ଚଢ଼ିବା ପାଇଁ ଆମେ ନଦୀକୂଳ ବସ୍‌ଷ୍ଟପରେ ଓହ୍ଲାଇଲୁ। ଜାହାଜ ତ ଥିଲା ନଦୀ ପାଣିରେ- ବସ୍‌ଷ୍ଟପରୁ ଅନେକ ତଳେ। ଜିନିଷ ତଳକୁ ବୋହି ନେବାପାଇଁ ସେଠାରେ କୁଲି ଥିଲେ। ଆମ ଜିନିଷସବୁ ସେହି କୁଲିମାନେ ଭାରତରେ ଯେମିତି ଭାରରେ ଜିନିଷ ବୋହି ନିଅନ୍ତି ସେମିତି ଭାରରେ ବୋହି ନେଇଗଲେ। ପ୍ରତ୍ୟେକ ଲଗେଜ୍ ପାଇଁ ପାଞ୍ଚ ୟୁଆନ୍ ନେଲେ।

ଜାହାଜ ପାଖରେ ପହଞ୍ଚିବା ମାତ୍ରେ ଜାହାଜ କର୍ମଚାରୀମାନେ ଆମକୁ ସ୍ୱାଗତ କରି ଜାହାଜରେ ଥିବା ଡାଇନିଂ ହଲ୍‌କୁ ନେଇଗଲେ। ଆମେ ସମସ୍ତେ ଆରାମରେ ବସି ସାରିଲା ପରେ ଆମକୁ ଗ୍ରୀନ୍ ଟି ସର୍ଭ୍ କଲେ। ଆମେ ଚା' ପିଉଥିବା ସମୟରେ କ୍ରୁଜ୍ ମ୍ୟାନେଜର ଆସି ନିଜ ପରିଚୟ ଦେବା ସହ ଯାତ୍ରା ସମୟରେ ନିରାପତ୍ତା ସମ୍ବନ୍ଧରେ କିଛି ଉପଦେଶ ଦେଲେ। ଏଇ ଜଳଯାତ୍ରା ଥିଲା ତିନି ଦିନ ପାଇଁ। ତେଣୁ

ସେ ତିନି ଦିନର କାର୍ଯ୍ୟସୂଚୀର ତାଲିକା ଦେଲେ। ଆଲୋଚନା ଚାଲିଥିଲାବେଳେ ଜାହାଜର କର୍ମଚାରୀମାନେ ଆମ ଜିନିଷ ନେଇ ଆମ ପାଇଁ ଉଦ୍ଦିଷ୍ଟ କ୍ୟାବିନ୍‌ଗୁଡ଼ିକରେ ରଖି ଦେଇଥିଲେ। କ୍ରୁଜ୍ ମ୍ୟାନେଜର କହିଲେ ଯେ ରାତି ନ'ଟାରେ ସୁରକ୍ଷା ସମ୍ପର୍କିତ ଡ୍ରିଲ୍ ହେବ ଏବଂ ସବୁ ଯାତ୍ରୀମାନେ ଏଥିରେ ଯୋଗଦେବା ବାଧ୍ୟତାମୂଳକ। ସେ ଏକଥା ମଧ୍ୟ କହିଲେ ଯେ କ୍ୟାବିନ୍ କ୍ଲୋଜେଟ୍‌ରେ ରଖାଯାଇଥିବା ଲାଇଫ୍ ଜ୍ୟାକେଟ୍ ନେଇ ଡ୍ରିଲ୍‌କୁ ଯିବାକୁ ହେବ।

ରାତ୍ରି ଭୋଜନ ଆମ ଟୁର୍ ପ୍ୟାକେଜ୍‌ରେ ନଥିଲା। ତେଣୁ ଆମକୁ ଏହାର ମୂଲ୍ୟ ଦେବାକୁ ପଡ଼ିଲା। ଆମେ ସମସ୍ତେ ୭ଟା ୩୦ରେ ଡାଇନିଂ ହଲ୍‌ରେ ପହଞ୍ଚି ନିଜ ନିଜ ପସନ୍ଦ ଅନୁସାରେ ଖାଇବା ଅର୍ଡର୍ କଲୁ। ମୁଁ ଯେଉଁ ଆଇଟମ୍‌ଟି ମଗେଇଥିଲି ସେଥିରେ ଥିଲା ଚିଲି ସସ୍‌ଦିଆ ଟୋଫୁ, ଫିସ୍ ଫିଲେ ଓ ଚିଙ୍ଗୁଡ଼ି। ଖାଇବା ଯେତେବେଳେ ଆଣି ଆମ ଟେବୁଲ୍ ଉପରେ ରଖିଦେଲେ ଆମେ ଆଶ୍ଚର୍ଯ୍ୟ ହୋଇଗଲୁ। ଆମେ ଆଠ ଜଣ ଆଠଟା ଆଇଟମ୍ ଓ ଭାତ ଅର୍ଡର୍ କରିଥିଲୁ। ପରିମାଣ ଏତେ ବେଶୀ ଥିଲା ଯେ ଆମେ ଭାବିଲୁ କେବଳ ଦୁଇଟି ଆଇଟମ୍ ମଗେଇଥିଲେ ଆମେ ସମସ୍ତେ ଖୁସିରେ ଖାଇ ପାରିଥାନ୍ତୁ। ମୁଁ ଯାହା ମଗାଇଥିଲି ମତେ ବେଶୀ ଭଲ ଲାଗିଲାନି କାରଣ ସେଥିରେ ତେଲ ବହୁତ ଥିଲା, ତାଛଡ଼ା ଗୁଡ଼ିଏ କଞ୍ଚା ଗୋଟା ଗୋଲମରିଚ ଥିଲା। ସେ ଯାହା ହେଉ, ଖାଇ ସାରିଲା ବେଳକୁ ୯ଟା ପାଖାପାଖି ହୋଇଯାଇଥିଲା। ଆମେ ତରତର ହୋଇ ନିଜ ନିଜ କ୍ୟାବିନ୍‌କୁ ଯାଇ ଲାଇଫ୍ ଜ୍ୟାକେଟ୍ ନେଇ ନିରାପତ୍ତା ଓ ନଦୀ ବିଷୟରେ ଜ୍ଞାନ ଆହରଣ କରିବା ପାଇଁ ଡ଼େକ୍ ପାଞ୍ଚରେ ପହଞ୍ଚିଲୁ। ଲାଇଫ୍ ଜ୍ୟାକେଟ୍ କିପରି ବ୍ୟବହାର କରାଯିବ ଓ ବିପତ୍ତିକର ପରିସ୍ଥିତିରେ କ'ଣ କରିବାକୁ ପଡ଼ିବ ଏ ବିଷୟରେ କର୍ମକର୍ତ୍ତା କହିଲେ। କେମିତି ଲାଇଫ୍ ଜ୍ୟାକେଟ୍ ପିନ୍ଧିବାକୁ ହେବ ତାହା ମଧ୍ୟ ଦେଖାଇଦେଲେ। ପ୍ରାୟ ୧୫ ମିନିଟ୍‌ରେ ସବୁ ସରିଗଲା ଓ ଆମେ ନିଜ କ୍ୟାବିନ୍‌କୁ ଫେରିଆସିଲୁ।

କ୍ୟାବିନ୍‌ଗୁଡ଼ିକ ଆକାରରେ ଛୋଟ ହେଲେ ମଧ୍ୟ ଚଳିବା ପାଇଁ ସୁବିଧା। ସବୁକିଛି ସୁନ୍ଦର ଭାବରେ ସଜା ହୋଇଥିଲା। ଆମେ ଆଗରୁ ଅଧିକ ପଇସା ଦେଇ ବାଲ୍କୋନି ଥିବା କ୍ୟାବିନ୍ ନେଇଥିଲୁ। କ୍ୟାବିନ୍‌କୁ ଫେରି ଆମେ ଯାଇ ବାଲ୍କୋନିରେ ବସିଲୁ। ଜାହାଜ ଠିକ୍ ୯ଟା ୩୦ରେ ଛାଡ଼ିଲା। ପାଗ ଭଲ ଥିଲା। ହାଲୁକା ଥଣ୍ଡା ପବନ ବୋହୁଥିଲା। ରାତି ଧୀରେ ଧୀରେ ମାଡ଼ି ଆସିଲା। କ୍ରୁଜ୍‌ସିପ୍‌ଟି ଯେତେବେଳେ ସହରର କେନ୍ଦ୍ରସ୍ଥଳ ପାଖଦେଇ ଗଲା ଚଙ୍ଗ୍‌କିଙ୍ଗ୍ ସହରର ଆଲୋକଗୁଡ଼ିକ ଉଜ୍ଜ୍ୱଳରୁ ଉଜ୍ଜ୍ୱଳତର ଦେଖାଗଲା। ଜାହାଜର ଗତି ସଙ୍ଗେସଙ୍ଗେ ଆଲୋକଗୁଡ଼ିକ ଆଉ ଦେଖାଗଲାନାହିଁ। ଚଙ୍ଗ୍‌କିଙ୍ଗ୍ ଗୋଟିଏ ବଡ଼ ସହର। ସହରକୁ ପାର ହେବାପାଇଁ ବେଶ୍

କିଛି ସମୟ ଲାଗିଗଲା । ବାଲ୍କୋନିରେ ବସିଥିଲାବେଳେ ଆମେ ଲକ୍ଷ୍ୟ କଲୁ ଯେ ନଦୀ ପାଣି ଅତ୍ୟନ୍ତ ଅପରିଷ୍କାର ଥିଲା । ପରେ ଦେଖିଲୁ, ୟାଙ୍ଗ୍‌ଜି ନଦୀର ପାଣି ସବୁ ସହର ପାଖରେ ବେଶ୍ ଅପରିଷ୍କାର ରହୁଥିଲା ।

ଯାତ୍ରୀମାନଙ୍କ ମନୋରଞ୍ଜନ ପାଇଁ କ୍ରୁଜ୍‌ସିପ୍‌ରେ ବିଭିନ୍ନ ପ୍ରକାର କାର୍ଯ୍ୟକ୍ରମର ବ୍ୟବସ୍ଥା କରାଯାଇଥାଏ । ଦିନବେଳେ ସାଧାରଣତଃ ଜାହାଜ କୌଣସି ଦର୍ଶନୀୟ ସ୍ଥାନ ନିକଟରେ ନଙ୍ଗର ପକାଏ ଓ ଯାତ୍ରୀମାନେ ଓହ୍ଲାଇ ଦର୍ଶନୀୟ ସ୍ଥାନରେ ବୁଲାବୁଲି କରି ଦେଖନ୍ତି । ପ୍ରତିଦିନ ସନ୍ଧ୍ୟାରେ ଯାତ୍ରୀଙ୍କ ମନୋରଞ୍ଜନ ପାଇଁ ଜାହାଜର କର୍ମଚାରୀ ମାନେ ବିଭିନ୍ନ ପ୍ରକାର ଶୋ କରନ୍ତି । ଆମେ ଜାହାଜରେ ଚଢ଼ିବା ପରଦିନ ଆମ ଜାହାଜ ନଙ୍ଗର ନପକାଇ ଚାଲିବାର ଥିଲା, ତେଣୁ ସକାଳ ପାଇଁ କିଛି କାର୍ଯ୍ୟକ୍ରମ ରଖାଯାଇଥିଲା ଯେଉଁଥିରେ କି ଯାତ୍ରୀମାନେ ଭାଗ ନେଇପାରିବେ । ସକାଳ ୯ଟାରୁ ୧୦ଟା ପର୍ଯ୍ୟନ୍ତ ଡ଼େକ୍ ପାଞ୍ଚରେ 'ଲାଇନ୍ ଡ୍ୟାନ୍ସ' ଶିଖାଇଲେ । ଆମ ଭିତରୁ କେତେ ଜଣ ଭାଗ ନେଲୁ । ୧୦ଟା ବେଳେ ବୋତଲର ଭିତରପଟ ପେଣ୍ଟିଂ କରିବା ଶିଖାଇଲେ । ଜଣେ କଳାକାର ନାସଦାନୀ ଭିତରପଟରେ ପେଣ୍ଟିଙ୍ଗ୍ କେମିତି କରାଯାଏ ଆମକୁ ଦେଖାଇଲେ । ତାଙ୍କ ପାଖରେ ବିଭିନ୍ନ ସାଇଜ୍‌ର ବୋତଲ ଥିଲା ଓ ସେ ଭିନ୍ନ ଭିନ୍ନ ଡିଜାଇନ୍ କରୁଥିଲେ । ଡିଜାଇନ୍ ଭିତରେ ସେ ପାଣ୍ଡା, ବାଉଁଶ ଗଛ, ପିଓନି ଫୁଲ, ସ୍ତ୍ରୀ ଲୋକମାନଙ୍କ ମୁହଁ ଇତ୍ୟାଦି କରୁଥିଲେ । ଯାତ୍ରୀମାନଙ୍କ ବରାଦ ଅନୁସାରେ ସେ ବୋତଲ ସାଇଜ୍ ଓ ଡିଜାଇନ୍ ନେଇ ପେଣ୍ଟିଙ୍ଗ୍ କରି ଦେଉଥିଲେ । ବୋତଲ ସାଇଜ୍ ଅନୁସାରେ ଦାମ୍ ନେଉଥିଲେ । ବରାଦ ଅନୁସାରେ ସେ ଇଂରାଜୀ ଓ ଚୀନି ଭାଷାରେ ନାଁ ମଧ୍ୟ ଲେଖି ଦେଉଥିଲେ । ମୁଁ ଦୁଇଟି ବୋତଲ କିଣିଲି ଓ ତାଙ୍କୁ ଡିଜାଇନ୍ ସହିତ ମୋର ନାଁ ଓ ତାରିଖ ଲେଖିଦେବାକୁ କହିଲି । ସେ ଦିନଟିକୁ ମନେରଖିବା ପାଇଁ ଏହା ଥିଲା ଏକ ସହଜ ଉପାୟ ।

ଏହାପରେ ଆମେ 'ଚାଇନା ବିଉଟିଫୁଲ୍' ନାମକ ଏକ ଡକୁମେଣ୍ଟାରୀ ଫିଲ୍ମ ଦେଖିଲୁ । ସେଇଟା ସରିଲାବେଳକୁ ଲଞ୍ଚ୍ ଟାଇମ୍ ହୋଇଯାଇଥିଲା । ଡାଇନିଂ ହଲ୍‌କୁ ଲଞ୍ଚ୍ ପାଇଁ ଗଲୁ । ପ୍ରତେକ ଯାତ୍ରୀଦଳଙ୍କ ପାଇଁ ଗୋଟିଏ ଗୋଟିଏ ଟେବୁଲ୍ ସଂରକ୍ଷିତ ଥିଲା । ଆମ ଦଳର ଟେବୁଲ୍ ନମ୍ବର ଥିଲା ୧୨ । ସ୍ୱାଦ ବଢ଼ାଇବା ପାଇଁ ଚାଇନିଜ୍ ଖାଦ୍ୟରେ ସାଧାରଣତଃ ଆଜିନୋମୋତୋ-ଏମ.ଏସ.ଜି. (ମନୋସୋଡ଼ିଅମ୍ ଗ୍ଲୁଟାମେଟ୍) ବ୍ୟବହାର କରାଯାଏ । ମୋ ସ୍ୱାମୀ ଏହାକୁ ପସନ୍ଦ କରନ୍ତି ନାହିଁ । ତେଣୁ ଆମ ଖାଦ୍ୟରେ ସେଟା ନପକାଇବାବୁ ଆମେ ଯାତ୍ରା ଆରମ୍ଭରୁ କ୍ରୁଜ୍ କର୍ମଚାରୀଙ୍କୁ କହିଥିଲୁ । ସେଥିପାଇଁ କ୍ରୁଜ୍‌ରେ ଆମେ ଯେତେ ଲଞ୍ଚ୍ ବା ଡିନର୍ ଖାଇଛୁ ସବୁଥର କ୍ରୁଜ୍‌ର ମୁଖ୍ୟ ରାନ୍ଧୁଣିଆ ଗୋଟିଏ ପରିବା ଆଇଟମ୍ ନିଜେ ରାନ୍ଧି ଆମ ଟେବୁଲ୍‌ରେ

ଆଣି ଦେଉଥିଲେ। ଏଇ ସାଧାରଣ ପରିବା- ବାଇଗଣ, ବିନ୍, ମଟର ଛୁଇଁ, ଗାଜର ଓ ଜୁକିନି ଇତ୍ୟାଦି ନେଇ ସବୁଥର ଅଲଗା ଅଲଗା ଆଇଟମ୍ କରୁଥିଲେ। ସବୁର ଟେଷ୍ଟ ଖୁବ୍ ଭଲ ଲାଗୁଥିଲା। ମନେହେଲା ଆମେ ଭାରତୀୟ ହୋଇଥିବାରୁ ସେ ଚୀନି ଖାଦ୍ୟକୁ ଭାରତୀୟ ଢଙ୍ଗରେ ରାନ୍ଧୁଥିଲେ। ମସଲାମସଲି କିଛି ବେଶୀ ପକାଉନଥିଲେ। ଆମ ପାଇଁ ହେଉଥିବା ସ୍ପେସିଆଲ୍ ଡିସ୍ ଛଡ଼ା ଆମେ ବଫେରେ ସର୍ଭ୍ ହେଉଥିବା ଖାଦ୍ୟ ମଧ୍ୟ ଖାଉଥିଲୁ।

ସେଦିନ ଲଞ୍ଚ୍ ପରେ କ୍ୟାପଟେନ୍‌ଙ୍କ ୱେଲ୍‌କମ୍ ପାର୍ଟି ଥିଲା। ଜାହାଜର ବାର୍‌ରେ ଆୟୋଜିତ ଏହି ପାର୍ଟିରେ ସାଂପେନ୍, କମଳା ରସ, ଚିଜ୍ ଓ କିଛି ସ୍ନାକ୍ସ ପରଷା ଯାଇଥିଲା। ତା'ର ଅଳ୍ପ ସମୟ ଆଗରୁ ଲଞ୍ଚ୍ ଖାଇଥିବାରୁ ସେଠି ଆଉ କିଛି ଖାଇବାର ଆଗ୍ରହ ନଥିଲା। ଆମେ କେବଳ ଯାଇଥିଲୁ କ'ଣ ସେଠାରେ ହେବ ଜାଣିବା ପାଇଁ। ପହଞ୍ଚି ଦେଖିଲୁ ସେଠାରେ କେବଳ କ୍ୟାପ୍‌ଟେନ୍ ଓ ଅନ୍ୟ କର୍ମଚାରୀମାନେ ନିଜ ନିଜ ପରିଚୟ ଦେଲେ। କ୍ୟାପ୍‌ଟେନ୍ ପ୍ରତ୍ୟେକ ଯାତ୍ରୀଙ୍କ ସହ ହାତ ମିଳାଇଲେ, ତା'ପରେ ଆମେ ଫେରିଆସିଲୁ।

ଅପରାହ୍ନ ପ୍ରାୟ ଚାରିଟାବେଳେ ଆମ ଜାହାଜ ୧୯୦ କିଲୋମିଟର କ୍ରୁଜ୍ କଲାପରେ ଗୋଟିଏ ବନ୍ଦରରେ ରହିଲା। ସେହି ପାଖରେ ଥିବା ଶିବାଓଯାଇ ପାଗୋଡ଼ା ଦେଖିବାପାଇଁ ଆମେ ସବୁ ଯାତ୍ରୀମାନେ ଓହ୍ଲାଇଲୁ। ପର୍ଯ୍ୟଟକମାନଙ୍କ ପାଇଁ ଏହା ଗୋଟିଏ ମୁଖ୍ୟ ସ୍ଥାନ। ଚୀନି ଭାଷାରେ ଶିବାଓଯାଇର ଅର୍ଥ ମୂଲ୍ୟବାନ ପଥର ଦୁର୍ଗ। ସୁନ୍ଦର ପାହାଡ଼, ୟାଙ୍ଗ୍‌ଜି ନଦୀ ଓ ପାଗୋଡ଼ାର ପ୍ରାଚୀନ ସ୍ଥାପତ୍ୟକଳାର ସମ୍ମିଶ୍ରଣ ଏହି ଜାଗାକୁ ପର୍ଯ୍ୟଟକମାନଙ୍କୁ ଆକୃଷ୍ଟ କରିଥାଏ। ସାରା ପୃଥିବୀରେ ଏହା ଏକ ବିରଳ ପାଗୋଡ଼ା ଭାବରେ ପରିଗଣିତ ହୁଏ। ଚିଙ୍ଗ ରାଜବଂଶର ସମ୍ରାଟ ଚିଆନଲଙ୍ଗଙ୍କ ଶାସନ କାଳରେ ପ୍ରାୟ ୧୭୫୦ ମସିହାରେ ପାହାଡ଼ ଶୀର୍ଷରେ ଏହି ମନ୍ଦିରଟି ନିର୍ମିତ ହୋଇଥିଲା। ଲୋକମାନେ ପାହାଡ଼ ଚଢ଼ି ମଞ୍ଜୁଶୀ ମନ୍ଦିରକୁ ଯିବା ପାଇଁ ଶିକୁଳି ବ୍ୟବହାର କରୁଥିଲେ। କିଛି ବର୍ଷ ପରେ ୧୨ ତାଲା ଉଚ୍ଚର ଗୋଟିଏ ପାଭିଲିଅନ୍ କରିବା ଫଳରେ ମନ୍ଦିରକୁ ଯିବା ପାଇଁ ଦର୍ଶକମାନଙ୍କର ସୁବିଧା ହୋଇଗଲା। ଆମେ ଶୁଣିଲୁ ଯେ କାଠରେ ତିଆରି ଏଇ ପାଗୋଡ଼ାରେ ଗୋଟିଏ ହେଲେ ଲୁହାକଣ୍ଟା ବ୍ୟବହାର କରାଯାଇ ନାହିଁ। ଏଇ ଅନନ୍ୟ ପାଗୋଡ଼ାଟି ଗୋଟିଏ ବୌଦ୍ଧିକ ମନ୍ଦିର ଯାହାକି ମଞ୍ଜୁଶ୍ରୀଙ୍କୁ ଉତ୍ସର୍ଗ କରାଯାଇଛି। ମଞ୍ଜୁଶ୍ରୀ ହେଉଛନ୍ତି ବୋଧିସତ୍ତ୍ୱଙ୍କ ଜ୍ଞାନର ପ୍ରତୀକ। ଏହା ଆମେ ଜାଣିନଥିଲୁ। ଆମେ ଏକଥା ବି ଶୁଣିଲୁ ଯେ ଏଇ ପାଗୋଡ଼ା ତିଆରି ହେବା ଆଗରୁ ଲୋକମାନେ ପାହାଡ଼ରେ ଚେନ୍ ବାନ୍ଧି ମନ୍ଦିରକୁ ଯାଉଥିଲେ।

ଜାହାଜରୁ ଓହ୍ଲାଇ ଆମେ ଚାଲି ଚାଲି ଯାଇ ପ୍ରାୟ କୋଡ଼ିଏ ମିନିଟ୍‌ରେ ପାଗୋଡ଼ା ପାଖରେ ପହଞ୍ଚିଲୁ। ଯିବା ରାସ୍ତାର ଦୁଇ କଡ଼ରେ ଧାଡ଼ି ଧାଡ଼ି ହୋଇ ଦୋକାନ ଲମ୍ବିଥିଲା। ସେଗୁଡ଼ିକରେ ବିଭିନ୍ନ ପ୍ରକାର ଜିନଷ ଓ ଖାଦ୍ୟ ମିଳୁଥିଲା। ପାଗୋଡ଼ାରେ ପହଞ୍ଚିବାର ଠିକ୍ ପୂର୍ବରୁ ଆମକୁ ଗୋଟିଏ ଝୁଲା ପୋଲ ଦେଇ ଯିବାକୁ ପଡ଼ିଲା। ପୋଲଟି ଉପରେ ଅନେକ ଲୋକ ଚାଲୁଥିବାରୁ ପୋଲଟି ଦୁଲୁକୁଥିଲା। କିନ୍ତୁ ବହୁତ ଚଉଡ଼ା ଓ ଶକ୍ତ ହୋଇଥିବାରୁ ଚାଲିବାରେ ଅସୁବିଧା ହେଲାନାହିଁ।

ପାଗୋଡ଼ାରେ ପହଞ୍ଚି ମୁଁ ସ୍ତବ୍ଧ ହୋଇଗଲି। ଏତେ ସୁନ୍ଦରତା ଭରି ରହିଛି ଦେଖି ଆଖି ଧନ୍ୟ ହୋଇଗଲା। ସେଠାର ବାତାବରଣ କେମିତି ଗୋଟିଏ ଆଧ୍ୟାତ୍ମିକ ଭାବ ଆଣି ଦେଉଥିଲା ପରି ଲାଗିଲା। ପାଗୋଡ଼ାର ସାମନା ଅଂଶଟି ଲାଲ ରଙ୍ଗ ଓ ସେଥିରେ ଅନେକ ସୁନ୍ଦର ଡିଜାଇନ୍ ହୋଇଛି। ୧୨ ତାଲା ଉଚ୍ଚ ଏଇ ପାଗୋଡ଼ାର ପ୍ରଥମ ୯ ତାଲା ୧୮୧୯ ମସିହାରେ ଏବଂ ଶେଷ ୩ ତାଲା ୧୮୫୦ରୁ ୧୮୬୧ ଭିତରେ ନିର୍ମାଣ କରାଯାଇଥିଲା। ପାଗୋଡ଼ାର ପଶିବା ପୂର୍ବରୁ ଦୁଇ କଡ଼ ପଥର କାନ୍ଥରେ ଅନେକଗୁଡ଼ିଏ ସୁନ୍ଦର ଚିତ୍ର କରାଯାଇଥିଲା। ସେଇସବୁ ପେଣ୍ଟିଙ୍ଗ୍ ଦେଖିସାରିଲା ପରେ ଆମେ ଉପରକୁ ଯିବାକୁ ବାହାରିଲୁ। ଆମର କେତେଜଣ ସାଙ୍ଗ ଉପରକୁ ଯିବାକୁ ଉଚିତ ମନେ ନକରିବାରୁ ତଳେ ରହି ବୁଲାବୁଲି କରିବା ପାଇଁ ଠିକ୍ କଲେ। ଆମେ ଅନେଶତଟି ପାହାଚ ଚଢ଼ିବା ପରେ ଶୀର୍ଷରେ ପହଞ୍ଚିଲୁ। ଆଃ କି ସୁନ୍ଦର ସ୍ୱର୍ଗୀୟ ସେ ଦୃଶ୍ୟ! ମନ ଆନନ୍ଦରେ ଭରିଗଲା। ପହାଚ ତିଆରି ହେବା ପୂର୍ବରୁ ଯେଉଁମାନେ ମନ୍ଦିରକୁ ଯାଉଥିଲେ ସେମାନେ ପର୍ବତାରୋହୀଙ୍କ ପରି ପାଦ ରଖିବା ପାଇଁ ପଥରରେ କଣ୍ଟା ମାରି ଉପରକୁ ଚଢୁଥିଲେ ବୋଲି ଶୁଣିଲୁ। ସେ ସମୟରେ ଏତେବଡ଼ ପାହାଡ଼ ଉପରେ ସେମାନେ ଯେ ମନ୍ଦିର ତିଆରି କରିଥିଲେ ତାହା କଳ୍ପନା କରିବା ବି ସହଜ ନୁହେଁ।

ପାଗୋଡ଼ା ଦେଖିସାରି ଫେରିବା ବାଟରେ ରାସ୍ତାକଡ଼ ଦୋକାନରୁ କିଛି କିଣାକିଣି କଲୁ। ଚାଲୁ ଚାଲୁ ଦେଖିଲୁ କିଛି ସ୍ତ୍ରୀ ଲୋକ ମାଛ ଭାଜି ବିକ୍ରି କରୁଥିଲେ। ସେମାନଙ୍କ ଭାଜିବା ପ୍ରଣାଳୀ ଦେଖିବାପାଇଁ କିଛି ସମୟ ମୁଁ ଠିଆହୋଇ ଦେଖିଲି। ସ୍ମେଲ୍ଟ (ଦେଖିବାକୁ ପୋହଳା ମାଛ ପରି ପ୍ରାୟ ୨୦ ସେଣ୍ଟିମିଟର ଲମ୍ବର ଗୋଟିଏ ପ୍ରକାର ଛୋଟ ମାଛ) ମାଛକୁ ମକା ଗୁଣ୍ଡ (ମୋର ଅନୁମାନ)ର ପିଠୋଉରେ ବୁଡ଼ାଇ ଛାଣୁଥିଲେ। ଚାଖିବା ପାଇଁ ମନ ହେଉଥିଲା; କିନ୍ତୁ ରାସ୍ତାକଡ଼ର ଖାଦ୍ୟ ବୋଲି ଖାଇବାକୁ ଇଚ୍ଛା ହେଲାନି।

ଡିନର୍ ପରେ ଜାହାଜର କର୍ମଚାରୀମାନେ ଗୋଟିଏ କାବାରେ ଶୋ'ର ଆୟୋଜନ କରିଥିଲେ। କଳାକାର କେହି ବାହାରୁ ଆସିନଥିଲେ। ଆମେ ଡାଇନିଂ ହଲ୍‌ର ଓ୍ୱଏଟର, ଗିଫ୍ଟ ସପ୍‌ର କର୍ମଚାରୀ, କ୍ୟାବିନ୍ ସଫା କରୁଥିବା ଲୋକମାନଙ୍କୁ

ସୁନ୍ଦର ପୋଷାକ ପିନ୍ଧି ନାଚିବା ଦେଖି ଆଶ୍ଚର୍ଯ୍ୟ ହେବା ସହ ଖୁସି ମଧ୍ୟ ହେଲୁ। ସେମାନଙ୍କ ପ୍ରତିଭା ତାରିଫଯୋଗ୍ୟ।

ପରଦିନ ସକାଳ ୯ଟାରୁ ୯.୩୦ ପର୍ଯ୍ୟନ୍ତ ଟି ସପ୍‌ରେ ଚାଇନାର ଚା' ବିଷୟରେ ଓ ୧୦ଟାରୁ ୧୦.୩୦ ପର୍ଯ୍ୟନ୍ତ ଜାହାଜର ଗହଣା ଦୋକାନରେ ଚୀନ୍‌ର ମଣିମୁକ୍ତା ବିଷୟରେ କିଛି ତଥ୍ୟ ଉପସ୍ଥାପନର ବ୍ୟବସ୍ଥା କରାଯାଇଥିଲା। କିନ୍ତୁ କାହିଁକି କେଜାଣି ଦୁଇଟିଯାକ କାର୍ଯ୍ୟକ୍ରମ ବାତିଲ ହୋଇଗଲା। ସେଇ ସମୟରେ ଆମକୁ ଚୀନ୍ ଦେଶ ଉପରେ ଗୋଟିଏ ଭିଡ଼ିଓ ପ୍ରେଜେଣ୍ଟେସନ୍ ଦେଖାଇଲେ।

ଦିନ ପ୍ରାୟ ୧୧.୪୫ ବେଳକୁ ଆମ ଜାହାଜ କୁତାଙ୍ଗ୍ ଗଣ୍ଡ ଭିତରେ ପଶିଲା। ଏହି ଗଣ୍ଡର ଦୃଶ୍ୟ ଅତି ଚମତ୍କାର। ତେଣୁ କ୍ୟାପଟେନ୍ ସମସ୍ତଙ୍କୁ ସନ୍‌ଡେକ୍‌କୁ ଯାଇ ସେହି ଦୃଶ୍ୟ ଦେଖିବାପାଇଁ ଜଣାଇଦେଲେ। ଆମେ ସମସ୍ତେ ଡ଼େକ୍‌କୁ ଗଲୁ। କ୍ରୁଜ୍ ଗାଇଡ୍ ସେ ଗଣ୍ଡର ବିବରଣୀ ଦେଉଥିଲେ। ସେ ସମୟରେ ପବନ ବହୁତ ଜୋରରେ ବହୁଥିବାରୁ ଓ ତାଙ୍କ ଇଂରାଜୀ ଉଚ୍ଚାରଣ ଭଲ ନଥିବାରୁ ତାଙ୍କ କଥା ଆମେ କିଛି ବୁଝିପାରିଲୁ ନାହିଁ। ତେବେ ସେ ପ୍ରାକୃତିକ ଦୃଶ୍ୟ ବହୁତ ଉପଭୋଗ କଲୁ। ଲଞ୍ଚ୍ ପରେ, ପ୍ରାୟ ୨ଟା ବେଳେ ଆମ ଜାହାଜ ଆଉ ଗୋଟିଏ ଚମତ୍କାର ଗଣ୍ଡ 'ୟୁ'ରେ ପଶିଲା। ପୁଣି ଆମେ ସନ୍‌ଡ଼େକ୍‌କୁ ଯାଇ ପ୍ରାକୃତିକ ସୌନ୍ଦର୍ଯ୍ୟ ଉପଭୋଗ କଲୁ। ପୂର୍ବ ଥର ପରି ଏଥର ମଧ୍ୟ କ୍ରୁଜ୍ ଗାଇଡ୍‌ଙ୍କ କଥା ଶୁଣିପାରିଲୁ ନାହିଁ କି ସେ କ'ଣ କହିଲେ ବୁଝିପାରିଲୁ ନାହିଁ। ପ୍ରାୟ ତିନିଟାବେଳେ ଜାହାଜ ଗୋଟିଏ ବନ୍ଦରରେ ଲାଗିଲା। ପୂର୍ବରୁ ସ୍ଥିର ହୋଇଥିଲା ଯେ ୟୁଶାନ ଗଡ଼େଶ ଷ୍ଟ୍ରିମ୍‌ରେ ଆମେ ନୌ ବିହାର ପାଇଁ ଯିବୁ। ସେଇ ଅନୁସାରେ ଆମେ ଜାହାଜରୁ ଓହ୍ଲାଇ ୧୦ ମିନିଟ୍ ଚାଲିବା ପରେ ନୌକା ଘାଟରେ ପହଞ୍ଚିଲୁ।

ଗଡ଼େଶ ଷ୍ଟ୍ରିମ କେତେଗୁଡ଼ିଏ ବଡ଼ ପର୍ବତମାଳା ଭିତରେ ବୋହି ଯାଉଥିବା ନଦୀଟିଏ। ଯାହାକି ୟାଙ୍ଗ୍‌ଜି ନଦୀର ଗୋଟିଏ ଉପଶାଖା। ଏହି ଉପନଦୀଟି ବେଶ ବଡ଼ କିନ୍ତୁ ପର୍ଯ୍ୟଟକମାନଙ୍କ ପାଇଁ କେବଳ ୧୫ କିଲୋମିଟର ପର୍ଯ୍ୟନ୍ତ ନୌ ବିହାରର ଅନୁମତି ଥିଲା। ତେଣୁ ଆମେ ସେଇ ୧୫ କିଲୋମିଟର ଯାଇ ଫେରିଲୁ। ନଦୀର ଦୁଇ କଡ଼ଯାକ ବହୁତ ଉଚ୍ଚା ଉଚ୍ଚା ପାହାଡ଼ ସିଧା ହୋଇ ଠିଆ ହେଇଥିଲେ। ସେଇ ପାହାଡ଼ ଉପରେ କେତେଗୁଡ଼ିଏ ଜାଗାରେ ଛୋଟ ଘର କେତୋଟି ଦେଖା ଯାଉଥିଲା। ଆମେ ଯେଉଁ ନୌକାରେ ବସିଲୁ ତାହା ପ୍ରାୟ ୩୦ ଜଣ ଲୋକ ବସିଲା ପରି ହୋଇଥିଲା। ନୌକାରେ ଯେଉଁ ଗାଇଡ୍ ଆମ ସାଙ୍ଗରେ ଗଲେ ସେ ଅଳ୍ପ ବୟସର ଖୁସ୍ ମିଜାଜର ଝିଅଟିଏ। ତାଙ୍କ ନାଁ ଥିଲା କେଶରୀ। ନୌବିହାର ସମୟରେ କେଶରୀ

ତାଙ୍କ ନିଜ କଥା କହିବା ସହିତ ପାହାଡ଼ ଓ ପାହାଡ଼ରେ ରହୁଥିବା ଲୋକମାନଙ୍କ କଥା କହୁଥିଲେ। ସେ ନିଜେ ମଧ୍ୟ ଜଣେ ପାହାଡ଼ୀ। ସେ କହିଲେ, ସେ ଯେଉଁ ପ୍ରାଥମିକ ସ୍କୁଲ୍‌କୁ ପଢ଼ିବାକୁ ଯାଉଥିଲେ ସେଇଟା ଥିଲା ତାଙ୍କ ଘରୁ ଘଣ୍ଟାକର ଚଲାବାଟ। ମିଡିଲ୍ ସ୍କୁଲ୍ ଆଉ ହାଇସ୍କୁଲ୍ କଥା କ'ଣ କହିଲେ ମୋର ମନେ ନାହିଁ। ତେବେ ସେ ହାଇସ୍କୁଲ୍ ପାସ୍ କରିଥିଲେ। ନିଜ ଚେଷ୍ଟାରେ ଇଂରାଜୀ ଶିଖି ଭଲ ଇଂରାଜୀ କହୁଥିଲେ। ତାଙ୍କ ପାଖରୁ ଜାଣିଲୁ ଯେ ପାହାଡ଼ୀମାନଙ୍କ ଘରେ ବିଜୁଳି ନାହିଁ କିମ୍ବା ପାଣିର ବ୍ୟବସ୍ଥା ନାହିଁ। ସେଠିକା ପାହାଡ଼ିମାନେ କେବଳ ମକା, ଆଳୁ ଓ କନ୍ଦମୂଳ ଚାଷ କରନ୍ତି। ମାସରେ ଥରେ ନଦୀରେ ନୌକା ଉପରେ ବଜାର ବସେ। ସେମାନେ ନଦୀ କୂଳକୁ ଆସି ତାଙ୍କ ଉତ୍ପାଦନ ବିକ୍ରି କରି ତାଙ୍କର ଯାହା ଦରକାର ସେସବୁ କିଣନ୍ତି। ସେଠାରେ ପଇସାର କାରବାର ହୁଏନି। ନିଜ ନିଜର ଜିନିଷ କେବଳ ବଦଳାବଦଳି ହୁଏ। ଏକଥା ବିଶ୍ୱାସ କରିବାକୁ ମତେ ଅସୁବିଧା ଲାଗିଲା। ଆଜିକାଲି ଯୁଗରେ ବିନା ପଇସାରେ ଚଳିବା କେମିତି ସମ୍ଭବ ସେଟା ବିଶ୍ୱାସ କରିବାକୁ କଷ୍ଟ ହେଲା।

ସେଠାର ପ୍ରାଥମିକ ସ୍କୁଲ୍ ପିଲାମାନେ ଜଙ୍ଗଲରୁ ଶୁଖିଲା ଫୁଲ ଗୋଟେଇ ସେଥିରେ କରିଥିବା କିଛି 'ବୁକ୍ ମାର୍କ୍' କେଶରୀ ଆଣିଥିଲେ। ସେ କହିଲେ ସେଗୁଡ଼ିକ ଆମେ କିଣିଲେ ଯାହା ପଇସା ଆଦାୟ ହେବ ସେସବୁ ସ୍କୁଲ୍‌ର ଉନ୍ନତି ପାଇଁ ବ୍ୟବହାର କରାଯିବ। ପ୍ରତି ପ୍ୟାକେଟ୍‌ରେ ଚାରିଟି ବୁକ୍‌ମାର୍କ୍ ଥିଲା ଓ ତା'ର ଦାମ୍ ଥିଲା ପ୍ରାୟ ପାଞ୍ଚ ୟୁଏସ୍ ଡଲାର୍। ଆମେ ସମସ୍ତେ ତାଙ୍କ ପାଖରେ ଥିବା ସବୁ ପ୍ୟାକେଟ୍‌ଗୁଡ଼ିକ କିଣିନେଲୁ।

ଅପରାହ୍ନ ପ୍ରାୟ ପାଞ୍ଚଟା ବେଳକୁ ଆମେ ଜାହାଜକୁ ଫେରିଆସିଲୁ। ୫ଟା ୩୦ରେ କ୍ରୁଜ୍ ମ୍ୟାନେଜର୍ ଆମକୁ ଜାହାଜରୁ ବିଦାୟ ନେବାର ନୀତିନିୟମଗୁଡ଼ିକ ବୁଝାଇଦେଲେ। ତାଙ୍କ କହିବା ଅନୁସାରେ ଆମେ ଶୋଇବାକୁ ଯିବା ପୂର୍ବରୁ ଆମ ଲଗେଜ୍‌ଗୁଡ଼ିକରେ ଟ୍ୟାଗ୍ ଲଗାଇ ସେଥିରେ ନିଜ ନାଁ ଓ କ୍ୟାବିନ୍ ନମ୍ବର ଲେଖି କ୍ୟାବିନ୍ ବାହାରେ ରଖିଦେଲୁ। ଜାହାଜର କର୍ମଚାରୀମାନେ ସବୁ ଲଗେଜ୍ ନେଇ ତା' ପରଦିନ ୟିଚାଙ୍ଗ୍ ଟୁରିଷ୍ଟ୍ ସେଣ୍ଟର୍‌ରେ ଜମା କରିଦେବେ ବୋଲି ସେ କହିଲେ। ଡିନର୍ ସାରି ପ୍ରାୟ ଆଠଟା ବେଳକୁ ଆମେ କ୍ୟାସ୍ କାଉଣ୍ଟର୍‌କୁ ଯାଇ ଆମର ସମସ୍ତ ଦେୟ ହିସାବ କରି ଦେଇଦେଲୁ। ସେଇ କ୍ୟାସ୍ କାଉଣ୍ଟର୍‌ରେ ପ୍ରତ୍ୟେକ କର୍ମଚାରୀଙ୍କୁ ଟିପ୍ସ ବାବଦରେ ଜଣକା ୧୫୦ ୟୁଆନ୍ ଓ ଯେହେତୁ କ୍ରୁଜ୍ ମ୍ୟାନେଜର୍‌ମାନେ କର୍ମଚାରୀଙ୍କ ଟିପ୍ସରୁ ଭାଗ ପାଆନ୍ତି ନାହିଁ, ତାଙ୍କ ପାଇଁ ଜଣକା ୫୦ରୁ ୧୦୦ ୟୁଆନ୍ ଦେବାପାଇଁ ଆମକୁ କହିଲେ। ତେବେ ଜାହାଜ କର୍ମଚାରୀମାନଙ୍କ ଟିପ୍ସ ଦେବା ନିହାତି

ଦରକାର ଥିଲାବେଳେ କ୍ରୁଜ୍ ମ୍ୟାନେଜରଙ୍କ ଟିପ୍ସ ଥିଲା ଇଚ୍ଛାଧୀନ। ଆଗରୁ କହିଛି ଯେ ଚୀନ୍‌ରେ କେବଳ ପର୍ଯ୍ୟଟନ ଶିଳ୍ପ ବ୍ୟତୀତ ଅନ୍ୟ କୌଣସି ଜାଗାରେ ଟିପ୍ସ ଦେବା ନିୟମ ବିରୁଦ୍ଧ। ସେଦିନ ରାତି ୯ଟାରୁ ୯.୩୦ ପର୍ଯ୍ୟନ୍ତ ଥ୍ରୀ ଗର୍ଜେସ୍ ଡ୍ୟାମ୍ ଉପରେ ଗୋଟିଏ ଭିଡିଓ ଶୋ ଦେଖି ଶୋଇବାକୁ ଗଲୁ।

ସେପ୍ଟେମ୍ବର ୧୯, ୨୦୧୮ ଥିଲା ରବିବାର। ବ୍ରେକ୍‌ଫାଷ୍ଟ ପରେ ଆମେ କ୍ୟାବିନ୍‌ର ଚାବି ରିସେପସନ୍ ଡେସ୍କରେ ଜମା ଦେଇ ଜାହାଜରୁ ଓହ୍ଲାଇବା ପାଇଁ ଡାଇନିଂ ହଲ୍‌ରେ ଅପେକ୍ଷା କଲୁ। ବନ୍ଦରରେ ଜାହାଜ ଲାଗିଲା ପରେ ଜାହାଜରୁ ଓହ୍ଲାଇ ନଈକୂଳକୁ ଆସିଲୁ। ତା'ପରେ କେବଲ୍ କାର୍ ସାହାଯ୍ୟରେ ନଦୀକୂଳଠାରୁ ବହୁତ ଉଚ୍ଚରେ ଥିବା ବସ୍‌ଷ୍ଟପ୍‌ରେ ଯାଇ ପହଞ୍ଚିଲୁ। ଜଣକୁ ଦୁଇ ୟୁଆନ୍ ଲେଖାଏଁ ଦେଇ କେବଲ୍ କାର୍‌ରେ ଯାଇ ଆମେ ତିନି ଚାରି ମିନିଟ୍‌ରେ ବସ୍‌ଷ୍ଟପରେ ପହଞ୍ଚିଲୁ। ସେଠାରୁ ବସ୍‌ରେ ଯାଇ ପ୍ରାୟ ୮.୪୫ରେ ଥ୍ରୀ ଗର୍ଜେସ୍ ଭିଜିଟର୍ ସେଣ୍ଟର୍‌ରେ ପହଞ୍ଚିଲୁ। ସେଠାରେ ଦୁଇଟି ଜାଗାରେ ସିକ୍ୟୁରିଟି ଚେକ୍ ହେଲା। ଭିଜିଟର୍ ସେଣ୍ଟର୍‌ରୁ ବାହାରକୁ ଆସିଲାବେଳେ ଆମକୁ କେତେଗୁଡ଼ିଏ ଦୋକାନ ଭିତର ଦେଇ ଆସିବାକୁ ପଡ଼ିଲା। ସେଇଠି ଆମେ ଆମ ଟୁର୍ ଗାଇଡ଼ ମିଆଙ୍କୁ ଭେଟିଲୁ। ଡ୍ୟାମ୍ ଦେଖିବାକୁ ଯିବା ଟିକେଟ୍ ସେ ଆମକୁ ଦେଲେ।

ଏଠାରେ ମୁଁ କହିରଖେ ଯେ ଯେଉଁ ୟାଙ୍ଗ୍‌ଜି ନଦୀ ଉପରେ ଆମେ କ୍ରୁଜ୍‌ରେ ଆସିଲୁ, ସେଇ ନଦୀରେ ଥିବା ତିନୋଟି ପ୍ରାକୃତିକ ଗଣ୍ଡ ଭିତରୁ ଆମେ ଏବେ ଦେଖିବାକୁ ଯାଉଥିବା ଜାଇଲିଙ୍ଗ୍ ଗଣ୍ଡଟି ତୃତୀୟ ଓ ଶେଷ। ପୂର୍ବରୁ କୁତାଙ୍ଗ୍ ଓ ୟୁ ଗଣ୍ଡ ବିଷୟରେ କହିଛି। ଏଇ ଜାଇଲିଙ୍ଗ୍ ଗଣ୍ଡ ଉପରେ ହିଁ ତିଆରି ହୋଇଛି ଥ୍ରୀ ଗର୍ଜେସ୍ ଡ୍ୟାମ୍। ଡ୍ୟାମ୍ ଦେଖିବା ପାଇଁ ଟୁର୍ ଗାଇଡ଼ ଆମକୁ ଯେଉଁ ସ୍ଥାନକୁ ନେଲେ ତା'ର ନାଁ ଟାନ୍‌ଜି ଲିଙ୍ଗ୍ ପାର୍କ। ସମଗ୍ର ଅଞ୍ଚଳ, ନଦୀବନ୍ଧ, ଲକ୍ ଭିତର ଦେଇ ଜାହାଜ ଯିବା ଆସିବା- ଏସବୁ ଦେଖିବାପାଇଁ ଏହା ହିଁ ଉପଯୁକ୍ତ ସ୍ଥାନ। ପାର୍କ୍‌କୁ ଯିବାପାଇଁ ୪ଟି ଏଲିଭେଟର୍ ଥିଲା। ଏଲିଭେଟର୍ ନେଇ ପାର୍କ୍‌ରେ ପହଞ୍ଚି ଚାରିଆଡ଼କୁ ଚାହିଁଦେବା କ୍ଷଣି ଦେହରେ ଏକ ଶିହରଣ ଖେଳିଗଲା। ଏତେ ସୁନ୍ଦର ସେ ଦୃଶ୍ୟ! ଯେତେଦୂର ସମ୍ଭବ ପ୍ଲାଟ୍‌ଫର୍ମର ବିଭିନ୍ନ ସ୍ଥାନରୁ ନଦୀବନ୍ଧଟିକୁ ଭଲ ଭାବରେ ଦେଖିଲୁ। ପ୍ରତ୍ୟେକ ସ୍ଥାନରୁ ବନ୍ଧଟି ଭିନ୍ନ ଭିନ୍ନ ପ୍ରକାର ଦିଶୁଥାଏ। ନଦୀବନ୍ଧ ଦୃଶ୍ୟ ସାଙ୍ଗେସାଙ୍ଗେ ସେ ଅଞ୍ଚଳର ପ୍ରାକୃତିକ ଶୋଭା ମଧ୍ୟ ଆମକୁ ବିମୋହିତ କଲା। ପାର୍କ୍‌ରେ ବୁଲି ସେ ମନୋରମ ଦୃଶ୍ୟ ଉପଭୋଗ କଲାବେଳେ ଆଖିରେ ପଡ଼ିଲା ଗୁଡ଼ିଏ ଫଳଗଛ ଯାହାକି ଫଳରେ ଭର୍ତ୍ତି ହୋଇଥିଲା। ସେଠି ଥିଲା କମଳା, ନାସ୍‌ପାତି ଓ ଆଉ କେତେ ପ୍ରକାର ଫଳ। ଆମେ ଶୁଣିଲୁ ଯେ

ଗଛଗୁଡ଼ିକ ଦର୍ଶକମାନଙ୍କୁ ଛାଇ ଯୋଗାଇବା ପାଇଁ ଲଗା ହୋଇଛି। ଆମେ ସେଠାରେ ପ୍ରାୟ ଅଧଘଣ୍ଟା ରହି, ସେ ସ୍ୱର୍ଗୀୟ ସୌନ୍ଦର୍ଯ୍ୟକୁ ଉପଭୋଗ କଲୁ।

ତଳକୁ ଫେରି ଗଲ୍‌ଫ କାର୍ଟ୍ ନେଇ ଆମେ ଲକ୍ ଅଞ୍ଚଳକୁ ଗଲୁ। ଜାହାଜକୁ ପାଣିର ଗୋଟିଏ ସ୍ତରରୁ ଅନ୍ୟ ଏକ ସ୍ତରକୁ କେମିତି ଟେକାହୁଏ ଦେଖିବାପାଇଁ ସେଇ ଜାଗା ଉପଯୁକ୍ତ। ଗଲ୍‌ଫ କାର୍ଟ୍‌ରେ ବସି ଯିବାପାଇଁ ଆମକୁ ଜଣକା ୨୦ ୟୁଆନ୍ ଦେବାକୁ ପଡ଼ିଲା। ଆମେ ପହଞ୍ଚିଲା ବେଳକୁ ଜାହାଜ ଟେକା ହେଉନଥିଲା। କିନ୍ତୁ ଟେକିବାପାଇଁ ଯେଉଁ ବ୍ୟବସ୍ଥା, ଯେଉଁ ମେସିନ୍ ସବୁ ଅଛି ତାକୁ ଦେଖି ଆଶର୍ଯ୍ୟାନ୍ୱିତ ହେଲୁ। ନଦୀବନ୍ଧରେ ଚାଲି ଚାଲି ବୁଲିବାର ସୁବିଧା ନଥିଲା। ଜାହାଜ ଟେକିବାପାଇଁ ଥିବା ଲକ୍ ଓ ନଦୀବନ୍ଧ ମଝିରେ ଥିବା ଛୋଟ ଟାପୁକୁ ଆମେ ଯାଇପାରିଲୁ। କିନ୍ତୁ ବନ୍ଧ ଉପରେ ଚାଲି ପାରିଲୁନି ଏବଂ ଜାହାଜ ଟେକା ଦେଖି ପାରିଲୁନି ବୋଲି ମନରେ ଟିକେ ଅବଶୋଷ ରହିଗଲା।

ଥ୍ରୀ ଗର୍ଜେସ୍ ଡ୍ୟାମ୍ ପୃଥିବୀର ବୃହତ୍ତମ ଡ୍ୟାମ୍ ଏବଂ ପୃଥିବୀର ବୃହତ୍ତମ ଜଳ ବିଦ୍ୟୁତ୍ କେନ୍ଦ୍ର ମଧ୍ୟ। ୨୦୧୨ ମସିହାରେ ଏହାର ନିର୍ମାଣ ସମ୍ପୂର୍ଣ୍ଣ ହୋଇଥିଲା। ନଦୀରେ ଏହି ବନ୍ଧ ବାନ୍ଧିବାର ତିନୋଟି ଉଦ୍ଦେଶ୍ୟ ଥିଲା- ବଢ଼ି ନିୟନ୍ତ୍ରଣ, ବିଦ୍ୟୁତ୍ ଶକ୍ତି ଉତ୍ପାଦନ ଓ ୟାଙ୍ଗ୍‌ଜି ନଦୀରେ ନୌବାଣିଜ୍ୟର କ୍ଷମତା ବୃଦ୍ଧି। ସେସବୁ ହେଲା ଠିକ୍, କିନ୍ତୁ ଡ୍ୟାମ୍ ନିର୍ମାଣ ଯୋଗୁ ୧୩ରୁ ୧୯ ଲକ୍ଷ ଲୋକ ବାସଚ୍ୟୁତ ହେଲେ। ଅନେକ ସଏଲ୍ ଇରୋଜନ୍ ହୋଇ ପୁରାତନ ମନୁମେଣ୍ଟଗୁଡ଼ିକ ପୋତି ହୋଇଗଲା। ତା'ଛଡ଼ା ସେଠାର ପରିବେଶ ଓ ପ୍ରାଣୀ ଜଗତ ଉପରେ ଏହାର କୁପ୍ରଭାବ ପଡ଼ିଲା।

ନଦୀବନ୍ଧ ପାଖରେ ବୁଲାବୁଲି କରିସାରି ଆମେ ବସ୍ ଧରି ଆସିଲୁ ୟି ଚାଙ୍ଗ୍ ସିଟି ସେଣ୍ଟରକୁ। ସେଠାରେ ପହଞ୍ଚିଲା ବେଳକୁ ପ୍ରାୟ ଦିନ ଗୋଟାଏ। ସେଠାର ଗାଇଡ୍ ଗ୍ୟାରୀ ଆମକୁ ଅପେକ୍ଷା କରିଥିଲେ। କ୍ରୁଜ୍ ସିପ୍‌ରୁ ଆମ ଜିନିଷ ଆସି ସେଠାରେ ରଖା ହୋଇଥିଲା। ଆମେ ନିଜ ନିଜ ଜିନିଷ ଚିହ୍ନି ପ୍ରାୟ ଅଧ କିଲୋମିଟର ଦୂରରେ ପାର୍କିଙ୍ଗ୍ ଜାଗାରେ ଥିବା ଭ୍ୟାନ୍ ପର୍ଯ୍ୟନ୍ତ ଟାଣି ଟାଣି ନେଲୁ।

ଲଞ୍ଚ୍ ସମୟ ହୋଇଯାଇଥିଲା। ଗ୍ୟାରୀ ଆମକୁ ୟେନ୍ ଶା ରେସିପେ ବୋଲି ଗୋଟିଏ ଭଲ ରେଷ୍ଟୋରାଁକୁ ନେଇଗଲେ। ପୂର୍ବରୁ ସେ ଖାଦ୍ୟ ଅର୍ଡର୍ କରିଦେଇ ଥିଲେ। ତେଣୁ ଆମେ ପହଞ୍ଚିଲା ବେଳକୁ ଖାଦ୍ୟ ପ୍ରସ୍ତୁତ ହୋଇ ପୂରା ଟେବୁଲ୍‌ରେ ରଖା ହୋଇଥିଲା। ସେଥିରେ ଥିଲା, କଙ୍ଗ୍ ପାଓ ଚିକେନ୍, ସିଚୁଆନ୍ ଚିକେନ୍, ବାଇଗଣ, ଆଳୁ ଓ ବିନ୍‌ର ତିନିଟା ଡିସ୍, ପୋର୍କ୍ ଫ୍ରାଏଡ୍ ରାଇସ୍ ଓ ସାଧା ଭାତ। ରେଷ୍ଟୋରାଁର ପରିଚାରିକାମାନେ ଆମକୁ ଖୁବ୍ ଯତ୍ନରେ ଖାଇବାକୁ ଦେଲେ। ଲଞ୍ଚ୍

ପରେ ଆମର ଯି ଚାଙ୍ଗ୍ ମ୍ୟୁଜିଅମ୍ ଯିବାର ଥିଲା। କିନ୍ତୁ ବାହାରେ ବେଶ୍ ଗରମ ଥିବାରୁ ଓ ଡ୍ୟାମ୍ ବୁଲି ଆମେ ସବୁ କ୍ଳାନ୍ତ ହୋଇ ଯାଇଥିବାରୁ ମ୍ୟୁଜିଅମ୍ ଯିବାପାଇଁ ଇଚ୍ଛା ହେଲାନି। ତା'ଛଡ଼ା ଆମ ହାତରେ ବେଶୀ ସମୟ ବି ନଥିଲା, କାରଣ ସାଙ୍ଘାଇ ଯିବାପାଇଁ ଆମକୁ ଫ୍ଲାଇଟ୍ ଧରିବାର ଥିଲା। ଆମର ଯେହେତୁ ମାତ୍ର ଘଣ୍ଟାଏ ସମୟ ଥିଲା ଆମେ ଗ୍ୟାରୀଙ୍କୁ କହିଲୁ ଆମକୁ କୌଣସି ଗୋଟିଏ ସପିଙ୍ଗ୍ ସେଣ୍ଟରକୁ ନେଇ ଯିବାକୁ, ଯେଉଁଠି କି ଆମେ ଘଣ୍ଟାଟିଏ ସହଜରେ କଟେଇପାରିବୁ। ସେ ଆମକୁ ପାଖରେ ଥିବା ୱାଣ୍ଡା ପ୍ଲାଜା ସପିଙ୍ଗ୍ ସେଣ୍ଟରକୁ ନେଇଗଲେ। କିଣାକିଣି କରିବାର ଆଗ୍ରହ ନଥିଲା। ସେଇ ଏୟାରକଣ୍ଡିସନ୍ ଥିବା ସପିଙ୍ଗ୍ ସେଣ୍ଟରରେ ବସି ଘଣ୍ଟାଏ କଟାଇଦେଲୁ। ଆମର ସନ୍ଧ୍ୟା ୭.୩୦ରେ ସାଙ୍ଘାଇକୁ ଫ୍ଲାଇଟ୍ ଥିଲା। ଆମେ ଯିଚାଙ୍ଗ୍ ସନ୍‌ଶିଆ ଏୟାରପୋର୍ଟରେ ୪.୩୦ରେ ପହଞ୍ଚି ଚେକ୍-ଇନ୍ କରିଦେଲୁ। ୬ଟା ୪୫ ସୁଦ୍ଧା ଆମେ ପ୍ଲେନ୍‌ରେ ବସିଗଲୁ। ପ୍ଲେନ୍‌ଟି ଥିଲା ଇଷ୍ଟର୍ଣ୍ଣ ଚାଇନା ଏୟାରୱେଜ୍‌ର। ଟ୍ରାଫିକ୍ ସମସ୍ୟା ଥିବାରୁ ଆମ ଫ୍ଲାଇଟ୍ ୭.୩୦ ପରିବର୍ତ୍ତେ ୭.୫୦ରେ ଛାଡ଼ିଲା ଓ ରାତି ୯.୫୦ରେ ସାଙ୍ଘାଇର ପୁଡ଼ଙ୍ଗ୍ ଏୟାରପୋର୍ଟରେ ପହଞ୍ଚିଲା।

ସାଙ୍ଘାଇର ପୁଡ଼ଙ୍ଗ୍ ଏୟାରପୋର୍ଟଟି ବହୁତ ବଡ଼ ହୋଇଥିବାରୁ ବାହାରକୁ ଜିନିଷ ଧରି, ଏଲିଭେଟର୍ ଓ ଏସ୍କଲେଟର୍ ନେଇ ଆସିବାକୁ ଆମକୁ ବହୁତ ଅସୁବିଧା ହେଲା। ଆମେ ପ୍ରାୟ ରାତି ୧୧ଟାରେ ଏୟାରପୋର୍ଟ ବାହାରକୁ ଆସିଲୁ। ଆମର ସାଙ୍ଘାଇ ଗାଇଡ୍ ଇଲେନ୍ ବାହାରେ ଅପେକ୍ଷା କରିଥିଲେ। ଆମକୁ ହୋଟେଲ୍ ରେନେସାଁ ସାଙ୍ଘାଇ ୟୁ ଗାର୍ଡେନ୍‌ରେ ପହଞ୍ଚିବାକୁ ପୂରା ଘଣ୍ଟାଏ ଲାଗିଲା। ଚେକ୍-ଇନ୍ ସାରି ରୁମ୍‌ରେ ପହଞ୍ଚିଲା ବେଳକୁ ବହୁତ ରାତି ହୋଇଯାଇଥିଲା।

ସାଙ୍ଘାଇ: ଚୀନ୍‌ର ଗର୍ବ

ସାଙ୍ଘାଇ ଚୀନ୍‌ର ଆର୍ଥିକ କେନ୍ଦ୍ର ହେବା ସହ ସବୁଠାରୁ ଅଧିକ ଜନବହୁଳ ସହର ମଧ୍ୟ। ବିଶ୍ୱ ସ୍ତରରେ ଚୀନ୍ ଯାହାସବୁ ବ୍ୟବସାୟ କରେ ତାହା ପ୍ରାୟ ସାଙ୍ଘାଇରୁ ହୋଇଥାଏ। ପୃଥିବୀର ବୃହତ୍ତମ ବନ୍ଦର ଭିତରୁ ସାଙ୍ଘାଇ ଅନ୍ୟତମ। ଚୀନ୍‌ର ଶିଳ୍ପ ଓ ବାଣିଜ୍ୟର ପ୍ରମୁଖ କେନ୍ଦ୍ର ହେଉଛି ସାଙ୍ଘାଇ। ଐତିହାସିକ ପୃଷ୍ଠଭୂମିରେ ଆଧୁନିକ ସ୍ଥାପତ୍ୟର କଳା କୁଶଳତା ସହ ନିର୍ମାଣ ହୋଇଥିବା ସୁଉଚ୍ଚ ଅଟ୍ଟାଳିକାଗୁଡ଼ିକ ପାଇଁ ସାଙ୍ଘାଇ ପର୍ଯ୍ୟଟକମାନଙ୍କର ଆକର୍ଷଣର କେନ୍ଦ୍ର ବିନ୍ଦୁ ହୋଇପାରିଛି। ପୂର୍ବ ଓ ପାଶ୍ଚାତ୍ୟ ସଂସ୍କୃତିର ସମ୍ମିଶ୍ରଣ ପାଇଁ ସାଙ୍ଘାଇ ଗର୍ବ କରେ। ଆମେ ରହୁଥବା ରେନେସାଁ ସାଙ୍ଘାଇ ୟୁ ଗାର୍ଡନ୍

ସହରର କେନ୍ଦ୍ରସ୍ଥଳରେ ଥିବା ଗୋଟିଏ ଉଚ୍ଚକୋଟୀର ହୋଟେଲ୍। ଏହା ପ୍ରସିଦ୍ଧ ୟୁ ଗାର୍ଡନ୍‌ରୁ ମାତ୍ର ୫୦୦ ମିଟର, ୟୁ ଗାର୍ଡନ୍ ମେଟ୍ରୋ ଷ୍ଟେସନ୍ (ଲାଇନ୍ ୧୦)ରୁ ୧୦୦ ମିଟର ଓ ଜନପ୍ରିୟ ବଣ୍ଡ୍ ଅଞ୍ଚଳରୁ ପ୍ରାୟ ୭୫୦ ମିଟର ଦୂର।

ସେପ୍ଟେମ୍ବର ୨୦, ୨୦୧୮ ଥିଲା ସାଙ୍ଘାଇରେ ଆମର ପ୍ରଥମ ଦିନ। ସେଦିନ ସାଙ୍ଘାଇ ମ୍ୟୁଜିଅମ୍ ଆମର ପ୍ରଥମେ ଯିବାର ଥିଲା। ଯିବା ବାଟରେ ଦେଖିଲି ଅନେକ ଗୁଡ଼ିଏ ହାଇରାଇଜ୍ ବିଲ୍‌ଡିଂ। ତିବ୍ବତ୍ ଓ ଚୀନ୍‌ର ଯେତେ ଜାଗା ବୁଲିଲୁ, ବଡ଼ ସହର ହେଉ ବା ଛୋଟ, ସବୁଠାରେ ଏତେ ବଡ଼ ବଡ଼ ଅଟ୍ଟାଳିକା ଏତେ ସଂଖ୍ୟାରେ ଅଛି ଯେ ନିଶ୍ଚୟ ଆଖିରେ ପଡ଼ିବ। ସବୁ ବଡ଼ ବିଲଡିଙ୍ଗ୍‌ରେ ଅନେକ ଲୋକ ରହୁଥିଲେ ମଧ୍ୟ ଖାଲି ପଡ଼ିଥିବା ଘର ବେଶ୍ କିଛି ପରିମାଣରେ ଥିବା ପରି ଜଣା ପଡୁଥିଲା। ମୁଁ ମନେ ମନେ ଭାବିଲି, ଯଦି ଆବଶ୍ୟକତା ନାହିଁ ତା'ହେଲେ ଏତେଗୁଡ଼ାଏ ଘର ତିଆରି କଲେ କାହିଁକି ? ପରେ ଶୁଣିଲି, ସେ ଦେଶରେ ପ୍ରାୟ ପାଞ୍ଚ କୋଟି ଘର ଖାଲି ପଡ଼ିଛି। ଏହାର କାରଣ କ'ଣ ହୋଇପାରେ ? ବୋଧହୁଏ ସହରୀକରଣ ଦ୍ୱାରା ଦେଶକୁ ଉନ୍ନତି ପଥରେ ଆଗେଇ ନେବାପାଇଁ ଗାଁ ଲୋକମାନେ ଆସି ସହରରେ ସୁବିଧାରେ ରହିପାରିବେ ଭାବି କର୍ତ୍ତୃପକ୍ଷ ଏତେଗୁଡ଼ିଏ ଘର ତିଆରି କରିଦେଲେ; କିନ୍ତୁ ସେମାନଙ୍କର ଯୋଜନା ହୁଏତ ବିଫଳ ହେଲା। ଆମେ ଯାହା ଶୁଣିଲୁ କେତେ ଲୋକ ସହରରେ ଆସି ତାଙ୍କ ଇନ୍‌କମ୍‌ରେ ସହରରେ ଘରଭଡ଼ା ଦେଲା ପରେ ବାକିତକ ଟଙ୍କାରେ ଚଳି ପାରିବେ ନାହିଁ ଭାବି ସହରକୁ ଆସିଲେନି।

ସାଙ୍ଘାଇ ମ୍ୟୁଜିଅମ୍‌ର ସ୍ଥାପତ୍ୟକଳାର ଏକ ନିଜସ୍ୱ ବୈଶିଷ୍ଟ୍ୟ ରହିଛି। ଏହି ବିରାଟ ବିଲ୍‌ଡିଙ୍ଗ୍‌ର ମୂଳଟି ବର୍ଗାକାର ଥିବାବେଳେ ଛାତ ଗୋଲାକାର। ଟୁର୍ ଗାଇଡ଼୍ କହିଲେ ଚୀନିମାନେ ବିଶ୍ୱାସ କରନ୍ତି ଯେ ପୃଥିବୀ ଗୋଲାକାର ହୋଇଥିବା ବେଳେ ସ୍ୱର୍ଗ ବର୍ଗାକାର। ସେଥିପାଇଁ ବୋଧହୁଏ ମ୍ୟୁଜିଅମ୍ ଏପରି ଭାବରେ ତିଆରି ହୋଇଛି। ମ୍ୟୁଜିଅମ୍‌ରେ ଏଗାରଟି ଗ୍ୟାଲେରୀ ଓ ତିନୋଟି ପ୍ରଦର୍ଶନୀ ରୁମ୍ ଅଛି। ଗ୍ୟାଲେରୀଗୁଡ଼ିକରେ ପ୍ରାଚୀନ ଚୀନି ସଭ୍ୟତାର କଳା- ବ୍ରୋଞ୍ଜ ଓ ସେରାମିକ୍, ଚିତ୍ର, ହସ୍ତଲିପି, ଖୋଦେଇ କାମ, ମୁଦ୍ରା, ମଣି ଓ ମାଟିପାତ୍ର ଗୁଡ଼ିଏ ରଖାଯାଇଛି। କେତେଗୁଡ଼ିଏ ବ୍ରୋଞ୍ଜ ଜିନିଷ ଦେଖିଲି ଯାହାକି ୬୦୦୦ ବର୍ଷ ପୁରୁଣା। ଆଉ କେତେଗୁଡ଼ିଏ ମାଟିପାତ୍ର ଥିଲା ଯାହା ୮୦୦୦ ବର୍ଷ ପୁରୁଣା। ଏତେ ବର୍ଷ ପୂର୍ବେ ଲୋକମାନେ ଏତେ ସୁନ୍ଦର ସୁନ୍ଦର ଜିନିଷ ତିଆରି କରୁଥିଲେ ବୋଲି ମୁଁ ବିଶ୍ୱାସ କରିପାରିଲି ନାହିଁ। ଆମେ ପ୍ରାୟ ଅଧ ଘଣ୍ଟା ଧରି ଏଇସବୁ ଜିନିଷ ଦେଖିଲୁ।

ମ୍ୟୁଜିଅମ୍ ଦେଖିସାରି ଆମେ ବଣ୍ଡ୍ ଅଞ୍ଚଳକୁ ଗଲୁ। ଦେଢ଼ କିଲୋମିଟର ଲମ୍ବର

ନଦୀବନ୍ଧ ଅଞ୍ଚଳକୁ ବଣ୍ଡ୍ ଅଞ୍ଚଳ କୁହାଯାଏ। ସାଙ୍ଘାଇ ମଝି ଭାଗରେ ଥିବା ହୁଆଙ୍ଗ୍‌ପୁ ନଦୀକୂଳରେ ଏହି ବନ୍ଧ। ବଣ୍ଡ୍ ଶବ୍ଦଟି ପର୍ସିଆନ୍ ଓ ହିନ୍ଦୀ ଭାଷାରୁ ହୁଏତ ନିଆଯାଇଛି। ଏହା ଏକ ପ୍ରସିଦ୍ଧ ପର୍ଯ୍ୟଟନ କେନ୍ଦ୍ର। କେବଳ ପର୍ଯ୍ୟଟକମାନଙ୍କ ପାଇଁ ନୁହେଁ, ସ୍ଥାନୀୟ ବାସିନ୍ଦାମାନଙ୍କର ମଧ୍ୟ ଏହା ଏକ ପ୍ରିୟ ସ୍ଥାନ। ଏହି ଖୋଲା ଅଞ୍ଚଳକୁ ସ୍ଥାନୀୟ ଲୋକମାନେ ବ୍ୟାୟାମ କରିବାପାଇଁ ବହୁଳ ଭାବରେ ବ୍ୟବହାର କରନ୍ତି। ମୁଁ ଯାହା ଦେଖିଲି ଚୀନ୍‌ର ଲୋକମାନେ ବ୍ୟାୟାମକୁ ପ୍ରକୃତରେ ବହୁତ ଗୁରୁତ୍ୱ ଦିଅନ୍ତି। ଯେଉଁଠି ଖୋଲା ସ୍ଥାନ ପାଆନ୍ତି ସେଠି ବ୍ୟାୟାମ କରନ୍ତି।

ନଦୀର ଦୁଇ କଡ଼ରେ ବିଭିନ୍ନ ପ୍ରକାର ସ୍ଥାପତ୍ୟକଳା ସହ ନୂତନ ନିର୍ମିତ ହୋଇଥିବା ସୁନ୍ଦର ବିଲ୍‌ଡିଂଗୁଡ଼ିକ ଦେଖିବାପାଇଁ ଆମେ ହୁଆଙ୍ଗ୍‌ପୋ ନଦୀରେ ୫୦ ମିନିଟ୍‌ର କ୍ରୁଜ୍‌ରେ ଗଲୁ। ନଦୀଟି ମନୁଷ୍ୟକୃତ, ପ୍ରାୟ ୧୦୦ କିଲୋମିଟର ଲମ୍ବ ଓ ୧୦୦ରୁ ୨୫୦ ମିଟର ଚୌଡ଼ା। ଏହା ସାଙ୍ଘାଇକୁ ଦୁଇ ଭାଗରେ ବିଭକ୍ତ କରିଛି। ଗୋଟିଏ ପଟକୁ କହନ୍ତି ପୁଡ଼ୋଙ୍ଗ୍ ଓ ଅନ୍ୟ ପଟକୁ କହନ୍ତି ପୁକ୍‌ସି। ସାଙ୍ଘାଇ ସହରର ଦଶଟି ଅଞ୍ଚଳ ଏହି ନଦୀ ପାର୍ଶ୍ୱରେ ରହିଛି। ବ୍ୟବହାର ପାଇଁ ପାଣି, ଯାତାୟାତ, ମତ୍ସ୍ୟ ଚାଷ ଓ ପର୍ଯ୍ୟଟନ ଶିଳ୍ପ ଆଦି ଅନେକ ପ୍ରକାର ସୁବିଧା ଯୋଗାଉଥିବାରୁ ନଦୀଟିକୁ ମା'ର ମର୍ଯ୍ୟାଦା ଦିଆହୋଇଛି। ହୁଆଙ୍ଗ୍‌ପୋ ନଦୀରେ କ୍ରୁଜ୍ ନେଲାବେଳେ ସାଙ୍ଘାଇ ଟାୱାର୍ସ୍, ସାଙ୍ଘାଇ ଓରିଏଣ୍ଟାଲ୍ ପର୍ଲ୍ ଟାୱାର୍ସ୍, ଜିନ୍ ମାଓ ଟାୱାର୍ସ୍, ସାଙ୍ଘାଇ ୱାର୍ଲଡ଼୍ ଫାଇନାନ୍‌ସିଆଲ୍ ଟାୱାର୍ସ୍ ପ୍ରଭୃତି ଆଧୁନିକ ହାଇରାଇଜ୍ ବିଲଡିଂଗୁଡ଼ିକ ପୂର୍ବ ପଟରେ ଓ ପ୍ରାଚୀନ ସ୍ଥାପତ୍ୟକଳାର ଐତିହାସିକ ବିଲଡିଂଗୁଡ଼ିକ ପଶ୍ଚିମ ପଟରେ ଦେଖିଲୁ। ଟୁର୍ ଗାଇଡ଼୍‌ଙ୍କ କଥା ଅନୁସାରେ ସନ୍ଧ୍ୟାପରେ ଆଲୋକସବୁ ଜଳିଉଠିଲେ ସେଇ ଏରିଆ ଆଲୁଅରେ ଝକମକ୍ କରେ। ଦର୍ଶକ ଏକ ସ୍ୱପ୍ନ ରାଜ୍ୟରେ ପହଞ୍ଚିବାର ଅନୁଭୂତି ପାଏ। ଆମେ ଆଉ ରାତିରେ ସେ ଦୃଶ୍ୟ ଅନୁଭବ କରିବାର ସୁବିଧା ପାଇଲୁନି।

ଆମେ କ୍ରୁଜ୍‌ରେ ଥିଲାବେଳେ ଭୀଷଣ ବର୍ଷା ହେଲା। ଯେହେତୁ ଆମେ ଜାହାଜ ଭିତରେ ଥିଲୁ କିଛି ଅସୁବିଧା ହେଲାନି। ଆମର କ୍ରୁଜ୍ ସରିଲାବେଳକୁ ତଥାପି ବର୍ଷା ହେଉଥିଲା; କିନ୍ତୁ ବେଶି ଜୋରରେ ନୁହେଁ। ସେଇ ବର୍ଷାରେ ଆମେ ସାଙ୍ଘାଇ ଚିକ୍ ରେସ୍ତୋରାଁକୁ ଲଞ୍ଚ୍ ଖାଇବାକୁ ଗଲୁ। ଆମ ଗାଇଡ଼୍ କହିଲେ ସାଙ୍ଘାଇର ନାମଜାଦା ରେସ୍ତୋରାଁ ଭିତରେ ଏହା ଗୋଟିଏ। ଆମ ପାଇଁ ଅସଲି ସାଙ୍ଘାଇ ଓ କ୍ୟାଣ୍ଟୋନିଜ୍ ଖାଦ୍ୟ ଆସିଲା। ସେଥିରେ ଥିଲା ଗୋଟା ମାଛ ଭଜା, ଫିସ୍ ଫିଲେ, ବଡ଼ ଚିଙ୍ଗୁଡ଼ି, ବିନ୍ ସହ ପୋର୍କ୍, ୱାଲ୍‌ନଟ୍ ଓ ବିନ୍ ଏବଂ ଗୋଟା ଛତୁ। କିନ୍ତୁ ଦୁଃଖର କଥା ସେଦିନ ଥିଲା ଗୁରୁବାର। ତେଣୁ ମୁଁ ଓ ମୋର କେତେଜଣ ସାଙ୍ଗ ଆଇଁଷ ଆଇଟମ୍‌ଗୁଡ଼ିକ

ଖାଇପାରିଲୁ ନାହିଁ। ଶେଷରେ ଡିଜର୍ଟ ପାଇଁ ସେମାନେ ମ୍ୟାଙ୍ଗୋ ପୁଡ଼ିଙ୍ଗ୍ ଓ କାଜୁ ପେଷ୍ଟ୍ରି ସର୍ଭ୍ କଲେ। ଚମତ୍କାର ରନ୍ଧା।

ତୃପ୍ତିକର ଭୋଜନ ପରେ ଆମେ ୟୁ ଗାର୍ଡନ୍ ଦେଖିବାକୁ ଗଲୁ। ସାମାନ୍ୟ ବର୍ଷା ହେଉଥିଲେ ମଧ୍ୟ ଆମେ ଚାଲିଚାଲି ଯିବାକୁ ପସନ୍ଦ କଲୁ। ପହଞ୍ଚିବା ପାଇଁ ଆମକୁ ପ୍ରାୟ ଦଶ ମିନିଟ୍ ଲାଗିଲା। ଗାର୍ଡନ୍‌କୁ ଯିବା ରାସ୍ତାଟି ୟୁ ବଜାର ଭିତର ଦେଇ ଯାଇଛି। ତେଣୁ ଦୋକାନ ସବୁ ପାର ହୋଇ ଗଲୁ। ୟୁ ଗାର୍ଡନ୍ ଅଞ୍ଚଳଟି ବେଶ୍ ବଡ଼। ପ୍ରାୟ ୨୦,୦୦୦ ବର୍ଗମିଟର ବା ପାଞ୍ଚ ଏକର ଜମି ଉପରେ ଏହା ଗଢ଼ା ହୋଇଛି। ଏହା ଭିତରେ ଅଛି ଖୁବ୍ ସୁନ୍ଦର ବଗିଚା, ପାଭିଲିଅନ୍ ଓ ଗୋଟିଏ ହ୍ରଦ। ହ୍ରଦ ଉପରେ ଅଛି ଗୋଟିଏ ଖୁବ୍ ସୁନ୍ଦର ପୋଲ। ତା'ଛଡ଼ା କିଛି ବଡ଼ ବଡ଼ ପଥର ଓ କେତୋଟି ପାରମ୍ପରିକ ଚୀନି ଘର। ପ୍ରାୟ ୪୦୦ ବର୍ଷ ପୂର୍ବେ ପାନ୍ ୟୁନ୍ ଦୁଆନ୍ ନାମକ ଜଣେ ବ୍ୟକ୍ତି ନିଜ ବାପାମା'ଙ୍କର ବୃଦ୍ଧାବସ୍ଥାରେ ମନୋରଞ୍ଜନ ପାଇଁ ଏହାକୁ ନିର୍ମାଣ କରିଥିଲେ। କିନ୍ତୁ ଦୁର୍ଭାଗ୍ୟବଶତଃ ଏହା ସମ୍ପୂର୍ଣ୍ଣ ହେବା ପୂର୍ବରୁ ତାଙ୍କ ବାପାମା' ଇହଧାମ ତ୍ୟାଗ କଲେ। ସେ ନିଜେ ହୁଏତ ଏହାକୁ ଉପଭୋଗ କରିଥିବେ।

ୟୁ ଗାର୍ଡନ୍‌ର କଳ୍ପନା ଅତି ସୁନ୍ଦର, କଳା ନିପୁଣତାର ଛିଟା ସର୍ବତ୍ର ବିଦ୍ୟମାନ। ଆମେ ଶୁଣିଲୁ ଯେ ପୂରା ବଗିଚାଟି ଛଅ ଭାଗରେ ବିଭକ୍ତ ହୋଇଛି। ପ୍ରତ୍ୟେକ ଭାଗର ସୌନ୍ଦର୍ଯ୍ୟର ବିଶିଷ୍ଟତା ଅଛି। ପ୍ରତ୍ୟେକ ଭାଗ ଅନ୍ୟ ଭାଗଠାରୁ ଏକ ଡ୍ରାଗନ୍ ମୁଣ୍ଡ ସଦୃଶ୍ୟ ପାଚେରୀ ଦ୍ୱାରା ବିଭାଜିତ ହୋଇଛି। ବର୍ଷା ତଥାପି ହେଉଥିଲା ଓ ଆମ ପାଖରେ ଛତା ନଥିଲା। ତେଣୁ ଆମେ ପୂରା ବଗିଚାଟି ଦେଖିପାରିଲୁ ନାହିଁ। ଯାହା କିଛି ଦେଖିଲୁ ସେ ଭିତରେ ଥିଲା ଗୋଟିଏ ବିରାଟ ବଡ଼ ଜେଡ଼ ପଥର, ଅନେକ ପ୍ରକାର ଓ ଅନେକ ରଙ୍ଗର ମାଛ ଥିବା କେତୋଟି ପୋଖରୀ, ବିଭିନ୍ନ ପ୍ରକାର ଫୁଲ ଓ ଗଛ ଏବଂ କେତେଗୁଡ଼ିଏ ସୁନ୍ଦର ପଥର ମୂର୍ତ୍ତି। ସବୁ ପର୍ଯ୍ୟଟନ କେନ୍ଦ୍ର ପରି ଏଠାରେ ମଧ୍ୟ ଅନେକଗୁଡ଼ିଏ ଦୋକାନ, ଜେଡ଼ ଓ ଅନ୍ୟ କେତେ ପ୍ରକାର ମୂଲ୍ୟବାନ ଅଳଙ୍କାର ଏବଂ ବିଭିନ୍ନ ପ୍ରକାର ସ୍ମାରକୀ ବିକ୍ରି ହେଉଥିଲା। ବର୍ଷା ହେଉନଥିଲେ ଆମେ ପୂରା ବଗିଚାଟି ଭଲକରି ବୁଲି ପାରିଥାନ୍ତୁ। ବଗିଚାର କିଛି ଅଂଶ ଦେଖି ଆମେ ତିଆଁଜିଫେଁଗ ନାମକ ଗୋଟିଏ ପ୍ରାଚୀନ ସାଂସ୍କୃତିକ ଅଞ୍ଚଳକୁ ଗଲୁ। ଅନେକଗୁଡ଼ିଏ ବସ୍ତି ଓ କାରଖାନାକୁ ଭାଙ୍ଗି ସେଠାରେ ଗୋଟିଏ ନୂଆ କଳାକ୍ଷେତ୍ର ତିଆରି ହୋଇଛି। ସେଥିରେ ଅଛି କଳାକେନ୍ଦ୍ର, ଡିଜାଇନ୍ ଷ୍ଟୁଡ଼ିଓ, ବୁଟିକ୍ସ, ରେସ୍ତୋରାଁ, ବାର୍ ଓ ଏକ୍‌ଜଟିକ୍ ଗ୍ୟାଲେରୀ ଗୁଡ଼ିଏ। ଯୁବକଯୁବତୀମାନଙ୍କର ଏହା ଏକ ଆଡ୍ଡାସ୍ଥଳ। ବର୍ଷା ତଥାପି ହେଉଥିବାରୁ ଆମେ ଅଳ୍ପ ସମୟ ସେଠି ବୁଲି ହୋଟେଲ୍‌କୁ ଫେରିଆସିଲୁ।

ସକାଳେ ହୋଟେଲ୍ ରୁମ୍‌ରୁ ତରତର ହୋଇ ବାହାରି ଗଲାବେଳେ ଭୁଲ୍‌ରେ ମୁଁ 'ଡୁ ନଟ୍ ଡିଷ୍ଟର୍ବ୍' ସାଇନ୍‌ଟି କବାଟ ହାଣ୍ଡଲ୍‌ରେ ଝୁଲାଇଦେଇ ଯାଇଥିଲି। ଫେରିଆସି କବାଟ ଖୋଲି ଦେଖିଲାବେଳକୁ ରୁମ୍ ସଫା ହୋଇନି, ବିଛଣା ସଜଡ଼ା ହୋଇନି। ହାଉସ୍-କିପିଙ୍ଗ୍‌କୁ ଫୋନ୍ କରିବା ମାତ୍ରେ ସେମାନେ ସଙ୍ଗେସଙ୍ଗେ ଆସି ସଫା କରିଦେଲେ।

ତା'ପର ଦିନ ଥିଲା ସେପ୍ଟେମ୍ବର ୨୧ ତାରିଖ। ସେଦିନ ଆମ ଦଳର ଗୋଟିଏ ଦମ୍ପତି ଆମେରିକା ଫେରିଆସିଲେ। ବାକି ଆମେ ଛ'ଜଣ ଦିନଟି କିଣାକିଣିରେ କଟେଇଦେଲୁ। ହୋଟେଲ୍ ପାଖରେ ଅନେକ ବଡ଼ ବଡ଼ ଦୋକାନ ଥିଲା। ପାଗ ମଧ ଭଲ ଥିଲା, ତେଣୁ ଚାଲିଚାଲି ବୁଲିଲୁ। ସେଦିନ ସନ୍ଧ୍ୟାରେ ଆମର କିଛି ପ୍ଲାନ୍ ନଥିଲା, ତେଣୁ ଆମେ ସନ୍ଧ୍ୟାରେ ସାଙ୍ଘାଇ ସେଣ୍ଟର୍‌କୁ ଯାଇ ସାଙ୍ଘାଇ ଆକ୍ରୋବାଟିକ୍ ଶୋ ଦେଖିବାକୁ ଠିକ୍ କଲୁ। ଆମେ ଯେହେତୁ ବହୁତ ଡେରିରେ ଶୋ ଦେଖିବାକୁ ଠିକ୍ କଲୁ, ଆମକୁ ଟିକେଟ୍ ପାଇଁ ଟିକେ ଅଧିକା ପଇସା ଦେବାକୁ ପଡ଼ିଲା। ସାଙ୍ଘାଇ ସେଣ୍ଟର୍‌ଟି ବହୁତ ସୁନ୍ଦର। ସାଂଘାଇ ଥିଏଟର୍ ଯେଉଁଠାରେକି ପ୍ରସିଦ୍ଧ ଚାଇନିଜ୍ ଆକ୍ରୋବାଟିକ୍ ଶୋ ହୁଏ ତାହା ସାଂଘାଇ ସେଣ୍ଟରରେ ଅବସ୍ଥିତ। ସାଂଘାଇ ସେଣ୍ଟରଟି ଅତି ଉଚ୍ଚକୋଟୀର ମର୍ଡନ ଆର୍କିଟେକ୍‌ଚରରେ ଗଢ଼ା ହୋଇଛି। ସେଠାରେ ସବୁ ପ୍ରକାର ଆଧୁନିକ ଇଲେକ୍ଟ୍ରୋନିକ୍ସ ଯନ୍ତ୍ରପାତି ବ୍ୟବହାର କରାଯାଉଥିଲା।

ଚିନରେ ପ୍ରାୟ ୪ ହଜାର ବର୍ଷ ତଳେ, ଶା ରାଜବଂଶ ସମୟରେ ଆକ୍ରୋବାଟିକ୍ ଆରମ୍ଭ ହୋଇଥିଲା। କିନ୍ତୁ ୧୯୫୧ ମସିହାରୁ ଏହା ଆଧୁନିକ ସାଂଘାଇ ସେଣ୍ଟର ଥିଏଟର୍‌ରେ ନିୟମିତ ଭାବରେ ପ୍ରଦର୍ଶନ କରାହେଉଛି। ଶୋ ଆରମ୍ଭ ହେଲା ଠିକ୍ ଛଅଟାରେ। ଗୋଟିଏ ଘଣ୍ଟାର ଶୋ। ଏହି ଶୋ'ରେ କଳାକାରମାନେ ଯାଦୁବିଦ୍ୟା, ଅନେକ ପ୍ରକାର ଷ୍ଟଣ୍ଟ୍ ଏବଂ ଆକ୍ରୋବାଟିକ୍ ଖୁବ୍ ସାହସିକତା ଏବଂ ପାରଦର୍ଶିତା ସହ ଦେଖାଇଥାନ୍ତି। ଷ୍ଟଣ୍ଟ୍ ଭିତରେ କିଛି ବିପଜ୍ଜନକ ଖେଳ ଥାଏ। ଆମେ ଯେଉଁ ଶୋ ଦେଖିଲୁ ସେଥିରେ ୯ଟା ଆଇଟମ୍ ଥିଲା। ପ୍ରଥମଟି ଥିଲା ଦଳଗତ। ଦ୍ୱିତୀୟଟିରେ ଜଣେ ସ୍ତ୍ରୀ ଲୋକ ଆକ୍ରୋବାଟିକ୍ ଦେଖାଇଲେ। ଗୋଟିଏ ଉଚ୍ଚ ପେଡେଷ୍ଟାଲ୍‌ରେ ଠିଆହୋଇ ସେ କେତେ ପ୍ରକାର ଆକ୍ରୋବାଟିକ୍ କଲେ। ଥରେ ସେ ତାଙ୍କ ଶରୀରକୁ ଏପରି ଭାଙ୍ଗିଲେ ଯେ ଠିକ୍ ଗୋଟିଏ ବେଙ୍ଗ ପରି ଦେଖାଗଲେ। ତାପରେ ଜଣେ ମାଜିକ୍ ଦେଖାଇଲେ; କିନ୍ତୁ ସେଟା ଏତେ କିଛି ଭଲ ଲାଗିଲାନି। ମୋଟ ଉପରେ ଆମେ ସେଇ ଶୋ ଉପଭୋଗ କଲୁ। ଶୋ ପରେ ହୋଟେଲ୍‌କୁ ଫେରିଆସିଲୁ। ତା' ପରଦିନ ଆମର ଚୀନ୍ ଛାଡ଼ିବା କଥା। ତେଣୁ ଆମ ଗାଇଡ଼ ଏଲୀନ୍ ଓ ଡ୍ରାଇଭରଙ୍କୁ

ତାଙ୍କ ପ୍ରାପ୍ୟ ଦେଇ ତାଙ୍କଠାରୁ ବିଦାୟ ନେଲୁ। କିଛି ସମୟ ବିଶ୍ରାମ ନେଲାପରେ ଆମେ ଯେତେବେଳେ ଡିନର୍ ଖାଇବାକୁ ଚାହିଁଲୁ ସେତେବେଳେ ଡିନର୍ ଟାଇମ୍ ଗଡ଼ିଗଲାଣି। ତେଣୁ ପାଖରେ ଥିବା ଗୋଟିଏ ମଲ୍‌କୁ ଯାଇ ମାକ୍‌ଡୋନାଲଡ୍‌ରେ ପଶିଲୁ। ମେନୁରେ ଗୋଟିଏ ନୂଆ ଆଇଟମ୍ ଥିଲା ଭାତ ଓ ଚିକେନ୍। ସେଟା ଗୋଟିଏ ନୂଆ ଆଇଟମ୍ ଭାବି ତାକୁ ମଗାଇବାରୁ ସେମାନେ କହିଲେ ତାଙ୍କର ସେହି ଆଇଟମ୍‌ଟି ନାହିଁ। ତେବେ ଚିକେନ୍ ସାଣ୍ଡଉଇଚ ଇତ୍ୟାଦି ଖାଇ ହୋଟେଲ୍‌କୁ ଫେରିଲୁ।

ପରଦିନ ସକାଳେ ଆଉ ଗୋଟିଏ ଦମ୍ପତି ଆମେରିକା ଫେରିଗଲେ। ବାକି ଆମ ଚାରିଜଣଙ୍କର ଆମେରିକା ଫ୍ଲାଇଟ୍ ଥିଲା ରାତିରେ। ଆମ ହାତରେ ପୂରା ଦିନଟି ଥିଲା। ଆମେ ଭାବିଲୁ ମେଗଲେଭ୍ (ମାଗ୍ନେଟିକ୍ ଲେଭିଟେସନ୍ ଟ୍ରେନ୍)ରେ ବସି ଦେଖିବୁ କେମିତି ଲାଗୁଛି। ଏଇ ଟ୍ରେନ୍‌ଟି ରେଳ ଧାରଣା ଉପରେ ନଚାଲି ଟିକେ ଉପରେ ଚାଲେ। ତା' ମାନେ ରେଳଧାରଣା ଓ ଚକ ମଝିରେ ଅଳ୍ପ ଫାଙ୍କ ଥାଏ। ଟ୍ରେନ୍‌ଟି ଶାଂଘାଇ ରେ କେବଳ ଲଙ୍ଗୟାଙ୍ଗ ରୋଡ଼ ଷ୍ଟେସନ୍ ରୁ ଶାଂଘାଇ ପୁଡଙ୍ଗ ଏୟାରପୋର୍ଟ ପର୍ଯ୍ୟନ୍ତ ଚାଲେ। ୩୦ କିଲୋ ମିଟର୍ ଦୂରତାକୁ ୭ ମିନିଟ୍ ୨୦ ସେକେଣ୍ଡ ରେ ପହଞ୍ଚି ଯାଏ। ଆମ ଯାତ୍ରା ସମୟରେ ଟ୍ରେନ୍ ଟି ସର୍ବୋଚ୍ଚ ଘଣ୍ଟା ପ୍ରତି ୪୩୧ କିଲୋ ମିଟର୍ ଗତିରେ ଗଲା।

ମେଗ୍‌ଲେଭ୍‌ରେ ବସିବାପାଇଁ ଆମେ ହୋଟେଲ୍‌ରୁ ନିକଟସ୍ଥ ରେଳଷ୍ଟେସନକୁ ଚାଲିଚାଲି ଗଲୁ। ପ୍ରାୟ ଦଶ ମିନିଟ୍ ଲାଗିଲା। ସେଠାରୁ ଲାଇନ୍ ୧୦ ଟ୍ରେନ୍ ଧରି ଲଙ୍ଗ୍‌ୟାଙ୍ଗ୍ ରୋଡ଼ ଷ୍ଟେସନ୍‌କୁ ଗଲୁ। ସେଠାରେ ଆମେ ମେଗ୍‌ଲେଭ୍ ଟ୍ରେନ୍ ପାଇଁ ଟିକେଟ୍ କିଣିଲୁ। ସାଧାରଣତଃ ସେଇ ଷ୍ଟେସନ୍‌ରୁ ଏୟାର୍‌ପୋର୍ଟ ଯିବାକୁ ଗୋଟିଏ ଟିକେଟ୍ ପାଇଁ ୮୦ ୟୁଆନ୍ ଦେବାକୁ ପଡ଼େ। କିନ୍ତୁ ଯେହେତୁ ସେଦିନ ରାତିରେ ସେଇ ଏୟାର୍‌ପୋର୍ଟରୁ ଆମେ ଆମେରିକା ଫେରୁଥିଲୁ, ଆମକୁ ୫୦% ରିହାତି ମିଳିଲା। ୭/୮ ମିନିଟ୍‌ରେ ଆମେ ଏୟାର୍‌ପୋର୍ଟରେ ପହଞ୍ଚିଗଲୁ। ଦ୍ରୁତଗାମୀ ମେଗ୍‌ଲେଭ୍ ଟ୍ରେନ୍‌ରେ ବସିବାର ଆନନ୍ଦ ସବୁଦିନ ପାଇଁ ମନେ ରହିଲା। ଫେରିଲାବେଳେ ଆମେ ରେଗୁଲାର ମେଟ୍ରୋରେ ବଣ୍ଡ୍ ଏରିଆକୁ ଗଲୁ। ଏହି ବଣ୍ଡ୍ ଏରିଆ କଥା ଆଗରୁ କହିଛି। ସେଠାରେ ଓହ୍ଲାଇ ଦେଖିଲୁ ସେ ଜାଗାରେ ପ୍ରବଳ ଭିଡ଼। ହୁଏତ ଶନିବାର ବୋଲି ବେଶୀ ଭିଡ଼ ହୋଇଥିବ। ଗୁଡ଼ାଏ ଦୋକାନ, ଖାଇବା ଦୋକାନ ଓ ଏତେ ଜନଗହଳି ସତ୍ତ୍ୱେ ଅଞ୍ଚଳଟି ବେଶ୍ ପରିଷ୍କାର ଲାଗୁଥିଲା।

କିଛି ସମୟ ସେଠାରେ ବୁଲାବୁଲି କରି ହୋଟେଲ୍‌ରେ ପହଞ୍ଚିଲା ବେଳକୁ ଲଞ୍ଚ୍ ସମୟ ଗଡ଼ି ଯାଇଥିଲା। ଆଉ କୁଆଡ଼େ ନଯାଇ ହୋଟେଲର ତୃତୀୟ ମହଲାରେ

ଥିବା ରେଷ୍ଟୋରାଁକୁ ଖାଇବାପାଇଁ ଗଲୁ। ପହଞ୍ଚି ଦେଖିଲୁ, ସେଠାରେ ଯଦିଓ ଲେଖାଥିଲା ବଫେ ଲଞ୍ଚ୍ ତଥାପି ଆମେ କ'ଣ କ'ଣ ଆଇଟମ୍ ମଗାଇବୁ ସେଥିଲାଗି ଗୋଟିଏ ଫର୍ମ ପୂରଣ କରିବାକୁ ପଡ଼ିଲା। ଆମେ ଛତୁ ସୁପ୍, ସ୍ପ୍ରିଙ୍ଗ୍ ରୋଲ୍, ଚିଙ୍ଗୁଡ଼ି ଡମ୍ପ୍‌ଲିଙ୍ଗ୍, ଚିକେନ୍‌ର ଗୋଟେ ଆଇଟମ୍, ଗାର୍‌ଲିକ୍ ଚିଙ୍ଗୁଡ଼ି ଓ ଭାତ ମଗାଇଲୁ। ସବୁ ଖାଇବା ଭଲ ଲାଗିଲା।

ଅପରାହ୍ନ ଚାରିଟାରେ ହୋଟେଲ୍ ଛାଡ଼ି ପାଞ୍ଚଟାରେ ଏୟାର୍‌ପୋର୍ଟରେ ପହଞ୍ଚିଲୁ। ୟୁନାଇଟେଡ଼୍ ଏୟାର୍‌ଲାଇନ୍ସର ଲସ୍ ଆଞ୍ଜେଲସ ଫ୍ଲାଇଟ୍ ଛାଡ଼ିଲା ଠିକ୍ ୮ଟା ୧୦ରେ। ଚୀନ୍ ମାଟିରୁ ବିଦାୟ ନେଲୁ। ଷୋହଳ ଦିନର ଏଇ ଯାତ୍ରା ଅଭୁଲା ରହିଲା।

ଶେଷ କଥା

ମୁଁ ଏଇ ଲେଖାଟି ଆରମ୍ଭ କଲାବେଳକୁ ଆମେରିକା ଓ ଚୀନ୍ ଭିତରେ ମତାନ୍ତର ଓ ମନାନ୍ତର ଆରମ୍ଭ ହୋଇଯାଇଥିଲା। ସମୟକ୍ରମେ ପରିସ୍ଥିତି ଜଟିଳ ହେବାକୁ ଲାଗିଲା ଏବଂ ବିଶ୍ୱ ଅର୍ଥନୀତିରେ ଏହାର ପ୍ରଭାବ ପ୍ରତିଦିନ ଖବରକାଗଜରେ ଓ ଟିଭିରେ ଆଲୋଚିତ ହେଉଥିଲା। ଜଣାପଡୁଥିଲା ଯେ ଏଇ ପରିସ୍ଥିତି ଅଳ୍ପ ଦିନରେ ସୁଧୁରି ଯାଇପାରେ। ଏତିକିବେଳେ ଅଚାନକ ଆସି ପହଞ୍ଚିଲା କୋଭିଡ଼୍‌-୧୯। ଏହାର ଆରମ୍ଭ ସ୍ଥାନ ଥିଲା ଚୀନ୍‌ର ୟୁହାନ୍ ସହର। ଏତେ ଶୀଘ୍ର କୋଭିଡ଼୍ ପୃଥିବୀର କୋଣ ଅନୁକୋଣରେ ବ୍ୟାପିଗଲା ଯେ ଏହାକୁ ସବୁଠାରୁ ଭୟଙ୍କର ମହାମାରୀ ଆଖ୍ୟା ଦିଆଗଲା। ଇଏ ହେଉଛି ୨୦୧୯ ଶେଷ ଭାଗର କଥା। ଅଗଷ୍ଟ ୩୦, ୨୦୨୧ ତାରିଖରେ ପ୍ରକାଶିତ ହିସାବ ଅନୁସାରେ ପୃଥିବୀରେ ୨୧୬.୬ ମିଲିଅନ୍ ଲୋକ କୋଭିଡ଼୍ ଦ୍ୱାରା ଆକ୍ରାନ୍ତ ହୋଇଥିଲେ ଏବଂ ମୃତ୍ୟୁସଂଖ୍ୟା ଥିଲା ୪.୫ ମିଲିଅନ୍। ସମଗ୍ର ମାନବଜାତିକୁ ଏକ ଅକଥନୀୟ ଦୁର୍ଗତି ଭିତରକୁ ଠେଲି ଦେଇଥିବାରୁ ଏହି ମହାମାରୀର ଜନ୍ମସ୍ଥଳ ଚୀନ୍‌କୁ ତା'ର ଅପରିମାଣଦର୍ଶିତା ଯୋଗୁ ସବୁ ଦେଶ ଦାୟୀ ମନେକରନ୍ତି। ଚୀନ୍ ଯଦି ଏହାକୁ ନଲୁଚାଇ ସମସ୍ତଙ୍କୁ ଠିକ୍ ସମୟରେ ସବୁ ଡାଟା ଦେଇ ସତର୍କ କରାଇଥାନ୍ତା ତା'ହେଲେ କୋଭିଡ଼୍‌-୧୯ ମହାମାରୀ ରୂପ ନେଇନଥାନ୍ତା କିମ୍ବା ହୁଏତ ତା'ର ପ୍ରଭାବ ଏତେଟା ଭୟଙ୍କର ହୋଇ ପାରିନଥାନ୍ତା। ଶୁଣାଯାଏ ଯେ ଚୀନ୍ ମନ୍ଦ ଉଦେଶ୍ୟ ନେଇ ଡବ୍ଲ୍ୟୁଏଚ୍‌ଓ (WHO)କୁ ନିଜ ଅକ୍ତିଆରରେ ରଖି ସାରା ପୃଥିବୀକୁ ଏଇ ମହାମାରୀର ଭୟାବହତାଠାରୁ ଲୁଚାଇ ରଖିଥିଲା।

ଚୀନ୍ ଗତ କୋଡ଼ିଏ ବର୍ଷ ଭିତରେ ଯେଉଁ ଅଭୂତପୂର୍ବ ଉନ୍ନତି କରିଛି ତା'

ପଛରେ ରହିଛି ଆମେରିକାର ଅବଦାନ । ଆମେରିକାର ସାହାଯ୍ୟ ଓ ଚୀନ୍‌କୁ ସୁହାଇଲା ପରି କୋହଳ ଅର୍ଥନୀତି ଚୀନ୍‌ର ଉନ୍ନତିପଥକୁ ସୁଗମ କରିଛି । ଏତେ ଉନ୍ନତି କରିଥିଲେ ସୁଦ୍ଧା ଏବେ ମଧ୍ୟ ଚୀନ୍ ଅନେକାଂଶରେ ବାଉଁଶ ପର୍ଦାର ଉହାଡ଼ରେ ନିଜକୁ ଲୁଚାଇ ରଖିଛି । ଏହାର କିଛି ଅନୁଭୂତି ଆମେ ପାଇଲୁ ଯେତେବେଳେ ସେ ଦେଶରେ ଆମେ ହ୍ୱାଟ୍ସଆପ୍, ଜି-ମେଲ୍ ଓ ଯୋଗାଯୋଗର ଅନ୍ୟାନ୍ୟ ସୁବିଧାରୁ ବଞ୍ଚିତ ହେଲୁ । ଚୀନ୍‌ର ଖବରକାଗଜଗୁଡ଼ିକ ପୂରା ସରକାରଙ୍କ ଦ୍ୱାରା ନିୟନ୍ତ୍ରିତ । ବହିଦୋକାନଗୁଡ଼ିକରେ ଅନ୍ୟ ଦେଶର ଇଂରାଜୀରେ ପ୍ରକାଶିତ ହେଉଥିବା ଖବରକାଗଜ କିମ୍ବା ବହି ମିଳେ ନାହିଁ । ଏବେ ବି ଚୀନ୍‌ରେ ସାମ୍ବାଦିକମାନଙ୍କର ସ୍ୱାଧୀନତା ନାହିଁ । ହୋଟେଲ୍‌ଗୁଡ଼ିକରେ ଆମେ ସି.ଏନ୍.ଏନ୍. ବା ଅନ୍ୟ କୌଣସି ଆନ୍ତର୍ଜାତିକ ଟିଭି ଚାନେଲ୍ ଦେଖି ପାରୁନଥିଲୁ । ଏସବୁ ସତ୍ତ୍ୱେ ଚୀନ୍ ଯେ ଏକ ମନ ମୋହିନେବା ପରି ଦେଶ ଏଥିରେ ସନ୍ଦେହ ନାହିଁ ।

ଶ୍ରୀଲଙ୍କାର ବୌଦ୍ଧିକ ସଭ୍ୟତା

ପିଲା ବେଳର କଥା । ସେତେବେଳେ ସିଲୋନ୍‌ର କଲମ୍ବୋରୁ ପ୍ରସାରିତ ହେଉଥିବା 'ରେଡିଓ ସିଲୋନ୍'ର ଗୀତ ଶୁଣିବା ମୋର ଏକ ପ୍ରକାର ନିଶା ଥିଲା । ବର୍ତ୍ତମାନ ଶ୍ରୀଲଙ୍କା ନାମରେ ଖ୍ୟାତ ଏହି ଦେଶଟିର ନାଁ ବହୁତ ଥର ବଦଳିଛି । ଏହାର ପୂର୍ବ ନାଁ ଥିଲା ସିଂହଳ ଓ ଲଙ୍କାଦ୍ୱୀପ । ୧୫୦୫ ମସିହାରେ ପର୍ତ୍ତୁଗୀଜ୍‌ମାନେ ଯେତେବେଳେ ଏ ଦେଶରେ ପହଞ୍ଚିଲେ, ସେମାନେ ଏହାର ନାମ ରଖିଥିଲେ ସିଲାଓ । ୧୮୧୫ ମସିହାରୁ ୧୯୪୮ ମସିହାରେ ଦେଶ ସ୍ୱାଧୀନ ହେବା ପର୍ଯ୍ୟନ୍ତ, ଏହାକୁ ଶାସନ କରୁଥିଲାବେଳେ ଇଂରେଜମାନେ ଏହାର ନାମ ରଖିଥିଲେ ସିଲୋନ୍ । ୧୯୭୨ ମସିହାରେ ଦେଶର ନାମ ରଖାଗଲା ଶ୍ରୀଲଙ୍କା ।

ଭାରତ ମହାସାଗର ପରିବେଷ୍ଟିତ ଶ୍ରୀଲଙ୍କା ସହ ଭାରତର ସାଂସ୍କୃତିକ, ଧାର୍ମିକ ଓ ଆଧ୍ୟାତ୍ମିକ ସମ୍ପର୍କ ଅତି ପ୍ରାଚୀନ ଓ ନିବିଡ଼ । ପିଲାଦିନେ 'ପିଲାଙ୍କ ରାମାୟଣ' ପଢ଼ି ଭାରତର ଶ୍ରେଷ୍ଠ କାବ୍ୟ 'ରାମାୟଣ'ର ଚରିତ୍ରଗୁଡ଼ିକ ମତେ ଯେତିକି ପ୍ରଭାବିତ କରିଥିଲା ତା'ଠାରୁ ଅଧିକ ପ୍ରଭାବିତ କରିଥିଲା ମୋ ବୋଉ ଓ ଅନ୍ୟ ଗୁରୁଜନମାନଙ୍କ ମୁହଁରୁ ଶୁଣିଥିବା ରାମାୟଣର ଗପଗୁଡ଼ିକ । ରାମାୟଣର ବିଭିନ୍ନ ଚରିତ୍ର ଯଥା ଶ୍ରୀରାମ, ସୀତା, ଲକ୍ଷ୍ମଣ, ହନୁମାନ, ରାବଣ ଆଦି ମୋ ମନରେ ଭକ୍ତି, ସମ୍ମାନ ଓ କ୍ରୋଧର ସମ୍ମିଶ୍ରଣରେ ଗୋଟିଏ ଅଦ୍ଭୁତ ଭାବ ସହ ବସାବାନ୍ଧି ରହିଥିଲେ । ରାମଙ୍କ ବନବାସ, ଦଣ୍ଡକାରଣ୍ୟରୁ ରାବଣର ସୀତା ହରଣ, ପୁଷ୍ପକ ବିମାନରେ ସୀତାଙ୍କୁ ଲଙ୍କା ନେଇଯିବା, ହନୁମାନଙ୍କର ଲଙ୍କା ଗମନ, ସେତୁବନ୍ଧ ନିର୍ମାଣ ଓ ଶେଷରେ ରାମଙ୍କ ଦ୍ୱାରା ରାବଣର ମୃତ୍ୟୁ, ଏସବୁ ଗପ ଆକାରରେ ଶୁଣି ଶୁଣି ଯେତେ ମନେ ରହିଥିଲା ବହି ପଢ଼ି ସେତେ ନୁହେଁ । ବୋଧହୁଏ ସେଇ ରାମାୟଣ ଯୁଗରୁ ଆରମ୍ଭ ହୋଇଥିଲା ଭାରତ-ଲଙ୍କା ସମ୍ପର୍କ ।

ସ୍କୁଲ୍‌ରେ ପଢୁଥିଲାବେଳେ କଳିଙ୍ଗ ଯୁଦ୍ଧ କଥା ଇତିହାସରେ ପଢ଼ିଥିଲି । ମଗଧର

ମୌର୍ଯ୍ୟ ସମ୍ରାଟ ଅଶୋକ ସେତେବେଳର ସମୃଦ୍ଧିଶାଳୀ କଳିଙ୍ଗ (ବର୍ତ୍ତମାନର ଓଡ଼ିଶା) ସାମ୍ରାଜ୍ୟକୁ ନିଜ ଅଧୀନକୁ ନେବାପାଇଁ ଯୁଦ୍ଧ ଆରମ୍ଭ କରିଥିଲେ । ଭୟଙ୍କର ଲଢ଼େଇରେ ଏକ ଲକ୍ଷରୁ ଊର୍ଦ୍ଧ୍ୱ ସୈନ୍ୟ ପ୍ରାଣ ହରାଇଥିଲେ । ଦୟାନଦୀ ତଟରେ ହୋଇଥିବା ଏହି ଯୁଦ୍ଧ ଫଳରେ ନଦୀର ପାଣି ରକ୍ତରଞ୍ଜିତ ହୋଇଯାଇଥିଲା । ଏତେ ବୀର ସୈନିକଙ୍କ ମୃତ୍ୟୁ ଦେଖିଲାପରେ ଅଶୋକଙ୍କ ମନରେ ଭାବାନ୍ତର ସୃଷ୍ଟି ହୋଇଥିଲା । ସେ ଯୁଦ୍ଧ ଛାଡ଼ି ଶାନ୍ତିପଥ ଖୋଜିଲେ ଏବଂ ଶାନ୍ତି ପାଇବାପାଇଁ ସେଇ ସମୟର ବିଖ୍ୟାତ ବୌଦ୍ଧ ସନ୍ନ୍ୟାସୀ ଉପଗୁପ୍ତଙ୍କ ଶରଣ ନେଲେ । ଉପଗୁପ୍ତ ତାଙ୍କୁ ବୌଦ୍ଧ ଧର୍ମର ଦୀକ୍ଷା ଦେଇ ଅହିଂସାର ପଥ ଦେଖାଇଥିଲେ । ଏଇସବୁ ଅନୁଭୂତି ଅଶୋକଙ୍କ ଜୀବନରେ ନୂତନ ଦିଗ୍‌ଦର୍ଶନ ଆଣିଦେଇଥିଲା । ବୌଦ୍ଧ ଧର୍ମ ମାଧ୍ୟମରେ, ସାରା ପୃଥିବୀରେ ଶାନ୍ତିର ବାର୍ତ୍ତା ପ୍ରଚାର ଉଦ୍ଦେଶ୍ୟରେ ସେ ନିଜ ପୁଅ ମହେନ୍ଦ୍ର ଓ କନ୍ୟା ସଂଘମିତ୍ରାଙ୍କୁ ଲଙ୍କା ଦେଶକୁ ପଠାଇଥିଲେ । ଶ୍ରୀଲଙ୍କାରେ ମହେନ୍ଦ୍ରଙ୍କୁ 'ମହିନ୍ଦ' ଓ ସଙ୍ଘମିତ୍ରାଙ୍କୁ 'ସଙ୍ଘମିତ୍ତା' ଭାବରେ ଲୋକେ ଜାଣନ୍ତି । ସମ୍ରାଟ ଅଶୋକଙ୍କର ଏହି ଅବଦାନ ଯୋଗୁଁ ସେ ସାରା ଭାରତବର୍ଷରେ ଚଣ୍ଡାଶୋକ ପରିବର୍ତ୍ତେ ଧର୍ମାଶୋକ ଭାବରେ ପରିଚିତ ହୋଇଥିଲେ । ସେଇସବୁ ଗପ ଶୁଣିବା ଦିନରୁ ଲଙ୍କା ବିଷୟରେ କିଛି ଧାରଣା ମୋ ମନରେ ଲିପିବଦ୍ଧ ହୋଇ ରହି ଯାଇଥିଲା ।

ମଧ୍ୟଯୁଗୀୟ ଓଡ଼ିଆ ସାହିତ୍ୟରେ ଶ୍ରୀଲଙ୍କା ବିଷୟରେ ଉଲ୍ଲେଖ୍ୟ ଥିବା ଦେଖାଯାଏ । ପନ୍ଦର ଶହ ଶତାବ୍ଦୀର ପ୍ରସିଦ୍ଧ କବି ଓ ମହାଭାରତର ରଚୟିତା ସାରଳା ଦାସ ତାଙ୍କ କବିତାରେ ଭାରତ ଓ ସିଂହଳ ରାଜପରିବାରର ପାରିବାରିକ ସମ୍ପର୍କ ବିଷୟରେ ଉଲ୍ଲେଖ କରିଛନ୍ତି । ଷୋଳଶ ଶତାବ୍ଦୀର କବି ଅଚ୍ୟୁତାନନ୍ଦ ଦାସ ତାଙ୍କ କବିତାରେ ସିଂହଳୀ ନାରୀମାନଙ୍କର ସୌନ୍ଦର୍ଯ୍ୟ ବର୍ଣ୍ଣନା କରିଥିଲା ବେଳେ, ପ୍ରସିଦ୍ଧ କବି ଉପେନ୍ଦ୍ର ଭଞ୍ଜ ଭାରତୀୟ ରାଜକୁମାରଙ୍କର ସିଂହଳୀ ରାଜଜେମାଙ୍କ ପ୍ରଣୟ ପ୍ରାଞ୍ଜଳ ଭାବରେ ରୂପାନ୍ତରିତ କରିଛନ୍ତି । ଏହା ବ୍ୟତୀତ ଅନେକଗୁଡ଼ିଏ ଓଡ଼ିଆ ସାଙ୍ଗିଆ ଯଥା ନାୟକ (ବନ୍ଦରନାୟକେ, ସେନାନାୟକେ), ସିଂ (ଜୟସିଙ୍ଘେ, ସମରସିଙ୍ଘେ) ଇତ୍ୟାଦି ଶ୍ରୀଲଙ୍କାରେ ଏବେ ବି ବ୍ୟବହାର କରାଯାଏ । ଲଙ୍କାଆମ୍ବ, ଲଙ୍କାମରିଚ ପରି କେତେଗୁଡ଼ିଏ ଓଡ଼ିଆ ଶବ୍ଦ ଶ୍ରୀଲଙ୍କା ସହ ଯୋଡ଼ିହୋଇ ଥିବା ପ୍ରାୟ ସମସ୍ତଙ୍କୁ ଜଣା । ଏସବୁ ଜାଣିବା ପରେ, ଶ୍ରୀଲଙ୍କାରେ ଓଡ଼ିଆ ସଂସ୍କୃତିର କିଛି ଚିହ୍ନ ରହିଛି କି ନାହିଁ ଜାଣିବା ପାଇଁ ମନ ଭିତରେ ଆଗ୍ରହ ଥିଲା । ତେଣୁ ୨୦୧୮ ମସିହାରେ ଯେତେବେଳେ ଭାରତ ଭ୍ରମଣରେ ଯିବାପାଇଁ ମୁଁ ଓ ମୋର ସ୍ୱାମୀ ସ୍ଥିର କଲୁ ସେତେବେଳେ ଏହି ଯାତ୍ରା ସହ ଶ୍ରୀଲଙ୍କାକୁ ମଧ୍ୟ ଯୋଡ଼ିଦେଲୁ । ଶ୍ରୀଲଙ୍କାର ପ୍ରସିଦ୍ଧ ଜାଗାଗୁଡ଼ିକ ଦେଖିବାର

ଇଚ୍ଛା ତ ଥିଲା, ତେବେ ବେଶୀ ଆଗ୍ରହ ଥିଲା ଓଡ଼ିଶା ସହ ସମ୍ପର୍କର ସ୍ମୃତି ବହନ କରୁଥିବା କିଛି ଜାଗା ଦେଖିବାପାଇଁ। ଏମିତି ଦେଖିବାକୁ ଗଲେ ଭାରତର ରାମେଶ୍ୱରମ୍‌ଠାରୁ ଶ୍ରୀଲଙ୍କାର ତଲାଇ ମାନାର ପ୍ରାୟ ୫୫ କିଲୋମିଟର ଦୂର। ମଝିରେ ଯାହା ପ୍ରାକ୍ ପ୍ରଣାଳୀଟି ରହିଛି। ତେବେ ଶ୍ରୀଲଙ୍କାକୁ ମଦୁରାଇ ବା ଚେନ୍ନାଇରୁ ବିମାନରେ ଯିବା ସୁବିଧା। ଏତେ ନିକଟରେ ଥିବାରୁ ଦୁଇ ଦେଶ ମଧ୍ୟରେ ସାଂସ୍କୃତିକ ଓ ଧାର୍ମିକ ସମ୍ପର୍କ ଯେ ରହିବ ଏଥିରେ ଆଶ୍ଚର୍ଯ୍ୟ ହେବାର କିଛି ନାହିଁ।

ଶ୍ରୀଲଙ୍କାରେ ଅନେକ ପ୍ରକାର ଲୋକ ଅଛନ୍ତି, ଅନେକ ପ୍ରକାର ସଂସ୍କୃତି ଓ ଭାଷା ରହିଛି। ପ୍ରାଚୀନ କାଳରୁ ଭାରତରୁ ତାମିଲମାନେ ସେଠାକୁ ଯାଇ ବହୁ ସଂଖ୍ୟାରେ ବସବାସ କରି ରହିଛନ୍ତି। ଶ୍ରୀଲଙ୍କାର ସମୁଦାୟ ଲୋକସଂଖ୍ୟାର ୭୫ ଭାଗ ସିଂହଳୀ ହୋଇଥିବା ବେଳେ ତାମିଲଙ୍କ ଭାଗ ୧୧। ସେଠାରେ ସିଂହଳୀ ଭାଷା ସହ ତାମିଲକୁ ମଧ୍ୟ ସରକାରୀ ଭାଷାର ସ୍ୱୀକୃତି ମିଳିଛି। କିନ୍ତୁ ସେଠାରେ ଇଂରାଜୀ ଭାଷା ବହୁଳ ଭାବରେ ବ୍ୟବହୃତ ହୁଏ। ଲୋକସଂଖ୍ୟାର ୭୦ ଭାଗ ବୌଦ୍ଧ ଧର୍ମାବଲମ୍ବୀ ହୋଇଥିବା ବେଳେ ଅନ୍ୟ ୩୦ ଭାଗରେ ରହିଛନ୍ତି ହିନ୍ଦୁ, ମୁସଲମାନ ଓ ଖ୍ରୀଷ୍ଟିଆନ। କିଛି ଜୋରାଷ୍ଟ୍ରିଆନ୍ ମଧ୍ୟ ଭାରତରୁ ଯାଇ ସେଠାରେ ବସବାସ କରି ରହିଛନ୍ତି।

ଶ୍ରୀଲଙ୍କାର ଐତିହାସିକ ଦର୍ଶନୀୟ ସ୍ଥାନଗୁଡ଼ିକ ଦ୍ୱୀପର କେନ୍ଦ୍ରାଞ୍ଚଳରେ ରହିଛି। ପୁରାତନ ବୈଭବରେ ପରିପୂର୍ଣ୍ଣ ଏହି ଅଞ୍ଚଳକୁ ଦେଶର ସାଂସ୍କୃତିକ ତ୍ରିଭୁଜ ବୋଲି କୁହାଯାଏ। ଏଇ ତ୍ରିଭୁଜ ଭିତରେ ରହିଛି ପବିତ୍ର ସହର ଅନୁରାଧାପୁର, ପ୍ରାଚୀନ ସହର ପୋଲୋନାରୁଓ୍ୱା, ସିଗିରିୟା, ଡାମ୍ବୁଲା ଓ କାଣ୍ଡି। ଏହିସବୁ ସ୍ଥାନଗୁଡ଼ିକ ପୃଥିବୀର ଐତିହ୍ୟସ୍ଥଳୀ ଭାବରେ ୟୁନେସ୍କୋ ଦ୍ୱାରା ସ୍ୱୀକୃତି ପାଇଛି। ଅନୁରାଧାପୁର ୧୦୧୭ ମସିହା ପର୍ଯ୍ୟନ୍ତ ଥିଲା ଶ୍ରୀଲଙ୍କାର ପ୍ରଥମ ରାଜଧାନୀ। ୧୦୧୭ ମସିହାରୁ ୧୨୩୨ ମସିହା ପର୍ଯ୍ୟନ୍ତ ପୋଲୋନାରୁଓ୍ୱା ହେଲା ଦେଶର ରାଜଧାନୀ ଏବଂ ୧୫୯୭ରୁ ୧୮୧୫ ମସିହା ପର୍ଯ୍ୟନ୍ତ କାଣ୍ଡି ଥିଲା ଶ୍ରୀଲଙ୍କାର ରାଜଧାନୀ। ଏହି ସ୍ଥାନଗୁଡ଼ିକ ବ୍ୟତୀତ ବୌଦ୍ଧଧର୍ମର କେନ୍ଦ୍ର ମିହିନ୍ତାଲେ, ସିଗିରିଆରେ ଥିବା ପଥର ଦୁର୍ଗ ଓ ଡାମ୍ବୁଲାର ବୌଦ୍ଧ ଗୁମ୍ଫା ପର୍ଯ୍ୟଟକମାନଙ୍କୁ ଆକୃଷ୍ଟ କରିଥାଏ। ଏସବୁ ସ୍ଥାନଗୁଡ଼ିକରେ ପ୍ରାଚୀନ ସ୍ମାରକୀ ଏବଂ ଅନେକଗୁଡ଼ିଏ ବୌଦ୍ଧ ସ୍ତୂପ ଓ ମନ୍ଦିର ରହିଛି। ମାତ୍ର ଅଳ୍ପ କିଛି ବର୍ଷ ପୂର୍ବରୁ କେବଳ ଡାମ୍ବୁଲା ମନ୍ଦିର ଓ ଅନୁରାଧାପୁରର ରୁଆନୱେଲିସାୟା ପୁନଃନିର୍ମିତ ହୋଇଛି ବୋଲି ଶୁଣିଲୁ। ବାକି ସବୁ ଦର୍ଶନୀୟ ସ୍ଥାନଗୁଡ଼ିକ ସେହିପରି ରହିଛି।

ଆମର ଏହି ଯାତ୍ରା ବିଷୟରେ ବନ୍ଧୁମାନଙ୍କ ସହ ଆଲୋଚନା କଲାବେଳେ ଆମର ଖୁବ୍ ଭଲ ସମ୍ପର୍କ ଥିବା ଗୋଟିଏ ଦମ୍ପତି ଶ୍ରୀଲଙ୍କା ଯିବାପାଇଁ ଆଗ୍ରହ

ଦେଖାଇଲେ । ସ୍ଥିର ହେଲା ଆମେ ଓ ସେମାନେ ଏକା ସମୟରେ ଶ୍ରୀଲଙ୍କାର ରାଜଧାନୀ କଲମ୍ବୋଠାରେ ପହଞ୍ଚିବୁ ଓ ପର ଆଠ ଦିନ ଏକାଠି ଶ୍ରୀଲଙ୍କା ବୁଲି ଦେଖିବୁ । ନିର୍ଦ୍ଧାରିତ ଯାତ୍ରା ପୂର୍ବରୁ ଆମେ ଆମର ପ୍ଲେନ୍ ଟିକେଟ୍ କିଣିନେଲୁ । ଟ୍ରାଭଲ୍ ଏଜେଣ୍ଟଙ୍କୁ ଶ୍ରୀଲଙ୍କାରେ ବୁଲିବା ପାଇଁ ଜଣେ ଭଲ ଟୁର୍ ଗାଇଡ୍ ଯୋଗାଡ଼ କରିଦେବାକୁ ଅନୁରୋଧ କଲୁ । ଆମର ପ୍ରୋଗ୍ରାମ୍ ହେଲା ପ୍ରଥମେ ଓଡିଶା ଯିବୁ, ସେଠାରୁ ମଦୁରାଇ ଯାଇ ମିନାକ୍ଷୀ ମନ୍ଦିର ଦେଖିବୁ, ତା'ପରେ କନ୍ୟାକୁମାରୀ ଏବଂ ଶେଷରେ ଶ୍ରୀଲଙ୍କା ଯିବୁ । ମଦୁରାଇରୁ କଲମ୍ବୋ ମାତ୍ର ୩୦ ମିନିଟ୍‌ର ଫ୍ଲାଇଟ୍ । ଟ୍ରାଭଲ୍ ଏଜେଣ୍ଟ ଆମର ଯିବା ଆସିବା ଓ ରହିବାର ସବୁ ବନ୍ଦୋବସ୍ତ କରିଦେଲେ । ଏୟାର୍ ଟିକେଟ୍ ହେଲା ଓ ହୋଟେଲ୍ ରିଜର୍ଭେସନ୍ ହେଲା । ଆମ ପାଇଁ ଯେଉଁ ଟୁର୍ ଗାଇଡ୍ ନିଯୁକ୍ତ ହେଲେ ତାଙ୍କର ଗୋଟିଏ ଭଲ ଭ୍ୟାନ୍ ଥିଲା ଓ ଶ୍ରୀଲଙ୍କା ବିଷୟରେ ତାଙ୍କର ଭଲ ଜ୍ଞାନ ଥିଲା । ତଥାପି ଦରକାର ପଡ଼ିଲେ ସେ ସ୍ଥାନୀୟ ଗାଇଡ୍‌ଙ୍କର ସାହାଯ୍ୟ ନେଉଥିଲେ । ଯୋଜନା ଅନୁସାରେ ଶ୍ରୀଲଙ୍କା ବୁଲିବା ପରେ ଆମେ ଦିଲ୍ଲୀ ଯାଇ, ଦିଲ୍ଲୀରୁ ଆମେରିକା ଫେରିବାର ଥିଲା ।

କଲମ୍ବୋ: ଶ୍ରୀଲଙ୍କାର ରାଜଧାନୀ

ଶ୍ରୀଲଙ୍କାର ରାଜଧାନୀ କଲମ୍ବୋର ଭୌଗଳିକ ସ୍ଥିତି ଏପରି ଯେ ସମଗ୍ର ପୃଥିବୀରେ ସାମରିକ ଓ ଅର୍ଥନୈତିକ ଦୃଷ୍ଟିକୋଣରୁ ଏହାର ଯଥେଷ୍ଟ ଗୁରୁତ୍ୱ ରହିଛି । ଯଦିଓ ଭାରତୀୟମାନେ ଏ ଦେଶକୁ ପ୍ରଥମେ ଆସିଥିଲେ, ତେବେ କଲମ୍ବୋ ବିଷୟରେ ପ୍ରଥମେ ଚୀନ୍ ପରିବ୍ରାଜକ ଫାହ୍ୱିଆନ ପଞ୍ଚମ ଶତାବ୍ଦୀରେ କିଛି ବିବରଣୀ ଲିପିବଦ୍ଧ କରିଥିଲେ । ସିଂହଳୀମାନେ ପ୍ରଥମେ ଏହି ବନ୍ଦର ସହରକୁ କୋଲାମ୍ବା କହୁଥିଲେ । ପର୍ତ୍ତୁଗୀଜ୍‌ମାନେ ଯେବେ ଏଠାକୁ ଆସିଲେ ସେମାନେ ଧରିନେଲେ ଯେ କୋଲା ଅର୍ଥ ପତ୍ର ଓ ଆମ୍ବା ଅର୍ଥ ଆମ୍ବ, ତେଣୁ ଏହା ଆମ୍ବ ଗଛକୁ ପ୍ରତିନିଧିତ୍ୱ କରେ । କିନ୍ତୁ ଭାଷାବିତ୍‌ମାନେ ମତ ଦିଅନ୍ତି ଯେ ସିଂହଳୀ ଭାଷାରେ କୋଲାମ୍ବାର ଅର୍ଥ ବନ୍ଦର ।

ଦେଶର ପ୍ରଶାସନିକ ଓ ରାଜନୈତିକ ରାଜଧାନୀ ହେବା ସହ କଲମ୍ବୋ ଏ ଦେଶର ମୁଖ୍ୟ ଅର୍ଥନୈତିକ କେନ୍ଦ୍ର । ଏହା ବ୍ୟତୀତ ଏହି ସହର ପର୍ଯ୍ୟଟକମାନଙ୍କ ପାଇଁ ଏକ ଆକର୍ଷଣର କେନ୍ଦ୍ର । ପର୍ଯ୍ୟାୟକ୍ରମେ ଶ୍ରୀଲଙ୍କା ପର୍ତ୍ତୁଗୀଜ୍, ଡଚ୍ ଓ ଇଂରେଜ ମାନଙ୍କ ଦ୍ୱାରା ଶାଶିତ ହୋଇଥିବାରୁ କଲମ୍ବୋରେ ଏହି ଦେଶମାନଙ୍କ ଭାସ୍କର୍ଯ୍ୟ ଅନୁଯାୟୀ ତିଆରି ହୋଇଥିବା ଅନେକ ଅଟ୍ଟାଳିକା ଦେଖିବାକୁ ମିଳେ । ମନ୍ଦିର, ଚର୍ଚ୍ଚ ଓ ମସ୍‌ଜିଦର ସମାହାର ହୋଇଥିବା କଲମ୍ବୋ ଏକ ବ୍ୟସ୍ତବହୁଳ ଏବଂ ଜୀବନ୍ତ ସହର । ଏଠାରେ

ବହୁ ବର୍ଷ ଧରି ଅନେକ ବର୍ଣ୍ଣ, ଅନେକ ଧର୍ମ ଓ ବିଭିନ୍ନ ଔପନିବେଶିକମାନେ ରହୁଥିବାରୁ ଏହାର ସଂସ୍କୃତିରେ ଏକ ସ୍ୱତନ୍ତ୍ର ବିବିଧତା ପରିଲକ୍ଷିତ ହୋଇଥାଏ। ଏକ ଟୁରିଷ୍ଟ୍ ହବ୍ ହୋଇଥିବାରୁ କଲମ୍ବୋ ସହର ବିଳାସପୂର୍ଣ୍ଣ ହୋଟେଲ, ସୁନ୍ଦର ବୁଲେଭାର୍ଡ, ଅପ୍‌ସ୍କେଲ ସପିଂ ମଲ୍ ସହିତ ରାସ୍ତାକଡ଼ର ଦୋକାନ (ଯେଉଁଠାରେ ସ୍ଥାନୀୟ ଲୋକମାନେ ନିଜ ଦେଶରେ ତିଆରି ଜିନିଷ ବିକ୍ରି କରନ୍ତି)ରେ ପରିପୂର୍ଣ୍ଣ।

ଆମର ଟ୍ରାଭଲ୍ ପ୍ଲାନ୍ ଅନୁଯାୟୀ ଆମେ ଫେବୃଆରୀ ୧୪, ୨୦୧୮ ମସିହାରେ ମଦୁରାଇ ଏୟାର୍‌ପୋର୍ଟରୁ ଶ୍ରୀଲଙ୍କା ଏୟାର୍‌ଲାଇନ୍‌ସ ଦ୍ୱାରା କଲମ୍ବୋର ବନ୍ଦରନାଇକେ ଆନ୍ତର୍ଜାତିକ ଏୟାର୍‌ପୋର୍ଟରେ ସନ୍ଧ୍ୟା ୫ଟାରେ ପହଞ୍ଚିଲୁ। ଏଇ ଏୟାର୍‌ପୋର୍ଟଟି ଶ୍ରୀଲଙ୍କାର ପୂର୍ବତନ ପ୍ରଧାନମନ୍ତ୍ରୀ ସିରିମାଭୋ ବନ୍ଦରନାଇକେଙ୍କ ନାମରେ ନାମିତ। ୧୯୬୦ରୁ ୨୦୦୦ ମସିହା ମଧ୍ୟରେ ସିରିମାଭୋ ବନ୍ଦରନାଇକେ ତିନି ଥର ଶ୍ରୀଲଙ୍କାର ପ୍ରଧାନମନ୍ତ୍ରୀ ରହିଥିଲେ। ଏହି ମହିଳା କେବଳ ଶ୍ରୀଲଙ୍କା ନୁହେଁ, ସାରା ପୃଥିବୀର ସବୁ ଦେଶ ମଧ୍ୟରେ ପ୍ରଥମ ମହିଳା ପ୍ରଧାନମନ୍ତ୍ରୀ।

ଏୟାର୍‌ପୋର୍ଟରୁ ବାହାରିବା ସମୟରେ ଆମର ସେଠିକାର ଡ୍ରାଇଭର୍/ଗାଇଡ୍ ଇକ୍‌ବଲ ଆମକୁ ଅପେକ୍ଷା କରିଥିଲେ। ସେଇ ରାତିଟା ପାଇଁ ଟ୍ରାଭଲ୍ ଏଜେଣ୍ଟ୍ ଆମପାଇଁ ସାଫାୟାର ହୋଟେଲ୍ ବୁକ୍ କରିଥିଲେ। ଯଦିଓ ହୋଟେଲ୍‌ଟି ଏୟାର୍‌ପୋର୍ଟରୁ ମାତ୍ର ୨୯ କିଲୋମିଟର ତଥାପି ସେଠାରେ ପହଞ୍ଚିବାପାଇଁ ଆମକୁ ପ୍ରାୟ ଏକ ଘଣ୍ଟା ପଇଁଚାଳିଶ ମିନିଟ୍ ଲାଗିଗଲା। ଏୟାର୍‌ପୋର୍ଟରୁ ଆମେ କଲମ୍ବୋ - କାଟୁନାୟକେ ଏକ୍ସପ୍ରେସ୍‌ୱେ ଦେଇ ଗଲୁ। ଏହି ଆଧୁନିକ ଏକ୍ସପ୍ରେସ୍‌ୱେରେ ଯାତ୍ରା ଭଲ ଏବଂ ସୁଗମ ଥିଲା। କିନ୍ତୁ ସିଟି ପାଖରେ ପହଞ୍ଚିଲା ପରେ ଟ୍ରାଫିକ୍ ଜାମ୍‌ରେ ପଡ଼ିଗଲୁ। କାରଣ ସିଟି ଭିତରେ ପଶିଲା ବେଳକୁ ଟ୍ରାଫିକ୍ ବହୁତ ଥିବାରୁ ସବୁ ଟ୍ରାଫିକ୍ ଲାଇଟ୍‌ରେ ଗାଡ଼ି ଅଟକି ଅଟକି ଯାଉଥିଲା। ଟ୍ରାଫିକ୍ ଓ ହର୍ଣ୍ଣର ଅନବରତ ଶବ୍ଦ ଯୋଗୁ ହୋଟେଲ୍‌ରେ ପହଞ୍ଚିବା ବେଳକୁ ମୋର ଦେହ ଚକଟି ହୋଇ ମତେ ଭାରି ଖରାପ ଲାଗୁଥିଲା। ହୋଟେଲ୍‌ରେ ପହଞ୍ଚି ଚେକ୍-ଇନ୍ କରିସାରି ରୁମ୍‌କୁ ଯାଇ ଫ୍ରେସ୍ ହେଲା ପରେ ମତେ ଭଲ ଲାଗିଲା। କିଛି ସମୟ ବିଶ୍ରାମ ନେଲାପରେ ଅଳ୍ପ କିଛି ଖାଇ ନେବାପାଇଁ ଓ ହୋଟେଲ୍‌ର ଆଖପାଖ ଅଞ୍ଚଳ ଟିକେ ଦେଖିନେବା ପାଇଁ ଆମେ ବାହାରିଲୁ। ଲବିରେ ଆସି ପଚାରି ବୁଝିଲୁ ଯେ ଆମର ସାଙ୍ଗମାନେ ପହଞ୍ଚି ଯାଇଥିଲେ ଓ ସେମାନେ ଡିନର୍ ଖାଇବାପାଇଁ ବାହାରକୁ ଯାଇଥିଲେ। ଆମେ ସେଇ ହୋଟେଲ୍ ରେଷ୍ଟୋରାଁରେ ଡିନର୍ ଖାଇବାକୁ ଯାଇ ଦେଖିଲୁ ସେଦିନ ତାଙ୍କର ସ୍ପେସିଆଲ୍ ବୁଫେ ଡିନର୍‌ର ବ୍ୟବସ୍ଥା ଥିଲା। କ୍ଲାନ୍ତ ହୋଇଥିବାରୁ ମୋର ଖାଇବାରେ ବିଶେଷ ଆଗ୍ରହ ନଥିଲା। ତେଣୁ ଆମେ ବୁଫେ ଡିନର୍ ପାଇଁ

ନଯାଇ ସାମାନ୍ୟ କିଛି ଅର୍ଡର୍ କରି ଖାଇନେଲୁ। ତା'ପରେ ହୋଟେଲ୍ ଆଖପାଖରେ କିଛି ସମୟ ବୁଲି ଆସିବା ପାଇଁ ବାହାରିଗଲୁ।

ବାହାରେ ଦେଖିଲୁ ରାସ୍ତାର ଦୁଇ କଡ଼ରେ ଦୋକାନ ଓ ରେସ୍ତୋରାଁ ଭର୍ତ୍ତି। ଜନଗହଳି ସହ ରାସ୍ତାରେ ପଛକୁ ପଛ ଗାଡ଼ିର ଧାଡ଼ି ଲାଗିଥିଲା। ଯେକୌଣସି ପର୍ଯ୍ୟଟକ କେନ୍ଦ୍ରଠାରୁ ଏହା କିଛି ଭିନ୍ନ ନଥିଲା। ଆମକୁ ଲାଗିଲା ଆମେ ଯେମିତି ଗୋଟିଏ ଭାରତୀୟ ସହର ଭିତରେ ଅଛୁ। ଅଳ୍ପ କିଛି ସମୟ ବୁଲି ଆମେ ହୋଟେଲ୍‌କୁ ଫେରି ଆସିଲୁ। ସେତେବେଳକୁ ଆମ ସାଙ୍ଗମାନେ ଫେରି ଆସିଥିଲେ। ତାଙ୍କ ସହ ପରବର୍ତ୍ତୀ ଦିନର ପ୍ରୋଗ୍ରାମ୍ ବିଷୟରେ ଆଲୋଚନା କରି ରୁମ୍‌କୁ ଫେରି ବିଶ୍ରାମ ନେଲୁ।

ପ୍ରୋଗ୍ରାମ୍ ଅନୁସାରେ ଆମର ସକାଳ ଆଠଟାରେ, ହୋଟେଲ୍ ଲବିରେ, ଆମ ଟୁର୍ ଗାଇଡ୍ ଇକ୍‌ବଲଙ୍କ ସାଙ୍ଗରେ ସାକ୍ଷାତ କରିବାର ଥିଲା। ତା' ପୂର୍ବରୁ ବ୍ରେକ୍‌ଫାଷ୍ଟ କରିନେବା ପାଇଁ ଆମେ ହୋଟେଲ୍‌ର ରେସ୍ତୋରାଁରେ ପହଞ୍ଚିଲୁ। ଅନ୍ୟ ସବୁ ହୋଟେଲ୍ ପରି ଏଠାରେ ମଧ୍ୟ ଅନେକ ପ୍ରକାର ଆଇଟମ୍ ଥିଲା। ଦୋସା, ଇଡ଼ଲି, ଉପମା, ପକୋଡ଼ା ତ ଥିଲା, ତା'ଛଡ଼ା ଏଗ୍ ଷ୍ଟେସନ୍, ବ୍ରେଡ୍, ଚିଜ୍, କୋଲଡ୍ ସାଣ୍ଡୱିଚ୍ ମିଟ୍, ଅନେକ ପ୍ରକାର ଫଳ, ଫଳରସ ଇତ୍ୟାଦି ସାଙ୍ଗରେ ଭାତ, ମାଛ ତରକାରୀ, ଚିକେନ୍ ତରକାରୀ ମଧ୍ୟ ଥିଲା। ସକାଳୁ ସକାଳୁ ମାଛ ଓ ଚିକେନ୍ ତରକାରୀ ଦେଖି ମତେ କାହିଁକି ଭଲ ଲାଗିଲା ନାହିଁ। ମୁଁ ଯାହାସବୁ ଆଣି ଖାଇଲି ଖୁବ୍ ଭଲ ଲାଗିଲା। ଭଲକରି ବ୍ରେକ୍‌ଫାଷ୍ଟ ଖାଇ ଆମେ ଲବିରେ ଆସି ପହଞ୍ଚି ଦେଖିଲୁ ଇକ୍‌ବଲ ଆମକୁ ଅପେକ୍ଷା କରିଥିଲେ। ଆମେ ଆମ ଜିନିଷ ତାଙ୍କ ଜିମା ଦେଇ ଚେକ୍ ଆଉଟ୍ କଲୁ। ଇକ୍‌ବଲଙ୍କ ଭ୍ୟାନ୍‌ଟି ବେଶ୍ ବଡ଼ ସାଇଜ୍‌ର ଥିଲା। ସେ ଆମ ଲଗେଜ୍ ସବୁ ସଜାଇ ରଖିଲେ। ଆମେ ଗାଡ଼ିରେ ବସି ଆମ ଯାତ୍ରା ଆରମ୍ଭ କଲୁ।

ଅନୁରାଧାପୁର: ସିଂହଳର ପ୍ରଥମ ରାଜଧାନୀ

ଭ୍ରମଣ କାର୍ଯ୍ୟସୂଚୀ ଅନୁଯାୟୀ, ଶ୍ରୀଲଙ୍କା ଟୁର୍‌ରେ ଆମର ପ୍ରଥମ ଗନ୍ତବ୍ୟ ସ୍ଥଳ ଥିଲା ବୌଦ୍ଧସ୍ତୂପ ଏବଂ ଧ୍ୱଂସାବଶେଷ ପରିପୂର୍ଣ୍ଣ ଏକ ପ୍ରାଚୀନ ସହର, ଅନୁରାଧାପୁର। ବିଶ୍ୱାସ କରାଯାଏ ଯେ ଗୁଜୁରାଟରୁ ବିତାଡ଼ିତ ଯୁବରାଜ ବିଜୟ (ଖ୍ରୀଷ୍ଟପୂର୍ବ ୫୪୩-୫୦୫) ନିଜର ୭୦୦ ଅନୁଗାମୀଙ୍କ ସହ ଲଙ୍କା ଦ୍ୱୀପକୁ ଆସି ଏହି ସ୍ଥାନରେ ପହଞ୍ଚିଥିଲେ। ଧୀରେ ଧୀରେ ସେ ସମଗ୍ର ଶ୍ରୀଲଙ୍କାକୁ ନିଜ ଅଧୀନକୁ ଆଣି ଏଠାର ରାଜା ଭାବରେ ନିଜକୁ ପ୍ରତିଷ୍ଠିତ କଲେ। ତାଙ୍କର ଜଣେ ମନ୍ତ୍ରୀ, ଅନୁରାଧାଙ୍କ ନାମ ଅନୁସାରେ ଏହି ସ୍ଥାନର ନାମକରଣ କରାଗଲା- ଅନୁରାଧାପୁର। ଖ୍ରୀଷ୍ଟପୂର୍ବ ୩୭୭ ମସିହାରେ

ରାଜା ପାଣ୍ଡୁକାଭୟ ଅନୁରାଧାପୁରକୁ ଏକ ସମୃଦ୍ଧ ନଗର ଭାବରେ ପରିବର୍ତ୍ତିତ କରି, ଏହାକୁ ସମଗ୍ର ଦେଶର ରାଜଧାନୀ ଭାବରେ ଘୋଷଣା କଲେ । କିନ୍ତୁ ପରେ ଦକ୍ଷିଣ ଭାରତରୁ ବାରମ୍ବାର ଆକ୍ରମଣ ହେବା ଫଳରେ ରାଜଧାନୀ ଅନୁରାଧାପୁରରୁ ପୋଲୋନାରୁଓ୍ୱାକୁ ସ୍ଥାନାନ୍ତରିତ କରାହେଲା । ସମୟକ୍ରମେ ପରିତ୍ୟକ୍ତ ହୋଇ ଅନୁରାଧାପୁର ଜଙ୍ଗଲରେ ପରିପୂର୍ଣ୍ଣ ହୋଇଗଲା । ଇଂରେଜମାନେ ଉଣେଇଶ ଶତାବ୍ଦୀରେ ଏହାର ପୁନରୁଦ୍ଧାର କଲେ । ଏହା ହୋଇଗଲା ବୌଦ୍ଧମାନଙ୍କର ଏକ ତୀର୍ଥକ୍ଷେତ୍ର ।

୧୮୭୦ ଦଶକରେ ଅନୁରାଧାପୁରର ପୁନରୁଦ୍ଧାର କାମ ଯୋଜନାବଦ୍ଧ ଭାବରେ ଆରମ୍ଭ ହେଲା । ବର୍ତ୍ତମାନ ଏହା ପ୍ରାଚୀନ ଧ୍ୱଂସାବଶେଷ ପାଇଁ ପ୍ରସିଦ୍ଧ । ଏହି ନଗରରେ ଅନେକଗୁଡ଼ିଏ ବିରାଟ ବୌଦ୍ଧସ୍ତୂପ, ମନ୍ଦିର, ରାଜପ୍ରାସାଦ ଓ ଭାସ୍କର୍ଯ୍ୟ ରହିଛି । ବୌଦ୍ଧସ୍ତୂପଗୁଡ଼ିକର ଆକାର ଦେଖିବାକୁ ଆମ ମନ୍ଦିରମାନଙ୍କରେ ଝୁଲୁଥିବା ଘଣ୍ଟା ସଦୃଶ । ବୌଦ୍ଧସ୍ତୂପ ଓ ମନ୍ଦିର ଛଡ଼ା ସହରକୁ ପାନୀୟ ଜଳ ଯୋଗାଉଥିବା ଏକ ବିରାଟ ଜଳଭଣ୍ଡାର ମଧ୍ୟ ଏଠାରେ ଅଛି ।

ମୌର୍ଯ୍ୟ ସମ୍ରାଟ ଅଶୋକ ନିଜ ସାମ୍ରାଜ୍ୟରେ ଯେପରି ବୌଦ୍ଧ ଧର୍ମର ମୂଳନୀତି ଗୁଡ଼ିକୁ ଆଧାର କରି ଶାସନ କରୁଥିଲେ, ଠିକ୍ ସେହିପରି ଅନୁରାଧାପୁରରୁ ଶାସିତ ହେଉଥିବା ଅଞ୍ଚଳଗୁଡ଼ିକରେ ମଧ୍ୟ ବୌଦ୍ଧଧର୍ମ ଆଧାରିତ ଶାସନ, ସଂସ୍କୃତି ଓ ଆଇନ କାନୁନ ପ୍ରଚଳିତ ଥିବାର ଜଣାପଡ଼େ । ଏହି ପ୍ରାଚୀନ ନଗରୀର ବିଶେଷତ୍ୱ ହେଲା ଖରାରେ ଶୁଖା ଯାଇଥିବା ଛୋଟ ଛୋଟ ଇଟାରେ ତିଆରି ସ୍ତୂପଗୁଡ଼ିକ । ସବୁ ସ୍ତୂପଗୁଡ଼ିକ ମଧ୍ୟରୁ ଖ୍ରୀଷ୍ଟପୂର୍ବ ଦ୍ୱିତୀୟ ଶତାବ୍ଦୀରେ ନିର୍ମିତ ରୁଆନଓ୍ୱାଲିସାୟା ସ୍ତୂପଟି ପର୍ଯ୍ୟଟକମାନଙ୍କୁ ବିଶେଷ ଭାବରେ ଆକର୍ଷିତ କରିଥାଏ ।

କଲମ୍ବୋରୁ ଅନୁରାଧାପୁର ୨୦୦ କିଲୋମିଟର ପାଖାପାଖି ଦୂର । ପ୍ରାୟ ଚାରି ଘଣ୍ଟା ଲାଗେ ଡ୍ରାଇଭ୍ କରି ପହଞ୍ଚିବାପାଇଁ । ଅନୁରାଧାପୁର ଯିବା ରାସ୍ତାରେ, ଆମେ କଲମ୍ବୋର ଅଳ୍ପ ଦୂରରେ ଥିବା କେଲାନିୟା ମନ୍ଦିର ଦେଖିବାକୁ ପ୍ରଥମେ ଅଟକିଲୁ । ବୌଦ୍ଧମାନେ ବିଶ୍ୱାସ କରନ୍ତି ଯେ ବୁଦ୍ଧଦେବ ଜ୍ଞାନ ଲାଭ କରିବାର ଆଠବର୍ଷ ପରେ, ତାଙ୍କର ତୃତୀୟ ଏବଂ ଶେଷ ଲଙ୍କା ଭ୍ରମଣ ସମୟରେ ଏଇ ମନ୍ଦିରକୁ ଆସିଥିଲେ । ମନ୍ଦିର ଭିତରେ ଅର୍ଦ୍ଧଶାୟିତ ବୁଦ୍ଧଙ୍କର ଗୋଟିଏ ମୂର୍ତ୍ତି ଅଛି । ସ୍ଥାନୀୟ ଚିତ୍ରଶିଳ୍ପୀ ସୋଲିଆସ୍ ମେଁଡିସ୍‌ଙ୍କ କୃତ ବୁଦ୍ଧଙ୍କ ଜୀବନୀ ଉପରେ ଆଧାରିତ କିଛି ଚିତ୍ରକଳା ମଧ୍ୟ ରହିଛି । କୁହାଯାଏ ରାବଣର ମୃତ୍ୟୁ ପରେ ଲକ୍ଷ୍ମଣ ଏଇ କେଲାନିୟାଠାରେ ବିଭୀଷଣଙ୍କୁ ଲଙ୍କାଧିପତି ଭାବରେ ଅଭିଷେକ କରାଇଥିଲେ । ମନ୍ଦିରର ବାହାରେ ବିଭୀଷଣଙ୍କ ଅଭିଷେକର କିଛି ମ୍ୟୁରାଲ୍ ରହିଛି ।

ଏହାପରେ ଆମେ ୟାପାହୁଆ ଦେଖିବାକୁ ଗଲୁ। ଏହା ମଧ୍ୟଯୁଗରେ କିଛିକାଳ ପାଇଁ ଶ୍ରୀଲଙ୍କାର ରାଜଧାନୀ ଥିଲା। ଉଚ୍ଚ ଏକ ବିରାଟ ଗ୍ରାନାଇଟ୍ ପଥରକୁ କେନ୍ଦ୍ର କରି ନଗରଟି ନିର୍ମିତ ହୋଇଥିଲା। ଦକ୍ଷିଣ ଭାରତର ଦ୍ରାବିଡ଼ମାନେ ବାରମ୍ବାର ଆକ୍ରମଣ କରିବାରୁ ରାଜା ଭୁଭେନେକବାହୁ ୧୨୭୨ ମସିହାରେ ଶ୍ରୀଲଙ୍କାର ରାଜଧାନୀ ଓ ବୁଦ୍ଧଙ୍କ ପବିତ୍ର ଦନ୍ତକୁ ପୋଲୋନୋରୁଆରୁ ୟାପାହୁଆକୁ ସ୍ଥାନାନ୍ତରିତ କରିଥିଲେ। ବୁଦ୍ଧଙ୍କର ପବିତ୍ର ଦନ୍ତ ସହ ଓଡ଼ିଶାର ସମ୍ପର୍କ ଥିବାପରି ଜଣାପଡ଼େ, ଯାହା ମୁଁ ପରେ 'କାଣ୍ଡି- ଶ୍ରୀଲଙ୍କାର ସୁନ୍ଦର ପର୍ବତ ସହର' ବିଭାଗରେ ବିଶଦ ଭାବରେ ବର୍ଣ୍ଣନା କରିଛି। ୧୨୮୪ ମସିହାରେ ରାଜା ଭୁଭେନେକବାହୁଙ୍କ ମୃତ୍ୟୁ ପରେ ଦକ୍ଷିଣ ଭାରତର ପାଣ୍ଡିଆନ୍‌ମାନେ ଶ୍ରୀଲଙ୍କା ଉପରେ ପୁଣି ଆକ୍ରମଣ କରି କିଛି ବର୍ଷ ପରେ ୟାପାହୁଆ ସହରକୁ ଦଖଲ କରିନେଲେ। ୟାପାହୁଆ ଏକ ପରିତ୍ୟକ୍ତ ନଗର ହୋଇଗଲା, ରହିଗଲେ କେବଳ କେତେକ ବୌଦ୍ଧଭିକ୍ଷୁ ଓ କିଛି ସନ୍ଥ। ଆମେ ସେଠାରେ କିଛି ଭଗ୍ନାବଶେଷ ଓ ଗ୍ରାନାଇଟ୍ ପଥର ଦେଖି ଅନୁରାଧାପୁରକୁ ଗଲୁ।

ଦିନ ପ୍ରାୟ ଅଢ଼େଇଟା ସମୟରେ ଆମେ ଅନୁରାଧାପୁରରେ ପହଞ୍ଚିଲୁ। ରାଜାରାତା ହୋଟେଲ୍‌ରେ ଆମର ରହିବାର ବନ୍ଦୋବସ୍ତ ହୋଇଥିଲା। ଦ୍ୱିତାଲା ବିଶିଷ୍ଟ ଏହି ସୁନ୍ଦର ହୋଟେଲ୍‌ଟି ଏକ ନିଛାଟିଆ ସ୍ଥାନରେ ଅବସ୍ଥିତ। ଚେକ୍-ଇନ୍ ପରେ ଇକ୍‌ବଲ ଆମକୁ ଏକ ସ୍ଥାନୀୟ ରେସ୍ତୋରାଁକୁ ନେଇଗଲେ ଲଞ୍ଚ୍ ପାଇଁ। ଚୀନ୍ ଓ ଶ୍ରୀଲଙ୍କା ଖାଦ୍ୟର ଏହା ଥିଲା ଏକ ସମ୍ମିଶ୍ରଣ। ଯାହା ଖାଇଲୁ ବେଶ୍ ଭଲ ଲାଗିଲା, ଯଦିଓ ସ୍ୱାଦ ଥିଲା ସ୍ୱତନ୍ତ୍ର। ଖାଇସାରିବା ପରେ ଇକ୍‌ବଲ ଆମକୁ ଗୋଟିଏ ସିଲ୍କ ଦୋକାନକୁ ନେଇଗଲେ। ଉତ୍କୃଷ୍ଟ ସିଲ୍କ ସାମଗ୍ରୀ ପାଇଁ ଏହି ଦୋକାନଟି ପ୍ରସିଦ୍ଧ। ଅଣଓସାରିଆ ରାସ୍ତାରେ ଯିବାବେଳେ ଆମେ ଦେଖିଲୁ ମାଇଲ ମାଇଲ ଧରି ଚାଷ ହେଉନଥିବା ଜମି। ରାସ୍ତା ଖାଁ ଖାଁ ଲାଗୁଥିଲା। ଏତେ ବାଟ ଗଲୁ ଅଥଚ ଜଣେ ହେଲେ ମନୁଷ୍ୟ ବା ଗୋଟିଏ ହେଲେ ଗାଡ଼ି ଦେଖିଲୁ ନାହିଁ। ଆଶ୍ଚର୍ଯ୍ୟ ଲାଗିଲା। କଲମ୍ବୋ ଭିଡ଼ ଦେଖିଲା ପରେ ଏଠାରେ ଥିଲା ତା'ର ପୂରା ବିପରୀତ। ପହଞ୍ଚି ଦେଖିଲୁ ଦୋକାନଟି ତିନି ତାଲା ବିଶିଷ୍ଟ ଗୋଟିଏ ବଡ଼ ଦୋକାନ। ପାଖରେ କେତୋଟି ଛୋଟ ଛୋଟ ମନୋହାରୀ ଦୋକାନ ଛଡ଼ା ଆଉ କିଛି ନଥିଲା। ସିଲ୍କ ଦୋକାନରେ ପଶିବା ପରେ, ପ୍ରଥମ ତାଲାରେ ରେଶମ ପୋକ ସଂଗ୍ରହଠାରୁ ଆରମ୍ଭ କରି ସିଲ୍କର ଉତ୍ପାଦନ ହେବା ପ୍ରଣାଳୀ ଦେଖିବାକୁ ପାଇଲୁ। ସେମାନେ ପ୍ରଥମେ ଆମକୁ ଦେଖାଇଲେ ରେଶମ ସୂତା କିପରି ତିଆରି ହୁଏ। ମୁଁ ଯାହା ବୁଝିଲି ପ୍ରଣାଳୀଟି ଏହିପରି: ତୁତକୋଳି ଗଛରେ ରେଶମ ପୋକମାନଙ୍କ ଚାଷ କରାଯାଏ। ରେଶମ ପୋକଗୁଡ଼ିକ ବଢ଼ି ପୂର୍ଣ୍ଣାବସ୍ଥା ପ୍ରାପ୍ତ

କରିବା ପାଇଁ ନିଜର ଖୋଷା ତିଆରି କରି ତା' ଭିତରେ ରହିଥାନ୍ତି। ଖୋଷା ଭିତରେ ପୋକଗୁଡ଼ିକ ଥିବା ଅବସ୍ଥାରେ, ଏଗୁଡ଼ିକୁ ସଂଗ୍ରହ କରି ଫୁଟନ୍ତା ପାଣିରେ ପକାଯାଏ। ଖୋଷା ନରମ ହୋଇଗଲେ ତା' ଭିତରୁ ଲମ୍ବା ସୂତା ବାହାର କରାଯାଏ। ତନ୍ତରେ ରେଶମ ସୂତା ବାହାର କରିବାର ପ୍ରଣାଳୀ ମଧ୍ୟ ଆମେ ସେଠାରେ ଦେଖିଲୁ। ତା'ପରେ ଆମେ ଗଲୁ ବିକ୍ରିପାଇଁ ରଖାହୋଇଥିବା ରେଶମ ତିଆରି ଜିନିଷଗୁଡ଼ିକ ଦେଖିବାପାଇଁ। ଅନେକ ସୁନ୍ଦର ପର୍ଦ୍ଦା, ବେଡ଼୍ କଭର୍, ତକିଆ ଖୋଳ, ଟେବୁଲ୍ କ୍ଲଥ୍ ପ୍ରଦର୍ଶିତ ହୋଇଥିଲା। ଦ୍ୱିତୀୟ ମହଲାରେ ପିଲାମାନଙ୍କ ଡ୍ରେସ୍, ମହିଳା ଓ ପୁରୁଷମାନଙ୍କ ପିନ୍ଧିବା ଲୁଗାପଟା ଏବଂ ଅନେକ ପ୍ରକାର ସିଲ୍କ ଫାବ୍ରିକ୍ ଦେଖାଇଲେ। ମୁଁ ଯେତିକି ଦେଖିଲି, ତିଆରି ହୋଇଥିବା ପୋଷାକଗୁଡ଼ିକ ମତେ ଏତେ କିଛି ଭଲ ଲାଗିଲାନି। କିଛି ଫାବ୍ରିକ୍ ଓ ବେଡ଼୍ କଭର୍ କିଣିବାପାଇଁ ମୋର ବହୁତ ଇଚ୍ଛା ହେଉଥିଲା; କିନ୍ତୁ ମୁଁ କିଣିଲି ନାହିଁ। ପ୍ରଥମେ ତ ମତେ ଲାଗିଲା ଯଦିଓ ସିଲ୍କର କ୍ୱାଲିଟି ବହୁତ ଭଲ ଓ ଦାମ୍ ମଧ୍ୟ ସେମିତି ଭଲ। ତା'ଛଡ଼ା ବି ଆମର ଆହୁରି ଅନେକ ଜାଗା ବୁଲିବାର ଥିଲା। ତେଣୁ ଏତେ ଅଧିକ ଜିନିଷ ଧରି ବୁଲିବାକୁ ଇଚ୍ଛା ନଥିଲା। ତଳ ମହଲାକୁ ଯାଇ ଦେଖିଲୁ ସେଠାରେ କିଛି ଦର୍ଜି ବସି ବିଭିନ୍ନ ପ୍ରକାର ପୋଷାକ ତିଆରି କରୁଥିଲେ। ସେମାନଙ୍କର କର୍ମ କୁଶଳତା ଦେଖି ଭଲ ଲାଗିଲା। ସିଲ୍କ ଷ୍ଟୋରରେ ପ୍ରାୟ ଘଣ୍ଟାଏ ବିତାଇ ଆମେ ହୋଟେଲ୍‌କୁ ଫେରିଆସିଲୁ। ସେତେବେଳକୁ ସନ୍ଧ୍ୟା ହୋଇ ଆସୁଥାଏ। ଫେରିବା ବାଟରେ, ଅନ୍ଧକାର ପରିବେଶ ସହିତ ନିଛାଟିଆ ରାସ୍ତାରେ ଟିକେ ଅସ୍ୱାଭାବିକ ଲାଗୁଥିଲା। ଦିନଟି ସାରା ବୁଲାବୁଲି କରି ଆମକୁ ହାଲିଆ ଲାଗୁଥିଲା। ତେଣୁ ହୋଟେଲ୍‌କୁ ଫେରି ଶୀଘ୍ର ଡିନର୍ ଖାଇ ଶୋଇପଡ଼ିଲୁ।

ପରଦିନ ଥିଲା ଫେବୃଆରୀ ୧୬ ତାରିଖ। ମୁଁ ଓ ମୋ ସ୍ୱାମୀ ସକାଳୁ ଉଠି ନିତ୍ୟକର୍ମ ସାରି ହୋଟେଲ୍ ବାହାରେ ଘେରେ ବୁଲି ଆସିବାପାଇଁ ବାହାରିଗଲୁ। ହୋଟେଲ୍ କର୍ମଚାରୀମାନଙ୍କଠାରୁ ଶୁଣିଲୁ ଯେ ହୋଟେଲ୍ ପଛ ପଟରେ ଗୋଟିଏ ହ୍ରଦ ଅଛି। ସେଇ ହ୍ରଦକୂଳକୁ ଯିବାପାଇଁ ମନସ୍ଥ କରି ଆମେ ଚାଲିବା ଆରମ୍ଭ କଲୁ। ହୋଟେଲ୍‌ଠାରୁ ହ୍ରଦଟି ଗୋଟାଏ କିଲୋମିଟର କିମ୍ବା ଟିକେ ବେଶୀ ବାଟ ହେଇପାରେ। ଯିବା ବାଟରେ ଜଣେ ହେଲେ ଲୋକ ତ ଦେଖିଲୁ ନାହିଁ, ବିଲେଇ ବା କୁକୁରଟିଏ ମଧ୍ୟ ଆଖିରେ ପଡ଼ିଲେନି। କେବଳ କେତୋଟି 'ବ୍ରେଡ୍ ଆଣ୍ଡ ବ୍ରେକ୍‌ଫାଷ୍ଟ'ର ବିଜ୍ଞାପନ ଦେଖିଲୁ। ହ୍ରଦ ପାଖରେ ପହଞ୍ଚିଲା ପରେ ଦେଖିଲୁ ହ୍ରଦଟି ବେଶ୍ ବଡ଼; କିନ୍ତୁ ବିନା ଯତ୍ନରେ ଅପରିଷ୍କାର ହୋଇ ପଡ଼ିଥିଲା। ସେଠାରେ ଆଉ କିଛି ନଥିଲା, ଦୂରରେ ଥିବା କେତେଗୁଡ଼ିଏ ଘର କେବଳ ଯାହା ଦେଖାଯାଉଥିଲା। ତେବେ ଶାନ୍ତ ସକାଳର ଏକ

ନିର୍ଜନ ପରିବେଶରେ କିଛି ସମୟ କଟାଇବାର ବିରଳ ଅନୁଭୂତି ସବୁଦିନ ପାଇଁ ମନରେ ରହିଗଲା। ହୋଟେଲ୍‌କୁ ଫେରିଆସି ଆମ ସାଙ୍ଗମାନଙ୍କ ସାଙ୍ଗରେ ବ୍ରେକ୍‌ଫାଷ୍ଟ ଖାଇବାପାଇଁ ହୋଟେଲ ରେଷ୍ଟୋରାଁକୁ ଗଲୁ। ସେଠାରେ କେତେ ପ୍ରକାର ସିଂହଳୀ ପିଠା ଓ ଅନେକ ପ୍ରକାର ଖାଇବା ଥିଲା ଯାହାକି ବିଦେଶୀ ଲୋକମାନଙ୍କୁ ଭଲ ଲାଗିବ ଏବଂ ଆମକୁ ମଧ୍ୟ ଖୁବ୍ ଭଲ ଲାଗିଲା। ବ୍ରେକ୍‌ଫାଷ୍ଟ ଖାଇବା ପରେ ଆମେ ମିହୀନତାଲେ ଯିବା ପାଇଁ ବାହାରି ପଡ଼ିଲୁ। ଇକ୍‌ବଲ ଠିକ୍ ସକାଳ ଆଠଟା ତିରିଶରେ ଆସି ପହଞ୍ଚିଗଲେ। ସେଦିନର ଯାତ୍ରା ଆରମ୍ଭ ହେଲା।

ମିହୀନତାଲେ ଅନୁରାଧାପୁରରୁ ମାତ୍ର ୧୬ କିଲୋମିଟର, ପହଞ୍ଚିବା ପାଇଁ ଆମକୁ ୩୫ ମିନିଟ୍ ଲାଗିଗଲା। ଏହା ଏକ ପର୍ବତର ଶିଖର। ପର୍ବତଟି ୩୧୧ ମିଟର ଉଚ୍ଚ। କୁହାଯାଏ ଏହା ସିଂହଳୀ ବୌଦ୍ଧମାନଙ୍କର ଏନ୍ତୁଡ଼ିଶାଳ। ସିଂହଳୀ ଭାଷାରେ ଏହାର ଅର୍ଥ 'ମହିନ୍ଦ ପର୍ବତ'। ଲୋକକଥା ଅନୁସାରେ ମୌର୍ଯ୍ୟ ସମ୍ରାଟ ଅଶୋକଙ୍କ ପୁତ୍ର ମହେନ୍ଦ୍ର ଖ୍ରୀଷ୍ଟପୂର୍ବ ୨୪୭ ମସିହାରେ, ଜୁନ୍ ମାସର ପୂର୍ଣ୍ଣମୀ ଦିନ ରାଜା ଦେଭନାମପିୟ ଟିସାଙ୍କୁ ଏହି ସ୍ଥାନରେ ଭେଟି ତାଙ୍କୁ ବୌଦ୍ଧ ଧର୍ମରେ ଦୀକ୍ଷିତ କରାଇଥିଲେ।

ମିହୀନତାଲେର ଶୀର୍ଷରେ ପହଞ୍ଚିବାପାଇଁ ପ୍ରାୟ ୧୮୫୦ଟି ପାହାଚ ଚଢ଼ିବାକୁ ପଡ଼େ; କିନ୍ତୁ ଇକ୍‌ବଲ ଆମକୁ ଏପରି ଏକ ସ୍ଥାନ ପର୍ଯ୍ୟନ୍ତ ନେଇଗଲେ ଯେଉଁଠାରୁ ମାତ୍ର ୫୦୦ ପାହାଚ ଚଢ଼ି ଶୀର୍ଷରେ ପହଞ୍ଚିହୁଏ। ପାହାଚଗୁଡ଼ିକ କେତେ ଜାଗାରେ ଚୌଡ଼ା ହୋଇଥିଲେ ମଧ ବେଶ୍ ଉଚ୍ଚ ଓ ଅସମତଳ ଥିବାରୁ ଚଢ଼ିବା କଷ୍ଟକର। ତେବେ ମଝିରେ ମଝିରେ ବିଶ୍ରାମସ୍ଥଳ ଥିବାରୁ କିଛି ସମୟ ବିଶ୍ରାମ ନେଇ ଜଣେ ଚଢ଼ିପାରିବ। ମିହୀନତାଲେର ଇତିହାସ ଘଟଣାବହୁଳ ହୋଇଥିବାରୁ ଆମର ଟୁର୍ ପ୍ୟାକେଜ୍‌ରେ ଜଣେ ଏପରି ଗାଇଡ଼ଙ୍କର ବ୍ୟବସ୍ଥା ଥିଲା ଯିଏ କି ସେ ସମ୍ବନ୍ଧରେ ବିଶେଷ ଜ୍ଞାନ ହାସଲ କରିଛନ୍ତି। ତାଙ୍କ ନାଁ ଥିଲା ରୁୱାନ୍। ଆମେ ଭ୍ୟାନ୍‌ରୁ ଓହ୍ଲାଇ ସ୍ମାରକୀ ଆଡ଼କୁ ଯାଉଥିଲାବେଳେ ସେ ଆସି ଆମକୁ ଦେଖାକଲେ। ତାଙ୍କ ସାଙ୍ଗରେ ସ୍ମାରକୀଗୁଡ଼ିକ ପାଖକୁ ଚାଲିଚାଲି ଯିବା ସମୟରେ ମୁଁ ଲକ୍ଷ୍ୟ କଲି ଯେ ସେଠାରେ ଅନେକ ବଡ଼ ବଡ଼ ଗଛ ଥିବା ସତ୍ତ୍ୱେ ସେ ଜାଗାଟି ବେଶ୍ ପରିଷ୍କାର ଥିଲା। ଛଅ ସାତ ଜଣ ସ୍ତ୍ରୀ ଲୋକ ଗେରୁଆ ଲୁଗା (ଶାଢ଼ୀ ପରି ଦେଖା ଯାଉଥିଲା; କିନ୍ତୁ ଶାଢ଼ୀ ନୁହେଁ) ପିନ୍ଧି ଲମ୍ବା ହାଣ୍ଡଲ୍ ଥିବା ପହଁରା ଧରି ସେ ସ୍ଥାନଟିକୁ ବରାବର ସଫା କରୁଥିଲେ।

ରୁୱାନ୍‌ଙ୍କ ସହ ଗଲାବେଳେ ଦେଖିଲୁ ସେଠିକାର ପାହାଚଗୁଡ଼ିକ ବେଶ୍ ଚୌଡ଼ା

ଓ ଖୁବ୍ ସଫା। ସେଇ ପାହାଚ ଚଢ଼ି ଗଲାବେଳେ ସେ ଗୋଟିଏ କୌତୁହଳ ଜିନିଷ ଦେଖାଇଲେ। ତଳେ ପଡ଼ିଥିବା ଗୋଟିଏ ଅଶ୍ୱତ୍ଥ ପତ୍ରକୁ ଉଠାଇ ସେ ତାକୁ ମଝିରୁ ଫୋଲଡ୍ କରିଦେଇ ଆମକୁ ଦେଖାଇ କହିଲେ ଯେ ସ୍ତୂପ (ପାଗୋଡ଼ା)ଗୁଡ଼ିକର ଆକାର ସେଇ ପତ୍ରର ଉପର ଭାଗର ଆକାର ସଦୃଶ। ଏଇ ସାମଞ୍ଜସ୍ୟ ମତେ ଚକିତ କଲା। ମୁଁ ଭାବିଥିଲି ବୌଦ୍ଧ ସ୍ତୂପଗୁଡ଼ିକ ଆକାରରେ ଆମ ମନ୍ଦିରମାନଙ୍କରେ ଝୁଲୁଥିବା ଘଣ୍ଟା ଆକାର ପରି। ରୁୱାନ୍ ଏହା ଦେଖାଇନଥିଲେ ଆମେ ନିଜ ନୀରିକ୍ଷଣରେ ଏହା ଜାଣିପାରି ନଥାନ୍ତୁ। ଏଠାରେ କହିରଖେ ଯେ ଶ୍ରୀଲଙ୍କାରେ ପାଗୋଡ଼ାକୁ 'ଡାଗୋବା' କହନ୍ତି।

ମିହୀନତାଲେର ମନ୍ଦିର ପରିସର ବେଶ୍ ବଡ଼। ପ୍ରାର୍ଥନାଗୃହ, ମନ୍ଦିର ଓ ଗୁମ୍ଫାଗୁଡ଼ିକ ବିକ୍ଷିପ୍ତ ଭାବରେ ରହିଛି। ଏ ଭିତରୁ କେତେଗୁଡ଼ିଏ ଖ୍ରୀଷ୍ଟପୂର୍ବ ଦ୍ୱିତୀୟ ଶତାବ୍ଦୀରେ ନିର୍ମିତ ହୋଇଥିଲା। ପାହାଡ଼ର ସବୁଆଡ଼େ କେବଳ ପଥର ଓ ବଡ଼ ବଡ଼ ଗଛ ପରିବେଷ୍ଟିତ ହୋଇ ଅନେକଗୁଡ଼ିଏ ସୁନ୍ଦର ପ୍ରାର୍ଥନାଗୃହ, ସ୍ତୂପ ଓ ଗୁମ୍ଫା ରହିଛି। ମନ୍ଦିରମାନଙ୍କ ଭିତରୁ ଗୋଟିଏ ମନ୍ଦିରରେ ମହେନ୍ଦ୍ର (ସିଂହଳୀମାନେ କହନ୍ତି- ମହିନ୍ଦ)ଙ୍କୁ ପୂଜା କରାଯାଏ। ସେଇ ମନ୍ଦିର ଭିତରେ ମହେନ୍ଦ୍ରଙ୍କର ଗୋଟିଏ ସୁନାର ପ୍ରତିମୂର୍ତ୍ତି ଥିବାର ଦେଖିଲୁ। କିଛି ଲୋକ ସେଠାରେ ଠିଆ ହୋଇ ବିଭିନ୍ନ ବାଦ୍ୟଯନ୍ତ୍ରର ତାଳେତାଳେ ମନ୍ତ୍ର ଉଚ୍ଚାରଣ କରୁଥିଲେ। ମନେ ହେଉଥିଲା ମନ୍ଦିର ଭିତରେ ସେମାନେ ଯେମିତି କୀର୍ତ୍ତନ କରୁଥିଲେ। ଆମ ଟୁର୍ ଗାଇଡ୍ କହିଲେ ମହେନ୍ଦ୍ର, ରାଜା ଦେଭନାମପିୟ ଟିସାଙ୍କୁ ଜୁନ୍ ମାସର ପୂର୍ଣ୍ଣମୀ ତିଥିରେ ଭେଟିଥିବାରୁ, ପ୍ରତ୍ୟେକ ଜୁନ୍ ମାସର ପୂର୍ଣ୍ଣମୀ ଦିନ ସାରା ଶ୍ରୀଲଙ୍କାରୁ ହଜାର ହଜାର ତୀର୍ଥଯାତ୍ରୀ ମିହୀନତାଲେ ଆସି ପାହାଡ଼ର ଶୀର୍ଷରେ ଧ୍ୟାନ କରନ୍ତି।

ସେଠାରେ ଆମେ ପ୍ରଥମେ କଣ୍ଟକଚେତିଆ ସ୍ତୂପର ଭଗ୍ନାବଶେଷ ଦେଖିବାକୁ ଗଲୁ। ଏହା ମିହୀନତାଲେର ଅନନ୍ୟ ପଥର କାମ ସହିତ ସର୍ବପ୍ରଥମ ସ୍ତୂପ। ଚାରୋଟି ଦିଗରେ ଚାରୋଟି ପ୍ରବେଶପଥ ସହିତ ଏହା ଏକ ଗୋଲାକାର ସ୍ତୂପ। ସବୁ ପ୍ରବେଶପଥ ଗୁଡ଼ିକ ମନୁଷ୍ୟ, ପଶୁପକ୍ଷୀ, ଦେବତା ଓ ଫ୍ଲୋରାଲ୍ ମୋଟିଫ୍‌ରେ ସୁସଜ୍ଜିତ। ପ୍ରତ୍ୟେକ ପ୍ରବେଶପଥରେ ଥିବା ବର୍ଗାକାର ସ୍ତମ୍ଭ ଉପରେ ବିଭିନ୍ନ ପଶୁମାନଙ୍କର ମୂର୍ତ୍ତି, ଯେମିତିକି ପୂର୍ବରେ ହାତୀ, ଉତ୍ତରରେ ସିଂହ, ପଶ୍ଚିମରେ ଘୋଡ଼ା ଏବଂ ଦକ୍ଷିଣରେ ବୃଷଭ ଭଳି ବିଭିନ୍ନ ପ୍ରାଣୀ ରହିଥିଲେ। ଆମେ ରୁୱାନ୍‌ଙ୍କୁ ଏହାର ତାତ୍ପର୍ଯ୍ୟ ପଚାରିଲୁ ଏବଂ ସେ କହିଲେ, ବିଶ୍ୱାସ କରାଯାଏ ଯେ କିଛି ତାତ୍ପର୍ଯ୍ୟ ଅଛି; କିନ୍ତୁ ପ୍ରତ୍ନତତ୍ତ୍ୱବିତ୍‌ମାନଙ୍କ ମଧ୍ୟରୁ କେହି ଏ ବିଷୟରେ ସଠିକ୍ ଭାବେ କିଛି କହିପାରୁ ନାହାନ୍ତି। ସେଠାରେ ଗୋଟିଏ ଦୁଇ ବାହୁ ଥାଇ ଗଣେଶଙ୍କ ମୂର୍ତ୍ତି ଦେଖି ଆମେ ଆଶ୍ଚର୍ଯ୍ୟ ହୋଇଗଲୁ।

ରୁୱାନ୍ ଆମକୁ କହିଲେ ଯେ ପ୍ରତ୍ନତତ୍ତ୍ୱବିତ୍‌ମାନେ ଗଣେଶଙ୍କର ବୌଦ୍ଧଧର୍ମ ସହ ସମ୍ପର୍କ ବିଷୟରେ କିଛି ନିର୍ଣ୍ଣୟ କରିପାରି ନାହାନ୍ତି।

ଆଉ କିଛି ବାଟ ଗଲାପରେ ଆମେ ଗୋଟିଏ ପ୍ରାଙ୍ଗଣରେ ପହଞ୍ଚିଲୁ। ସେଠାରେ କିଛି ବାସଗୃହର ଅବଶିଷ୍ଟାଂଶ ଦେଖିଲୁ ଯେଉଁଠାରେ କି ହଜାର ହଜାର ଭିକ୍ଷୁ ଏକତ୍ର ରହୁଥିଲେ। ପ୍ରାଙ୍ଗଣର ବାମ ପାର୍ଶ୍ୱରେ ଏକ ବଡ଼ ଡାଇନିଂ ହଲ୍‌ର ଭଗ୍ନାବଶେଷ ଥିଲା ଏବଂ ନିକଟରେ କିଛି ପଥର ଥାକ ଥିଲା ଯାହା ବୋଧହୁଏ ଖାଦ୍ୟ ସଂରକ୍ଷଣ ପାଇଁ ବ୍ୟବହୃତ ହେଉଥିଲା। ନିକଟରେ ଗୋଟିଏ ବିରାଟ ପଥର ଗ୍ରାଇଣ୍ଡର୍ ଦେଖିଲୁ ଯାହା ମସଲା ଗ୍ରାଇଣ୍ଡିଂ ପାଇଁ ବ୍ୟବହୃତ ହେଉଥିଲା ଏବଂ ଯେଉଁ ବିରାଟ ବଡ଼ ବଡ଼ ହାଣ୍ଡିର ଅବଶିଷ୍ଟାଂଶ ଦେଖିଲୁ ସେଗୁଡ଼ିକ ଭାତ ଏବଂ ତରକାରୀ ରାନ୍ଧିବା ପାଇଁ ବ୍ୟବହୃତ ହେଉଥିଲା। ରୁୱାନ୍ ଆମକୁ ସେଠାରେ ଗୋଟିଏ ଆକୁଆଡକ୍ଟ ଦେଖାଇଲେ ଯାହା ନିକଟରେ ଥିବା ନଦୀରୁ ପାଣି ଆଣି ରୋଷେଇ ଘରେ, ରୋଷେଇ ପାଇଁ ଯୋଗାଉଥିଲା।

ଗୋଟିଏ ପ୍ରାସାଦର ପ୍ରବେଶ ପଥର ଉଭୟ ପାର୍ଶ୍ୱରେ କଳା ମୁଗୁନି ପଥରରେ କିଛି ଲେଖା ଖୋଦେଇ କରାଯାଇଥିବାର ଦେଖିଲୁ। ଏହାକୁ କୁହାଯାଏ ମିହୀନତାଲେ ଶିଳାଲିପି। ଏଠାରେ ମଠର ବାସିନ୍ଦାମାନଙ୍କ ପାଇଁ କିଛି ନିର୍ଦ୍ଦେଶନାମା ଖୋଦିତ ହୋଇଛି। ମଠର ଶାସନ ନିୟମାବଳୀ, ଭିକ୍ଷୁମାନଙ୍କ ପାଇଁ ଓ ମଠର କର୍ମଚାରୀମାନଙ୍କ ପାଇଁ ପ୍ରଚଳିତ ନିୟମାବଳୀ, କର୍ମଚାରୀମାନଙ୍କର ଦରମା ଓ ଅନ୍ୟାନ୍ୟ ଭତ୍ତା, ସେମାନଙ୍କର କର୍ତ୍ତବ୍ୟ ସମ୍ବନ୍ଧରେ ମଧ୍ୟ ସୂଚିତ କରାଯାଇଛି। ସିଂହଳୀ ଭାଷାରେ ଲେଖା ହୋଇଥିବାରୁ ଆମେ ପଢ଼ି ପାରିଲୁ ନାହିଁ। ଆମ ଗାଇଡ୍ ରୁୱାନ୍ ତାକୁ ପଢ଼ି ଆମକୁ ବୁଝାଇଦେଲେ। ଖ୍ରୀଷ୍ଟାବ୍ଦ ୯୫୬ରୁ ୯୭୬ ମଧ୍ୟରେ ରାଜା ମିହିନ୍ଦୁଙ୍କ ସମୟରେ ଏହି ଶିଳାଲିପି ଖୋଦିତ ହୋଇଥିଲା। ସେହି ଅଟ୍ଟାଳିକା ପାଖରେ ଗୋଟିଏ ବଡ଼ ହଲ୍ ଦେଖିଲୁ ଯେଉଁଠାରେ କି ବୌଦ୍ଧ ଭିକ୍ଷୁମାନେ ଧର୍ମ ଓ ବିନୟ ଉପରେ ଆଲୋଚନା କରୁଥିଲେ। ଅଠଚାଳିଶଟି ଖୁମ୍ବ ଉପରେ ଏହି ହଲ୍‌ଟି ଅବସ୍ଥିତ। ମଝିରେ ଗୋଟିଏ ପିଣ୍ଡି ଓ ଚାରି ଦିଗରେ ଚାରୋଟି ପ୍ରବେଶପଥ ଅଛି। କିଛି ଆଗକୁ ଯାଇ ଆମେ ଆମ୍ବସଳ ସ୍ତୂପ ଦେଖିଲୁ। ଏହାର ଚାରି କଡ଼ରେ ଅନେକଗୁଡ଼ିଏ ପଥର ଖୁମ୍ବ ରହିଛି। ଆମ୍ବସଳ ସ୍ତୂପ ପାଖରେ ଧଳା ରଙ୍ଗର ଖୁବ ସୁନ୍ଦର ବୁଦ୍ଧଙ୍କ ପ୍ରତିମୂର୍ତ୍ତିଟିଏ ଅଛି।

ଆମ୍ବସଳ ସ୍ତୂପ ଦେଖିବା ପରେ ଆମେ ମହାସେୟା ସ୍ତୂପ ଦେଖିବାପାଇଁ ଗଲୁ। ଏହା ମିହୀନତାଲେର ସବୁଠାରୁ ବଡ଼ ସ୍ତୂପ। ମହେନ୍ଦ୍ରଙ୍କର ସ୍ମୃତିଚିହ୍ନଗୁଡ଼ିକୁ ସାଇତି ରଖିବାପାଇଁ ଏହି ସ୍ତୂପଟି ନିର୍ମିତ ହୋଇଥିଲା। ଅନେକ ବର୍ଷ ଧରି ଏହା ପରିତ୍ୟକ୍ତ ଅବସ୍ଥାରେ ରହିବା ପରେ ଏହାର ପୁନଃନିର୍ମାଣ କରାଯାଇଥିଲା। ଏବେ ଏହା ଏକ

ଲୋକପ୍ରିୟ ଦର୍ଶନୀୟ ସ୍ଥାନ। ଯେତେ ଉପରକୁ ଯାଉଥିଲୁ ଧୀରେ ଧୀରେ ପାହାଚ ଚଢ଼ିବା ବେଶୀ କଷ୍ଟକର ହେଉଥିଲା। ଆବୁଡ଼ା ଖାବୁଡ଼ା ପାହାଚ ଏବଂ ସ୍ଥାନେ ସ୍ଥାନେ ପାହାଚ ନଥିବା ସତ୍ତ୍ୱେ ଆମେ ସ୍ତୂପ ଦେଖିବାପାଇଁ ଶୀର୍ଷକୁ ଗଲୁ। ଶୀର୍ଷରେ ପହଞ୍ଚି ଦେଖିଲୁ ସେ ଅଞ୍ଚଳର ଦୃଶ୍ୟ ଅତି ମନୋରମ। ସେ ସୌନ୍ଦର୍ଯ୍ୟ ଉପଭୋଗ କଲାପରେ ଯେଉଁ କଷ୍ଟ କରି ଉପରକୁ ଚଢ଼ିଥିଲୁ ତାହା ଭୁଲିଗଲୁ। ଶୀର୍ଷରେ କିଛି ସମୟ କଟାଇ ସେ ଅଞ୍ଚଳର ସୌନ୍ଦର୍ଯ୍ୟ ଉପଭୋଗ କଲାପରେ ଆମେ ଧୀରେ ଧୀରେ ଖୁବ୍ ସାବଧାନତା ସହ ଓହ୍ଲାଇଲୁ। ଶୀର୍ଷକୁ ଚଢ଼ିବା ତ ଥିଲା କଷ୍ଟକର, ଓହ୍ଲାଇବା ଥିଲା ତା'ଠୁ ଅଧିକ କଷ୍ଟକର। ପାହାଡ଼ରୁ ଓହ୍ଲାଇବା ପରେ ବିଶ୍ୱାସ କରିବା କଷ୍ଟ ହେଲା ଯେ ଆମେ ସେ ପାହାଡ଼ ଚଢ଼ିଥିଲୁ ଓ ଅକ୍ଷତ ଶରୀରରେ ଓହ୍ଲାଇ ଆସିଲୁ। ଶାରୀରିକ କଷ୍ଟ ସତ୍ତ୍ୱେ ଅନ୍ୟ ଦର୍ଶନୀୟ ସ୍ଥାନଗୁଡ଼ିକ ଦେଖିବାପାଇଁ ଆମ ଭିତରେ ତଥାପି ଉତ୍ସାହ ଥିଲା। ରୁୱାନ୍ କେବଳ ମିହୀନତାଲେ ପାଇଁ ଆମର ଗାଇଡ଼ ଥିଲେ। ତେଣୁ ତାଙ୍କୁ ଧନ୍ୟବାଦ ଦେଇ ତାଙ୍କଠାରୁ ବିଦାୟ ନେଇ ଆମେ ୨୦ ମିନିଟ୍ ଡ୍ରାଇଭ୍ କରି ରୁୱାନୱେଲିସାୟା ସ୍ତୂପ ଦେଖିବାପାଇଁ ଗଲୁ। ରୁୱାନ୍‌ୱେଲିସାୟାକୁ ରୁଆନଭେଲିସା ମଧ୍ୟ କହନ୍ତି।

ଏହି ସ୍ତୂପଟି ଶ୍ରୀଲଙ୍କାର ସମ୍ରାଟ ଦୁଟୁଗେମୁନୁଙ୍କର ରାଜତ୍ୱ ସମୟରେ ଖ୍ରୀଷ୍ଟପୂର୍ବ ୧୪୦ ମସିହାରେ ନିର୍ମିତ ହୋଇଥିଲା। ସ୍ତୂପଟିର ଉଚ୍ଚତା ପ୍ରାୟ ୧୦୦ ମିଟର ଓ ଗୋଲେଇ ୨୯୦ ମିଟର। ପୃଥିବୀର ଉଚ୍ଚତମ ଧାର୍ମିକ ସ୍ତୂପମାନଙ୍କ ମଧ୍ୟରେ ଏହା ଅନ୍ୟତମ। ସେ ସମୟରେ ଏହା ଥିଲା ସବୁଠାରୁ ଉଚ୍ଚତମ ସ୍ତୂପ ଏବଂ ଏହାର ଭାସ୍କର୍ଯ୍ୟ ମଧ୍ୟ ଅତୁଳନୀୟ। ଆମ ଗାଇଡ଼ ଇକ୍‌ବଲଙ୍କ କହିବା ଅନୁସାରେ ବୁଦ୍ଧଙ୍କ ବାଣୀକୁ ମନରେ ରଖି ଏହି ସ୍ତୂପ ନିର୍ମିତ ହୋଇଥିଲା।

ଏହାର ଗମ୍ବୁଜଟି ବୌଦ୍ଧ ଧର୍ମର ବିଶାଳତାର ପ୍ରତୀକ ଭାବରେ ଧରାଯାଏ। ଗମ୍ବୁଜର ଶୀର୍ଷରେ ଚାରି ଦିଗକୁ ଥିବା ଚାରିଟି ମୁଖରେ ବୌଦ୍ଧ ଧର୍ମର ଚାରିଟି ମହତ୍ ସତ୍ୟର ଘୋଷଣା କରାଯାଇଥାଏ। ଏହି ଚାରିଟି ମହତ୍ ସତ୍ୟ ହେଲା- ମନୁଷ୍ୟ ଜୀବନରେ ଯନ୍ତ୍ରଣା ଆସିବା ଅନିବାର୍ଯ୍ୟ, ଯନ୍ତ୍ରଣାର କାରଣ ଯେ ଅଛି ତାହା ବି ଅନିବାର୍ଯ୍ୟ, ଯନ୍ତ୍ରଣା ଯେ ଅନ୍ତ ହେବ ଏହା ସତ୍ୟ ଏବଂ ଯନ୍ତ୍ରଣା ଶେଷ ହେବାର ଯେ ମାର୍ଗ ଅଛି ତାହା ମଧ୍ୟ ସତ୍ୟ।

ଧର୍ମଚକ୍ର ବୌଦ୍ଧ ଧର୍ମର ଗୋଟିଏ ମହାନ ପ୍ରତୀକ। ଆଠଟି ସ୍ପୋକ୍ ଥିବା ଚକ୍ର ଅଷ୍ଟବିଧ ମାର୍ଗର ସୂଚନା ଦେଇଥାଏ। ଏହି ଅଷ୍ଟବିଧ ମାର୍ଗଗୁଡ଼ିକ ହେଲା- ଉଚିତ ଦୃଷ୍ଟିକୋଣ, ଉଚିତ ବିଚାର, ଉଚିତ ବକ୍ତବ୍ୟ, ଉଚିତ ବ୍ୟବହାର, ଉଚିତ ଜୀବିକା, ଉଚିତ ଚେଷ୍ଟା, ଉଚିତ ମନୋଯୋଗିତା ଓ ଉଚିତ ଧ୍ୟାନ। ଏହି ଅଷ୍ଟବିଧ ମାର୍ଗ ବୌଦ୍ଧ

ଧର୍ମର 'ମଧ୍ୟମ ପ୍ରତିପଦ' ବାଟରେ ଯିବାପାଇଁ ସାହାଯ୍ୟ କରେ। ଗମ୍ବୁଜର ସର୍ବୋଚ୍ଚ ସ୍ଥାନରେ ଥିବା ବୃହତ୍ ସ୍ଫଟିକଟି ବୌଦ୍ଧଧର୍ମୀମାନଙ୍କର ଚରମ ଲକ୍ଷ୍ୟ, ନିର୍ବାଣର ପ୍ରତୀକ। ସ୍ତୂପର ଚାରିକଡ଼ରେ ଥିବା ପାଚେରୀରେ ହାତୀମାନଙ୍କର ବଡ଼ ବଡ଼ ପ୍ରତିମୂର୍ତ୍ତି ସୁନ୍ଦର ଭାବରେ ଖୋଦେଇ ହୋଇଛି, ଯାହାକି ସ୍ତୂପର ଗରିମା ବଢ଼ାଉଛି। ଆମ ଗାଇଡ଼ଙ୍କ କହିବା ଅନୁସାରେ ସେଇ ସ୍ତୂପରେ ଥିବା ଗୋଟିଏ କୋଠରୀରେ ବୌଦ୍ଧଧର୍ମ ସମ୍ବନ୍ଧୀୟ ପ୍ରାଚୀନ କିମ୍ବଦନ୍ତୀ ଜଡ଼ିତ କିଛି ଜିନିଷ ରହିଛି। ସେସବୁକୁ ଛୋଟ ଛୋଟ ସୁନା ଓ ରୁପା ତିଆରି ବାକ୍ସରେ ରଖାଯାଇଛି। ବିଶ୍ୱାସ କରାଯାଏ ଯେ ବୁଦ୍ଧଙ୍କର କିଛି ରେଲିକ୍ ସେଠାରେ ଅଛି। ତେଣୁ ସମଗ୍ର ବିଶ୍ୱର ବୌଦ୍ଧଧର୍ମୀଙ୍କ ପାଇଁ ଏହା ଏକ ପବିତ୍ର ସ୍ଥାନ।

ସ୍ତୂପ ପରିସର ମଧ୍ୟରେ ପରିବେଶ ଖୁବ୍ ଶାନ୍ତ ଥିଲା। ସ୍ଥାନୀୟ ଲୋକମାନେ ଏଠାକୁ ବୁଦ୍ଧଙ୍କୁ ପୂଜା କରିବାପାଇଁ ବହୁ ସଂଖ୍ୟାରେ ତ ଆସନ୍ତି, ତା'ଛଡ଼ା ଧ୍ୟାନ କରିବାପାଇଁ ମଧ୍ୟ ଅନେକ ଲୋକ ଆସନ୍ତି। ଆମେ ସେଠାରେ ବୁଲୁଥିବା ବେଳେ ବେଶ୍ କିଛି ଲୋକ ସେଠାରେ ବସି ଧ୍ୟାନମଗ୍ନ ଥିଲେ। ବୁଲୁବୁଲୁ ସ୍ତୂପର ଉତ୍ତର ଦିଗରେ ବୁଦ୍ଧଙ୍କର ପାଦଚିହ୍ନ ଥିବା ଗୋଟିଏ ବିରାଟ ପଥର ଦେଖିଲୁ। ସ୍ତୂପର ପୂର୍ବ ଓ ପଶ୍ଚିମ ଦିଗରେ ଥିବା ପାହାଚଗୁଡ଼ିକରେ ଆମେ କିଛି ଅସାଧାରଣ ପଥର ଦେଖିବାକୁ ପାଇଲୁ ଯାହାକୁ ସେମାନେ କହନ୍ତି ସାଣ୍ଡକାଡ଼ ପହନ ବା ମୁନ୍ ଷ୍ଟୋନ୍। ତାକୁ ଦେଖି ପ୍ରଥମେ ମୁଁ ଏତେ ଗୁରୁତ୍ୱ ଦେଇନଥିଲି। ପରେ, ଯେତେବେଳେ ପୁଣି ଥୁପରାମା ଡାଗୋବାରେ ମୁନ୍ ଷ୍ଟୋନ୍ ଦେଖିଲି, ମୁଁ ଜାଣିବାକୁ ଚାହିଁଲି ଏହା ପ୍ରକୃତରେ କ'ଣ ? ଅନୁସନ୍ଧାନ କରିବା ପରେ ଜାଣିଲି ଯେ ଏହି ବିସ୍ତୃତ ଭାବରେ ଖୋଦିତ ଅର୍ଦ୍ଧବୃତ୍ତାକାର ପଥର ସ୍ଲାବ୍ ସାଧାରଣତଃ ମନ୍ଦିର କିମ୍ବା ଡାଗୋବାଗୁଡ଼ିକର ପ୍ରବେଶ ଦ୍ୱାରରେ ରଖାଯାଇଥାଏ। ଏହା ସିଂହଳୀ ସ୍ଥାପତ୍ୟର ଏକ ଅନନ୍ୟ ବୈଶିଷ୍ଟ୍ୟ। ଐତିହାସିକମାନେ ବିଶ୍ୱାସ କରନ୍ତି ଯେ ମୁନ୍ ଷ୍ଟୋନ୍‌ରେ ଖୋଦିତ ହୋଇଥିବା କାରୁକାର୍ଯ୍ୟ ଧର୍ମର ମୂଳଦୁଆ ଉପରେ ପରିବେଷ୍ଟିତ। ସେଥିପାଇଁ ପଦ୍ମ ଫୁଲ ଏବଂ ବିଭିନ୍ନ ପଶୁମାନଙ୍କର ଯଥା ହାତୀ, ବୃଷଭ, ସିଂହ, ଘୋଡ଼ା ଏବଂ ବଗମାନଙ୍କର ଚିତ୍ର ପ୍ରତ୍ୟେକ ମୁନ୍ ଷ୍ଟୋନ୍‌ରେ ଖୋଦିତ ହୋଇଥାଏ। କେତେକ ବ୍ୟାଖ୍ୟା ଅନୁଯାୟୀ ମୁନ୍ ଷ୍ଟୋନ୍‌ରେ ଖୋଦିତ ହୋଇଥିବା ପ୍ରତିମୂର୍ତ୍ତିଗୁଡ଼ିକ ବୌଦ୍ଧ ଧର୍ମର ପ୍ରତୀକ ଯଥା- ପଦ୍ମଫୁଲ ନିର୍ବାଣର ପ୍ରତୀକ, ହାତୀ ଜନ୍ମର ପ୍ରତୀକ, ବୃଷଭ କ୍ଷୟର ପ୍ରତୀକ, ସିଂହ ରୋଗର ପ୍ରତୀକ, ଘୋଡ଼ା ମୃତ୍ୟୁର ଏବଂ ବଗ ଭଲ ଓ ମନ୍ଦ ମଧ୍ୟରେ ପାର୍ଥକ୍ୟର ପ୍ରତୀକ।

ସ୍ତୂପକୁ ଆମେ ନିକଟରୁ ଦେଖୁଥିବା ସମୟରେ ଜଣେ ବୌଦ୍ଧଭିକ୍ଷୁ ଆମ ପାଖ ଦେଇ ଗଲେ ଓ ଆମ ଆଡ଼କୁ ହସ ହସ ମୁହଁରେ ଚାହିଁଲେ। ଆମେ ତାଙ୍କୁ ହେଲୋ

କହି ଅଭିବାଦନ ଜଣାଇଲୁ। ଭିକ୍ଷୁ ଜଣକ ବନ୍ଧୁବତ୍ସଳ ପରି ମନେହେଲା। ଆମେ ତାଙ୍କ ସହ ଅଳ୍ପ ଆଳାପ କଲୁ ଏବଂ ତାଙ୍କ ସହ ଫଟୋ ଉଠାଇପାରିବୁ କି ବୋଲି ପଚାରିଲୁ। ସେ ଖୁସିରେ ନିଜ ସମ୍ମତି ଦେଲେ। ଏହି ଘଟଣାଟି ମୋର ଗୋଟିଏ ପୂର୍ବ ସ୍ମୃତି ମନେ ପକାଇଦେଲା। ଘଟଣାଟି ଘଟିଥିଲା ଥାଇଲାଣ୍ଡର ବ୍ୟାଙ୍ଗ୍‌କକ୍‌ରେ। ଅନେକ ବର୍ଷ ତଳେ, ବୋଧହୁଏ ୧୯୯୮ ମସିହାରେ ହେବ, ଆମେ ଚାଓ ଫାୟା ନଦୀରେ ନୌକାରେ ବସି ଗୋଟିଏ ମଠରୁ ୱାଟ୍ ଅରୁନ୍ (ସୂର୍ଯ୍ୟ ମନ୍ଦିର)କୁ ଯାଉଥିଲୁ। ଗୋଟିଏ ଘାଟରେ କିଛି ଯୁବ ଭିକ୍ଷୁ ନୌକାରେ ଚଢ଼ିଲେ ଓ ଆମ ପାଖ ଦେଇ ଗଲେ। ନୌକାରେ ଥିବା ଜଣେ ଯାତ୍ରୀ ଆସି ଆମକୁ କହିଲେ, 'ଦୟାକରି ଭିକ୍ଷୁମାନଙ୍କୁ ଛୁଇଁବେ ନାହିଁ।' ଏଠି, ଶ୍ରୀଲଙ୍କାରେ, ଭିକ୍ଷୁ ଖୁସି ମନରେ ଆମର ଅତି ନିକଟରେ ଠିଆ ହୋଇ ଫଟୋ ଉଠାଇଲେ। ମୁଁ ମନେ ମନେ ଭାବିଲି, ସମାନ ଧର୍ମର ହେଲେ ବି ବିଭିନ୍ନ ସ୍ଥାନରେ ଲୋକମାନଙ୍କର ସଂସ୍କୃତି ଓ ବିଚାର କେତେ ଭିନ୍ନ ହୋଇପାରେ।

ସ୍ତୂପ ଦେଖିସାରିବା ପରେ ଆମେ ଯେତେବେଳେ ଫେରି ଆସୁଥିଲୁ, ପ୍ରବେଶ ଦ୍ୱାର ପାଖରେ ଦେଖିଲୁ ଅନେକ ଭକ୍ତ ଲମ୍ବା ଧାଡ଼ି କରି ସ୍ତୂପ ନିକଟକୁ ଯାଉଛନ୍ତି। ସେମାନେ ସମସ୍ତେ ଗୋଟିଏ ସୂତାରେ ତିଆରି ଖୁବ୍ ବଡ଼ ଓ ରଙ୍ଗୀନ୍ ଚାଦର ଧରିଥିଲେ। ଏତେ ଲୋକ ଧାଡ଼ିରେ ଚାଲୁଥିଲେ ଯେ ଜଣା ପଡୁଥିଲା ଯେମିତି ସେ ଧାଡ଼ିର ଅନ୍ତ ନାହିଁ। ଏତେ ବଡ଼ ଚାଦର ଧରି ଯିବାର କାରଣ ଆମେ ଅନୁମାନ କରିପାରିଲୁ ନାହିଁ। ଗାଇଡ୍‌ଙ୍କୁ ତା'ର କାରଣ ମଧ୍ୟ ପଚାରି ପାରିଲୁ ନାହିଁ। ନିଶ୍ଚୟ କୌଣସି ଧାର୍ମିକ ଉତ୍ସବ ପାଇଁ ହୋଇଥିବ।

ଏହାପରେ ଆମେ ଅଭୟଗିରି ସ୍ତୂପ ଦେଖିବାକୁ ଗଲୁ। ପୃଥିବୀରେ ଯେତେଗୁଡ଼ିଏ ଐତିହାସିକ ଭଗ୍ନାବଶେଷ ରହିଛି ସେ ମଧ୍ୟରେ ଏହା ଗୋଟିଏ। ସିଂହଳୀ ବୌଦ୍ଧମାନଙ୍କର ଏହା ଏକ ଅତି ପବିତ୍ର ତୀର୍ଥସ୍ଥଳ। ବିଶ୍ୱାସ କରାଯାଏ ଯେ ଏହା ବିଶ୍ୱର ପ୍ରଥମ ସ୍ତୂପ। କୁହାଯାଏ, ଖ୍ରୀଷ୍ଟପୂର୍ବ ପ୍ରଥମ ଶତାବ୍ଦୀରେ ରାଜା ଭାଟାଗମଣି ଅଭୟଙ୍କ ଦ୍ୱାରା ଏହା ନିର୍ମିତ ହୋଇଥିଲା। ଇକ୍‌ବଲ୍ ଆମକୁ କହିଲେ ଯେ ଅନୁରାଧାପୁର ପରିତ୍ୟକ୍ତ ନହେବା ପର୍ଯ୍ୟନ୍ତ ଅଭୟଗିରି ସମୃଦ୍ଧି ଲାଭ କରୁଥିଲା। ତା'ପରଠୁ ଅଭୟଗିରି ଅବହେଳିତ ହୋଇ ପଡ଼ିଥିଲା ଓ ଏବେ ଲୋକମାନେ ତା'ର ଐତିହାସିକ ଭଗ୍ନାବଶେଷ କେବଳ ଦେଖିବାକୁ ଯାଉଛନ୍ତି। ଆମେ ସଂକ୍ଷେପରେ ଦୂରରୁ ଏଇ ପାଗୋଡ଼ାଟି ଦେଖି ଫେରିଆସିଲୁ, କାରଣ ଆମ ହାତରେ ଅଧିକ ସମୟ ନଥିଲା। ଆମର ପରବର୍ତ୍ତୀ ଷ୍ଟପ୍ ଥିଲା ପ୍ରାୟ ଦୁଇ କିଲୋମିଟର ଦୂରରେ ଥିବା ପବିତ୍ର ବୋଧି ଗଛ।

ବୋଧି ବୃକ୍ଷ ହେଉଛି ଅଶ୍ୱତ୍ଥ ଗଛ ବା ଯାହାକୁ କୁହାଯାଏ 'ବୋ ବୃକ୍ଷ',

ଅନୁରାଧାପୁରରେ ଏହା ଏକ ପବିତ୍ର ସ୍ଥାନ। ଏହି ପବିତ୍ର ବୃକ୍ଷର ଚାରା ଭାରତର ବିହାର ରାଜ୍ୟର ବୋଧଗୟାଠାରୁ ଶ୍ରୀଲଙ୍କାକୁ ଅଣାଯାଇଥିଲା ବୋଲି ବିଶ୍ୱାସ କରାଯାଏ। ଯେଉଁ ବୃକ୍ଷ ତଳେ ବୁଦ୍ଧ ନିର୍ବାଣ ଲାଭ କରିଥିଲେ, ସମ୍ରାଟ ଅଶୋକଙ୍କ ପୁଅ ମହେନ୍ଦ୍ର ଏବଂ ଝିଅ ସଙ୍ଘମିତ୍ରା ପ୍ରାୟ ୨୨୫୦ ବର୍ଷ ପୂର୍ବେ ଶ୍ରୀଲଙ୍କାକୁ ସେଇ ଗଛର ଚାରା ନେଇଥିଲେ ଏବଂ ସେଇ ଚାରା ବଢ଼ି ଏବେ ବିରାଟ ବୃକ୍ଷଟିଏ ଠିଆ ହୋଇଛି। ଏହି ବୃକ୍ଷ ମନୁଷ୍ୟ ଦ୍ୱାରା ଲଗାଯାଇଥିବା ପୃଥିବୀର ସର୍ବ ପୁରାତନ ଐତିହାସିକ ବୃକ୍ଷ ବୋଲି ବିଶ୍ୱାସ କରାଯାଏ। ଗଛଟି ଏକ ସୁନ୍ଦର ଲୁହା ବାଡ଼ଦ୍ୱାରା ଘେରାହୋଇ ରହିଛି। ଗଛଟିରେ ହଜାର ହଜାର ରଙ୍ଗୀନ୍ କନା ବନ୍ଧା ହୋଇଥିବାର ଦେଖିଲୁ। ପୁରୀର ଜଗନ୍ନାଥ ମନ୍ଦିରର କଳ୍ପବଟ ପରି, ଲୋକମାନେ ସେମାନଙ୍କର ଇଚ୍ଛା ପୂରଣ ହେବାର ଆଶାରେ ମାନସିକ କରି ରଙ୍ଗୀନ୍ କନା ଏହି ଗଛରେ ବାନ୍ଧନ୍ତି। ପ୍ରତ୍ୟେକ ପୂର୍ଣ୍ଣିମା ଦିନ ଲୋକମାନେ ଏଠାକୁ ନୈବେଦ୍ୟ ଦେବାପାଇଁ ଆସନ୍ତି ଓ ସେଇ ସମୟରେ ଏଇ ଜାଗା ଜୀବନ୍ତ ହୋଇଉଠେ ବୋଲି ଶୁଣିଲୁ।

ତା'ପରେ ଆମେ ଥୁପରାମା ଡାଗୋବା, ଯାହା ଶ୍ରୀଲଙ୍କାରେ ବୌଦ୍ଧ ଧର୍ମର ପରିଚୟ ପରେ ପରେ ନିର୍ମିତ ହୋଇଥିଲା ତାହାକୁ ଦେଖିବାକୁ ଗଲୁ। ଏହା ପୃଥିବୀର ସବୁଠାରୁ ପୁରାତନ ସ୍ତୂପ ବୋଲି କୁହାଯାଏ। ଖ୍ରୀଷ୍ଟପୂର୍ବ ତୃତୀୟ ଶତାବ୍ଦୀରେ ରାଜା ଦେଭନାମପିୟ ଟିସା ବୁଦ୍ଧଙ୍କ ଡାହାଣ କଲରବୋନ୍ ସାଇତି ରଖିବାପାଇଁ ଏହା ନିର୍ମାଣ କରିଥିଲେ। ଆଖପାଖରେ ଥିବା ସ୍ମାରକୀ ତୁଳନାରେ ଏହା ଛୋଟ ହେଲେ ସୁଦ୍ଧା ଏହାର ଶାନ୍ତ ଗମ୍ଭୀର ପରିବେଶ ବିସ୍ମୟକର। ସ୍ତୂପକୁ ଘେରି ଦୁଇ ଧାଡ଼ି ହୋଇ ପଥର ଖୁମ୍ବ ରହିଛି। ତା'ଛଡ଼ା ଦେଖିବା ପାଇଁ ଆଉ ବିଶେଷ କିଛି ନଥିଲା। ଥୁପରାମା ଡାଗୋବାରେ କିଛି ସମୟ କଟାଇବା ପରେ ଯେତେବେଳେ ଆମେ ଶିଡ଼ିରେ ଓହ୍ଲାଇ ତଳକୁ ଆସିଲୁ ସେତେବେଳେ ମୁଁ ଦେଖିଲି ଟିକେ ଅଲଗା ଚିତ୍ର ଥାଇ ସାଣ୍ଡ୍‌କାଡ଼ ପହନ ବା ମୁନ୍ ଷ୍ଟୋନ୍ ଯାହା ମୁଁ ପ୍ରଥମେ ରୁଓ୍ୱାନ୍‌ଓ୍ୱେଲିସାୟା ସ୍ତୂପରେ ଦେଖିଥିଲି। ଏଥର ମୁଁ ଟିକେ ଭଲ ଭାବରେ ନିରୀକ୍ଷଣ କରି ଦେଖିଲି ପଥର ଖୋଦେଇ କରି କେତେ ସୁନ୍ଦର ସୂକ୍ଷ୍ମ କାମ ହୋଇଛି।

ଦିନର ଶେଷରେ ଆମେ ଯୋଡ଼ି-ପୋଖରୀ ଦେଖିବାକୁ ଗଲୁ। ସିଂହଳୀ ଭାଷାରେ ଏହାକୁ କହନ୍ତି କୁଟମ୍ ପୋକୁନା। ଲାଗିଲାଗି ଥିବା ଏଇ ଦୁଇଟି ପୋଖରୀ ପୂରା ସମାନ ଦେଖାଯାଏ; କିନ୍ତୁ ପ୍ରକୃତରେ ସେଥିରୁ ଗୋଟିଏ ଅନ୍ୟଠାରୁ ଟିକେ ବଡ଼। ପୋଖରୀ ଦୁଇଟି ମଧ୍ୟରୁ ଛୋଟ ପୋଖରୀଟି ପ୍ରଥମେ ନିର୍ମିତ ହୋଇଥିଲା। ଦୁଇଟିଯାକ ଭୂତଳରେ ଥିବା ପାଇପ୍ ଦ୍ୱାରା ସଂଯୁକ୍ତ। ଭୂତଳ ପାଇପ୍ ଦ୍ୱାରା ପାଣି ଆଣି ପୋଖରୀ

ଦୁଇଟିରେ ଭର୍ତ୍ତି କରାଯାଏ। ଏହି ପାଇପ୍‌ର ଶେଷ ଭାଗଟି ଡ୍ରାଗନ୍ ମୁହଁ ପରି। ତେଣୁ ଡ୍ରାଗନ୍ ମୁହଁରୁ ପାଣି ଆସି ପୋଖରୀରେ ପଡୁଥିବା ପରି ଦେଖାଯାଉଥିଲା। ବିଶ୍ୱାସ କରାଯାଏ ଯେ ବୌଦ୍ଧ ଭିକ୍ଷୁମାନଙ୍କର ସ୍ନାନ ପାଇଁ ଏହା ନିର୍ମିତ ହୋଇଥିଲା। ପୋଖରୀ ଚାରିକଡ଼ ଓ ଘାଟଗୁଡ଼ିକ ଗ୍ରାନାଇଟ୍ ପଥରରେ ତିଆରି। ଘାଟଗୁଡ଼ିକରେ ସୁନ୍ଦର ଆର୍ଟ୍ ଓ୍ୱାର୍କ୍ ଦେଖିବାକୁ ମିଳେ। ଦୁଇଟି ପୋଖରୀ ହୋଇଥିଲେ ମଧ୍ୟ ହଠାତ୍ ଦେଖିଲେ ଗୋଟିଏ ପୋଖରୀ ପରି ଜଣାପଡ଼େ। ପୋଖରୀ ସଫା କରିବା ଦରକାର ହେଲେ ଛୋଟ ଗୋଟିଏ ପାଇପ୍ ଦେଇ ପାଣି ଖାଲି କରି ଦିଆଯାଏ। ପ୍ରାଚୀନ ସିଂହଳୀମାନଙ୍କର ଜ୍ଞାନକୌଶଳର ଏହା ଏକ ନମୁନା।

ତାକୁ ଦେଖିସାରି ଆମେ ହୋଟେଲ୍‌କୁ ଫେରିବା ସମୟରେ ସନ୍ଧ୍ୟା ନଇଁ ଆସୁଥିଲା। ଆଲୋକିତ ହୋଇଥିବା ସ୍ତୂପଗୁଡ଼ିକ ଦୂରରୁ ଚମତ୍କାର ଦେଖାଯାଉଥିଲା। ହୋଟେଲ୍‌ରେ ପହଞ୍ଚି ଆମେ ଅଳ୍ପ ସମୟ ବିଶ୍ରାମ ନେଲାପରେ ହୋଟେଲ୍ ରେସ୍ତୋରାଁରେ ଡିନର୍ ଖାଇ ଶୋଇବାକୁ ଗଲୁ।

ସିଗିରିଆ: ସିଂହଗିରୀ

ଆମର ପରବର୍ତ୍ତୀ ଗନ୍ତବ୍ୟସ୍ଥଳ ଥିଲା ସିଗିରିଆ। ଅନୁରାଧାପୁରରୁ ପ୍ରାୟ ୭୫ କିଲୋମିଟର ଦୂର। ରାଜାରତ ହୋଟେଲ୍‌ରେ ବ୍ରେକ୍‌ଫାଷ୍ଟ କରିସାରିବା ପରେ ଭ୍ୟାନ୍‌ରେ ଜିନିଷପତ୍ର ଲଦି ପ୍ରାୟ ୮.୩୦ ମିନିଟ୍‌ରେ ଆମେ ବାହାରିଲୁ। ସିଗିରିଆ ଯିବା ପୂର୍ବରୁ ଆମକୁ ପୋଲୋନାରୁଆ ଦେଖାଇବା ପାଇଁ ଇକ୍‌ବଲ୍ ମନସ୍ଥ କରିଥିଲେ। ୧୧ଶ ଶତାବ୍ଦୀରୁ ୧୩ଶ ଶତାବ୍ଦୀ ମଧ୍ୟରେ ଚୋଳ ବାହିନୀର ଆକ୍ରମଣ ଫଳରେ ଅନୁରାଧାପୁର ଧ୍ୱଂସ ହୋଇଯିବା ପରେ, ପୋଲୋନାରୁଆ ଶ୍ରୀଲଙ୍କାର ଦ୍ୱିତୀୟ ରାଜଧାନୀ ହେଲା। ଅନେକ ବୁଦ୍ଧ ମନ୍ଦିର, ହିନ୍ଦୁ ମନ୍ଦିର, ମଠ ଏବଂ ବହୁ ପୁରାତନ ପଥର ମୂର୍ତ୍ତି ଥିବା ଏହା ଏକ ବିଶିଷ୍ଟ ଐତିହାସିକ କ୍ଷେତ୍ର। ପୁରାତନ ଯୁଗରେ ପଥର ଉପରେ ସିଂହଳୀମାନେ ନିହାଣ ବ୍ୟବହାର କରି ଏଠାରେ ଯେଉଁ ଭାସ୍କର୍ଯ୍ୟ ସୃଷ୍ଟି କରିଛନ୍ତି ତାହା ପୃଥିବୀ ସାରା ପ୍ରସିଦ୍ଧି ଲାଭ କରିଛି। ଆମେ ପୋଲୋନାରୁଆରେ ବେଶୀ ସମୟ ରହିଲୁ ନାହିଁ। କେବଳ ଡ୍ରାଇଭ୍ କରି ସହରରେ ଥିବା ପ୍ରାସାଦର କିଛି ଧ୍ୱଂସାବଶେଷ ଦେଖିଲୁ ଏବଂ ତା'ପରେ ଗାଲ୍ ବିହାର ଦେଖିବାକୁ ଗଲୁ। ଗାଲ୍ ବିହାରର ପଥର ମନ୍ଦିର ଦେଖିବାକୁ ଯିବାପାଇଁ ଆମକୁ କଚ୍ଚା ରାସ୍ତାରେ ଯିବାକୁ ପଡ଼ିଲା। ସେ ଅଞ୍ଚଳର ରାସ୍ତାର ଅବସ୍ଥା ଭଲ ନଥିଲା।

ପୋଲୋନାରୁଆରୁ ଅଳ୍ପ ଦୂରରେ ଥିବା ଗାଲ୍ ବିହାର ହେଉଛି ଗୋଟିଏ ପଥର

ନିର୍ମିତ ଗୁମ୍ଫା ମନ୍ଦିର ଯେଉଁଠାରେ କି ବୁଦ୍ଧଙ୍କର କେତେଗୁଡ଼ିଏ ପଥର ଖୋଦିତ ମୂର୍ତ୍ତି ଅଛି। ମନ୍ଦିର ତ ନୁହେଁ, କେତେଗୁଡ଼ିଏ ଗୁମ୍ଫାର ସମାରୋହ। ଏଇ ଗୁମ୍ଫାଟି ପ୍ରାୟ ୨୭ ମିଟର ଲମ୍ବା ଏବଂ ଗୁମ୍ଫାର ମଧ୍ୟଭାଗର ଉଚ୍ଚତା ପ୍ରାୟ ୧୦ ମିଟର। ଗ୍ରାନାଇଟ୍ ପଥରର ଏହି ଗୁମ୍ଫାରେ ଭାସ୍କର୍ଯ୍ୟ ଖୋଦେଇ ହୋଇଛି। ତା' ଭିତରେ ବୁଦ୍ଧଙ୍କର ବସିବା ଅବସ୍ଥାରେ, ଠିଆ ହେବା ଅବସ୍ଥାରେ, ଶୋଇବା ଅବସ୍ଥାରେ ଏବଂ ସେଇ ଗୁମ୍ଫା ଭିତରେ ଥିବା ଅନ୍ୟ ଗୋଟିଏ ଛୋଟ ଗୁମ୍ଫାରେ ଗୋଟିଏ ଛୋଟ ବୁଦ୍ଧ ମୂର୍ତ୍ତି ବସିବା ଅବସ୍ଥାରେ ଅଛି। ଏଇସବୁ ମୂର୍ତ୍ତିଗୁଡ଼ିକ ପ୍ରାଚୀନ ସିଂହଳର ମୂର୍ତ୍ତି ଏବଂ ଖୋଦନକଳାର ଉତ୍କୃଷ୍ଟ ଉଦାହରଣ ଭାବରେ ଧରାଯାଏ। ଶୋଇବା ଅବସ୍ଥାରେ ଥିବା ବୁଦ୍ଧ ମୂର୍ତ୍ତିଟି ଗୋଟିଏ ବଡ଼ ପଥରରୁ ଖୋଦନ କରାଯାଇଛି। ପଥର କାରିଗରୀରୁ ବୁଦ୍ଧଙ୍କ ମୂର୍ତ୍ତି ଯେପରି ଭାବରେ ଖୋଦିତ ହୋଇଛି ତାହା ଦେଖିଲେ ପ୍ରକୃତରେ ଆଶ୍ଚର୍ଯ୍ୟ ଲାଗେ। ତା'ଛଡ଼ା ବସିଥିବା ବୁଦ୍ଧଙ୍କ ପଛ ପାଖରେ ଥିବା ପଥରରେ ଯେଉଁ ପ୍ରକାରର ସୂକ୍ଷ୍ମ କାମ ହୋଇଛି ତାହା ନିହାତି ଦେଖିବା କଥା। ପଥରରେ ହୋଇଥିବା ଏଇ ସୂକ୍ଷ୍ମ କାମ ପାଇଁ ଗାଲ୍ ବିହାରକୁ ୟୁନେସ୍କୋ ବିଶ୍ୱ ଐତିହ୍ୟ ସ୍ଥଳ ଭାବରେ ଘୋଷଣା କରିଛି। ତେବେ ଏହି ସ୍ଥାନକୁ ଯିବା ପୂର୍ବରୁ ଜଣକୁ ନିଜର ଆଣ୍ଠୁ ଓ କାନ୍ଧ ଘୋଡ଼ାଇ ରଖିବାକୁ ପଡ଼ିବ। ଜୋତା କିମ୍ବା ଟୋପି ପିନ୍ଧି ଭିତରକୁ ପ୍ରବେଶ କରିବା ନିଷେଧ।

ଗାଲ୍ ବିହାରରେ କିଛି ସମୟ ବିତାଇ, ଅଳ୍ପ ସମୟ ପାଇଁ ରାଙ୍କୋଥ୍ ଭେହେରା ଦେଖିବାକୁ ଗଲୁ। ଏହି ବାଦାମୀ ରଙ୍ଗର ବିରାଟ ସ୍ତୂପଟି ଖ୍ରୀଷ୍ଟାବ୍ଦ ୧୧୮୭ରୁ ୧୨୯୬ ମଧ୍ୟରେ ନିର୍ମିତ ହୋଇଥିଲା। ସେତେବେଳେ ଶ୍ରୀଲଙ୍କାର ରାଜା ଥିଲେ ନିଶାଙ୍କ ମଲ୍ଲ। ଏହି ସ୍ତୂପଟି ସହ ରୁୱାନ୍‌ୱେଲିସାୟାର ଅନେକ ସାମଞ୍ଜସ୍ୟ ରହିଛି। କେବଳ ରଙ୍ଗରେ ଯାହା ଫରକ। ରୁୱାନ୍‌ୱେଲିସାୟାର ରଙ୍ଗ ଧଳା ଏବଂ ରାଙ୍କୋଥ୍ ଭେହେରାର ରଙ୍ଗ ବାଦାମୀ। ରାଙ୍କୋଥ୍ ଭେହେରାର ମୂଳ ବ୍ୟାସ ୧୭୦ ମିଟର ଓ ଉଚ୍ଚତା ୩୩ ମିଟର। ଏହା ସମ୍ପୂର୍ଣ୍ଣ ରୂପେ ଇଟାରେ ତିଆରି। ଏହି ସ୍ତୂପ ଏକ ଇଟା କାନ୍ଥ ଦ୍ୱାରା ଘେରି ରହିଥିବା ଗୋଟିଏ ବିରାଟ ବର୍ଗାକୃତିର ଚଟାଣ ଉପରେ ଅବସ୍ଥିତ। ଚଟାଣ ଚାରି ଦିଗରେ ଚାରିଟି ପ୍ରବେଶ ପଥ ରହିଛି। ପ୍ରବେଶ ଦ୍ୱାରରୁ ସ୍ତୂପ ପର୍ଯ୍ୟନ୍ତ ଚଲାପଥଗୁଡ଼ିକ ବାଲିରେ ଭର୍ତ୍ତି। ଏହା ପାଖରେ ଫୁଲ ଆକାରର ନେଲମ୍ ପୋକୁନା ବୋଲି ଗୋଟିଏ ପୋଖରୀ ଅଛି ଯେଉଁଟାକି ଭିକ୍ଷୁମାନେ ଗାଧୋଇବା ପାଇଁ ବ୍ୟବହାର କରୁଥିଲେ।

ସେଠାରୁ ବାହାରି ପ୍ରାୟ ୧ ଘଣ୍ଟା ୩୦ ମିନିଟ୍ ଡ୍ରାଇଭ୍ ପରେ ଆମେ ସିଗିରିଆରେ ପହଞ୍ଚିଲୁ। ଏହା ଏକ ଘନ ସବୁଜ ଜଙ୍ଗଲ ପରିବେଷ୍ଟିତ ପଥର ଉପତ୍ୟକା। ଏଠାରେ ଥିବା ସବୁ ଦର୍ଶନୀୟ ସ୍ଥାନମାନଙ୍କ ମଧ୍ୟରୁ ୪୭୩ରୁ ୪୯୫ ଖ୍ରୀଷ୍ଟାବ୍ଦ ପର୍ଯ୍ୟନ୍ତ

ଶାସନ କରୁଥିବା ରାଜା କାଶ୍ୟପ ଯେଉଁ ଦୁର୍ଗ ନିର୍ମାଣ କରିଥିଲେ ତା'ର ଭଗ୍ନାବଶେଷ ପର୍ଯ୍ୟଟକମାନଙ୍କୁ ଆକୃଷ୍ଟ କରିଥାଏ। ରାଜା ଧାତୁସେନଙ୍କ ଏକ ରକ୍ଷିତା ଗର୍ଭରୁ ରାଜା କାଶ୍ୟପଙ୍କର ଜନ୍ମ। ସିଂହାସନ ଦଖଲ କରିବା ପାଇଁ ସେ ନିଜ ପିତାଙ୍କୁ ହତ୍ୟା କରିଥିଲେ। ରାଣୀଙ୍କ ପୁତ୍ର ମୋଗାଲାନା ଥିଲେ ରାଜା ଧାତୁସେନଙ୍କର ପ୍ରକୃତ ଉତ୍ତରାଧିକାରୀ। ଧାତୁସେନଙ୍କ ହତ୍ୟା ପରେ ମୋଗାଲାନା ପ୍ରାଣ ଭୟରେ ଭାରତ ପଳାଇଲେ। ତେବେ ପ୍ରତିଜ୍ଞା କରିଥିଲେ ଯେ ସେ ଦିନେ ଏହାର ପ୍ରତିଶୋଧ ନେବେ। ମୋଗାଲାନାଙ୍କ ପ୍ରତ୍ୟାବର୍ତ୍ତନ ଆଶଙ୍କା କରି କାଶ୍ୟପ ନିଜ ରାଜଧାନୀ ଅନୁରାଧାପୁରରୁ ସିଗିରିଆ ଉଠାଇ ନେଇ ସେଠାରେ ଗୋଟିଏ ଦୁର୍ଗ ଓ ସହର ବସାଇଲେ। ଘଞ୍ଚ ଜଙ୍ଗଲ ଭିତରେ ଗୋଟିଏ ପଥର ଚଟାଣ ଉପରେ ନିଜ ପାଇଁ ଏକ ସୁନ୍ଦର ପ୍ରାସାଦ ତିଆରି କଲେ। ଏହି ପ୍ରାସାଦର କାନ୍ଥଗୁଡ଼ିକ ଓ ଛାତ ସୁନ୍ଦର ଛବିରେ ଅଙ୍କା ହୋଇଥିଲା। ଯେଉଁ ପଥର ଚଟାଣ ଉପରେ ନିଜ ରାଜବାଟୀ ତିଆରି କଲେ ତା'ର ଅନ୍ୟ ପଟରେ ଥିବା ଏକ ଛୋଟ ପଥର ଚଟାଣ ଉପରେ ଖସି ପଳାଇବା ପାଇଁ ଗୋଟିଏ ପଥ ନିର୍ମାଣ କରିଥିଲେ ଯାହାର ପ୍ରବେଶ ପଥ ଏକ ପ୍ରକାଣ୍ଡ ସିଂହ ଆକୃତିର ଥିଲା। ଏହାର ନାଁ ରଖିଥିଲେ ସିଂହଗିରି। କିଛି ବର୍ଷ ପରେ ମୋଗାଲାନା ଏକ ବିରାଟ ସୈନ୍ୟବାହିନୀ ସହ ଫେରିଆସି କାଶ୍ୟପଙ୍କ ବିରୁଦ୍ଧରେ ଯୁଦ୍ଧ ଘୋଷଣା କଲେ। ଯୁଦ୍ଧ ସମୟରେ କାଶ୍ୟପଙ୍କର ବିଶ୍ୱସ୍ତ ଲୋକ ଅନ୍ୟପଟକୁ ଚାଲିଗଲେ। କାଶ୍ୟପ ଯୁଦ୍ଧରେ ହାରିବା ପରେ ଆତ୍ମହତ୍ୟା କଲେ। ମୋଗାଲାନା ନିଜ ରାଜଧାନୀ ଅନୁରାଧାପୁରକୁ ଫେରାଇ ଆଣି ସିଗିରିଆକୁ ଏକ ବୌଦ୍ଧ ମଠ କରିଦେଲେ। ସିଗିରିଆର ଆଖପାଖରେ ଥିବା କିଛି ଗୁମ୍ଫାରୁ ଜଣାପଡ଼େ ଯେ ବୌଦ୍ଧ ଭିକ୍ଷୁମାନେ ଏହି ଅଞ୍ଚଳରେ ଖ୍ରୀଷ୍ଟପୂର୍ବ ତୃତୀୟ ଶତାବ୍ଦୀରୁ ରହି ଆସୁଥିଲେ। ଆଜି ସିଗିରିଆ ପର୍ଯ୍ୟଟକମାନଙ୍କର ଏକ ପ୍ରିୟ ସ୍ଥାନ। ୟୁନେସ୍କୋ ଏହାକୁ ମଧ୍ୟ ବିଶ୍ୱ ଐତିହ୍ୟ ସ୍ଥଳ ଭାବରେ ଘୋଷଣା କରିଛି।

ସିଗିରିଆରେ ଅମାରା ଫରେଷ୍ଟ ହୋଟେଲ୍‌ରେ ଆମର ରିଜର୍ଭେସନ୍ ଥିଲା। ଘଞ୍ଚ ଜଙ୍ଗଲ ଭିତରେ ୨୨ ଏକର ଜମି ଉପରେ ଏହି ହୋଟେଲ୍‌ଟି ଅବସ୍ଥିତ। ସିଗିରିଆ ପଥର ଦୁର୍ଗଠାରୁ ମାତ୍ର ଅଳ୍ପ କେତେ କିଲୋମିଟର ଦୂରରେ। ଆମେ ହୋଟେଲ୍‌ରେ ପହଞ୍ଚିଲା ବେଳକୁ ପ୍ରାୟ ଦିନ ଦୁଇଟା। ହୋଟେଲ୍‌ର ପ୍ରବେଶ ପଥରେ ପଶୁ ପଶୁ ଦେଖିଲୁ ବାଁ ପଟରେ ଗୋଟିଏ ଛୋଟ ପୋଖରୀ। ସେଥିରେ ନୀଳ ରଙ୍ଗର କଇଁଫୁଲ ଭର୍ତ୍ତି। ଲବିରେ ପହଞ୍ଚି ଦେଖିଲୁ, ଲବିଟି ଖୁବ୍ ବଡ଼ ଓ ପୂରା ଖୋଲା। ଉପରେ କେବଳ ଛାତ, ଆଉ କିଛି କାନ୍ଥ ନାହିଁ। ଗୋଟିଏ କଡ଼ରେ ଥିଲା ରିସେପ୍‌ସନ୍ ଡେସ୍କ। ରିସେପ୍‌ସନ୍ ଡେସ୍କ ପଛ ପାଖ କାନ୍ଥରେ ଖୁବ୍ ସୁନ୍ଦର ବଡ଼ ବଡ଼ ଦୁଇଟି ରଙ୍ଗୀନ୍ ମ୍ୟୁରାଲ୍ କରା

ଯାଇଥିଲା । ଲବିରେ ଅନେକଗୁଡ଼ିଏ ସୋଫା ସେଟ୍ ଓ ଚେୟାର୍ ପଡ଼ିଥିଲା । ସେ ଦିନଟି ବେଶ୍ ଗରମ ଥିଲା । ଆମେ ପହଞ୍ଚିଲା କ୍ଷଣି ଜଣେ ହୋଟେଲ୍ କର୍ମଚାରୀ ଆଣି ଆମକୁ ଥଣ୍ଡା ପାନୀୟ ପରଷିଲେ । ଚେକ୍-ଇନ୍ କରିସାରି ଆମେ ସେଇ ଲବିରେ ବସି ଥଣ୍ଡା ପାନୀୟ ଉପଭୋଗ କଲୁ । ଆମକୁ ଦିଆଯାଇଥିବା ରୁମ୍‌ରେ ଜିନିଷପତ୍ର ରଖିଦେଇ ଲଞ୍ଚ୍ ଖାଇବାପାଇଁ ହୋଟେଲ୍ ରେସ୍ତୋରାଁକୁ ଗଲୁ । ଆମର ପ୍ଲାନ୍ ଥିଲା ଲଞ୍ଚ୍ ପରେ ଯାଇ ସିଗିରିଆ ପଥର ଦୁର୍ଗ ଦେଖିବୁ । ତେଣୁ ଆମେ ବେଶୀ ଡେରି ନକରି, ଶୀଘ୍ର ଲଞ୍ଚ୍ ଖାଇଦେଇ ବାହାରି ପଡ଼ିଲୁ ।

ସିଗିରିଆ ପଥର ଦୁର୍ଗକୁ ସିଂହଗିରି ମଧ୍ୟ କହନ୍ତି । ଦୁର୍ଗର ଅତି ନିକଟକୁ ଗାଡ଼ି ନେବା ମନା । ତେଣୁ ଇକ୍‌ବଲ୍ ଗାଡ଼ି ପାର୍କ କରିବାପାଇଁ ଥିବା ନିର୍ଦ୍ଦିଷ୍ଟ ଜାଗାରେ ଭ୍ୟାନ୍ ରଖିଲେ ଏବଂ ସେଇ ଜାଗାରୁ ଆମେ ଦୁଇଟି ଟୁକ୍‌ଟୁକ୍ (ଅଟୋ ରିକ୍ସା ପରି) ନେଇ ଦୁର୍ଗ ଚାରିପଟେ ପ୍ରଥମେ ବୁଲି ଆସିଲୁ । ଦୁର୍ଗର ଶୀର୍ଷକୁ ଯିବାପାଇଁ ୧୨୦୦ଟି ପାହାଚ ଚଢ଼ିବାକୁ ପଡ଼େ । ସେତେବେଳକୁ ଡେରି ହୋଇଯାଇଥିଲା, ତେଣୁ ଆମେ ଶୀର୍ଷକୁ ନଯିବାକୁ ଠିକ୍ କଲୁ । ଦୁର୍ଗ ପରିସରରେ ଗୋଟିଏ ସୁନ୍ଦର ପାର୍କ୍ ଥିଲା । ଅନେକ ପ୍ରକାର ଗଛ ଓ ବିଭିନ୍ନ ପ୍ରକାର ଫୁଲ ସହ ତା' ଭିତରେ କେତେଗଡ଼ିଏ ପୋଖରୀ ଥିବାର ଦେଖିଲୁ । ଶୁଣିଲୁ ପୂର୍ବକାଳରେ ଏହି ପୋଖରୀଗୁଡ଼ିକ ବର୍ଷା ଦିନରେ ପାଣି ରଖି ଖରାଦିନେ ବ୍ୟବହାର କରିବାପାଇଁ ଖୋଳା ହୋଇଥିଲା । ପୋଖରୀ ଗୁଡ଼ିକରେ ବିଭିନ୍ନ ରଙ୍ଗର ପଦ୍ମ ଫୁଲ ଫୁଟିଥିଲା । ତା' ଭିତରୁ ଗୋଟିଏ ପୋଖରୀରେ ଅନେକଗୁଡ଼ିଏ କୁମ୍ଭୀର ଥିଲେ । ତିନୋଟି କୁମ୍ଭୀର ଆସି ପୋଖରୀ କୂଳରେ ଶୋଇଥିଲେ । ଆମେ ପାର୍କ୍‌କୁ ଯିବା ସମୟରେ ସେଠାରେ ବେଶୀ ଲୋକ ନଥିଲେ । ପରିବେଶ ଶାନ୍ତ ଥିଲା । ଆମେ ସେଇ ଶାନ୍ତ ପରିବେଶରେ ବେଶ୍ କିଛି ସମୟ କଟାଇଲୁ । ସେ ଅଞ୍ଚଳଟି ବଡ଼ ବଡ଼ ପର୍ବତ, ଘନ ଜଙ୍ଗଲ ଓ ଅନେକ ମାଙ୍କଡ଼ରେ ଭରି ରହିଥିଲା । ଆମ ଗାଇଡ଼ କହିଲେ ଯେ ସିଗିରିଆ ଥିଲା ରାବଣର ରାଜ୍ୟ ଏବଂ ସୀତାଙ୍କୁ ସେ ସେଇ ପାଖ ଜଙ୍ଗଲରେ ଲୁଚାଇ ରଖିଥିଲା । ପରେ, ନୁଆରା ଏଲିଆ ପାଖରେ ଥିବା ସୀତା ଏଲିଆଠାରେ ଆମେ ସୀତା ଆମ୍ମା ମନ୍ଦିର ଦେଖିଲୁ । ଏହା ଥିଲା ପୁରାଣ ପ୍ରସିଦ୍ଧ ଅଶୋକ ବାଟିକା । ପରେ ମୁଁ ଜାଣିଲି ଯେ ସିଗିରିଆରୁ ସୀତା ଏଲିଆର ଦୂରତ୍ୱ ହେଉଛି ୧୬୮ କିଲୋମିଟର ।

ପଥର ଦୁର୍ଗ ଦେଖିସାରିବା ପରେ ଇକ୍‌ବଲ୍ ଆମକୁ ଗୋଟିଏ ଅଣଓସାରିଆ, ନିଛାଟିଆ ରାସ୍ତାରେ ବୁଲାଇ ନେଲେ । ଜଣା ପଡୁଥିଲା ସେ ରାସ୍ତାରେ ବହୁତ କମ୍ ଲୋକ ଚଳାଚଳ କରନ୍ତି । ମାଇଲ ମାଇଲ ଧରି ଖୋଲା ଜାଗା, ଚାଷ ହେଉନଥିବା

ଜମି, ମଝିରେ ମଝିରେ କେଉଁଠି କେମିତି ଛୋଟ ଘର କେତେଟା ଦେଖାଯାଉଥିଲା। ସୂର୍ଯ୍ୟ ଅସ୍ତ ହେବା ସମୟ। ଆମେ ଭ୍ୟାନ୍ ଭିତରୁ ଅସ୍ତଗାମୀ ସୂର୍ଯ୍ୟ ଓ ପ୍ରାକୃତିକ ଶୋଭା ଦେଖି ଦେଖି ଯାଉଥିଲୁ। ହୋଟେଲ୍‌ଟି ଘଞ୍ଚ ଜଙ୍ଗଲ ମଝିରେ ଥିବାରୁ ଏବଂ ସନ୍ଧ୍ୟା ଘନେଇ ଆସୁଥିବାରୁ ଆମେ ଆଉ ବେଶୀ କୁଆଡ଼େ ନଯାଇ ହୋଟେଲ୍‌କୁ ଫେରିଲୁ। ହୋଟେଲ୍ ରେଷ୍ଟୋରାଁରେ ଡିନର୍ କରି ଶୋଇବା ପାଇଁ ଗଲୁ।

ଗେଷ୍ଟମାନଙ୍କ ପାଇଁ ହୋଟେଲ୍‌ରେ କେତେଗୁଡ଼ିଏ ୟୁନିଟ୍ ଥିଲା। ପ୍ରତ୍ୟେକ ୟୁନିଟ୍‌ରେ ଦୁଇଟି ତାଲା। ପ୍ରତି ତାଲାରେ ବାଲ୍କୋନି ସହିତ ଗୋଟିଏ ବଡ଼ ରୁମ୍ ଓ ବାଥ୍ ରୁମ୍। ବାଥ୍ ରୁମ୍‌ଟି ମଧ୍ୟ ବେଶ୍ ବଡ଼ ସାଇଜ୍‌ର ଥିଲା। ଆମେ ଦୁଇ ଦମ୍ପତି ଗୋଟିଏ ୟୁନିଟ୍‌ରେ ରହିଲୁ। ଆମ ଉପର ତାଲା ଝରକାରୁ ଘଞ୍ଚ ଜଙ୍ଗଲର ଦୃଶ୍ୟ ଥିଲା ଅତି ମନୋହର। ରାତିରେ ରୁମ୍‌ରୁ ବାହାରିଲେ ସାବଧାନତା ସହ ସବୁଆଡ଼େ ଦେଖି ଯିବାପାଇଁ ହୋଟେଲ୍ କର୍ମଚାରୀମାନେ ଆମକୁ ସତର୍କ କରି ଦେଇଥିଲେ। ତେଣୁ ଆମେ ଉପର ତାଲାରେ ଥିଲେ ମଧ୍ୟ ସକାଳ ନହେବା ପର୍ଯ୍ୟନ୍ତ ମୁଁ କବାଟ ଖୋଲି ବାଲ୍କୋନିକୁ ଯିବାକୁ ବି ସାହସ କରିନଥିଲି। କିପ୍ରକାର ଜନ୍ତୁଙ୍କ ଭୟ ଅଛି ବୋଲି ହୋଟେଲ୍ କର୍ମଚାରୀଙ୍କୁ ପଚାରିବାରୁ ସେମାନେ କହିଥିଲେ ଯେହେତୁ ହୋଟେଲଟି ପୂରା ଜଙ୍ଗଲ ଭିତରେ ତେଣୁ ଅନେକ ପ୍ରକାର ଜନ୍ତୁ ଆସିପାରନ୍ତି, ବିଶେଷକରି ହାତୀ ଓ ସାପ। ସାପ କଥା ଶୁଣି ମୁଁ ବହୁତ ଡରି ଯାଇଥିଲି।

ଡାମ୍ବୁଲା: ଗୁମ୍ଫା-ମନ୍ଦିର

ପରଦିନ ସକାଳେ ହୋଟେଲ୍ ରେଷ୍ଟୋରାଁରେ ବ୍ରେକ୍‌ଫାଷ୍ଟ କରି ଆମେ ଡାମ୍ବୁଲା ଅଭିମୁଖେ ୮ଟା ବେଳେ ବାହାରିଲୁ। ଶ୍ରୀଲଙ୍କାରେ ଯେତେସବୁ ଗୁମ୍ଫା-ମନ୍ଦିର ରହିଛି ସେମାନଙ୍କ ଭିତରୁ ଡାମ୍ବୁଲାରେ ଥିବା ଗୁମ୍ଫା-ମନ୍ଦିର କମ୍ପ୍ଲେକ୍ସ ହେଉଛି ଶ୍ରୀଲଙ୍କାର ସର୍ବବୃହତ୍ ଏବଂ ସବୁଠାରୁ ଭଲ ଭାବରେ ସଂରକ୍ଷିତ ଗୁମ୍ଫା-ମନ୍ଦିର କମ୍ପ୍ଲେକ୍ସ। ବୁଦ୍ଧଙ୍କୁ କେନ୍ଦ୍ର କରି ପୃଥିବୀରେ ଯେତେଗୁଡ଼ିଏ କମ୍ପ୍ଲେକ୍ସ ଅଛି ତା' ଭିତରୁ ଡାମ୍ବୁଲା କମ୍ପ୍ଲେକ୍ସ ଭିତରର ଲେଆଉଟ୍ ଏବଂ ସାଜସଜ୍ଜାରେ ଅଭିନବ ଉପାୟ ବ୍ୟବହାର କରାଯାଇ ଥିବାରୁ, ଏହି ମନୁଷ୍ୟ ତିଆରି ଗୁମ୍ଫାଗୁଡ଼ିକ ବିଶ୍ୱର ଏକ ଉଲ୍ଲେଖନୀୟ ବୌଦ୍ଧ କମ୍ପ୍ଲେକ୍ସ ଭାବରେ ବିଖ୍ୟାତ। ଏହାର ଭିତରଗୁଡ଼ିକ ଏତେ ସୁନ୍ଦର ଭାବରେ ତିଆରି ଓ ସଜା ହୋଇଛି ଯେ ୟୁନେସ୍କୋ ଏହାକୁ ବିଶ୍ୱ ଐତିହ୍ୟ ସ୍ଥଳୀ ଭାବରେ ଘୋଷଣା କରିଛି।

ଏହି ଗୁମ୍ଫା-ମନ୍ଦିର ଗୋଟିଏ ପାହାଡ଼ ଉପରେ ଅବସ୍ଥିତ। ପ୍ରାୟ ୨୦ ମିନଟ୍ ଧରି ପାହାଚ ପରେ ପାହାଚ ଚଢ଼ି ଆମେ ଯାଇ ଗୁମ୍ଫା-ମନ୍ଦିର କମ୍ପ୍ଲେକ୍ସ ପାଖରେ ପହଞ୍ଚିଲୁ। ପ୍ରବେଶ ପଥରେ ବୁଦ୍ଧଙ୍କର ଗୋଟିଏ ଖୁବ୍ ଆକର୍ଷଣୀୟ ସୁନା ପ୍ରତିମା ଅଛି

ଯାହା ଅନେକ ଦୂରରୁ ଦେଖାଯାଏ । କିଛି ସମୟ ଠିଆ ହୋଇ ଏଇ ମୂର୍ତ୍ତିର ସୌନ୍ଦର୍ଯ୍ୟ ଦେଖିବା ପରେ ଆମେ ମୂର୍ତ୍ତି ପଛପଟରେ ଥିବା ଟିକେଟ୍ ଘରକୁ ଯାଇ ପ୍ରବେଶ ଟିକେଟ୍ କିଣିଲୁ । ପ୍ରତି ଟିକେଟ୍‌ର ମୂଲ୍ୟ ଥିଲା ପ୍ରାୟ ୧୦ ଆମେରିକାନ୍ ଡଲାର୍ (ସେତେବେଳେ ଗୋଟିଏ ଆମେରିକାନ୍ ଡଲାର୍‌ର ମୂଲ୍ୟ ଥିଲା ଶ୍ରୀଲଙ୍କାର ପ୍ରାୟ ୧୬୦ ଟଙ୍କା)। ଟିକେଟ୍ କିଣିସାରିବା ପରେ ଗୁମ୍ଫା ପର୍ଯ୍ୟନ୍ତ ଯିବାପାଇଁ ଆମକୁ ପୁଣି ଅନେକଗୁଡ଼ିଏ ପାହାଚ ଚଢ଼ି ଯିବାକୁ ହେଲା । ପାହାଚ ଦୁଇ ପାଖରେ ଗଛଲତା ଏବଂ ତା'ସହ ଅନେକ ମାଙ୍କଡ଼ ଦେଖିବାକୁ ପାଇଲୁ । ଘଞ୍ଚ ଜଙ୍ଗଲ ଓ ମାଙ୍କଡ଼ ପରିପୂର୍ଣ୍ଣ ଏହି ଗୁମ୍ଫାଗୁଡ଼ିକରେ ବୁଦ୍ଧଙ୍କର ଅନେକଗୁଡ଼ିଏ ମୂର୍ତ୍ତି ରହିଛି । ଏହା ପର୍ଯ୍ୟଟକମାନଙ୍କର ଏକ ପ୍ରିୟ ସ୍ଥଳ । ଆମେ ପହଞ୍ଚିଲା ବେଳକୁ ଅନେକ ପର୍ଯ୍ୟଟକ ସେଠାରେ ଥିଲେ । ଏତେ ଲୋକଙ୍କ ଉପସ୍ଥିତି ସତ୍ତ୍ୱେ ସେ ସ୍ଥାନରେ ଯେଉଁ ଶାନ୍ତି ଓ ଆନନ୍ଦର ବାତାବରଣ ଥିଲା ତାହା ମତେ ଉଲ୍ଲସିତ କରିବା ସହ ଆଶ୍ଚର୍ଯ୍ୟ ମଧ୍ୟ କରିଥିଲା । ଜଣା ପଡୁଥିଲା ଆମେ ଯେମିତି ମାନବ ସଭ୍ୟତାଠାରୁ ବହୁ ଦୂରରେ ।

ମନ୍ଦିର କମ୍ପ୍ଲେକ୍ସ ନିକଟରେ ପହଞ୍ଚିବା ପରେ ଜଣାଗଲା ଯେ ପର୍ବତରୁ ବିସ୍ତାରିତ ହୋଇ ଆସିଥିବା ଗୋଟିଏ ପ୍ରକାଣ୍ଡ ପଥରକୁ କାଟି ପାଞ୍ଚଟି ଗୁମ୍ଫା ସ୍ଥାପନା କରାହୋଇଛି । ପ୍ରତ୍ୟେକ ଗୁମ୍ଫାର ଡିଜାଇନ୍ ଓ କାରୁକାର୍ଯ୍ୟ ସ୍ୱତନ୍ତ୍ର । ଯେଉଁମାନେ ଏ ମନ୍ଦିର ତିଆରି କରିଥିଲେ, ସେମାନେ ଭାସ୍କର୍ଯ୍ୟ ଶିଳ୍ପୀ ହୁଅନ୍ତୁ ବା ବୌଦ୍ଧ ଭିକ୍ଷୁ, ମନ୍ଦିରଗୁଡ଼ିକୁ ତିଆରି କରିବାପାଇଁ ସେମାନଙ୍କୁ ବର୍ଷ ବର୍ଷ ଧରି ଅକ୍ଳାନ୍ତ ପରିଶ୍ରମ କରିବାକୁ ପଡ଼ିଥିବ ନିଶ୍ଚୟ । ଗୁମ୍ଫାଗୁଡ଼ିକ ମଝିରେ କାନ୍ଥ ଦିଆଯାଇ ପ୍ରତ୍ୟେକକୁ ଏକ ସ୍ୱତନ୍ତ୍ର ମନ୍ଦିର କରାଯାଇଛି । ଆମ ଟୁର୍ ଗାଇଡ଼ କହିଲେ ପ୍ରାୟ ୨୨୦୦ ବର୍ଷ ପୂର୍ବେ ଏହି ଗୁମ୍ଫାଗୁଡ଼ିକ ନିର୍ମିତ ହୋଇଥିଲା ଓ ବୌଦ୍ଧ ଭିକ୍ଷୁମାନେ ସେଠାରେ ପ୍ରାୟ ଖ୍ରୀଷ୍ଟପୂର୍ବ ତୃତୀୟ କି ଦ୍ୱିତୀୟ ଶତାବ୍ଦୀଠାରୁ ରହି ଆସୁଛନ୍ତି । ଏହି ସୁନ୍ଦର ଗୁମ୍ଫା ଓ ମନ୍ଦିର କମ୍ପ୍ଲେକ୍ସକୁ ନୂତନ ରୂପରେ ସଜେଇବା ପାଇଁ ୧୯୩୮ ମସିହାରେ ଆର୍କିଟେକ୍ଟମାନେ କେତେଗୁଡ଼ିଏ ଖୁମ୍ବ ଉପରେ ଗମ୍ବୁଜାକାରର ପ୍ରବେଶ ପଥ ତିଆରି କରିଛନ୍ତି ।

ସେଠାରେ ଥିବା ପାଞ୍ଚଟି ଗୁମ୍ଫା ମଧ୍ୟରୁ ପ୍ରଥମ ଗୁମ୍ଫାରେ ବୁଦ୍ଧଙ୍କର ଗୋଟିଏ ଅର୍ଦ୍ଧଶୟନ ମୂର୍ତ୍ତି ଅଛି । ପଥରରେ ଖୋଦେଇ କରି ନିର୍ମିତ ହୋଇଥିବା ଏହି ମୂର୍ତ୍ତିଟିର ପାଦ ଦୁଇଟି ସୁନ୍ଦର ଭାବରେ ସୁନା ତାରକସି କାମରେ ସଜା ହୋଇଛି । ଦ୍ୱିତୀୟ ଗୁମ୍ଫାଟି ସବୁଠାରୁ ବଡ଼ ଓ ଆକର୍ଷଣୀୟ ଯେଉଁଠାରେ କି ୧୫୦ରୁ ଅଧିକ ଲାଇଫ୍ ସାଇଜ୍ ବୁଦ୍ଧ ମୂର୍ତ୍ତି ରହିଛି । ଛାତ ଓ କାନ୍ଥରେ ହୋଇଥିବା ମ୍ୟୁରାଲ୍‌ଗୁଡ଼ିକ ମାଧ୍ୟମରେ କେତେଗୁଡ଼ିଏ ଐତିହାସିକ ଓ ଧାର୍ମିକ ଘଟଣା ବର୍ଣ୍ଣନା କରାଯାଇଛି । ତୃତୀୟ ଗୁମ୍ଫାରେ

ଛାତ ଓ କାନ୍ଥରେ ଅନେକ ବୌଦ୍ଧିକ କିମ୍ବଦନ୍ତୀର ମ୍ୟୁରାଲ୍ ଅଛି; ତେବେ ଏହି ଗୁମ୍ଫାର ବିଶେଷତ୍ୱ ହେଉଛି, ପଥରରେ ଖୋଦେଇ କରି ତିଆରି ହୋଇଥିବା ଧ୍ୟାନମଗ୍ନ ବୁଦ୍ଧ। ଚତୁର୍ଥ ଗୁମ୍ଫାଟି ଅପେକ୍ଷାକୃତ ଛୋଟ। ଏହାର ବିଶେଷତ୍ୱ ହେଉଛି ଗୁମ୍ଫା ମଝିରେ ଗୋଟିଏ ସ୍ତୂପ ରହିଛି। ପଞ୍ଚମ ଗୁମ୍ଫାଟି ସବୁଠାରୁ ଛୋଟ। ସେଠାରେ ଥିବା ଅର୍ଦ୍ଧଶୟନ ବୁଦ୍ଧଙ୍କ ମୂର୍ତ୍ତିର ଗୋଡ଼ ଦୁଇଟି ଆକାରରେ ବେଶ୍ ବଡ଼। ଆମକୁ ଗୁମ୍ଫାଗୁଡ଼ିକୁ ଓଲଟା କ୍ରମରେ ଦେଖିବାକୁ କୁହାଯାଇଥିଲା, ଅର୍ଥାତ ପ୍ରଥମେ ପଞ୍ଚମ ଗୁମ୍ଫା, ତା'ପରେ ଚତୁର୍ଥ ଗୁମ୍ଫା ଓ ଶେଷରେ ପ୍ରଥମ ଗୁମ୍ଫା। କାରଣ ସେମିତି ଦେଖିଲେ ଗୁମ୍ଫାଗୁଡ଼ିକର ମହିମା କ୍ରମରେ ଉପଲବ୍ଧି କରିହେବ। ଏଇ ମନ୍ଦିର-କମ୍ପ୍ଲେକ୍ସରେ ଭଗବାନ ବିଷ୍ଣୁ ଓ ଗଣେଶଙ୍କ ମୂର୍ତ୍ତି ଦେଖି ଭଲ ଲାଗିଲା। ପୂରା କମ୍ପ୍ଲେକ୍ସଟିରେ ସମୁଦାୟ ପ୍ରାୟ ୧୫୩ଟି ବୁଦ୍ଧ ମୂର୍ତ୍ତି, କିଛି ହିନ୍ଦୁ ଦେବଦେବୀଙ୍କ ମୂର୍ତ୍ତି ଏବଂ କେତୋଟି ଶ୍ରୀଲଙ୍କା ରାଜାମାନଙ୍କର ମୂର୍ତ୍ତି ରହିଛି। ରାଜାମାନଙ୍କ ମୂର୍ତ୍ତି ମଧ୍ୟରୁ ଗୋଟିଏ ହେଉଛି ରାଜା ଭାଲାଗାମ୍ବାଙ୍କର ଯିଏକି ଏହି ଗୁମ୍ଫାଗୁଡ଼ିକୁ ମନ୍ଦିର କମ୍ପ୍ଲେକ୍ସ କରାଇଥିଲେ। ଏଇ ବିରାଟ କମ୍ପ୍ଲେକ୍ସର ସମୁଦାୟ ଏରିଆ ହେବ ପ୍ରାୟ ୨୧୦୦ ବର୍ଗ ମିଟର। ପଥର ଛାତଗୁଡ଼ିକ ଆବୁଡ଼ାଖାବୁଡ଼ା ହୋଇଥିଲେ ମଧ୍ୟ ଅଙ୍କାଯାଇଥିବା ଚିତ୍ରଗୁଡ଼ିକରେ ଖୁବ୍ ସୁନ୍ଦର ଭାବରେ ଧାର୍ମିକ ବିଷୟବସ୍ତୁକୁ ଉପସ୍ଥାପନ କରାଯାଇଛି। ଏହି ମନ୍ଦିରଗୁଡ଼ିକ ଭିତରକୁ ଯିବାପାଇଁ ନିଜର କାନ୍ଧ ଓ ଆଣ୍ଠୁ ଆବୃତ ରଖିବା ଦରକାର। ଜୋତା ଓ ଟୋପି ମଧ୍ୟ ବାହାରେ ରଖି ଭିତରକୁ ଯିବାକୁ ପଡ଼େ।

ମନ୍ଦିର ଦେଖି ଫେରବା ସମୟରେ ସେଇ ପରିସର ମଧ୍ୟରେ ଗୋଟିଏ ବଡ଼ ଗଛ ମୋର ଦୃଷ୍ଟି ଆକର୍ଷଣ କଲା। ପୁରୀ ଜଗନ୍ନାଥ ମନ୍ଦିର ବେଢ଼ାରେ ଥିବା କଳ୍ପବଟ କଥା ମୋର ମନେ ପଡ଼ିଲା। ପାଖରେ ଗୋଟିଏ ଛୋଟ ପୋଖରୀ ଥିଲା ଯେଉଁଥିରେ କି ଅନେକଗୁଡ଼ିଏ ପଦ୍ମଫୁଲ ଫୁଟି ଭାରି ସୁନ୍ଦର ଦେଖାଯାଉଥିଲା। ଇକ୍‌ବାଲ୍ କହିଲେ ସେ ଅଞ୍ଚଳରେ ୮୦ରୁ ବେଶୀ ଗୁମ୍ଫା ଅଛି। ସବୁ ଗୁମ୍ଫା ବୁଲି ଦେଖିବାପାଇଁ ସମୟ ନଥିଲା। ଅଳ୍ପ କିଛି ସମୟ ପାଇଁ ଆମେ କେବଳ ଖ୍ରୀଷ୍ଟପୂର୍ବ ୫ମ ଶତାବ୍ଦୀରେ ପିଡୁରଙ୍ଗାଲା ନାମକ ଏକ ବିରାଟ ପଥର ଉପରେ ନିର୍ମିତ ହୋଇଥିବା ପିଡୁରଙ୍ଗାଲା ରୟାଲ୍ ଗୁମ୍ଫାକୁ ଯାଇ ଦେଖିଲୁ। ଯଦିଓ ସେଠାରେ ଆହୁରି ଅନେକ ଦର୍ଶନୀୟ ସ୍ଥାନ ଥିଲା, ଆମ ପାଖରେ କମ୍ ସମୟ ଥିବାରୁ ଆମେ ସେଠି କେବଳ ଡାମ୍ବୁଲା କେଭ୍ ଟେମ୍ପଲ୍ ଦେଖିବା ପାଇଁ ଚାହିଁଥିଲୁ।ଏହା କେବଳ ଯେ ପର୍ଯ୍ୟଟକମାନଙ୍କୁ ଆକୃଷ୍ଟ କରିଥାଏ ତା' ନୁହେଁ ପ୍ରତିଦିନ ଶ୍ରୀଲଙ୍କାବାସୀମାନେ ଅନେକ ସଂଖ୍ୟାରେ ଏଠାକୁ ପୂଜାର୍ଚ୍ଚନା ପାଇଁ ଆସିଥାନ୍ତି। ବୌଦ୍ଧ ଧର୍ମର ଏହି ପ୍ରାଚୀନ ଆରାଧନାପୀଠ ଦେଖିବା ପରେ ମୋ ମନରେ ଯେଉଁ ଶାନ୍ତି ଆସିଲା ତାହା ମୁଁ ଭାଷାରେ ପ୍ରକାଶ କରିପାରୁ ନାହିଁ।

ଡାମ୍ବୁଲା କେଭ୍ ଟେମ୍ପଲ୍ ଦେଖିସାରିବା ପରେ ଇକ୍‌ବଲ୍ ଆମକୁ ସେଇ ଅଞ୍ଚଳର ଗୋଟିଏ ଜାଗାକୁ ନେଇଗଲେ ଯାହା ମୃଦୁ ପାନୀୟ ନିମନ୍ତେ ଶ୍ରୀଲଙ୍କାରେ ପ୍ରସିଦ୍ଧ। ସେଇ ପାନୀୟଟିର ନାଁ ହେଲା କିଙ୍ଗ୍ କୋକୋନଟ୍ ଥାମ୍ବିଲି। ଶ୍ରୀଲଙ୍କାରେ ଅନେକ ପ୍ରକାର ନଡ଼ିଆ ଚାଷ ହୁଏ; କିଙ୍ଗ୍ କୋକୋନଟ୍ ସେ ଭିତରୁ ଗୋଟିଏ। ପଇଡ଼ ପାଣି ସ୍ୱାସ୍ଥ୍ୟ ପ୍ରତି ହିତକର- ଏହା ସମସ୍ତେ ଜାଣନ୍ତି। କିଙ୍ଗ୍ କୋକୋନଟ୍ ପାଣି ପ୍ରାଚୀନ କାଳରୁ ଶ୍ରୀଲଙ୍କାରେ ଆୟୁର୍ବେଦିକ ଔଷଧ ଭାବରେ ବ୍ୟବହୃତ ହୋଇଆସୁଛି। ଶ୍ରୀଲଙ୍କାର ଅନେକ ଆୟୁର୍ବେଦିକ ଔଷଧରେ ଶରୀର ଭିତରେ ଥିବା ବିଷାକ୍ତତା କମାଇବା ପାଇଁ କିଙ୍ଗ୍ କୋକୋନଟ୍ ବ୍ୟବହାର କରାଯାଇଥାଏ। କୁହାଯାଏ କିଙ୍ଗ୍ କୋକୋନଟ୍‌ର ପାଣି ରକ୍ତ ସଫା କରେ ଏବଂ 'ଆରୁଲୁ' ଗୁଣ୍ଡ (ପ୍ଲମ୍ ପରି ଗୋଟିଏ ଫଳ) ସହ ଏଇ ନଡ଼ିଆ ପାଣି ମିଶାଇ ପିଇଲେ ତାହା ଏକ ଅତ୍ୟନ୍ତ ପ୍ରଭାବଶାଳୀ ଲାକ୍‌ସେଟିଭ୍ ଭାବରେ କାମ କରେ। କିଙ୍ଗ୍ କୋକୋନଟ୍ ପାଣିକୁ ମଧ୍ୟ ରକ୍ତ ବିଶୋଧନକାରୀ ବୋଲି କୁହାଯାଏ, ଯାହା ଆଧୁନିକ ରାସାୟନିକ ଏବଂ ହର୍ବାଲ୍ ଔଷଧ ମିଳିବାର ବହୁ ଶତାବ୍ଦୀ ପୂର୍ବରୁ ଆବିଷ୍କୃତ ହୋଇଥିଲା। ସେଠାରେ ନଡ଼ିଆ ପାଣି ଏବଂ ନଡ଼ିଆ ବ୍ୟତୀତ ନଡ଼ିଆ ଖୋଳ ମଧ୍ୟ ଅନେକ ପ୍ରକାରରେ ବ୍ୟବହୃତ ହୁଏ। ସେଥି ମଧ୍ୟରୁ ଶ୍ରୀଲଙ୍କାରେ ମୋତେ ଅଧିକ ଆକର୍ଷିତ କରିଥିବା ବ୍ୟବହାର ହେଉଛି, ବଡ଼ ଗଛ ଏବଂ ପାର୍କ ଚାରିପାଖରେ ନଡ଼ିଆ ଖୋଳର ବ୍ୟବହାର। ସବୁଜ ନଡ଼ିଆରୁ ପାଣି ବାହାର କରିବା ପରେ, ନଡ଼ିଆକୁ ଅଧାକରି କାଟି ଦିଆଯାଏ ଏବଂ ଖୋଳା ଅଂଶକୁ ତଳଆଡ଼କୁ ଏବଂ ଗୋଜିଆ ପାଖଟି ଉପର ଆଡ଼କୁ ରଖି ସୁନ୍ଦର କରି ବର୍ଡ଼ର୍ ଭାବରେ ବ୍ୟବହୃତ ହୁଏ, ଯାହା ଗଛ ଚାରିପାଖରେ ଏକ ସୁନ୍ଦର ସାଜସଜ୍ଜା ପରି ଦେଖାଯାଏ। ଏହା ଯେ କେବଳ ସୁନ୍ଦର ଦେଖାଯାଏ ତା' ନୁହେଁ, ଏମିତି ବର୍ଡ଼ର୍ ଦେବାଦ୍ୱାରା ଗଛ ମୂଳରେ ଥିବା ଆର୍ଦ୍ରତା ସଂରକ୍ଷିତ ହୋଇରହେ, ଫଳରେ ଗଛ ଭଲ ବଢ଼େ। ମୁଁ ଏହାକୁ ପ୍ରଥମେ, ଆମେ ଯାଇଥିବା ମସଲା ବଗିଚାରେ ଦେଖିଥିଲି। ପରେ ଦେଖିଲି, ସବୁ ପାର୍କ୍ ଓ ବଗିଚାରେ ଏହା ଥିଲା ଏକ ସାଧାରଣ ଦୃଶ୍ୟ।

କିଙ୍ଗ୍ କୋକୋନଟ୍ ଥାମ୍ବିଲି ଉପଭୋଗ କଲାପରେ ଆମେ ଇନାମାଲୁଆ ମସଲା ବଗିଚା ଦେଖିବାକୁ ଗଲୁ। ପ୍ରବେଶ ଦ୍ୱାରରେ ତାଙ୍କର ଜଣେ କର୍ମଚାରୀ ଆମକୁ ସ୍ୱାଗତ କଲେ। ବଗିଚା ଭିତରେ ପଶିଲା ପରେ ମତେ ଲାଗିଲା ମୁଁ ଯେମିତି ଗୋଟିଏ ଆଶ୍ରମ ଭିତରେ ଅଛି। ଅତି ସୁନ୍ଦର ଭାବରେ ଲଗା ହୋଇଥିବା ମସଲା ଗଛଗୁଡ଼ିକରୁ ଆସୁଥିବା ମହକ ବାତାବରଣକୁ ଭରିଦେଉଥିଲା। ସେଇ ବାତାବରଣ ମନରେ ଉତ୍‌ଫୁଲ୍ଲତା ଆଣି ଦେଉଥିଲା।

ଯିବା ରାସ୍ତାରେ କର୍ମଚାରୀ ଜଣକ ବିଭିନ୍ନ ଔଷଧର ଗୁଳ୍ମ ଓ ଗଛ ଦେଖାଇସାରି

ଗୋଟିଏ ଖୋଲା ସ୍ଥାନରେ ଆମକୁ ନେଇ ବସାଇଲେ। କିଛି ସମୟ ପରେ ଆମକୁ ବିଭିନ୍ନ ପ୍ରକାର ସ୍ପାଇସ୍ ଡ୍ରିଙ୍କ ପିଇବା ପାଇଁ ଦେଲେ ଓ ପ୍ରତ୍ୟେକର ମେଡିସିନାଲ୍ ଗୁଣ ବିଷୟରେ ବୁଝାଇଲେ। ତାଙ୍କ କହିବା ଅନୁସାରେ ସେ ବଗିଚାର ପ୍ରତ୍ୟେକଟି ଗଛ, ଗୁଳ୍ମ ଓ ଲତାର ଚମତ୍କାର ଗୁଣ ରହିଛି। ତା'ପରେ ସେ ଆମକୁ ବଗିଚାଟି ବୁଲି ଦେଖାଇଲେ। ବଗିଚା ବୁଲି ଦେଖିସାରିଲା ପରେ ବିଭିନ୍ନ ପ୍ରକାର ମସଲାର ସୁଗନ୍ଧ ଓ ଆୟୁର୍ବେଦରେ ସେଗୁଡ଼ିକର ଉପକାରିତା ସମ୍ବନ୍ଧରେ ଗୋଟିଏ ମୋଟାମୋଟି ଧାରଣା ହେଲା। ସବା ଶେଷରେ ସେ ସେଇଠାରେ ଥିବା ତାଙ୍କ ଦୋକାନକୁ ଆମକୁ ନେଲେ। ସେଠାରେ ଅନେକ ପ୍ରକାର ଆୟୁର୍ବେଦିକ ଔଷଧ ବିକ୍ରି ପାଇଁ ରଖାହୋଇଥିଲା। କେତେ ଗୁଡ଼ିଏ ଔଷଧ ବିଷୟରେ ଆମେ ବିଶେଷ ଜାଣିବାପାଇଁ ପ୍ରଶ୍ନ ପଚାରିଲୁ। ଆମ ସହ ଯାଇଥିବା ବନ୍ଧୁ ଦମ୍ପତି ଆର୍ଥରାଇଟିସ୍ ପାଇଁ କିଛି ସାହାଯ୍ୟକାରୀ ଔଷଧ କିଣିଲେ। ଏହି ମସଲା ବଗିଚା ବୁଲି ଦେଖିବା ପରେ ଇକ୍‌ବଲ୍ ପାଖରେ ଥିବା ଆଉ ଗୋଟିଏ ମସଲା ବଗିଚାକୁ ଆମକୁ ନେଲେ। ସେଠାରେ ଗୋଟିଏ ଭଲ କାଫେଟେରିଆ ଥିଲା। ଯେହେତୁ ଲଞ୍ଚ୍ ସମୟ ହୋଇଯାଇଥିଲା ଆମେ ପ୍ରଥମେ ଲଞ୍ଚ୍ ଖାଇବାକୁ ଚାହିଁଲୁ। କାଫେଟେରିଆ ପାଖରେ ପହଞ୍ଚି ଦେଖିଲୁ ଖାଇବା ଅର୍ଡର କରିବା ପାଇଁ ଲମ୍ବା ଲାଇନ୍। ପ୍ରାୟ ଦଶ ମିନିଟ୍ ଅପେକ୍ଷା କଲାପରେ ଆମେ ଗୋଟିଏ ଟେବୁଲ୍ ପାଇଲୁ ଓ ଖାଇବା କିଣିନେଇ ସେଇଠି ବସି ଖାଇଲୁ। ଆମେ ଯେଉଁ ଟେବୁଲ୍‌ରେ ବସିଥିଲୁ ସେଠି ଉପରେ ଛାତ ଥାଇ ଖୋଲା ଜାଗା। ସାମନାରେ ବିଭିନ୍ନ ପ୍ରକାର ମସଲା ଗଛ ଥାଇ ଭାରି ସୁନ୍ଦର ଲାଗୁଥିଲା। ଖାଦ୍ୟ ବି ଖୁବ୍ ଭଲ ଲାଗିଲା। ତେଣୁ ସେ ଲଞ୍ଚଟି ଆମେ ଖୁବ୍ ଏଞ୍ଜୟ କଲୁ। ଲଞ୍ଚ୍ ପରେ ସେଇ ବଗିଚାରେ ଅଳ୍ପ ସମୟ ବୁଲି ଫେରିଲୁ।

ଏହାପରେ ଇକ୍‌ବଲ୍ ଆମକୁ ସେଠାରେ ଥିବା ଗୋଟିଏ ଜେମ୍ ବ୍ୟୁରୋକୁ ନେଇଗଲେ। ଜେମ୍ ବ୍ୟୁରୋକୁ ଯିବାକୁ ଆମର ଯଦିଓ ଇଛା ନଥିଲା ଇକ୍‌ବଲ୍ ଆମକୁ ବାଧକରି ସେଠାକୁ ନେଲେ। ଟୁର୍ କମ୍ପାନୀ ବୋଧହୁଏ ତାଙ୍କୁ ଏପରି ନିର୍ଦ୍ଦେଶ ଦେଇଥିଲେ। ପହଞ୍ଚିବା ମାତ୍ରେ ସେଠାର କର୍ମଚାରୀମାନେ ଆମକୁ ସାଦର ସମ୍ବର୍ଦ୍ଧନା ଜଣାଇ ପାଛୋଟି ନେଲେ। ପ୍ରଥମେ ଗୋଟିଏ ଆରାମଦାୟକ ରୁମ୍‌ରେ ବସାଇ ଶ୍ରୀଲଙ୍କାର ଜେମ୍ ଓ ରତ୍ନ ଉପରେ ଗୋଟିଏ ଡକୁମେଣ୍ଟାରୀ ଦେଖାଇଲେ। ସେଇ ଡକୁମେଣ୍ଟାରୀ ଦେଖି ହୀରା ଓ ଅନ୍ୟାନ୍ୟ ମୂଲ୍ୟବାନ ପଥରଗୁଡ଼ିକ କିପରି ଖଣିରୁ ଖନନ କରି, ତାକୁ ସଫା କରି, ବିଭିନ୍ନ ଆକାରରେ କାଟି, ପାଲିସ୍ କରି ଗହଣା ତିଆରି ହୁଏ ତାହା କିଛି କିଛି ଜାଣିହେଲା। ଡକୁମେଣ୍ଟାରୀ ସରିଲା ପରେ ସେମାନେ ଆମକୁ ତାଙ୍କ ଶୋ'ରୁମ୍‌କୁ ନେଲେ। ଆମର ତ କିଛି କିଣିବାର ଆଗ୍ରହ ନଥିଲା। ତେଣୁ ସେମାନେ

ଯାହା ଦେଖାଇଲେ ତାକୁ ଦେଖି ଫେରିଆସିଲୁ। ଆମେ କିଛି ନକିଣିବାରୁ ସେମାନଙ୍କ ମନ ଉଣା ହୋଇଗଲା।

କାଣ୍ଡି: ଶ୍ରୀଲଙ୍କାର ସାଂସ୍କୃତିକ ରାଜଧାନୀ

ଆମର ପରବର୍ତ୍ତୀ ଗନ୍ତବ୍ୟସ୍ଥଳ ଥିଲା ଡାମ୍ବୁଲାରୁ ୭୨ କିଲୋମିଟର ଦୂରରେ ଥିବା କାଣ୍ଡି। କାଣ୍ଡିକୁ ଶ୍ରୀଲଙ୍କାର ସାଂସ୍କୃତିକ ରାଜଧାନୀ ବା ପ୍ରାଣକେନ୍ଦ୍ର କୁହାଯାଏ। ଶ୍ରୀଲଙ୍କାର ମଧ୍ୟଭାଗରେ, ଚାରି ଦିଗରେ ପାହାଡ଼ ଘେରା, ଗ୍ରୀଷ୍ମ ମଣ୍ଡଳୀୟ ଅରଣ୍ୟ ଓ ଚା' ବଗିଚା ବେଷ୍ଟିତ ଏହି ସହରଟି ସମୁଦ୍ରପତ୍ତନଠାରୁ ୧୬୪୦ ଫୁଟ ଉପରେ ଅବସ୍ଥିତ। ଏହି ଐତିହାସିକ ସ୍ଥାନଟି ବୁଦ୍ଧଙ୍କର ପବିତ୍ର ଦନ୍ତ ପାଇଁ ମଧ୍ୟ ବିଖ୍ୟାତ। ଇକ୍‌ବଲଙ୍କ କହିବା ଅନୁସାରେ ଶ୍ରୀଲଙ୍କାର ସବୁଠାରୁ ବଡ଼ ପର୍ବ 'ଏସଲା ପେରାହେରା' ଯାହାକୁ କାଣ୍ଡି ପର୍ବ ବା ଦନ୍ତ ପର୍ବ କୁହାଯାଏ ତାହା ଏହିଠାରେ ଅନୁଷ୍ଠିତ ହୁଏ। ପ୍ରତି ବର୍ଷ ଜୁଲାଇ ଓ ଅଗଷ୍ଟ ମାସରେ ହେଉଥିବା ଏହି ପର୍ବରେ ବୁଦ୍ଧଙ୍କର ପବିତ୍ର ଦନ୍ତକୁ ଭକ୍ତି ଓ ସମ୍ମାନ ଦେଖାଇବା ପାଇଁ ବିରାଟ ଶୋଭାଯାତ୍ରାର ଆୟୋଜନ କରାଯାଇଥାଏ। ସେଥିରେ ସ୍ଥାନୀୟ ନର୍ତ୍ତକୀ ଓ ନର୍ତ୍ତକମାନେ ପାରମ୍ପରିକ ଅଗ୍ନି-ନୃତ୍ୟ ପ୍ରଦର୍ଶନ କରିଥାନ୍ତି। ଚମତ୍କାର ଭାବରେ ସଜା ହୋଇଥିବା ଅନେକ ହାତୀ ମଧ୍ୟ ଏହି ଶୋଭାଯାତ୍ରାରେ ଭାଗ ନିଅନ୍ତି। ଦେଶର ସବୁ ଅଞ୍ଚଳରୁ ବହୁ ସଂଖ୍ୟାରେ ଯାତ୍ରୀମାନେ ଆସି ଏହି ଉତ୍ସବରେ ଯୋଗ ଦେଇଥାନ୍ତି। ଏସଲା ପେରାହେରା ବିଷୟରେ ଏସବୁ ଶୁଣିଲା ପରେ ଇଚ୍ଛା ହେଉଥିଲା ସେ ପର୍ବ ଆମେ ଥିଲା ସମୟରେ ହୋଇଥିଲେ ଆମେ ଦେଖି ପାରିଥାନ୍ତୁ।

କାଣ୍ଡିରେ ଥିବା ଅନ୍ୟାନ୍ୟ ଆକର୍ଷଣୀୟ ସ୍ଥାନମାନଙ୍କ ମଧ୍ୟରେ ରହିଛି ସହରର କେନ୍ଦ୍ର ଭାଗରେ ଥିବା କାଣ୍ଡି ହ୍ରଦ। ଏହାକୁ ବୋଗାମବରା ଲେକ୍ ମଧ୍ୟ କହନ୍ତି। ମନୁଷ୍ୟକୃତ ଏହି ହ୍ରଦର ପରିସୀମା ପ୍ରାୟ ୩.୪ କିଲୋମିଟର୍। ଏହି ସୁନ୍ଦର ହ୍ରଦଟିକୁ କାଣ୍ଡିର ଶେଷ ରାଜା ଭିକ୍ରମ ରାଜସିଂହେ ୧୮୦୭ ମସିହାରେ ନିର୍ମାଣ କରାଇଥିଲେ। ରାଜା ହ୍ରଦଟିକୁ ଚାରି କଡ଼ରେ ଗୋଟିଏ ପାଚେରୀ ଦ୍ୱାରା ଆବଦ୍ଧ କରିବାର ଯୋଜନା କରିଥିଲେ। କିନ୍ତୁ ପାଚେରୀ ନିର୍ମାଣ ଚାଲିଥିବା ସମୟରେ ୧୮୧୫ ମସିହାରେ ଇଂରେଜମାନେ ଆକ୍ରମଣ କରି ରାଜାଙ୍କୁ ବନ୍ଦୀ କରିନେଲେ। ସେତେବେଳକୁ ୱାଲାକୁକୁ କୁହାଯାଉଥିବା ଏହି ପାଚେରୀଟି ପ୍ରାୟ ୨୦୭୦ ଫୁଟ ତିଆରି ହୋଇଥିଲା। ତେଣୁ ପାଚେରୀ କାମ ଅଧାରେ ବନ୍ଦ ରହିଲା। ପାଚେରୀ ମଝିରେ ମଝିରେ ଦେଖିଲୁ ତିନି କୋଣିଆ ଆକୃତିର ଠଣା ରହିଛି ଯାହା ପୁରୁଣା ଦିନରେ ନଡ଼ିଆ ତେଲ ଦୀପ ଏବଂ ମହମବତୀ ଜାଳିବା ପାଇଁ ବ୍ୟବହୃତ ହେଉଥିଲା। କିମ୍ବଦନ୍ତୀ ଅନୁଯାୟୀ, ଏହି ହ୍ରଦକୁ

ରାଜା ଗାଧୋଇବା ପାଇଁ ବ୍ୟବହାର କରୁଥିଲେ। ହ୍ରଦର ଗୋଟିଏ କୋଣରେ କୁଇନ୍ସ ବାଥ୍ ପାଭିଲିଅନ୍ ନାମକ ଏକ ପାଭିଲିଅନ୍ ଅଛି। କୁହାଯାଏ ଯେ ପୁରାତନ କାଳରେ ରାଣୀ ଓ ରାଜାଙ୍କର ଉପପତ୍ନୀମାନେ ଏହି ହ୍ରଦରେ ସ୍ନାନ କରୁଥିଲେ ଏବଂ ରାଜପ୍ରାସାଦରୁ ହ୍ରଦ ପର୍ଯ୍ୟନ୍ତ ଏକ ଗୁପ୍ତ ଟନେଲ୍ ଅଛି ଯେଉଁ ବାଟ ଦେଇ ସେମାନେ ହ୍ରଦକୁ ଯିବା ଆସିବା କରୁଥିଲେ। ଏବେ ହ୍ରଦ କୂଳରେ ପରିଦର୍ଶକମାନେ ବସିବା ଏବଂ ଆରାମ କରିବାପାଇଁ କେତେଗୁଡ଼ିଏ ବେଞ୍ଚ୍ ପଡ଼ିଛି। ତା'ଛଡ଼ା ହ୍ରଦ ଚାରିପଟେ ବୁଲିବା ପାଇଁ ଗୋଟିଏ ସିମେଣ୍ଟର ଫୁଟ୍‌ପାଥ୍ ଅଛି। ଲୋକମାନେ ସକାଳେ ଏବଂ ସନ୍ଧ୍ୟାରେ ସେଇ ଫୁଟ୍‌ପାଥ୍‌ରେ ବୁଲିବା ସମୟରେ ହ୍ରଦକୁ ଉପଭୋଗ କରିବା ସଙ୍ଗେ ସଙ୍ଗେ ବ୍ୟାୟାମ ମଧ୍ୟ କରନ୍ତି।

ଅପରାହ୍ନ ପ୍ରାୟ ୫.୩୦ରେ ଆମେ କାଣ୍ଡିରେ ପହଞ୍ଚିଲୁ। ଯିବା ରାସ୍ତାରେ କାଣ୍ଡି ସହରକୁ ଘେରି ରହିଥିବା ସବୁଜ ବନାନୀର ଶୋଭା ଏଞ୍ଜୟ କରି କରି ଆମେ ସହର ଆଡ଼କୁ ଯାଉଥିଲୁ। ବାଟରେ ନଡ଼ିଆ ବଗିଚା, ରବର ବଗିଚା ଓ ଧାନ ବିଲର ଅପୂର୍ବ ଶୋଭା ମନ ଆନନ୍ଦିତ କରୁଥାଏ। ସିଟି ସେଣ୍ଟର୍‌ରେ ଥିବା ୨୩୦ ବର୍ଷ ପୁରୁଣା ବିଖ୍ୟାତ କାଣ୍ଡି ସିଟି ହୋଟେଲ୍‌ରେ ଆମର ରିଜର୍ଭେସନ୍ ହୋଇଥିଲା। ସେଠାରେ ପହଞ୍ଚି ଦେଖିଲୁ ହୋଟେଲ୍‌ଟି ବହୁତ ଛୋଟ। ସେଇ ଅନୁସାରେ ଲବି। ଅତି ବେଶୀରେ ପାଞ୍ଚ ଛ' ଜଣ ଠିଆ ହୋଇପାରିବେ। ଚେକ୍-ଇନ୍ ପରେ ଆମକୁ ମିଳିଥିବା ଦ୍ୱିତୀୟ ତାଲାର ରୁମ୍‌କୁ ଯିବାପାଇଁ ଯେଉଁ ଏଲିଭେଟର୍ ବ୍ୟବହାର କଲୁ ସେଇଟି ଥିଲା ବହୁତ ପୁରୁଣା; କିନ୍ତୁ କାମ ଠିକ୍ କରୁଥିଲା। ଆମ ଦୁଇ ଦମ୍ପତିଙ୍କୁ ଦୁଇଟି ପାଖାପାଖି ରୁମ୍ ମିଳିଲା। ରୁମ୍‌ରେ ପଶି, ରୁମ୍‌ଟି ବେଶ୍ ବଡ଼ ଓ ସୁସଜ୍ଜିତ ହୋଇଥିବାର ଦେଖି ଖୁସି ଲାଗିଲା। ହୋଟେଲ୍‌ଟି ପୁରୁଣା; କିନ୍ତୁ ଆସବାବପତ୍ର ଥିଲା ଆଧୁନିକ। ଫ୍ରେସ୍ ହେଲା ପରେ ଆମେ ଦନ୍ତ ମନ୍ଦିର ଯିବାପାଇଁ ସ୍ଥିର କଲୁ। ହୋଟେଲ୍‌ରୁ ମାତ୍ର ୫ ମିନିଟ୍‌ର ଚଲା ବାଟରେ ଥିଲା ମନ୍ଦିର।

କୁହାଯାଏ, ଷୋଡ଼ଶ ଶତାବ୍ଦୀରେ ବୁଦ୍ଧଙ୍କ ପବିତ୍ର ଦନ୍ତ କାଣ୍ଡି ଅଣାଯାଇ ରାଜାଙ୍କ ଉଆସରେ ରଖାଯାଇଥିଲା। ଯେଉଁ ଜାଗାରେ ଦନ୍ତ ରଖାଯାଇଥିଲା ତାକୁ କୁହାଯାଉଥିଲା ଶ୍ରୀ ଡାଲଦ ମାଲିଗବା ବା ଦନ୍ତ-ମନ୍ଦିର। ପବିତ୍ର ଦନ୍ତକୁ ଯେଉଁ କୋଠରୀରେ ସୁନାର ଚାନ୍ଦୁଆ ତଳେ ସ୍ଥାପିତ କରାଯାଇଥିଲା ତାକୁ କୁହାଯାଉଥିଲା ହାଣ୍ଡୁନ୍ କୁନାମା। ଏହି କୋଠରୀର କବାଟରେ ସୁନା, ରୁପା ଓ ହାତୀ ଦାନ୍ତର ଛାଉଣୀ ରହିଛି। ଯେଉଁ ସୁନା ଛତ୍ର ତଳେ ଦନ୍ତ ରଖାଯାଇଛି ତାକୁ ଓ ତାକୁ ଘେରାଇ ରହିଥିବା ସୁନାର ବାଡ଼ ଦେଖିବା ପରି ହୋଇଛି। ବାକ୍ସରେ ରତ୍ନପଥର ଖଞ୍ଜାହୋଇ ତା'ରି ଭିତରେ ରହିଛି ପବିତ୍ର ଦନ୍ତ।

ମୋର ମନେ ପଡ଼ିଗଲା, ଆଗରୁ କେଉଁଠି ପଢ଼ିଥିଲି ଯେ ଅନେକ ବିଶ୍ୱାସ କରନ୍ତି ପ୍ରଭୁ ଜଗନ୍ନାଥଙ୍କ ବିଗ୍ରହରେ ଥିବା 'ବ୍ରହ୍ମ' ହେଉଛି ବୁଦ୍ଧଙ୍କ 'ପବିତ୍ର ଦନ୍ତ' ଏବଂ ଯେଉଁ ନୀଳଶୈଳ ଉପରେ ଜଗନ୍ନାଥ ମନ୍ଦିର ନିର୍ମିତ, ତାହା ପ୍ରକୃତରେ ଥିଲା ଏକ ସ୍ତୂପ। ସେଇଥିପାଇଁ କାଣ୍ଡିରେ ଥିବା ପବିତ୍ର ଦନ୍ତ ବିଷୟରେ ଅଧିକ କିଛି ଜାଣିବାପାଇଁ ମୋର ଆଗ୍ରହ ହେଲା।

ଶ୍ରୀଲଙ୍କାର କାଣ୍ଡିରେ ଥିବା ପବିତ୍ର ଦନ୍ତ କ'ଣ ଦନ୍ତପୁର (ଏବର ପୁରୀ, ଓଡିଶା)ରୁ ଯାଇଥିଲା କି ?

ବୁଦ୍ଧଙ୍କର ଦନ୍ତ ବିଷୟରେ ଭାବିବା ସମୟରେ ମୋର ଜୟଦେବଙ୍କର ଗୀତଗୋବିନ୍ଦ ମନକୁ ଆସିଲା। ବୁଦ୍ଧ ଭଗବାନଙ୍କର ଦଶ ଅବତାରରୁ ଗୋଟିଏ ବୋଲି କବି ଜୟଦେବ ଗୀତ ଗୋବିନ୍ଦରେ ବର୍ଣ୍ଣନା କରିଛନ୍ତି। କୌତୁହଳ ହେବାରୁ ଇଣ୍ଟରନେଟ୍ ଖୋଜୁ ଖୋଜୁ ମୁଁ ଦେଖିଲି ଯେ ଶ୍ରୀଲଙ୍କାରେ ପ୍ରଚଳିତ କିମ୍ବଦନ୍ତୀ ଅନୁସାରେ ବୁଦ୍ଧ ଖ୍ରୀଷ୍ଟପୂର୍ବ ୫୪୩ ମସିହାରେ ଦେହତ୍ୟାଗ କଲେ ଓ ତାଙ୍କର ଶରୀର ଉତ୍ତର ପ୍ରଦେଶର କୁଶୀନଗରଠାରେ ଦାହ କରାଯାଇଥିଲା। ଖେମା ନାମକ ବୁଦ୍ଧଙ୍କର ଜଣେ ଶିଷ୍ୟ ଦାହ ସମୟରେ ତାଙ୍କର ଶ୍ୱାନ ଦାନ୍ତଟିକୁ ଉପାଡ଼ି ଆଣି କାଶୀର ରାଜା ବ୍ରହ୍ମଦତ୍ତଙ୍କୁ ପୂଜା କରିବାପାଇଁ ଦେଲେ। କିମ୍ବଦନ୍ତୀ କହେ ରାଜା ସମୟକ୍ରମେ ଏହି ଦନ୍ତଟିକୁ ଦନ୍ତପୁରୀ (ବର୍ତ୍ତମାନର ପୁରୀର ଅନ୍ୟନାମ ମଧ୍ୟ ଦନ୍ତପୁର)କୁ ହସ୍ତାନ୍ତର କଲେ। ଇଣ୍ଟରନେଟ୍‌ରେ ମଧ୍ୟ ଦେଖିଲି ମହାଭାରତରେ ଲେଖାଅଛି ଯେ ଦନ୍ତପୁରୀ କଳିଙ୍ଗ ସାମ୍ରାଜ୍ୟର ରାଜଧାନୀ ଥିଲା। ଚତୁର୍ଥ ଶତାବ୍ଦୀରେ କଳିଙ୍ଗର ତତ୍କାଳୀନ ରାଜା ଗୁହଶିବ ଶତ୍ରୁ ଆକ୍ରମଣରୁ ଦନ୍ତକୁ ରକ୍ଷା କରିବାପାଇଁ ରାଜକୁମାର ଦନ୍ତ ଓ ରାଜକୁମାରୀ ହେମମାଳାଙ୍କ ହାତରେ ଏହାକୁ ଶ୍ରୀଲଙ୍କା ପଠାଇଦେଲେ। ସେତେବେଳେ ଅନୁରାଧାପୁରରେ ଶାସନ କରୁଥିବା ରାଜା ମେଘାବନ ଏହାକୁ ଗ୍ରହଣ କଲେ। ୧୫୯୫ ମସିହାରେ ରାଜା ବିମଳାଧର୍ମସୂର୍ଯ୍ୟ କାଣ୍ଡିରେ ଗୋଟିଏ ମନ୍ଦିର ତୋଳାଇ ଏହି ପବିତ୍ର ଦନ୍ତକୁ ନେଇଆସିଲେ। ପରେ ୧୭୦୭ରୁ ୧୭୩୯ ମସିହା ପର୍ଯ୍ୟନ୍ତ ରାଜତ୍ୱ କରିଥିବା ରାଜା ବୀର ନରେନ୍ଦ୍ର ସିଂହ ବର୍ତ୍ତମାନ ଦନ୍ତ ରଖାଯାଇଥିବା ମନ୍ଦିର ନିର୍ମାଣ କରି ଦନ୍ତକୁ ସ୍ଥାପନ କଲେ। ରାଜବାଟୀ ପରିସରରେ ଏହି ମନ୍ଦିର ନିର୍ମାଣ କରାଗଲା। ରାଜବାଟୀର ଦକ୍ଷିଣ ପାର୍ଶ୍ୱରେ ଥିବା ଏହି ମନ୍ଦିରକୁ ରାଜା ପରେ ବୌଦ୍ଧଭିକ୍ଷୁମାନଙ୍କୁ ଦାନ କରିଦେଲେ।

ରାଜବାଟୀ ପରିସରରେ ଆମେ ଅନେକଗୁଡ଼ିଏ ପ୍ରାସାଦ ଅତିକ୍ରମ କରି ମନ୍ଦିରରେ ପହଞ୍ଚିଲୁ। ଅଞ୍ଚଳଟି ଆକାରରେ ବେଶ୍ ବଡ଼। ମନ୍ଦିର ଆଗରେ ଗୋଟିଏ ବିରାଟ ପ୍ରାଙ୍ଗଣ ରହିଛି ଯେଉଁଠାରେ ହଜାର ହଜାର ଲୋକ ଏକତ୍ରିତ ହୋଇପାରିବେ। ମନ୍ଦିରର ମୁଖ୍ୟ

ବେଦିରେ ଭକ୍ତମାନେ ଅର୍ପଣ କରିଥିବା ମହଣ ମହଣ ଫୁଲ ଗଦା ହୋଇଥିଲା। ସେଇ ଫୁଲର ବାସ୍ନା ମୋର ପିଲାଦିନେ ମୁଁ ଓଡ଼ିଶାର ବିଭିନ୍ନ ମନ୍ଦିରରେ ଆଘ୍ରାଣ କରିଥିବା ବାସ୍ନା ବିଷୟରେ ମନେ ପକାଇଦେଲା। ଏବେ ତ ସେଇ ବାସ୍ନା ମୋ ପାଇଁ ସ୍ୱପ୍ନ। ତେବେ ଓଡ଼ିଶାରେ ମଧ୍ୟ ମୁଁ ମୋ ପିଲାଦିନେ ମନ୍ଦିରରେ ଯେଉଁ ବାସ୍ନା ଅନୁଭବ କରୁଥିଲି ତାହା ଏବେ ଆଉ କରୁନାହିଁ। ତା' ଭିତରୁ ଅନେକ ଫୁଲ ହୁଏତ ବିଲୁପ୍ତ ହୋଇଗଲାଣି। ମନ୍ଦିର ଭିତରେ ଫୁଲ ଓ ଧୂପକାଠିର ସୁଗନ୍ଧ, ତା' ସହ ମନ୍ତ୍ର ଉଚ୍ଚାରଣ ମୋ ଭିତରେ ଆନନ୍ଦର ସ୍ରୋତ ବୁହାଇଦେଲା।

ଦେଖିଲି, ମନ୍ଦିର ଭିତରେ ପିଲାଠାରୁ ବୁଢ଼ା ଯାଏଁ ସମସ୍ତେ ମନ୍ତ୍ର ଉଚ୍ଚାରଣ କରୁଥିଲେ। ଆମେ ପହଞ୍ଚିଲା ସମୟରେ ଦନ୍ତ ଥିବା କୋଠରୀର ଦ୍ୱାର ବନ୍ଦ ଥିଲା। ହଠାତ୍ ଦେଖିଲୁ ଦ୍ୱାର କିଛିକ୍ଷଣ ପାଇଁ ଖୋଲି ପୁଣି ବନ୍ଦ ହୋଇଗଲା। ପ୍ରଥମ ଥର ଯେତେବେଳେ ଆମେ କବାଟ ଖୋଲିବାର ଦେଖିଲୁ ସେଇ କୋଠରୀରୁ ବାହାରୁଥିବା ଏକ ଉଜ୍ଜ୍ୱଳ ସୁବର୍ଣ୍ଣର ଆଲୋକ ଦେଖିଲୁ। କ'ଣ ଆଶା କରାଯାଏ ତାହା ଆମେ ଜାଣି ନଥିଲୁ କିମ୍ବା ଫଟୋ ଉଠାଇବାକୁ ବି ପ୍ରସ୍ତୁତ ନଥିଲୁ। ଆମେ ସେଠାରେ ଠିଆ ହେଇ ରହିଲୁ ଏବଂ ରେଲିକ୍‌କୁ ଭଲ ଭାବରେ ଦେଖିବାପାଇଁ ଏବଂ ଫଟୋ ଉଠାଇବା ପାଇଁ ପ୍ରସ୍ତୁତ ହୋଇଗଲୁ। ଅଳ୍ପ ସମୟ ପରେ ଯେତେବେଳେ ଦ୍ୱାର ପୁଣି ଖୋଲିଲା ମୁଁ ଦେଖିଲି ଏକ ସୁବର୍ଣ୍ଣ ଆଲୋକ ଯାହା ମୋ ଦୃଷ୍ଟିକୁ କିଛି ସମୟ ପାଇଁ ଝଲସାଇ ଦେଲା। ସେଇ କୋଠରୀରୁ ବାହାରୁଥିବା ସୁନା କିରଣରେ ମୁଁ କିଛି କ୍ଷଣ ପାଇଁ କିଛି ଦେଖିପାରିଲି ନାହିଁ। ମନ ସ୍ଥିର କରି ଫଟୋ ଉଠାଇଲି। ପରେ ଫଟୋ କିପରି ହୋଇଛି ଦେଖିଲାବେଳକୁ ଗୋଟିଏ ସ୍ୱର୍ଣ୍ଣାଭ ଆଭା ଛଡ଼ା ଆଉ କିଛି ଦେଖାଯାଉ ନଥିଲା। କିଛି ଅଧିକ ସମୟ ରହି ରେଲିକ୍‌କୁ ପୁଣି ଦେଖିବାପାଇଁ ଇଚ୍ଛା ଥିଲା। କିନ୍ତୁ ଲାଇନ୍‌ରେ ଏତେ ଲୋକ ଅପେକ୍ଷା କରି ରହିଥିଲେ ଯେ ଆମକୁ ଫେରି ଆସିବାକୁ ପଡ଼ିଲା। ଆମେ ଅନ୍ୟ ଗୋଟିଏ ବାଟଦେଇ ବାହାରକୁ ଆସିଲୁ। ଫେରିବା ରାସ୍ତା ଥିଲା ଗୋଟିଏ ଲମ୍ବା ସଂକୀର୍ଣ୍ଣ ପଥ। ସେଇ ସଂକୀର୍ଣ୍ଣ ପଥର ଛାତ ଓ ଦୁଇ ପାଖ କାନ୍ଥରେ ଖୁବ୍ ସୁନ୍ଦର ମ୍ୟୁରାଲ୍ କରାଯାଇଥିଲା। ଏତେ ଲୋକ ପଛରୁ ମାଡ଼ି ଆସୁଥିଲେ ଯେ ସେଠାରେ ଠିଆ ହୋଇ ମ୍ୟୁରାଲ୍‌ଗୁଡିକୁ ଭଲ ଭାବରେ ଦେଖିବାର ସୁଯୋଗ ବି ପାଇଲୁ ନାହିଁ।

ମନ୍ଦିର ପରିସରରୁ ବାହାରକୁ ଆସିବା ବେଳକୁ ଡିନର୍ ଟାଇମ ଗଡ଼ି ଯାଇଥିଲା। ତେଣୁ ପାଖରେ ଥିବା କୌଣସି ଗୋଟିଏ ରେସ୍ତୋରାଁକୁ ନେବାପାଇଁ ଇକ୍‌ବାଲ୍‌ଙ୍କୁ କହିଲୁ। ସେ ଆମକୁ ଗୋଟିଏ ସପିଙ୍ଗ୍ ମଲ୍‌କୁ ନେଇଗଲେ ଯେଉଁଠାରେ ଫୁଡ୍ କୋର୍ଟ ଥିଲା। ସେଠାରେ ମିଳୁଥିବା ଅନେକ ପ୍ରକାର ଖାଦ୍ୟ ଭିତରୁ ନିଜ ପସନ୍ଦର ଖାଦ୍ୟ ଆଣି

ଆମେ ଖାଇଲୁ। ଆମ ସହ ଖାଇବାପାଇଁ ଇକ୍‌ବଲ୍‌ଙ୍କୁ ଅନୁରୋଧ କଲୁ; କିନ୍ତୁ ସେ ନମ୍ରତାର ସହ ମନାକଲେ। ସେ ଯେଉଁ କମ୍ପାନୀ ପାଇଁ କାମ କରୁଥିଲେ ବୋଧହୁଏ ଏହା ଥିଲା କମ୍ପାନୀର ନିର୍ଦ୍ଦେଶ। ଡିନର୍ ପରେ ଆମେ ହୋଟେଲ୍‌କୁ ବିଶ୍ରାମ ନେବାପାଇଁ ଫେରିଆସିଲୁ।

ପରଦିନ ସକାଳେ ବ୍ରେକ୍‌ଫାଷ୍ଟ ପରେ ଆମେ ୮୦ କିଲୋମିଟର ଦୂରରେ ଥିବା ନୁଆରା ଏଲିଆ ଅଭିମୁଖେ ବାହାରିଲୁ। ପାହାଡ଼ିଆ ରାସ୍ତା ହୋଇଥିବାରୁ ୮୦ କିଲୋମିଟରକୁ ଅଢ଼େଇ ଘଣ୍ଟା ଲାଗିବ ବୋଲି ଇକ୍‌ବଲ୍ କହିଥିଲେ। ବାଟରେ ପେରାଡେନିଆ ୟୁନିଭର୍ସିଟି ଆଗରେ ଇକ୍‌ବଲ୍ ଗାଡ଼ି ରଖିବାରୁ, ଗାଡ଼ିରୁ ଓହ୍ଲାଇ ଆମେ ଅଳ୍ପ ସମୟ ପାଇଁ ୟୁନିଭର୍ସିଟି କ୍ୟାମ୍ପସ୍ ବୁଲି ଦେଖିଲୁ। ଅନ୍ୟାନ୍ୟ ଜିନିଷ ଭିତରେ ସେଠାରେ ଥିବା ତିନି ଶହ ବର୍ଷର ପୁରୁଣା ଗୋଟିଏ ଗଛ ଦେଖି ଖୁବ୍ ଖୁସି ଲାଗିଲା। ଗଛଟିର ଗଣ୍ଡିଟି ବେଶ୍ ବଡ଼; କିନ୍ତୁ ତା'ର ଶାଖାପ୍ରଶାଖା ବିଭିନ୍ନ ଦିଗରେ ଯେମିତି ମେଲାଇ ହୋଇ ରହିଛି ଦେଖି ଆଶ୍ଚର୍ଯ୍ୟ ଲାଗିଲା। ସେଇ ଗଛ ତଳେ ଆମେ ବହୁତ ଫଟୋ ଉଠାଇଲୁ। ଇକ୍‌ବଲ୍ କହିଲେ ଯେ ସେଇ ୟୁନିଭର୍ସିଟିର ଗୋଟିଏ ବୋଟାନିକାଲ୍ ଗାର୍ଡନ୍ ଅଛି ଯାହା ଦେଖିବା ପାଇଁ ପର୍ଯ୍ୟଟକ ମାନଙ୍କର ଭିଡ଼ ଜମେ। କିନ୍ତୁ ଆମ ପାଖରେ ତାକୁ ଦେଖିବାକୁ ସମୟ ନଥିଲା। ପ୍ରୋଗ୍ରାମ୍ ଅନୁସାରେ ନୁଆରା ଏଲିଆ ବୁଲି ଦେଖିବା ପରେ ସେଦିନ ରାତି ସୁଦ୍ଧା ଆମର କଲମ୍ବୋ ଫେରିବାର ଥିଲା।

ନୁଆରା ଏଲିଆ: ଛୋଟ ଇଂଲଣ୍ଡ

ଗ୍ରୀଷ୍ମ ରିଜର୍ଟ ଭାବରେ ପରିଚିତ ନୁଆରା ଏଲିଆ ଗୋଟିଏ ସୁନ୍ଦର ସହର। ଶାନ୍ତ ପରିବେଶ ମଧ୍ୟରେ ନୁଆରା ଏଲିଆକୁ ଆମର ଯାତ୍ରା ଥିଲା ଆମୋଦଦାୟକ। ରାସ୍ତାର ଦୁଇ କଡ଼ରେ ମାଇଲ୍ ମାଇଲ୍ ଧରି କ୍ଷେତ ଓ ଦୂରରେ ପର୍ବତଶ୍ରେଣୀର ସବୁଜ ସୌନ୍ଦର୍ଯ୍ୟ ଉପଭୋଗ କରିକରି ଆମେ ନୁଆରା ଏଲିଆର ନିକଟବର୍ତ୍ତୀ ହେଉଥିଲୁ।

ଶ୍ରୀଲଙ୍କା ଭଲ କ୍ୱାଲିଟିର ଚା' ପାଇଁ ପୃଥିବୀ ପ୍ରସିଦ୍ଧ। ଯିବା ବାଟରେ ଗୋଟିଏ ଚା' ପ୍ରସେସିଂ ପ୍ଲାଣ୍ଟ୍ ପଡ଼ିଲା। ଆମର ଗାଇଡ୍ ଆମକୁ ଚା' ପ୍ରସେସିଂ ହେବାର ପ୍ରଣାଳୀ ଦେଖାଇବା ପାଇଁ ସେଇ ପ୍ଲାଣ୍ଟ୍‌କୁ ନେଲେ। ଫାକ୍ଟ୍ରି ଏଣ୍ଟ୍ରାନ୍ସରେ ପହଞ୍ଚିବା କ୍ଷଣି ସେଠାର କର୍ମଚାରୀ ଆମକୁ ସ୍ୱାଗତ ଜଣାଇ ଗୋଟିଏ ରୁମ୍‌ରେ ନେଇ ବସାଇଲେ ଓ ବିଭିନ୍ନ ପ୍ରକାର ଚା'ର ସ୍ୱାଦ ଚାଖିବାପାଇଁ ଖୁବ୍ ଛୋଟ ଛୋଟ କପ୍‌ରେ ଚା' ଦେଲେ। ଚା' ପ୍ରତି ମୋର ଏତେ ରୁଚି ନାହିଁ। ଭଲମନ୍ଦ ଚା' ମୁଁ ଏତେ ବାରିପାରେ ନାହିଁ। ଦିନକୁ ଥରେ ପିଏ, ସେ ପୁଣି ଆମର ଭାରତୀୟ ଚା' ଯାହାକି ଯଥେଷ୍ଟ କ୍ଷୀର ପକାଇ ଫୁଟା

ହୋଇଥିବ। ମୋ ସ୍ୱାମୀଙ୍କର ବିଭିନ୍ନ ପ୍ରକାର ଚା’ ପିଇବାର ସଉକି ଥିଲା; କିନ୍ତୁ ଏବେ ସେ ଚା’ ପିଇବା ପ୍ରାୟ ବନ୍ଦ କରିଦେଇଛନ୍ତି। ଆମ ସାଙ୍ଗ ଦମ୍ପତିଙ୍କର ମଧ୍ୟ ଚା’ ପ୍ରତି ଏତେ ରୁଚି ନାହିଁ। କିନ୍ତୁ ସେ ଫାକ୍ଟ୍ରିର କର୍ମଚାରୀମାନେ ଏତେ ଆଗ୍ରହ ସହ ଚା’ ଦେଉଥିବାରୁ ଆମେ ସମସ୍ତେ ଟିକିଏ ଟିକିଏ ଚା’ ପିଇ ସ୍ୱାଦ ଚାଖିଲୁ। ଚା’ ଚାଖିବା ପର୍ବ ସରିବା ପରେ ବନ୍ଧୁମାନଙ୍କୁ ଦେବାପାଇଁ ବିଭିନ୍ନ ସ୍ୱାଦର କିଛି ଚା’ ପ୍ୟାକେଟ୍ କିଣିଲୁ। ତା’ପରେ ଗଲୁ ପ୍ଲାଣ୍ଟରେ ଚା’ ପ୍ରସେସିଂ ପ୍ରଣାଳୀ ଦେଖିବା ପାଇଁ। ପ୍ଲାଣ୍ଟ୍ ଲୋକମାନଙ୍କ ସହ କଥା ହୋଇ ଆମେ ଯାହା ବୁଝିଲୁ ତାର ସାରାଂଶ ହେଲା- ଶ୍ରୀଲଙ୍କା ଚା’ ବିକ୍ରି କରି ସବୁଠାରୁ ବେଶି ବୈଦେଶିକ ମୁଦ୍ରା ଅର୍ଜନ କରେ। ଦେଶର ଜନସଂଖ୍ୟାର ୧୫ ପର୍ସେଣ୍ଟ ଲୋକ ଚା’ ବା ଚା’ ସମ୍ବନ୍ଧୀୟ କାମରେ ନିଯୁକ୍ତ। ୨୦୧୩ ମସିହାରେ ଏଇ ଦେଶ ଥିଲା ପୃଥିବୀର ଶ୍ରେଷ୍ଠ ଚା ରପ୍ତାନିକାରୀ ଦେଶ। କିନ୍ତୁ ତା’ ପରଠାରୁ ଚା’ ଉତ୍ପାଦନ ଓ ରପ୍ତାନୀ କମିଯାଇଛି। ଚା’ର ଉତ୍ପାଦନ ପାଇଁ ଯାହା ଆବଶ୍ୟକ- ବର୍ଷା, ଆର୍ଦ୍ରତା ଓ ସଠିକ୍ ତାପମାତ୍ରା- ସେସବୁ ପ୍ରକୃତି ଶ୍ରୀଲଙ୍କାକୁ ଦେଇଛି। ସେଥିପାଇଁ ଶ୍ରୀଲଙ୍କାରେ ଉତ୍ପାଦିତ ଚା’ର କ୍ୱାଲିଟି ଖୁବ୍ ଭଲ। ଚା’ର ସ୍ୱାଦ ବଜାୟ ରଖିବାପାଇଁ ଏହାର ଅମଳ ଓ ପ୍ରୋସେସିଂ ଗୁରୁତ୍ୱପୂର୍ଣ୍ଣ। ସେମାନଙ୍କ କହିବା ଅନୁଯାୟୀ ଚା’ ପତ୍ର ଗଛରୁ ତୋଳା ହେବା ପରେ ଶୁଖି ଝାଉଁଳି ଯିବା ପର୍ଯ୍ୟନ୍ତ ତାକୁ ଶୁଖାଯାଏ। ଯେଉଁଗୁଡ଼ିକ ଅତି ଦାମିକା ଚା’ ତାକୁ ହାତରେ ତୋଳାଯାଏ; ଅନ୍ୟଗୁଡ଼ିକ ମେସିନ୍ ସାହାଯ୍ୟରେ ତୋଳା ଯାଇଥାଏ। ଶୁଖାଇବା ବେଳେ ପବନ ଯାତାୟାତକୁ ନିୟନ୍ତ୍ରଣ କରାଯାଏ। ଚା’ ପତ୍ର ଶୁଖିଗଲେ ତାକୁ ରୋଲ୍ କରି, ଟ୍ୱିଷ୍ଟ୍ କରି, ଗୁଣ୍ଡ କରି ବିଭିନ୍ନ ପ୍ରକାର ଚା’ ତିଆରି କରାଯାଏ। ଆମେ ଯେଉଁ ପ୍ଲାଣ୍ଟ୍‌କୁ ଯାଇଥିଲୁ ସେଠାରେ ଟ୍ରେନ୍‌ରେ ଶ୍ରୀଲଙ୍କାର ବିଭିନ୍ନ ସ୍ଥାନରୁ ଚା’ ପତ୍ର ଅଣାଯାଇ ତାକୁ କନ୍‌ଭେୟର୍ ବେଲ୍ଟରେ ଶୁଖାଇବା ସ୍ଥାନକୁ ନିଆଯିବାର ଦେଖିଲୁ। ବଡ଼ ବଡ଼ କଣ୍ଟେନରରେ ଚା’ ପତ୍ର ଶୁଖା ହେଉଥିଲା। କଣ୍ଟେନର୍‌ଗୁଡ଼ିକ ଯେଉଁଠି ଥିଲା ସେ ରୁମ୍‌ର ତାପ ଓ ଆର୍ଦ୍ରତା ନିୟନ୍ତ୍ରଣ କରାଯାଉଥିଲା। ପତ୍ରଗୁଡ଼ିକ ଶୁଖିବା ପରେ ସେଗୁଡ଼ିକର ଆକାର ଓ ଗୁଣାତ୍ମକ ମାନ ଅନୁସାରେ ଅଲଗା ଅଲଗା କରାଯାଉଥିଲା। ସେଥିପାଇଁ ମେସିନ୍ ବ୍ୟବହାର କରାଯାଉଥିଲା। ସେଇଠି ଜାଣିଲି ଗୁଣ୍ଡ ଚା’ଗୁଡ଼ିକ ସବୁଠାରୁ ଶସ୍ତା। ପ୍ଲାଣ୍ଟ୍‌ରୁ ଫେରିବା ସମୟରେ ଚା’ ସମ୍ବନ୍ଧରେ କିଛିଟା ଧାରଣା ହୋଇ ଯାଇଥିଲା।

ଚା’ ଫାକଟ୍ରି ଦେଖିବା ପରେ, ନୁଆରା ଏଲିଆ ଯାତ୍ରା ପୁଣି ଆରମ୍ଭ ହେଲା। ବାଟରେ ଆମେ ରାମବୋଧ ହନୁମାନ ମନ୍ଦିର ଦେଖିବା ପାଇଁ ରହିଲୁ। ଏହି ମନ୍ଦିରଟି ଚିନ୍ମୟ ମିଶନ୍‌ର ଲୋକମାନେ ଗୋଟିଏ ସୁନ୍ଦର ପାହାଡ଼ ଉପରେ କରିଛନ୍ତି। ମନ୍ଦିର

ଚାରିକଡ଼ରେ ସବୁଜ ବନାନୀ। ଅଳ୍ପ ଦୂରରେ ଗୋଟିଏ ଉପତ୍ୟକା। ମନ୍ଦିର ଭିତରକୁ ଯାଇ ଦେଖିଲୁ ମନ୍ଦିର ଭିତରଟି ସୁନ୍ଦର ଭାବରେ ସଜା ହୋଇଛି ଓ ତା' ଭିତରେ ୧୬ ଫୁଟ ଉଚ୍ଚ ହନୁମାନ ମୂର୍ତ୍ତି। ଖୁବ୍ ଶାନ୍ତ ପରିବେଶ। ଆମେ ପହଞ୍ଚିବା ସମୟରେ ଆଳତି ହେଉଥିଲା। ଅନେକ ଲୋକ ତଳେ ବସି ଆଳତି ସଙ୍ଗୀତ ଗାଉଥିଲେ। ଆମେ ମଧ୍ୟ ସେଠି ଆଳତିରେ ଭାଗ ନେଇ ଫେରିଲୁ। ଦିନଟି ଥିଲା ଚମତ୍କାର। ଖରା ବେଶ୍ ଥିଲେ ମଧ୍ୟ ବାତାବରଣ ଥିଲା ଶୀତଳ। ଯେଉଁଆଡ଼େ ଚାହିଁଲେ ଦେଖିଲୁ କେବଳ ସବୁଜ ପର୍ବତ। ଇକବଲ୍ ଆମକୁ ଏକ ନିର୍ଦ୍ଦିଷ୍ଟ ପର୍ବତଶ୍ରେଣୀ ଦେଖାଇଲେ ଯାହା ଦେଖା ଯାଉଥିଲା ସତେ ଯେପରି ପ୍ରଭୁ ହନୁମାନ ଆକାଶକୁ ଚାହିଁ ଶୋଇଛନ୍ତି। ଏତେ ସାମଞ୍ଜସ୍ୟ ଦେଖି ଆମେ ଆଶ୍ଚର୍ଯ୍ୟ ହେଲୁ।

ରାମବୋଧ ହନୁମାନ ମନ୍ଦିର ଦେଖିସାରି ନୂଆରା ଏଲିଆ ଯିବା ରାସ୍ତାରେ ଦୂରରୁ ଦେଖିଲୁ ଗୋଟିଏ ଜଳପ୍ରପାତ। ଇକବଲ୍ କହିଲେ ସେ ଜଳପ୍ରପାତର ନାଁ ଦେଭନ୍ ଫଲସ୍। ଏହା ୯୭ ମିଟର ଉଚ୍ଚ। ଆଉ କିଛି ବାଟ ଗଲାପରେ ଆମେ ରାସ୍ତା କଡ଼ରେ ଥିବା ସୀତା ଆମ୍ମା ମନ୍ଦିରରେ ରହିଲୁ। ମନ୍ଦିରଟି ନୂଆରା ଏଲିଆଠାରୁ ବେଶୀ ଦୂର ନୁହେଁ। ପୌରାଣିକ ଉପାଖ୍ୟାନ ଅନୁସାରେ ଦଣ୍ଡକାରଣ୍ୟରୁ ସୀତାଙ୍କୁ ହରଣ କରିନେବା ପରେ ରାବଣ ଏହି ସ୍ଥାନରେ ତାଙ୍କୁ ଆଣି ବନ୍ଦୀ କରି ରଖିଥିଲା। ପିଲାଦିନେ ମୁଁ ଶୁଣିଥିଲି ସୀତାଙ୍କୁ ଉଦ୍ଧାର କରିବାପାଇଁ ରାମଚନ୍ଦ୍ର ସମୁଦ୍ରରେ ସେତୁ ବାନ୍ଧିଥିଲେ, ତାମିଲନାଡୁର ରାମେଶ୍ୱରଠାରୁ ଶ୍ରୀଲଙ୍କାର ମାନାର ପର୍ଯ୍ୟନ୍ତ। ସେଇ ସେତୁ ନିର୍ମାଣ ବେଳେ ରାମଙ୍କର ମାଙ୍କଡ଼ ବାହିନୀ ତ ସାହାଯ୍ୟ କରିଥିଲେ, ତା'ଛଡ଼ା ସେମାନଙ୍କ ସହ କେତେଗୁଡ଼ିଏ ଗୁଣ୍ଡୁଚି ମୂଷା ମଧ୍ୟ ସାହାଯ୍ୟ କରିଥିଲେ। ରାମ ଯେତେବେଳେ ଦେଖିଲେ ଗୁଣ୍ଡୁଚି ମୂଷାମାନେ ବନ୍ଧ ବାନ୍ଧିବାରେ ସ୍ୱଇଚ୍ଛାରେ କଠିନ ପରିଶ୍ରମ କରି ସାହାଯ୍ୟ କରୁଛନ୍ତି, ତାଙ୍କର ଖୁବ୍ ଦୟା ହେଲା। ସେ ଗୋଟିଏ ଗୁଣ୍ଡୁଚି ମୂଷା ଉଠାଇ ଆଣି ସ୍ନେହରେ ଆଉଁସିଦେଲେ। ଗୁଣ୍ଡୁଚି ମୂଷା ଦେହରେ ତାଙ୍କର ତିନୋଟି ଆଙ୍ଗୁଳି ଚିହ୍ନ ରହିଗଲା ବୋଲି କୁହାଯାଏ। କେବଳ ତା'ର ନୁହେଁ, ସବୁ ଗୁଣ୍ଡୁଚି ମୂଷାମାନଙ୍କ ଦେହରେ ସେଇ ସ୍ନେହର ପ୍ରତୀକ ରହିଗଲା ବୋଲି ଶୁଣିଥିଲି। ଆମେରିକାରେ ମୁଁ ପ୍ରଥମେ ଯେତେବେଳେ ଗୁଣ୍ଡୁଚି ମୂଷା ଦେହରେ ତିନୋଟି ଗାର ନଥିବାର ଦେଖିଲି, ମୋର ଧାରଣା ଦୃଢ଼ ହେଲା ଯେ ଶ୍ରୀରାମଙ୍କ ଆଙ୍ଗୁଳି ଚିହ୍ନ କେବଳ ଭାରତୀୟ ଗୁଣ୍ଡୁଚି ମୂଷାଙ୍କର ଅଛି ବୋଧହୁଏ। ଶ୍ରୀଲଙ୍କାରେ ଗୁଣ୍ଡୁଚି ମୂଷା ଦେଖିବା ପାଇଁ ଆଗ୍ରହ ଥିଲା; କିନ୍ତୁ ଗୋଟିଏ ବି କେଉଁଠି ନଜରରେ ପଡ଼ିଲାନି। ମୁଁ ଅନ୍ୟ କୌଣସି ଦେଶରେ ମଧ୍ୟ ଗୁଣ୍ଡୁଚି ମୂଷା ଦେଖିନାହିଁ। ତେଣୁ ନିଶ୍ଚିତ ଭାବରେ କହିପାରିବି ନାହିଁ ଯେ କେବଳ ଭାରତୀୟ ଗୁଣ୍ଡୁଚି ମୂଷାଙ୍କ ଦେହରେ ତିନୋଟି ଆଙ୍ଗୁଳି ଚିହ୍ନ ଅଛି।

ରାମାୟଣ କଥା ମନରେ ଥିବାରୁ ସୀତାଙ୍କୁ ରାବଣ ବନ୍ଦୀ କରି ରଖିଥିବା ସ୍ଥାନ- ସୀତା ଏଲିଆ ଓ ଶ୍ରୀଲଙ୍କାର ଯେଉଁ ସ୍ଥାନରେ ରାମ ପ୍ରଥମେ ପଦାର୍ପଣ କରିଥିଲେ- ମାନାର ମଧ୍ୟରେ ଥିବା ଦୂରତ୍ୱ ଜାଣିବାପାଇଁ ମୋର ଆଗ୍ରହ ହେଲା। ଇଣ୍ଟରନେଟ୍ ଖୋଜି ଦେଖିଲି ମାନାରଠାରୁ ସୀତା ଏଲିଆର ଦୂରତ୍ୱ ହେଉଛି ୩୩୮ କିଲୋମିଟର। ସେ ସମୟରେ ରାମଙ୍କୁ ଏତେବାଟ ଯିବାକୁ କେତେ ସମୟ ଲାଗିଥିବ କେଜାଣି ?

ସୀତା ଆମ୍ମା ମନ୍ଦିରଟି ବଡ଼ ବଡ଼ ଗଛ ଘେରା ଜଙ୍ଗଲ ଭିତରେ ତିଆରି ହୋଇଛି। ମନ୍ଦିର ପଛପଟେ ଛୋଟ ନଦୀଟିଏ ବୋହିଯାଉଛି। ମନ୍ଦିର ସାମନାରେ ରାସ୍ତା, ଅଳ୍ପ କିଛି ଘର ଓ ଛୋଟ ଛୋଟ ଦୋକାନ ସବୁ ରହିଛି; କିନ୍ତୁ ପଛ ପଟଟି ପୂରା ଜଙ୍ଗଲ। ମନ୍ଦିର ପରିସରରେ ମୁଖ୍ୟ ମନ୍ଦିର ବ୍ୟତୀତ ଅନେକଗୁଡ଼ିଏ ଛୋଟ ଛୋଟ ମନ୍ଦିର ଅଛି। ମୁଖ୍ୟ ମନ୍ଦିରରେ ଶ୍ରୀରାମ, ସୀତା ଓ ଲକ୍ଷ୍ମଣଙ୍କର ଅନେକ ଛୋଟ ଓ ବଡ଼ ସୁନାର ମୂର୍ତ୍ତି ଅଛି। ପାଖରେ ଥିବା ଛୋଟ ମନ୍ଦିରଗୁଡ଼ିକରେ ବିଭିନ୍ନ ହିନ୍ଦୁ ଦେବଦେବୀଙ୍କ ମୂର୍ତ୍ତି ରହିଛି। ମନ୍ଦିର ବାହାରେ, କିଛିଟା ତଳ ସ୍ତରରେ, ସୀତା ଗୋଟିଏ ବଡ଼ ଗଛ ମୂଳରେ ବସିଥିବାର ଓ ତାଙ୍କ ପାଖରେ ହନୁମାନଙ୍କର ହାତ ଯୋଡ଼ି ପ୍ରାର୍ଥନା କରୁଥିବା ଭଙ୍ଗୀରେ ଠିଆ ହୋଇଥିବାର ଏବଂ ପାଖରେ ହରିଣଟିଏ ଠିଆ ହୋଇଥିବାର ପ୍ରତିମୂର୍ତ୍ତି ରହିଛି। ନିକଟରେ ଥିବା ଗୋଟିଏ ପଥର ଉପରେ ହନୁମାନଙ୍କର ବିରାଟ ପାଦଚିହ୍ନ ଅଛି। ସେଠାରେ ପ୍ରାୟ ପଇଁଚାଳିଶ ମିନିଟ୍ ରହି ଆମେ ନୂଆରା ଏଲିଆ ଅଭିମୁଖେ ପୁଣି ଯାତ୍ରା ଆରମ୍ଭ କଲୁ।

ଶ୍ରୀଲଙ୍କାର ମଧ୍ୟ ଭାଗରେ ଏକ ପର୍ବତଶ୍ରେଣୀ ଉପରେ ନୂଆରା ଏଲିଆ ସହର ଅବସ୍ଥିତ। ବ୍ରିଟିଶ ଢଙ୍ଗର ବଙ୍ଗଳା, ସୁନ୍ଦର ବଗିଚା ଓ ଥଣ୍ଡା ଜଳବାୟୁ ଯୋଗୁ ଏହି ସହରକୁ ଲିଟିଲ୍ ଇଂଲଣ୍ଡ ବା ଛୋଟ ଇଂଲଣ୍ଡ ବୋଲି କୁହାଯାଏ। ଶ୍ରୀଲଙ୍କାରେ ରହୁଥିବା ଇଂରେଜମାନେ ବିଭିନ୍ନ ପ୍ରକାର ଜନ୍ତୁ ଯଥା ହରିଣ, ହାତୀ ଓ ବିଲୁଆ ଶିକାର କରିବା ପାଇଁ, ତା'ଛଡ଼ା ଗଲ୍ଫ, ପୋଲୋ ଏବଂ କ୍ରିକେଟ୍ ଖେଳିବା ପାଇଁ ନୂଆରା ଏଲିଆକୁ ଆସୁଥିଲେ। ଉପନିବେଶ ସମୟର ବଙ୍ଗ୍ଲୋ, ସୁନ୍ଦର ଗୋଲାପ ବଗିଚା, ଲାଲ ରଙ୍ଗର ଟେଲିଫୋନ୍ ବାକ୍ସ ଓ ଗୋଲାପୀ ରଙ୍ଗ ଇଟାରେ ତିଆରି ପୋଷ୍ଟ ଅଫିସ୍ ଥିବା ଏଇ ସହରଟିରେ ଇଂରେଜମାନଙ୍କ ଛାପ ରହିଯାଇଛି। ଚତୁର୍ଦିଗରେ ବଡ଼ ବଡ଼ ପାହାଡ଼ ଘେରା, ଟେରାସ୍ ପ୍ରଣାଳୀର ଚା' ବଗିଚା ଓ ପ୍ରାକୃତିକ ସୌନ୍ଦର୍ଯ୍ୟରେ ଭରପୂର ଏଇ ସହରଟି ପ୍ରକୃତରେ ଅତି ସୁନ୍ଦର। ପାହାଡ଼ ଉପରେ ଗାଡ଼ି ଧୀରେ ଧୀରେ ଚଢୁଥିବା ବେଳେ ମାଇଲ ମାଇଲ ଧରି ଟେରାସ୍ ଚା' ବଗିଚା ଦେଖିବାକୁ ପାଇଲୁ। ନୂଆରା

ଏଲିଆ ସମୁଦ୍ରପତନଠାରୁ ୧୮୮୯ ମିଟର ଉଚ୍ଚରେ। ଅନୁକୂଳ ଜଳବାୟୁ ଯୋଗୁ ଏଠାରେ ଅନେକ ପ୍ରକାର ଫଳ ଓ ପନିପରିବା ଚାଷ କରାଯାଏ। ଯଦିଓ ଚା' ଏଠାରେ ମୁଖ୍ୟ ଫସଲ ତଥାପି ଧାନ, ରବର, ପନିପରିବା ଯଥେଷ୍ଟ ପରିମାଣରେ ଉତ୍ପନ୍ନ ହୁଏ। ବର୍ଷ ତମାମ ତାପମାତ୍ରା ଆରାମଦାୟକ ହୋଇଥିବାରୁ ଏଠାରେ ଅନେକ ହିଲ୍ ରିଜର୍ଟ ରହିଛି। ପୃଥିବୀର ସବୁ ଅଞ୍ଚଳରୁ ପର୍ଯ୍ୟଟକମାନେ ଏଠାକୁ ଆସିଥାନ୍ତି।

ନୂଆରା ଏଲିଆ ପହଞ୍ଚିବାକୁ ଆଉ ଅଳ୍ପ ବାଟ ଅଛି ଆମେ ଦେଖିଲୁ ଛ' ଜଣ ସ୍ତ୍ରୀ ଲୋକ ମୁଣ୍ଡରେ ବଡ଼ ବଡ଼ ବୋଝରେ ଚା' ପତ୍ର ଧରି ରାସ୍ତାକଡ଼ରେ ଚାଲୁଛନ୍ତି। ଇକ୍‌ବଲ୍ ସେମାନଙ୍କ ନିକଟରେ ଗାଡ଼ି ରଖିଲେ। ଆମ ଗାଡ଼ି ରହିବା ଦେଖି ସେମାନେ ଆମ ପାଖକୁ ଆସିଲେ। ସେମାନେ ଆସି କ'ଣ କହିଲେ ଆମେ ବୁଝିପାରିଲୁ ନାହିଁ। ତେବେ ଇକ୍‌ବଲ୍ କହିଲେ ଯେ ସେମାନେ ଆମଠାରୁ କିଛି ଟଙ୍କା ପାଇବାପାଇଁ ଆଶା କରୁଛନ୍ତି। ସକାଳୁ ସନ୍ଧ୍ୟା ପର୍ଯ୍ୟନ୍ତ ଚା' ବଗିଚାରେ କଠିନ ପରିଶ୍ରମ କଲେ ମଧ୍ୟ ସେମାନେ ଯଥେଷ୍ଟ ପାରିଶ୍ରମିକ ପାଆନ୍ତି ନାହିଁ। ନୂଆରା ଏଲିଆକୁ ବହୁ ସଂଖ୍ୟକ ପର୍ଯ୍ୟଟକ ଆସୁଥିବାରୁ ପର୍ଯ୍ୟଟକଙ୍କଠାରୁ କିଛି ଟଙ୍କାପଇସା ପାଇ ସେମାନେ ଗୁଜୁରାଣ ମେଣ୍ଟାନ୍ତି।

ସିଟିରେ ପହଞ୍ଚିବା ପରେ ଗୋଟିଏ ପାହାଡ଼ ଉପରେ ଥିବା ପୋଷ୍ଟ ଅଫିସ୍ ସାମନାରେ ଇକ୍‌ବଲ୍ ଗାଡ଼ି ରଖିଲେ। ଏହି ସ୍ଥାନଟିରେ ପର୍ଯ୍ୟଟକମାନଙ୍କର ଭିଡ଼ ଜମେ। ଇଂରେଜମାନଙ୍କ ଦ୍ୱାରା ନିର୍ମିତ ହୋଇଥିବା ପୋଷ୍ଟ ଅଫିସ୍‌ଟି ସିଟିର କେନ୍ଦ୍ରରେ। ଏହାର ଛାତ ଲାଲ ରଙ୍ଗର, କାନ୍ଥ ଲାଲ ରଙ୍ଗର ଇଟାରେ ତିଆରି ଏବଂ ଇଟାଗୁଡ଼ିକ ଧଳା ରଙ୍ଗରେ ଯୋଡ଼େଇ ହୋଇଛି। ଏଇ ଲାଲ ଧଳା ସମ୍ମିଶ୍ରଣର ସୁନ୍ଦର କୋଠାଟି ସମସ୍ତଙ୍କର ଦୃଷ୍ଟି ଆକର୍ଷଣ କରେ। ଶ୍ରୀଲଙ୍କାର ସବୁଠାରୁ ପୁରୁଣା ପୋଷ୍ଟ ଅଫିସ୍ ଭିତରୁ ଇଏ ଗୋଟିଏ। ଇଂରେଜମାନଙ୍କ ଦ୍ୱାରା ୧୮୯୪ ମସିହାରେ ନିର୍ମିତ ହୋଇଥିବା ଟିଉଡର୍ ଷ୍ଟାଇଲ୍‌ର ଏହି ଦୁଇ ତାଲା କୋଠାରେ ଗୋଟିଏ ବଡ଼ କ୍ଲକ୍ ଟାୱାର୍ ମଧ୍ୟ ଅଛି। କୋଠାର ପ୍ରଥମ ତାଲାରେ ପୋଷ୍ଟ ଅଫିସ୍ ଓ ଉପର ତାଲାରେ ପର୍ଯ୍ୟଟକମାନଙ୍କ ରହିବା ପାଇଁ ବ୍ୟବସ୍ଥା ଅଛି। ସେଇ ପାହାଡ଼ ଉପରୁ ପୂରା ସହରର ପ୍ରାକୃତିକ ସୌନ୍ଦର୍ଯ୍ୟ ଅତି ଚମତ୍କାର। ଫଟୋ ଉଠାଇବା ପାଇଁ ଏହା ଏକ ଉତ୍କୃଷ୍ଟ ସ୍ଥାନ।

ଆମେ ପୋଷ୍ଟ ଅଫିସ୍ ଚାରିପଟେ ଘେରାଏ ବୁଲିସାରି, ଅନେକ ଫଟୋ ଉଠାଇ ତା'ର ସାମନା ପଟେ ଥିବା ସପିଙ୍ଗ୍ ଏରିଆକୁ ଗଲୁ। ସେଠାରେ ଅନେକ ପ୍ରକାରର ଦୋକାନ ଏବଂ ଗୁଡ଼ାଏ ଖାଇବା ଜାଗା ଥିବାରୁ ସ୍ଥାନଟି ବେଶ୍ ଗହଳି ହୋଇଥିଲା। ସେତେବେଳକୁ ଲଞ୍ଚ୍ ସମୟ ଗଡ଼ି ଯାଇଥିଲା। ଲଞ୍ଚ୍ ଖାଇବାପାଇଁ ଇକ୍‌ବଲ୍

ଆମକୁ ଗୋଟିଏ ଭଲ ରେଷ୍ଟୋରାଁକୁ ନେଇଗଲେ। ଦୁଇ ତାଲା ବିଶିଷ୍ଟ ଏହି ରେଷ୍ଟୋରାଁରେ ଉପର ତାଲାରେ ବସି ଖାଇବାର ଓ ତଳ ତାଲାରେ ଖାଇବା କିଣି ନେଇଯିବାର ବ୍ୟବସ୍ଥା ଥିଲା। ଉପରକୁ ଯିବାପାଇଁ ଥିବା ପାହାଚଗୁଡ଼ିକ ଅଣଓସାରିଆ ଓ ଅନ୍ଧାରୁଆ। ରେଷ୍ଟୋରାଁଟା ଯେତେ ଭଲ ହୋଇଥିବ ବୋଲି ମୁଁ ଆଶା କରୁଥିଲି ସେତେ କିଛି ଭଲ ଲାଗିଲାନି। କିନ୍ତୁ ଆମେ ବାଛିଥିବା ଖାଦ୍ୟ ଖୁବ୍ ଭଲ ଲାଗିଲା। ଆମେ ପ୍ରଥମେ ଆମ୍ବ ଲସି ମଗାଇଲୁ। ପରେ ମଟନ୍ ବିରିଆନି, ପରଟା, ପାଳଙ୍ଗ ଶାଗ ଓ ଚଣା ତରକାରୀ ମଗାଇଲୁ। ସବୁ ଖାଇବା ଟେଷ୍ଟି ଲାଗିଲା। ଲଞ୍ଚ୍ ପରେ ସେଇ ଏରିଆରେ କିଛି ସପିଙ୍ଗ୍ କଲୁ। କଲମ୍ବୋ ଫେରିବା ପାଇଁ ଆମକୁ ସେଠୁ ସନ୍ଧ୍ୟା ପାଞ୍ଚଟା ସୁଦ୍ଧା ଛାଡ଼ିବାର ଥିଲା। ତେଣୁ ସେଠାରେ ଅନେକଗୁଡ଼ିଏ ଦର୍ଶନୀୟ ସ୍ଥାନ ଥିଲେ ମଧ୍ୟ ସମୟ ଅଭାବରୁ ଆମେ ସେଗୁଡ଼ିକ କିଛି ଦେଖିପାରିଲୁନି।

ନୂଆରା ଏଲିଆରୁ କଲମ୍ବୋ ୧୮୦ କିଲୋମିଟର। ପାହାଡ଼ିଆ ରାସ୍ତା ହୋଇଥିବାରୁ କଲମ୍ବୋ ପହଞ୍ଚିବା ପାଇଁ ଆମକୁ ପାଞ୍ଚ ଘଣ୍ଟା ଲାଗିଗଲା। ମଝିରେ ମଝିରେ ରାସ୍ତା ଖରାପ ଥିଲା; କିନ୍ତୁ ବେଶୀ ଭାଗ ରାସ୍ତା ଖୁବ୍ ଭଲ ଥିଲା। ଖରାପ ରାସ୍ତାରେ ଇକ୍‌ବଲ୍ ଜୋରରେ ଗାଡ଼ି ଚଲାଇବାରୁ ମତେ ବହୁତ ଅସ୍ୱସ୍ତି ଲାଗିଲା। ମୁଁ ଆଖି ବନ୍ଦ କରି ଚୁପ୍‌ଚାପ ବସିଲି। ପ୍ରାୟ ସନ୍ଧ୍ୟା ୭.୩୦ରେ ଇକ୍‌ବଲ୍ ରାସ୍ତା କଡ଼ରେ ଥିବା ଗୋଟିଏ କାଫେରେ ଗାଡ଼ି ରଖିଲେ ଚା' ପିଇବା ପାଇଁ। କାଫେଟି ଛୋଟ ହେଲେ ମଧ୍ୟ ବେଶ୍ ସଫାସୁତରା ଥିଲା। କିଛି ଯୁବକ ଏଇ କାଫେଟି ଚଲାଉଥିଲେ। ମୁଁ ଗାଡ଼ିରୁ ଓହ୍ଲାଇବା ପରେ ମୋ ଦେହ ଭାରି ଚକଟି ହେଲା। ତେଣୁ କିଛି ଥଣ୍ଡା ପାନୀୟ ପିଇଲେ ଭଲ ଲାଗିବ ଭାବି ମୁଁ ଗୋଟିଏ ଫାଣ୍ଟା ବୋତଲ ମଗେଇଲି। ସାଧାରଣତଃ ମୁଁ କିଛି ଥଣ୍ଡା ପାନୀୟ ପିଏନି; କିନ୍ତୁ ଯେତେବେଳେ ଟିକେ ପିଏ, ମତେ ଫାଣ୍ଟା ହିଁ ଭଲ ଲାଗେ। କିନ୍ତୁ ସେ କାଫେରେ ଫାଣ୍ଟା ନଥିଲା; ତେବେ ସେ ମ୍ୟାନେଜର ନିଜର ଜଣେ ଲୋକଙ୍କୁ ପଠାଇ ପାଖରୁ କେଉଁଠୁ ଗୋଟିଏ ଫାଣ୍ଟା ଆଣିଦେଲେ। ଫାଣ୍ଟା ପିଇଲା ପରେ ମତେ ଟିକେ ଭଲ ଲାଗିଲା। ଯେହେତୁ କଲମ୍ବୋ ପହଞ୍ଚିବାକୁ ଆହୁରି ଅନେକ ବାଟ ଥିଲା ରାସ୍ତାରେ ଆଉ ନରହିବାକୁ ଠିକ୍ କରି ସେଠାରେ ସମସ୍ତେ ସାଣ୍ଡୱିଚ୍ ଗୋଟାଏ ଲେଖା ଖାଇ ପୁଣି ଗାଡ଼ିରେ ବସିଲୁ। କଲମ୍ବୋ ପହଞ୍ଚିବା ବେଳକୁ ରାତି ସାଢ଼େ ଦଶଟା ବାଜି ସାରିଥିଲା। ପରଦିନ ଆମର କଲମ୍ବୋରେ ରହିବାର ଥିଲା। ସେଦିନ ସମସ୍ତେ ଖୁବ୍ ଟାୟାର୍ଡ଼ ହୋଇ ଯାଇଥିବାରୁ ଆମେ ସ୍ଥିର କଲୁ ପରଦିନ ସକାଳେ ଡେରିରେ ଉଠି, କୁଆଡ଼େ ନଯାଇ ହୋଟେଲ୍‌ରେ ରେଷ୍ଟ ନେବୁ।

ପୂର୍ବ ଦିନର କ୍ଳାନ୍ତି ମେଣ୍ଟାଇ ସକାଳେ ଆମେ ଡେରିରେ ଉଠିଲୁ। ଯଦିଓ ସ୍ଥିର କରିଥିଲୁ ଯେ ସେଦିନ କୁଆଡ଼େ ନଯାଇ ହୋଟେଲ୍‌ରେ ବିଶ୍ରାମ କରିବୁ, ବ୍ରେକଫାଷ୍ଟ ପରେ ଫୂର୍ତ୍ତି ଲାଗିବାରୁ ଇକ୍‌ବଲ୍‌ଙ୍କୁ ଫୋନ କରି ଦୁଇଟା ବେଳେ ଆସିବାକୁ କହିଲୁ। ଯୋଜନା ହେଲା ସିଟି ଭିତରେ ଘେରାଏ ବୁଲି ଆସିବା ପାଇଁ। ଶ୍ରୀଲଙ୍କା ଯିବା ପୂର୍ବରୁ ଶୁଣିଥିଲୁ କଲମ୍ବୋରେ ଗୋଟିଏ ଷ୍ଟୋର୍ ଅଛି ଯେଉଁଠି କେବଳ ଅର୍ଗାନିକ୍ କଟନ୍‌ରେ ତିଆରି ହୋଇଥିବା ଜିନିଷ ମିଳେ। ସେଇ ଷ୍ଟୋର୍‌ଟି ଆମ ହୋଟେଲ୍‌ରୁ ଅଳ୍ପ ଦୂରରେ ଥିଲା। ତେଣୁ ଆମେ ପ୍ରଥମେ ସେଇ ଷ୍ଟୋର୍‌କୁ ଯିବାକୁ ଠିକ୍ କଲୁ। ସେଠି ପହଞ୍ଚି ଦେଖିଲୁ ସେଟା ପ୍ରକୃତରେ ଗୋଟିଏ ମନୋମୁଗ୍ଧକର ଷ୍ଟୋର୍। ସେଠାରେ ଅନେକ ପ୍ରକାର ଜିନିଷ ଥିଲା। ସବୁ ଅର୍ଗାନିକ୍ କଟନ୍‌ରୁ ତିଆରି। ୱାଲ୍ ହାଙ୍ଗିଙ୍ଗ୍, ବେଡ୍‌ସିଟ୍, ଟେବୁଲ୍ କ୍ଲଥ୍, ନାପ୍‌କିନ୍, ସାଜସଜା ପାଇଁ ବିଭିନ୍ନ ପ୍ରକାର ସାମଗ୍ରୀ, କେତେ ପ୍ରକାର ଖେଳନା, ଛୋଟବଡ଼ ଓ ବିଭିନ୍ନ ପ୍ରକାର ଷ୍ଟଫ୍‌ଡ଼ ଆନିମଲ୍ ତା'ଛଡ଼ା ସୁନ୍ଦର ପୋଷାକ ମଧ୍ୟ ଥିଲା। ଛୋଟ ପିଲାଙ୍କ ଡ୍ରେସ୍ ଏତେ ସୁନ୍ଦର ହୋଇଥିଲା ଯେ ମୁଁ ମୋର ତିନି ନାତୁଣୀଙ୍କ ପାଇଁ କେତେଗୁଡ଼ିଏ ଡ୍ରେସ୍ କିଣିଲି। ସପିଙ୍ଗ୍ ପରେ ଆମେ ସିଟିର ମୁଖ୍ୟ ଦର୍ଶନୀୟ ସ୍ଥାନଗୁଡ଼ିକ ବୁଲି ଦେଖିଲୁ। ସମ୍ପୂର୍ଣ୍ଣ ଧଳା ରଙ୍ଗର ଟାଉନ୍ ହଲ୍, କଲମ୍ବୋ ନାସ୍‌ନାଲ୍ ମ୍ୟୁଜିଅମ୍, ଯାମି-ଉଲ୍-ଆଲ୍‌ଫର୍ ମସ୍‌ଜିଦ୍ ଏବଂ ସେଣ୍ଟ୍ ଆଣ୍ଟୋନୀ ଚର୍ଚ୍ଚ- ଏସବୁ ବାହାରୁ ଦେଖିଲୁ। ଜାମି-ଉଲ୍-ଆଲ୍‌ଫର୍ ମସ୍‌ଜିଦ୍‌ଟି ଲାଲ ଏବଂ ଧଳା ରଙ୍ଗର ଏକ ସ୍ୱତନ୍ତ୍ର ଦୁଇ ତାଲା କୋଠା। ସେଠାରେ ଗୋଟିଏ ବଡ଼ କ୍ଲକ୍ ଟାୱାର୍ ମଧ୍ୟ ଅଛି। କୁହାଯାଏ, ସେଣ୍ଟ୍ ଆଣ୍ଟୋନୀ ଚର୍ଚ୍ଚରେ ସେଣ୍ଟ୍ ଆଣ୍ଟୋନୀଙ୍କର ଜିଭର ଗୋଟିଏ ଅଂଶ ସୁରକ୍ଷିତ ଅଛି। ଆମେ ଶ୍ରୀଲଙ୍କାରୁ ଫେରିବା ପରେ ୨୦୧୯ ମସିହା ଇଷ୍ଟର୍ ସଣ୍ଡେ ଦିନ ଆତ୍ମଘାତୀଙ୍କ ବୋମା ବିସ୍ଫୋରଣ ଫଳରେ ଏହି ଚର୍ଚ୍ଚରେ ଅନେକ ଲୋକ ମୃତ୍ୟୁବରଣ କଲେ ବୋଲି ପରେ ଶୁଣିଲୁ।

ହୋଟେଲକୁ ଆମେ ୫.୩୦ ସୁଦ୍ଧା ଫେରିଆସିଲୁ। ମୂଳ ଟୁର୍ ପ୍ରୋଗ୍ରାମ୍ ଅନୁସାରେ ଆମର ପରଦିନ ମଧ୍ୟ କଲମ୍ବୋରେ କଟାଇବାର ଥିଲା। କିନ୍ତୁ ଆମେ ସେଦିନଟି କଲମ୍ବୋରେ ନକଟାଇ ଗେଲ୍ ବୁଲି ଆସିବାକୁ ସ୍ଥିର କଲୁ। ଗେଲ୍ କଲମ୍ବୋରୁ ୧୩୦ କିଲୋମିଟର ଦୂର। ଗେଲ୍‌କୁ ୟୁନେସ୍କୋ ଏକ ବିଶ୍ୱ ଐତିହ୍ୟ ସ୍ଥଳ ଭାବରେ ଘୋଷଣା କରିଛି। ଏହାର ସମୁଦ୍ରକୂଳ ଖୁବ୍ ସୁନ୍ଦର ହୋଇଥିବାରୁ ସେଠାକୁ ବହୁତ ପର୍ଯ୍ୟଟକ ଆସିଥାନ୍ତି। ତେଣୁ ଆମେ ଆମ ଟୁର୍ ମ୍ୟାନେଜରଙ୍କ ସହ କଥାବାର୍ତ୍ତା କରି ଗେଲ୍ ଯିବା ପ୍ରୋଗ୍ରାମ୍ ଆଗରୁ ପକ୍କା କରି ଦେଇଥିଲୁ।

ଉପକୂଳ ସହର ଗେଲ୍

ଗେଲ୍ ଶ୍ରୀଲଙ୍କାର ଦକ୍ଷିଣ-ପଶ୍ଚିମ ଉପକୂଳରେ ଗୋଟିଏ ସୁନ୍ଦର ସହର। ଭାରତର କନ୍ୟାକୁମାରୀ ପରି ଏଠାରେ ଆରବ ସାଗର ଓ ଭାରତ ମହାସାଗରର ମିଳନ ଘଟିଛି। ଆଗରୁ କହିଛି ଶ୍ରୀଲଙ୍କାରେ ପର୍ତ୍ତୁଗୀଜ୍, ଡଚ୍ ଓ ଇଂରେଜମାନେ ଶାସନ କରିଥିଲେ। ଏହି ଉପଦ୍ୱୀପ ସହର ଗେଲ୍‌ରେ ପଞ୍ଚଦଶ ଶତାବ୍ଦୀରେ ପ୍ରଥମେ ପର୍ତ୍ତୁଗୀଜ୍‌ମାନେ ବସତି ସ୍ଥାପନ କରିଥିଲେ। ୧୬୪୦ ମସିହାରେ ଡଚ୍‌ମାନେ ଏଇ ସହରରେ ୮୯ ଏକର ଜମି ଉପରେ ଗୋଟିଏ ଦୁର୍ଗ ନିର୍ମାଣ କରି ନିଜର ଆସ୍ଥାନ ସୁଦୃଢ଼ କରିଥିଲେ। ଗେଲ୍ ଦୁର୍ଗ ଓ ପୁରୁଣା ପର୍ତ୍ତୁଗୀଜ୍ କଲୋନୀ ପାଇଁ ଏହା ପ୍ରସିଦ୍ଧ। ଏଠିକାର ପ୍ରସାଦଗୁଡ଼ିକରେ ପର୍ତ୍ତୁଗୀଜ୍, ଡଚ୍ ଓ ଇଂରେଜମାନଙ୍କର ସ୍ଥାପତ୍ୟକଳାର ନିପୁଣତା ଦେଖିବାକୁ ମିଳେ। ସହର ଭିତରେ କେତେଗୁଡ଼ିଏ ରାସ୍ତା ଅଛି ଯେଉଁଠି କାର୍ ଚାଲିବା ନିଷେଧ। ତେଣୁ ସେଇ ରାସ୍ତାଗୁଡ଼ିକରେ ଲୋକମାନେ ମନଖୁସିରେ ବୁଲି, ପୁରାତନ ସ୍ଥାପତ୍ୟକଳାର ସୌନ୍ଦର୍ଯ୍ୟ ଉପଭୋଗ କରନ୍ତି। ଶ୍ରୀଲଙ୍କାର ପ୍ରତ୍ନତତ୍ତ୍ୱ ବିଭାଗ ଦ୍ୱାରା ପୁରାତନ ଗେଲ୍ ଅଞ୍ଚଳର ଖୁବ୍ ଭଲ ଭାବରେ ପୁନରୁଦ୍ଧାର କରାଯାଇଛି। ପ୍ରତିଦିନେ ଲକ୍ଷ ଲକ୍ଷ ବିଦେଶୀ ପର୍ଯ୍ୟଟକ ଆସୁଥିବାରୁ ଗେଲ୍ ସହରଟି ସମୃଦ୍ଧିଶାଳି ବୋଲି ଆଭାସ ମିଳେ। ସହରରେ ଅନେକଗୁଡ଼ିଏ ସୁନ୍ଦର କାଫେ ଏବଂ ବିଭିନ୍ନ ପ୍ରକାରର ହସ୍ତଶିଳ୍ପର ଦୋକାନ ଅଛି। ଗେଲ୍ ଦୁର୍ଗ ପାଖରେ ଥିବା ଦୋକାନମାନଙ୍କରେ ମିଳୁଥିବା ଦ୍ରବ୍ୟ ମଧ୍ୟରେ ସବୁଠାରୁ ଉଲ୍ଲେଖନୀୟ ହେଉଛି ଶ୍ରୀଲଙ୍କାର ରତ୍ନ ଏବଂ ଅଳଙ୍କାର। ସେଠାରେ ହସ୍ତତନ୍ତ ସାରଙ୍ଗ ଏବଂ ଘର ପାଇଁ ଖୁବ୍ ଭଲ କ୍ୱାଲିଟିର ଲିନେନ୍ ଏବଂ ଆୟୁର୍ବେଦିକ ଔଷଧ ମଧ୍ୟ ମିଳେ।

୨୧ ଫେବୃଆରୀ ସକାଳେ ବ୍ରେକ୍‌ଫାଷ୍ଟ ପରେ ଆମେ ପ୍ରାୟ ୮.୩୦ରେ ଗେଲ୍ ଅଭିମୁଖେ ବାହାରିଲୁ। କଲମ୍ବୋରୁ ଏହାର ଦୂରତ୍ୱ ୧୩୦ କିଲୋମିଟର। ପ୍ରାୟ ତିନି ଘଣ୍ଟାର ଡ୍ରାଇଭ୍। କଲମ୍ବୋରୁ ପ୍ରାୟ ୨୦ କିଲୋମିଟର ଯିବା ପରେ ରାସ୍ତାରୁ ଆମେ ବୁଦ୍ଧଙ୍କର ଏକ ବିରାଟ ମୂର୍ତ୍ତି ଦେଖିଲୁ। ଅଭୟ ମୁଦ୍ରାରେ ଠିଆହୋଇ ବୁଦ୍ଧ ସମୁଦ୍ରକୁ ଚାହିଁ ରହିଛନ୍ତି। ଇକ୍‌ବଲ୍ କହିଲେ ୨୦୦୪ ମସିହାର ସୁନାମୀ ପରେ ଜାପାନ ଏହି ମୂର୍ତ୍ତିଟି ଶ୍ରୀଲଙ୍କାକୁ ଉପହାର ସ୍ୱରୂପ ଦେଇଥିଲା। ସୁନାମୀ ଶ୍ରୀଲଙ୍କାର ଅନେକ କ୍ଷତି କରିଥିଲା। ସେଥିରେ ପ୍ରାୟ ୩୦,୦୦୦ ଲୋକ ମୃତ୍ୟୁବରଣ କରିଥଲେ। ବୁଦ୍ଧଙ୍କ ମୂର୍ତ୍ତି ପ୍ରତିଷ୍ଠା ପରେ ଏହି ସ୍ଥାନର ନାମ ସୁନାମୀ ହୋଂଗାଜି ବିହାର ରଖାଯାଇଛି। ମୂର୍ତ୍ତି ଦେଖିବା ପାଇଁ ଇକ୍‌ବଲ୍ ସେଠି ଗାଡ଼ି ରଖିଲେ। ସ୍ଥାନଟି ନଡ଼ିଆ ଗଛରେ ଭରପୂର। ମୂର୍ତ୍ତି ନିକଟକୁ ଯିବାପାଇଁ ଆମକୁ ଗୋଟିଏ ଛୋଟ ଓ ସୁନ୍ଦର ପୋଲ ପାର ହେବାକୁ ପଡ଼ିଲା। ପହଞ୍ଚି ଦେଖିଲୁ ଗୋଟିଏ ପିଣ୍ଡି ଉପରେ ବୁଦ୍ଧଙ୍କର ୩୦ ମିଟର ଉଚ୍ଚ ମୂର୍ତ୍ତିଟି ରଖାଯାଇଛି। ପିଣ୍ଡିର

ଚାରି ଦିଗରେ ଚାରୋଟି ସିଂହ ମୂର୍ତ୍ତି ଏବଂ ଚାରିକଡ଼ରେ ପାଣି। ନିକଟରେ ଗୋଟିଏ ଛୋଟ ମ୍ୟୁଜିଅମ୍‌ରେ ସୁନାମୀର ଭୟଙ୍କର ପ୍ରଭାବର ଚିତ୍ରଗୁଡ଼ିଏ ରହିଛି। ସେ ଫଟୋଗୁଡ଼ିକ ଦେଖି ମନ ଭୀଷଣ ଖରାପ ଲାଗିଲା। ଶ୍ରୀଲଙ୍କାର ଦୁଃଖ ଆଖି ଆଗରେ ନାଚିଗଲା। ସୁନାମୀ ଦ୍ୱାରା ପ୍ରଭାବିତ ଲୋକମାନଙ୍କ ପାଇଁ ସେଠି ରଖାଯାଇଥିବା ଦାନ ବାକ୍ସରେ ଆମେ କିଛି ସାହାଯ୍ୟ କଲୁ। ସେଇଠାରେ ଅଧ ଘଣ୍ଟେ ରହି ପୁଣି ଆମର ଗେଲ୍ ଯାତ୍ରା ଆରମ୍ଭ କଲୁ।

ଯିବା ବାଟରେ ଆମେ ସ୍ଥିର କଲୁ ଯେ ବାଲାପିଟିଆରେ କିଛି ସମୟ ରହି ମାଡୁଗଙ୍ଗା ନଦୀରେ ନୌକା ଭ୍ରମଣରେ ଯିବୁ। ମାଡୁଗଙ୍ଗା ବା ମାଡୁ ନଦୀରେ ନୌକାଭ୍ରମଣ ପାଇଁ ବାଲାପିଟିଆ ହିଁ ଉପଯୁକ୍ତ ସ୍ଥାନ। କଲମ୍ବୋଠାରୁ ବାଲାପିଟିଆର ଦୂରତ୍ୱ ପ୍ରାୟ ୮୦ କିଲୋମିଟର। ସେଠାରେ ପହଞ୍ଚିଲା ବେଳକୁ ୧୧ଟା ବାଜି ସାରିଥିଲା।

ମାଡୁଗଙ୍ଗାର ଏଇ ସନ୍ତସନ୍ତିଆ ଅଞ୍ଚଳଟିର ପରିବ୍ୟାପ୍ତି ପ୍ରାୟ ୯୧୫ ହେକ୍ଟର। ଏହାର ଅନନ୍ୟ ବୈଶିଷ୍ଟ୍ୟ ହେଲା ବାୟୋଡାଇଭର୍‌ସିଟି। ସାତଟି ଉପନଦୀର ପାଣିଦ୍ୱାରା ଏହି ସନ୍ତସନ୍ତିଆ ଅଞ୍ଚଳ ପରିପୁଷ୍ଟ। ଏହି ପାଣି ପ୍ରାୟ ୨୩୦୦ ହେକ୍ଟର ଅଞ୍ଚଳକୁ ମାଡ଼ିଥାଏ। ପୂରା ଏରିଆଟିକୁ ୨୦୦୬ ମସିହାରେ ସାଂକ୍‌ଚୁଆରୀ ଭାବରେ ଘୋଷଣା କରାଯାଇଛି। ମାଡୁ ନଦୀର ମୁହାଣରେ ପ୍ରାୟ ୬୪ଟି ଦ୍ୱୀପ ଅଛି। ତା' ଭିତରୁ ମାତ୍ର ଅଳ୍ପ କେତୋଟି ଦ୍ୱୀପରେ ଲୋକ ବସବାସ କରନ୍ତି।

ବାଲାପିଟିଆରେ ପହଞ୍ଚି ଆମେ ନଦୀକୂଳକୁ ଚାଲିଚାଲି ଗଲୁ। ନଦୀକୂଳରେ ଅନେକ ନାଉରି ପର୍ଯ୍ୟଟକମାନଙ୍କୁ ଅପେକ୍ଷା କରି ବସିଥିଲେ। ଆମ ଚାରି ଜଣଙ୍କ ପାଇଁ ଆମେ ୪୦୦୦ ଟଙ୍କା (ଶ୍ରୀଲଙ୍କା ଟଙ୍କା) ଦେଇ ଗୋଟିଏ ନୌକା ଭଡ଼ା କଲୁ। ସେତେବେଳେ ଗୋଟିଏ ଆମେରିକାନ୍ ଡଲାର୍‌ର ମୂଲ୍ୟ ଥିଲା ପ୍ରାୟ ୧୬୦ ଶ୍ରୀଲଙ୍କାର ଟଙ୍କା। ନୌକାରେ ବସି ଦେଖିଲୁ ସବୁ ସିଟ୍ ପାଖରେ ଲାଇଫ୍ ଜାକେଟ୍ ଥିଲା। ନଦୀ ଭିତରେ ନୌକା ପଶିଲା ପରେ ନଦୀଟା ଏଡ଼େ ବଡ଼ ହୋଇଥିବାର ଦେଖି ଲାଗିଲା ସତେ ଯେମିତି ଆମେ ଗୋଟିଏ ତରଙ୍ଗ ବିହୀନ ସମୁଦ୍ର ଭିତରେ ଅଛୁ। ଯୁଆଡେ ଚାହିଁଲେ କେବଳ ପାଣି ଓ କିଛି କିଛି ଗଛ ଦେଖାଯାଉଥିଲା।

ସେଠାରେ ଥିବା ଗୁଡ଼ିଏ ଦ୍ୱୀପ ଭିତରୁ ଆମେ ଅଳ୍ପ କେତୋଟି ଦ୍ୱୀପ, ଯଥା ଡାଲଚିନି ଦ୍ୱୀପ, ମନ୍ଦିର ଦ୍ୱୀପ, ମ୍ୟାନଗ୍ରୋଭ୍ ଏବଂ ଫିସ୍ ସ୍ପା ବୁଲି ଦେଖିବାକୁ ସ୍ଥିର କଲୁ। ପ୍ରଥମେ ଗଲୁ ଡାଲଚିନି ଦ୍ୱୀପ। ନୌକାଟି ଦ୍ୱୀପ କୂଳରେ ଲାଗିବା ପରେ ଆମେ ଅଳ୍ପ କେତୋଟି ପାଦ ଚାଲି ଗୋଟିଏ ଛୋଟ ଘର (ଘର ତ ନୁହେଁ, କୁଡ଼ିଆ କହିଲେ ଠିକ୍ ହେବ) ଭିତରକୁ ଡାଲଚିନି କିପରି ପ୍ରସେସ୍ ହୁଏ ଦେଖିବାକୁ ଗଲୁ। ଛୋଟ ରୁମ୍‌ଟିରେ

ଆମେ ବସିବାପାଇଁ ବେଞ୍ଚିଟିଏ ପଡ଼ିଥିଲା। ଦୁଇ ଜଣ ସ୍ତ୍ରୀ ଲୋକ ଗଛରୁ ଡାଲଚିନିର ବକଳା ବାହାର କରି ତାକୁ କେମିତି ଶୁଖାନ୍ତି ଓ ତା'ପରେ ଆମେ ଯେଉଁ ଅବସ୍ଥାରେ ଡାଲଚିନି ପାଉ, ସେ ପ୍ରଣାଳୀର ପ୍ରତ୍ୟେକ ସ୍ତର ଦେଖାଇଲେ। ସେମାନେ ମଧ୍ୟ ଡାଲଚିନିରୁ ଗୁଣ୍ଡ ଡାଲଚିନି ଓ ତେଲ ତିଆରି କରନ୍ତି। ସ୍ୱାଦ ଚାଖିବା ପାଇଁ ଆମକୁ ଡାଲଚିନି ଚା ପିଇବାକୁ ଦେଲେ। ଆମେ କେତେଗୁଡ଼ିଏ ଡାଲଚିନି ଓ ଗୁଣ୍ଡ ଡାଲଚିନି ପ୍ୟାକେଟ୍ କିଣିଲୁ। ଛୋଟ ଛୋଟ ପ୍ୟାକେଟ୍ ଗୁଡ଼ିକର ଦାମ୍ ଥିଲା ୧୦୦ ଶ୍ରୀଲଙ୍କା ଟଙ୍କା। ପିଇବାକୁ ଦେଇଥିବା ଚା' ପାଇଁ ଆମେ ତାଙ୍କୁ ଧନ୍ୟବାଦ ଜଣାଇ ତାଙ୍କଠାରୁ ବିଦାୟ ନେଲୁ। ତା'ପରେ ନୌକାରେ ବସି କୋଥଡୁୱା ଦ୍ୱୀପରେ ଥିବା ବୌଦ୍ଧ ମନ୍ଦିର ଦେଖିବାକୁ ଗଲୁ।

କୋଥଡୁୱା ଗୋଟିଏ ଛୋଟ କିନ୍ତୁ ଖୁବ୍ ସୁପରିଚାଳିତ ଦ୍ୱୀପ। କୁହାଯାଏ ଏହି ମନ୍ଦିରରେ ବୁଦ୍ଧଙ୍କର ପବିତ୍ର ଦନ୍ତ କିଛି କାଳ ପାଇଁ ରଖାହୋଇଥିଲା। ଦ୍ୱୀପରେ ପହଞ୍ଚିବା ପରେ ନଦୀ ଆଡ଼କୁ ମୁହାଁଇଥିବା ମନ୍ଦିରର ପ୍ରବେଶ ପଥରେ ପହଞ୍ଚିବା ପାଇଁ ଆମକୁ କିଛି ପାହାଚ ଚଢ଼ି ଯିବାକୁ ପଡ଼ିଲା। ଅନ୍ୟ ଯେକୌଣସି ମନ୍ଦିର ପରି ଏଠାରେ ମଧ୍ୟ ଆଣ୍ଠୁ ଏବଂ କାନ୍ଧକୁ ଘୋଡ଼ାଇ ଏବଂ ଜୋତା ଓ ଟୋପି ଖୋଲି ଭିତରକୁ ଯିବାକୁ ହୁଏ। ମନ୍ଦିରର ପରିବେଶ ଅତ୍ୟନ୍ତ ଶାନ୍ତ ଓ ଆନନ୍ଦଦାୟକ ଥିଲା। ଏହି ମନ୍ଦିର ପରିବେଶରେ ଧ୍ୟାନରତ ବୁଦ୍ଧଙ୍କର ଏକ କ୍ଷୀଣ ଶରୀରର ପ୍ରତିମୂର୍ତ୍ତି ଦେଖିଲୁ। ସେଇ ମୂର୍ତ୍ତିଟି ମାନବ ସମାଜକୁ ନିଜର ଉପଲବ୍ଧି ମଧ୍ୟମା ମାର୍ଗ ପ୍ରକାଶ କରିବା ପୂର୍ବରୁ ବୁଦ୍ଧ ଯେଉଁ ଲମ୍ବା ସମୟ ପାଇଁ ଧ୍ୟାନରେ ବସିଥିଲେ, ତାହା ସୂଚାଇଦିଏ। ସେଠାରେ ବୁଦ୍ଧଙ୍କର ପିତା ସୁଦ୍ଧୋଦନ ଓ ମାତା ମାୟା ଦେବୀଙ୍କ ସହିତ ୮୦ ଜଣ ବୌଦ୍ଧ ଭିକ୍ଷୁଙ୍କର ମୂର୍ତ୍ତି ରହିଛି। ସମ୍ରାଟ୍ ଅଶୋକଙ୍କ ପୁତ୍ର ମହେନ୍ଦ୍ର ଓ କନ୍ୟା ସଂଘମିତ୍ରାଙ୍କ ପ୍ରତିମୂର୍ତ୍ତି ମଧ୍ୟ ସେଠାରେ ଅଛି। ଫଟୋ ଉଠାଇବା ନିଷେଧ ଲେଖା ହୋଇଥିବାର ଦେଖି, ଆମେ ଆଉ କିଛି ଫଟୋ ଉଠାଇଲୁ ନାହିଁ। ସେଇଠି ବୁଲୁଥିବା ବେଳେ ସେଠାରେ ରହୁଥିବା ବୌଦ୍ଧଭିକ୍ଷୁଙ୍କୁ ଭେଟିଲୁ। ସେ ଆମକୁ ହସି ହସି ଅଭିନନ୍ଦନ କଲେ। ମନ୍ଦିର ବାହାରେ ରଖାଯାଇଥିବା ଦାନ ବାକ୍ସରେ କିଛି ଟଙ୍କା ରଖି ଆମେ ଫେରିଲୁ।

ତା'ପରେ ଆମେ ଏପରି ଗୋଟିଏ ଦ୍ୱୀପକୁ ଯିବାର ଥିଲା ଯେଉଁଠିକି ମାଛମାନେ ଗୋଡ଼ ମସାଜ୍ କରିଦିଅନ୍ତି। ଏହାକୁ କହନ୍ତି ଫିସ୍ ଥେରାପି। ସେଇ ଦ୍ୱୀପରେ ଗୋଟିଏ ଛୋଟ ପୋଖରୀ ଅଛି, ଯେଉଁଠାରେ କି ଲୋକମାନେ ପୋଖରୀ କୂଳରେ ବସି ପାଣିରେ ପାଦ ବୁଡ଼ାଇ ରଖିଲେ ସେଠାରେ ରହୁଥିବା ହଜାର ହଜାର ଦ୍ରୁତ ଗତିରେ ଗତି କରୁଥିବା ମାଛଗୁଡ଼ିକ ପାଦ ମାଲିସ୍ କରିବାର ଅନୁଭୂତି ଆଣି ଦିଅନ୍ତି। ଆମେ ସେହି ଦ୍ୱୀପକୁ ନଯିବା ପାଇଁ ସ୍ଥିର କଲୁ। ନୌକାରେ ବୁଲୁଥିବା ସମୟରେ ଗୋଟିଏ ପାହାଡ଼ିଆ ଦ୍ୱୀପ

ଉପରେ ଛୋଟ ହିନ୍ଦୁ ମନ୍ଦିରଟିଏ ଦେଖିଲୁ। ଡଙ୍ଗାଟି କିଛି ଘନ ମ୍ୟାନ୍‌ଗ୍ରୋଭ୍, ଅନେକ ମ୍ୟାନ୍‌ଗ୍ରୋଭ୍ ଟନେଲ୍ ଓ ଜଙ୍ଗଲ ମଧ୍ୟ ଦେଇ ଯାଉଥିଲା। ଆମେ ଚିଙ୍ଗୁଡ଼ି ଚାଷ ହେଉଥିବା କିଛି ଏରିଆ ଦେଇ ଗଲୁ। ଯିବା ରାସ୍ତାରେ ମ୍ୟାନ୍‌ଗ୍ରୋଭ୍ ସହିତ ବିଭିନ୍ନ ପ୍ରକାର ପଶୁ ଏବଂ କିଛି ସୁନ୍ଦର ବିରଳ ପକ୍ଷୀ ଦେଖିଲୁ। ଦେଢ଼ ଘଣ୍ଟାର ନୌବିହାର ଖୁବ୍ ଆନନ୍ଦଦାୟକ ଥିଲା। ସାରା ଜୀବନ ମନେ ରଖିବା ପରି।

ବାଲାପିଟିଆରୁ ଗେଲ୍ ପ୍ରାୟ ୪୦ କିଲୋମିଟର ଦୂର। ରାସ୍ତା ଭଲ ଥିବାରୁ ଓ ଟ୍ରାଫିକ୍ କମ୍ ଥିବାରୁ ଆମେ ଘଣ୍ଟାକ ଭିତରେ ଗେଲ୍‌ରେ ପହଞ୍ଚିଗଲୁ। ଗେଲ୍ ଦୁର୍ଗ ପାଖରେ ପହଞ୍ଚିଲା ବେଳକୁ ସମୟ ହୋଇଥିଲା ପ୍ରାୟ ଦିନ ଦୁଇଟା। ପହଞ୍ଚିଲା ପରେ ପ୍ରଥମେ ଯାଇ ଲଞ୍ଚ୍ ଶୀଘ୍ର ଖାଇଦେଲୁ। ତା'ପରେ ଦୁର୍ଗ ବୁଲି ଦେଖିଲୁ। ଶତ୍ରୁ ଆକ୍ରମଣରୁ ଦୁର୍ଗକୁ ରକ୍ଷା କରିବାପାଇଁ ପର୍ତ୍ତୁଗୀଜ୍‌ମାନେ ଦୁର୍ଗ ଚାରିପଟେ ଯେଉଁ ପାଚେରି ୧୬ଶ ଶତାବ୍ଦୀରେ ନିର୍ମାଣ କରିଥିଲେ, ସେଥିରେ ଡଚ୍‌ମାନେ ୧୭ଶ ଶତାବ୍ଦୀରେ ଅନେକ ପରିବର୍ତ୍ତନ କରିଥିଲେ। ଏହା ପ୍ରତ୍ନତତ୍ତ୍ୱ ଭାସ୍କର୍ଯ୍ୟକଳା ଓ ଇତିହାସ ଦୃଷ୍ଟିରୁ ଏକ ସ୍ମାରକୀ ହୋଇ ରହିଗଲା। ୟୁନେସ୍କୋ ଏହାକୁ ବିଶ୍ୱ ଐତିହ୍ୟ ସ୍ଥଳ ଭାବରେ ଘୋଷଣାପତ୍ରରେ ଉଲ୍ଲେଖ କରିଛି ଯେ ସାମଗ୍ରିକ ଭାବରେ, ଇଉରୋପୀୟ ସ୍ଥପତି ଓ ଦକ୍ଷିଣପୂର୍ବ ଏସିଆର ପରମ୍ପରାର ଏହା ଏକ ଅନନ୍ୟ ମିଶ୍ରଣ। ଇଂରେଜମାନେ ପରେ ଏହି ପ୍ରାଚୀରକୁ ଆହୁରି ବଢ଼ାଇଥିଲେ। ଏହି ପ୍ରାଚୀର ଗେଲ୍ ସହରକୁ ଏବେ ବି ସୁରକ୍ଷା ଦେଉଛି। ୫୨ ହେକ୍ଟର୍ ଜମି ଉପରେ ପ୍ରତିଷ୍ଠିତ ଦୁର୍ଗଟି ଏବେ ମଧ୍ୟ ସଦର୍ପରେ ଠିଆ ହୋଇଛି। ଦୁର୍ଗ ଭିତରେ ରହିଛି ଲାଇଟ୍ ହାଉସ୍, ଚର୍ଚ୍ଚ ଓ ଗୋଟିଏ ଟାୱାର୍। ୧୭୭୫ ମସିହାରେ ଏଗୁଡ଼ିକ ନିର୍ମିତ ହୋଇଥିଲା। ଦୁର୍ଗ ଭିତରେ ଥିବା ଦୁର୍ଗପତିଙ୍କ ବାସଗୃହ ଓ ଗନ୍ ହାଉସ୍ ଦୃଷ୍ଟି ଆକର୍ଷଣ କରେ। ଏଇ ସୁନ୍ଦର ଅଞ୍ଚଳଟି ସମୁଦ୍ର କୂଳରେ, ଲାଇଟ୍ ହାଉସ୍‌କୁ ଲାଗି ରହିଛି। ଦୁର୍ଗକୁ ଘେରି ଯେଉଁ ସମୁଦ୍ର ପାଣି ଅଛି ତାହା ଖୁବ୍ ସ୍ୱଚ୍ଛ ଓ ଅଗଭୀର। ସେଇ ଅଞ୍ଚଳରେ କିଛି ସମୟ ବିତାଇ ଆମେ ସହରରେ ଡ୍ରାଇଭ୍ କରି ଘେରାଏ ବୁଲିସାରି ଉନାୱାଟୁନା ବିଚ୍‌କୁ ଗଲୁ।

ଭାରତ ମହାସାଗର କୂଳରେ ଉନାୱାଟୁନା ଗୋଟିଏ ସୁନ୍ଦର ବାଲି ଥିବା ବିଚ୍। ବିଚ୍ ପାଖରେ ପହଞ୍ଚିଲା ବେଳକୁ ଆମର ୱାସ୍‌ରୁମ୍ ଯିବାର ଦରକାର ହେଲା। ଆଖପାଖରେ କେଉଁଠି ସର୍ବସାଧାରଣଙ୍କ ବ୍ୟବହାର ପାଇଁ ୱାସ୍‌ରୁମ୍ ନଥିଲା। ତେଣୁ ଇକ୍‌ବଲ୍ ଗାଡ଼ିକୁ ନେଇ ଗୋଟିଏ ଭଲ ହୋଟେଲ୍ ଆଗରେ ରଖିଲେ। ପହଞ୍ଚି ଦେଖିଲୁ ହୋଟେଲର ଟେରାସ୍ ରେସ୍ତୋରାଁ ସୁନ୍ଦର ଭାବରେ ସଜା ହୋଇଥିଲା। ସେଠାରେ ବସି ସଦା ନୂତନ ସମୁଦ୍ରର ସୌନ୍ଦର୍ଯ୍ୟ ଉପଭୋଗ କରିବାର ସୁବିଧା ଥିଲା। ସେଇ ହୋଟେଲ୍‌କୁ ଯାଇ ଆମେ ହୋଟେଲର ଜଣେ କର୍ମଚାରୀଙ୍କୁ ୱାସ୍‌ରୁମ୍

ବ୍ୟବହାର କରିବା କଥା କହିଲୁ । ସେ ସଦୟ ହୋଇ ଆମକୁ ୱାସ୍‌ରୁମ୍ ଦେଖାଇଦେଲେ । ସେଠାର ୱାସ୍‌ରୁମ୍ ବେଶ୍ ପରିଷ୍କାର ଥିଲା । ୱାସ୍‌ରୁମ୍‌ରୁ ଫେରି ଆମେ ଟେରାସ୍ ରେଷ୍ଟୋରାଁରେ ବସି କିଛି ସ୍ନାକ୍ ଖାଇଲୁ ଓ ଚା' ପିଇବା ସହ ସମୁଦ୍ରର ସୌନ୍ଦର୍ଯ୍ୟ ଉପଭୋଗ କଲୁ । ତା'ପରେ ସମୁଦ୍ରକୂଳରେ କିଛି ସମୟ ଚାଲିବା ପାଇଁ ବାହାରିଗଲୁ । ବାଟରେ କିଛି ଘଞ୍ଚ ଗଛ ଓ ବୁଦା ପାର ହେବାକୁ ପଡ଼ିଲା । ଏମିତି ଚାଲୁ ଚାଲୁ ଦୂରରୁ ଜଙ୍ଗଲ ଭିତରେ ପାହାଡ଼ ଉପରେ ଗୋଟିଏ ଧଳା ପାଗୋଡ଼ା ଉପରେ ନଜର ପଡ଼ିଲା । ଆମେ ପାହାଡ଼ ଚଢ଼ି ଯାଇ ପାଗୋଡ଼ାରେ ପହଞ୍ଚିଲୁ । ପାହାଡ଼ ଉପରେ ଓ ଅନେକ ଗଛ ଭିତରେ ଥିବାରୁ ଲାଗୁଥିଲା ସତେ ଯେମିତି ପାଗୋଡ଼ାଟି ଜଙ୍ଗଲ ଭିତରୁ ଉଠିଛି ।

ସେଇ ପଗୋଡ଼ାଟି ଥିଲା ଗୋଟିଏ ଜାପାନିଜ୍ ଶାନ୍ତି ପାଗୋଡ଼ା । ଚାରିଆଡ଼େ ଏକ ବୃତ୍ତାକାର ଡେକ୍ ସହିତ ଏହା ଥିଲା ଏକ ଅନନ୍ୟ ବୁଦ୍ଧ ମନ୍ଦିର । ଶୁଣିଲୁ ଜଣେ ଜାପାନୀ ବୌଦ୍ଧ ଭିକ୍ଷୁ ନିଚିଦାଟସୁ ଫୁଜିଙ୍କ ତତ୍ତ୍ୱାବଧାନରେ ଏହି ପାଗୋଡ଼ାଟି ନିର୍ମିତ ହୋଇଥିଲା । ନିଚିଦାଟସୁ ଫୁଜି ମହାତ୍ମା ଗାନ୍ଧୀଙ୍କର ଅହିଂସା ଆନ୍ଦୋଳନରେ ଅନୁପ୍ରାଣିତ ହୋଇ ୧୯୩୧ ମସିହାରେ ମହାତ୍ମା ଗାନ୍ଧୀଙ୍କୁ ସାକ୍ଷାତ କରିଥିଲେ । ନିଜ ଜୀବନ ସେହି ମାର୍ଗରେ କଟାଇ ପୃଥିବୀରେ ଶାନ୍ତି ପ୍ରତିଷ୍ଠା କରିବାପାଇଁ ସେ ଅନେକଗୁଡ଼ିଏ ଶାନ୍ତି ପାଗୋଡ଼ା ନିର୍ମାଣ କରାଇଥିଲେ । ଶାନ୍ତି ପାଗୋଡ଼ାଗୁଡ଼ିକ ସମସ୍ତ ଧର୍ମ ଏବଂ ଜାତିର ଶାନ୍ତି ପାଇଁ ଏକ କେନ୍ଦ୍ରବିନ୍ଦୁ ଭାବରେ କାର୍ଯ୍ୟ କରିବା ସହ ସମସ୍ତଙ୍କୁ ଏକଜୁଟ କରାଇ ବିଶ୍ୱ ଶାନ୍ତି ପ୍ରତିଷ୍ଠା କରିବା ପାଇଁ ପରିକଳ୍ପନା କରି କରାଯାଇଥିଲା । ପାଗୋଡ଼ାର ଗୋଲାକାର ଆକୃତି ସମସ୍ତ ଧର୍ମର ଲୋକଙ୍କ ମଧ୍ୟରେ ସମନ୍ୱୟକୁ ପ୍ରତିପାଦିତ କରେ । ଆଜି ଏହା ଶ୍ରୀଲଙ୍କାର ବୌଦ୍ଧଧର୍ମୀମାନଙ୍କ ପାଇଁ ଶାନ୍ତିର ପ୍ରତୀକ ଭାବରେ କାର୍ଯ୍ୟ କରୁଛି । ଜାପାନିଜ୍ ଶାନ୍ତି ପାଗୋଡ଼ାରେ ଯେଉଁ ବିରାଟ ସ୍ତୁପଟି ଅଛି ତା'ର କଡ଼ରେ କେତେଗୁଡ଼ିଏ ସୁନା ଛାଉଣୀ ହୋଇଥିବା ବିଭିନ୍ନ ସମୟର ବୁଦ୍ଧଙ୍କ ମୂର୍ତ୍ତି ଘେରି ରହିଛି । ସେଠାରେ ବସିଲେ ମନ ସ୍ୱତଃ ନୀରବ ହୋଇ ଅନ୍ତରାତ୍ମା ଆଡ଼କୁ ଆକର୍ଷିତ ହୋଇଯାଏ । ଏହିଠାରୁ ଭାରତ ମହାସାଗରର ଦୃଶ୍ୟ ଅତି ମନୋମୁଗ୍ଧକର । ଏଠାକୁ ଆସୁଥିବା ପର୍ଯ୍ୟଟକମାନେ ପୋଷାକରେ ଶିଷ୍ଟତା ରକ୍ଷା କରିବା ସହ ଆଣ୍ଠୁ ଓ କାନ୍ଧକୁ ଆବୃତ ରଖିବା ଆଶା କରାଯାଏ ।

ପାଗୋଡ଼ା ଦେଖିସାରିବା ପରେ ଆମେ ସମୁଦ୍ରକୂଳର ଜଙ୍ଗଲ ଭିତରେ ଥିବା ପାଦଚଲା ରାସ୍ତାରେ ଆସି 'ଜଙ୍ଗଲ ବିଚ୍'ରେ ପହଞ୍ଚିଲୁ । ଏହା ଗୋଟିଏ ଛୋଟ

ବିଚ୍। ଆମେ ପହଞ୍ଚିବା ବେଳେ ସନ୍ଧ୍ୟା ହେବାକୁ ଯାଉଥିଲା ତେଣୁ ସେଠାରେ ବେଶୀ ଲୋକ ନଥିଲେ। ଅଳ୍ପ କିଛି ଲୋକ ପାଣିରେ ଥିଲେ। ସମୁଦ୍ର କୂଳରେ ବେଶ୍ କିଛି ଗୁଡ଼ିଏ ରଙ୍ଗ ବେରଙ୍ଗ ଡଙ୍ଗା ଷ୍ଟାକ୍ ହୋଇ ରଖା ହୋଇଥିଲା। ସେଠାରେ ଥିବା ଛୋଟ ଖାଇବା ଦୋକାନଟି ମଧ୍ୟ ବନ୍ଦ ହୋଇଯାଇଥିଲା। ଆମର ଯେହେତୁ କଲମ୍ବୋ ଫେରିବାର ଥିଲା ଆମେ ସେଠି ବେଶୀ ସମୟ ରହିପାରିଲୁ ନାହିଁ। ସେତେବେଳକୁ ସୂର୍ଯ୍ୟାସ୍ତ ହେବାକୁ ଡେରି ନଥିଲା। କଲମ୍ବୋ ଫେରିବା ବାଟରେ ଇକ୍‌ବାଲ୍ ହଠାତ୍ ରାସ୍ତାକଡ଼ରେ ଗାଡ଼ି ଠିଆ କରିଦେଲେ। ଜାଗାଟି ଜଙ୍ଗଲ ଘେରା। ଗାଡ଼ିରୁ ଓହ୍ଲାଇ ସୂର୍ଯ୍ୟାସ୍ତର ଶୋଭା ଦେଖିବା ପାଇଁ ସେ ଆମକୁ କହିଲେ। ଆମେ ଶୁଣିଥିଲୁ ଯେ ଲୋକମାନେ ସୂର୍ଯ୍ୟାସ୍ତ ଦେଖିବା ପାଇଁ ଜାପାନିଜ୍ ଶାନ୍ତି ପାଗୋଡ଼ାକୁ ଯାଆନ୍ତି। ଆମ ପାଖରେ ସମୟ ନଥିବାରୁ ଆମେ ସେଠାକୁ ଯାଇ ମଧ୍ୟ ସୂର୍ଯ୍ୟାସ୍ତ ପର୍ଯ୍ୟନ୍ତ ସେଠି ଅପେକ୍ଷା କରିପାରିଲୁନି। କିନ୍ତୁ ରାସ୍ତାକଡ଼ରେ ଜଙ୍ଗଲ ଭିତରେ ଆମେ ସୂର୍ଯ୍ୟାସ୍ତର ଯେଉଁ ଅଭୁଲା ଦୃଶ୍ୟ ଦେଖିଲୁ ତାକୁ ଦେଖି ମୁଁ ଭାବିଲି, ପାଗୋଡ଼ାରେ ଥିଲେ ଏହାଠାରୁ ଆଉ ଅଧିକ କ'ଣ ଦେଖିଥାନ୍ତୁ ଓ ଅନୁଭବ କରିଥାନ୍ତୁ? ଆମେ ସେ ସ୍ଥାନରେ ପ୍ରାୟ ପାଞ୍ଚ ମିନିଟ୍ ରହି ପୁଣି ଆମର କଲମ୍ବୋ ଯାତ୍ରା ଆରମ୍ଭ କଲୁ।

ଧୀରେ ଧୀରେ ସନ୍ଧ୍ୟା ନଇଁଆସିଲା। ପ୍ରାୟ ଦେଢ଼ ଘଣ୍ଟା ଡ୍ରାଇଭ୍ କଲାପରେ ଇକ୍‌ବାଲ୍ ଆମକୁ ଗୋଟିଏ ଖୁବ ବଡ଼ ଓପନ୍ ଏୟାର ରେଷ୍ଟୋରାଁକୁ ଡିନର୍ ଖାଇବା ପାଇଁ ନେଇଗଲେ। ରେଷ୍ଟୋରାଁଟି ମେନ୍ ରାସ୍ତାରୁ ସାମାନ୍ୟ ଦୂରରେ ଥିଲା, ତଥାପି ସେଠାରେ ବହୁତ ଲୋକ ଥିଲେ। ସେଠାରେ ପହଞ୍ଚି ଦେଖିଲୁ ପାର୍କିଙ୍ଗ୍ ଲଟ୍‌ଟି ସୁନ୍ଦର ଭାବେ ଆଲୋକରେ ସଜା ହୋଇଥିଲା। ଆମେ ଯାଇ ରେଷ୍ଟୋରାଁରେ ବସିବା ପରେ ପରିଚାରିକା ମେନୁ ଆଣି ଦେଖାଇଲେ ଓ କହିଲେ ଯେ ତାଙ୍କ ସହ ଯାଇ ଯେଉଁ ପ୍ରକାର ମାଛ କିମ୍ବା ମାଂସ ଯାହା ଆମର ଦରକାର ତାହା ଦେଖିଲା ପରେ ଆମ ପସନ୍ଦ ଅନୁଯାୟୀ ସେମାନେ ତାକୁ ରାନ୍ଧି ଆମକୁ ସର୍ଭ୍ କରିବେ। ଯେଉଁ ଜାଗାରେ ବିଭିନ୍ନ ପ୍ରକାର ମାଛ ଓ ମାଂସ ରଖାଯାଇଥିଲା ଆମେ ତାଙ୍କ ସହ ସେଠିକୁ ଗଲୁ। କଙ୍କଡ଼ା ଖାଇବାକୁ ଆମେ ଚାହୁଁଥିଲୁ, କିନ୍ତୁ ସେଦିନ ତାଙ୍କର କଙ୍କଡ଼ା ନଥିଲା। ଅନେକ ପ୍ରକାର ମାଛ ଥିଲା ଓ ସେଗୁଡ଼ିକ ସଦ୍ୟ ଜଣା ପଡୁଥିଲା। ତେଣୁ ଆମେ ମାଛ ବାଛିଲୁ। ଆମ ଭିତରୁ ଜଣେ ଚିକେନ୍ ଚାହିଁଲେ। ଆମେ ଯାହା ଖାଇବାକୁ ଚାହିଁଲୁ ତାକୁ ବାଛିଦେଇ ଆସିଲାପରେ ଆପେଟାଇଜର୍ ଅର୍ଡର୍ କଲୁ। ଖୁବ୍ କମ୍ ସମୟରେ ଆପେଟାଇଜର୍ ଆସିଗଲା। ଭୋକ ହେଉଥିଲା, ତେଣୁ ଆପେଟାଇଜର୍ ଆଗ୍ରହ ସହ ଖାଇଲୁ। କିନ୍ତୁ ମେନ୍ କୋର୍ସ ପାଇଁ ଆମକୁ ଏତେ ସମୟ ଅପେକ୍ଷା

କରିବାକୁ ପଡ଼ିଲା ଯେ ଆମେ ଧୈର୍ଯ୍ୟଚ୍ୟୁତ ହୋଇଗଲୁ। ବହୁତ ସମୟ ଅପେକ୍ଷା କଲାପରେ ଆମର ଖାଇବା ଆସିଲା। ଆମେ ତରତରରେ ଖାଇଦେଇ ଆଉ ଡେସର୍ଟ୍ ନମଗାଇ ଶୀଘ୍ର ବାହାରି ଆସିଲୁ। ପରଦିନ ସକାଳେ ଆମର ଦିଲ୍ଲୀ ଫେରିବାର ଥିଲା ତେଣୁ କଲମ୍ବୋ ରାତି ୯.୩୦ ସୁଦ୍ଧା ପହଞ୍ଚିବା ପାଇଁ ଲକ୍ଷ୍ୟ ରଖିଥିଲୁ। କିନ୍ତୁ କଲମ୍ବୋରେ ଆସି ପହଞ୍ଚିଲା ବେଳକୁ ରାତି ୧୦.୩୦ ଉପରେ ହୋଇଯାଇଥିଲା। ଦିଲ୍ଲୀକୁ ସକାଳ ଫ୍ଲାଇଟ୍‌ରେ ଯିବାକୁ ଥିବାରୁ ସବୁ ଜିନିଷପତ୍ର ପ୍ୟାକ୍ କରି ଶୋଇଲୁ।

୨୨ ଫେବୃଆରୀ। ବ୍ରେକ୍‌ଫାଷ୍ଟ ପରେ ଆମେ ଏୟାରପୋର୍ଟକୁ ଯିବାକୁ ବାହାରିଲୁ। ଇକ୍‌ବାଲ୍ ଠିକ୍ ସମୟରେ ଆସି ଆମକୁ ଏୟାରପୋର୍ଟରେ ନେଇ ଛାଡ଼ିଦେଲେ। ଶ୍ରୀଲଙ୍କାରେ ପହଞ୍ଚିଲାବେଳେ ଯେଉଁ ଆଶା ଥିଲା ଯେ କଳିଙ୍ଗ ସଂସ୍କୃତି ଓ ସଭ୍ୟତାର କିଛିଟା ଚିହ୍ନ ସେଠାରେ ଦେଖିବାକୁ ପାଇବି ତାହା ସଫଳ ହେଲାନି। କିନ୍ତୁ କଳିଙ୍ଗ ସେନା ଯେଉଁମାନେ କି ଯୁଦ୍ଧରେ ପ୍ରାଣ ହରାଇଥିଲେ ଓ ଯେଉଁମାନଙ୍କ ରକ୍ତରେ ଦୟାନଦୀର ପାଣି ରକ୍ତାକ୍ତ ହୋଇଯାଇଥିବା ଦେଖି ସମ୍ରାଟ ଅଶୋକ ଚଣ୍ଡାଶୋକରୁ ଧର୍ମାଶୋକ ହୋଇ ପୃଥିବୀ ସାରା ବୌଦ୍ଧ ଧର୍ମର ପ୍ରଚାର କରାଇଥିଲେ ମନେମନେ ସେକଥା ଭାବି ମୁଁ ଓଡ଼ିଆ ହୋଇଥିବାରୁ ଗର୍ବ ଅନୁଭବ କଲି। ପୂର୍ବରୁ ଥାଇଲାଣ୍ଡ, କମ୍ବୋଡ଼ିଆ, ଚାଇନା ଇତ୍ୟାଦି ଦେଶ ବୁଲିଲାବେଳେ ବୌଦ୍ଧଧର୍ମର ଯେଉଁ ଅନୁଭୂତି ପାଇଥିଲି, ତା'ଠାରୁ ଶ୍ରୀଲଙ୍କାର ଅନୁଭୂତି ମତେ ଏତେ ବେଶୀ ପ୍ରଭାବିତ କରିଥିଲା ଯେ ପୁଣି ଥରେ ଶ୍ରୀଲଙ୍କା ଫେରିବାର ଆଶା ନେଇ ଶ୍ରୀଲଙ୍କାରୁ ବିଦାୟ ନେଲି।

■

(ଭ୍ରମଣ କାହାଣୀଟି ଲେଖିକାଙ୍କର ନିଜର ଅନୁଭୂତି। ଯାତ୍ରା ସମୟରେ ସଂଗ୍ରହ କରିଥିବା ତଥ୍ୟ ଏବଂ ଇଣ୍ଟରନେଟ୍‌ରୁ ସଂଗ୍ରହ କରିଥିବା ତଥ୍ୟ ଉପରେ ଆଧାରିତ।)

BLACK EAGLE BOOKS

www.blackeaglebooks.org
info@blackeaglebooks.org

Black Eagle Books, an independent publisher, was founded as a nonprofit organization in April, 2019. It is our mission to connect and engage the Indian diaspora and the world at large with the best of works of world literature published on a collaborative platform, with special emphasis on foregrounding Contemporary Classics and New Writing.

CPSIA information can be obtained
at www.ICGtesting.com
Printed in the USA
LVHW010254211122
733499LV00015B/1084

9 781645 602392